关于经由性质以寻求本质的学说

谭长流 著

性 而 上 学

（第一卷）

九州出版社
JIUZHOUPRESS

图书在版编目(CIP)数据

性而上学:关于经由性质以寻求本质的学说 / 谭长流
著 . --北京:九州出版社,2017.9

ISBN 978-7-5108-5851-2

Ⅰ.①性… Ⅱ.①谭… Ⅲ.①本质—研究 Ⅳ.
①B025.1

中国版本图书馆 CIP 数据核字(2017)第 237491 号

性而上学:关于经由性质以寻求本质的学说

作　　者	谭长流　著
出版发行	九州出版社
地　　址	北京市西城区阜外大街甲 35 号(100037)
发行电话	(010)68992190/3/5/6
网　　址	www.jiuzhoupress.com
电子信箱	jiuzhou@jiuzhoupress.com
印　　刷	北京洲际印刷有限责任公司
开　　本	710 毫米×1000 毫米　　16 开
印　　张	48.5
字　　数	560 千字
版　　次	2017 年 11 月第 1 版
印　　次	2017 年 11 月第 1 次印刷
书　　号	ISBN 978-7-5108-5851-2
定　　价	81.00 元 (全二卷)

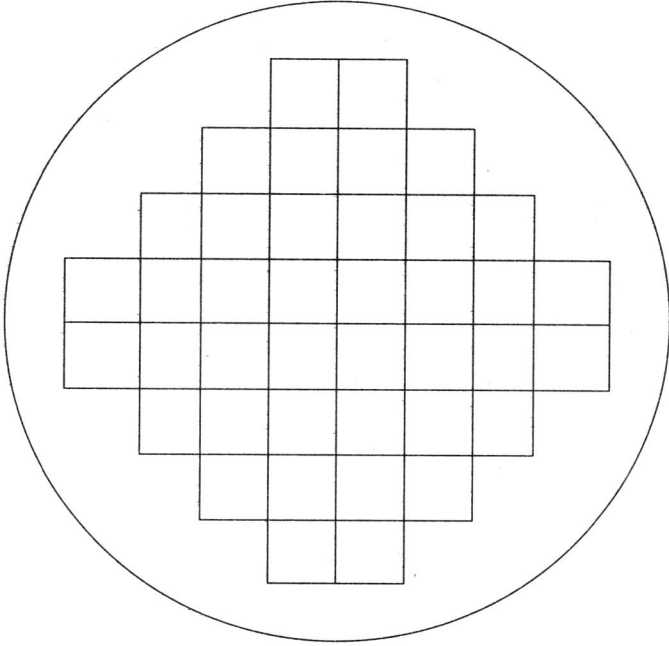

性而上学或性质哲学基本架构单元图

FXBX′	XBX′	BX′	X′
FXB	XB	B	r
FX	X	r	r
F	r	r	r

(位于BX′与r之间：G)

性而上学或性质哲学基本架构简图

（本图，从左下至右上，即 F→X→B→X′,为书中阐释着的方向;经右上而左下,就是 X′→B→X→F,它指明了性质物的导出顺序,其中随着本质辐散性质的完毕,则之存在的生成便也同时宣告结束;由 F、X、B、X′一线向左上去的联系,是反映了此间诸项的不断结合的;F、X、B、X′、G 分别代表发生界、性质界、本质界、先天界和共在界;r 为共在界中还不能表达的存在。）

前言

本文应是一引桥，或是联系你我进入到《性而上学》里去的舟筏。

研究本质，是哲学史上几千年来的事，然无人解决，我们对此曾表示过遗憾。于是，发心起，灵感来，廓然有悟，其实所有的收获都是上天所赐。

当时，多寄希望于体制内的学者，但他们无暇顾及；后来只有靠自己。

研究本质涉及到的性质很有意义，值得细细玩味。比如，冰的寒冷性一定不是 H_2O，金属铜的延展性也绝不是 Cu；同样，冰的寒冷性和铜的延展性也不会是无，因为在无中难以表达寒冷及延展的问题。可见，存在于有中的这些非有亦非无的就是它的性质；当然，它也可以被称之是"妙有"。总之，性质会为人们提供无限的想象力。

"妙有"一词，佛、道两家都曾讲过，然而僧肇、王弼说得都不透彻，且没有现实的例子可循。所以，历史上的大贤，对于性质还不能言之究竟。

现在，有学者称，佛陀因大事出现在这个世间，这个"大事"是什么？就是让世人认识空性，以此来消除执实见，破除贪嗔痴——这就是说"空"的目的（多识仁波切：《中观应成派见解难点解说》，甘肃民族出版社 2013 年版）。我们讲，性质的非物质性为空，应是有正确性的一面,但它确实是存在的,又是无中的有,或者为有无之先的存在,只是在当下留住了痕迹。于是,由性质可以引出极多的话题。

"妙有"一现身,某一日,我们猛然觉得那寄寓性质的终极所在不就是本质吗?故此,一经论证,则本质便脱颖而出。

发现本质,对人类未来的乘胜前进,具有无比的指导作用。否则,哲学史上那么多人研究它干什么?

找到本质的存在,要沿着性质的路线来完成,这是一个方法。为此,医学上就可以把产生病症的那个坏本质,给切除掉;人民就可以不让具有发动战争基因的所谓领袖"上台";化学家就可以在物质的分子里找"机关"、找"能源"、找"思想";数学家就可以通过诸性质的交叉,来解决所有的难题;我们的未来就可以把所有的不适应生命需要的东西给修正掉,等等。

概言之,现实中,我们时时刻刻都应通晓本质;因为,这是人类进步的必然阶梯。目前,全球几十亿人,空前的文明,有高度发达的哲学,已经到了一定要认识本质的阶段;否则,就是人们的一种落后。

《性而上学》的超越性、先进性,自会击毁当今世界的诸多碎片化的枝节性的思想;新的哲学就要有新的课题。通过本书,它既解决了本质的千古之谜,又为学人拓展新的疆土打下基础。

由本质再向前,就可到达先天的神的辖区,那里有产生后天的一切,现在我们虽然还不知道那里的许多东西,但人毕竟有悟性,只要悟性长存,我们想,人类的子孙或许有一天就会超过神仙。

读《性而上学》会给思想者以极大的快慰!因为它的发现,是向着物的终极去的,是向着无的终极去的,是向着先在之先去的,是向着前人从未思想过的方向去的。

通过上面的文字,我们与《性而上学》便发生了紧密的联系;接下来,大家只要读后边的"导论",就可以找到那些自己所企盼的东西。

所以,一切还要继续。

谭长流

2016 年 5 月 25 日

导　论

　　本导论基本上是因导读而论的，其所论者，多为书中有侧重点的一面。

　　首先，我们知道，读书要有章法，要循脉络，最好是要有个"联络图"，并知道它的"宝藏"在哪里；当然，若能径直地摘到其最有价值的硕果，便是极理想的。

　　一般来讲，当下的人们总是显得有些忙，能通读几十万字的一部书者，大多数做不到。所以，我们认为，选书中某些关键性的部分来读，也是一个方法。

　　对于《性而上学》，第一要读的，我们言，就是第三篇的本质界，其中当以第十章"上学（之一）"为主，它乃是"至上"之学，是讲本质的核心，本章不到四万字，读起来应不费力气；其次，就是读第九章，如果说第十章是"首脑论"，第九章则是通向它的阶梯。

　　择重点，还有第二篇的第四章，即"性质讲论"，本章和第九、十章可以合为一本精粹版的性而上学。其中，读第四章，又当以"由性质可达于本质（240－248节）"为主，以"纯性质的诸理论阐说（183－239节）"为辅，以其余的为铺垫。

　　此外，关于重点的串接，还包括第五章的"由性质而上（187－233节）"，第六章的"在这里，性质已望见了本质（63－107节）"，第七章的

"向本质进发（283－303节）"，第八章的"由最高的性质——意识来认识本质（357－395节）"；上述均为重点之中的重点，这些都是对第十章的理论支撑。

关于重要支撑系统的极骨干部分的展开，比如第五章的当以"形上学向性质哲学转向（153－186节）"为主，第六章的当以"内在的性质大白于天下（43－62节）"为主，第七章的当以"认识的必为性质（240－282节）"和"关键的三个结论（204－239节）"为主，第八章的当以"翻腾着的意识——性质（307－356节）"为主；其余的均是属于历史的自然的枝蔓，尽管它们也多是具有了超凡脱俗的性质。

综合前面的文字，则由性质而上，并直达本质的路径已经清楚；同时，这对于只想拣些要点来读的先生们而言，应是容易做得到的。

本书就未来的指向，即是希冀人们能展开对本质的形成说进行探讨，它应是属于第四篇先天界的内容。凡是对未来哲学感兴趣的同仁，都当深刻研习第十一章和第十二章，此两章四万多字，建议通读。这是由于求到先天的东西极难，故之每一发现都是珍贵的。

其实，本书的前三章也很重要，这就是第一篇的发生界思想。比如，我们所建构的新的创世观念，即是有当下极为先进的理论为基础的，不是凭空想象而来，它是论证的结果，较宗教上的开天辟地说更有时代意义。至于从无生物中取出生物和"人是谁"里面的"确定的结论（52－63节）"等都是学界不曾有过的主张，这些甚是值得人们去深思而深想的。

本书的架构，它阐发生、究性质、通本质、达先天、自成共在体系，从目录中可见全貌。原则上，我们应由先天界来着手写，但这样困难较多，且又不合人们的认识习惯，故此才以发生界为端进行了描说。所有的发生界都是为了开显性质的,所有的性质都是为了开显本质的,所有的本质都是为了开显先天的,所有的先天界的都是为了发生界而存在的,这是一个共在的系统。在共在的大的系统中,还有许多是我们所不能知的。

《性而上学》因人而异,各有所好,对其闪光点的看法也不尽相同。比如,某些人对"最初的摇篮"和"从感觉开始"有兴趣;某些人对"心理和大脑之思维、记忆"与"先天留给我们的美妙经典"有兴趣,等等。总之,开卷有益。

我们讲,如果时间充裕,如果想明白本质及本质之前的东西,如果想对未来的社会有些积极的贡献,大家就当认真地细读一遍《性而上学》。因为,它毕竟是集几百部书册的精华之上的作品。

在中国,今有《性而上学》;我们写导论到此,更希望人们在闲暇之际要看一下亚里士多德的《形而上学》。还有,为了很好地清晰发生界的内在,大家也应当读一下由九州出版社出版的《空间哲学》。只有如此,才能深刻地理解在空无之中所慢慢兴起的三千世界。

其他,不叙。

作者

2016 年 5 月 25 日

拉开超验哲学研究的序幕

谭长流先生是我的老朋友。

我读了他的《性而上学》一书,有以下几点体会:

一、这是一部我国体制内的学者,难以写出的一部带有超越经验哲学、富有大情怀的著作。

书中讲,普通人只能见形,不能见性质;上人者能见性质,不能见本质;上上人者,才能由性质而见本质;极上人者,可由本质而见先天。由此可以推见,若欲明心见性者,倘能先见性,则其心也就是自然明了。

二、这是一部与西方哲学家、与当代科学家进行对话交流的哲学著作。

书中认为,依照《形而上学》之"形"是不能找到"上学"这个"本质"的,惟有沿着"性质"之光才能到达"上学"这个"本质"的光源所在;关于"上学",就是要解决、说明和澄清关于本质之存在的这个千古谜题。

在当下,我国哲学界能熟悉自然科学的学者很少,而自然科学界,能深入研究哲学的科学家更少。根据一般的推理,今天的中国哲学界欲获得新成就,必须要充分学习当代自然科学的前沿成果,而这也正是国学泰斗南怀瑾先生所曾特别关注的话题。

中国儒家经典有言,天命之谓性,率性之谓道,修道之谓教。在这里面,就有了先天、本质、性质、后天的展开等等阐述,其与《性而上学》既相关又相符。

三、这是一部需要读者朋友慢慢读、慢慢琢磨的逻辑性很强的哲学著作。

这本书的写作很特别,在篇章之中,全是用 1、2、3 、……,这样的排序,来进行每一节的思考,例如第二篇第八章中,竟有 395 节。这个节,正如竹子生长一样,一节比一节高。读这本"节多"的哲学著作,您要像过一年中的 24 个节气一样,到了一个节气上,需要放松一下;过一个节日,您再看下一"节",如同过端午节、中秋节。您千万不要一下子读完这本书,这是一本您想一下子读完、也读不完的、非常难读的"天书"。

根据古希伯来文明,神与控制属性之间的关系——因为耶和华被看作存在于宇宙之外,所以控制属性无法不依赖他而存在。故此创造不仅包括命定命数,还包括在实际上创造控制属性。通过阅读《性而上学》就可以发现,只有研究控制属性的民族,才是最伟大的民族;虽然控制属性是一种能力,但是创造控制属性应是一种更先在的能力,这是十分重要的。为了具备上述能力,人们就当仔细研读《性而上学》。

那么,作者撰写《性而上学》这部哲学著作的意义又在哪里呢?书中讲,人们现在所取得的成绩,只是依从现象的缝隙处乍泄出的一点点的性质的春光所推演成的,真正的科学的大发展并没有到来。若欲实现科学大发展的到来,只能依性质的连缀去发明、去发现。否则,不沿着性质的轨道去发展,则人类就只能是去低层次的空间进行小步的徘徊。

很显然,人类已经历了识名的阶段,和观察现象的阶段。在当下,就必须要突进到由性质而发现本质的阶段。

书中讲,由于人的大脑两半球具有不同的功能,我们想,人的大脑的两半球的功能形成,是否会受到了地球的影响呢? 如果是肯定的,则因人脑的两半球的不同,就一定会造成地球之东西两个半球上的人的思维定式,也不能完全相同。如此一来,东西半球上的差异性,也就是必然存在的,这样也就没有必要来搞什么普世的东西了。于是,便必然地会在东西方存在有差异,此或许是一个发现。人脑的左半球似是指向地球的西半部的,右半球似是指向地球的东半部的。该问题要通过东西方的诸如哲学家的表现来说明之。倘若能说明,就是对人类的极大贡献。

如上,是沿着由性质到本质来展开的。书中讲,本质既出,它的存在的源头问题,就只有指向先天界。先天界孕育了后天的一切,在那里有无限的奇妙。这样一来,性而上学也就为我们敲开了先天界的大门。

然而,书中说,非常可惜,人们至今还没有超验哲学。了解它,对于指导我们人类的未来,会具有无比的类如神仙的作用。

因此,我才感觉到,明心见性和见性明心是同等的重要。所以,明心见性就是要以透彻的心,只见性质,而观其它者,均可视为空,这是其一;其二,见性明心,惟有先见到了性质,表达了性质,去掉了质料,则此时的心就一定是明了的了。

同时,我还感觉到"天命之谓性,率性之谓道,修道之谓教"在认识规律上,似是以"教"更当在先,然后沿"性质"之道,再向着先天而去……

经过深刻的思考,我认为,若欲控制属性,就必须要学习好《性而上学》;否则,便无以控制。

至于实际上,要创造控制属性,就必须要走向先天界,进而就必须要拉开超验哲学研究的序幕;惟此,哲学才会发挥类如神仙的超人作用。

蒋 晔

2017 年 7 月 30 日

目　录

第三篇 本质界

第四篇 先天界

第五篇　共在界

第一篇　发生界

发生界的存在，
是始生于先天界的；
它的所有表现，
都是为开显性质而服务的。
根据人们的认识习惯，
我们谨以发生界的发生，
为开端。

第一章　以Ⓔ＝m 为始

1. Ⓔ＝m，是发生界的第一存在。

2. Ⓔ＝m，是空间所有的物质世界的始基。

3. Ⓔ＝m，是在空间无限的空域，无限的维度内，从空间的最深处，沿着由波到粒的方向，无时无刻不在发生着。正是由于它的无限的发生，才形成了人们所见到的满天的星斗，才形成了太阳、月亮，才形成了地球，才形成了高楼大厦，纤细短颖，乃至一切的细胞、菌类、植物、动物和其他无尽的生命。

4. Ⓔ＝m，是建立在爱因斯坦的伟大杰作，即 $E＝mc^2$，和当世极为先进的弦理论的存在之上的。我们说，只要这两个基础稳固，则Ⓔ＝m的事实就是确定无疑的。

5. Ⓔ＝m 的得以成立的理由，在《空间哲学》一书中，作者已对其进行了完全的论证。比如，该书说，我们设闭弦或弦环的符号为一个圆圈即○，设能量的各种各样的存在的一个表达符号为 E，设由弦和能量共生的存在为 m，且这个 m 已经具有了质量性，但还不是稳定的物质时，就会有一个公式Ⓔ＝m 产生。○的形成是由于弦或说一段弦所具有的率然性，在其捕捉到第一能量时立即闭合的状态，Ⓔ就是在闭合的环的弦的单侧面上积聚了充分的能量后缠绕卷缩成的一个内含能量的包衣的状态；而 m 就是这个Ⓔ在空间的最深处不断孕化，或说是弦在它巨大的力的作用下压迫能量使之又开始显现其物质性后,与弦所具有的物质属性完成了结合的产物——这时的 m 已经具有了质量性,但它还没有生成稳定的物质,是原子之前的存在—无论如何,$Ⓔ=m$ 所体现着的都是空间从无到有的、初始的生成趋于有的一个完美过程的表达。[①]

6. 接着,我们终于可以给 $Ⓔ=m$,即 $Ⓔ$ 生成 m 的一个明证了——这个明证就是光的消失。原因是,在无限的广袤的空间,在脱离开空间的最深处之后,由弦与能量生成的 m 和它们的集体也是广泛地存在着的,或说也是在无限地弥漫着的。它们的一部分与黑暗中的电子结合成了暗物质,一部分就与光的光子生成的电子对中的一个结合,生成了我们所能视觉的物质。当光的光子产生的电子对,失掉一个电子以后,它就再也不能复原为一个光子,所以光就消失了—于是我们说,只要有光的消失,则就证明有由 $Ⓔ$ 生成的 m 的存在。根据我们人类的视觉,我们确切地知道任何的光都是逐渐地被消失掉的,它消失掉的原因就在于它失去了光子产生的一对电子中的一个,而这个丢失的一个电子恰恰就是与空间中存在着的由 $Ⓔ$ 产生的 m 联姻去了——这在一方面既明证了由 $Ⓔ$ 产生的 m 的存在,一方面又解释了光的消失的原因。当然,解释光消失的原因是为了明证 $Ⓔ=m$ 的存在。总之,这些过程对于我们探索空间的最深处,并为研究从无到有都提供了有益的帮助。在此,我们人类要感谢光!因为,光是对我们人类最有意义的存在,它既是联系能量的要素,也是联系物质的要素,我们人类正是从光的这些性质中受益的。[②]

7. 在无中生有的程序中,$Ⓔ=m$ 是一个非常重要的公式。它告诉

---

① 谭长流:《空间哲学》,九州出版社 2009 年版,第 98 页
② 谭长流:《空间哲学》,九州出版社 2009 年版,第 105 页

了我们,能量在弦的作用下生成物质的过程——这对于人类来讲,是极
具神圣意义的。然而,⑥ = m 与 E = mc² 又是关于能量的两个方向的表
达,一个是从无到有,一个是从有到无,即爱因斯坦的公式,只表明着物
质的转化为能量的过程,而 ⑥ = m 则只表示着从能量到物质的过
程——许多人对这个过程,因没有爱因斯坦的核爆炸的检验——所以,
人们还没引起过自身的某种强烈的感动——还处于某种漠然的状态。
我们要打破这种状态的办法,就只能是先从理论上给予论证并阐明它。
关于 ⑥ = m 的理论论证是这样的:第一,我们说能量的存在应是具有着
完美的超对称性的;第二,能量既存在于空间之中,也一定存在于空间
的物质的有之中和存在于有之外的周围;第三,光是属于能量范畴的,
光子是具有无质量性的,具有光速存在的空域就一定存在有光;第四,
我们认为,光可以在空间的最小尺度内存在;第五,我们认为 E = mc² 的
公式是正确的,是无须再论证的。这样,我们只要证明了 E = mc² 和 ⑥
= m 的统一,则 ⑥ = m 的理论上的证明就可以实现了。关于 ⑥ = m 的统
一——在 E = mc² 中,右边式子的 C 代表光速,同时也一定反映并代表
着光的运动的能量。于是,弦在接触到光即能量后,二者便会结合在一
起,进而转化为粒子,即 ⑥ = m'。非常明显,这个 m' 就是光量子,但这
个光量子应该是无质量性的存在,它肯定不会影响到 E = mc² 的右边的
m 的质量。此时,左边的能量 E 由于右边的 C,即光能已进入到弦中,
则其所代表着的能量也就必然地要进入到弦中,从而便形成了 ⑥。此
时的 ⑥ 就是 E = mc² 的两边同时进入到弦中的左边的 ⑥,而右边的 mc²,
由于 ⑥ = m',m' 为光量子,所以它就变成了 m。故此,⑥ = m,即左边 =
右边。在论证这个过程中,我们要注意的就是,光在进入弦中之后一定
地只能是生成一个光子,而绝不可能生成两个电子。因为,两个电子只

能由光子才可生成。同时,我们还要阐释说明的是,在空间由于能量的无时无处不在的,而弦这种可以和能量结伴的能产生物质基元的存在,它在空间也是无处不在的。到这里,我们认为,通过 $E = mc^2$ 和 $\mathbb{E} = m$ 的统一,就完成了从无到有的关于物质生成的理论上的论证。[①]

8. 在《空间哲学》之外,伽莫夫指出,宇宙最早期并不存在任何化学元素。[②] 于是,这便证明了它的空无性。其实,万物的作用因都是能量,所有的物质的有的存在本原都是"无",能量的无是看不见的。然而,所有的可见的世界,又都是由不可见的力量来支撑着的。

9. 在量子级别下看,真空并不是空无一物,而是充满不断出现和消失的粒子对,比如电子—正电子或夸克—反夸克。这些出现的粒子是真实存在,只是它们的存在期极其短暂。事实上,所有的量子涨落都会被多维的弦分解掉。于是,从无中生有,在普朗克尺度下,由弦与能量的超量子态的结合,即由 $\mathbb{E}$ 而生成 m 就是非常自然的事,只是此时的 m 更具相对的稳定性而已。

10. 许多人都知道,每一次的发生,都是要在结构基础上的形成,或是先有元素的某种形式的结合,而这两点,也正是符合我们的 $\mathbb{E} = m$ 的理论思想的。在无中的终极之处的能量的有向着我们而来的,即是物质的诞生。所以, $\mathbb{E} = m$ 即是一切元素之母。因为, $\mathbb{E} = m$,m+e 可以生成氢,也可以生成氦,根据英国人普劳特提出的所有化学元素起源于氢元素的假说,后来得到了证实,则空间的有的形态应是始于元素的氢的初成,或许是氢气的诞生。

————————

① 谭长流:《空间哲学》,九州出版社 2009 年版,第 258 页
② 郭德荣:《元素的演化和周期律的本质》,宁夏人民教育出版社 2004 年版,第 15 页

11. 可见,元素是以氢为第一出现的,于是氢元素就构成了世界结构的胚胎。由于第一元素往往会成为第一推动者,即其以后的连续生成便得以展开,直至重元素的来源都是这样。不难发现,依着人类的思维惯性,由Ⓔ＝m 为始而展开的一切,当是有着天然的秩序性的。舍此,无它。

12. 关于上帝粒子问题,不管它是由Ⓔ＝m 生成,还是存在于量子的涨落之中,只要它能赋予其他粒子以质量,则之就能证明我们的Ⓔ＝m 中的m+e 的生成稳定性物质,且具有质量性的自然正确。所以,上帝粒子的存在,恰是在质量上标明了Ⓔ＝m 的存在。因为,在不同空域的发生,之后要走向共同的收敛,才会以我们的理论来证明着所有物质的生成。其中,关于暗物质的问题,我们认为,它一方面是由非光电子与Ⓔ＝m 的合成所致,一方面或许是由Ⓔ＝m 的一部分,由于不显性质,故不为人们所认识,才称其为暗物质了。这种不为人们所认识的不显性质的物质,应是大量存在的。

13. 关于星体的生成问题,恰是由无限的Ⓔ＝m 的走向同一的结果。比如,天文学家已发现宇宙"星工厂",他们对 2.2 万个星系进行观察发现,较小的星系利用气体孕育新星的效率很高,巨大的星系是通过吸食邻近的较小星系来扩张。我们知道,气体也是由Ⓔ＝m 而形成的,所以无数的 m 的看似的气体也即成就了小的星及星系。再有,关于地球的诞生,它也是从围绕年幼的太阳旋转的尘埃和岩石云生长而来。其实,空域的尘埃从哪里来?我们言,只能从Ⓔ＝m 中来。

14. 于是,尘埃在 A+B＝C 的运动结合中,不断发展壮大。故,行星是由"种子颗粒"聚集新生恒星"星周盘"中的气体和尘埃而来,就是一个定论。根据这一理论,小颗粒会逐渐聚在一起,最终像滚雪球一样形成行星,即行星是由"种子颗粒"形成。我们把"种子颗粒"再向前推,推到一个稳定的具有质量性的粒子上,那就是由Ⓔ所生成的 m。

15. 至此,关于"有"的基元之产生和它们的相互叠(迭)加的问题,我们便阐释明白,尽管此间的有,都是无生命的。

16. 孔狄亚克讲,哲学家的责任,乃是在于说明事物是怎样通过合于自然规律的途径而形成的。① 经由上面的文字,关于物质世界的起源一事,我们认为,已经表达得十分清楚。

_____

① 孔狄亚克:《人类知识起源论》,洪洁求译,商务印书馆 2010 年版,第 158 页

第二章　穆圣说,你从无生物中取出生物

1. 你从无生物中取出生物,①这是《古兰经》里的天启之语,它代表了发生界的重要的活动秩序。

2. 无生物是造了生物的,自然是造了生命的,有生命的物质是从不曾有过生命的物质中诞生出来的。应当说,由非活物到活物或许是一种偶然性存在,但这种偶然性的存在,一旦普遍开来,就是带有了它的发展的必然性。所以,地球上的生命在事实上是起源于无生物,②一定不用悬疑。

3. 我们认为,生物的出现一定要有生成它的所必需的元素,以及生成后的可以适应它的所必需的环境;在这中间,又一定要有能激活元素和形成气候环境的条件。只有如上,才会出现生物的对于非生命物质的超越。就我们当下人类的认识水平来看,虽然能回溯许多有关生物的起点的片断,但仍不能予以全面的解说,而某些恰如先天的存在之所起的作用,又都是我们所不能知晓的。

4. 据有关资料称,构成生物体的元素有 29 种。比如,活的物质之大部分是构成于碳、氢、氧、氮。但还有些别的物质,虽仅是微量,却

---

① 《古兰经》,马坚译,中国社会科学出版社 1985 年版,第 38 页
② 韦尔斯:《生命之科学》,郭沫若译,广西师范大学出版社 2003 年版,第 754 页

是同样地重要。钠、钾、钙、镁、铁、磷、硫磺、绿气（氯）、海碘是必然有的；还有硅、铜、锌，也大概是有。① 可见，所有非生命的东西，像 Fe、Ca、Na 等只要它能与生命共在，或说是融入了生命，则它们就是有活性的了。

5. 不难发现，凡是活的物质中所含有的元素，没有一种在无生命的环境中是没有的。有些生物学家认为，构成生命的 6 个必需元素是，碳，氢，氮，氧，磷和硫磺。接下来，我们就要探讨上述的这些单质，是如何地走向了有机的结合的。

6. 我们认为，于上述单质中，在相关项里，它们一定是具有着能相合在一起的性质，按现代说法，就是一种化合的存在。否则，相互拒斥的元素是走不到一起的，如果不是相生性的元素，也不可能共在为一个紧密的集体。自然，我们也可以设想，地球上的那些存在于生命中的元素，或许某些是有着一个可以产生生命活性的阀门的，即在最初的时分，它们彼此之间相互影响，就会形成打开上述阀门的力量。如在 H、O、C、N 里面，H 的产生活性的阀门似是最容易打开的，而 H 与 O 的结合，或许就预示着有关活性的开始了。因为，有了水，先形成地球上的如我们现在这样的环境，当是一个重要步骤，于是生命的产生，或许就是不可避免的了。

7. 有学者称，原始地球上的有机分子来源有三个途径，一是靠地球外天体的直接输送，二是靠地球受巨大撞击后引发的有机合成，三是靠其他能源（紫外辐射、电离放电等）作用下的有机合成。② 顺此思路，我们分述如下。依报道，太阳可发射出不间断的粒子流，这一现象被称

---

① 韦尔斯:《生命之科学》，郭沫若译，广西师范大学出版社 2003 年版，第 1104 页

② 李喜先:《21 世纪 100 个交叉科学难题》，科学出版社 2005 年版，第 443 页

为"太阳风"。太阳风中的粒子大部分是氢离子,也有氦离子和氧离子的痕迹。由于地球有厚实的大气层和磁场,它们是无法抵达地球的。然而,落在月球表面的氢元素可以转化为水分子或相近的羟基(HO)。我们说,如果地球的大气层是后生的,在此之前,地球上不也就具有了水分子等利于生命产生的要素了吗?这是显而易见的。

8. 再有,就是彗星撞击也可促发生命元素。最新研究发现,与彗星和其他高速飞行天体的碰撞会给行星及其卫星带来许多生命分子结构单元。这种高速碰撞释放出来的强烈冲击波能将彗星和冰冷世界里的简单有机化合物变成氨基酸,而氨基酸能构成蛋白质、细胞以及最终的生命有机体。可见,这种撞击并不是一种单纯的破坏力,而是能增加生命起源并在太阳系内广为散播的机会。此前,科学家们曾用计算机模型来证明,冲击波可以将冰冷彗星上的氨、二氧化碳以及甲醇等简单分子变成复杂的氨基酸。这就是说,所有的单质都是在天体撞击的时刻就已完成它们各自所需的化合了。

9. 在无限的空域一切皆有可能。据说,研究人员于银河系中心的一个巨大的尘埃星云中发现了甲酸甲酯。在外太空还发现了糖分子等。我们认为,在无限的时间里,地球之外的存在,输送给地球上一些生命要素,比如有机物和水等,都是有可能的。

10. 第三,研究人员得出结论,高能紫外线辐射激发陨石释放出甲烷。他们的结论是,陨石物质中的含碳化合物在高能紫外线辐射的情况下被分解,在此过程中,生成甲烷分子。另外,当二氧化碳分子受到某些波长的光辐射时,它们会被强烈地激发从而可分解为一个 C 和一个 O_2 分子。于是,从上面的三个来源看,它确实为早期生命的出现创造了许多很好的条件。

11. 其实,我们说,在地球诞生之初,如有火山喷发,物质分解带出如水蒸气等诸多气体,并形成原始大气层,随后冷却,则其中的一部分转化为雨为水,亦是有可能的。一旦有氢有氧构成的液态水,则溶在水中的碳和氮生成有机物,就会成为生命的种子,①这当是最温和的活性物质的发生说。

12. 1953 年,斯坦利·米勒设计并进行了前生物合成实验,用电来击穿由甲烷、氨、氢气和水模拟的原始大气,这些气体触电产生了氨基酸。② 氨基酸分子,也就是广为人知的构成蛋白质的基本单元,而蛋白质则是所有生命有机体含有的共同成分。本实验表明,当时地球的大气中是没有氧气的,这就意味着最早的有机体只能依靠氧气分子来维持它们最基本的生命过程。现在,有人指出,地球氧气或许可以来自地下;如是之,在某一区域有氧气冒出的位置,若正好有最早的有机体存在,二者就会相得益彰了。我们知道,氧的存在,应是多种活性物的得以延喘的保障。

13. 还有,某些文章讲,在雷雨天气,闪电会劈开大气中的氧分子和氮分子,以及电场可以从原子中夺取电子等等。我们认为,闪电也会劈开大气中的另外的分子,其所形成的场也会夺取其他的原子构件;这样一来,在无数次的时间中,就会为产生新物质提供了可能。或者说,偶成某种生物或偶成某种生物的基质便也是十分容易的了。同样,这些偶成的生物基质或偶成的生物,在极多的时间里也会实现某种耦合或嫁接等,进而就可以成为能向着高级的生命方向发展的存在了。所

---

① 金忠燮:《伽莫夫讲的元素起源的故事》,齐芳译,云南教育出版社2011 年版,第 61 页
② 王子晖:《生命的来历:前生物进化与太空生物学》,陈珊译,科学出版社 2011 年版,第 2 页

以,我们说,在地球这样的环境中,形成生命就是自然的,即使是形成高级生命也是自然的。

14. 众所周知,蛋白质、核酸、脂与糖分子是组成生命的四大类基本物质。[①] 继米勒的发现之后,另一位美国科学家西德尼·福克斯指出,在适当的条件下,氨基酸会连接在一起,构成一种简单的类似于蛋白质的分子,叫作类蛋白质。这些都倾向于一种结果,就是聚集为类似于细胞的球体,这种球体还具有生长和发生化学反应的能力。接着,有可能就会出现细胞核,并内含 DNA,逐渐形成细胞器官,此时最早的高等单细胞有机体便能诞生,它具有无限的可能性进化为各种不同的生命形式,此即为有生命的漂亮的开始。

15. 我们说,在此基础上的其他展开,就只是个时间的问题了。

16. 前面所述,涉及的是关于单质、化合及其有关存在的被激活的过程,它完成了从先天到后天的交接任务。接着,我们还要阐说有机体之"活"所需的环境等内容,然后方可回到生命的实在的表达上来。

17. 一般来讲,"有机"这个词在化学中并不相当于生命,仅仅意味着化合物中存在化学元素碳。然而,细菌的存在却需要有机质才能繁衍,同时它若想生长,就必须要与水发生接触。可见,有机质的存在与水对于"菌"是至关生命的两项。据说,环境是生成有机物所必需的。当我们用高能紫外线辐射轰击太空中常见的简单冰物质时,我们发现会生成异常丰富的各种有机物。生成有机化合物的三大条件是,冰资源、辐射与加热。于是,冰水和能量或许就是生成有机物的源头。

18. 我们认为,任何一物理的和化学的联系,都有可能把无机和有

---

① 李喜先:《21 世纪 100 个交叉科学难题》,科学出版社 2005 年版,第582 页

机衔接起来;而且,无机与有机在无限的时间里,也应是存在着某种可以转化的契机的,因为离开转化就没有自然界。^① 魏格纳讲,在原始陆地形成的过程中,天空中水汽和大气是共存的。……原始海洋含有大量的有机物,它们乃是地球生命的"最初摇篮",^②这应是有道理的。

19. 所谓"活"的概念,相对于生物而言,它就是信息的可以再传给子代,而这个传承的载体便可称之是生命的连续,进而才有了活的生命体之说。对于非生命的——非"活"的存在,其虽然也有信息的记忆,但它不能传给其子代,如岩石的信息,就是这样;但植物的信息,却可以通过它们的种子来完成遗传。可见,信息的再传性,当是"活"的存在的源头。我们言,这乃是关于"活"的最高理解。所以,只有信息的活性,才是真正的生命的根据。

20. 当然,活性物 A 的存在,必是其要与适宜的能量和水分在一定的情境中的结合方可,否则便难以显有活性。比如,过冬存储时的植物种子就是这样。于是,活性物之活,除了内在的决定因素外,还需要外在的相应的适宜条件。对于某些作物来讲,水和温度既是它们的唤醒剂,也是其滋养剂。故生命都是在条件适宜下的生命,缺少适宜条件下的生命是不存在的。可见,这个适宜的条件的外在和生命的内在,应正好是一个共在。

21. 活的另外一个意义,即活的物质,在其基本的性质上,当有代谢机能和自行生殖的力量,还有就是能够变异。^③ 同时,动、植物还要

---

① 怀特海:《思维方式》,刘放桐译,商务印书馆 2004 年版,第 133 页
② 魏格纳:《海陆的起源》,涂春晓译,江苏人民出版社 2011 年版,第 1 页
③ 韦尔斯:《生命之科学》,郭沫若译,广西师范大学出版社 2003 年版,第 737 页

能运动等等。人的有意识是最高级别的活的表现存在。

22. 综上,生命都是外在的允许之后的存在,只要气候许可,有水,有外来能量,如太阳光,则生命的机体就会内嵌信息地连续诞生。在这里,环境中的可用性是任何一种氨基酸进入早期遗传密码的首要条件。① 此即言,生物的行为多多少少是精确地和环境相适合着的,②故生命必是属于环境的。因此,环境是一切的在其中之存在的得以存在的最关键的决定性背景。舍此,则无有存在之可能。

23. 当生命适合环境时,生命就存在;当环境适合生命时,生命就出现;环境造就生命,它还造就生命的适应环境的各种需要。比如,有关存在的神经系统,就是为了适应环境而逐渐生成的。所以,有的贤哲讲,地球生命的出现并不是一个事件产生的结果,而是原始地球上的环境及其周围环境导致的直接后果,此间之道理是十分深刻的。

24. 接下来,我们谈后天的生命。

25. 我们说,生命的出现是物质世界的最伟大的自生成的有关变性的运动!要研究生命的出现以及生命出现后的精要的生命观,就必须要研究自生成的与外力迭加的变性理论。或说,在地球上之所以有生命存在,乃是因为它的本身当具有产生生命之存在的性质,在没有产生生命性质存在的星体或空域,便不可能有生命的出现。关于地球的产生生命的性质,就如氨基酸的具有可以产生类蛋白质的性质是一样的。王子晖先生讲,水和甲烷是成为在宇宙中任何位置寻找生命的关

---

① 王子晖:《生命的来历:前生物进化与太空生物学》,陈珊译,科学出版社 2011 年版,第 12 页

② 韦尔斯:《生命之科学》,郭沫若译,广西师范大学出版社 2003 年版,第 1276 页

键分子。① 其实,水和甲烷也是由其他单质元素的变性与化合而来的。有学者称,生命是宇宙不对称性的功能表现的结果。宇宙是不对称的,生命由不对称力所主宰。② 我们想,宇宙的这种不对称力似乎就是非生物变性为生物的可以迭加到某一单质元素上的神秘作用。

26. 生命是于非生命的物质环境里的产物;在起初,只有通过变性,它的生命的性质才会和生命物与生俱来。一旦产生,便难以永诀。据说,地球生命起源于44亿年前,新研究称长达亿年的陨石撞击,都没有毁灭它。可见,变性体存在的力量是有多么的坚强。现在的人们知道,生命的产生应有多种管道,如电火花产生,热液口产生和外来产生等等。于是,才有生命的多样性。不难发现,大气层和海洋河流的夹击,似是形成光、电、声的重要条件,而它们对物的生命的激活之意义亦十分重大。韦尔斯讲,事实上凡是生命之作业没有不由电气变化随伴着的。只是这些变化太小,我们要用特殊的器械才能侦悉而已。每一次的筋肉收缩、腺分泌、神经传导掀动,都有电气变化发生,可以用充分锐敏的电流计来测验。③ 我们言,这或许就是生命之初的于外在的电的影响下的遗存的转化为生命的存在。

27. 另外,巴什拉讲,火是超生命的。④ 我们认为,以水和火作为从无生命到有生命的过渡也应是可以的。比如,植物的生命如火,是一种

---

① 王子晖:《生命的来历:前生物进化与太空生物学》,陈珊译,科学出版社 2011 年版,第 217 页

② 李喜先:《21 世纪 100 个交叉科学难题》,科学出版社 2005 年版,第 439 页

③ 韦尔斯:《生命之科学》,郭沫若译,广西师范大学出版社 2003 年版,第 1468 页

④ 巴什拉:《火的精神分析》,杜小真译,岳麓书社 2005 年版,第 13 页

不动着的燃烧;而动物的生命如水,是一种运行着的流动。再有,谁能把火苗冻住呢? 我们说,这些都是可以带来生命的。当然,水或其他液体的张力,也应是成全生命体的最原始的存在,因为只有液态水才能有助于形成细胞膜,否则一切的生命便无从谈起。

28. 有研究表明,黏土或是地球生命起源地。在地质历史早期,黏土形成的水凝胶对生物分子和生物化学反应起到了禁锢作用。过去几十亿年里,被禁锢在这些空间里的化学物可能发生了复杂的反应,从而形成了蛋白质、脱氧核糖核酸以及最终生成活细胞的各种系统,直至发育出将活细胞包裹住的细胞膜为止。我们讲,这仍是一种变性的生成说。

29. 综上,整个宇宙曾经就是一个生命孵化器——尽管这个孵化器本身是非生物的是无生命的,但它并不妨碍生物的孵化诞生。因此,从非生物中诞生生命就是太正常的事了。于是,就又有了生命诞生于原始海洋,起源于简单的有机物的主张;或说生命之肇始的故乡是咸海,到它的能适应于淡水中的生活,其本身便已经是一种成就①等等。所以,生命的存在,只要环境许可,它便能在空中、地上或地下生存。

30. 生物从非生物中出,就非生物的变性来看,化合的化学的反应当是居于首位的。所以,生命是诞生于化学的,似是表明了一个过程的阶段。我们言,非生物之间的某些物的具有亲合的反应能力,彼此能认知,能反应,能重构成某一新的存在,当是走向生物的第一步。只有在此基础上,某些物的记忆的信息才有可能被激活,只有当某些信息被激活后,其与所寄寓的物体才会向生物的方向迈进。这应该有一个漫长的时间演变。王子晖说,生命就是膜、代谢作用,以及能够突变并实现

① 韦尔斯:《生命之科学》,郭沫若译,广西师范大学出版社 2003 年版,第 1012 页

催化的复制子整合成的一个整体,这样一个整体的自我复制就是它成功整合的信息,标志着生命诞生的时刻。① 因此,所有的生物的特征都可以从这里的生命中反映出来。于是,生命就是一个实体的可规定自己去行为、变化或运动或静止的能力。

31. 我们知道,水和酒精对置一段时间后,就可以形成微生物,这应是类如活物的开始。韦恩认为,真核细胞在进化过程中,演化出了动物细胞和植物细胞。② 最近研究人员搜索了基因库,对比了"生命王国"共同的蛋白质,绘成了进化树,认定放线菌是所有生物的基础。然而,梁健先生认为,细胞与细菌是天生一对,是同时诞生的。细菌它不依赖呼吸空气中的氧气来生存,而是依赖于有机物质中的氧元素生存的。③ 如是之,真核细胞与放线菌若能统合在一起就是最好的了。

32. 但是,无论如何,我们已经了解到,地球上的生命是从同一个源流发展而来的,④即所有的生物都有共同的起源;只不过拥有同一祖先的物种在进化过程,DNA 出现了变异,才逐渐导致成了当今世界上的千千万万的生物物种。我们说,只要活物具有相同的性质,则其本质就是相同的,这当是一定的。

33. 有学者称,原始的有机体今天仍然存在,我们把它们叫作古

---

① 王子晖:《生命的来历:前生物进化与太空生物学》,陈珊译,科学出版社 2011 年版,第 16 页
② 韦恩:《植物细胞生物学:从天文学到动物学》,科学出版社 2011 年版,第 1 页
③ 梁健:《论细菌起源与作用》,《大众科技报》2009 年 6 月 14 日
④ The Diagram Group:《生命初始》,金玲译,上海科学技术出版社 2011 年版,第 3 页

菌。① 在地球上存在了数百万年之后,它们进化为今天的光合细菌,并且能够产生氧气,真是奇妙! 一般而言,生物体的基本单位是细胞。地球环境中大量原始、低等的生命是以单细胞生物的形式存在着;②原核细胞,大约在 35 亿年前就已经在地球环境中出现了,真核细胞大约出现于 18 亿年前左右。此间最重要的,我们设想,细胞由点到一个平面,再由一个平面层而成长为一个三维的主体,当是生物进化史上的极伟大的革命。如是之,它才可以向着动物或是向着植物的生成方面而去。这样一来,才能始有动、植物。

34. 关于动、植物的存在之细说,我们略去。

35. 就"进化"而言,其基本含义是"进步性的发展"。生物进化是有向的、发展的、不重复的、不可逆的过程,已消失的生命形式不再出现。③ 深究"进化",它体现了遗传与变异的共同作用之过程,这里的变异是一种动力。同时,进化还要借助于外在的强力和内在的具有本能性的结合。我们讲,进化必须要在性质上逐渐地嵌入方可,即所有的进化说都是关于性质的进化,如单细胞的性质进化到了复杂生命的性质等。由于性质与性质物是共在的,所以性质的进化必当伴有性质物的进化。脱离了这样的秩序,在生物的群体里,是不可能发生的。因为,每一物种,都要通过对选择压力以最合适的反应手段,才能活下来。否则,便只能亡去。

36. 韦尔斯讲,进化中之专适化与进步两者都是适应性的……专

---

① The Diagram Group:《生命初始》,金玲译,上海科学技术出版社 2011 年版,第 2 页

② 陈剑涛:《认识的自然起源与演化》,中国社会科学出版社 2012 年版,第 121 页

③ 周德华:《人体发生学》,湖南科学技术出版社 2011 年版,第 31 页

适化是在生命机构中为某种特殊的生活法而起的改良。进化中的进步是机构中为一般的生活而起的改良。① 可见,进化即是在进步和专适化之间的改良,进步必须要与专适化为基础,专适化又必须要与进步为前提,二者缺一不可。尽管这些看似是属于生命机构中的事情,然其却又是与外在相适应的。于是,任何的生物都要有着自己的内在矫正和与外在相适应的发展史,也正是在这种发展的过程中,生物中的某些精英,才得以强大了起来。

37. 举例,动物的进化是从化学物质(例如大分子有机物或原生质团)开始的,并从化学物质到极其简单的动物(只有一个细胞的单细胞原生动物),再逐渐地向复杂的方向发展到1000个左右体细胞的线形动物(线虫),到100万个神经元的节肢动物(蜜蜂),直到100亿个神经元的人类,历时几十亿年。②

38. 最后,我们讲,任何的进化都应是一个连续的细密的系统,即使是变异,它的痕迹与之所以的痕迹也应是有着对应的或对映的关系,否则就难以成立。依此观之,由猿到人的进化就是不可想象的了。因为,由猿到人的中间并没有可以进化的过渡的阶梯。所以,在未找到这些过渡性的细密的存在之前,说人从猿中出,当是极不合宜的。

39. 上述者,均是反映了当代文明的最新杰作。人们发现,观察愈是向着微观去,则愈是歧路多出,进而难以统合。倘若我们从无限的高度上看,由非生物到生物的实现,其不过就是空间某物的灵妙之变性的结果。正是这个结果,它才给了我们一个缤纷的世界。

---

① 韦尔斯:《生命之科学》,郭沫若译,广西师范大学出版社2003年版,第910页
② 王颖:《自由人生:对人的本质和人生意义的科学阐释》,科学技术文献出版社2011年版,第4页

第三章　人是谁

1. 人从哪里来？

2. 人是从空间的最深处走来。在那里,亦如我们的人世,也是处处生机勃勃,无数的弦细女郎和茁壮的能量男子,他们风情万种,多是相爱厮守,终于二者不可分。

3. 因此,他们沿着ⓔ的生成 m 的路线,在经过了波粒的界面,并在其间完成了 m+e 的成长,接着就出现了类如氢的诸多的物质元素。然后,经过空间的伟大变性,那些非生物单质的元素又部分集合地演进为生物;所以,动、植物便来到了我们的地球上。我们这样的灵物也是在上述的过程中,一步步地经过脱胎换骨式的超越性的转生轮变,才成为了人。

4. 关于这一路程,我们人类仍可找到它的痕迹。比如,我们知道空间里的最深处的普朗克尺度,也知道地球的年龄等等;即使是古菌的起初年代,我们人类也是清清楚楚。我们说,人只有经过了这些,才可以认识这些,并得以知道这些。或者说,人是空间与自然的反映,所以他才能反映空间和观察自然,并能知晓自然。不如此,人类的之所以的认识说,就是无有根源。

5. 人回到哪里去？

6. 我们说,人又回到了他的来处。然而,这只是个体之人的返转之路,因为人类的生命流永在。故此,人的个体是有限的,只有他们集体的生命长河才会具有无限性,即你我他的子子孙孙没有穷尽。

7. 郑慧子先生讲,自然创造了人。① 我们完全可以把一个细胞比做一个人,也可以把一个人比做一个细胞。因为,他们都有相同的复杂的存在。只是人们在细胞的层面,展开的太少罢了。于是,自从在天地之初有了生命的细胞的诞生之后,也就预示了人的诞生,至于由细胞到人的过程,完全可以忽略不计,或说它只是个时间的演进问题。

8. 总体讲,个体发育史当是系统发育史的简单而迅速的重演,即生物在个体发育过程中,是会再现其祖先的发育阶段的。比如,母腹中的胎儿犹如植物,出生后即是动物了,并成为人;到死亡时就变作无生命的了。可见,看似的植物、动物在很早以前是同出一体的,并且有生命的只是无生命的一种特殊的变性后的存在,这当是无有异议的。

9. 于是,人类才会具有共同的相似的能力。我们认为,人由爬行到可以直立行走,这虽属身体结构的变化所致,但它或许就是人之为人的基础。细究这些,环境的压迫机制,就应是成人的重要条件。故,人类必是环境的产物。人因环境而生,又会反作用于环境的过度而亡。

10. 还有,人是活动在被他自己所计算出来的可能的范围里的,即人只能在其可能的圈子之中存活。所以,人就是外在适应的产物,正因为如此,人类才得以生,才得以长。人的生长,主要是靠外在的能量来支撑的,尽管它是通过内在的消化来完成的。

11. 许多人都知道,人类是在最简单的加减法中生活的,凡是合于生命的就加,凡是不合于生命的就减,而这与自私似乎又是无关的。

---

① 郑慧子:《人类起源的非生物学过程》,《河南大学学报》1990 年 第六期

12. 从空间到地面,从非生物到生物,赫舍尔讲,人超越了纯粹的存在。① 我们认为,只有在此基础上,人才是万物的尺度,才是存在者存在的尺度,才是不存在者不存在的尺度。②

13. 可是,人与其他动物的差别又在哪里呢? 黑格尔讲,思维是人借以和牲畜区别开来的最自己的东西,而感受是人和牲畜共有的。③ 如是之,人和非生命的物与动物就得以分别了出来。更普通的说法就是,猿类围火而坐,不懂得添加薪木,而人类知道保存火种,这就构成了人与猿的分界线。接着,赫胥黎又在此分界线上制造了一条鸿沟。他说,在人与黑猩猩之间,还没有找到一个中间类型。④ 所以,人猿之间便见不到了任何的可以进化的管道了。再深一步,有贤哲讲,动物也有意识,但它没有文化的性质,人的具有文化的意识,才是人之为人的意识。比如,人有舍生取义的意识,而动物只有求生的意识等等。

14. 我们认为,人应有属于自己的类如由非生物到生物到动植物的系统,完全不必在已有的物种存在中进行以进化为名的嫁接。因为,人类的祖先在同环境压力的抗争中,主要依赖的是大脑。他们要靠后天的学习才能达到生存的目的,⑤而不仅仅是肉身的问题。由于脑细胞是所有细胞的最高级,人的大脑是所有生命体之最后胜利者的现代徽记,故此人的生命就是空间的最高级的存在。所以,人类的生成脉络

---

① 赫舍尔:《人是谁》,隗仁莲译,贵州人民出版社 2007 年版,第 9 页
② 海德格尔:《物的追问:康德关于先验原理的学说》,赵卫国译,上海译文出版社 2010 年版,第 42 页
③ 黑格尔:《精神哲学》,杨祖陶译,人民出版社 2006 年版,第 98 页
④ 赫胥黎:《人类在自然界的位置》,蔡重阳译,北京大学出版社 2010 年版,第 10 页
⑤ 郑慧子:《人类起源的非生物学过程》,《河南大学学报》1990 年第六期

当有自己的一线,尽管我们寻找它很困难。否则,依照其他的说法,用尽现在我们已知的所有的其他动物的全部的大脑,也是不能说明白人脑的问题之万一的。

15. 赫胥黎讲,人属于"哺乳动物纲、灵长目、人科、人属、智人种"。① 我们认为,这仍不能反映人的具有高度发达的大脑以及它所具有的意识能力等等。鉴于上述者与人是谁中的谁,还相距甚远,我们在此略去。

16. 接下来,我们讨论人的社会性、语言和文化等方面的内容,并借用海德格尔的"物是什么"来转折到"人是谁"的问题上来。

17. 周德华先生讲,人具有双重属性——社会属性和生物学属性。② 关于生物学属性,我们在前面已多有述及。就人而言,从他开始出现到陆地舞台上来,不问有任何变种,都是社会的动物,而且不断地更加社会化。比如,人从他最初存在时起,便是具有着种种的抑制、禁忌和罪恶意识,这些无比的思想力的存在——就会分裂着自己,提升着自己。所以,人类之社会性的进化,是仗着加在冲动的行为之上的克制传统之发展,是一种精神上的过程,③因此依赖于本能之处很少。如是之,便可明白人的社会性之得以存在的有关道理,以及他的非物质系统的改塑和生命之必需等。

18. 众所周知,人的起源是在非洲,语言的起源大概也是在非洲。④

---

① 赫胥黎:《人类在自然界的位置》,蔡重阳译,北京大学出版社 2010 年版,第 7 页
② 周德华:《人体发生学》,湖南科学技术出版社 2011 年版,第 35 页
③ 韦尔斯:《生命之科学》,郭沫若译,广西师范大学出版社 2003 年版,第 1650 页
④ 王士元:《语言、演化与大脑》,商务印书馆 2011 年版,第 7 页

我们想,人类的能站立起来,似是其开始语言的前提,因为他们此时会无比地兴奋快娱,并当有了些自我意识,只要这二者相联系,加上生存之沟通的需要,或许简单的语言就能形成。陈建生先生讲,不能把语言的起源和发展完全归结于生物进化的结果。人类祖先的集结密集到社群之间的经常接触,已到了不可避免的程度时,那么此刻就可以视之为语言的产生时期,这应是非常有道理的。

19. 另外,产生工具和产生语言,也许是同时代的事。随着语言的进步,人类便获得了长足的发展。比如,认识的外在转码为符号,儿童(一岁半到二岁)就会说出来,这乃是成为人的一个语言标识。再以后,就是意识的运演和可以追溯某些问题或是研究它们的起点了,人便向着超越的方面迈进。

20. 现在看,所有的人都是在用陈述来说话,其间还要引用原理。按着一般的次序,通过语言,只有物的性质是可以学习到的和能够被认识到的,如对质料就是不能学习到的或说根本无法学习。人们在小的时候,只能直观,稍长一点,经由性质的认识就可以探讨类似本质的问题。一旦将来能掌握本质了,我们对一切的观察才会更清晰。

21. 所以,郑竹群先生说,语言造就了人类,[1]即词使人们成为人。[2] 或说,人之所以为人者,言也。[3]

22. 不难发现,没有语言就没有人,人类最特有,最得力的工具就

---

① 郑竹群:《视域嬗替的语言镜像》,社会科学文献出版社 2012 年版,第19 页
② 巴甫洛夫:《条件反射:动物高级神经活动》,周先庚译,北京大学出版社 2010 年版,第 9 页
③ 于全有:《语言本质理论的哲学重建》,中国社会科学出版社 2011 年版,第 142 页

是我们的语言。换句说法,就是人的生命和生活都是以意识的存在为前提的,即人的一切以及他的本身都是存在于意识里面的。这反映在语言上,便是人时时刻刻都活在语言当中。于是,语言又创造了我们生存的世界。①

23. 我们说,语言既成就了人类,还改变了人类,同时也发展了人类。人类正是通过语言和与它相伴而来的文化之共同作用,才最终把人从纯粹的本能的动物界中分化出来。沿着这样的理路,人通过文化来加强自己,便要成为意识的一种自觉的工作。有学者称,人是通过文化活动,通过改变其自然状态才成为人的。② 我们认为,确实如此。因为,文化就是人自觉地运用一切自然目的能力的产物,它是人的主观形式条件在客观世界中的实现。长久以往,人的文化定要成为自然的最终的烙印痕迹。目前,在这方面,已显露端倪。

24. 那么,人是谁呢?海德格尔在《物是什么》中讲,物是什么,即是说"人是谁。"

25. 可是,物又是什么呢?这是必须要追问的。因为,关于事物的起源问题,乃是人类早期必须要涉及的,缘由为它是和人的诞生联系在一起的,一般儿童在三岁的时段,最爱提到这些话语。海氏认为,"物"(Ding)多要包含着"事情"(thing)。他说,物就是诸感觉的带有价值的集合体。……诸感觉自为地被表象,它们本身造就了物。同时,实在的东西,要构成物的东西,且是物本身的一种规定。还有,自然一词,近代之后,更多地被理解为是物之总和,成为科学的研究对象。我们知道,

---

① 卡尔文:《大脑如何思维:智力演化的今昔》,杨雄里译,上海科学技术出版社 2007 年版,第 91 页

② 赫舍尔:《人是谁》,隗仁莲译,贵州人民出版社 2007 年版,第 6 页

自然与本性是出于同一词源的。自然是物之总和,若用本性与自然置换,则本性便必是物之总和,或说至少是性质才可构成物的总和。所以,谈物是什么? 只要谈出它的性质来就可以了。况且,物的结构是以话语的结构为准的。① 这就是说,物是什么? 要由我们说了算。

26. 于是,物就只能作为知识的物,或称是性质的物。即,物是什么? 它就当为物性是什么? 因为,所有的物都是被它的物性所指代着;也可以说,物只是物性的承载者。沿着物是什么,就是人是谁的问题思想,此时的人又是谁呢? 如果说,物是物性的承载者,则人就是人性的承载者了,以上是我们的观点。

27. 海德格尔讲,"物是什么"的问题就是"人是谁"的问题,这并不是说,物成了人的拙劣创造物,相反它意味着:人被理解为那种总已经越向了物的东西,以至于这种跳越只有通过与物照面的方式才得以可能,而物恰恰通过它们回送到我们本身或我们外部的方式而保持着自身。② 于是,在人与物的照面之后,物是什么? 物就是被人所超越的东西,所以人就是超越了物的存在。这样一来,无生命之物、植物、动物就统统成为了物,但它们的顺序是逐渐地向着我们的人来过渡的。

28. 还有人说,人是理性的动物。

29. 我们讲,研究人是最容易把部分当作整体的,而如此者,即是犯了一种错误。可是,错误又是属于人的存在方式,理性和技术都难以彻底地铲除错误。因此,许多人总是处于迷途之中。

30. 人们不禁要问,海氏为什么要以物是什么的问题,来阐释人是

① 海德格尔:《物的追问:康德关于先验原理的学说》,赵卫国译,上海译文出版社 2010 年版,第 42 页
② 海德格尔:《物的追问:康德关于先验原理的学说》,赵卫国译,上海译文出版社 2010 年版,第 216 页

谁呢？因为，就一般的表达来看，A 是不能表达 A 的，所以他说人时，就只能借助于物，这或许是一种语言上的习惯。可见，海氏的说"人是谁"，一定要有一个第三者方可，否则它便无法被言说。比如，概念的最初起源就是把一个具体对象归结为另一已知的对象下面的。[①] 可见，简单的陈述或一般的判断，就只能是一种借某物 A 来言说某物 B 的了。这些，对于海氏之说，我们是可以理解的。

31. 现在，人们把"物"引进来，完成了"物是什么"，即为"人是谁"的问题；倘若在"人是谁"中说，"人是什么"，是否就应该讲"神是谁"了呢？如此一来，神又是什么呢？当然，我们也可以由神来反演地表达人。可见，"人是什么"即为"神是谁"，此问题和"物是什么"即为"人是谁"乃是同出一辙的。故此，人就是介于物与神之间的存在，他由物来支撑生命，由神来支撑思想。

32. 综合前述，人是超越了非生物，超越了一般生物的，但同时他也具有非生物的元素和生物的 DNA。这里要引入的便于表达的第三者，首要的是表现在人的生命与其意识的关系上，最后就是纯粹地要上升到意识的层面去。因为，其他的生物也有生命。今后的文字，就按这个顺序展开。

33. 我们讲，人的活性包括，①生命的神经系统的脉冲的存在，②意识的自我清醒的存在。应该说，人的意识与生命当是同时生成的；对于人，他的最初的意识就是其生命能力的活的在本性、本能的里面所赋予的表现。故，人是性命合一，性就是性质，就是意识，命就是生命，就是所生之命。命之所生和所长皆不由己，惟在意识中有一个本我。所

---

① 李景源：《史前认识研究》，湖南教育出版社 1989 年版，第 202 页

以,生命的都是与意识共在的,否则既不能称为生命,亦不能称为意识。

34. 黑格尔称,生命是意识之自然的肯定,死亡是意识之自然的否定。[①] 即人只有生命和意识两种,除了生命之外的便都属意识。因此,在生命的意义上,其内在的只有意识。凡是要表示人的都要回到生命的意义中来,否则就是含混不清的。所以,对于人的考虑都要进入其生命的历程中去,意识的精神的都是以生命相依托的有意义的反映。于是,人就是生命和他的意识的和合。

35. 佛家认为,人是由色(肉身)、受(感觉)、想(思维)、行(意志)和识(精神)五大元素构成的。[②] 我们讲,色是载体,是性质物,受、想、行、识都是意识,都归人的性质。如是之,人是因为生命,才把肉身和意识即精神联结在了一起,而非生物之元素则无需生命,就直接把性质物和性质联结在一起了。可见,人之躯体有生命,人之大脑有意识,是最重要的;这样一来,生命和意识的结合就构成了人。用刘晓东先生的话讲,就是人类的身体是与精神共存的。[③] 或说,人是由生命和意识的双重存在所构建完成的,也是对的。

36. 当然,人的最基本的是关于生理的生命的需求为先,然后才是趋向意识的高级阶段的。所谓人,生命、意识、行为是他的三大要素,任何一种行为都是可以既作用于生命,也是同时地要作用于他的意识的。用行为联结他的生命意义,就在于人有意识,人就是生命和意识的统一。

37. 意识是包罗一切的,生命也在它的存在之中;自然,意识也在

① 黑格尔:《精神现象学》上卷,贺麟译,商务印书馆 2010 年版,第 143 页
② 李尚全:《简明中国佛教史》,上海社会科学院出版社 2012 年版,第 14 页
③ 刘晓东:《儿童精神哲学》,南京师范大学出版社 1999 年版,第 345 页

生命之中。生命和意识是人的两个轮子,人的一切都要服从这两个轮子,不管是知性的或理性的都是如此。所以,只有生命和意识共在时,人才可以称为人。

38. 人由生命到意识到生活到自然,其中的生命之生活是联系内在的意识和外在的自然的中介。当身体适应自然环境,也是恰如生命与心灵的统一是一样的。因此,心理的和生理的,必是意识的与生命的,虽然人的生命是肉身的,但它同时又是属于意识的和心的。完整的人,生命和意识同是驱动肉身的力量。我们讲,人的生命与意识是并存的,对于人是什么而言,人应是生命物与意识的共在,倘若我们把这种共在称之为意质的话,人就是意质。

39. 许多学者都明白,人是一个自设目标的高级存在,他的持续意义就是既要有益于生命,又要精于思想。于是,可以得出,引导人类认识之无限进步的并不是自由,而应是生命的需要,如此似是无疑的。这一点,康德未能知晓。总之,意识的生命化和生命的意识化,已成为一种必然。当人渡过了从先天的到后天的阶段之后,生命与意识便是一个统一的连体。我们认为,关于意识和生命的合一的思想,是高过康德的所有的观念的。

40. 怀德海讲,我们自己因内部器官(心、肺、肠、肾等等)健康地执行其功能而健康地享有生命。① 同时,我们说,人类正是因于外在的五官而享有了意识。于是,人的一切都是为了生命和意识。自然,生命和意识又是一种合作关系,所以人是离不开身体的,是离不开生命的,是离不开意识的,是离不开思想的。人的身体定是寄寓生命和思想的场

----

① 怀特海:《思维方式》,刘放桐译,商务印书馆 2004 年版,第 140 页

所,生命和思想又是通过意识来联系的,意识放大生命进入思想,意识沉淀思想又进入生命。

41. 现在,一切的关于文化、精神、艺术等等,其根源都在意识,都是意识和生命共在时的产物;概言之,惟有人才具有生命和意识两大标识,其二者的统合,就构成了具体的人。

42. 我们说,生命作为动、植物都有,但作为人而言,其更重要的是之存在着能有自我感知的意识。从源头上看,作为人类生命的发生,就当是意识实践的开始。席勒声称,人没有别的能力,只有意志。① 如此一来,一个人就是生活在意识的水平上的,虽然他的本能是先于意识的意识,但其终究不能离开意识。所以,人的本质之一,就是关于意识的终极载体。

43. 意识总在意识中,即使是无意识的也是意识,意识就是生命,只要意识在,生命就不会安息。意识又可以等同于心或心灵的部分,心灵在根本上也属意识。人是由心来束缚的,也是由心来解脱的。意识决定人,矫正人,亦改变人。人也可以称之是意识物。

44. 人的存在只反映他的意识,并不反映他的肉身;物的存在也只能反应它的性质,而不能反映它的质料。黑格尔言,人的本性正在于追求和别人意见的一致,而且人性只存在于意识与意识所取得的共同性里。② 这就是讲,人性的当是其类的所具有的一致的共同性。因此,人的性质的金贵,就是其意识的伟大,就是其意识的崇高。

45. 人性就是关于人的性质。有人以人的能力作为其性质之一,也是妥当的。我们说,只要存有人性的自觉,人就能走向伟大。可见,

---

① 阿伦特:《精神生活》,姜志辉译,江苏教育出版社 2006 年版,第 18 页
② 黑格尔:《精神现象学》上卷,贺麟译,商务印书馆 2010 年版,第 54 页

人性必是加强人之生命品质的无形力量。人的性质就是人的意识。人的所有的内外在或它们的关系,都要由意识来反映。对于人来讲,没有意识,就不可能会存在什么与他者的关系。比如,与人的生命的利害关系,在发展到善、恶与奖、惩的程度时,若这些是服从于生命的,它就能决定其意识。生命在最后的时分是决定意识的。意识知晓利害,利害关系的存在与演化,便使意识的范围要逐渐地扩大。

46. 人的意识的标志就是由肉身所显现的诸如精神的存在等,意识的这种人的性质是由其观念所组成,意识的一定是含有精神的,意识的必是观念的,故观念的必是内存于意识与精神之中的。人若只有肉身,没有精神,也就没有意识和观念。故,始于精神才有了意识、观念、思想等这些可寄寓于肉身之上的种种性质观,无疑是对的;即精神和观念也是通过意识来衔接的,看似的精神驱动意识形成观念,观念通过意识又来作用于精神,其实如上者,都是关于意识的分说。所以,精神的以自己的观念来显示自己,正是表明了精神的它的意识性。再有,思维也是属意识的,思维虽然也可称是精神的基础,但这里的精神无疑地只能是意识。因此,思维永远是植根于意识之中的;这样一来,人才永远是,甚至在睡眠中也是在思维着。① 有人讲,在一切形式——感觉、直观和表象中,思维始终是基础。对此,我们没有异议。于是,人便可以因不同的思想、思维的层次来划分等级了。如此之,就有了资产阶级和思想阶级的分界之说。

47. 综合上面的观点,则人的历史就是他的有意识的历史,人的存在之所以有意义,就是因为其具有强烈的自我意识。

---

① 黑格尔:《精神哲学》,杨祖陶译,人民出版社 2006 年版,第 92 页

48. 高清海先生讲,人对自身意识的思想发展历程,经历了如下几个阶段:1)人是什么,要由自然是什么来判定;2)人是什么,归结为上帝是什么的问题;3)人是什么,要看人的对象世界是什么;4)人是什么,首先要看人的存在形式和活动方式是什么? 这是哲学迄今达到的最高成果。① 非常可惜,在这些最高成果里,在人是什么的问题上,竟未能回到人的本身上来,竟未能回到人的自我上来,竟未能回到提出这一问题的第一推动者上来。请问,自然、上帝、我们的外在和我们的肉身能回答这个问题吗? 都不能。我们认为,在这个问题上,过去的所有的先贤都是做了些风马牛不相及的事情。尽管如此,仍然有益。

49. 就人是什么的问题来看,在"是什么"中,极难找到那形而上的存在。比如,人的身体里面,含有几十种非生物元素,然而我们不能说人是非生物;还有,人与动、植物都含有一些相同的 DNA 因素,可我们仍不能说,人是动、植物。孟庆艳先生讲,人以外的物都属于物种规定。② 于是,人的存在便从他的是什么中得以解放出来。因此,在语言学上,人是谁,就已无限地超越了人是什么的那个提法和其所及的全部的问题。

50. 从前面一路走来,我们知道,人的存在只是由于他的生有意识,虽然意识也是与生命合在一起的、但其已是远远地超越了动物的。可见,人之为人的永诀于他之外的那些万千物种之规定的独特所在就是意识。我们说,离开了意识,就不能谈到人。

---

①　高清海:《哲学的憧憬——〈形而上学〉的沉思》,吉林大学出版社1993 年版,第 13-14 页

②　孟庆艳:《文化符号与人的创造本性——早期符号理论比较研究》,吉林大学博士论文 2006 年

51. 根据一般理论,人是世界的原因;①能从镜子里进行自我识别的只有人,而这种可以自我识别的恰是人的自我意识的存在标志。故,一面镜子,便成为了我的见证意识的存在物。有人讲,动物亦有意识,只是没有文化和精神等,这是不妥当的;因为动物们不能过在镜子面前的可有自我识别的这一意识的关口。

52. 许多人都知道,人是哲学的最高主题。同时,我,就是"主体"。鉴于上述,我们必须要回到"我"。因此,在一个没有"我"的第一人称的关于人是谁的问题里,一切都是混浊不清的。

53. 由于自我的有意识的存在,或说意识的一定是面对着自我,即为面对着我的;所以,如下的阐述便是与之有了共同为一的亲密关系。

54. 海德格尔讲,因为话语、陈述、规定或言说都是人的行为,结果是,不是人符合于物,而是物以人,以人的主体,被人们所熟知的"我"为标准。② 即没有人,没有我便没有一切。人所言称的一切,都是因我而起的,这里的我是作为人类的意识而存在的。比如,身体是属于我们的,我们又是我们身体内的一种活动。③ 其实,这里的活动与我们的我都是同一个存在。简言之,生命的是属于我的,恰是由于意识是属于我的,即生命与意识都是关于我的一种共在。

55. 不难发现,所有的人类意识即自我的意识,首先是以自我为对象的意识,于是我在我自己的意识中,当然意识也在我之中,我与意识不可分。任何人的企图将我与意识进行剥离或分割的想法,都是意识

---

① 余明:《人的本质》,岭南美术出版社 2007 年版,第 258 页

② 海德格尔:《物的追问:康德关于先验原理的学说》,赵卫国译,上海译文出版社 2010 年版,第 42 页

③ 怀特海:《思维方式》,刘放桐译,商务印书馆 2004 年版,第 145 页

的本身所不允许的。因为,这涉及理性。黑格尔讲,理性的基础在于各个意识的自我意识:我即是我,我的对象和本质就是我,没有哪一个意识将会否认理性有这个真理性。[①] 此话讲的是何等的好啊！接着,我们说,人就是有着自我意识的存在,人的思想、精神、感知等等作为意识的分属就都是关于他的处境,或说认识了自己也就认识了人。这里的人、自己,均是关于我的不同的表达。

56. 我就是我,我以外的他物就是我的对象(其中也包含万有的本质)。然而,我的对象和万有的本质仍是我,这就是关于我的自我的意识。要使我的对象成为我,它一定是经过了初步的理性的反思和超理性的过程之后,才达成了这样的真理的。对象成为我,是对象已进入我,融于我,我之中已有对象。此时,对象与我不可分,故对象也就是我,无疑。就先天而言,它是与生俱来的就成为了自我的,就后天而言,它是随他物而成为自我的。于是,自我就在先天和后天的作用下,成为了主宰生命的活的意识,即自我意识。

57. 在哲学史上,笛卡尔曾怀疑一切,但他表示,惟"我"是不可怀疑的。因为,我是一切的起点。所以,凡是人类的都是我的,凡是世界的也都是我的,我即是人类,我即是世界。他还讲,我思故我在,其中的我在的前提是我思,我思属意识范畴,我在是属人的在,是人的出现时的才在。惟有我在时,即人的意识在时,人的在才是最真实的在。综合一下,人的这个在,就是"此在"。我在言我时,我是在的,我不能言我出生前的我,也不能言死后的我,我是与我生命、意识共在的我,而对于你和他则可以说在他们生前死后的话,这就是关于我的特殊之在,即我

---

① 黑格尔:《精神现象学》上卷,贺麟译,商务印书馆 2010 年版,第 177 页

与此在的意识共在,二者不可离开半秒钟。

58. 于是,我们说,经过了上述的聚焦和文字的绑定,则意识在人是谁的问题中,其所对应着的这个"谁"中的人称代词,就只能是"我"。

59. 所以,人是谁?答:人就是我。

60. 当所有的人都把人是谁这一问题均回答为,人就是我时,以我为圆点,向外发散而去的就是你,就是他,就是她,就是他们、你们的等等。这样一来,人就成了世界的中心。

61. 关于人是我,由于这里的我与人们所特有的意识的本质,即它所寄寓的终极的意识物的关系,乃是互为言说的;也可以称,人就是意识物。

62. 但是,我们讲,在人就是意识物中,若能把意识的存在鲜活地表明出来,当是更为精准的了。

63. 因此,人是谁?答:人就是我,人就是意识物,人就是意识物的显有意识者。

第二篇　性质界

承发生界，

性质界就要为开显本质界，

而做好各项准备。

因此，

性质界的理论就要建构完全，

并为向着本质去，

当架好修好所有的前行的桥梁路线。

第四章　性质讲论

1. 上帝说:光! 就有了光。

2. 我们发现:一切皆有性质;结果表明,性质已充满了整个世界。

3. 性质就是非生物的所有物性,就是生物的比如植物的趋光性,动物的运动性和人的意识性等。性质具有无限的神妙,然在过去,人们却未能对其有系统的知晓。

4. 根据《现代汉语词典》,对"性质"的定义是"一种事物区别于其他事物的根本属性",对"属性"的定义是"事物所具有的性质、特点"。如此一来,就有点循环定义了。① 但是,它的关于"属性"一词的细化,又是相当好的。该书说,属性是人们在认识世界和改造世界的过程中,感知或认识到的主客观对象的各种可供认知或比较的方面,它们依附于特定的对象,不能独立存在。此间的要点就是,性质不能离开性质物而存在,这是一个极重要的观点,是非常正确的。

5. 罗伯特·奥迪讲,性质可粗译为,属性、特征、特性、征相或面相。首先,性质作为可用来谓述的或那有例子的。例如,红性质可以用来谓述红的对象,红的对象是红性质的例子。性质是内涵性的东西,不同的性质能够用来谓述完全相同的东西为真,亦即不同的性质能有完

---

① 刘春卉:《现代汉语属性范畴研究》,巴蜀书社 2008 年版,第 1 页

全相同的东西作为例子。① 其实,这些都是一物的具有多性质的反说,即多个不同的性质是可以指向同一个存在的。于是,性质既是可以直接谓述的,也是要通过抽象来完成的。

6. 当人们回到很久以前,就可以听到亚里士多德的声音。他说,所谓性质,我是指决定某一事物如此这般的原因。有一类性质,我们叫作状况和习性。另一种性质是,人们用这种性质来述说所有天生的能力或无能。第三种性质指感受的性质和承受。第四种性质是所有事物的形状和外表形式,除此以外,还有直和曲,以及所有这一类事物。② 亚氏是大哲,我们讲,正是因于了他的第四种性质,或许才是产生现象学的理由;然如此之说,对于性质向着它的性质物的内在而去的时候,却是毫无意义的。可是,我们亦不想对此展开批判。

7. 在日常生活中,我们相信物是由许多不同的性质组合成的。譬如白是性质,甜是性质,白和甜都是实在的,而彼此不同,但一块糖可以同时白且甜。白糖是物,白和甜是同一物的性质。我们说,性质"附丽"于物,物为性质的"负载者"。无性质便无物,物不能无性质。……所以,每个性质,都是物的性质;而物必有其性质,才成其为物,抽掉物的一切性质,在感官内所呈现的物,亦即消逝,剩不下那个性质的"负载者",所谓"负载者"不过是比喻的说法,表示性质有所依附而已,用哲学上术语说,物有它的本质(物自身),有它的附性(性质),本质蕴涵附性,附性依附本质。③ 以上是郑昕先生的话,讲得何等好! 关于性质

---

① 罗伯特·奥迪:《剑桥哲学辞典》,台北市猫头鹰出版社 2002 年版
② 《亚里士多德全集》第一卷,苗力田译,中国人民大学出版社 1990 年版,第 25 页
③ 郑昕:《康德学述》,商务印书馆 1984 年版,第 5 页

的问题,他已说得十分明白。借用他的"负载者"一语,在今后,我们可以将之通俗为性质物来表达,这样的话,性质与性质物就可形成一一的对应了。故,凡为性质物者,必有性质;凡有性质者,必要归于性质物。通过郑先生之言,我们还可以知道,性质当是依于本质出,本质者当是发散性质的源头。这些都是十分重要的。

8. 于是,《西洋哲学辞典》上载文:性质一般指属于本质或附加于本质的任何情况,狭义的性质仅指内在的附质型式。我们说,就是这一附质型式,便表明,所有的性质,无不是寄寓在那本质之上的了。因为,对于本质来讲,不管是性质的附质,还是性质的寄寓,对它而言,都是一样的。然而,在今后的我们的文字中,将更多地使用性质是寄寓于本质的说法。

9. 还有一些观点,即性质是物质自身固有的属性,如密度、温度、重量、体积、运动等。培根认为,事物的性质与事物不可分离,掌握了事物的属性,就是了解了事物的性质的集合体。关于培根的简单性质说,包括以下内容,简单性质是可感知的事物属性,是从质的方面对事物的加以规定,是认识形式的前提。我们说,培氏的思想还是较为全面的。

10. 接着,霍布斯把事物的性质称为"偶性",洛克把事物的性质分为两类,贝克莱否认物质的性质的存在,莱布尼兹则抛弃了以前的所有的关于性质的理论。我们说,莱氏的和贝氏的理论都是荒谬的,霍氏的有一点点道理,洛氏的分类也只是为了阐说上的方便而已。因为,非生物的、生物的如植物的动物的人的所有的性质都可以统归为一类,只有如此,才宜于在性质的家庭里,解决它们的总的皈依问题;否则,导向各异,纷乱一场,是没有结果的

11. 在性质的具体的表达上,我们可以根据两个或两类对象都有

某些性质,并且其中的一个(或一类)对象还有另外的某种性质,就可以推出另一个(或另一类)对象也有这种性质。所以,性质类比的推理形式是,A 与 B 有性质 a、b、c,A 有性质 d,则 B 也有性质 d。不难发现,由 a、b、c、d 这些特性是可以组成一个性质群的,就这个性质群来思考它的形成,当是由性质物的成分、结构或其他物的杂糅组合所导致的,等等。我们言,即使是单质的,它也要有成分和结构的或是可变化的,故而也会产生出不同的性质来。

12. 综上,在性质的研究里面,起初的对性质的认识,依着德谟克里特的理路,只能是从俗约定的,之后人们就可以辨别简单的性质了,这时又兼及了一些偶性的补充,并产生了两种性质等,就是十分自然的。因此,从俗约定——简单性质——偶性——两种性质的脉络便已形成。但是,这些仍处在性质理论的较低阶段。

13. 关于性质的认识,以下的要点是必须应分明的,即性质的对非生物而言,乃是它的自然反应,对生物的就是含有了反应与反映的交合的存在了;但是对于人就只能表现为他的意识。因此,性质就是非生物自身所固有的反应,就是生物所固有的反应与反映的结合,就是人的意识。

14. 所以,思考性质,就必要找到一个切入点,并由此而去涉及应有的性质;而这里的思考着的切入点,对于我们来讲,当属感知的认识的即意识着的思考与思考者本身。如是之,性质就是人的思维体系所建构起来的依于物的,但又不是物的存在。或说,人们所能知道的都是性质,所进行思考的也是性质;同时,性质还具有它自己的辩证法。关于性质的潜藏的以及其辩证的关系,是人们很少能明白的。

15. 鉴于性质的既是可思想的,亦是有可直观的一面,则其就必是知性的和附于物的。我们把性质的存在上达到知性的层面中来,是对性质理论的一个巨大的提升。高清海先生讲,柏拉图看出了"对象"含有对人而生成的性质;同时,理念作为事物的模型是从"对象"的两重性质中分离出来的,……这就是理性世界的真实根源。① 从此以后,我们所言的性质,就必是经历了知性的和理性的洗礼后的存在,并且是要时时刻刻地反映出它自己的知性和理性的。

16. 由罗素的物质对象是用存在的原始材料或性质做成的②可知:物质的一定是质料的与性质的和,物的某些功能的也是性质的,只有性质的,才是可认识的,或说人们所认识的都是那些性质。故,在黑格尔体系中,现实事物的现实性,即绝对意义的在,便被理解为理念,并被强调地如此称呼。所以,这里的现实性即在,即为理念,即是关于现实的性质。于是,"在"的意义就是以当今与在场,……来划出自己的界限。③ 自然,性质的存在也就因此而得以廓清了出来。我们认为,人的能把性质从性质物中廓清出来,是需要一种能力的。要把这个能力说清楚,应是从人的有感觉的能力说起,而人的这种能力恰是一个感觉者的性质,关于这个感觉的存在,其一定要与感觉者有一个共在。同样,在感觉者有感觉之先,性质物的性质也应是具有被感觉的开显,即感觉者在感觉时要与被感觉者的时时的已经给予着的性质是能统一在一起的,于是人的感觉的能力便通过他者的性质的被感觉而得以相互地胶合为人的感觉感知后的认识,也可称之是人的一种能力的与外在性质的联合后的结果。

---

① 高清海:《哲学的憧憬——〈形而上学〉的沉思》,吉林大学出版社1993年版,第79页
② 罗素:《心的分析》,贾可春译,商务印书馆2010年版,第16页
③ 海德格尔:《形而上学导论》,熊伟译,商务印书馆1996年版,第92页

17. 然而,现象也可以呈现在我们的感觉经验中,但许多的性质则不具有直接的给予性呈现,它需要借助其他条件,方能为我们所认知。如,金属的导电性就必须要借助电的存在,才能为我们所知。这就是讲,性质当具有绝对的统一性,它不像表面的纷乱的现象可以因人的感觉不同,而有不同的认识;即性质在任何人的已认知的体系中,都是不变的,它不能因人而异。其实,这也正是性质的实在性。

18. 通过金属的导电性要借助电的存在,才能为我们所知来看,直接的知觉和间接的知觉就都是可以发现性质的存在了。尽管如此,我们亦只能感知到性质,而不能感知到物自身。因为只有性质的被感觉,才是能因应人的意识的,即惟独性质的,才是人的可意识的。所以,性质的组合就构成了人的意识着的物。经研究,我们讲,性质物的性质,一方面是具有自动的可开显的向着我们而来的直接的给予性,一方面也是具有可被人的意识、行为的给予激活后的间接的再显性,否则它便不能向着我们的意识方面来给予。这些都属于性质物的性质。就人这个性质物而言,其意志、目的、思想等均属于意识的性质,其间也具有自动的开显性和被动的开显性两种。

19. 在人的意识中,不成熟的观点理念,只能是生成着的性质,因为性质一定是确定的。所以,只有绝对的观念才是真正的性质。比如,关于太阳的观念,就是由光、热、圆形、距离等性质所组成。可见,凡对性质都要标定出明确的概念。在此严格的条件下,某些性质或许要经由计算得出,才是最好的。我们讲,数学多是为表达性质才存在的。

20. 小结一下前面的文字,在对性质进行了深入的理解后,以人的意识为一方面的性质,以人之外的他者之物为一方面的性质,在共同的性质的层级上,就是可以相互联结迭合的了。此时的性质,既在我的意识中,也在我之外的一切的物的存在中,更是存在于我和他者的中间地带,离开了这三者,人的意识这个性质就找不到其他性质的同类项,就更不会找到性质物的本质。所以,惟有性质才是我们的一切的可以认识的通道,正如它是可以深入到本质中去的管路是一样的。于是,我们研究性质,早晚地就会寻出本质。

21. 性质的存在,在我的意识和他者的中间地带之说,主要是从语言学上来表达性质的。因为,所有的语言表达的都是性质,或说所有的性质,在我的意识和他者之间的又都必是文字概念和语言。

22. 李景源先生讲,从语言史来看,一切基本句型都是从原始动词中直接或间接地分化出来的。① 在这里,原始的动词既表现行为,又表现情境和画面,还表现最原始的语言结构。接着,在原始语言的后期,最早从原始动词分化出来的是无人称代词。在一定意义上说,无人称代词是最早的名词。因为,它是万事万物的名称。于是,原始动词向静词(名词)的转化,表明原始人对活动情境的认识深化了,由整体混沌的认识转化为具体细节的认识。

23. 有学者认为,在语言文字的早期阶段,一个命名其实是整个事物(包括图像、代号-符号、行为、情态等诸构成因素的综合体)的命名。故依语境可以表示为名词、动词、形容词等诸有差异的性质。② 因此,随着人类的进步,人的认识由具体(个别)到抽象(一般),不仅表现在由专有名词向类名词的发展上,而且表现为形容词从原始名词的分化上。马克士·穆勒认为,抽象的词即形容词的产生,就是事物的属性被从事物中抽象出来的过程,这个过程正是靠借喻来完成。借喻是抽象

---

① 李景源:《史前认识研究》,湖南教育出版社 1989 年版,第 120 页
② 王立山:《精致化思维》,广东人民出版社 2012 年版,第 37 页

思想借以钻入人脑的主要方法之一。所谓借喻,就是拐个弯,用别一事物来说明此一事物。这一方法正是把对象和它的属性加以分解(即形容之产生)的关键一步。……因此,借喻是个别特征向日益概括的一般特征过渡的转化器。在语言的发展中,原始名词转化为类名词的过程也就是形容词从原始名词中分出来的过程。① 上述表明,形容词的出现,正是代表了性质语意的产生。

24. 当然,形容词的产生要晚于类名词,这是因为,类名词是一些实物的名称,形容词是表示实物性质的。只有当思维学会从多种事物中抽象出某种共同的属性时,形容词才会产生出来。……类名词和形容词的产生是人类逻辑思维史上和语言史上的重大飞跃。它标志着人类开始有了初步的自觉分析能力和综合能力,初步的自觉抽象能力和概括能力,对周围事物及其属性开始逐步加深认识,并形成概念。② 这样一来,性质哲学的建立就有了基础。接着,形容词可以说是注定要行使谓语的功能,并且进一步行使定语的功能。③ 此即言,作为性质的形容词已经牢牢地把主语给框定住了,即主谓只能是关于性质的阐述,或说是被性质所阐述的了。

25. 还有一种情况,就是形容词可以通过名词化而成为一个名词,这时它所表明的便是以某一性质的存在,也是可以代指某一性质物的。总之,由名到形或由形到名,都是表性质的。事实上,在一性质之外,还有无数的性质,而这就需要关于性质的形容词也当有无数多的原因。通过对语言词汇学的研究,我们发现,动词也是属于性质的,如在某些

---

① 李景源:《史前认识研究》,湖南教育出版社 1989 年版,第 324 页
② 李景源:《史前认识研究》,湖南教育出版社 1989 年版,第 204 页
③ 胡塞尔:《逻辑研究·第二卷·第一部分》,倪梁康译,上海译文出版社 2006 年版,第 373 页

行为中所表现出的性质就是这样,且动词的复制等也是一种性质。另外,数词和量词均可表性质,即性质的也是可以表达数的或量的。概言之,名词的动词的代词的介词的副词的等等都是关于性质的表述,它们无一不是性质的存在的语言形式。如桃子之名就与钢铁之名不是同一的存在。因此,它们的名字的本身就是代表着相互的区别着的存在了。至于其他词性都是如此。

26. 我们讲,性质一词乃是人类语言上的最高旗帜,所有的表达都可以归于它的麾下,如前述的各词或表面的现象的等等,无不可以说成是某某性质。表面的现象的包括名词,尽管不进入性质物的内部,但如果缺少它们,对性质的集体来讲,还是不圆满的。所以,现象性质和名词性质等在今后也是多有用途的。关于现象的性质我们会专设一章来谈;下面,主要讲一下名词的性质问题。

27. 一般而言,人是要先学会名词,再知道它的意义的,且名词和意义又都不是与生俱来的。有人认为,所有的名词、名称之名都是来源于动词的行为,以及没有一个抽象名词不是从某个形容词或者某一个动词派生出来的。① 我们说,根据前面的文字,人们在一些性质上,抽象出一个复杂的观念,来标记这些性质所寄身的实体,于是这个实体的名词就出现了。所以,实际上,几乎在所有情况下,事物的名称都是从其性质的名称而取得的。② 可见,由实体名称所形成的观念都是关于性质的集合。如是之,关于名词的许多名称,一定要依于性质,至于介词、副词等,无非是起着一些衔接的关系而已。

---

① 孔狄亚克:《人类知识起源论》,洪洁求译,商务印书馆 2010 年版,第 223 页

② 《亚里士多德全集》第一卷,苗力田译,中国人民大学出版社 1990 年版,第 30 页

28. 名词常存有名同而性质不同,以及不同名,性质却相同的情况。在某些特定的背景下,名称就是事物的定义,如此者,此时的事物就具有某些绝对性,即绝对的观念和绝对的性质是可以统一在一起的。

29. 霍布斯认为,名词的首要作用是作为记忆的标记,即名词在未展示它的性质群之前,只是一个标签或符号。尽管如此,它又是必须要标记着性质的。比如,事物只是名事物,即事物者皆为名有名,而非实事物;可见事物只是性质的事物,只有性质于事物才是实。于是,名称的出现,便为陈述性质提供了方便。

30. 因此,名称的本身就是陈述,当诸多的性质被抽象会聚到一处,寄寓在某一实体上时,以一个名称概括之,人能呼其名,闻其名,这确是一个表达集合性质的智慧之术。然而,要研究某物,要使用名称,但又不能停留在名称之上,也不能停留在质料里面,所以惟一的通道就只宜在性质中做文章。如是观之,名词的本身并不反映本质。因为,名词只不过是盛放性质的箩筐,故作用不大。于是,为了寻出本质,就只能通过其诸多性质的聚集来完成,当然也可以通过某一性质来直接钓取。

31. 通过语言学,我们知道,文字的意义当是人们的思想、观念和意识的总和。有时,文字又是某一思想的发端。同样,所有的文字都是观念,所有的观念都是文字,所有的观念和文字又都是表达着性质。或说,文字表观念,文字表事物,观念就是事物,事物的可表的惟有性质。最初,观念就是可感的性质,人只能用观念才能标记事物的性质和心中的概想;然观念和文字并不是事物的本身。

32. 洛克讲,人心在自身所直接观察到的任何东西,或知觉、思想、理解等等的任何直接对象,我叫它们做观念。至于能在心中产生观念的那种能力,则我叫它做主物(能力主体)的性质。比如,一个雪球有能力在我们心中产生白、冷、圆等等观念,则在雪球中所寓的那些产生观念的各种能力,我叫它们为各种性质。① 其实,这里的产生观念的能力和雪球所寓的那些东西都是与性质为一体的,都是包含在人的观念之中的,即都是为性质的。只是洛克还没有认识到这些。所以,在文字的表达上,A 的存在常含有 B 的性质,这乃是一种最易形成遮蔽的东西。

33. 于是,文字既是理解力的支撑,也是理解力的束缚。因为,文字虽是言语的符号,但心灵是要以言语为符号的,且言语是活生生的。可见,一旦要脱离了语境的文字表达,它就会成为导致误解、语义含混和意义流失的根源;②而解决这些问题的办法,就是当使性质物中的性质——正好地对应着人心中的观念,才是极为妥切的。

34. 不难发现,只有当观念紧密地附属在性质上,观念与性质不可分时,性质与观念才会具有共同的作用和意义。我们认为,这种共同的作用的结果,就已涉及了知识的问题,且知识的又只是人的存在的一个方面的性质。但是,这种性质又可以把其他的性质物的性质给统摄进来。因为,性质物的被人所利用的总是自然地要沿着性质来展开,而性质物的作为知识的部分,也总是要沿着性质的方面来展开,故性质一旦成为知识的概念,人们就可以永续地利用下去。

35. 关于概念,是由于实在的外在,无法解决它是如何存在的,所以外在的对象就只有通过诸如类名词等来反映到意识中来,否则那些

① 洛克:《人类理解论》上册,关文运译,商务印书馆 1983 年版,第 100 页
② 张志伟:《形而上学的历史演变》,中国人民大学出版社 2010 年版,第 315 页

实在便要游离于我们的思想之外。这样一来,每一个事物便都有一个概念要与之是对应着的。尽管物的内容和物的性质可以是不同的概念,但性质的存在必隐含于内容中,然性质又一定不是内容。绝对地讲,从概念本身中,是不可能知道概念物的质料的,即质料是无以表达的,只有存在于质料中的性质,才是能够阐发的。于是,只有依于性质,对应着共同的性质,才好抽象出共同的概念。

36. 所有的事物,在它的生成过程中,其性质也是与性质物共生的,此时还不宜用概念来表说性质;虽然概念可以指任何事物,但概念在很大程度上是不以语言为转移、不受语言支配的。[①] 只有明白了这些,在廓清性质时,才可避免歧义,从而方能确定它的界限范围。然而,在应用概念时,也不必局限,若 A 的概念可以在 B 的概念中去联系去拓广,也许会有新的发现。

37. 研究性质学,人们去谋求有新的发现,乃是之一大天职。比如,性质的结构是怎样的呢?就物来讲,还难以说明;对人而言,他的性质结构就当是其意识的存在结构,因为这是可以从认识论上来确定的。自然,这又涉及了概念的内涵问题,有学者称,众多的属性便组成了概念的内涵,[②]其实这仍是用某个概念来表达另外一个概念而已;不如此,所有的人类语言便无从阐说。

38. 于是,《楞伽经》中讲,言语是从分别而起的。[③] 即言语始于分别,而性质者亦为分别,所以凡言语者,皆可归为性质。当一切都充满了差别、迥异,文字才能更好地体现它在语言上的不同性。如是之,一

---

① 李景源:《史前认识研究》,湖南教育出版社 1989 年版,第 85 页

② 连莉:《本体中非分类关系的理论体系研究》,山东大学博士论文 2010 年

③ 《楞伽经》,赖永海注,中华书局 2010 年版,第 86 页

切的文字和它的所表达的概念,便只能是都充满了性质。比如,关于特异性之说,它的特和异都是表差异的,故其与性质就是同一语。下面,我们还要再细说一下语言。

39. 刘忠先生讲,语言的生成是神经细胞反应活动的结果,这一结果反映了客观物质内容,语言首先是反应的,然后才是对反应进行反映。反应与反映,这二者是相辅相成的,不能脱离。① 可见,神经细胞的反应,更是具有本能的决定意义,至此就可以说,行为的起点已不在于语言,当为真。尤其是对人的生命系统而言,语言对身体的机能似是没有指挥和协调功能的,或说语言的表达也是要服从于本能的。由于语言都是关于性质的,故此人的性质也要服从于其本能的性质即本性的是无疑的。可是,人的心智又是靠语言来扩充,靠语言来表达的,语言又能使心智被不断地激活,此时的语言就会具有了无限性和开放性。

40. 因此,语言总是把敞开出来的在者,保持为说出来者,和所说者与还可再说者。② 这样,语言总是被使用和被利用,却无有怨恼的情态。同时,也正是在表达与被表达的过程中,语言才与性质的存在,完成了吻合上的一致。不如此,就是不合道理的。我们讲,性质是通过语言对事物的内在的研究,可在日常言语中,任何语词都不代表某种精确的东西。日常言语并不在相同与十分相似之间做出区分。③ 不难发现,这或许就是人们玩忽掉性质的原因之一。鉴于语言实质上只表达普遍的东西,但人们所想的却是特殊的东西、个别的东西,④则语言就

<hr>

① 刘忠:《性质语意理论的提出与自然语言理解及其实现的研究》,华东师范大学博士论文 2004 年
② 海德格尔:《形而上学导论》,熊伟译,商务印书馆 1996 年版,第 185 页
③ 罗素:《心的分析》,贾可春译,商务印书馆 2010 年版,第 155 页
④ 李景源:《史前认识研究》,湖南教育出版社 1989 年版,第 77 页

必要由性质来创造,因为性质就是那特殊的东西和个别的东西。

41. 一般对事物来讲,都要言之性质,否则就无从了解,即关于性质的表达必是语言的,脱离了语言,实难说明性质。在语言上,每一个存在都可以用性质来标记之。有时在述说时,为了不重复,本来的性质,也可以说成是特征等。另外,关于表面性质和内在性质说,它也是根据语言上的需要来做阐释的。因为,在真实的物中,这些都是关于性质的不同程度或不同层次的表示,它们的本质都在性质物的内部。为此,霍布斯讲,真实和虚假是语言的属性,而非事物的属性。① 很显然,这是极有道理的。

42. 语言既表性质,亦表关系,所以它便具有了许多的可以附加上去的类如搭桥的性质。如,我们只要把某些存在赋予相应的与他者的话语缩结,则之显示的便不会涉及那些物自身,此时所称的性质无论如何也不会离开它的寄寓者,或说两个存在之间的连属,是不能反映为纯物的性质的,尽管这也是语言本身的性质。于是,这里的非关系性质定是依附于确实的存在者的,又是可表达的;关系的虽可表达,却没有像含质量之物一样的寄寓者。这样的话,人们所说的都是性质一语,是否还妥当呢?我们讲,仍很妥当。因为,关系是语言的性质,而非一般物的性质,此时关系的寄寓者是语言。可见,不同的性质,确是当进行分说的才好。然而,无论怎样,语言总是存在的家。②

43. 我们说,所有的存在及其表现都要以性质的身份才能被确定下来,所有的文字都可以被性质所规定,于是性质就是可以总揽一切的

① 霍布斯:《利维坦》,吴克峰译,北京出版社 2012 年版,第 15 页
② 张志伟:《形而上学的历史演变》,中国人民大学出版社 2010 年版,第297 页

存在之王。如是之,在世界上的存在,如果没有了性质的给予,人类也就无法用语言来表达了。在我们已知的范围内,不同的人种尽管语言不同,但他们所掌握的语义却是一样的,究其根本,乃是由于性质物的性质是从来就没有能够被撼动过的,故之语义才会相同。

44. 再深一步,索绪尔认为,语言的本质就是差异,语言的价值或者说它的指谓作用乃是通过语言符号之间的差异性而获得的。即任何一个语言符号都是通过它与其他符号的"不重合"来获得自身价值的。① 也可以说,语言不是世界中事物名称的罗列,而是形式差异系统。② 自然,这里的差异系统,也就是关于性质的系统。所以,语言中只有差别。语言不可能有先于语言系统而存在的观念或声音,而只有由这一系统发出的观念差别和声音差别。语言系统是一系列声音差别和一系列观念差别的结合。因此,性质的都是差别。

45. 差别、差异、分歧都是共在,只要语言存在,上述的共在,就一定要成为性质的存在。比如,S 是 P,它就是关于语言上的共在,然而 S 绝不是 P,这就体现了一切皆为性质的学说要点。可是,由性质要导向本质,又终不能离开 S 是 P 这样的语言形式。因此,本质与性质便都会在语言中说话。综合语言表述中的性质和本质,按着语言的发生学来看,本质必是产生性质的源头,本质当如光源,性质仅如其光,且性质在本质的源头处都是当以某种共在而存在的。

46. 接着,我们说,由本能的无语言的到有原始语言的行为出现,乃是人类的一个天大的进步。当然,语言的形成又是全社会的创造。

----

① 孟庆艳:《文化符号与人的创造本性——早期符号理论比较研究》,吉林大学博士论文 2006 年

② 王哲:《从语言批判到意识形态批判》,《文艺争鸣》2010 年,第十一期

早在狩猎时期,人们已经绘画雕刻,或草创了文字,原始语言是概念确定前的声音、动作等,真正的语言则是词产生以后的事。所以,词汇是无数观念的交结点。[①] 然而,语词的表达却是关于它的定义的,因此一个词有多义和一个物有多性质应是一样的,由多义找到本义,由多性质找到本质也是一样的。但是,由某一个单词来表本质必是困难的,若它的组合体来表达本质就是很容易了。故,词的产生也应是人类智慧的起源,无疑。

47. 有学者称,在敞开状态和揭示状态中才会有词和物的符合,[②]这是对的。也就是在这敞开之中,物的一个特性或性质的描述,有时是几句话就可以完成的,有时却是需要表格、图示以及有大段落的描述的。于是,它便产生了人们言说的三种方式,即以言表意、以言施事和以言取效。可是,同一种性通过不同的方式,即以不同的述词来表征,如那是水与那是 H_2O,与上述的三种方式,又是不尽相同的。

48. 可见,句子的意旨,主要在语义,语音、字形只起次要作用。某一日,当人们把句子压缩为语结时,在逻辑上就会表现为把判断压缩为概念,[③]这时它的语义,将趋于某一标准下的精准,可谓是好事。此背景若反映在性质的描述上,它便要有一个绝对的详尽过程,不可有任何的纰漏。在逻辑上,某些性质的表达,若能呈现为一个函数时,当是最好的。其理由,应是不言自明的。

49. 语言文字、概念等等,对于人类来讲,都具有绝对崇高的意义。就所有的性质物而言,任何一个汉语句子的语义都可以使之归结为性

---

① 弗洛伊德:《释梦》,孙名之译,商务印书馆 2005 年版,第 340 页

② 张志伟:《形而上学的历史演变》,中国人民大学出版社 2010 年版,第275 页

③ 李景源:《史前认识研究》,湖南教育出版社 1989 年版,第 127 页

质语意的命题研究,因为任何一个汉语句子都有自己的独立的性质,而这一性质又是直对着性质物的。当然,对其他语言也是一样的。所以,人类所表达的都是性质,都是全世界的性质。即,所写者……是人类全体之性质。① 可见,性质者,皆在所写之列,皆在人们的意识之内,皆在那些形形色色的内外在之中。

50. 下面,我们阐说性质物的性质之产生的问题,因为研究它的过程,具有十分重要的意义。首先,性质是寄寓在空间的有之中的,或说性质的必是实存的,即人们所能知道的性质,都是要有一定的背景乃至材料的,否则就不能察觉到。原则上,质料是性质物的载体,可人们讲的"发生",一般又是指性质的,因为关于质料的发生,人们是始终的无法言说的。所以,对于性质物来讲,只有性质才是可以表明它的内在的,或说只有性质,才是可以开显出性质物之秘密的。

51. 当下,看似的都是后天的性质物的性质,其实早在性质物的胎孕之时,性质就已经存在着了。这样,对于性质的存在,就可以回到性质物的产生的原因上去寻找。人们发现,性质物的性质是与生俱来的,性质是发生联系和反应的基础条件,即性质在性质物的发生时刻就已如影随形了,当然这也就是它们的共同的类如孪生的渊源所在。不难想象,性质与性质物在它们的生成时分,一定又是会受到内外夹击的。然无论如何,天然之物的性质,绝不是外加上去的,且性质在性质物的产生之初,一定是随着与性质物一样同为简单的,但愈向后,就愈复杂起来。比如,铁的性质在炼炉中形成,人的性质在母胎中形成,就是这样。有时,性质也是可以在后天生成的,但这种可以后天生成的性质,

---

① 孙立:《词的审美特性》,文津出版社 民国 84 年版,第 105 页

必是要先天地就已潜伏地存在于性质物中的,不然性质的存在,若缺少了这些关联,它就不会得到开显。

52. 性质的存在,还有相似之说,我们推断,相似的性质,必当有一个共同的出处,才是合理的。如此的话,若知道了性质的发生和存在,就可以深入到性质物中,并可用来解析性质物的;反之,也是一样。接着,就可以导出性质物的种类和其分化的原因,以及性质物之间的差别。于是,上述者,也是属于性质哲学的知识体系的重要组成部分。

53. 具体地对于某一元素来讲,性质与性质物的存在,它们必是一起诞生的,此恰如人的意识和其生命的肉身也是一起诞生是一样的,只是意识在人的婴幼儿时期有一个休眠的时段而已。事实上,通过性质物的性质,找到它的本质起源是一定的,然某些性质又是具有隐秘性的,所以我们虽然能知道某些性质的方面,却是不能知道它的一个全面的存在的,这也正是我们对许多的东西不能予以深刻认识的原因。再有,性质的存在是自有它自己的秩序的,而对这种秩序的形成,或许是我们的智力所考虑不及的。

54. 统观性质,它的存在都具有原初性,即所有的性质均是来自于过去,性质不能改变自己的往昔,这也和意识不能改变自己的先在是一样,尽管意识也是来自于那些从前的。由过去到现在,性质有一个过程的呈现,明显的性质会早些时间为人们所知道,不寻常的后知道,有些性质需要我们的激活才能知道,至于主要性质和次要性质的谁先出现的问题,我们想,这要看其对人的生命之需要的程度来定的,故此也就没有必要来进行截然的划分。于是,这就涉及了性质的存在和性质的要表达的依据等问题了。

55. 赫舍尔讲,物理事件可以根据其客观性质来确定,[1]即由性质是可以确定物理事件的。所以,性质的显现就是一种胜出,因而也是一种超越。同时,由于任何的存在都是蕴有性质的,且性质的本身有时也是可以蕴有性质的;如是之,就可以从上一个性质中来推导出下一性质。关于这些可串结的性质,它首先应是存在于性质物的任何的部分之间的,即性质是以穿透的方式存在于性质物中的,不然就难以理解了。

56. 我们认为,性质物的性质一经确定,它便与周围的条件不会再发生太大的影响,也就是说,物体的内在性质是独立于其所处的环境的,[2]即所有的性质都是存在性质物中的,绝不会贸然地存在于性质物与他者的某种关系之中。当然,在某些性质里面,也会缠绵许多诸层次的关系。就关系而论,它是语言的性质,关系在原则上不涉及性质物,虽然关系的也属性质,然其在这里却是与性质物的性质相分离的。此间道理,应是明显的。

57. 关于复合性质,一定具有混同性。在复合性的纵向上,即是在性质的链条上,还有性质,由性质还可再得出性质等等。因此,这种性质就是一种过程的存在,而某一过程的形成又是多方面的缘由造成的。比如,诱导的企图,或许时间简短,然其也会牵引相关的性质出现。

58. 在某一时段上,性质是可以不变的,但随着性质物所遭受到的某些影响强度的变化,就会为其下一阶段的性质有变理了伏笔。如之强度超过一定范围,就会发生性质的根本改观;反之,如强度向逆的方面减弱,并超过了一定的临界,其性质亦会发生变异,这是其一。其二,

---

① 赫舍尔:《人是谁》,陶仁莲译,贵州人民出版社 2007 年版,第 6 页
② 罗伯特·奥迪:《剑桥哲学辞典》,台北市猫头鹰出版社 2002 年版

某些性质只能在某些区间来表达,某些性质只能在某种程度上来表达,某些性质在某一阶段与 A 相同,在另一阶段又与 B 相同,直到最后,它才能回归到自己。其三,某些性质物的性质是要通过一个第三者才可表达出来的,如金属的延伸的性质是要在外力下才可进行的,而这个外力就是一个第三者。当然,也有的性质是由之自身的原因,才得以存在的,如物的自然的分裂等。

59. 据称,如果原子的化学成分相同,而中子数量不同,那么它们的同位素就不同。于是,成分相同,不一定同位素就相同。很显然,同位素的发现就改变了同一种元素的原子的性质和重量都相同的说法。这对更深层上的去理解性质是有意义的。

60. 关于同位素的性质,是当代科学的发现。我们讲,性质的之所以能被人间所认识,定是通过了人的实践和经验得来的。同时,性质物的性质也一定要具有给予我们的知觉,尽管它是看似的被知觉,其实应是与我们人类的知觉只有处于一种同频的共在时,那性质物的内在,才可以外逸地进入到人的感官的里面,通过神经再来到脑中形成观念,因此我们才会知其性质。杜威讲,人们所观察到的性质,乃是那些伴随着对刺激的反应而来的性质。① 可见,性质是与之激发密切相关,即外在的性质是可以激起人们的相应的感官的,进而它便能够强入人心。

61. 就杜威的刺激之反应来看,性质都应是人的实践的产物,因为它不会主动直接地呈现在感知者的感觉的经验当中。所以,性质必是在人的实践的感知的深入到性质物以后的行为获得,那些浅显的感知多是现象,由现象所引起的认识,不能进入性质物中,故其对寻出本质

---

① 杜威:《经验与自然》,傅统先译,中国人民大学出版社 2011 年版,第246 页

无有意义。

62. 那么,通过什么方法才可以确定并能寻找出有关的性质呢? 首先,我们讲,对任何的存在,只有先恰当地缕清它的脉络,才是第一位的。许多人知道,性质一旦被我们所认识,它便是赤裸裸的存在,因此它的这个事实,便会具有去伪的作用。关于寻找性质之法,我们既可以由某一性质来推导出另一性质,亦可以在研究 A 的性质时,通过 B 的原理,C 的层面和 D 的系统或 E 的技术等来完成,不必限于只以 A 来研究 A。于是,就可以从结构的、成分的、动态的、静态的和结合部的存在中来研究性质和确定性质。此时 A 的性质可以成为认识 B 的性质或 C 的性质的桥梁,还可以成为 D 性质的原因或是 E 性质的结果。如此一来,寻找性质的路线,也就是证明的路线和阐释的路线;只有可证明的能阐释的和已理解后的性质,它才能显露出来,它才能被人们所反映,即证明的与理解的乃是赋予性质的前提。

63. 尽人皆知,在数学上的性质存在,是需要证明的,而性质的证明就是一个理路通达的过程,且只有证明了的性质,它才具有合法性。当然,在此背景下,某些性质又是可以形成定义的,所以定义的有时即是性质的被证明的产物。由于证明的存在,某些性质的获得又是可以由公式来直接导出的,因此性质可以由求证来得到。求证的是人为的,但性质所标的的定是物的内在的存在,尽管它是由我们的人给规定上去的,然其所反映的则坚决地已不同于我们的人的那些完全的类如思想的意识的存在了,即它仅是属于性质物的却不会在性质物内思想,只不过是被我们所发现罢了。

64. 我们讲,确定性质,是需要试错的过程的。因为通过对某些性质的推测,便可以获知其性质物的质料和成分的;反过来,它又可成为对于性质的讨论的依据。这就是说,对某些性质的确定是当有标准或理由的,即性质是可以被某一原则所规定的。如是之,性质物又是根据性质的存在来得到规定的。一般来讲,在性质物间的关系,可以由性质物外的存在来规定,但性质只能在它的性质物中。虽然如此,性质还可以在它的展出之中再展出。当然,我们也能从这个过程中来反向地从性质中来推进到性质物的里面去。

65. 黑格尔说,物自身……这里所谓的自身,是指这些对象的真正的、固有的性质而言的。① 即,物自身的自身之意就是性质,所以探求物自身,就是寻找物的性质。有人讲,以特性来切入性质,乃是求性质的一个方便法门,其实它仍是以性质来求性质的。可是,在这之中,若能从不确定的性质里面,来找出确定的性质,无疑也是一个胜利。或者,由某些显像来确定出一定的性质来,也必是一个巨大的成功。之后,我们来阐说发现性质的问题。

66. 因为,发现性质具有最大的意义。虽然性质的产生是它自己的事,但它的被发现,则是我们人的规定。所以,性质物的性质都是相对于我们人类的发现才得以突出的,都是我们人类深入到物中去以后所标记的。因为,对任何的初始的存在之剖析,都是少方法与踪迹的,若求得有所发现,就只能依实践、经验积累与推理来完成,其运行的轨道自当有一个由低到高的过程,然路径应大体相同。

67. 原则上,性质物的性质只有通过我们的意识,才可于性质物的内在中被发现,因此它便会成为我们分析的基础,甚至能成为一种逻辑的秩序。倘若在诸性质中间,能有再发现,那便是新的,只有融于新的

---

① 黑格尔:《小逻辑》,贺麟译,商务印书馆 1996 年版,第 267 页

性质,才会出现新的存在。我们讲,人们更多的是发现性质,而不是发明性质。即使是对新性质给予了新的组合,并能表现某些新功能时,我们仍不宜称之是在性质上的发明;这是由于,性质的发明乃是性质的先在者的事,完全不是我们人的事。

68. 可是,性质的又必为属人的,即性质物的性质一定是属于人的思想才可表达的。张广森先生讲,世界的性质是由人的生存活动牵挂出来的。人的实际的生存状态动态地揭蔽了世界的性质和存在的真理。① 这样的话,性质在我的意识中的出现,其实是需要我自己的意识的工作才能得来的。比如,物理的性质等是通过自我的性质之成熟而推演出的,事件的性质乃是由人提前确定的,人的性质是通过其生命和心灵的有组织的活动才可来发挥效能的,一个社会的性质必是由它的诸人群的性质的相融合所构成的等等。其中,人为的性质一旦嵌入到物的性质中去,则人的性质就会被物化,或说此时的他的性质的一部分是已回到生物学里面去了。

69. 性质的属人性,在于对它的获得是必要经由抽象的过程不可。因为,所有的性质都是……抽取其物质的、客观的实在的。② 于是,事物的概念一旦转入到思想,它就要在思想的性质中进行抽象与否定。思想的性质即是人的关于性质的性质,所以由性质中仍然是可以引出性质的。可见,性质物的性质能来到人间,当是符合我们人类的意识的形成规律的。所以,性质物的性质是性质物在我的思想中的性质的一种,即性质物的性质是向着我来敞开的。此时,性质是我的对我和他者

① 张广森:《本体论语境中人的本性审视》,吉林大学博士论文 2005 年
② 利科:《论现象学流派》,蒋海燕译,南京大学出版社 2010 年版,第 77 页

的规定,就是受我和我与他者的共同作用下的存在。如此者,性质就是总括扫描的结果,尽管其抹杀了许多的相关细节。① 然而,我们讲,性质的可描述性,就完成了性质物与我们的衔接。

70. 那么,性质的在根本上,又是从何处走来的呢?其实,这就涉及了性质与本质的关系问题。第一,性质不是物,而是性质物反映给我们的规定,同时性质亦不是意象,它是从现象中天然地分离出来的表示物自身的存在。第二,实体的性质乃是我们所发现的关于它的内在的惟一的可表达的联系,由于质料的不可言说性,则要寻找本质,也就只能沿着性质的道路来推行了。第三,鉴于大性质可以决定小性质,源头的性质可以决定分支的性质,则在本质最近处的本性,便会衍生出多种性质;反之,由它所辐出的多种性质也可以归于这个本性的性质。可见,引起性质的原因,当是本质的作用的结果,即性质是由本质所决定的。于是,性质存在的真相,应是可以追溯到本质处了,或说无有本质源出的性质定是不存在的。尽管如此,性质仍不能是性质物的质,它只能是由本质来反应或反映出来的有条理性的存在,即本质的性质又可以说成是本性的外逸,只不过它们是被人类给捕捉到了而已。非常显见,性质的发源地必是要与本质合流为一了,即性质必是起于本质,或说所有的性质者,皆出于本质。

71. 接下来,我们当给性质下定义。但是,要导出它来,还是要有一个漫长的过程。现在,我们从字字皆有差异来推演。由于事物的差异会引起人的观念的差异,且事物的差异又都是其性质的差异,则心的差异乃是因于外在而生出。然而,即使是外在无差异,同一的对象在不

---

① 张国宪:《现代汉语形容词功能与认知研究》,商务印书馆 2006 年版,第 14 页

同的人的意识中,也会有着不同的内容。故,只要意识的差异在,则所有的存在便都会标有差异。其实,这也是反映了先天的就是存有了万千的差异性的。于是,分别者,又是可以自人的内心出,即人的行为等实是以其心来驭之性的。

72. 穆圣讲,不同意见是真主的恩赐,[1]这反映在对性质的理解的相对性上,恰是能把我们的思想安排得有条不紊的基础,因之性质才可以言说。故,只要有语言存在,就会有分歧,但分歧的又正是性质的存在。比如,在文章中,每一句话都是表达其各自的差别的,不管是类别的,还是它的所表达的程度的等等;因而也就都是表达性质的。可见,满纸的文字,都是关于不同性质的排列而已。人们也正是从这些不同的性质的序列中,才能聚焦出根本的东西来,以作为收获。还有,在写本的纸上,作者可绘万千气象,然它必须要以相互的不同才可显示给我们,尽管其中有高山大河,但手拂书页,不过一平面而已。所以,就是由于有了性质,它才可以在一平面上来展现所有的非平面,这就是性质的奇妙之处。当这一平面上的所有的非平面之印象进入意识后,又会转码成不同的基因结构,且这个结构又是可感的,又是可以内省的;同样,内省的也只能是不同的性质。因此,性质在物中可以不显见,在纸面上是可以为平的,可在意识中却是有序码结构的,以及是可感的。

73. 这样一来,一切的存在都要通过性质来做区别了,即整个的世界都要处在歧异之中,否则便无法分辨。所以,只有可分别的性质才是认识世界的第一前提。

---

① 萨义德·纳速尔:《伊斯兰教》,王建平译,上海古籍出版社 2008 年版,第 9 页

74.《梵网经》讲，一一世界，各各不同，别异无量，①即一一世界各各不同，其中的差别殊异无量无际。这就是世界的性质。普通人看天下，似处处无分别无差异，其实天下处处都有殊奇；只有差异在，天下才会在。所以，《解深密经》又讲，今时一切行相皆有差别，非无差别。②这就是说，现实中的所有存在都有差别，绝不是没有差别。我们言，佛经上的这些"不同"、"差别"均为性质，即使是在时空序列上的不同，也要归于性质。

75. 比如，时间的顺序性是表先后的，而空间的方向性是表位置的，这些不同都是关于区别的存在。细化之，同一时间的共在定是外力的结果，不同时间的秩序乃是历史的自我的生成；在同一空间标点下的A、B是不存在的，但在同一时间，不在同一空域者是可以共在的，这就是时空的不统一。然不在同一空域间的A、B是可以存在的，其与时间基本无关，这就再一次表达了时空的不统一的问题。我们讲，正是由于时空的不统一，它才是证明了性质的天然存在。

76. 但是，空间和时间又都是表性质的，如有分别的就可在空间的上下或左右来实现，也可以依时间的先后来判断，若于时间上的同时存在，则在空间里面就一定不会处于同一坐标上的。这就是性质理论必须要表明的时空的不统一的学说，因为它们本身就是差异的，只是人们很少研究。如是之，所有的分别都是性质，世上无有不分别者。再者，即只有空无是可以超越一切的有的性质的，在它们那里无有的差别，但仍有空域的及无的来源种类的差别。更进一步讲，差别或许是可以存

---

① 《梵网经》，戴传江注，中华书局 2010 年版，第 194 页
② 《解深密经》，赵锭华注，中华书局 2010 年版，第 32 页

有种类上的同一性的,却极难存有个别的同一样,因为个别的个体在空间绝不会存有相同位置上的相同的"在"。

77. 关于空无的差别性,我们知之甚少,这是因为它不存在人的可感知性。然而,对于非空无的有,由于其性质具有可感知、可比较性,我们做起分别来,就容易多了。总体来讲,一般的性质是可以感觉到的,但可以触摸的感觉与可视的感觉又是不同的。如一定强度的电流的可触摸的感觉则是视觉所不能完成的,而颜色的可视的感觉与触摸的感觉又是无关的。如此一来,则性质的存在就不必要统一于所有的感觉的联合体中去了。鉴于没有性质就没有分界和区分,视觉等等的显现也就会失去功能,于是一切就都是茫然的或是黑暗的与无知的。再有,性质虽是渗透在性质物的组织或结构中,不同的性质仍会引起人的感觉上的差别,这乃是性质之中的更为隐秘的性质。就差别的程度看,性质相同者,性质物必同;性质相似者,性质物间就会含有一定的差异了。比如,在结构上的扭曲或不对称等等,都是会导致性质的相似时所产生的差异。可以推想,不同性质的差异往往是由其内部决定的,但同一性质物的性质的变化也是可以由外部来完成,而这些都是客观的,是可以通过比较得来的。

78. 我们说,任何的存在,只有通过差别的比较,才可以独立出来。因此,性质是关于差的规定(十分重要),就是这个关于事物间相比较而得出的差,便决定了性质的根本,且这个差的形成乃是通过了人的现实的和心理的共同的审察作用后的结果。虽然对于物来讲,性质之间应是平等的,但对于人而言,它的性质就要分为高下或神圣等等的有区别的,这是出于我们的需要。关于性质的不同的最好表现,就是在生物上的雌雄的划分,而这一化分就标志着作为性质的不同载体的形成。

接着,若 A 的存在与其他的相比,倘其已具有某种根本的与他者的区别的时候,则这种有区别的存在就可以称之是 A 的性质或 A 的主要性质,即 A 的性质就是 A 的与其他存在的根本区别。假如有一个普遍的普遍之说,就是进行了全面的抽象化一的考虑后的性质,则对这种性质就可以不做相互的区别来对待了,当是视为一种无有殊异的共在,若其只是局域的普遍,就仍要把它建立在某一可区别的位置上。故,从最严格的意义上讲,性质是没有统一性的。可以说,性质的存在正是为了起分别和分辨之用的。

79. 自然,分别与计度都是求性质的方法。其中的分别是指辨别事物的异同,使之界限清晰;计度则是详细考虑衡量。比如,对于某些性质在程度上的不能依于观察或不能进行详尽的划分时,就要借助计度的手段来进行明细的反映。同时,在程度上的计量,它又是要涉及相对性的问题。所谓相对性,是由于性质的差异和程度的不同而存在着的,它在缺乏精准计量的情况下,往往会造成人们的在认识上的误差,若将这种误差用于不知不觉的决策中时,往往会有差之毫厘,失之万里的后果。所以,必须要避免这些。其实,性质的程度仍是差异的程度,但某一存在的性质和它的程度又是两个不同的表述。

80. 通过了可感觉的比较,则性质的差异便均向我们敞开。于是,自然的差异,本能的差异,自我的差异和智慧的差异等,就无不是存在着的性质。在起初,元素的差异是所有其他性质的原因;①可是,不同性质间的联系,也会构成差异。若言无差异,在性质上就只能为"一",但是这个"一"又一定要走向"二",即走向差异,这是不可避免的。有

_____

① 亚里士多德:《形而上学》,李真译,上海人民出版社 2005 年版,第 27页

人讲,只有性质无差异,则之性质物才是无差异的,这是对的;然而,在现实中,谁又去表达两个完全无异的存在呢?其实是没有的。

81. 性质就是差异,性质是从差异中表露出来,这在形容词上是最容易发现的。就性质的关系物而言,它们的差异也是要有相对应的项的,这便证明了所有性质之差异的绝对存在。比如,对书的每一页都要标出页码来,就是显示了此中的道理。可见,所有的性质物之间的区别,都是由性质来完成的;同时,也正是由于这种区别,各自的性质物才得以相对地确立了起来。不然,便含混不清。

82. 关于存在的内容,它必须要经由性质的区别来构成,否则便会缺少条理性。混沌的东西,人们很少去理睬。广泛而言,规律的根据也是属于性质的,即性质的分歧可以是多方面的。比如,人在本能上,看似都是一样的,然其仍有差异。有些后天的东西是经学习得来的,但学习的也是有不同的,这乃是在于人虽有学习的性质,可其也是仍有不同的。所以,先天的性质便具有了绝对性,后天的只是表相对性的东西。在数学上,数的单位的差异,必是反映在量的方面的,这是属于实际的,不过数值、量、性质又是有区别的,即性质与量不同——但量也是性质的一种,①是性质的不可分割性中的可分割性。其实,这也不是矛盾的,如在金属中它的导电性是不可分割的,可是金属体却是可分割的。如此者,更是证明了性质的存在的刚强。

83. 我们讲,具有不同性质的所谓的单一体,其实它仍是一个混合的存在。由于性质的都是差异的,则同一的性质就是某种统一性质的简称,性质的复杂性就是性质物中的性质的多样性,其根乃是在于一物

---

① 项退结:《西洋哲学辞典》,华香园出版社 1989 年版

可以有多性质。具有多性质,就会产生分类,倘若没有性质,也就没有了分类。因此,性质的一致便是分类的前提,即性质的存在必是类划分的依据。若某些性质相似,它们的差异性也会呈现对应的相似性。于是,性质间的差异往往又会形成不同的门类科属。简言之,门的性质之综合可以指向类,类的性质之综合可以指向目,目的性质之综合可以指向科,科的性质之综合可以指向属,属的性质之综合可以指向种。同时,在种性上,可以含有属的层面里边的特殊的差异,向下可以类推,这就是说,在某些方面的具有一致性的基础上,也会存有性质的差异。当然,也是可以没有差异的。可是,在不同的性质之间,则是绝难有同类项的,即从不同的性质的空无的界面是得不到什么外在的结论的。

84. 黑格尔认为,特性是指事物之间的相互区别,一个事物只有通过规定性,才是这个事物,而规定性则唯在于事物的特性。事物由于特征而与其他事物相区别,因为特性就是否定的反思和进行区别;所以事物只是以其特性才在自身中具有它与其他事物的区别。这就是惟性质是区别的佐证,且性质与特性、特征等都是利于区别的阐述。自万物被抽取出性质之后,它都是以差别为特性来表征的;故无差别者,也就无以为性质。也可以说,特性、特征等也正是性质的得以存在的差异和差别。所以,性质既是与他者的绝对差别,又是在自己的身上所具有的显著特征。性质的都是具有独特的区别所在。当下,我们讲的性质都是内在的一事物与它事物的根本区别,但是这个区别又是有着它自己的内在寄寓者的,只有如此才是正确的,即性质就是由事物所焕发出的真正的种种差异和区别。

85. 依上述之意,凡是与性质有关联的就当均为殊相。何文敬先生讲,所有的属性都是经由差异建构的。[①] 此间的属性就是由多个差异的汇合点所形成的集合,其与性质乃是同一语,二者不可分。所以,相同的属性可描述为共同性,不同的属性便描述为差异性。其实,性质的存在一定是作为差别性的,同时它也是作为某一事实的。这样,所有存在的差别,都是属于性质的范畴,正是由于差别的性质在,所以才有万物在,当然也才会有万物的差别在。于是,只有性质的不同,才是确实的差异的不同。

86. 为此,我们必须要标明下列的不同。比如,事件的性质与物的性质就是不同的,前者可以包括方法,但后者则无论如何,由其自身也是不能显示出方法来的,这是其一;其二,杜威讲,在较高级的有机体中,在那些具有耳和眼以及在较少程度上具有嗅觉等距离感受器的有机体中,性质又进一步产生了一种差别,而这种差别乃是区分为准备阶段和终结阶段的活动的物质基础或实质。[②] 这样一来,它的性质便具有方向性,它的方向性又与某些物质完成了捆绑。其三,性质表差异,是表内在的差异,对于生物界,它可由内在的差异导致外在的可对应的差异,但对于非生物的表面,其虽有差异,却因无有内在的对应点,故就不能以此来称之为性质。这是极深刻的对于性质的确定,十分重要。

87. 更为重要的还有,性质的差异性,虽表它们是不同的,但却未言说它们是你死我活的,是只表现为对立性的。所以,性质物间的性质在内部上并不是为了某种对立或矛盾才存在着的,即它们都是具有兼容性的;至于它们的外在的有时的不相容,乃是其各自的所特有的独立

---

① 何文敬:《我是谁? 美国小说中的文化属性》,书林出版有限公司 2010年版,第 131 页
② 杜威:《经验与自然》,傅统先译,中国人民大学出版社 2011 年版,第197 页

性的表现,而这正是之不同性质的得以存在的理由。如果均是相容性的,则性质物的在区别上的不同也就不存在了。倘若性质间的均无区别,则性质的也就不能成为性质了。比如,火若能溶于水,则火就无有火的性质了。性质物的性质存在,或说在事物的内部,是不应以矛盾来论的,因为性质的是独特的区别表达,在区别与区别之间是互不相扰的,所以也就不存在有关的矛盾论的瓜葛。

88. 性质的内在差别一旦抛开了矛盾说,它便得以清爽起来。姜丕之认为,莱布尼茨的相异律的原意是说,物与物之间的相异,是由单子的固有性质造成的,而不是由外在的比较得来的。① 可见,物与物之间的不同均是其内在的性质不同,即它与外在的或比较外在的没有关系。我们推想,不同的性质物的性质的不同,就会引致性质物的不同,进而可引致它们的本质的不同;然而,同一性质物的性质的不同,又是会收敛于它的本性处来表现为相同的。因为,它们都是由其共同的本质而出的。这样的话,性质的差别就只是外显,其在本质上的便是无差别的,即是去差别后的 S = P。所以,沿着差别的路线就是沿着性质的路线,在性质的终结处,即在它的最后的寄寓物上,那些全部的性质的差异又都是被取消了的。反过来可见,性质的差异即是由其独一的本质所反应或反映出的那些代表了一定功能的可表现为多样性的存在,一物必含一本性或多性质和它所对应的一本质,其中的本质是惟一的。

89. 因此,我们说,由本质所反应或反映出的那些分别或差异,就是性质物的性质。

90. 上述的关于性质的定义一出,研究纯物的性质就方便多了。

———————————

① 姜丕之:《黑格尔〈小逻辑〉浅释》,上海人民出版社 1981 年版,第 274 页

由于性质哲学乃是从研究一般性质物的性质开始,进而再上升到人的性质即意识的,它是旨在建立一个性质模型,以求对当下的各种理论进行全面的解说。首先,我们必须要保留材料的性质,唯物论者和唯灵论者都从材料中剥夺了那些性质:唯灵论者可能把它们当作精神的表现,而唯物论者则把它们仅仅看作空间偶然的装束。① 这是极不妥当的。

91. 陈向明先生说,一个事物的"质"实际上指的是事物的"性质"、"属性"和"特质",是该事物以区别于其他事物的特征和组成部分,包括该事物中可以"量"化的特征和组织部分。② 这里的"特质"就是特殊性质,而不是特别的质地,否则就是无意义的循环。其实,此间的"质"就是性质的总称;但我们在研究性质时,则不以此"质"来说之。稍后,他又讲,在质的研究中,重要的不是"透过现象看本质",而是针对现象本身再现现象本身的质。即,他终是要研究性质的,只是不愿用性质言说而谈"质"罢了。

92. 研究性质,具有天大的用处。凡事凡物只有把握了性质,才是一切入门的法宝;对于物,必须要知道它的性质,否则人们又能知道什么呢? 对于物来讲,性质的存在乃是对它的最好的说明,或说只有知道了性质在,万物据此才不会紊乱,人们才能以之而理解其所寄寓者的内容和含义。因为,性质都是存在中的内化了的东西,它的让人可感的外显,是不具质料的物质痕迹的,但又不能脱离物质的质料。下面的内容极为重要,它就是,性质物是通过性质来感知外在的,如金属的导电性就会感知到其外在附近的电荷的存在。同时,性质物也是通过性质来

① 柏格森:《材料与记忆》,肖聿译,译林出版社 2011 年版,第 55 页
② 陈向明:《质的研究方法与社会科学研究》,教育科学出版社 2004 年版,第 21 页

给予人们以其可以认识的存在的。这就是说,外在的给予性是通过其性质来完成的。可见,性质的既是向内的可感知的,亦是向外的可给予的。如此一来,理解高清海先生的话,就容易了。他说,"本原物"按其规定只能是这样一种性质的存在,即它是自身也是他物,既是这一性质的事物,也是那一性质的事物,而同时又既不是这种性质的事物,也不是那种性质的事物。① 总之,本原物的存在之表达是离不开性质的。于是,性质物的性质,就成了人们的可以认识万有的管道,它便具有可以通达内外的感知作用,其向我来,可进入人的意识,向物去则可深入到它的内部。

93. 顺着前面的理路,依亚里士多德的意思,由硬、软、密、稀等性质,也是可以表达某些可感的事物的。还有,对于感觉到的存在,如甜——它就既要有这种甜的性质,又要有这种关于甜的质料。当然,甜的性质它也是可以变为不甜的,可是其在人们感觉到甜的时候,一定是要属于甜的性质的。故,性质——性质物,其实是一个共在。当下,人们多是仅能指向物,却很少明确地谈到物的性质,但在话语中,又不能离开性质。之后,性质——性质物又是可以分离的,此时性质物就会变成无,而它的性质仍会存在于空间之中,以待下一次的与性质物的结合,而为之永远准备着。在眼前,性质不管多么地分立,它都要与性质物联系在一起,并且是作为性质物的某种内嵌的存在而布局于性质物中。有人说,凡具有性质的物质才为真,才为实在,这是正确的,因为质料和质料的形态惟有与性质同在,它们才是在者,即物的存在,必要通过它的性质才可表现为当下之在。比如,欲使一白物得以成其为白

---

① 高清海:《哲学的憧憬——〈形而上学〉的沉思》,吉林大学出版社1993年版,第75页

（白性），就一定要使"白"进入于事物的组成。这里面的道理很简单。

94. 就性质物的敞开性质来说，所有的性质物必要通过一个性质群来表现自己，只有当性质物的表现和人的理解能完成统一时，复杂的性质才会无秘密可言。由于性质的是对映着性质物的，故性质的本身就是一种证明着的存在，就是性质物的得以存在的标记。此刻，通过 A 的性质既可以了解 B 的性质，也可以预见 C 的性质。同时，由于 D 的性质的存在，就可以证明 D 的性质物是什么。同一性质物中，如有性质 A_1，则必有性质 A_2，这是一种正常的性质的相合关系；如有性质 A_1，也可以并列地兼有性质 A_2，即 A_2 不必由 A_1 中导出，这种并列情况，更是常有的。

95. 性质的存在，还有另一意义。即，它可以纠正任何反映在性质物的身上的认识方面的弊病。如，对于一些模糊的存在，当要先推断出它的性质，然后才可反推出它的质料，否则便难以进行。因为，性质是从性质物中表现出来，随着这个表现，我们就能探视到物的内在中去。当然，形成这样的理念，若缺少性质的证据定是不行的。

96. 有学者称，存在、理念与水、火、气的对立是事物的一般性质和具体性质的对立，这是欠妥当的。因为，在任何的一个性质物内，只要是属于它的性质，它们就绝不会对立，如水的蒸发性和结冰性从未发生过对立。金属的导电性和它的延展性也是从未发生过对立。至于两物间的存在，如水和火，也从未显现有什么可以对立的地方；比如，水自高流向低，又从低经蒸发走向高，它在更多的方面是借助了类如火的温度，才得以畅快而行，其间根本看不出它们的对立的方面。再有，火的存在，其燃烧时，适当的水还有助燃的作用；火可以在滂沱的雨天，经雷电而生，这些都不反应为对立。至于人们要将水火混在一起，如酸碱搅在一起一样,其实这已经超出了对立的范畴。我们讲,含有矛盾性的内在是不可能成立的,含有矛盾性的外在也是不可能成立的。过去曾有人大谈矛盾和对立,以人的心来揣测万物是不正确的。

97. 那么,人类社会中出现的所谓矛盾和对立又是怎么回事呢?答:这乃是由于其生命的需要,而发生在意识中,并反映在行为上的犹如物的初成时分的混沌表现,其义理正如阴阳的调和之前的摩擦纠葛。故,看似的阴阳对立或以子之矛攻子之盾,说到底,皆如发生在钢铁的冶炼炉中的事是同样的,一旦钢铁出炉,所有的发生在炉内的矛盾就都没有了。人类社会的有矛盾表明,他们还只是处在熔炉中的半成品,是尚未形成自己的独立性的存在。人类一旦走出那生成着他们的大炉,其性质一旦稳定,则他们的所谓矛盾,便都会云散。因为,A 块铁与 B 块铁既不会有相互的怨言,也不会打仗,它们顶多是对置于各自的空间里,完全没有对立的矛盾的任何可能。

98. 于是,对立和矛盾说,都是处在性质和性质物的生成之初始阶段的存在,该阶段倾轧、缠绕、分裂、相互的吞噬极为强烈,其任何一项都比对立和矛盾残酷万倍。所以,人类在表达这方面是弱智的。至今,还没有人能把冶炼炉里的事情说清楚。

99. 所以,矛盾和对立这种所谓的性质,并不是人的犹如一个性质物一样的性质,它只是类如性质物的,如酒的诞生过程中的发酵似是一样的。在这里,发酵是一个集体的混乱。因此,我们把这些理应前置的东西,便从性质物的诞生后的与性质的同在中,远远抛掉。

100. 让我们回到性质物的性质中来。郑昕先生讲,凡物必有其性质,其整个的性质,我们称之为物的情形。① 自然,这里的情之形是不同于物之形的,情的形当是无形之形,即它只是代表性质物的却没有物质痕迹的如质料般的存在。如是之,它便会导向学科的划分,如心理学和物理学的划分,就均是因其各自所处理的事物的性质来决定的。不然,在性质之外谈任何的学科,就都是难理解的。因为,物质世界中,不存在脱离状态的性质。②

101. 可见,性质物的存在,就是性质的存在,它们是互为体用的。有时,性质还可以成为性质物的灵性的标志。比如,《古兰经》讲,他创造万物,并加以精密的注定。③ 其实,这里所反映的便是性质的与性质物的高度的不会出一丝纰漏的绝对自洽和水乳的相融。细想起来,此间的伟大性是难以言喻的。因为,性质不是性质物,却又不离开性质物,它既不属于有,也不属于无,它是因有而有,虽有却无,虽无却有。总之,性质独处时即无,不独处时即有。实乃空间赐予我们的宝物。

102. 笼统地讲,一个物的存在,就是其全面性质的综合,或说性质的多关联的相互依存体便是构成了一个性质物,即只有 N+N$_{性质}$,才是一个完备的存在;其中,N 为性质物。虽然某一性质是可以独存的,但它的性质物却是需要全部的性质来存在的。但是,性质与性质物的外在,又是无关的。因此,性质与性质物就只能是一种共在。

103. 目前,信息数字化已成为一种趋势,即它们几乎完全地失去了某些物质的属性,但其必要和它的载体具有极强的关联。所以,看似的失去了物质属性的信息,它仍然需要物质,或仍为属性。一方面,全

---

① 郑昕:《康德学述》,商务印书馆 1984 年版,第 6 页
② 张国宪:《现代汉语形容词功能与认知研究》,商务印书馆 2006 年版,第 10 页
③ 《古兰经》,马坚译,中国社会科学出版社 1985 年版,第 272 页

部的性质都不能离开质料而存在;另一方面,全部的质料也不能离开性质而实有。性质一方面是性质物的机能和天性,性质物一方面也是性质的对象与对应。此时,在是停留,是模式,是根据者,是应该做出来者,这或许就是性质的四边界。因为,在是在者的在,即性质是性质物的性质。可见,性质的反映着性质物和性质物的反映着性质,是同等的重要。

104. 这样的话,绝对的物,便被绝对的性质所占据;或说,只有性质中含有了广延性,性质物才可具有广延的可能。其中,只要是物理的不同,则其性质就一定不同;反之,亦然。同样,性质物中的充满的同一的性质,也是要决定性质的均匀的分布性的,所以这里的同一乃是代表了整体与部分的均匀性的。但是,这种均匀性,又不表现为性质与性质物的两者之间的某种结合之紧密与否的问题,或说这是一个无法表达的问题。

105. 尽管性质物中存有着一个个的性质纽带,可在其中,仍要具有空的性质,正是由此,性质间才会得以联系起来,这便是性质物的内在空间性。当然,所有的性质物又都是要具有着外在的空间性的。如是之,空对于性质物来说,就是没有阻拦的。然而,对于时间,它却只能是留在性质物之中,其哪怕是外逸一点点,便是不存在的。还有,某些性质的显现,往往是需要一个第三者的。如,它与树的发芽需要春的存在,应是一样的。这些对于我们考虑现实问题,具有重要的指导意义。

106. 再者,研究一物若能知道其尽可能多的性质,比如化学性质和物理性质等,当是大有裨益的。这是因为,同一性质物的某一性质、两性质、三性质或多性质,是可以性质群的存在而出现的,其中的诸性质必是属于一个纯粹的系统,据此一旦知道了 A 性质,即使不知道 B

性质的过渡性,也是可以知道 C 性质的。然而,A 性质和 C 性质的存在若被人们知道,则 B 性质就是可以被推断出的,如此一来,在判断某些问题上,就会明白简约。

107. 在化学上,研究性质,主要是通过结构来进行。就同质同性来看,乃是极一般的认识,它通常是在同质同构的情况下的确认,倘若同质异构则性质就可以不同了。金忠燮先生讲,由同一种元素构成,但形态和性质完全不同的物质叫作同素异形体,①即构成相同,但性质可不同,因为结构可不同。所以,同成分、不同结构,性质便是不同的。另外,同位素是化学性质相同而质量不同的元素,即质子数相等,但中子数不等的元素叫作同位素。可见,性质与质量无关,与中子数无关,这就是同位素的要点。总之,成分相同,性质相同,此是多见的;但是,成分不同的如同位素,其性质也是可以相同的,这是特例;再有,就是成分相同,结构不同,性质亦不同。这三种情况,要时时注意。

108. 莫赛莱发现,化学元素的性质随着元素原子序数的递增而呈现周期性的变化,这便使元素周期律的定义变得更为准确。一般而言,元素的就是原初的成分;其中,同一元素的原子的性质都是相同的,不同元素的则不同。然而,某些性质会受到其性质物的分子间的相互作用与影响,而发生变化。可是,复合物的性质之间,又是能彼此地被遮蔽的,当然也有相互增强或抵消的情况等等。这些反应在发生的过程中,比如先酸后碱和先碱后酸所达到的目的,又应是不能一样的。

109. 尽人皆知,组分的组织的一定又是结构的,如果物质的组成相同,而各种性质不同,则它们的结构就应不同;且分子的化学性质当

①　金忠燮:《伽莫夫讲的元素起源的故事》,齐芳译,云南教育出版社2011 年版,第 9 页

是取决于其组成单元的性质、数量和化学结构,必是无疑。关于结构—性能说,其实就是结构—性质的功用,此二者是一体的;在这当中,结构与性质是对应地相互缠绕着的,如此一来,多性质的混合就表明,性质物的成分或结构等乃是相当复杂的。于是,质料的成分和结构决定性质,或说性质物的性质存在与其组分、结构、运动等是具有着极强的相关性的。因此,研究性质物的组成、结构等,都是为着寻出性质来服务的,反之亦是一样。更深入一步,就是性质物中的性质,若作为某些信号出现,也会有相互的影响或表现为一定的共振结构,即性质的本身也是有结构的。这还要人们今后再进行研究。

110. 我们知道,物质的结构本身,既含有推斥力的向外的扩张性,也含有压缩力的向心的内敛性,于是物的结构才得以成立。否则,物质就难存在。这就表现,相同的性质是可以有相同的性质物的内在形式的。当然,性质的作为颜色,从表面上看,似没有物质形态,但其内在亦是应有结构的。其实,成分相同,性质不同,除了结构外,似还可以有许多的其他方面的不同。可是,不管怎么说,性质物的外在之任何的变化,其性质都不会因之而变化,即性质是与外在无关的。尽管如此,在深层次上,比如用极大倍数的显微镜看,它的某些性质,也是可以随着其物质的形态的变化而发生变化的。只不过这时,人们又从外在进入到内在中来了。

111. 因此,所有的性质都是具有内在性的,即使是表面的性质,它也是由内在的所反映出来的。非内在的外在便是脱离了事物的本身,而所谓的内外在的结合面,仍是内在的,只不过它的表现是外在的而已。世界上的事物,就整体而言,绝无独立的外在,一定是一个内外在的统一,或说是一个表里合一的东西。于是,性质物的内在性质和表面性质的关系是可以通过表面的向着内部进行渗透的管道理论来进行说明的。虽然某此性质物的内在性质是不显现的,但其也仍是存在的,且这种存在也是必然地要对应着它的性质物的某些成分或结构的。于是,对于性质的就有了可显的性质和不可显的性质之分。我们所讨论的更多的是可开显的性质。

112. 概括地讲,性质的存在必有它自己的一切的契合性的,在同一物中,可有多性质的天然的勾连存在;不同的性质物的性质之组合,在非人为的或其他的外力的作用情况下,各性质一定是要回到它们的本来的原点上去。在人为的情况下,不同性质物的性质是可以强迫地组合在一起的,但有时也是不能做到的。比如,在颜色的系统中,白色和红色在非人为的影响中,是各自分明的,然在人为的情景里面,也是可以组合在一起的;另外,某一性质物的物理性质的有光泽、导电性、导热,有延展性、能弯曲、有密度、熔点和硬度等,则是完全可以组合在一起的;但它的导电性与木材的是不能组合成半导体的等等。如是之,均表明了性质的具有自关联和差异的在其寄寓物上的或说是在本质上的不同。

113. 在物理学上,物性值就是关于物的性质的具体的数值,如热的性质表达是温度,且它是有刻度的,这就是说,性质的存在,于某些时候是有具体的指标的。所以,物性数据就是物的性质的定量部分,同时性能也可以用数据来表示。再有,性质的参数意义表明,在某一性质物的所有性质的集合中,它的存在只是处于非主要的非关键的非决定性的位置,仅显有可斟酌的一个不大的幅度性的表示。

114. 杨新建认为,铁电材料有以下几种典型的物理性质,即介电性质、压电性质、电致伸缩性质、热释电性质、非线性光学效应和铁电性质。① 自然,液体的性质也有密度、黏度、电导率、热导率、扩散系数、等压和等容热容、熔化和气化潜热、蒸汽压、表面张力、膨胀和压缩系统等物理和化学性质。② 可见,物性是有一个群组的。在这里,一切物体都具有保持匀速运动状态或静止状态不变的性质,这个性质叫作物体的惯性,牛顿第一定律也叫惯性定律,它是伽利略相对性原理的基础。此外,物体的一个有趣的性质,可以作为哲人闲思的花絮,那就是"力的显现即是消失"一语,……此问题,不再展开。

115. 我们说,纯物的性质可以如前述,但事件、事物的性质,则是又有自己独特方面的。如,性质与性质物的存在当是共生的,在它们之间没有先后之分,然对事件来讲,性质与性质事件则可以在某些发生的过程中是变化不定的;此即言,性质与性质物都是固有的,都是与生俱来的,惟有事件的性质是外加的和非固定的。可是,这时又该如何去判断和表达它们的完整的性质呢? 对于一个事件来讲,只能是根据有关的要素条件来决定了。因此,不同的事件,关联项相同,则其可以有相同的性质;同一事件,若关联项不同,就可以有多种不同的性质;或说,某一事件,可以同时具有 A、B、C 等多种性质。总的看,事件的形式、内容、原则、宗旨和目的等都是可以表明它的性质的。

116. 还有,事件的或物的首要的就是反映性质,而这些性质的就是某种效用和力量的化身。经研究可知,事件的性质是由操纵者来决定和赋予上去的,并且被操纵者的性质也是由操纵者来决定和赋予上

① 杨新建:《钙钛矿型铁电材料电子结构及物理性质研究》,中国石油大学博士论文 2009 年

② 武爱青:《液态 Sn 及 Sn 合金的物理性质研究》,中国科学院博士论文 2006 年

去的。同时,事件的衍生出的关系的存在,当是始于原因的,而性质物的性质的关系只有始于性质物,但任何的非物质性的事件也都是应有着其类如物质性的那些事物的因缘的。不难发现,关于原因与结果的关系,也是存在于原因里面的。还有,相互依属的事件,也是可以互为原因的,如夫与妻,夫是妻的原因,妻也是夫的原因等等。然而,事件的内容,只是为了印记它的性质用的,而物的内容则完全无用,它只能托付给性质。于是,性质的联系,既在性质物中,亦在事件之中;同时,只有事件之中的性质,才是可以完全地存在于关系之中的,即唯有事件中的性质方具有普遍的非物的与物的关联性。

117. 张力锋先生讲,我们不但承认个体有性质,性质有性质,而且还承认事态有性质,那么必然表达的就是事态的性质。[①] 何谓事态的性质?其仍可归于事件的性质,也可归于事物的性质。就性质而言,它往往是性质物在力的平衡状态下的静止的而非表现为互动的存在,然在事件中,则有性质的互动的情况发生是可以理解的。可见,事件纯由性质组成,物则看似是由质料组成,但质料什么也不能说明,能够说明物的仍是性质。这样的话,性质就是赋予事或物以意义的存在。事是关系的显见,物是关系的凝固。倘若说某事物无性质,即是说某事物是不存在的。然而,在万物皆有灵与万事皆相关中,似是隐有了极多的新意。前者是物的灵,后者为事的"相关",事虽不同于物,但灵的存在与"相关"的存在却是无论如何也分不开的。因为,事中一定杂糅有物,即在"相关"中一定含有灵,这当是毋庸置疑的。万物有灵就是万物皆有性质。

---

① 《分析的宗教哲学》,张力锋著,江苏人民出版社 2009 年版,第 78 页

118. 可是,为什么一个事物是一个事物呢? 唯一的回答就是它存在着这个事物的共同性质。也可以说,任何的事物都是它的性质和其性质之事物的结合。有学者称,在亚里士多德看来,事物运行、发展的规律并不能超出事物之外而独立存在。其实,这仅是说明了性质与性质物是不可分开的,是一种共在的方面,它并没有表达事的性质的特殊性。所以,性质必于内在中,性质也必成为内在,性质既是内在的理—脉,也是它的类如精神的系统和外延。对于单一的性质相反者,它的内在也必要与之相反,如善和它的反面,尽管这只是限于人的,人的这些是归于生命的需要。因此,人的意识、精神、灵魂等都属性质,其与人的生命物共在,共亡。

119. 托马斯·阿奎那认为,彼此相似的事物之间一定共享有某个品质或性质,①这是对的。于是,一事物和它事物都共有同一性质时,则这两个事物就有了通约性。但是,同一性质在某些事物当中,又是可以隐含不露的,可在另一些事物当中,则会显而易见;不得已,某些事物的存在,就只能由某些明显的性质来规定来刻画了。当然,极端的存在,也自会要表现有极端的性质的。所以,对于事物而言,只有性质是真实的。因为,它所依存的实体的外在是常变的,故之都可以为不真实的。于是,理论地把握事物,当是从统一性去把握事物②才好。

120. 由于作为对象的事物往往具有许多特质,它也可以具有许多性质,定是无疑的。但是,作为一个无他质的事物的双重性或多重性,则只有一个性质的可寄寓物或称是它的关系的源头;只有如此,事物才

① 托马斯·阿奎那:《亚里士多德十讲》,苏隆译,中国言实出版社 2003年版,第46页

② 高清海:《哲学的憧憬——〈形而上学〉的沉思》,吉林大学出版社1993年版,第75页

具有之自己的纯粹的性质。这时,一物与他物的合在一起的观察,便可称其为关系。可见,事物只在性质的关系中,或说性质物是只存在于性质的关系中。非常显见,性质的存在当是要有自己的外显方式的,且方式的存在又当是要在某种关系之中的。因此,在事物间便存有一个可起着许多作用的关系体系,我们把这种关系的体系,就可以表达为事物的性质群。同样,黑格尔认为,如果此物与他物发生关系,双方的性质不因相互发生关系而受影响,这便是一种外在的关系。① 此话表明,物的性质不因外在的关系而改变,只有内在关系的改变,性质才会起变化,这是正确的;然对于事物来讲,外在的关系与其内在的关系,又都是难有界限分清的,它们都是一样的重要。

121. 人们都知道,在事件、事物之外,还常可见到实有、实在和实体的表达,其实在这个层面上,它们也都是性质。比如,单子必须具有一些性质,不然它不会是实有的。② 这里的实有是专指单子的,若单子是物质的,则实有就是物质的有。之后,关于实在,它就是指在自然中已有基础的存在;实在的就是真正的原始的性质所表现着的观念集体,除此之外的其他性质所反映的则是与真正的原始的性质是不同的。我们说,对于性质物来讲,是可以用实有和实在来表达的;对于性质来讲,也是可以用实有和实在来表达的。但是,实体不能既表达性质,又可表达性质物的,即实体是只可表性质物的。洛克讲,我们以为实体是支撑一切存在着的性质的一种支托,因为我们设想那些性质离了支托,便不

① 姜丕之:《黑格尔〈小逻辑〉浅释》,上海人民出版社 1981 年版,第 273页

② 莱布尼兹:《单子论》,钱志纯译,五南图书出版股份有限公司 2009 年版,第 94 页

能存在。① 可见,实体就是某些简单观念的能寓于其一体的,人们可以之作为归宿和源泉的所指,它也是一种实在,用来支撑一切存在着的性质。这就是言,实体是用来表寄寓性质的存在,通过性质人们可以找到许多问题的开头,以及它的存在的可能。当然,实体的性质是一定会含有物性的和精神的两个方面的,即实体就是具有性质的东西,实体的观念就是由性质形成。所以,谈实体,只能谈性质,性质的集合的存在就是实体。故,物质实体是要由可感的性质来集合成,思想的实体是要由反省的性质来集合成,尽管在反省的过程,人们是要加进一些可感的性质。总之,性质是表实有、实在和实体的性质物的灵魂,同时在性质物中,性质又是实有的和实在的。另外,思想的反省的意识的本身,也都是人的性质。

122. 再者,性与理都是同一的。陈来先生讲,任何一个事物都是由性和体构成的,不能只有性而没有体,也不能只有体而没有性。② 这正是,性非体不成,体非性不生;此间的体是指性质物的质料,性是指性质。同时,他又言,物物皆有理,如火之所以热,水之所以寒。可见,其中的理就是性质,因为热为火的性质,寒为水的性质。于是,理无形无象,微妙不可见,所以说"微"。此便是性质之无有物质成分的质料存在,然又不能离开性质物的所在之意。可见,"性"就是一个物体所以是这物体而不是另一物体的理。所以,性也者,与生俱生也。情也者,接于物而生也。这就是说性是先验地本有的,情是后验地与事物接触后才发生的。这些都是合性质学的。

---

① 洛克:《人类理解论》上册,关文运译,商务印书馆 1983 年版,第 266 页
② 陈来:《宋明理学》,生活·读书·新知三联书店 2011 年版,第 136 页

123. 关于火与热的性质同在说,表明火与热是不可分的,并且火在最冷的天气下,其燃烧得应是最炽烈的,这是其一;其二,由于物体的受热性,它便会具有一定的储能功用,这一意义十分巨大。另外,水流乃是整个世界的音乐,它绝不会因在高处与低地而有所欢娱或感不得意。还有,空气有时亦会极显尖利,一般的气体之消失,往往是自上而下来进行,且陆地上空空气移动的性质与海洋上空空气移动的性质又是完全不同的。但是,由陆地向下去,是愈来愈温暖的,而由海洋向下去,则是愈来愈寒冷的。这些都是表性理的。

124. 性理一体是真实的,连接它的更重要的发现,就是关于性变质变理论。我们说,性质与性质物在生成时就是共在的,在生成后也是共在的,不能讲先有性质后有性质物,或者反之;此即言,性质的集成一定要具有性质物之集成或外力集成的背景,对于性质物来讲,亦是这样。再细推演,某一性质物可以有多种性质,颠倒过来,某一性质物的形成也应是由多种性质来决定的,在这多种性质的决定过程中,它们是缺一不可的。所以,性质与性质物乃是共生、共存、共亡的。

125. 关于性质与性质物是一个共在,只要性质物在,则它的性质就是不可毁坏的。这是由于性质物是性质的承载者,性质在性质物中是不变的。就性质物与性质来看,除它们的共生、共在外,它们还应是共易共变的,在此期间不存在性质变在先而性质物后变的问题,反之亦是一样。故,性质与性质物的同时产生是必然的,但是某些性质在性质物中的显现,则是有一个漫长的绽放的过程的。当然,有些性质也可以早于整体性质物的消失而提前消失掉。此间道理应是显见的。这还可以联系到自然,因为自然一定具有自在为他的两重性质,即自然的也都是关于性质的东西。又比如,森林里的众多的巨大树干是自然形成的,树冠也是自然形成的,可见自然的自然是具有天然的矫正的成形能力的。于是,以树木观之,性质的都是为了性质物的,或说所有的物种都似是难以直接地利他的,这就不同于自然的高尚性了。

126. 表面看,性质物的存在是由性质决定的,它所产生的影响也是由性质来决定的;实际上,对性质的影响是要从对性质物的影响开始的,即性质与性质物的作用当是内在的。有时机体内的相互诱导乃是彼此成全的相生性的发展的基础,这就是事物发展的原因当有一个动力,且这个动力也可以称之是某一性质。后面的事情便表现为,某物的性质与之发展的程度是无时不相关的,是无时不匹配的。自然,性质物的性质也是引致人们行为的原因之一。所以,培根讲,要在一个所与物体上产生和添加一种或多种新的性质,这是人类权力的工作和目标。对于一个所与性质要发现其法式,或真正的种属区别性,或引生性质的性质,或发射之源,这是人类知识的工作和目标。[①] 此语具有神圣性。因此,A 的独立的性质物之存在的性质,一旦进入到另一存在中时,其性质有时就会受到影响,这反映在化学溶剂和光的与媒介的应用中是最明显的。

127. 那么,我们若对某些存在强加上一些其他的性质,它又是什么呢?亚里士多德未能说清楚。我们讲,它当是又有了全新性质的存在。因为,对于一个事物,当你将它的性质略微改变一点的时候,它便不再是这个物体,[②] 即每一性质物的性质的变化都会成为新的存在。如此一来,性质的变化必是置于性质物中才是可能的。从根本上讲,事

---

① 培根:《新工具》,许宝骙译,商务印书馆 2010 年版,第 115 页

② 托马斯·阿奎那:《亚里士多德十讲》,苏隆译,中国言实出版社 2003 年版,第 74 页

物的变化也是因其性质才得以进行的,倘若某物没有可引起巨大变化的性质,则之就难以有巨大的变化,无疑。

128. 于是,性质的不同,就是事物的不同;一事物的性质只要它完全地改变了,则此时的事物就变成了另外的一个极新的事物。所以,看事物的存在,主要是看其所具有的性质。性质一变,一切皆变。或说,性质的变化,必要引起性质物的变化,当然它们又是在同时起变化的。可是,某些性质的变化,也可以不引起它的性质物的显著变化。然无论如何,质变就是性质之变,对于性质物来讲,主要的是质,对于性质来讲,主要的是性,故性与质即性—质是难解难分的。

129. 很少有人知道,金属、高分子材料和岩石等在一定条件下,也都是具有着蠕变的性质的,以及位移和重量、单位上的量的变化又与性质是无关的,但 A 物要成为 B 物则必须要经过性质的变化。故只要性质的被毁灭,其性质物也就自然地被毁灭了。可是,某种存在的部分的被破坏,其性质又是难以丢掉的。这是由于,性质在一般的性质物中是均匀分布的,其并没有因为部分的被抛弃,也随之要将它的性质连同略去。

130. 有时,在性质物中掺些杂质也是可以改变性质的,即性质的哪怕是极小的不吻合,则它们所代表的性质物就当是具有极大的不同了。这时,所有的性质物的性质都会随时间的变化而发生变化,只是我们人类在细微处不能显见而已,故时间乃是一个重要变量。可是,在具体问题上,某些性质物之性质会在很短的时间内便发生变化,有时则需要较长时间才会发生。不难看出,在性质物的内部,在性质物间的外在作用下,以及在时间的变化中,都是会引起性质变化的。

131. 总体讲,性质一变,事物就必变;或性质不变,性质物亦不变。

但是,在不考虑性质物的前提下,性质永远不变。因此,变性必然变质,故有人就以变性来直指变质了。其实,性质物的变化,一定是在于性质的已经与之发生了同步的变化,否则就是不存在的。所以,不妨说,性质就是性质物的生命,只要某一性质物的性质已终结,则该性质物也就不存在了;此即指性质的存在就是物的有效用,性质若不存在,则性质物也就无有用了。故,一物的消亡正是由于该物之性质的消亡才消亡的,然而这只是表达上的需要,因为性质物的消亡与性质的消亡乃是同时的消亡。

132. 我们认为,概括以上,性变即质变,或质变即性变,其实性变与质变是同时存在的,它们不分先后,只是为了话语之方便,人们才以言性变来开始的。这些都是极为重要的观点,由此定可摆脱哲学史上的那些毫无意义的关于谁先谁后的争论了。

133. 接着,更有意义的就是要阐说,性质物中的性质是没有矛盾的思想。在这里,性质必与它的性质物是十分地相适应的,即看似的物的有机之合,实是它的诸性质的相合,或说性质的相合就是性质物的各性质间的相互依存与共在。如此一来,性质间的一旦具有了相合的和相容性,或说凡是具有了相合的与相容的性质者,它们就是至少地可以指向同一性质物的。尽管不同性质物的性质间的存在是极其复杂的。可是,同一性质物中的性质的不同,又仅是性质群中的各种相异的表现;在同一性质物间的某些性质,虽有差异性,但绝无相互的否定性,这是不用举例的。故,在微观层面上,它们又当是具有均衡性的。

134. 于是,任何的性质在性质物中都是相互有利的,都是某一性质可以在另一性质中的相当于你可以傍托我,我也可以加持你。因此,性质物中的性质,才是可以彼此相互地倚重的。所以,在同一物中,不能有相反的性质,但在不同的物的掺和作用下,它们也会存在瞬间的相反的性质,可到最后,那相反的性质仍要归于某一性质之中。如,酸、碱物的存在就是这样。可见,性质与它的对立面是不能在某一性质物中同时呈现(对立包括矛盾、反对和相对峙等),即同一的存在,不可有矛盾的对立成二的性质。因此,在一物之中,性质之间不可做互相的否定,也就是说,在同一性质物中,绝没有相互对立的性质,这是不言自明的;或说性质物中的性质不会自相矛盾,关于事物内部存在矛盾的学说是不存在的。

135. 可是,上述的原因又在哪里呢?亚里士多德讲,许多性质由于事物的本性而附着于事物,正如它们拥有每一个这样的特性。[①] 因此,由本性所反映着的事物,它必会连带出其以后的许多性质来。这就是关于本性的存在。于是,具有同样本性的物,就是同一的存在。所以,事物性质的最根本属性,它既决定着事物是什么,又决定着事物应该怎样,是事物何以存在的内在根据。[②] 其实,这里的根本属性一语,应为"本性",它是存在于"性质的终极的寄寓者—本质"最近的地方。

136. 又有学者称,凡是品质,都可以叫作性质,发于物之本性。[③] 由于性质发于本性,本性又发于本质,所以性质必要发于本质。可见,由性质便能寻出本质来定是无疑的。因为,我们发现,性质物所具有的性质,都是联结着本质的,即在同一物中,各相关的性质都是同源的,都是出于同一个终极之点。所以,性质就是存在于物自身中的,就是与现象所反映的有关的外在的东西是完全割离开的,它的存在意义是由之

---

① 亚里士多德:《形而上学》,李真译,上海人民出版社 2005 年版,第 396 页

② 张广森:《本体论语境中人的本性审视》,吉林大学博士论文 2005 年

③ 王东京:《中共中央党校老讲稿选编》,2010 年版,第 99 页

可以达到本质,只有如此,性质才具有本真性。经推理可知,性质必是以性质物的深处之组分、结构或运动等来作为自己的寄身之所的,此时它便是犹如性质物的闪耀出的光。非常显见,性质的光源就在本质处。

137. 可是,性质的原因又是怎样的呢?这乃是关于性质物和本质的问题,只要性质物及本质的问题一解决,则性质的原因问题就会自动解决。因为,性质的原因就在性质物和本质的里面。从终极的源头上做推判,性质必是由本质所逸出的,只是平时要存在于性质物的质料内部罢了。如此一来,我们研究性质的目的,便已昭然若揭。

138. 尽管如此,对性质的求索仍要继续。下面的文字,是铺展着向人的性质而去的。在原理上,凡物必有性质,人亦有性质,我们把人的性质阐说为其生命的必有意识;同时,有生命的还有植物和动物,它们的性质就当是处在了由无生命的物到人之间的过渡带上。对于非生物性质,我们可以认为它是静止在性质物中的,然而对于有生命者来讲,其性质的存在应是相伴着生命而运动着的。就哲学而言,有之有即为物的性质,性质与性质物是与生俱来的,是一种共在,这是指对非生物讲的。然而,对于生物,其不仅有与生俱来的性质,而且还有新生性质的性质。对于人来说,其生命的性质是与生俱来的,另外他也具有类似植物的生长和动物的运动,还有通过习得而获取知识的性质。于是,某些意识是在生命中生成的,一部分是由潜意识引发开来的。此后,意识便可以自发地扩大,潜意识的作用就会逐渐缩小。这些表达极为重要。

139. 但是,无生命物的性质,也有些是在后天发生的,如铁的生锈的性质;人的意识也有些是在后天发生的,如最新科技的出现等。所以,无生命物的性质存在和人的性质存在是具有某种类同的对称性的。

在方法上,先由物的性质谈起,再言人的性质,最后把人的性质都归于意识,是一条路线。于是性质和意识就是同一的,只是它们的对象不同而已。所以,性质说更具代表性,因为性质可以代表意识,可人的意识却不能指所有物的性质。故,物自身中的可理解性就是性质,而人的意识就是能理解这些物自身中的可理解性的存在;当然,人的意识这种可理解性也可以说是人的性质,则物的性质就与人的性质在性质的层面上实现了同一,即达到了在认识上的一致,或说是认识与被认识的得到了统一。

140. 赫胥黎认为,物性和人性分属不同的领域。① 我们说,物性是纯物的性质,人性是人的意识,就"性"的观点看,性质与意识相同,只是它们的寄寓物不同。所以,在性质学上虽可以划分为物性、人性和事物性(即人与物的人与物与人和人与人的人与人与物)等,但人的性质与物的性质又一定会相同,只是人的性质与其生命的目的是同向的,而物的性质与其存在的目的是同向的或是相适应的。如是之,任何的物不管是有生命的或是无生命的,它们都是有性质,只不过性质的让人所认识的方式不一样,如人的性质是意识,金属的性质可以表现为导电性等。所以,绝没有物的差异性是不可以统一到一个共同的性质上来的。

141. 于是,所有的存在都是指向性质的,而所有的性质又都是要归于意识的。意识要优于性质,性质要优于存在。存在的现象只能是展现给我们以表面的,只有性质才能既深入到性质物的存在中去,又能深入到人的意识里面来。所以,性质便是能联系性质物和人的意识之间的中介;同时,它又是可以归于性质物的和归于意识的。这样的话,

---

① 赫胥黎:《人类在自然界的位置》,蔡重阳译,北京大学出版社 2010 年版,第 12 页

性质存在的共同体就外在而言,它便是组成了一个自然的世界,就内在而言,它就是形成了人的意识的全部。

142. 其实,生命的也是一种性质,这种性质是对应于一切生物有机体的具有基本结构和功能单位之细胞的,这是正确的。总之,人性、物性都是讲人或物的性质的,只是人们更愿以精神、思想、感知等意识来表达人性而已。这是由于人的具有心灵,正如物的具有性质,以及性质并不是物自身,这就像人的意识并不是人的肉身是一样的。但是,性质又是反应物自身的,这就像意识是反映人的肉身,也是一样的。因此,任何的一种存在只有在显现它的性质的时候,才是存在的;对于人来讲,他才是活的,有生命之思的。当然,人死后也是有性质的。所以,任何的性质物都要有与之相符合的性质。

143. 另外,人的生命的显现之一,即为自我,这个"自我"者也就是意识,因为它是可以通过大脑来进行体悟与描述的。可见,人的如此的问题,惟有在人的心脑内,才是可以被言说的,至于生命的非意识部分,则是不可以由意识来言说的。通俗地讲,所有的存在物都是和其性质联系在一起的,只要其性质一消失,则这个存在物也就不存在了,或成为另外的存在物了。如,金属的导电性若已不存在,则它就不是金属了;再如,人的作为生命的意识只要不存在了,即关于其生命的性质不存在了,则这个人就只是一个植物的或是僵尸了,就再也不是人了,而成为了另外的东西。因此,凡是存在都是和性质联系在一起的存在,故研究性质就是研究存在的法门。不管是对于有生命的或无生命的存在都是一样的。可见,存在或本质是与现象无关的。于是,性质与性质物必须相合,性质不在了,性质物亦就不在了。至于说人的精神不在了,只剩下一个死的壳,其实这个死的壳也是很快就没有了。所以,人的意识一旦消亡,则其肉身也就要极快地消亡了。这是不用再叙述的。

144. 接下来,我们阐说关于一般的生命话题,包括神经系统的存在等,以便于向着人的性质的方面,继续推演。

145. 首先,生命是活着的物体或东西所特有的性质,它或者是关联于心理活动的能力,或者是关联于物理的活动,①即生命当是其生命体的性质,或说对于低级的生物,它只是生理的,仅表现为某种硬件;但对于高级之生命体,心理的则是相当于他的软件。其二,生命的统一性是难以在部分之间存在的,它当是神经体系的兼有激素的综合体,即生命自诞生开始,便具有了整体的协同的自发的和主动的特点。可见,在生命体中的性质,不是完全静止的,而是具有运动的与外在的相适应性。因此,不停地运动,就需要动脑筋。所以,运动的存在当是大脑发育的基础。于是,可以推想,动物有大脑,而植物不见大脑。其三,生命的目的不仅在运动的最后,而且在运动的开始时,就已存在于生命之中了,故之乃是推动生命向前运动的最初原因。也可以说,目的是贯穿于生命的开始和结束的全过程的,如是之,它的一切的内外在都是要合于其生命的目的的。同时,生命的系统它是要求在各肌体的反射作用中来完成自身的调节平衡的,仅此一点就可以看出,生命的存在永远地都是在进行着新的创造,或说生命无时无处都是在进行着创新的。

146. 此外,对于生命体的损伤,它是有自我的修复能力的,在此期间人们或许能有更高明的发现,其前提就是一切当以适应生命为要义,即一切的都要回归于服务生命的真谛。很显然,这里的生命、生命力和生命的运动变易等均可看作是一个体系,也正是由于这个体系,生命的

---

① 　罗伯特·奥迪:《剑桥哲学辞典》,台北市猫头鹰出版社 2002 年版

本身不管在睡眠或清醒时分,都会对自己实行保护。因为,生命的先天性会对任何的不利于其存在的骚扰,必要予以稽查并会坚决地清理掉的。

147. 可见,生命即是不安息,生命之具体,惟有止于它的死去。当然,所有的生又无不是指向着死的,但生者之生的同时又为下一个生准备了生命,这时它所意味的死其实就是一种生的蝉退。故,死的只是部分,死的不可能是全体,而生的存在又开始了一个全新的状态。或说,生就是要生出一个自己的他者,死则只是归于与他者无关的自己,因此生命流才得以延续。

148. 我们说,凡是人、动物和植物的本质都应是存在于与之相适应的生命之中的,其生命的终结就是其本质的丧失。对于从未有过生命的存在,它们的本质就只能沿着其性质来寻找了,故性质的存在就是这些物中的犹如生命的精魂。再者,由胚胎、胚芽所带来的生命个体只是短暂的存在,所以在长期的过程中,生命的一个方面是仍要归于无生命的存在的,但它的另一方面的生命之江涛汹涌,也应是具有永续的奔腾性的。在日常生活中,人们常会发现,偶然的性质多会存在于有生命的物中,很少存在于无生命的物中,这是值得考虑的。可是,习惯的又有绞杀非正常的发生的力量,这也是生命中的根深蒂固的。至于痴呆、癫狂等病状的生命情态,我们在此略去。

149. 与生命密切相关的还有它的神经系统,只有谈到它,才可理解生命是如何活起的。从最细微处想,神经的在细胞中应是相当于某种骨架的存在;同时,神经是可以双向地有传感存在的,且神经网络的被激动的面积又是和外在的施压强度的大小与脑的支配有关。神经系统可以不是一条条的线的密布,它可以是点状的弥漫形的,在特殊背景下,它或许是可以类如无线电传播时仅靠发射台就可以了。所以,神经的存在乃是生命的一种机能,是一种极不易理解的性质,然其自生命的繁衍之初到死,又都是自然地存在着的。当然,在无兴奋的情况时,神经又会处于看似的休息状态,即神经的表现是随有关的变化,才发生相应的变化的。

150. 李景源先生讲,神经调节器官活动的最本质的方面,就是运动与感知的协调,[①]或说所有的行为都是从属于神经的,因为行为的是由于行为体连同其性质的共同变化,才好引起。这从根本上看,惟有神经系统才能联系它们和适应它们,也就是只有神经系统才既有即时的功能又可有长期的生命价值。比如,夜间的飞虫向着光明的火焰急趋,也是这方面的一种说明。

151. 根据某种性质而存有的行为之见,它恰好解释了性质的存在也是可以作为原因的,即一性质物因有多项性质,则其就有了多项反映于外的多种原因。所以,多个原因是可以有一个共同体的,这就是那个有着多性质的性质物。对于人来讲,肌肉与脊髓的供血和神经系统的连接是十分重要的,其结构转变则之功能也会转变。自然,由于心脏定是一块非常强有力的肌肉,它才可以是心血运动的主体,此刻血液是有方向地在肌体内运动着的,该运动的动力是源自心脏的起搏。同时,血液经过肺里的气体交换以后,满载上新鲜的氧气。[②] 于是,血液是循环的,且能载上氧气。我们说,神经系统也是可循环的,其理应也能载上意识。如此一来,神经的向着脑去的方向就是携带着外在的受了刺激的信息的,而由脑的向外去的方向就是携带着内在的意识的信息的。

---

① 李景源:《史前认识研究》,湖南教育出版社 1989 年版,第 26 页
② 哈维:《心血运动论》,何西译,江苏人民出版社 2011 年版,第 10 页

况且,心脏跳动是由神经来控制的,因此只要确保神经的活力,则人的生命就能由之来管控的心脏继续推动下去。综合一下,则神经的系统就应是从感官的感性到完成意识的管道,反之也是一样,这乃是属于人的生命的一种天赋的能力。

152. 沿着上述路线,我们继续向前考察。格林菲尔德讲,应激性是所有活组织的一种基本特征,植物和动物均有。① 关于植物,其生长必须要捕获它所需要的日光,而人的生长也是必要捕获其所需要的能量,这就是达尔文的首要观点,即"适者生存",而不是进化。一般看,生物的只有在艰难期才是合作的,在丰裕期往往具有独断性,或说只有痛苦的,才是要求进化的。尽管如此,生物的性质,对非生物的性质影响仍是十分巨大的,这或许也是常被人们所忽略的。

153. 巴甫洛夫认为,动物的一切行为都属于反射的范畴。他把反射分为非条件反射和条件反射两类。所谓非条件反射是动物天生的功能,具有永久性,……所谓条件反射是指后天形成的,经过多次强化,使本来无关的刺激也能引起反应的反射活动。② 可见,非条件反射与先天有关,而条件反射则是服务于后天需要的。然而,这些联系的定是神经系统。神经系统在非条件反射下,可以是由无感觉的来引起的,而在条件反射的情况下,应是有感觉的在先的。于是,条件反射组成了动物行为的基础。巴氏又说,大猿、大象、海豚都有一定的自我觉知能力,这是可以理解的,但其终不能系统化。所以,有一种需要是在无归因的动机下进行的,此似与大猿的某些自我的觉知是相吻合的。另外,凡动物

---

① 格林菲尔德:《人脑之谜》,杨雄里译,上海科学技术出版社 2008 年版,第 33 页

② 巴甫洛夫:《条件反射:动物高级神经活动》,周先庚译,北京大学出版社 2010 年版,第 8 页

的求偶行为,都是一种本能的,这就是性衍生攻击,性冲动是攻击力的加强的可见性理论,不可见的还有,精子进入卵子,也是发生了细胞间的攻击的。对于高等生命而言,关于性,只有让出,才是存在;很显然,高等生命的为生存的斗争和生殖斗争又是完全不同的。

154. 通过前面的文字,人与自然同出的事实就已清楚。因为,世界对人而言,它的性质和意义本来就是在对人的关系中才能表现和实现出来。所以,人的性质不同,世界对人的存在性质当然也就不同。①于是,自然世界与属人世界的关系,均同人的肉身和灵魂意识这一基本面是有着绝对的渊源的。肉身与意识是性质物与性质的关系,自然与属人是纯物的与活的性质的关系,这个活的性质相对于自然这个性质物来说,它还具有自己的独立性,故凡是具有活的性质的独立的载体,又都是要蕴含着自然的性质,或说生命的都是无生命之自然的性质表现。此间意境,还望深思后,细细品来。

155. 可见,人有自由和人作为自然的部分,就要服从自然,当是和谐合理的。这是由于,自由一定是在自然之中的自由,而人的自由又是要服从其生命的,且生命又是要服从于自然的,故自由与自然就在生命的环节里得到了统一。有人说,任性的也是自由的一种,其实自由也有自由的限制者。在当下,生理的对于自然的一定是欲望的体现。目前,人的主要的索取依旧是大自然的馈赠品。这恰恰反映了人的智慧是低于自然的一般水平的。

156. 鉴于所有的冲动都是生命的,即生命在本能中的冲动,正是生命体发生的前提,则在性的关系里,双方就都是存在的一,或说是性

---

① 高清海:《哲学的憧憬——〈形而上学〉的沉思》,吉林大学出版社1993年版,第10页

把双方统一了起来。再有,本能的与不自觉的在某些方面也是有联系的,如在生命的内部就是这样。因此,对人来讲,条件刺激是向内形成意识,对条件的反映就是意识向外的指导行为和行动,当无条件刺激或无条件反应时,它们又都是要归于生命的本能了,这是其一;其二,生命的本能的存在由人的少小时段的起主导作用,到逐渐长成后的由意识来主导生命的本能,是有一个颠覆性的过程的,这些都是显而易见的。

157. 于是,我们就要把一般的生命的独立存在和人的意识分别地表达清楚,此是一个重要问题;在意识中,要把生命的东西驱逐出去。比如,呼吸、心率、血压、体温和肠的蠕动等,都是关于生命的,在原则上,意识不管这些。巴甫洛夫认为,条件反射能够使人类和动物机体与周围环境建立各种复杂的关系,根据对生命活动有利或不利的不同的刺激信号,产生精确的反应,以适应于生存的环境,免遭淘汰。研究表明,条件反射是建立在非条件反射基础上的。① 可见,条件反射对人似是形成意识的前提;同时,后天的又是建立在先天的层面上的。然而,条件反射毕竟是在生命系统里的极短暂的事情,可是当它一旦进入大脑,就会立即形成意识,如是之,也就有了长期性的特点了。

158. 以最先进的思想看,按照生命的性质来观生命时,就是用意识来言生命了,此时的生命前台表现的便是意识,而在意识的背后则是依生命为主宰的存在。可见,心确是生血的,脑确是生意识的。在生命的系统里,许多东西可以不由意识来摆布,但有的若需由意识来反映时,生命的便要为之提供必要的意识力。因此,生命就要求外物必须来服从它,至少要成为它的意识观念;所以,外在的(他物的)、内在的(情

----

① 巴甫洛夫:《条件反射:动物高级神经活动》,周先庚译,北京大学出版社 2010 年版,第 8 页

感的、迁怒的)都是和生命相适应的,比如生命的至少是需要欲望来存在的。

159. 有学者称,生命就是意味着求意志的意志;①但是,生命并不是意识的过程,只有生命的意识才能进行自我的连续的展开,这种展开当是在客观性中时时地充满了主观的,是主客观的最严密的组合。当然,生命的内力又是一切力量之源,人类的一切都是其生命内力的反映和存在;此时,生命与精神的意识等是相互地嵌入着的,这是易于理解的。

160. 我们说,生命的扬弃就是要使自己成为能脱离肉身的低级趣味而表现为精神的纯粹意识,这一刻,意识便成为了人的灵。就是由于这个灵,它才让我们通过生活来反映着生命的;这个灵把我们的一切表达看似地都已回归到人的生命里了,其实这比放在冰冷的对象内要好!因为,只有利于生命的,才是有价值的。推而广之,人是有生命的,家庭是有生命的,社会是有生命的,国家是有生命的,自然也是因人的生命才有了生命,所以自然也是有生命的。故,展现在我们面前的一切都是当以生命为第一前提的存在。然而,能反映这生命的,又惟有在生命的意识之中方可起作用,这就是真理。

161. 故此,人的意识即与其生命同在。比如,人体内的一切,包括意识都在自觉地为之生命而进行着各项紧密的合作,在它们之间不存在相互的拒斥问题;且人的功能性又是生命的直接需要,而意识也是生命的功能之一。于是在人的生命流中,必存在有意识流,必存在有认识流,即意识的所有性质都是生命的,但生命的所有性质既有意识的,也

---

① 《海德格尔存在哲学》,孙周兴译,九州出版社 2004 年版,第 342 页

有意识之外的生命体的。对于人的个体而言,它首先是生命的需要和存在,之后再形成人际间的社会关系等意识,可见意识无不与生命联系而成为一体。

162. 再有,对于人的身体所表现的可施展出的物理学上的力而言,它也应是生命和意识的共同作用的结果。如,手的这种器官是人的整体之部分,从手的有关外在是可以找到它的内在的某些对应点的,这是任何生物都具有的特点,可是手的之所以有目的的动,必是人的意识这种性质的相关表达。另外,我思故我在表明,我是性质物,我思是我的性质,只要我思的性质在,则性质物的我就必在,这是正确的;然而,关于我思的 A 与事实的 B 的不统一,则是其他的范畴了。罗素讲,一切思维在某种程度上都是模糊的,完全的准确是一种理论性的目标,而在实践中是不可获得的。① ——这便是在意识的生成过程里面,玩忽掉了性质的原因。可见,性质的科学来到人间,确是经历了极多的困难。

163. 据报道,大脑中的化学物质是随着年龄变化的。其实,任何一个机体内的存在都是变化的,如铁生锈也应是由其体内引起的,倘在它的中间加一些 Ni(镍),就会变得不易生锈了,就是这个道理。可见,体内的变化是对映着极多的性质的。又如,某时段一个民族的性质,可以是由一个个的精英集体在历史的过程中,连续地赋予上去的,或说他们是把自己的性质置入到那个系统中去了,这是正确的。还有,血液中的元气就是如同人体中的精神,人的精神一旦脱离肉体,就会如同人体内的液体蒸发为气一样。同时,有人认为,数亦具有实体的性质。自

---

① 罗素:《心的分析》,贾可春译,商务印书馆 2010 年版,第 156 页

然,灵魂也属于性质,即灵魂必为人的性质之一。在这里,灵魂就是操纵人的生命的先天的某种神圣的东西。如是之,人的肉之身体便要与精神意识共在,只是于许多的时间内,某些美妙的精神未被激活,而不见有动作罢了。

164. 这样一来,人的行为便皆由其性质出,必是无疑。第一,人也是以条件反射来构成其行为基础的,只不过有时对于人的条件反射是具有潜伏性的,人们的行为可以不与其条件反射形成直接的对映。第二,人类的动物祖先行为方式的改变一定要有其自然的原因。首先,在动物界形成了人的实践活动得以产生的生物学的前提条件(即手脚分工、工具萌芽和生活的群居);其次,促进人类祖先基本行为发生改变的重要因素是自然界的选择压力;①第三,这是最重要的,即随着工具活动的大量出现,它使我们的祖先不再消极地承受自然界的选择压力,而是逐步地把自己从这种压力下解放出来,进而成为了具有自由意识的人。所以,人的现实的存在是要表现在行为里的,即只能由性质来表现,或说人的行动是要依之性质而为的。这就要求我们,既要研究行为,又要研究行为的性质,还要研究行为与行为即它们的性质与性质之间的关系。总之,凡事凡物凡行为都要研究性质。

165. 同时,人也是经济活动的原点。奥菲克讲,交易、易货和以物换物是一种人的天然趋向。② 可见,资本主义的那些交换等乃是人的属于昔在的性质,或说也具有本能性。于是,在这方面的某些满足,绝不可能是之全面的满足;当然,人的欲望也只能是从其适当的满足中

---

① 李景源:《史前认识研究》,湖南教育出版社 1989 年版,第 44 页
② 奥菲克:《第二天性:人类进化的经济起源》,张敦敏译,中国社会科学出版社 2004 年版,第 25 页

出,而不可能是从其失意中出。在失意中,人的存在只反映于生命里面,生命是人的所有行为的归宿,也是人的所有行为的桥梁。如,失意要回归到生命,在生命得到新的满足时,欲望又可以勃发起来了。可见,人的生命必是要表现成行为的;此时,其行为可以由法律来为之设定性质,但无论如何,他的行为只要终止了,也就意味之性质便要消去,则之肉身也就要结束了。

166. 人的行为皆由其性质出,自然还要涉及与之相关的善和道德等等。有思想家称,性压抑引起的性造反,是革命运动的源泉,是现存社会的炸药;①而文化就是性本能压抑、升华的产物。性压抑妨碍人的幸福,但促进了社会进步与文明发展。在这里,防止乱伦也是人类生命的需要;如此一来,文化的指导行为,伦理的教化,就都是关于性质的。

167. 关于性,它乃是人天生具有的生理和心理机能,凡幼儿之性的兴奋,都是来自于运动;其实,更为严谨的说法当是,兴奋与抑制应是能量的扩散与回流的反映,这样就更好理解些。当然,性的欲望可以被发展成对美的形式理解上的追求,②这又只能是在形式上进行。因为,在性的本质上,又有谁去做了深刻的理解呢?至于肤色黑是与人的审美有关的,它是性选择的结果之说,也应是有道理的。但是,快乐于情感,食欲于生命,性欲于基因,定是千真万确的。

168. 非常明显,道德也是由性选择的爱及社会本能共同作用而产生的,或说道德的起源是和性选择联系在一起的,即由性至爱至道德为一条路线。有先贤言,"端"似乎是指一种对善性的原初情感或行为之反应。例如,孟子说,任何人见到一个小孩将要掉到井里,就都会产生

---

① 金炳华:《哲学大辞典》,上海辞书出版社 2001 年版
② 罗伯特·奥迪:《剑桥哲学辞典》,台北市猫头鹰出版社 2002 年版

自发的关注情感,这就是仁之端。其实,这仍是后天的,并不是人之初的表现。

169. 我们认为,善的存在,首先是一种意志的意识,而它的外显,就是人的关于有益于他者的表现,故人的非生命的性质的内在对应就是意识。同时,善与目的无关,他只要具有了善的意欲,则善就是它本身。因此,善的这种性质又是来自于性质物的内在的。于是,性质必是嵌入到性质物的内在中的,尽管它还是可以被人发现的。然而,关于理性的使命就是为了产生善的说法,还是值得商榷的。因为,操行善恶者,性也;福祸吉凶者,命也。可见,命是先天之性,而操善之性则是后天之性。总之,此间之性与理性之性,又是不能完全相交的。

170. 但是,善恶问题和自然与精神的属性等,又都是关于意识的。比如,A 说友爱是善的事物的原因,似不完全;但 B 说善的事物之内外在是直对应的,则是很有道理的。据报道,世界上总是存在这样一种向善的或向恶的物理过程,恶总是从很小的源头开始——一个弹药筒、一块铀燃料,一个心理扭曲者内心的仇恨,接着便向外爆发;而善总是从爆发点周围的每一个地方聚集起来,然后义无反顾地走向出事地点——此即言,恶有大的扩散性,善只是在收敛中来形成影响的,且恶是在先,善是在后的。因为,人是逐步地进入到善的阵地的;可见,高尚是建立在缓慢地走向纯真的原始的道德的基础上的。

171. 众所周知,行善才可幸福,世上绝无恶的幸福。康德讲,德性的真正力量就是平静中的心灵及其一种深思熟虑的和果断的决定,即实施德性的法则;另外,要使某种东西在道德上成为善的,它仅仅符合道德法则还不够,它还必须要为了道德法则的缘故而发生。所以,德性是随时可以埋葬恶的力量;同时,善之道德的金贵,虽是在于它的内隐性的,而不在于它的外显性,可是仍要有所发生,仍要按某些法的规则发生才适当才稳妥。于是,无论由德至善,还是由善及德,以及德、善兼修兼行,它们也都是人的某种性质。

172. 回到当下,善的人性应是高于政治影响力的。对于军人而言,他们的最高享受就是对战争的热爱;这时,人性要求光荣的死,永远胜于耻辱的生,并且是短暂的生,即死亡者要留下自己的傲骨。因此,追逐荣誉的名义的这种善的意识,乃是一种生命的享受。其实,真、善、美都是对人的生命而言的。如是之,人能有义务地施惠于他者,即是在实践着其最高的价值。但是,完成的完善者,又都是已达目的的,故而便是较少地具有超越性了,当然这也是由之性质来决定的。

173. 沿着前面的路,事实上,我们早已步入到了人的性质的内容中来了。之后,我们继续展开。

174. 经典上讲,天道决定而赋予人的,称作命;生来形成具有的,称作性,①即性命共在。从几千年来看,人的生命就是一场追求意义的搏斗。很自然,人的生命、生活的经历都是其性质的逐一呈现,如学习、工作和结婚等均是因为人人具有了如上的性质时,才会具有其相应的存在。不难发现,人在婴儿期,有时他的手段和目的是未做分开化的,这就使得在成人后,仍有可能就手段和目的的同时的在发生上是不能分开化的,此为一个生命的惯性。更进一步,人类生长的阶段性的次序不变是具有极大的意义的;于是,我们的某些性质的存在,也是具有阶段性的。比如,先天性的导入,外在的内化,由我的指向外在,这些都应是人的关于诞生之前和诞生后的一部分时间内,以及有了自我的存在这

---

① 杨朝明:《孔子家语通解》,齐鲁书社 2009 年版,第 309 页

三个阶段里面的事实表白。

175. 可见,孩童天生的虽是唯物的,但其又必是唯性的,故人性一定要在关系中抽象方可阐明。还有,关于感质说,即是指心理状态或心灵事件的性质,如此一来,它就表明感与质结合时,质的物的实在已无。同理,性质中的质也应是与性相同的,即它的物的实在也已隐去。所以,只有在物质的背景下,该质才是物的。于是,感质的仍是人的意识的,质在这里不过是感的复述。因此,气质只能予人以特性,但特性又绝不是物质。

176. 另外,人为的性质,应完全地是人的性质的种种的嵌入,所以人们需要的不是物,而是物的性质。鉴于物性的存在是要通过物来表现的,则人所创造出来的东西,不受人的约束,反过来约束人,造成了人的异化,从而使得主体性被清除①的原因,就是人性被大量的物性所左右的结果。这应是一个重要发现。

177. 于是,物性便来压迫人性。因为,人所创造出来的东西,看似的是物,实际上它乃是物性,人只可以约束物,确实不能约束物性。人在创造物时,已在人性中内生了物性,在创造后,它就会叠加这种物性,在使用时就会再次叠加这种物性,在欣赏时就会更加地增强了这种物性,……长此以往,一代代下去,人性的存在便会逐渐少下去,物性的存在就会逐渐地增长起来,以致最后,人性就多要物化,即被异化。如此解释异化的形成,应是有道理的。

178. 关于人性的异化,其终究仍要回到人性的麾下,尽管此时在人性中是掺杂了极多的物性后的东西,但人性的精粹定将超越物性无

---

① 王哲:《从语言批判到意识形态批判》。《文艺争鸣》2010 年第 11 期

限倍,故异化的问题终难坐大。再如,人具有利己和利他的两性,利己是以维护生命,利他是以使社会各阶层都能得到共荣等。可见,贪欲是人的利己之性,奉献施舍就是人的利他之性了。自然,人的冷暖心知,也是人的性质之一。从负面上讲,超出本分的界限就是僭越,人常有这种觊觎性质的行为冲动。

179. 据称,过度饮酒是会改变大脑结构的,一旦大脑结构改变了,其有关的性质就必要改变,这是人的性质具有受外在性的影响的表现。但是,眼睛和视觉,灵魂和肉体都是不可分离的,①这又表明了人的性质是有其独立的内在性的。如是之,遗传和外在、环境便可对人产生共同的夹击式的影响,即遗传的不是固定不变的,某些非体内的变化的结果也是可以进入到遗传的程序中来。故,进化就是被塑造的结果,是一种前进着的为了适应而存在的为我的他化。人们之所以称其为进化,因为我之异化与为我的他化着的都是有了适应性,且这种适应性又是有利于人的性质存在的。

180. 所以,人必须是适应外在的,只有适应外在的才可以生,才可以长,否则一切的生命便不能存在。首先,人的所有的东西都是要适应于其生物的性质,这是最基本的,此时人只是适应于外在的一部分,如在光明存在时,人有视觉是适应的;黑暗来临时,人要休息,其实是不能适应的一种规避方式。因此,入睡是身体的自身的一种抑制不适应的结果,对它的唤醒一方面是身体内部的,一方面是身体外在的,倘若把感受器官封闭,入睡的时间就会延长。其次,人的适应性所表现的社会行为,就是合作的和交往的等等;这些非个体的人群组织的性质,乃是

---

① 托马斯·阿奎那:《亚里士多德十讲》,苏隆译,中国言实出版社 2003年版,第 167 页

受了某种理论或理念的影响才适应它的。很显然,这些又都是后天所赋予的。

181. 于是,凡有某种关系存在的地方,这种关系都是为我而存在的,动物不对什么东西发生"关系",而且根本没有"关系"。① 同样,动物也绝没有类似于人的自我意识,可是讲人的具有动物性,确实存在,这只是表达了人的尚有野蛮的性质而已。我们人类要敢于对此有所承认,即人的有些性质是可以从动物的某种性质中来反映出的,可见 A 的性质便可以用 B 的性质来说明之,只要其二者具有相关的共通性便可以。然而,无论怎么讲,人的性质又都是对其生命为最有利的存在,动植物和无生命物的性质亦是这样。

182. 我们说,人的性质是通过其生命的愉快和痛苦来矫正着自己的发展方向的,此间的愉快和痛苦在原则上不属于低级趣味的范畴。这样的话,就性质的对于人的操纵的事件而言,它应由主导者来决定是正确的,随着主导者的改变,性质也会改变,但对于一般物来讲,则没有如是的明显存在。另一方面,关于我们的精卵的存在,若脱离了其所有者的性质,则之就不能成为人,这里也不存在有变性的问题。总之,从人的所具有的性质就可以看出,只有发现新性质,才可以出新思想,才可以出新方法,才可以有新世界。

183. 综上观之,性质的问题就是反映了某一存在的归根结蒂的是什么的问题。

184. 是什么?其所含的只能表达为性质,或说性质所寄寓的存在本身即为"是什么",因此我们所表达的意义的根本脉络就是反映着的

① 王善超:《论马克思关于人的本质的基本理论》,北京大学博士论文 2000 年

性质。

185. 但是,人们要表达的性质又当有它的一定的稳定状态,不可在瞬间变化成他者,即无常的是难以说明的。故,有时显见的性质是易于比较的,它是清晰的,不是含混的;有时,性质又多是藏在性质物中的东西,不好观察,如导电性等;有时,性质也是可以反映情节的过程的;有时,性质和意义又是统一的,然有时其二者在表达上又是有所不同的。原则上,关于性质的论述就是理由,而许多人习惯中讲的 XX 性,指的就是性质,如缠绕性,即为缠绕的性质。在这里,两性的与二重性又是不同的,前者表示两个截然相反的性质,如可溶于酸碱物中的物质的性质,而后者的要求则不必如此。当然,两性又同于两种或两类不同的性质之说。

186. 可见,性质的实在确是我们惟一可以表达的,即性质是存在的根据,任何的存在倘若无有性质就是不可认识的,或说性质的既是可被认识的,也是可以作为手段的,因此才是易于理解的。这样一来,对性质的依赖就表明了它是具有某些方面的基础作用的,当然为了说明性质的存在,还是要提供相应的证据的。很自然,性质的存在又是辨析后的结果;如是之,性质的也可以为一个公式,等等。概括一下,就是倘若你怀疑了它的性质,便是怀疑了它的本身。

187. 其实,性质的可表达之说,又是属于凡可表达者皆为性质的观点。因为,柏拉图对每个实在事物之上都悬设了一个理念,亚里士多德照样在可感觉物上悬设了一个永恒不动不变的本体,按理说,这些都是性质。所以,性质的定是理性的存在,性质的必是被理解的意义,于是理论的就不能离开性质,即性质与它的理论内容从来的又都是相适宜的。当然,理论的也是推出性质的前提。尽管性质的本身也是具有完全性和不完全性的,如在导电性中,还有半导体的概念等,但是凡能形成影响的就是性质,凡是人能感受到的,也都是性质。可见,所谓的不完全性也正是性质中的完全性了。

188. 于是,性质就是一种框架,就是一种规定,就是一种秩序;所有的公理、条件、定律等都是表述着性质的。很自然,公理结论、判定方法和判定的本身也都属于性质。同样,范畴的也是关于性质的,比如亚里士多德的十个范畴,即数量、时间、动作、状态等,都是可以分别地归于性质大家族中的某个脉系的。

189. 再有,存在、实在、本体和理性、精神、绝对等也都是形上对象的性质,虽然形上的一定是具有思辨性的,但这并不影响性质的本身,然其至少可以表明,关于性质的学说必是与智慧紧密相连的。此外,形体、爱情、结婚、交媾、嗜欲、争鸣等也都属性质,即性质是概念的主体,其向着本源而去的是内涵,向着它的反方向而去的则是外延;如此研究性质就会更方便些。

190. 我们发现,任何的存在都具有性质,存在与性质是相互依存的,性质本身也是存在,然存在本身除性质外,还有质料。这就是说,性质不能独立存在,或说性质物之外的性质是不成立的,然性质中仍含有性质,此时也有关于性质的性质之说,这就是属于性质的形上学了。对于存在来讲,主要的是应阐述它的存在方式的一面,即它也是可以成为存在的某种原因的,这是由于存在是需要通过它的某种存在方式,才是可以显示它的性质的,故存在者为了自身的性质的能被洞见,才使得某些存在的方式来成为了自己的存在的理由。此时,理由具有单一性,但原因不能具有单一性。故,性质的存在本身是有范围界限的;如是之,性质既可以是某一存在的优点,也可以是某一存在的缺点,尽管这些只是对人来言的。可见,性质的影响力当是巨大的,其恰如太阳般的所给予我们的启示,这就是只有经由性质,才能找出那寄寓在其根据上的东西。

191. 自然,性质的也可以是过程的,进而它的本身也就是可以作为证实的,即是真的。比如,江河万里的性质存在就是这样,其过程的之所以发生,惟有存在于它的源头里面了。此外,动、植物的生长所显现出的性质乃是一个过程,也是对的。于是,过程的性质就是由无限的中间环节来连缀而成,故它们的性质便是相互依托和相互决定的。此时在它们中间若加进时间的要素,即在时间上的连续,就会显有历史的性质,而历史的性质也是系统的性质,历史不能缺少系统性。所以,过程的连续的和过程的间歇中断的等等都是由之性质决定的。如,一是本身为一,连续为一,运动为一,均是由一的性质来决定。除性质外,难言其他。

192. 之后,就是性质的必为可证实的,性质的过去、现在和未来的可证实性都是一样的,性质就如遍布性质物中的脉络神经,这些都是科学研究的对象。不难发现,在科学实验上,有时的偶然性质的出现,定会是一个必然性质的前兆,而且它也是天然地具有着这方面的代表性的。再有,一般的模仿也应是在性质上的有了相似的存在时才是可以的,在此期间分有必须是性质上的相同,至于分离的则可以改变性质,也可以不改变性质。可见,性质的存在乃是一个标准,它既可以去掉人们的过高的估计,也可补足人们的过低的估计,即性质多是恒久的不变的内在,其与外面的时间变化无大关系。如是之,任何的性质都是真,这也就是性质的最大意义。

193. 然而,性质的真必是意识的真和行为的真的统一之后的真,缺一不可。因此,性质的真实的存在,就不能掺进虚假的成分。所以,性质的显见就是性质的本身,即不能笼统地或简单地称之为现象,而应看作是一件事实,或说事实的就是性质的,性质的功用也是性质。于是,性质的都是一种事实。这样,通过对纯粹存在的性质研究,就可以反映出非纯粹的其他存在;对纯粹性质的影响力的研究,会对研究非纯粹性质具有重要联系。比如,只有沿着元素的意义,才可以发现它的性质,即研究任何存在的意义,乃是找出其性质的路径,这里也包含了性质的规定着的规律性。

194. 或说,所有的规律都是关于性质的规律,所有的规定又都是某种性质,即这里的内容必是合性质的,合规律与合性质是同向的。自然,适用性质的,即是适用规律的。于是,基本的性质就是基本的规律,就是基本的事实,就是基本的逻辑。鉴于存在是由性质来固定的,则所有的规定的规律的存在就又都是构成性质的要素。所以,性质的本身便是具有了某种的规定性,同时性质也是可以被规定的。因此,规律就在此间形成。

195. 由于规律性的规定,则相同者便是因性质相同而相同,偶然的相同,也是因偶然的性质而决定的,即同质的性应是相同的,部分与整体只有是同质的,它们的性质才是相同的。当然,性质上的相似也是有的,这就是具有通性的存在,并不是具有同性的存在,而同性的存在也不一定具有精准意义上的相同。这时,双方的性质即是双方都含有的大致的意义上的性质。此外,基本的性质就是类如最初的性质,而大众性的,即是合于大众的性质。关于性质的相同,它们既可以是现实的,也可是潜存的,然而潜存的性质也是实在的,但实在的不一定就是实际地已显现着的。这些就表明了性质物中的某些特性的特殊。

196. 我们说,特性就是性质物中的特殊的特别的固有的性质,可见性质中自然含有特性。有时,某些性质是要受适当的特性来制约的,在一般情况下,特定性之说,也可以概论为特性,它也是楔入性质的要点,因此特性也是性质中的性质。很显然,个性也是性质的特殊存在,然它的性状就是性质所指向的那些情况及状态了。

197. 同理,特征当具有专门的独一性,而相似的特征则是一个类的模糊的说法,即性质的一定要有特征来表示。故,利用特征来研究性质,利用特征值来研究性质,依据特征而研究特性都是一个很好的方法。可是,特征又不完全相同于特性,更不完全相同于外在的现象,它应是借物之表征而深入到质料中的特性。这时,特征就是某种可以自为地单一地或是成组地可表达的已显示着的具有独立印记的性质。因此,特征与性质合一。

198. 由特性、特征可知,特点的也是性质,物性、质性都是性质,品质也是性质,精神的也是性质,于是所有的性质都是独特的,故独特的性质一语便是一种带有强调性的赘述。可见,某物的性、属性和性质都是同一的表达,即属性也是性质,这是由于它们都可以决定关于事物的功能和理念。所以,统一体当是统一了所有的属性之后的存在,但是在它们的中间还是有差别的,由于解释的一定具有自变性,响应的一定具有因变性,这便会反复属性的性质,进而不易找到这个统一体的发生处,所以培根认为,经过排除法得到的唯一性质就是原因,当是正确的,此乃是利用了属性又脱胎于属性的方法。然而,没有属性或性质的所谓超越又是不存在的;同时,关于种的性质和属的性质,又是完全不同的,这就涉及了性质的类和分类的问题。

199. 在道理上,归类是最重要的。归类要先以性质的分类为依据。事物的分类,亦就是其所代指的性质的截然不同。首先,性质的分类是表明它的具有概括性,这里也含有性质的综合之说。比如,关于XX的性质就是反映了XX,即为一种综合了的决断;其次,关于种和类的存在本身,也是属于性质的再说。如此一来,凡是统一的,就是在种类之上的统一之意义。

200. 但是,同类的不同阶段的性质又是可以不一样的,即性质的不同与性质的程度的不同是两码事。此时,某些性质所具有的程度性,又是可以增减的。于是,那些被包含的性质便是受着更大的包含着它的性质所控制。当然,原因的前提的性质,又是决定着它们的后面的性质的。此外,层级间的固有性质又不是靠渐变来完成的,它们在事实上当是各有自己的相属的独立特点的。有时,在某一集合中的所有的成员都是具有相似性的,即它们乃是属于同一个类别。非常易见,存在于逻辑间的应当完全地是与性质发生关系的,或说只有性质与性质的存在,才可构成逻辑的关系,且这种关系,恰是建立在同类的性质基础上的;不如此,逻辑的就难以存在。

201. 同时,逻辑的也是结构的,结构的也是一种性质。当两种性质相同时,它们所寄寓的性质物在组分、结构和其他的方面也应都是相同的,至于结构间的关系,也要由性质来表示。比如,晶化的结构,完全是由其内在的性质来决定的;如此者,结构的改变都会对性质有影响,反之也一样,即对性质的影响也可以改变结构。

202. 由于结构的是性质的,则性质的便是存在的天然部分,因为任何的存在,一定要有结构。我们知道,性质的乃是一种机能,是与本质共在时的统一,所以性质的也可以作为某一原因。这样的话,所有的性质的存在就都是具有了必然性的,于是结果的也是性质的。再有,性质的必是内在的东西,即性质的均是深藏欲动的,此一事实反映在人的性的问题上,则他的性就只能是利己的。很自然,美也是一种性质,关系的凝结也是一种性质,尽管某些外在的性质是可以通过伪装来完成的,但其毕竟是有局域性的,这就是说,性质的也可以是异常的,有时也是可逆的。其实,状态的也是性质的一种,因此性质的既可以是一种修为,又是一种可修为的资格,所以由于性质者,就是因于性质了。此时,依性质的展开也是可以作为预言和推测的,然而关于潜能上的一些不规则的呈现的预测等,又是十分困难的,这是根据潜能一般是向本初靠拢的。有时,潜能的或许就是运动的源泉。当然,产生运动和管理运动的也都是必要依着性质的,也可以说,所有的运动都是由其性质所决定的。

203. 经过细密的研究,我们说,世上的一切无不是反应或反映为性质的。比如,性质在行为上是表现,在事件上是体现,在性质物上是实现,而性质物中所含有的偶然性、必然性、运动性和变化性等,又都是可以成为某些依据、证据或论据的。当然,价值、认识、方法、本体等也都要归于性质,若脱离了性质的存在,人类就难以表达了。因此,性质的存在便会显映于世界的方方面面,如对象的、方法的、过程的和根柢的等等。还有,性质的也可以斟酌为积极的、消极的和中性的之分,尽管这只是相对于我们的人类而言的,或说性质的也只有在人的行为中才是能被反映出来的。再如,某一事物的周期性是可以在不同时间里慢慢展开的,在这一秩序当中,其性质不可以完全相反,也不可以完全相同,其绝无互斥的存在,只有极多的包容。这些只要稍一思索,便立刻能知。

204. 海德格尔讲,在者到处都是,而且随你高兴怎么找总有在者,①这就是关于"有"的普遍性质的说法。细分起来,性质无须形态相状,其始终不与外在相关者,就是指向非生物的;而性质可以由外在的某些特征为对应点者,就是指向生物的。于是,依上述的性质不同,便可以引出生物与非生物的不同;然不管怎样,在同一存在的各性质间,它们也多会具有各自相异的内涵。

205. 其实,空无最具普遍性,永生不朽的性质只能归于空无,空就是一切,空的概念也有极多的性质,就空间上的在前和在后,或在左和在右而言,也是由其相关的性质所决定的。可见,一切的存在,包括空无的都是一定要有其性质的。但是,性质的存在又有强弱之分,有时弱的与部分的性质会随着强的和整体的性质的发展而发展,或是衰落而衰落;然同性质的迭加不会增大性质的程度,如铁的导电性加铁的导电性不会增强铁的导电性,即性质的强加强不一定强,可强加弱就一定要走向弱。

206. 从根源上看,"性"皆是天赋的,"性"即天生者;凡性,天之就也,不可为不可事。性即是理,此乃表性为性质物之性,表理为性质物之理;同时,性与理亦可为人之意识,当它们相互统一时,性者就是理,理者就是性了。正是由于天生、天赋的缘故,我们说,有的性质定是独特的难找的,不免有的性质又是难以表达的,或有些性质当是我们现在的智慧还不能涉及的,即有些性质还是人类目前不可了解的或不可理解的,也可称是无以标记的。很显然,这些性质便是不能被物理地呈现着的,然而这与现象中的存在又是无关的。严格说,现象者在文字上也

---

① 海德格尔:《形而上学导论》,熊伟译,商务印书馆 1996 年版,第 76 页

属性质序列范畴,但其却与进入本质的性质没有任何的瓜葛牵连。

207. 不难发现,性质的也是一种信息,即性质的存在也是具有信息的形式和内容的。因为,性质物的结构既可储存信息,又可反映性状和辐射信息。于是,性质的信息也是会产生影响的,也是会产生作用的,且相似的性质信息也会有相似的信息感染力。其实,这也是性质中再含性质的意思。

208. 比如,在同一存在中,它的不同的性质必要结成性质的统一体,这就表明了某一存在可以有多个性质。之后,其中的某一性质又会有双重性和多重性,也可以说,它的存在是有派生性的。所以,一个性质物的多性质共在,是其确保存在之稳定的重要条件;同样,性质中的含有性质,然后再含有性质等等,即在性质间是有层级的准确支撑的。可见,性质可以产生连续的性质串,或说性质之中可再有性质。这样一来,在了解"大性质"的情况下,去发现它之内的"小性质",就会容易起来。关于大、小性质说,只是个比喻。

209. 沿着世上的无不是可表达为性质的思想,则义务的也属性质,只是它可以具有不确定性,且秉习、秉赋也应为性质。另外,性质的也可以表为具体的实在,如尾巴短、脚长或没有毛。再有,"应当"一词是具有本能性质的等等。因此,性质的只要具有稳定性,则任何的存在就会有其持久性,进而多性质的契含者,就可以导演成性质的成为规律,以及性质的效应与规律在有时又是相同的,故绝对同一的东西,一定会有同一的意义,反之也一样。

210. 根据此前所述,人们在做理论研究时,就只能是要依性质而为了。因为,对于所有疑问的解答,都可以从性质的分析来着手,这时性质的就是在说明理论的。其间,理论的判断与性质的存在是结合在一起的,并且只有知道了性质,才可知道某些价值。于是,只有确定的性质才会矫正人们的不同观念或主张,或说性质的本身就是具有规范的作用,它所涉及的又都应在这些规范之内。反过来,研究性质也要根据某些学说,才好下定论,即只有依据一定的理论,才能理解一定的性质,有时定理可以决定性质,性质也可以决定定理;同样,目的也可以决定性质,性质也可以反映目的。在原则上,关于性质的追问,就是哲学的追问,这些当是无疑的。

211. 研究理论,需要认识不同的性质,要有不同的东西进入法门,否则就会不得要领,此处的法门、手段以及它的形式都可以表说性质。关于复杂性质的阐明,当从多维性上讲才好,因为某些性质的本身就是多维的。这时,共同的性质可以作为一般的存在来考虑,也可以认为是突出的综合表现,至于总性质要受控于各分性质的联姻效应之说,要十分注意。还有,某些规定是可以强化性质的,某些行为也是可以反映性质的,比如 A 性质就可以因某种强力的存在,而被迫消失了。但是,对于生物的存在而言,其外在的性状虽有时可以无踪迹了,然之所对应的内在确是永远地也难以消去的。

212. 再者,根据性质可以研究性质物的组织,在性质一定的情况下,它不影响结构,反之结构亦不影响性质。这样的话,只有性质的存在才具深究性,并且性质的存在是具有它自己的方向性的,在这个方向性上,它是没有自己的否定性的。很显见,性质虽存在于内在之中,但其与内在的质料又是不同的。顺着性质的方向性,所有的性质的存在,都可以找到它的物质的终极的基础。从外在上看,性质可以影响或决定着许多的表现形式,即性质的外在的触角就是属性、特征和特点等等,不一而足。

213. 关于性质,既有表层的,又有潜伏层的,或深潜层的,于是表层性质和它的向内部而去的界面性质与存在着的内部性质,在一些相通的管道上,应具有某种共同的特点,该共同的特点在原则上似与上述的分别着的性质又是完全不同的。在这里,性质没有间断性。故潜能的是有可能的,无力无能的则是不可能的,此间的潜能亦有性质之义。可见,只有性质才是可以向着性质物的深处去来展开那个整体的。有人说,某种性质也可以成为一些存在的原因,是正确的;如是之,性质在表达上,既可以作为原因的存在,也可以作为整体的或部分的存在中的存在。

214. 鉴于理论建设是要依于性质的,且就万事万物的性质来讲,它又是可以成为一门独立的学科的。关于我们的极大发现,就是看到了性质的重要性。因此,就当建立一个性质模型,以解释和适用于所有的存在状态。比如,为什么加在一起的数,是一个数呢?[1] 这只能由数的性质来决定,所以用性质说,可以解决相当多的问题。同样,运动从何而来?[2] 答,它只能是从其性质中来。可见,性质的是可以展开为一个顺序的,是可以解释万般之存在的原因的。

215. 还有,以性质可以形成一个网络,沿着这个网络就可以发现许多的新妙的东西。这个网络可以从系统开始。一般的系统是由两个以上组成部分或元素结合而成的有机整体,各元素相互联系,相互作用,相互制约,形成任何组成部分在孤立状态时所不具有的整体功能和结构,系统的整体性质不能还原为它的元素的性质,系统的整体的性质

---

① 亚里士多德:《形而上学》,李真译,上海人民出版社 2005 年版,第 44 页

② 亚里士多德:《形而上学》,李真译,上海人民出版社 2005 年版,第 46 页

不是它的各个元素的性质的和。如此一来,A 性质、B 性质或 C 性质一旦组成一个系统,则这个系统的性质就会优于它们的相加,在这期间,结构的作用是十分巨大的,因为系统是靠结构来发挥功能的,故结构的一旦具有逻辑和数学的性质后,则它的就应与系统是合一的,在此基础上,对性质的研究就可以搞定点突破了。当然,这些也都是属于性质间的关系的表达。

216. 怀特海讲,构成宇宙的……是由性质和关系所构成的"有机体",①故性质是无所不包的,因为所有的存在都含有性质,且只能用性质来言说,即一切都要归于性质的讨论。于是,所有的存在必须要表明性质,没有性质的存在是不存在的。这样一来,性质之和就要构成一个事件,就要构成一个世界,就要构成一个天国。所以,性质是可以总括一切的,如性质判断、性质定理、性质革命等等。至此,空间的有无,都要合于性质。

217. 当然,性质的又是要涉及事物的有效性的,这与人的思维的存在又是有着极多的关联的。许多人都知道,实体有性质,性质间有关系,性质相同者应有相同的质或相同的关系,也可以说,具有某些关系的本身,也是一种性质。所以,在规范的性质学说之下,对不完整的性质的阐释,只要把它放在一个必然的因果关系中,就能把它给检验出来。此时,关系也要由性质来表示,这是由于,在联系的或关系的存在中,也是必然要反映着某种性质的。于是,人们通过关系的比较,就有更好地确定某物的性质,进而来找出原因。所以,对于关系的思考,当先进行对有关性质的思考,对于性质的思考便要和原因的思考结合在

---

① 怀特海:《过程与实在》,杨富斌译,中国城市出版社 2003 年版,前勒口处

一起,因为它们的联系是不能分的。

218. 那么,A 性质与 B 性质的关系又是怎样的呢? 首先,A 的性质就是与他者的完全的不同之处,即 A 的性质,必要完全地指向 A。但是,A 性质与 A 之属的性质又是可以不同的,然而既有性质 A 的,又没有性质 A 的是不存在的。于是,不可区别者的同一性,当指下列的任何一个原则:(1)如果物 a 和 b 全部性质都相同,那么 a 和 b 是同一个东西,(2)如果物 a 和 b 全部质的性质都相同,那么 a 和 b 是同一个东西,(3)如果 a 和 b 全部非关系性的质的性质都相同,那么 a 和 b 是同一个东西。展开来讲,就是只有 A、B 的性质相同,A、B 才是相同的,在这里,A 性质与 B 性质的相同,就是 A 性质要完全满足 B 性质的要求,反之也是一样。

219. 其次,A 的性质与 A 的支持者 B 的关系不大,尽管 A 性质可以由 B 性质以及自身的结构和发展水平来决定,但是 A 与 B 的区别,恰是存在于 A 的本身之中和 B 的本身之中。因此,某一性质物的性质与 A 物的关系和 B 物的关系是不可能相同的。另外,某存在于 A 环境中可以有 A 性质,在 B 环境中则可以有 B 性质,这是可以理解的。还有,根据 A 性质阐明 B 性质,或计算 B 性质或再确定其他的 C 性质等,都是经常用的科学方法;以此顺推,A、B 有联系,以 B 研究 C、D,D 为 C 的存在依据,则 A 与 C、D 亦有联系。如是之,利用 A 的性质去研究与之相关的性质,可能会突破性地得到一个全新的性质 B,或许也能得出其他的性质 C 等许多的解来。很显见,这里是含有了性质的功能说。

220. 准确地讲,某物只要是具有了某种性质,则它就是具有了某种功能。在历史上,性质一方面是有用的存在,一方面也可以是无用的存在,只是无用的我们多不做研究罢了。同时,在万物的长期的存在过程中,那些无用的性质多已被淘汰掉了。这样一来,功能、意义就都可以纳入到性质的范畴。但是,性质所反映出的行为,在表达时,常常又是被人们所忘记的,此是令人遗憾的。这就是说,性质的存在又当是具有动态性的,如导电性、延展性都是要在行为中表现出来,或说性质又是具有行为引动的原因的,即依于性质是可以引动行为的。所以,性质的存在又是行为过程的基础。因此,行为的必然是性质的,再深入些,则理性的必然的也是性质的,即行为中含有理性的成分也必然的又是属于性质的。综上,它给大家的启示就是,我们既要研究 XX 得出性质,并对性质的作用、功能和意义进行研究,还要以性质为工具,进行再研究、再联系和再引进等,只有这样,由某某得出性质,还能由某某性质再产生更大的影响,就是要使它的功能产生极重要的作用。

221. 可以想见,一旦我们知道了性质的功能,则它的意义也就会清楚了,即某些性质的本身是直指向它的功能、意义和价值的。这时一个存在的内部的新建,往往会是一种新质的提升,从而它就会引功能性的趋向更大的变化。在过去,人们常把质料的说成是一种功能,这是不明道理的,因为质料相同,性质可以不同,但性质的相同就决定了其功能的相同。同样,性能也是包含在性质中的,它们的性与能是同生同在的,所以性能也就是性质与功能的合称。于是,知道了性质也就知道了性质物的能使用的途径,并且性质是决定那些可使用者之途径的。在日常生活中,存在的多性质,也就决定了其功能的多样性和多效用,因此研究性质的有用性是意义巨大的。自然,这里又要涉及性质的标准和数量等等问题,但是无论如何,量变是绝对不能引起质变的。

222. 我们知道,性质也是可以作为标准和指标来用的,有时某一性质的存在,又是可以有多种指标的,即性质的支撑是需要系列的特征和数据的。这样的话,性质的各要素或项目便可以用数值等来标识了,于是性质就可以表示为一些参数和常数等,在此只要是人们肯定了性质的,则它就是符合了其标准的,而这个标准也会符合价值尺度,并且价值尺度也是与性质的标准尺度是同一的。

223. 在性质界,它会天然地存有统一律、排中律、矛盾律和质、量、度、必然性和偶然性等,这应是正确的。所以,质量、能量和时间、空间也都是表存在的性质的,这里还包括颜色、重量、味、密度与精确性等。在社会性质上,其范畴包括正义、灵魂、理念、机会、教育、数学等。由上观之,凡性质的有关组合,均应有一个理论方面的一致性或一贯性,并当有一个秩序的排列,否则就会让人感到混杂不清。

224. 再如,白和甜等,白、甜虽不是数,但其性质中也要包括数,因为对一个(同质的)群体的表达,在它的性质里面只有当数出现后,才是更便于分别的;此即言,某物的诸性质和数的存在又是难以分离的。很明显,数目者也应有其自己的性质,它是可以让人想象无限的。所以,性质就可以直接地表示数字与数量方面的事实。然而,关于几何特征,它不仅包括数和数的距离,还包括方位即位置的概念等,可见几何学是可以糅合多种性质的。

225. 亚里士多德认为,"多"和"少"是数的性质,"大"和"小"是空间的性质,①这就联系到了定性的问题。笼统地讲,对性质物的定性易,对它的定量难,但也是能做到的。第一,性质的必是关于定性的存在,然而其中也可以含有定量的指标成分,我们不能说定性的存在之中就不能有定量的东西了。在性质中的定量的存在也是属于定性的。有

① 亚里士多德:《形而上学》,李真译,上海人民出版社 2005 年版,第 429 页

时的定性是要通过定量来做保障的,如酸碱的 PH 值的测量即是如此。第二,性质完全可以用度来进行有关的定量表示,这时性质的量就是度,它的度也是量。此外,关于性质的值的说法,也是属于一个具体的标定,这也是相同于性质的量化的显示。于是,某一性质就可以由一个参量来表征,也可以由多个参量来表征。当然,再精准的度量也只是一种性质或特性的数字化,故特别的性也是可以标定准确刻数的。所以,就性质的数据来谈,它实是对性质的量化,而可量化的性质必能容易地并入到科学的试验里去。比如,机械性质(硬度、伸度、抗拉强度等)里的退火 Au 的抗拉强度为 $11kg/mm^2$,就是用数据来量化它的性质的。再有,量的多只是因其基质的单位变成多,才是成为多的,这只是外在的多,其与质料的变化无任何关系;同时,由于量也属性质,然而它就似外在的现象是一样的,即其终不能与本质之变有关系。如果真的是量变能引起质变,则一滴水到了大海里面时,大海里的水还能是水吗?因此,量、数、形等凡外在的性质,都必须要转化为内在的性质时,才是可以寻到本质的,否则就会趋于荒诞。其实,只有性变,即性质的改变,才会引起质变,这当是颠扑不破的。下面,我们慢慢展开这个问题。

226. 许多人都知道,一般物之性质的存在是具有不可分割性的,即使是拆开的东西,它也不能脱离性质,或说关于非生物的有关的被肢解后的存在,也是不能改变它的性质。同样,位移也不能改变性质。此时,性质的未改变和不变化就是它已处在了某种平衡态,可见性质就是一个稳定状态下的反映,倘若某物有变化,则其性质也要有变化,但性质的变化又是要有一个积累的过程,而且改变性质的因素又是可以有多方面的。

227. 一般的性质,可以寄存在运动中,只要运动停止了,某些性质就会消失,当然某些性质也可以留下来。在这期间,性质决定过程,即某一过程的中断是因其性质的中断而造成的,故失去了性质,就是性质的一定的已经改变。还有,由性质展开的演绎,必是可证实的属于科学的,在它的过程中,一定又是合逻辑;这就是说,性质的变化,自有合它的道理性。同时,变质的一定是变性的,而变性的也一定是变质的。同质的与同性的是一个共在,或说性质与本质必须同在。

228. 在当下,自然的变质的条件,主要是借助于温度和压力等来完成的,或说某一性质的存在是需要具体的条件来做保障的,而某一性质的变化也是需要它的具体的条件来相应地发生变化的;此即言,某一存在的不管是变化还是非变化,它们都是与性质相关的。然而,性质又总会要受到他者的影响而发生变化。于是,性质的存在既可以受内部的其些因素的影响,也会受到来自外部因素的影响,从而能够发生变化,但不管怎样,外部与内在的联系,只有通过相应的性质,才可以完成。

229. 鉴于生成的性质是可以来自于外在(如建房子),也可以来自于内在(如植物的可发芽的种子),且于生成的过程中,它们的性质也是与之自始至终地生成着,倘若向着它们的反面去,其性质也会随着它的性质物的衰败而改变;这时的性质一方面会随外在而变化,一方面也可随内在而变化。然而,对于国家来讲,它的情况就有些复杂,只要国家的性质一经改变,就是该国已发生了质变,必是无疑。这可比喻为,性质的蜕变就如材料的被腐蚀和被降解是一样的。于是,对性质的增强或改进的研究就是十分重要的。关于普通物,我们研究它的性质,就是为了要应用它的性质,也可以说为了实现性质,就是要更好地适应性质,因为性质间的结合,才是最好的结合。

230. 同样,只有性质上的相匹配,才是正确的,在实践中,所有的性质都是可利用的或是能嫁接到产品里面去的,这就决定了性质的具有广泛的应用性。如此之,性质就可以决定对象,且依性质又可以来进行新的制造。比如,合成转换与非合成转换,就是性质转换的两种基本方式,在此前提下,便能形成更先进的物质存在。

231. 我们讲,第一性质的原始的简单的不可分的永远保有的能体感的和心知的,与第二性质和第三性质的是产生观念的能力,并要借助第一性质等,都是反映了性质间所具有的共在的相互支撑和相互呈现等的概念存在。这些在我们身上首先起作用的,应是那所谓的原始性质,或是相当于第一性质,即本能的东西。于是,洛克的东西难有分明性。这是由于,人对物的吸引力正是在它的性质中,正是在它的给予中,正是在于我的感觉中,物若脱离了人,就从来也没有第一性。可见,性质只是引起存在的力量,所有的存在都是在它的性质的牵引下才能存在,反之也是一样。

232. 还可以说,性质存在的本身就有力量,并且有时是可以作为决定性的力量,对性质的蕴有能力而言,我们可以称之为性能。之后,人们只要知道了性质物的一切性质,就会知道它的一切功用,一切原因,一切结果和一切的关系网。此时,大家还要提防那性质所具有的刺激力的杀伤,因为性质作为一种力,它一边会影响自身的变化,一边也会引起他者的某种变化。

233. 但是,由内在的性质所引起的就只能是性质的本身的变化,至于它的能影响着的外在,又是与自己无关的。不难发现,性质的改变他者和自己的被改变之机理,当是绝难相同的。比如,"一"引出了偶数和奇数,可"一"本身没有变,即由不变是能引出变的。然而,根据性质的增减也可以得到另外的性质,即不变的也要变,这时的"一"只要增减一点点,它就不是"一"了。

234. 此外,还有多性质的共同的迭加问题。我们认为,多性质的长期存在,必定会使它们中和一致为某种已协调后的东西,否则便不能存在。这是因为,A性质的往往会反应为作用,同时其他的性质也可以用与A性质相反的性质来消解其所存在的作用,最后就是性质间的组合,一旦能成功,就意味着有创新的出现了。

235. 所以,由某些性质所存在的巨大价值,便是能开启一场新的产业或其他方面的革命,这即是性质具有开辟新界面和新天地的伟力作用。从小的方面看,一个性质可以改变或自变为另一性质,进而成为新性质,如法炮制,用性质进行研究,用性质进行联系,用性质进行引入都会获得某些新结果,反之仍可导向性质的存在本身。因此,在某一存在中,若是有了新性质的产生,就是存在的起了变化。从前面的文字可知,性质的交互作用是极有可能要产生出一个新性质的;同样,依自然的性质,人们一旦能再造出它来,也是一个很大的进步。可见,性质间的相统相合之成功,无疑会助推人类的走向幸福。综合一下,我们的所有的进步与发展,都应是建立在性质中的进步与发展,舍此便不会前行,这是千真万确的。

236. 于是,对某一性质的新认识,就必要阐发为某一新的观点,即几乎所有的理由都是从性质里面得来的,故要发现理论,一定要先确定某些必要的性质。因为,以性质为对象,人们是可以产生出某些新颖的东西来的。比如,人造的制度,就是这样。因此,凡非重复的建构就当完全地是属于新性质的建构,这些都是很重要的。但是,其中更重要的一点,乃是我们在此前已求证的性变质变理论,也就是质变性变的共在理论。接下来,我们谈,任何的性质物中的性质都是不会有对立的情状之思想。

237. 海德格尔讲,亚里士多德在《物理学》中说,任何秩序都有采集的性质。① 其实,这里的采集都是为了它的存在的,所以一定的存在或秩序,必要有一定的性质来满足之。广而言之,无限的天宇,它的性质也要与时间和空间发生联系。但是,只有无时间性的才是可不朽的,而可朽的才是有时间性的,如人是可朽的,则他就有时间观念,然空无却是不朽的,故空无是难有时间概念的。可见,这就是由性质来得出结论的事例。因为,真性质不具有幻觉性,难有长期的混淆性,且所有的存在又都是可以由性质来表达的。很显见,性质便要来决定关系,绝不能由关系来决定性质,只有性质的存在,才可形成关系,若无性质,即无关系,性质是在前的,关系是随后的,性质为因,关系为果,性质必然决定关系。还有,关于有限与无限,黑与白等所谓对立的东西,都是一个事物的不同的展现,如有限就在无限之中,白在黑中,小在大中,甜在苦中等,根本不是对立的,或说在一个事物中,是不可能有对立的,比如在矛的性质物中是绝不能同时具有盾的性质的,反之也是一样;此理是十分浅显的。后面的,就是关于本性的问题了。

238. 这要从定性言起。定性就是确定性质,就是对某一事物的根本性质的确定;如是之,定性就是依据某种事实和理论或经验、法律、法规等所确定下来的性质。在这里,一般的性质,绝不等同于根本的性质,根本的性质应是最接近于本质的性质,或说根本的性质就是直接地对应着本质的性质,即是本性的另一个表达。关于本性的立法就是说,

① 海德格尔:《形而上学导论》,熊伟译,商务印书馆 1996 年版,第 125 页

本性是其所有性质的根本之性,所有的其他性质皆因本性而出。所以,性质的只要与本性相符,就是对的。同时,本性又是难以交换和改动的,这是由于整体的存在必是因本性而如此的,即它是具有统一的性质,若稍有差异,便会谬之千里。

239. 此外,本性与偶性也是直接相关的,偶性一定要在本性中,尽管偶性虽非必然,亦非经常,但它也是有确定性的存在,即它仍是由其主体的本性所决定的。于是,某一存在的所有属性都是要归于它的本性,即使是偶性的也不例外,这就表明了所有的性质必要归依本性;只有如是,本性的才为完美的和完善的。鉴于此,所有的性质又都是必然的为真,在性质问题上没有假,并且所有的性质在真的前提下,就都要自动地导向本性,而本性恰是本质的须臾不离的直接的性质。有时,基本性质、根本性质和本性在不严谨的情况时,也是能够通用的,可终究也是有区别的。但是,所有的性质又都是由本性辐散出的,较为宽泛的表达就是,本性也仍要归于性质的行列。一般来讲,由本性分别到性质到属性是一个规律,因为性质和属性均是在本性的基础上所逸出的。所以,本性属于性质,属性也是属于性质,只是它们在性质群中所处的位置不同。我们说,本质是光源,本性、性质和属性都属于光。这样,人们就可以找到了一条经由性质而达于本质的路线。

240. 如前述,性质是研究对象、方法、概念和体系存在的前提,进而就是指向本质的存在者。从认识的顺序看,在物自身上的我们能知道的东西中,在开始时,并不显有本质,它的全部展现的都是性质,即是性质首先进入到我们的意识,然后我们才能依着它的来处,再去寻迹找出本质,这个过程无法颠覆。因此,在方法论上的看什么,怎么看和谁在看的问题,就应是你我他都在看,而且只能是第一地看到性质,然后再从性质的来看到本质,这是唯一的路线,尽管在看的过程中,还一定要去掉那些碍眼的现象等。所以,人们在知道本质之前,当是允许先知道某些性质的。

241. 非常显见,不谈性质,先谈本质是没有切入点的,这里的道理就是,对于任何存在的规定性都要由性质来反映,即使是远离本质的规定性,也要由远离本质的性质来反映,这是肯定的。另外,性质的存在意义也就是要使人能通过它来观看到本质的,否则上帝就没有必要让人们来认识到它了。因此,性质的就是联系着因果的,它向着因去的是本质,向着果来的就正是我们所能认识的它的自身。可见,凡是依于性质的说法就表明,性质正是与本质缠连在一起的,即性质的存在是必要依于本质的,是必要出于本质的,于是性质界的作为可发现本质的基础学说,它的存在便是具有了天然的合理性的。

242. 我们说,没有对性质的注意,本质就无法被开显出来,即只有深刻地思考性质,才能领悟出本质,或说不揭示性质,就无以阐明本质,这时的性质就是理解本质的必然实在。所以,考察性质就是为了深究出本质。同样,性质的存在本身也是不可思议的,它的高妙之处就是预示了本质的一定存在,且沿着它的路线,还一定能找到,而这就是性质对人类所做出的贡献。于是,人们就可以深入到性质物的内部去。比如,当通过某些性质的规律,能找到一个精微的结构,知道它确是可以决定许多性质时,则本质的寓所就会闪现在我们的面前了。那么,对于变化着的性质又该如何去找到它的本质呢?其实,质变一定是要与性质的根本变化为同步相伴的,一种质的形态向另一种质的形态的突变,必是和性质的突变始终地缠裹在一起的,因此质的或本质是与性质共在的,所以变化的性质它也是对应着变化的本质的,即研究任何时段的性质,都可以得到它的任何时段的本质。也可以说,对于变化着的性质研究,并不影响它所直对的本质,这是其一;其二,即使是变化着的性质物,因其性质总是正好能与之相适应,则它们就也会有相同的本质。

243. 由上可见,性质的功用是无比巨大的,它既是人们走向深蕴本质处的指路明灯,同时也是直达本质处的必由之路。此外,它还是识别器和追踪仪,故溯源的痕迹就只能循性质的标记去走。因为,内在的本质是独靠性质来做说明的,即只有性质才可以启开内在,才可以穿越质料,而达到本质的深处。此时,某些性质的表现是可以称为原因的,但其绝不能就是本质,所以原因与本质是不同的概念。同样,本质与实质也是不同的,尽管某些性质也是可以接近于实质的。

244. 对于"有"来讲,性质必要依于质,性质必要源于本质,即它的规定性皆是由本质所发出的。不难想象,只要用性质的杠杆就可以把本质给撬动起来,这是不用怀疑的。倘若我们站在本质处,则向着它而来的性质就是愈来愈清晰的,远离它的性质会是有模糊的可能,即在本质较近位置的性质和与之较远位置的所显现的性质,有时是可以不同的。但是,所有的性质又都是由本质所生发的无形的延伸,或说每一性质物的之所以能有性质,就是因为其必有能释出性质的本质。当然,性质的存在永远地都不能是本质,更不能转化为本质,其必是从属于本质,并是从本质中流出的,定是事实。

245. 还有,性质间的共存关系也都是从本质中产生的,并且它的存在理由,也可以由本质的说明来得到解答;如是之,依于性质,可得方法、认识、价值和体系,亦可得本质。因为,由性质来寻求本质,这既为一种捷径,还是含有一定技术量的可取胜之术,况且性质的自身也是一条绝对的理路,即沿着它的生成方向便可以必然地要回到其本质的源头里去。在这里,所有的性质都是起于本质,并且都是为了本质而服务的。

246. 紧接着,我们说,在性质的划分中,有归于感性的,也有归于理性的,由感性上升到理性是第一次进步,但此时的性质仍不能与理性的上升着的性质相比;其实我们正是在借助着这些性质的类如阶梯的存在,才逐渐地来寻求到本质的。可见,性质是可以分成等级的,主要的(根本的)性质是趋近于本质的,次要的性质,则只能是依附于主要的性质,而这也就是在性质中仍可有性质,仍可含有性质和仍有从属的性质之原因。总之,所有性质的根据都是本质,所以沿着性质的缆绳是唯一可以深入到本质中去的东西。我们想,理解这些应不难。

247. 从前面一路走来,我们已知道,多性质的归于一处,即是本质的所在;当然由某一个性质也是可以直指到本质的所在的。反之,所有的性质的之所以存在,绝对地当是由本质的可辐散性质的巨大功能所致。因为,本质是犹如会发光的光源,而所有的性质,只不过是犹如它所发出的光而已。在夜晚,人们沿着光,就能轻易地找到光源,而这与由性质来找到本质,乃是同一的道理。由光源产生多束光是容易理解的,但是由一性质物的要产生多性质,则似是不易理解的;我们认为,它的存在原因,必是在它的根本的性质之中,而这又恰如我们从前所讲的,它仍是由性质物里的本质所决定的。

248. 综合上述,我们深情地讲,能系统地表达了性质的存在,其意义是巨大的;当一部分人能知道,性质乃是由本质出的时候,其意义就更大了;之后,当有极多的学者,倘都能明白,经由性质是可以寻到本质的时候,其意义就是最大的。我们祈盼这一天的到来。

第五章　性而上之一

1. 据有关专家称,在柏拉图那里,只有"一心一意思考事物本质"的人,才可称为"哲学家"。① 于是,有亚里士多德出,其作《形而上学》,满纸的都是对本质的怀想。

2. 首先,亚氏表达了形而上学的出发点是宇宙的合理性。……合理性等于现实性,……宇宙乃是合理性成为现实性的发展过程。② 然而,一个事物的本质,按照近代形而上学,就是那种使事物本身得以可能的东西。③ 之后,当代分析的形而上学与传统形而上学,最大的差异就在于它经历了"语言转向"的洗礼。可见,形而上学的存在,乃是一个历史的问题,故之方法也应是含有历史性的了。非常显见,形上的只能在历史的意义里面,才可成为系统的展演。

3. 柯林武德讲,所有形而上学的问题都是历史的问题,所有形而上学的命题都是历史的命题。④ 尽管如此,也只有通过对相关证据的

---

① 游兆和:《哲学本质与演变逻辑新论》,社会科学文献出版社 2011 年版,第 98 页

② 张志伟:《形而上学的历史演变》,中国人民大学出版社 2010 年版,第 214 页

③ 海德格尔:《物的追问:康德关于先验原理的学说》,赵卫国译,上海译文出版社 2010 年版,第 114 页

④ 柯林武德:《形而上学论》,宫睿译,北京大学出版社 2007 年版,第 39 页

解释,才能发现那些形而上学中的历史事实,否则仅凭臆想是不行的。故,表达着的形而上,当是需要强有力的论事论理才是妥当的。因此,人们的言说策略就要成为一种含有实事求是的机制,如此方好阐明形而上学。从历史上看,凡是形而下的都是粗想、粗说,凡是形而上的就都是细想和细说。比如,形上的存在论、认识论和神学便均为精细之说。

4. 关于形上的诸问题,我们始从追问什么? 和如何追问说起。海德格尔讲,形而上学就是询问在者之在。之后,他又说,问出在者之外去,就是形而上学。① 在这里,关于物的追问,是被固定在纯粹的理性之中的。所以,形上者乃是沿着追问去向前进的独一法门,而辩证之术则是苑囿性地为寻求自洽性的成立来展开的,其只有澄明(清)性,缺少向上性。可见,辩证法的变化的方法是外在的,形而上学的被人说成是静止的方法,则是可以进入到本质的内在的方法。因为,任何的变化在被视觉的照相机给定格后,都是静止的。只有静止的,才可进入到本质中去。当然,在进入到本质后的存在还是会被思想的河流动起来的,但此时的动已完全不同于外在的动了。于是,辩证法必须沿着形而上的主干来缠绕,这是由于它没有自主性。根据研究,在古希腊人那里,形而上学和辩证法尚未构成对立,然形而上学的现实性,若经辩证的掺入后,往往又是会有一些虚假的成分要存在着了,这便是形上学的已遭到许多后人的攻击之处。

5. 我们说,此时的形而上学与思辨其实是无关的。有学者讲,思

---

① 海德格尔:《形而上学导论》,熊伟译,商务印书馆 1996 年版,第 18 页

辨必然是"理"论,依理起论。"物"的形而上学是"本身"的形而上学,①这是对的。因此,理论问题的探索原因和原则的若离开了物的"本身",就是无源之水了,所以存在论一定是形上学的中心,或说形而上学是以存在的存在为对象的,即形而上学总是从普遍的存在者(世界)和最高的存在者(上帝)这两个方向上去思考存在的真理性的。

6. 当然,形而上学又是涵盖(包含)人类知识之首要的基础知识的科学,即存在者之存在的科学。这样,在形而上学中,本原的、物质的、数、存在、理念等都是为讲本体的,本体的是言存在之先的。以人为例,先讲其物质的肉身起源是第一步,之后就向他的思想和精神的方面过渡了。故,形而上学的乃是属于本体论上的范畴。

7. 同样,我们也可以将形而上学看作起源于人类精神终极关怀的一门学问,②即形上学是人类所经历之精神的第一阶段。概言之,形而上学就是研究第一原理和原因的知识。然而,其间的有关第一性的存在和现实性的存在于共处之中,它又会使亚氏的形而上学走向了相反的道路,这是可以理解的。

8. 在历史上,亚氏将形上学分为了存在的存在、最高种类的存在和第一原理这三个方面。后来,笛卡尔又提出了形上学的三对象说,即灵魂、宇宙和关于上帝的分述。尽管在尼采那里,他早已彻底地终结了形而上学,但海德格尔还是以此在、解构和沉思的形而上学存在了一生。

---

① 张志伟:《形而上学的历史演变》,中国人民大学出版社 2010 年版,第 235 页

② 张志伟:《形而上学的历史演变》,中国人民大学出版社 2010 年版,第 73 页

9. 一般来看,形而上学分为三部分,A.认识作为基本规律的体系:同一律、矛盾律、排中律和理由律;B.客观性形而上学:灵魂、世界、最高存在;C.主观性形而上学:理论自我或意识、实践自我和绝对精神。① 于是,对于形上学的探讨,从来也不可能离开认识论,且实现认识论的终极目的是什么? 我们说,它一定还要回到形上学之中去。也可说,关于"外部世界"的存在和自然的问题,仍是一个形而上学的问题。② 其实,早在这之前,康德就把形而上学导向了人;他说,世界上任何时候都将有形而上学。③

10. 因此,只要人还是理性的动物,则人就是形而上学的动物。④ 或说,世界上的民族,都将是形而上的民族,即形而上学永远不会结束,认识论只会加速形上学的发展。可见,在形而上学的类比中,其所关涉的就不是纯粹量的关系,而是质,那种不同质的东西之间的关系,⑤类比就是经验之类比。同时,经验也不会"经验性"地出自知觉而形成,只能形而上学地得以可能。这样,"物理学"从一开始就规定了形而上学的历史和本质。⑥

11. 于是,狭义的形而上学只与超验对象有关,即形而上学实体是无法观察的东西。⑦ 此时,形而上学研究的是超验的或超自然的对象。

① 黑格尔:《精神哲学》,杨祖陶译,人民出版社 2006 年版,第 2 页
② 胡塞尔:《逻辑研究·第二卷·第一部分》,倪梁康译,上海译文出版社 2006 年版,第 20 页
③ 《康德著作全集·第四卷·未来形而上学导论》,李秋零译,中国人民大学出版社 2005 年版,第 373 页
④ 张广森:《本体论语境中人的本性审视》,吉林大学博士论文 2005 年
⑤ 海德格尔:《物的追问:康德关于先验原理的学说》,赵卫国译,上海译文出版社 2010 年版,第 202 页
⑥ 海德格尔:《形而上学导论》,熊伟译,商务印书馆 1996 年版,第 19 页
⑦ 薛守义:《科学性质透视》,山东人民出版社 2009 年版,第 209 页

这样一来,形而上学知识的源泉,就不可能是经验性的,它只能是先天的,是出自纯粹知性和纯粹理性的。可见,形而上学知识只宜包含有先天性的判断。

12. 所以,形而上学必要有一个从理性中产生出体系,它不能通俗化。故,形而上学乃是从纯粹理性中所诞生的,即理性的生育出形而上学,形而上学便与经验完全分离。因此,全面地按照普遍的原则来规定纯粹理性的整个领域,这就是形而上学体系所需要的东西。沿之推理,真正的形而上学判断就当全都是综合的。①

13. 我们说,形而上学只有于万物的共在中,才可存在,它所涉及的差异,均是起导向作用的。如是之,形上学就要与自然、纯粹理性和客观实在打交道。同时,形上学还要求实在与观念必当相符合。在此基础上,伽利略将科学从形上学里解放出来,之后康德才将柏拉图、亚里士多德的逻辑,改变成为先验逻辑,于是康德的先验逻辑便是对形式逻辑的一种向前的再造。

14. 其实,康德所言的形而上学,因为其对空的空间之不可理解,便被宣告已经结束了。然而,我们却很好地理解和阐说了空的空间,于是我们又开始了更新的形而上学。从原理上讲,形而上学是按思维来进行考察的,而有关的科学则是按直观显象来进行考察的,即科学的可以构成概念,形而上学的则是用概念再去构想的,这就是它们的区别。所以,依据普遍的洞识,来进行纯粹理性的思想的,就是接近于科学的形而上学了。因为,这里之洞识的会含有实践性,深思的涉猎则会含有先天性。故此,它们的结合就当是趋于正确的方向了。

————————

① 《康德著作全集·第四卷·未来形而上学导论》,李秋零译,中国人民大学出版社 2005 年版,第 274 页

15. 再有,批判也是实现科学的形而上学的手段,或说批判的即是科学的,科学的即为批判的也是可以的。但是,形而上学又是绝对不能作为科学而存在的。非常易见,正如康德所讲,作为科学的形而上学,迄今还根本不曾存在过。①

16. 杜普里尔认为,通往形而上学的大门是梦,而不是清醒的生活。② 此时,由现象找出可感形式,然后再反映为脑的意识,并进行抽象,这只是走向形上的一小步,即形上的当为抽象的,是抽形抽象而向上的。可见,为了向上,既需要经验,又需要抽形,才会发展。所以,形而上学就是要成就无上的存在;在这里,真理、智慧和超越都是可以达到形上的东西。

17. 如此一来,形而上学的意义,就是内省的,它是探求物态的本质意义和目的的。③ 可是,数的标量作用,又怎么可能会作为原因来出现呢? 显然是不可能的。在此,本原的原因的就应是趋于形上的东西了,然它终不是具有本质性的存在,即使是根本的原因,若没有特别的说明,它与本质也是有区别的。柯林武德讲,形而上学的本质的命题:其一,它是一门纯粹存在的科学;其二,它研究的是预设。④ 我们认为,这样说,还不够清爽明白,因为只有言及求本质才是形而上学的最高问题时,人们才能一目了然。

18. 关于形上与哲学的语言交集问题,可以讲,只有《形而上学》,

① 《康德著作全集·第四卷·未来形而上学导论》,李秋零译,中国人民大学出版社 2005 年版,第 374 页

② 弗洛伊德:《释梦》,孙名之译,商务印书馆 2005 年版,第 60 页

③ 托马斯·阿奎那:《亚里士多德十讲》,苏隆译,中国言实出版社 2003 年版,第 45 页

④ 柯林武德:《形而上学论》,宫睿译,北京大学出版社 2007 年版,第 16 页

才是西方哲学史上第一部专门研究哲学问题的著作。在书中,亚氏通过本体与本质、形式与质料、潜能与现实等,建立起了西方哲学史的第一个形上体系。所以,有学者称,形而上学就是哲学的同义词,它的表现乃是对人类各种超越活动的反思,并具有普遍性、超越性的特点。[①]然而,海德格尔则讲,形而上学这个名称是被用来称谓所有哲学的起规定作用的中心和内核的,这是贴切的;也可以说,形而上学就是形成哲学的一条路线,因而其本身也就成了哲学。

19. 我们言,形而上学当是哲学的第一个成熟形式;同时,形而上学就是指研究超感觉的、经验以外对象的那种哲学理论,[②]或说哲学的主要问题就是形上的问题,在新的认识中即蕴有了新哲学。所以,纯粹哲学就是形而上学,它是由纯粹理性知识所构成。于是,纯粹哲学,即形而上学必须要先行。

20. 因此,用哲学形式来讲哲学,形上学就是西方最早的哲学史,而智慧在亚里士多德的关注中,却不是形容词的有无智慧之意,它当是名词—哲学的代称。如是之,最初的智慧只是求得结果,一般的智慧可以向前寻觅一些过程的或思维的中介,哲学的智慧则是要找到结果的形上之因。

21. 在历史上,数学一旦与哲学的新芽结盟,它们就会引致形而上学的发生,其对人类的影响,比如在写文章上,最好是沿着数学的思路来进行,或是拟成一个公式,就是最妙的了。因为这样,必是合逻辑的,它可以先假设一些,也可以用代入的方法,也可以用连续的方法,或是

---

① 刘俊敏:《科学实在论的形而上学性质研究》,吉林大学博士论文 2009年

② 高清海:《哲学的憧憬——〈形而上学〉的沉思》,吉林大学出版社1993年版,第44页

用解析几何的方法等等都是可以的。用数学来表达哲学,即哲学通过数学的形式来阐述,它便自然地要进入了纯思维的体系,因而也就自然地是形而上学的了。这是何等的好啊!此时,哲学的形式就是逻辑学的表示,故哲学的内容必须要与逻辑的形式相统一,即要与逻辑接洽在一起。这样一来,它就应是由形而上的追问原因,能自动地导向本源里去了。

22. 还有,过去的形而上学乃是从存在的存在来获得存在权的,当然人们也可以从"非存在"的领域切入,因为若能从"非存在"的角度上来说明存在,应更有意义。其实,所谓的"非存在"也是存在,只不过它是属于存在的特殊形式。可见,我们是能够解决那困扰着哲学史的,即如何谈"非存在"的问题的。

23. 海德格尔讲,哲学的基本原则,即纯然的公理,是自我律、矛盾律和根据律,全部形而上学就建立在它们的基础之上。中国学者称,形而上学是一种对实在和我们在其中的位置的最基本、最普遍的特征的哲学探究,①因为它是为英美学术界所普遍接受的描述性定义。顺带一笔,若说有史以来最大的形上学家为黑格尔,应是无异议的。同时,称黑格尔哲学为古典形而上学的完成时,也是极为妥当的。

24. 接着,我们简述一下哲学史的问题。第一,人们应知道,希腊哲学当是西方哲学的开端,且哲学的最初是从对幻想意识的否定性中诞生的,它的宗旨就是要寻求万物的统一性。第二,关于"为什么"的问题,乃是人类儿童时期的经常提出的问题,这个"为什么"的问题一出,就标志着哲学的始生,因此哲学的问题即是关于类如儿童的所提出

---

① 张志伟:《形而上学的历史演变》,中国人民大学出版社 2010 年版,第233 页

的问题,或是对它的解答问题。第三,希腊人的哲学达到西方的统治地位是从其终于的伟大之中而被逐渐定形的。希腊七哲是:(1)梭伦,他的格言是,"认识你自己";(2)契罗,他的格言是,"考虑结局";(3)泰利斯,他的格言是,"凡有担保的人就是稳固的人";(4)毕亚斯,他的格言是,"多数人是坏的";(5)克留勃拉,他的格言是,"避免极端";(6)庇塔喀斯,他的格言是,"紧捉时机";(7)勃吕安德,他的格言是,"在勤劳努力面前没有不可能的事"。第四,科学世界和神学世界的二者结合,就构成了哲学世界,因为科学以形,而神学则以上。在过去,德谟克利特曾因哲学而苦恼,伊壁鸠鲁则因哲学而快乐!

25. 有学者称,没有西方古代哲学,就没有西方近代科学。但是,希腊哲学仅能认识到有限,只有到了基督教哲学时,才发现了无限的概念。于是,中世纪的哲学便在整个的基督教的大一统的文化母体中生长出来。开始时,希腊哲学曾被基督教视为异端,即在中世纪的哲学是反对希腊哲学的。然而,自从基督教统治西方以来,自然或宇宙就被看作是被造物了,不仅是在中世纪,而且同样经历了全部的近代哲学,①好在基督教并不排斥神学采纳一定的哲学。

26. 至于近代哲学,它应是诞生于对中世纪经院哲学的激烈的批判之中的,也可以说,是知识论开启了近代哲学。同时,自我律就是以我作为被思考的东西,这便是近代哲学的第一原理。综而观之,古代哲学是力在追求本体,近代哲学是力在追求真理,现代哲学则重点是为了追求价值的。

27. 我们知道,人类思想的两次重大转变,一是哲学理论的诞生,

---

① 海德格尔:《物的追问:康德关于先验原理的学说》,赵卫国译,上海译文出版社 2010 年版,第 99 页

一是它的向现代哲学的转变;通常讲的哲学,就是觉醒的反思意识的理论之表达。然而,西方现代理性的确定,则是建立在阿奎那神学基础上的,但现代哲学之父当推笛卡尔。此后,康德哲学便成就了现代哲学的开端,所谓康德哲学,就是一个从自然经过文化而至道德(自由)的目的体系,其中自然被看作合目的的,它以人的文化为"最终目的",文化乃是对一切目的的"适应性"的产物,它体现了自然与自由的结合,而自由(道德)则为这个目的系统确立了一个"终极目的"——"至善"。①到了康德的后继者们那里,他们认为其哲学还不是一个统一的哲学体系,其障碍就是在于它不能很好地来阐说"自在之物"的问题;我们认为,这里的观点是对的。在许多时间方面,物自体、物自身或自在之物实际上都是一个概念。

28. 高清海先生讲,自19世纪下半期到20世纪以来的哲学,就已进入到了"现代哲学"的范畴,②尽管现代哲学多有党学的婢女之称,但其最本质的意义,当是从抽象的人又回到了现实的人之中。比如,现代哲学体现在它的理论中的基本矛盾,仍然是肉体和灵魂的对立,所以现代哲学就是到了该如何看待或处理这一关系的时刻了。再者,现代哲学已是远离了彼岸问题的。可是,自从有了"后现代"一语的出现,它就标志着现代哲学的已经是趋于了没落,而打倒它的手段,就只能是超越;舍此别无他法。之后,我们谈哲学。

29. 其实,哲学就是根源于人与自然的相互的联系之中的,这时的哲学既属于野蛮人,也属于希腊人。当初,哲学的主要活动就是去询问

① 张志伟:《形而上学的历史演变》,中国人民大学出版社2010年版,第196页

② 高清海:《哲学的憧憬——〈形而上学〉的沉思》,吉林大学出版社1993年版,第38页

那些超乎寻常的事物……即要做出超乎寻常的发问,才是最主要的。比如,叔本华曾说,死亡的困扰是每一种哲学的基础,[①]这便是具有奇特性的,所以哲学的很大一部分便从这些含有惊异之思中得以开始,而它的结束也要止于这种惊异的消除。但是,新的惊异在旧的惊异结束后,又是会不断出现的,这是其一。

30. 其二,哲学的也可以是由对科学的反思来产生,此前它是经由对神学的反思而产生,最早期它则是依于对自然的思索来产生。故由神学经哲学又裂变出科学,似是一条路线,当然在这里面是需要一定的前提和条件,才好来做证说的。

31. 其三,在哲学上的个体,均应含有自我或普遍的自我之意,因此哲学的就一定要归于意识,进而才有反思之说;也可以称,哲学作为反思性的理论,就是从怀疑感官所予,并试图在开掘出不可见的意义中诞生的,所以哲学就是要穷尽不可穷尽的东西。

32. 其四,鉴于有关哲学是用理念来指称在的;如是之,人就是哲学的基本主题与核心内容,可见哲学的关于世界的那些观点,就是人对自身的看法,定是无疑的。

33. 其五,根据哲学是一种从事认识的最高努力之说,曾有人讲,在经院哲学家的眼中,亚里士多德是"基督在认识自然方面的先驱",为仅次于耶稣基督的第二大圣人。[②] 不难想见,哲学必是为人创造出来的,而人却不是为哲学创造出来的,因此研究哲学就是要推动整个人类的文明,所以我们就要赋予哲学以生命、以意识、以各种各样的能

---

① 弗洛伊德:《图腾与禁忌》,文良文化译,中央编译出版社 2009 年版,第 111 页

② 高清海:《哲学的憧憬——〈形而上学〉的沉思》,吉林大学出版社 1993年版,第 36 页

动性。

34. 其六,哲学的又是要寻求整个世界系统的大致轮廓的。① 我们讲,世界的哲学体系必须要东西方和南北的进行结合,方可完备和崇高。因为,许多的其他的知识可以组成一棵树,但哲学应如阳光。于是,我们就当把一切的存在都要适当地哲学化;只有如此,才可有向上和向前的机会,即只有彻头彻尾地以哲学的方式来进行思考时,人们才能从事许多新的问题研究。可见,历史是表曲折进步的,哲学则是来表其进步的根源的。

35. 此外,哲学就是要在综合的基础上,经由改造来重新建构新的理论;这样的话,哲学的创生就是抽象思维的创生,哲学就是纯粹的理论形态。当然,精神哲学的主要目的只能是把概念重新引入到对精神的认识中去。② 因为,概念是哲学的对象,然而自由又是哲学的灵魂,或说哲学乃是最自由的,即哲学的就是自由地跳跃着走向神圣的存在。此时,对人的精神的真正的发生与发展的研究,实际上应该是哲学的最高任务。

36. 还有,形式的哲学,也可叫作逻辑学,故在哲学中……天才必须屈从于严格的逻辑思维的训练,③即哲学的必须是严格的逻辑的,于是哲学是天,思想是云,人是万有的精魂,逻辑是梯,科学是地。

37. 当然,在哲学上的凡是能打倒他者的,就都是要体现了一种超越的存在,这是由于哲学的贵在超越,它是超科学的,超宗教的,等等。如此一来,哲学就可以从它的下肢处产生科学,就可以从它的上肢处来

---

① 张志伟:《形而上学的历史演变》,中国人民大学出版社2010年版,第246页
② 黑格尔:《精神哲学》,杨祖陶译,人民出版社2006年版,第4页
③ 黑格尔:《精神哲学》,杨祖陶译,人民出版社2006年版,第70页

提高和指导宗教。综合地看,哲学就是人以世界为中介的理论表达,但哲学绝不能"彻底"地科学化,哲学应是既近于神学,又要依于科学的。

38. 赫胥黎讲,事实与价值的脱离,是人类文明史上的一个巨大转折点,它意味着,科学与哲学(或神学)就此获得独立。① 这时,哲学就是去神学的物理学之后了,它便自成体系,然与其他学说游离的仍不是很远。虽然,哲学要比原始的宗教学来得晚些,但当代的宗教还是要通过哲学方好走向可发现真谛的指处。海德格尔说,神学只能经过哲学的洗礼才可成立,……进行哲学活动意味着追问……哪里出现了这样的活动,哪里就有哲学。② 在过去,黑格尔曾认为,哲学高于宗教;我们言,这些也不完全。

39. 因为,宗教的是向着人心来的,艺术的是从人心向外而去的,其二者的结合,也许可以会成为某一哲学。但是,哲学思想是不具有获利性的,而宗教思想带有明显的获利性。③ 然而,关于上帝来到哲学之中的问题,它当是哲学的某些虚伪后的看似圆满的表现,因为上帝不是存在于那一位哲学家的笔管里的,上帝的存在确是不能为我们所知的。所以,哲学就要清洁自己的阵地。我们要把未知领域恭恭敬敬地告诉人们,而不能掩盖在上帝那里。对于未知的,我们通过科学已解决了一部分,通过哲学已推进了一部分的认识,我们也希望得到上帝的一部分天启,这样或许就能有大成功。然而,在实际的方面,竟有人喊,上帝已经死了。我们言,在哲学中,上帝的影响还会永远存在。

40. 在讨论完宗教的问题之后,哲学和科学的根本区别就是在于

① 赫胥黎:《人类在自然界的位置》,蔡重阳译,北京大学出版社 2010 年版,第 12 页
② 海德格尔:《形而上学导论》,熊伟译,商务印书馆 1996 年版,第 9 页
③ 黄力:《由始至终:一切的本质》,吉林大学出版社 2008 年版,第 152 页

"形上"与"形下"的区别。① 此时,物质是标志客观实在的哲学范畴,于是哲学即从感官对象起,在探寻它的原因中,二者分道扬镳,哲学愈来愈远离它的起点——感官世界,以及它的感觉物质;但科学仍被有关条件所制约,科学所依据的仍是人的感官的深入,对于从有到无的变化和以能量形式存在的无,还不能成为科学的对象,解决这些问题,只有靠哲学的智慧。

41. 海德格尔讲,无是所有科学都没法通达的,……哲学决不由也决不通过科学产生,……哲学处于与精神性的此在的一种完全不同的领域中和地位上。② 尽管如此,哲学与科学还是相通的,也应是连续的,至少在哲学的根部,它仍是需要科学的支撑的,虽然更多的哲学问题,又是科学所无法涉足的。反过来,哲学的思辨一旦被引入科学,则其所推论的就会是坚不可摧的了。同样,无有科学的哲学之论,也难免会空泛无据。如此者,科学与哲学当相生有益,并能推动各自的发展。

42. 关于经验哲学(A)、纯粹哲学(B)和实践哲学(C),其实它们三者也是具有相生性关系的,即 A↔B↔C↔A,所以便演绎出了哲学的本体论、认识论、方法论和价值论。之后,哲学的就必须是要在语言中能够开花结果的存在了。这时的哲学语言理应为兼有科学语言和文学语言的。因为,哲学家的责任,乃是在于说明事物是怎样通过合于自然规律的途径而达成的。③ 我们讲,许多人可以是在哲学界里的漫步者,他们在瞻览了哲学的许多方面之后,发现进行专门的哲学研究虽有一

---

① 游兆和:《哲学本质与演变逻辑新论》,社会科学文献出版社 2011 年版,第 10 页
② 海德格尔:《形而上学导论》,熊伟译,商务印书馆 1996 年版,第 26 页
③ 孔狄亚克:《人类知识起源论》,洪洁求译,商务印书馆 2010 年版,第 158 页

定的益处,但却多有被割裂之嫌,进而难以站在统观的位置上,也就缺少了极多的具有主动性的话语权。这是由于,每一个所问的"这是什么",都是我们对事物"本质"的追问,①它不允许由满脑袋都是碎片化的人来言说。

43. 然而,一般人只要得到含糊的意思就行了,但哲学家必须要研究本质,必须要使用精确的统一的合于程序的语言,因此在这里的,只有绝对的才是可称为哲学的。鉴于哲学又是文化之母,则其就只关心最重要的事,只关心本质。所以,在哲学中,本体的定义便是,对世界上客观存在物的系统描述,即存在论。本体关心的是客观现实的抽象本质。② 可见,本体的要旨就是在于阐释存在的本质。此时,本体的体与本质无异。于是,哲学只当追求本质。

44. 我们说,对事物的终极真理的追求之完成,就是终极价值和目的的完成,所以真理的便属于哲学上的东西。关于终极的问题,比如艺术讲形式,哲学讲本质,则艺术的哲学就是用形式来表本质的,然哲学的艺术就当用本质来展示形式,尽管这是非常难的。可是,关于价值,哲学上的关于人的实践,首先地就应归于他的是否道德;只有如此,价值才会具有当下的鲜活性,或说价值与腐朽似是无缘的。然而,尼采始终也没有达到过哲学的本真的中心位置。关于目的,它表明哲学只有走到了本质的附近时,才会有意义。这些都是肯定的,不再赘述。

45. 可见,哲学所确定的形而上学,便为研究"是",即存在的本质的学说,应是无疑的。此外,绝对精神的和现象学等也是乞求于找到本

---

① 海德格尔:《论真理的本质:柏拉图的洞喻和〈泰阿泰德〉讲疏》,赵卫国译,华夏出版社 2008 年版,第 1 页
② 连莉:《本体中非分类关系的理论体系研究》,山东大学博士论文 2010 年

质的学说,但它们始终都没有研究到可达本质的方法,只是说说而已。所以,寻求本质就不仅是哲学的研究对象了,它也成了许多学科的追逐的方向。如是者,我们在后面慢慢讲。接下去,我们即将展开的就是关于哲学的主要的概念与思想。

46. 张志伟先生说,将研究存在或是的范畴体系的学科称为本体论,将研究第一原理的学科和研究最高存在的学科统称为实体论,[①]或存在的存在为本体论,第一和最高的为实体论。实体的存在是在本体论中的简单存在,任何实体的存在都不构成存在的存在;而只能是一个作为存在的存在的基础性存在。因为,第一和最高只是一个存在。于是,我们先阐说本体论,实体论放在其后。

47. 据称,"本体论"这个名字的最初出现是到了 17 世纪才有的事情。本体即实体的先在。本体论主要是关于超验的存在,且是言及终极本原的理论。由于一般对象是可以区分为现象的和本体的,则在本体中,其概念的若用数值来描述时,也是属于正常的内容。

48. 当然,本体也是可以拟定的。关于矛盾律之有"本体论的"意义,乃因为它是逻各斯之一根本规律,一条"逻辑的"规律,[②]这时本体的就应是绝对的。简言之,本体论就是存在的存在,不可再掺杂他说。然而,亚里士多德的本体之论未能做分类,现代的本体说乃是有了分类的,确是一个进步。在当下,本体、属性和本质等,多有界说不当的情况发生,理应引起研究人员们的注意。

49. 关于实体,它是出于希腊文的翻译,其本义应为:是、存在和存

---

① 张志伟:《形而上学的历史演变》,中国人民大学出版社 2010 年版,第 2 页

② 海德格尔:《形而上学导论》,熊伟译,商务印书馆 1996 年版,第 187 页

在者。实体应是思维与存在的统一,实体的内在均是向我们隐蔽着的,这便是我们的无以知之的原因。所以,对之哪怕是一点点的发现,其最大的价值就是已寻觅到了深藏在实体中的潜蕴。比如,经济的实体表现是什么呢? 它应是资本的生产和流通,因此经济的发展就应归结为资本的生产和流通的符合消费的逻辑建构,这便是我们研究实体的意义。

50. 亚里士多德讲,在现实中,怎么能有许多实体,而不是一个实体。① 其实,这乃是由于每个实体都有之自生成的性质所致。因此,实体的实和体只有现实性,没有永恒性。所以,实体的质就是可确定的东西,至于它的量,则是依他者才可存在的。亚氏又说,相对的东西绝不是一个实体或一个真实事物表现于这个事实,即只有它没有自己的生成或坏灭或运动。于是,从现在向上溯去的原因之实体或许早已不存在了,这就像人的祖先的实体已经不存在了是一样的。

51. 关于亚里士多德的所谓实体,就是只能充当判断中的主词,而不能充当宾词的东西。从笛卡尔开始,主体已经不仅仅是判断中的主词,而是更多地被用于人类理性尤其是认识能力。黑格尔考虑更多的是实体本身的能动性。再有,实体即主体,要说明的是,实体当为主体意识,才是妥当的。此外,相互作用,必是发生在主体和客体之间的中途,这时主客体就被互相地包含在一起了。可见,矛盾的东西是不能在同一时间表述为相同的一主体的,也可以说,在一事物内部,是终不会存有矛盾的。所以,理论当从客体开始,实践当从主观开始,主观者即为主观之体,或称主体。

---

① 亚里士多德:《形而上学》,李真译,上海人民出版社 2005 年版,第 434 页

52. 还有,本原的并不是第一的概念。尽管本原的亦有第一存在的意义,但它并不一定就具有第一推动的能力。可是,最高原则或许能从某一源泉处获得。胡赛尔讲,认识论是真正的第一哲学。[①] 其实,他只是表达了过程的初级存在是具有直接性的,而高级的反倒是具有了间接性的问题;在这里,被扬弃,就是上升到最高处的思想,胡氏未能涉及。至于理念之理念,此最高理念,就是至善之理念,和死亡就是最高的劳动之主张等,胡氏也都未曾讲,但它们又均是可以反映到第一的与最高的实体的范畴中来的。

53. 在哲学中,"是"也可译作"存在着";"是"就是存在,二者并用。当"是"不能做名词用时,就用存在来表示。是,不仅是存在,而且是永恒的存在,只有"是"这个永恒的存在,才是不随时间变化的,因为"是"在任何语句中都是不变化的;尽管主、谓、宾是可以变化的。然而,"不是"也"是",由于它可以是"不是",如他不是好人,则其就是坏人。故,"是"有双重意义,每一个事物都是从潜在的"是"变为现实的"是"。[②] 或说,由非是成为是,即从无成有来看,非是应为无,是则为有。所以,在世界上,绝不存在完全相等或完全"是"的存在;也可说,它是不符合时空的根本秩序的。但就语言表达上,在相等与不相等之间只有"相等"是永远的,在是与不是之间只有"是"永远存在,这与某些真实还是有区别的。

54. 关于"存在"一词,它是由动词而名词化的。据说,第一个使用"存在"概念的是巴门尼德,我们可以认其为形而上学的奠基者,石里

① 胡塞尔:《第一哲学》上卷,王炳文译,商务印书馆 2010 年版,第 9 页
② 亚里士多德:《形而上学》,李真译,上海人民出版社 2005 年版,第 359页

克说,"存在"意味着关系的存在,也就是进行定义的判断之间的关系的存在。① 从发生学上看,这应是某一存在后的存在。因为,存在=持续的在场状态,即是基础的存在当为先,或说关系的存在不能由"思"而来,尽管思出来的也是存在,后在的也是存在。但是,无论如何,在世界中,从整体的观点来看,一切存在的东西又都是最好的。②

55. 同时,一切存在于一切之中,只有内外在的结合,才可以拥有一切。然而,在同一时间,可以有不同的存在;在同一地点就不可能有相同或不相同的两个或两个以上的存在了,这就表明了时空是不统一的。我们说,存在的最高根据为无,它是有的种子,而有的长成终要回归到无,即再生成它自己的种子。无也是存在,是一切存在的得以存在的存在。

56. 再有,存在只能是内容的存在,而不能以现象的存在来作为内容的存在,虽然现象也是存在,只是它是依附于存在之外的存在。因为,绝对的内在与相对的现象的外在是截然不同的。然而,处于根本的对立之间的存在,它与根本的对立的双方又是不构成根本的对立的,如在水与火之间的烧锅就是这样。此时,空间存在的统一性并不是存在的意义,这是由于一方面是指向无的,一方面为指向有的。

57. 关于有的统一性,它就是有的对接与交换,有的扬弃就是分解与化合,精神性的东西就是类如性质在性质物中的存在表现。当我们在研究某一有的存在时,一定要观其所处的在它的展开过程中的时段性,这对于生物的存在尤为重要,对于非生命的物,则可不考虑。因此,一旦在某一阶段之间存在了质的差异,并由于这种质的差异便要使其

① 石里克:《普通认识论》,李步楼译,商务印书馆 2010 年版,第 65 页
② 阿伦特:《精神生活》,姜志辉译,江苏教育出版社 2006 年版,第 41 页

先后的次序不容改变了。

58. 然而,去差异,去差别的目的又是为了什么呢?我们言,去差别当是完成 A＝B 的前提。因此,A＝B 或 S 是 P 就是真的,就是去伪之后的真。于是,存在于 S 是 P 中的,即是表达了在 S 和 P 中的共同存在的部分,这一共在也可表达为 S＝P。故 S 存在于 P 中,P 亦存在于 S 中。在此期间,它们抛弃了各自的所有的非共在的具有差异的部分。所以,S 是 P 式的存在,只能是共在的存在。有差异的存在虽亦存在,但不能表示为 S 是 P 或 S＝P。因此,存在就是关于 S 是 P 的表达。S 是 P 有时与 S＝P 是同一的,有时与 S＝P 是不同的。

59. 洛克称,任何东西如果是由别种东西而开始存在的,则它自身所有的东西和依属于它的东西,显然一定是由那另一种东西来的。①所以,依存者,便不具有独立性。就纯粹的意义上讲,"存在"乃是对水、火、气等去掉了具体形态,经过合理抽象的逻辑结果。这时被抽象的东西,便不能因由于自己而再存在着了。很显然,经验的成为知识,若要用数理的存在来框正后,它的归于真实,便是不用怀疑的。故,数的存在一旦被抽象,它就可以再去自行展开其他的演义了。

60. 可见,所有的存在一说,都是指向终极的,进而它的也就都是属于抽象的存在。因此,抽象的存在就是与我的意识为一致的,不存在的就是与我的意识既无冲突,又无联系的。至于范畴的表现,便是存在与自我意识的经过同化为一的东西,它不是通过比较才能得来的。于是,存在的就是自为的,自为的反面就是非存在,即自为的自由和自在的存在只有合一时,才可称之是自在自为的。

---

① 洛克:《人类理解论》下册,关文运译,商务印书馆 1981 年版,第 616 页

61. 之后,我们讲,非存在有三种意义,即存在范畴的否定、虚假和未实现的潜能。当然,乌有也是不存在,但"无"则是一定的存在的。可是,自然界的风乃由温差所形成,风是平衡温度的手段,这就说明某一存在,其背后定是有原因的,它的存在本身,又会消解其背后的原因。故原因和由之产生的存在之间是存在了一个先是推动,后又双双互解的过程;至于黑格尔所讲的,恶无非是存在对应当的不相适合,则是对社会的问题而言的,其并不影响对存在的阐说。

62. 还有,能动性的存在乃是扬弃的内力,扬弃的也是解体的力量。此时,能动的运动的 A 的存在,一定要反对它自己的本身,如前进着的某物就必会反对前进着的物自体,而要使之停顿下来,或要后退。这就如同于每一个承受压力者,又会反作用于这种压力,或说凡是行干扰的,必是受抗拒的应为一样的。其实,即使是静止的,也不能逃去被互解的冲击,有时静止比运动更会令人暴躁、不安,因为它是真正的孤寂。

63. 这就是说,任何的东西都要献身于别的东西,并要被别的东西所使用和毁灭与抛弃。可见,毁灭乃是存在的前提,存在又是毁灭的必需。此时,物的内部的或许存在的互毁的作用,似乎就是导致它自己灭亡的一个最强的力。因此,所有的关于有的存在,都是可坏灭的,绝无不可坏灭者。

64. 其实,斗争者又总是要依属于其对手的,且冲突又当是要开始交合的。黑格尔说,在矛盾自身里就有解决矛盾的冲动,[①]这看似是对的,但矛盾又是不能同处在一个自身里的,它只能作为比喻。然后,他

---

① 黑格尔:《精神哲学》,杨祖陶译,人民出版社 2006 年版,第 209 页

又说,整体的平衡应是建立在对立物的异化上的,这也是不合理的,因为平衡者与对立无关。我们言,只有时间是平衡器,平衡者在空间,它确是需要时间来完成的,至于要平衡的物件,对于非生物,没有任何的思想性可言,对于有生命者,也只是与自己的生命所及有关,不能把什么都要推到矛盾与对立这样的方面中来;如是之,只宜产生谬误。

65. 但是,要证明的就应是实在当处于现在中的,这种现在中的实在是具有一种可感知性的。再推理,则物自身的内容就必是客观的,而不是客观意义上的了;内容的是一种实在,尽管这种实在必须要用我们来表达,这是属性质物的先于性质论。在此期间,人们所运用的方法,便是挟持内容和灵魂的手段。胡赛尔讲,一切实在的统一体都是"意义统一体",①这是属性质的先于性质物论。然而,于证明过程里面,公理是可以作为理论的出发点的,可就实在的方面,又是无需公理可言的。因此,凡是合理的东西,它就应具有一定的真理性,凡是经概念把握的东西,它就应该存在。所以,存在的就是含有真理性的,存在的就是最好的;同时,存在的也有真理的腐败,也有最好的过时与失效。

66. 于是,存在就涉及了——它的合法性是要以合现实性与合客观性为前提的问题,否则它便不能成立。这时,存在的个别性就是脱离了普遍性后的东西。至于存在的个体又都是具有有限性,只有存在的整体才是具有无限性的,而且存在者的有限性必然要融入到无限中来。存在要有存在者,存在者又一定要归于存在。存在者是表现着存在的,而存在则是存在者的物自身。所以,存在就是存在者的存在,没有存在者的存在是非空间的存在。在此前提下,实体又当是存在的重要存在。

---

① 胡塞尔:《纯粹现象学通论》,李幼蒸译,商务印书馆 1996 年版,第 148 页

故,存在的存在就是所有存在中的共在,就是去掉了所有存在中的差异之后的存在,或说存在就是万物均存在的存在。

67. 很显然,秩序就是一个长期的存在,且秩序的恰是某种善,而完全的与完善的之间又当有交集,完全者具有完全的积极意义。因此,有秩序便可以形成力量,无秩序则易于如自然的作鸟兽散。在前一个生出后一个的秩序中,后一个是高于前一个的,这既不是一个套一个的关系,也不是一个串一个的关系,应是后一个所借助的背景,要大于前一个。这样一来,只有大背景的,才可以有大前景;也可以说,在生活的背后,一定是存在着生活之前提的。此时,一切间接的存在,都是应有来自于直接的根据,尤其是对于最开始的补充,乃是应有奠基性的意义。

68. 关于存在的普遍性问题,它应是意味着含有广泛的适应性的,尽管普遍性也是相对的,也有其一定的范围,不是永恒的绝对的,但其广泛和深刻者,都必当有之自己的存在起源。所以,历史的、逻辑的、科学的、体系的就都是研究学问的至为重要的东西。故,没有张力就没有历史,并且所有的历史又都是心理的外显的,而所有的心理的又都是生命之心理的;于是,一切的存在只能相对于人的生命才是存在的。

69. 可见,所有的存在,都是关于人的存在。如果没有人的存在,则所有的存在也就不能成为我们的视域中的或说是意识上的存在。比如,生命物和非生物都是这样,而人造物就更是属于人的意识的物化后的存在了。对于人来讲,他的生命的存在就是生存,当然其存在的表达还有许多的方面。追溯到极远处,那时是自然支配人的,人便是属于那个世界的,人就是自然的一般存在物;但是到了后来,当人能支配某些自然时,世界的有些东西就属于人了,即人已成为超自然的某些方面的存在物了。如是之,一切的存在又都是存在于我们已存在着的思辨中了;就人类而言,一切都是如此。再往后,便要涉及事物的本原或本初的问题了。

70. 亚里士多德认为,最初的和最高的种就是本原,但它仍是就种的对于属来说是这样。关于本原与本原物,(1)可以一起存在,如种子的与它的发芽生长,(2)也可以分离,如种子的单独存在。此时,本原性的东西可以分为不变化的和变化的两种,不变化的本原性存在只具有暂时性,有时变化的本原也必须要具有某些不变化的存在来支撑(如植物的生长是属于变化类的一种,它是靠太阳能量的,这就是无论如何也不能变化的),或者二者可以统一。有人称,个体最初是原子,其二者都有不可分割的意思。① 这在一定情景下,是有它的当时意义的。至于本原之性不可毁灭说,乃是根据——它若毁灭了,该本身也就不能存在了;故此看去,其所言者也是有对的一方面。有时,本原者也会反映出某一本性的东西,在本性之中还可以再放大辐散,便能发现其中一定是有众多差别的存在的,这样的思想是正确的。综而观之,前人的追问多是为了知识,而我们的追问本原则是更直接地为了生命之需。

71. 弗洛伊德讲,来自于同一来源并不意味着它们是同时产生的,②这是容易理解的,但关于"原初的最真实"一语,就要多费思量,这是由于原因的、过程的和理由的,这三者又是不尽相同的。因为,同源性或许仅是类似性的基础,然之类似性又要受环境影响较大。在种类之中,应以类为主,以种次之,如类的高于种,人类就大于人种;至于属,

---

① 张志伟:《形而上学的历史演变》,中国人民大学出版社 2010 年版,第245 页
② 弗洛伊德:《图腾与禁忌》,文良文化译,中央编译出版社 2009 年版,第 118 页

它仅为种的部分,这是常用的。

72. 我们言,本原说应是在类的范围内展开才好,不是同类的存在便无所谓有共同的本原了。当然,本原的应是善的,它是建立在恶的多是在其之后所熏染的见解之上的;如此者,说文明便是被恶之力量所推动,也就未尝不可。在现实中,本原、原初、元素和种的表达,经常相混淆,在多种情况下,元素和本原又是绝不同于种的,或说事物的本原不是种,种只是定义的本原,是属的起点,种的定义的本原是只适用于它的定义的事物。这些都是搅动在哲学的形而上的文字里面的,对事物的直趋本质仅有一些启蒙的作用,离之根本性的在和在场还远呢!

73. 海德格尔讲,在者一方面意指那总是在着的东西,……又意指那仿佛……在着的东西。这时,此在由于它与在之根本的本质关联,就是它自己。① 因此,"在"这个词有最空的因,是具备了统括一切的含义的;从此词身上想到的内容,即概念就是最高的类概念。有时,在又是根本事件,即根本要以这个根本事件为根据,且只有在敞开来的在者整体中心的历史的此在,才能得到对这一根据的保障。所以,在必含有在场的状态之意,在者就是在状态中的根据,而此在就是要在者的得以具体的成立。

74. 我国学者称,希腊的"自然"就是生生不息地涌出的在场和在场性本身,或说自然即是一种在场。于是,在者在,就是"有"的呈现。"无"不在,就是"有"的反面,不能呈现。此时,非在者,即无;故在者就是"有",而一切非无者,亦是有;因此在者在即为有,所以在场的,便是在有的范围内的。然而,"有"又是根据本性或本能的冲动,才"具有"、

---

① 海德格尔:《形而上学导论》,熊伟译,商务印书馆 1996 年版,第 29 页

"含有"、"拥有"和"持有"的。其中,"具有"表过程,"含有"是包含之中的存有,"拥有"的根据一定是本性的。但是,某一间歇性的"具有",并不能就代表"拥有"。

75. 因此,拥有的当是现实的,持有的即是直接在场的,而只有在场者,才能有力量。否则,像聋子一样的听者,就是在场者不在场。可是,对于非聋子,若能做到在场而不在场者,或在场者能做隔岸观火者,便是类如超越者了。对于一个超越者的作品来讲,它总是要在一个在者中来导出在的非常在;只宜如此,在(在之)分离中才会出现神与人的分野。[①] 这应是绝对的真知灼见。此后,关于哲学之问的回答,也是很深刻的。

76. 比如,关于形而上学问题的结构,有人问,世界最一般的特征是什么呢?我们言,它当是有和无的极有序的存在和其最紧密的统一。另外,什么是时间和空间?我们言,时间只是表有的识记,空间是表无的存在,尽管其中也包含有。之后,有人又问,是否只有一个世界?我们言,是的。因为,人类只有一个意识,一个意识只能认识一个世界,或说一个世界也只能形成一个意识。

77. 那么,我们在世界中的位置又是怎样的呢?答:我们在世界中的位置完全是从属于我们的认识的,世界相对于我们,是存在于我们意识中的外在,即我们的肉身是存在于世界中的,但我们的意识又是存在于世界之外的,所以我们是时时地穿行于世界之中的,一方面我们在世界的外面,一方面则世界就必在我们的意识的里面。正是由于我们具有两个位置,我们才得以从容地把世界统一起来。由于这内外在的表

---

① 海德格尔:《形而上学导论》,熊伟译,商务印书馆 1996 年版,第 145 页

达的两点是为了简化才如此说的,其实在内外在之间我们当是无限的存在,而世界也是无限的;可见我们在世界中的位置,就是与世界同在的,或说世界在哪里,我们就在哪里;也可以说,我们在哪里,世界也就在哪里。故,我们在世界中的位置也正是世界自身所在的位置,或说世界在我们心中的位置也正是我们自己所在的位置;以上二者是同一的。我们在世界中和世界返回到我们的自身中,乃是我们与世界同在同一的证明。

78. 于是,世界的意义又是什么呢?我们言,它应是文化的,价值的和人与空间的合为共同体的。在这里,可能的世界,就是概率的世界;同时,世界的祛魅与历史的祛魅又是一脉相承的。[1] 上述的对有关问题的回答,都是当代哲学家的思想,可是在过去的哲学家们,又在想什么呢?我们也要有所了解。

79. 如,柏拉图的理念论……即是第一次向共相认识发起的冲刺,且他是建立了一个完整的唯心主义的体系;然而,亚里士多德则是摇摆于唯心主义与唯物主义之间的,因此亚氏的形式决定内容说,便多有不当,这是由于形式只是内容的一个外在,它是没有决定内容之内容的。到了中世纪的鼎盛期,是以 13 世纪的阿奎那思想为代表的,其有天纵之才的美称。之后,笛卡尔区分了观念的两重含义,一是一种思想的行为,一是这种行为的对象。可见,观念的既是思想的,又是外在对象的。

80. 关于康德认为物自体是不可知的难题,在当代就要被破解。因为,物自体的一定是可知的,且超验的也一定是含有可知的。有人说,傅立叶是一首数学的诗,黑格尔是一首辩证法的诗,这是很有趣的。

---

[1] 张志伟:《形而上学的历史演变》,中国人民大学出版社 2010 年版,第154 页

因为,黑格尔是以辩证法将认识论、本体论和逻辑学统一起来的,这是一种相互的缠绕的成功。至于在黑格尔和马克思那里,否定是推动历史的动力一说,便有值得商榷的必要,此是由于被否定的一定会成为历史的过去,一定会成为历史的陈迹,但是若以它作为动力实是没有可以作为动力的东西。我们说,推动历史的动力,一是生物的希冀自身的得以扩展的力,一是非生物的可转化为他者的力;而一切规定的基础都会成为被否定的东西,被否定的东西是需要时间,需要从内部分裂来完成的。所以,否定性的辩证法,就是借辩证为桥而前进,同时在前进的过程中,又会不断地要去否定掉那些曾经的桥。于是,在前进的过程中,便没有累赘;这是黑格尔的高明处。

81. 辩证法的原意是对话,后来才发生了变化。再有,唯物和唯心应是同等重要的,任何的割裂它们二者,不能使其合二为一的做法,都是不能成就思想界的大发展的。我们知道,唯心主义、唯物主义和中立一元论是一元论的三个主要分支,只有把这三个分支拧为一股绳,才会具有大应用。此外,在历史上,基督教是开创了现代文明的,基督教的教化至今仍在进行,基督教的对哲学的影响甚大,这便要涉及人——我和我们的问题了。

82. 笼统地讲,人类应是由一个个的单一的不断地进行学习的个体所组成,故闲暇和书籍就如同人们的饮食是一样的。当然,任何人又都是要在其能力所及的范围内来运动和工作的。譬如,船是可比喻为行走在水中的飞机,飞机则是行走在空气中的船。人是以空气为水,鱼是以水为空气的。所以,即使在今天,人们仍有处在野蛮时期的成分存在;也可以说,有责任感的是高级人,任性的仅是低级人。

83. 但是,人格又是受价值支配的。人格就是人的价格,它是以社会价值为依据的。有人称,人的本性是在缧绁之中的,这当是从性质学入手的,可在胡赛尔那里,他却是以现象的为开始的;请问,由现象又怎能知道人的本性呢？可见,自然选择又会淘汰像胡氏一样的高尚人士。这是因为,我们的每个人的自由与自然的因素是不能够完全地和谐同拍的,其间必有诸多的裂隙,所以自由的与自然的便也会相异,自然的力量还是强大无比的。

84. 海德格尔讲,在圆周上,起点与终点是同一的—集中在自身中。然而,这只是存在的一个特例,且制造圆的起点也不是一个,它是两个。之后,他又说,希腊人所谓的美就是"约束"。此时,这约束便与圆的起点、终点说就没有了关系。于是,所有的他人的所言的话语,都可以在那一思中得到澄清。尽管本我之思是完全非道德的,自我之思是力求道德的,超我之思是能成为超道德的。可是,利己主义表明,在他者的背后必要隐有我,且在我的背后也会隐有一个他,来作为对我的支撑。这是由于,心理的是关于我的,物理的是关于它的,利益的又是要涉及我和他的,等等。

85. 对于自己来讲,凡是与生命无碍的,就无所谓有错误可言。只有当与他人或他物同在相比较时,若不能使他者相符合于我,才会有自己所认为的错误发生,这便是以我为中心的可自圆其说的一个根据。在现实中,我们处理关系,不仅要与当事方对话,还要与一个第三方来对话,如此的结论才是稳定的,即多一个支持点的办法是好的。所以,关于与第三人的论证之说,就是要在两个人的对话的基础上,让第三人来评判的体系。只有让第三人评判,二人的对话才有了可靠性,这就相当于比赛的双方当有一个裁判者是一样的。故在市场化的竞技的以精英路线来前进时,我们的文明就会在终极的意义上"与造物主比赛",

它正在进化出一种比地球上现存的更高明的智能。这些就要求当代的哲学家，一定要担起未来人类的思想之家业。因此，与之相关的就要出场了。

86. 一般而言，事、物、世界是一个逐渐展开的层次，或说事件的和物质的以及它们的关系，就组成了一个充实的世界。在这里，事物的事为事件，物指物质。但是，事件与事实又是不一样的，事实具有普适性，事件则没有。事件是经历性的，事实则是语义性的。很显见，物质与物体的概念也是不同的。同样，社会性的多是在事的层面上的表现，自然界的多是在物的层面上的表达。于是，事与物便是各有侧重点的。然而，物者，事也。无物无以成事，凡事必有物，故事与物多要合一。尽管如此，事与物仍可以分说之。

87. 胡塞尔讲，每一个感知和想象都是一个由局部意向组成的交织物，这些局部意向融合为一个总体意向的统一。这个总体意向的相关项就是事物。① 于是，物的结构与陈述的结构一定要自然相关。在此之前，柏拉图曾给每一个实物都想出了一个"理念"，这样的理念，我们说就等同于一般的概念，故概念的存在不可能为事物的本原。因为，事物的概念是居于它的存在之外的。如是之，我们在考察事物时，便不能以概念为凭证，就必须以实际的事实为依据，此是由于事实的要比概念的存有更多的内在。

88. 可以想见，事实与物即是两个观念上的东西，事实既可以是纯物的过程，也可以是人的某种关系的过程，或是人与物的混杂的过程；物的存在可以具有单一性。要把事实和物都考虑进来。在道理上，事

---

① 胡塞尔：《逻辑研究·第二卷·第二部分》，倪梁康译，上海译文出版社 2006 年版，第 45 页

实是必然性的存在,这是从静态的方面上讲的。但是,若放在动态上,事实的不成功并不证明必然的不成功,①此处的事实只是代表偶然性的存在,胡氏的这一观点是正确的。另外,时间是可以分割彼此之事件的,至于扬弃既是否定并且同时又是保存之说,也是确切的。所以,事物性的就是通过了扬弃的否定性而保留下来的存在,因此它才可以称之为事物。

89. 事物的就是知觉的,知觉的必是可意识的,这反映在关于对个别事物的认识上,它便是要从水平方向开始的,然后就是由上而下,再联系角、边直到立体的一个过程。从此看,一切事物之相互作用的事实,便是不用怀疑的。但万物的都曾在一起的思想,则是绝不可能的。虽然,"有"的运动的终极就是万物都要转化为能量,而所有的能量与弦结合,又会转化为万物。可是,在转化为万物的时候,它们又不可能是出自于同一个起点的。这样的话,物的永恒的生成的基础就是无或称能量,即是从无限的空域的深处而无限地生成着,不可能是只从某一个空域的某一点的深处来生成着,这不可想象的。

90. 还有,某些物的看不见的辐射和太阳的光都是一种类似的能量存在。关于我们的由弦和能量这种自空间最深处产生物质粒子的理论,或说是从无中来生有的变化,在古希腊传统思想看来是绝对不可能的,即使是某物的来自于某物说,至少在时间上也是较晚些时候的事了。之后,又有人发问讲,物的显像是如何与显现之物相关的呢?其实这个问题,是一种脱离了第三者后的非存在。因为,显像是需要一个第三者的,如灯、如光。但是,物的本身的存在可以不需要这个第三者。

---

① 胡塞尔:《逻辑研究·第二卷·第二部分》,倪梁康译,上海译文出版社 2006 年版,第 113 页

所以,它们之间无有相关的交集。物,只有经过了灯、光的外在后,物的显像才现,然之显像又会把显现之物给遮蔽了,即此时的二者也不能相关。还有就是,在无光的情况下,物的显像与显现之物,又是不能相关的,或说当是根本不能存在的。故,现象的物的显像的存在无论如何与物自身的即显现之物或说是它的本质定是无关的,这些必是极为正确的。于是,矛盾在同一时间,不能属于同一事物,这乃是最基本的东西。然而,只要在不同的时间里,就会有原因的存在来形成结果的过程。

91. 首先,原因应是一个统一体,并且当具有完善性。在这原因的里面,是隐有某种本原性的,此间的本原与本源又是不同的;本源似可以和元素结合使用,即本源具有单一性,而本原则不必是单一指向的。元素的不能称之是本原的。同样,关于种类的也是趋于原因的。然而,目的的与合目的的就既是因果的,也是自然之走向必然的。或说,关于目的的也是原因的一个初级表达,尽管它也可以由最高的来说,可原因似仍在目的和最高之后。但是,原理的就一定要置于原因之下了。

92. 皮亚杰讲,儿童的"为什么"问题是介于最初原因和终极原因之间的"前因果性"。[①] 因此,若欲考察那个"为什么"由何来成立的,即研究某一原因时,便当把它的观念确定精准才是第一步。由于"任何观念都可以作为关系的基础",这就是说,所有的观念都是关系的原因,原因的也是基础的。故在一种关系中,它们的观念是可以互为原因的。这样,任何观念都可以作为一个起因或原因,此是由于它可以使人心把其与另外的事物联系起来。起首先联系作用的在观念上就可以称为原因,但在物的方面,则应是首先的变化者或起作用者,才可以称为

---

① 皮亚杰:《儿童心理学》,吴福元译,商务印书馆 1986 年版,第 82 页

原因。故思想的原因和外在物的起作用的原因又是不一样的。思想的原因在于一观念首先与他观念的联系,此时的原因与它的关系同在。然而,关于事物,它的变化的原因,则是多在事物之外的,即这种原因并不在事物的本体之中。这就是思想的原因和事物的起作用的原因的根本不同。若是上述两个原因的结合,则思想的原因必在先,即在思想和物的作用之间必存有一个驱动物的原因,所以只能是思想的原因→驱动物的原因→物的被驱动。

93. 那么,什么是成为多的原因呢? 答:因为任何事物都是要存在于空间的,于是在空间的无限之中,产生几个"多"便是正常的了。可是,原因又是如何产生结果的呢? 对于有无而言,它们是通过分与和的方式而互为因果的;对于生物而言,原因产生结果是它们的性质决定的,是由吸收能量的过程来完成其自相似体的结果形成的;对于非生物,其原因产生结果,也是由它们的性质决定的,但它是通过释放能量来完成向着结果的方面去变化的。如此的回答是精准的。所以,任何的因果间的作用方式,也就清楚了。于是,原因、本原均是能生成、推动并可联结相关事物的存在。

94. 还有,根源多在简单之中,如一场战争或许就是因为一句受人侮辱的话来发生的。此时,血气便是战争之本,武器则次之。同样,历史的起因也是由于人的性格造成的;如是之,因果关系就都是以时间顺序来表达的了。至于从原因到结果之间的推动力,又是在哪里的问题,我们说,它既在原因里面和这个过程之间,也在结果的牵引和这个过程之外,如阳光,水分对生物的因果的推动就是这样,对于非生物的也是这样。在此间,动力是先于形式的,如没有阳光,则春不暖,花不开。

95. 然而,原因的一定又是具有主动性的,在从原因到结果的过程中,其主动性是由大到小的,而此时形成结果的力量,则是由小到大的。总之,在它们的全部过程中,这种双向的作用力是相等的。只不过作为原因的主动性的作用力是具有先机性的,是先利用了有利的条件的,而它的形成结果的力量则是被动的顺其自然的,是缓慢的;正是由于这种被动和缓慢,作为原因的主动性才得以生成发展起来。当然,在它的鼎盛时期,又必是要转身衰落的。再有,A.一生二,二生三,三生万(物);B.太极生两仪,两仪生四象;C.因果关系(二段论);D.逻辑关系(三段论)。根据 A、B 可知,一就是太极,均能生二;之后,就是分别地二生三和二生四,即二可以生三,也可以生四。我们说,一生二,二生四,四生八是合逻辑的。可见,逻辑的每一步当是为因果的才好,如因一果二,因二果四等。但是,因果的本身绝不等同于逻辑,即它只是逻辑的一个步骤程序。所以,只有在步步为因果存在的条件下,逻辑的才是真实的,否则逻辑的便难以推出有用的东西来。这就是逻辑的过程环节要以因果的为链接的新思想。

96. 非常易见,因果的可以是规律的,但规律的与因果的又是不同的。因为,因果的存在需有一个第三者,但规律的可以忽略它,且其也可以没有结果。有人问,现实的果都是过去的因造成的吗? 今天的因都会形成未来的果吗? 这些都没有必然性,因果的存在是需要一个他者的,脱离了他者的条件的因果是不存在的,即在因果之外一定还要有一个第三者的保证才可以有因果的关系。这样,它的表达就是,在因果 A 之外,还要加一个条件的绝对值,即|A|。所以,因果关系只有在第三者存在的前提下,才是存在的,否则就难免牵强。于是,仅在因果间来讨论的话,就是原因作为条件,虽然其本身对其结果来讲是不充分的,但却是某种条件的必然部分,而这一条件对于该结果虽非必要条件

（因为通常会有另外的原因），却是其充分条件。① 这些都是有道理的。

97. 因此，结果的存在需要许多条件，即需要许多原因。同时，这许多原因中的每一个原因又都是关于结果的不充分的和必要条件的部分，只有诸多条件的和才是既充分的又是全必要的。故在结果这里，凡是对其有原因上的存在者，就都是不可分的。否则，在不充分的条件下，结果就是不能成立。同样，如果不是全必要和全必然的，结果也是不能成立的。可见，对于结果而言，其原因必当是充分的与全必要和全必然的相统一。一般而言，原因如根，即在原因中，还有原因，最接近结果的原因是直接原因，远离结果的为次要原因，可以有多个。许多的原因都是人们根据实际的表达需要，来做述说的。比如，关于主要原因和根本原因就是这样。可见，在那因果关系的中间，有时是难有确定性的。

98. 康德认为，一个运动一旦产生，就必定有一个外部原因，或说物质的一切变化都有一个外部原因，②这是极为正确的。所以，原因便不能自己独立地成为原因，它一定需要某种诱发或条件的依靠才能成为原因，这就是原因的原因或称是在原因之外的原因。因此，作为结果的原因，它一定需要别的东西来作用之，这也就是某一原因的原因，必在其外的学说。

99. 再进行推想，我们知道，一个原因是可以借助其他条件，能产生不同结果的；并且，有时的许多原因也可以产生同一个结果，所以由一个原因产生一个结果，只是特例。还有，石头不能由于自身而建造一

---

① 张志伟:《形而上学的历史演变》,中国人民大学出版社 2010 年版,第255 页
② 《康德著作全集·第四卷·自然科学的形而上学初始根据》,李秋零译,中国人民大学出版社 2005 年版,第 558 页

所房子,火不能由它自己而煮沸水壶中的水;这就是说,原因不能是独一的。然而,原因虽有多种,却仍是要做主次之分的。即使是偶然性的存在,也一定要有原因,可是若研究它,就非常难了。此外,在无限长的时间里,质料虽有某种相对的稳定性,但它仍会成为偶性变化的原因,这应是正确的,尽管此时的偶性是没有任何的思辨意义可言。

100. 根据研究,一旦某种可能性若其符合线性模式时,则之原因就可以从中找出,进而因果关系也就能确定了。同样,凡是具有承前启后的存在,则有果就有因,于是因果关系可成。还有,只要符合概率性的都应有它的原因和结果,否则异因必有异果。此外,符合能量规则或它的具体性规则者,就会与因果律必有相合之处,这是不用怀疑的。同时,具有共因的,则必有共果。所以,综合起来就是,符合线性模型的,可承前启后的,与概率相同的,按能量规则运作的,具有共因的等等,就是预示着因果关系的,即会从上述的可能性中,得出结果。

101. 但是,因果的存在与质的东西一确定,就要在量的问题上来展开,而这些又是绝不相同的。自然,因 A 而有 B,因 B 而否定 A;同样,因 B 而有 C,则 C 又去否定 B。这种否定性的前进路线,也是含有一定的因果关系的,只是思想起来,较为复杂。因为,关于原因的问题,人们只是考虑起始的原因多,而考虑后来之存在的原因或结束的原因就比较少,或是考虑起始和终结的原因者多,而考虑在过程中的因果者就少。同时,更为重要的就是,多数人只考虑对方能力的原因多,而考虑己方的容力的原因便少了;这是十分荒谬的。其实,己方之容力当是他方之能力的得以存在下去的根本原因。没有容力下的能力是不存在的,这是一个重要的关系。于是,在下面,就要接触到一些关系方面的问题。

102. 狄尔泰讲,一切包含于体验物和直观物之中的关系的总和,就是所谓的世界概念。[①] 但是,亚里士多德并不真正了解人和自然的关系。我们说,关系就是可以想象到的各种能相互联系的存在。比如,任何的相互存在的根基都是可以在时间和空间的关系中,能找到联系的。因此,谈关系时便不能分割成碎片,更不能分开来讲。

103. 然而,最初的关系往往会被结果的关系所颠倒;如,生被死所颠倒,发展被毁灭所颠倒。虽然如此,相互作用的应是关系存在的内在力量这一思想又是不能改变的。同时,在关系里,除规律、必然之外,就只宜说是存在影响了。但是,对于目的,我们就必须要知道它的去向趋势,就必须要知道与它的必然的某种联系,就必须要知道目的的可能的适用性和目的的存在原因在哪里,等等。

104. 至于 A 与 B 的关系问题,我们既要知道它们的共同存在的原因,又要知道 A 的存在原因与 B 的存在原因在起始的原因层面上的关系,还要知道形成 A 的结果与 B 的结果的原因性的关系。因此,双方关系的原因也是各个关系的存在之原因,起始原因和结果的原因是对称性地相结合的,所以不能把双方的关系存在作为一体的来考虑。但 A 与 B 融为 C 时,如合金的就可以作为一个存在了。有时 A 的原因,若同时是 B 的原因,但它们的结果不同,则 A 与 B 的存在关系就是发生了分岔的;若 A 与 B 的原因不同,经过 A 与 B 的存在,其结果是一致的,这就是结合的;若 A 与 B 的原因和结果都不同,则 A 与 B 的存在就是平行的。

105. 可见,关系就是相关事物之间的所能联系的东西,但所有的

① 狄尔泰:《精神科学中历史世界的建构》,安延明译,中国人民大学出版社 2010 年版,第 36 页

联系又都是分离之中的联系,而所有的分离也都是联系之后的分离。只有这样,分离和联系才能表现出来。在纯粹的联系之中,若无分离,它便不知自己的联系,而分离也是一样。其中,关系的体系的系统是最重要的。

106. 我们知道,所有的空间都要归到无的系统,在无的系统中,还是浮着有的系统。在人世间,大家所推演的模型,即是一个系统,故系统化的一定是有序的和有合理结构的。可是,系统的不一定就是单向的,它可以是逆向的,即是双通的,或是收敛和开放的。因此,只有当系统的能完全的活动起来时,它才能真正地显现其目的。尽管在社会学上,有时的妥协是为满足系统来服务的,是能使一个系统得以保持平衡的手段,但它仍是系统的存在所做出的要求,以及该要求又是能够适应该系统的,这也是符合体系的系统的存在规律的。

107. 其实,任何的变化都是有规律的,或说是可以回溯到规律上去的,虽然有些变化是处于某一规律的末梢,即不显现有规律性了,但它仍是规律的产物。比如,否定性必是一种规定性,也是含有规律性的。有学者称,方法的原意是"遵循某一道路",①即有方法者,实是握有规律的人。所以,握有规律的人,也是经历了诸多的磨砺后,才要时常来遵循和遵守的,这就是规律的得来过程,它不像学术上的定义来得容易。当然,定义的也是要在一定的规律的指导下,才好进行的。

108. 许多人都知道,定义就是真正的判断,因此它就是要包括种和种差的。当然,定义的也是可以从其他的东西那里推导出来的。于是,定义就是意义的起点,意义的繁简的根源便在于定义的宽窄程度。

---

① 崔光辉:《现象的沉思:现象学心理学》,山东教育出版社 2009 年版,第 15 页

这样的话,完美的定义就必要有完美的形式。此时,分离乃是定义上的决然的独立,而分有则是共同的分有和相互的分有,也是共时的分有。但是,定义与意义又是不同的,关于意义论,它当是现象学的核心,因此意义之外还有意义,隐义之后还有隐义。这些都是自然的事情。有时,自然又可以和自由相联系。

109. 霍布斯讲,自然的感觉和映象是不至于荒谬的,而自然本身也不会发生错误,①这是对的。但是,由于自然无意识,人类只能把它存放在自己的意识中,而具有着意识的肉身,又被自然裹在它的怀里。所以,自然选择的压力必要历史地束缚所谓的人的自由,使之走向社会的普遍的秩序,这个秩序首先是合于自然的。黑格尔认为,自然的东西是有空间性和时间性的,这是不用怀疑的。所以,自然的就是可以穷尽的,其是由于元素为一个常数的存在,这于化学元素表中已有阐述,此是其一;其二,自然的物,也要归于无,这便是它的归宿。

110. 同时,自然的又是强者的和暴力的,这就如社会的是强力之下的秩序为一样的,虽然在此它是允许或容许弱者存在的,可是进入人心的多是强者的,少许的才是弱者的,所以人总是受自然和社会的影响,当其具有优良的人性时,就是善的,当其具有自然的原始性时,就是恶的,当其具有清明的社会性时,就是秩序的。然而,法律的本性,却是不属于自然性的。于是,人的目的就要通过自然的达成和思想的达成这两个路径来实现。

111. 关于自然、文化和至善的问题,乃是康德体系的三个部分,它的要旨是讲,自然的当导向文化,文化的当导向至善,这是一个具有神

---

① 霍布斯:《利维坦》,吴克峰译,北京出版社 2012 年版,第 15 页

圣性的东西。再细思想,自然选择(生存)、性选择(交配)、民生选择(权力)和利益选择等等,第一位的又当是为了生命,如此才合于实际。到于文化的至善的,在开始时,仅是处于自然与人性在偶然的符合的背后的东西,虽然现在它又是具有必然性的了。鉴于上,在偶然与必然之间的存在就是自然。自然的前提是当然,即偶然后的就是当然的,若当然的是走向必然的,在此中间段的,便一定为自然。因此,偶然与必然是通过偶然之后的当然及必然之前的自然相联结的。

112. 一般来看,潜能的偶然性的就是可能性的起源,在此前提下,就要有了自由的范畴。然而,在有关的哲学的必然性中,还不能产生自由的观念。纵观自由的发展史,它经历了—希腊哲学的自由是政治的不受压迫,以及奥古斯汀的自由是善的不可磨灭,到新约的基督教的自由是不受恶的束缚,是自由意志,是真正的意志—这些过程。于是,不受压迫的自由,不受恶的束缚的自由,或任何的自由,其目的只有一个,那就是为了至善。

113. 但是,被保护的自由,是不是自由呢? 根据自由就是对于他者的不具有依赖性来看,自由的必是要被自然的所左右,是一定无疑的。然而,自作自受又表明了什么呢? 我们言,它既是自由的原因和过程,亦是包含了它的结果的,但其结果并不一定就是至善的。以长远观之,不平等的必要归于平等,不自由的必要归于自由。尽管在可能的与必然之间是有一条鸿沟的,但这鸿沟终是可以逾越的。其中,逾越的办法之一,或许就是要借助于批判这个武器。

114. 我们说,批判乃是一种相当于全面的估算,且批判又是经过必要的修正来将原来的糟粕予以抛弃的过程。所以,批判若在理性之外,就是不可能的,因此批判必须要进入到理性的范畴之内,或说是要成为理性的自我批判才好。为此就要探讨,比如在"如何"之中,往往要含有"为何"的问题等。海德格尔讲,批判就是实现理性最内在的合理性,批判能完成理性的启蒙。① 因为,一旦完全脱离了理性的指导,就只能是印象在起作用,这便是极糟糕的。然而,在海氏之前,康德的批判已是统一了思想能力与思想对象的。但是,不管怎么说,所谓的批判他者,多是要为自己的。当今的世风是批判的多,建构的少。我们言,正确的做法应是既要批判,更要建设。因为批判的目的一达到,建设就是更重要的了。这些当是属于反思的问题了。

115. 有人讲,反思就是逆展开顺序而去思想,这在平面上看,此时的反思是会使一切都混乱的东西,因为沿着水流的方向去想是惬意的,可以只要一反思水流的为什么的会有逆反的流动,则人们的头脑就会疼起来。然而,若从空间高处向下看,看万物的生长,则又是极清晰和能够明白理路的。这就是反思的能获得生命力的地方。因为,知性多是只考虑到有限性的东西,逾此就被认为是思想的疯狂。所以,在无限性里,它不能知道。于是,在极多的闲暇时,就要向醉心沉思靠拢,只有在这种沉思中,才会获得反思于惊醒的效果。当然,反思若能得到怀疑后的肯定,就是一定具有了思想的有效性了。至于消除怀疑的办法,只能是使那些怀疑者再也没有可怀疑的对象。可是,对于思想者,当其所根据的被舍弃了根基,就会成为深渊,或说反思是不能数典忘祖的。所以,扬弃都是要在根据之上的扬弃,到了根据的所在,就已无扬弃可言了。海德格尔讲,对基督教经验世界,即信仰也有一种思索和探寻式的

---

① 海德格尔:《物的追问:康德关于先验原理的学说》,赵卫国译,上海译文出版社 2010 年版,第 113 页

研究,这就是神学。① 很显然,神学是不能由反思来成立的。在事实上,反思于有时是可以导致抽象的。

116. 关于现代人的抽象,它多是建立在古代人的直观的基础上的,是经过了千年以上的锤炼才得以形成的,故抽象的存在不是瞬间完成的。所以,抽象物当是属于历史的抽象。然而,在一般的反思之时,推理亦可助成抽象。这样,人们在抽象的过程中,就可以去掉某些虚构性。

117. 我们说,反思、推理和概括都是走向抽象的步骤,其中概括的本身就是抽象,或说抽象就是更高级别的概括。但是,任何的概然性,又都是不能超过其原始的根源之存在的,因为未知其然而假定其然就是臆断,这些即使是在同层兄弟的概念之间来进行,也是不允许的。可见,由概然性上升到确实性当有一个过程,由确实性再上升到某一抽象的存在时,又要有一个更高的过程。于是,概括就应是依着前提得出结论的过程;如是之,自在的是具体的,自为的是抽象的道理就清楚了。另外,共相的也是抽象的,这应是不言而喻的。其实,任何的语言也都是抽象的;接下去,我们就来谈语言。

118. 从根本上讲,语言并不是天生就有的,所以原始的言语必是贫乏而狭隘的;尽管如此,最初的语言,也当是史诗。孔狄亚克讲,言语的突飞猛进总是发生在某一伟大诗人的时代。② 就当下观之,言辞与文句均是由现实中来的,但现实也是由它们所控制的。所以,语言遮蔽着思想,即从日常语言是看不出思想或语言的逻辑形式的,这当是千真

---

① 海德格尔:《形而上学导论》,熊伟译,商务印书馆1996年版,第9页
② 孔狄亚克:《人类知识起源论》,洪洁求译,商务印书馆2010年版,第266页

万确的。

119. 因此,精确的沟通,便需要专业术语。此时,若用两个抽象的概念来进行彼此的互相肯定,在原则上,一般无意义。鉴于语言与世界具有同构性,倘若能够设立出一个概念的结构谱系,就会容易形成一个连续统。我们认为,它的策划起点可以从一个许多人看来的非存在开始,这个非存在就是存在于无之中的有,其实它也是一种存在。之后,就要联系到同名相生的问题,即同科属同品种的相互资生,这里的名就是同科属同品种之意所代指的名,此名与老子的"名可名"的名,应为同一之名。总之,建立一个概念的结构谱系的意义是十分巨大的。

120. 另外,概念又是关于概念物的一个他者,或说概念所代表的只是由定义规定给它的那些内容罢了。因此,概念的清晰就是展开科学活动的前提。同样,概念的辩证法的目的,只有当它是为了事物的辩证法时,才会有真意义。

121. 牟宗三讲,凡概念俱是谓词,作为主词的概念,一经作为主词,就是当作实物看了。① 比如,作为谓词的"是"和作为等词的"是",二者是不能相同的。在本质上的 S 是 P,即为 S=P;但在现象学上的 S 是 P,则 S≠P。这就好像花是红的,但"花≠红的"是一样的。因为,花是实在的物,而"红的"只是一个表象,所以一个表象肯定不能代表一个物;也可以说,所有的红的也绝不会等同于一朵花。至于黑格尔的绝对概念就是范畴之说,它的含义是指,知识与知识的对象即是同一个东西。② 如此讲,固然是可以的。其实,我们说,在这里若不用"绝对"一词也许是更容易理解的。因为,绝对的是超真理的,超现实的,超普遍

---

① 牟宗三:《理则学》,江苏教育出版社 2005 年版,第 12 页
② 黑格尔:《精神现象学》下卷,贺麟译,商务印书馆 2010 年版,第 97 页

性的,超个性的,超目的的,超确定的,超对立的,这种绝对只与绝对者为伴,但黑氏的言说,没有这些东西。所以,人们的意识不能超越绝对。

122. 虽然,绝对者的展现就是现实的展现,就是系统的展现,就是生命的展现,就是要再生一个新的绝对者,但它在绝对的炽光下,绝对者又是往往不能出现的。由于现实的等等必是因为潜在的对映才能由行为转来,即现实的绝不能凭空而成,这样绝对的存在便会在行动中而减去了绝对性。此时,黑格尔又讲,绝对一词通常与抽象一词是一个意思,①这个说法当是最好的。在今后要避免"绝对"的玄奥性。这样的话,绝对精神就是抽象精神了,绝对概念就是概念的概括了,可见非常易懂。鉴于抽象是要先把事物之门来打开,故抽象精神就是要在打开精神之门后的对之精神予以概括了的精神。如此一来,我们就把黑格尔的绝对精神通俗化了。其实,任何精神的或绝对或抽象等等的转化,在它的终极处还仍是精神,对精神没有过多演绎的必要。

123. 在语言学中,凡归其范畴的亦即是观念的。然而,言语里的"有",在真实中却是可以没有的,诸如兔、马、鱼、蛇之角就是这样。所以,言语之真,未必为真。亚里士多德讲,巴门尼德的格言,因为这一点是不能被证明的,即不存在的事物是存在的。② 我们说,至少在语言上,它是存在的。可依有关所述,这在语言上的表达也是不存在的。但关于语言的存在或许是真的,即它可以存在于人的大脑里的,而存在于大脑中,不存在于大脑之外的就是不存在的吗? 显然不是。所以,看似的不存在的事物,也是存在的,这便得到了对巴氏所言的证明。还

---

① 姜丕之:《黑格尔〈小逻辑〉浅释》,上海人民出版社 1981 年版,第 270 页

② 亚里士多德:《形而上学》,李真译,上海人民出版社 2005 年版,第 432 页

有,空无的也是存在,只是人们还不能表达之,只是人们还没有发现它的更多的性质。于是,字面的表达事物,多是一种解释,因它与事物的本身并不是一致的,即字面的只是我与物的一个中介。

124. 在很久以前,希腊人尚没有一个词是用来指称"空间"的,因此他们在那时对空间的认识就少些。后来,尽管海德格尔的东西也有闪光点,但有人说他的思想多是混乱的,他所使用的语言也多是含有歧义的,这应是有根据的。于是,说话就要把理由等说出来,说不出理由根据的就是武断的主张。所以,任何的理论都要有依托,不可搞无源之水,无本之木。但是,对于一个不明白的问题说明它是容易的,若对一个明白的问题把它说不明白时就难了。这里的两个"不明白"均是指已存在着的实际中的某个侧面。因此,任何东西要想成为文本,就必须具有符号、选择、排列以及某人在一定语境中用来传达特定意义的意向等。① 虽然如此,在语言的汪洋大海中,要想凸出一个岛屿来,离开智慧,恐怕还是不行的。

125. 关于智慧,它是为了崇高目的的存在,而进行着的一种有关思想的用语;此时,某些困惑应是可以成为智慧探索的原始动力。这样的话,智慧中的就一定是包含着理解的或是穿透的和超越性的行为了。其中,熟能生巧乃是连接习惯与智慧的中介,人在某一阶段不出智慧,就是对某些背景或某一存在的不熟和不知其巧所致。另外,兴趣的这种生命需要,当是引起重复运动的根源,而重复又可生巧,由巧便可生出智慧的新芽。那么,亚里士多德是怎样搞清楚智慧的性质的呢? 他首先是研究了词源的,继之是搞清对立的,之后是考察历史的,再就是

---

① 格雷西亚:《文本性理论:逻辑与认识论》,汪信砚译,人民出版社 2009年版,第60页

研究纯逻辑的。这似是一条理路。在历史上,海德格尔讲,一切是一,这就是关于智慧的。同样,火焰也是水,由迂回则致正道,均是含有思想智慧的。在研究哲学语言和智慧的过程中,多是要用到逻辑的,故逻辑的也当是我们应学习的。

126. 逻辑的简单说,或许就是可能的。所以,它就必须要与认识论相统一,于是逻辑便成了不断地被协调的产物,即协调是逻辑的基础,而和谐就成了社会存在的前提。在原则上,类比需要实证,因其无有必然性,但逻辑一定具有必然性,此时的必然还具有普遍性。所以,逻辑的又是得以系统的依据。

127. 然而,逻辑的一定是独立的存在,它与时空可以没有关系。同样,李景源先生认为,当问题涉及集体观念时,逻辑就会消失,神秘主义和"互渗律",就会发生作用。[1] 所以,逻辑的当是因果的时间的和个体的,即它与多元的集体无法发生联系。但是,若以 A 为因,直接引出 B 的果,且中间不经过任何的媒介,则这种因果关系仅是一种低级的存在,它只能存在于逻辑的环节之中,便很少具有展开性了。

128. 一般来看,逻辑的多是形式,或说只是一种关系的存在结构。于是,逻辑的结构必是要由某些范畴体系方能成就,不然其他的想法就会产生荒谬了。因此,逻辑的就是当具合理性的,而非理性的也就应是非逻辑的了。当然,非理性的在更广义的范畴上,也应是理性的;理性的在更广义的范畴上,也应是非理性的。这就正如狄尔泰所言,逻辑规律并不构成我们思维的先验条件,[2]可是在思维过程中,它又会沿着逻

---

[1]　李景源:《史前认识研究》,湖南教育出版社 1989 年版,第 20 页

[2]　狄尔泰:《精神科学中历史世界的建构》,安延明译,中国人民大学出版社 2010 年版,第 169 页

辑的轨道运行。虽如此,逻辑的仍是不能再现我们的任何生活,同时自然与逻辑也是要做分割开的。

129. 关于逻辑问题,如它的环节所涉及的矛盾律即不是同一律的,因此就一定要有一个排中律,或称对同一事物,便不能既肯定它,又否定它。这些都是正确的。在当下,很多人喜欢谈矛盾,其实它们只是一种关系,绝对地符合矛盾律的,应是极少见的。有人说,矛盾律是一切分析判断的至上原理,这难免有些夸大之意。因为,万物的存在不可以都是矛盾的和怀有敌意的,在最高层的更应是符合系统的逻辑的,或说是合乎数理的才对。尽管矛盾律与同一律实质上是一而二,二而一的,然其终不能反映逻辑的三段论程序,因为逻辑学的真理是命题与其事物自身的一致,伦理学的真理是命题与心灵情感的一致。① 这样的话,逻辑的命题与事物之间便绝不能再有矛盾可言。

130. 因此,逻辑的就是指向目的的,它是在由原因到结果的过程中,具有合法性的,然若想由结果上溯到原因,则逻辑的存在便有困难。这一点十分重要,可惜无人研究。所以,由过去向我们而来的,即前进着的历史的逻辑是好理解的,但是由我们现在向过去推演,就难办了。于是,逻辑的便绝对不能反映世界的本身全貌,它只能反映语言上的承递关系,说历史的是逻辑的,也只是把历史看做了语言的堆砌物而已。如是之,人们说,历史的就是逻辑的才会有可依循的道理。

131. 夏甄陶先生讲,逻辑的东西是历史的东西的反映,它们是一致的,是历史的东西决定逻辑的东西。② 同样,逻辑的东西乃是客观历

① 哈奇森:《逻辑学、形而上学和人类的社会本性》,强以华译,浙江大学出版社 2010 年版,第 92 页

② 夏甄陶:《认识论引论》,人民出版社 1986 年版,第 334 页

史发展过程的反映—如此等等,在根本上,都是把历史的变成了语言上的材料之反映。因为,逻辑分析的终点必是经验证实中的基本东西,[1]而这些在历史的过去的事实存在中,都做不到。所以,逻辑的只是形式推理,惟有逻各斯才是内容推理,于是就既要有逻辑的形式的合于内容的正确,又要有逻各斯的内容的合于形式的正确。我们言,只宜如此,逻辑的才会有如科学的一般,才能焕发活力。

132. 因为,科学是进步的机器。我们认为,科学的出现应是人类的年龄达到了一定阶段,比如是具有了创见后的产物。同时,科学又当是对理性的说明。其实,凡是由事实来说明的方法,都是含有科学性的。狄尔泰讲,任何一种科学的前进都取决于其元理论和方法论研究的突破,[2]这是正确的;或说现代科学的出现只有通过早期的热情追问和古代的知识,与其概念和原则进行争辩才得以有了可能。[3] 如是之,人们对于科学的源头,就应有了某些清楚的认识。

133. 自然,方向性的东西,又会成为人们未来前进的轨迹,虽说是飞行与跛行均可达到目的,但重要的方法千万不能小觑。尽管科学是从神学中解放出来的,但科学的发展,有人认为总有一天要挤垮原先神学的阵地,也是有道理的,所以科学的看似的便是脱离了神学的。罗素讲,神秘是令人愉快的,但它是非科学的,因为它依赖于无知。[4] 然而,我们的观点则是,要把科学和宗教结合起来才好;只有如此,二者的合

---

① 张志伟:《形而上学的历史演变》,中国人民大学出版社 2010 年版,第239 页
② 狄尔泰:《精神科学引论》第一卷,艾彦译,译林出版社 2012 年版,第14 页
③ 海德格尔:《物的追问:康德关于先验原理的学说》,赵卫国译,上海译文出版社 2010 年版,第 38 页
④ 罗素:《心的分析》,贾可春译,商务印书馆 2010 年版,第 31 页

力方可以指向巨大的未知领域,不然科学的圈子就会太狭小。

134. 这样的话,关于物质世界就可以归于科学去管,关于社会的思想世界就可以归于意识的以及信仰去管。因为,人之起源的问题等,科学是不能做说明的,即科学只研究"有",不能研究"无",①此乃由于科学的功能是藉"果"推出"因"。同样,在当下,用科学还很难理解意识,故以科学谈意识,功效不大。

135. 有学者称,18世纪已走进了精神科学的新时代的门槛。② 很显然,精神科学的方法又是不同于自然科学的方法的。至于文化的当是精神武装了自然之论,这只是初期的文化,后来的文化就是作为了教化的工具的,然此与科学已完全无关。由是观之,所有的方面,便都要有了创新的需要。

136. 创新,贵在首创,这样它就会辐散出许多的新妙趣,当然创新又不仅仅地是要局限于首创之上。于是,旧的便都要逐步地让位于新的,而只能成为一种背景性的存在。然而,此时的爱新与崇古也当是并重的才好。因为,人总是而且只能在批判旧世界中去创造新世界。③同样,人们必须超越客体,在达到了对主体的批判反省之后,那创新的界面或许才会陡然清楚。

137. 还有,空闲是戏剧、运动和文学辞藻产生之母,但同时需要乃

① 莱布尼兹:《单子论》,钱志纯译,五南图书出版股份有限公司2009年版,第14页
② 狄尔泰:《精神科学中历史世界的建构》,安延明译,中国人民大学出版社2010年版,第86页
③ 高清海:《哲学的憧憬——〈形而上学〉的沉思》,吉林大学出版社1993年版,第28页

是发明、发现和循环反省之母。① 也可以说,批判、空闲与需要都是十分重要的。所以,创新与创造就是它们的组合,或是其他的组合。组合需要智慧,然智慧的本身便已具有了超组合的创新性。创新不能在束缚中进行,我们只有在自由的过程中,才会进行创造与被创造,才能进行发现与被发现。然而,一般的推理则不能含有创新的元素,可它却可以产生某些欣喜的精神。我们讲,未能分化的存在,多是那些落后的原点。但是,只要有充分的时间就会有变化,只要有广袤的空间就会容纳所有变化后的东西。此时,变化的仍是联系的,变化的一方面或许要走向没落,一方面也可能要走向发展。于是,所有的束缚都会随着时间而解体,这就如同瓦解的就是解构的一样。

138. 因此,创造性的就是在摆脱了某种束缚后的激动。在方法上,自上而下的多是含有分解性的,自下而上的便是多含有归纳性的。如此一来,在复杂的情况面前,寻求有序,进而就可以找到规律。在有的地方,消极的也是可以产生积极的存在;有时落后,也可以看作是为超越所做的准备,且相互排斥后的转向,或许都能产生新的力量。以不平常的手段,创造的也可以试一下非理性的领域中的那些有惊异思想的地方。总之,为了创造,就要使自己肆无忌惮些才好。

139. 鉴于新存在多会引致新张力,创造便可以在无节制的奇特的夸大之中来实现。自然,也可以利用冲动的本能的来进行,尽管冲动只有瞬间性,但若将之放大,里面仍是美妙无穷。还有,在危险之中,或许也能激发出创新的事情来。同时,还要认识到,任何的根源性的东西,

---

① 杜威:《经验与自然》,傅统先译,中国人民大学出版社 2011 年版,第 91 页

又都会可成为具有支配力的能发展起来的关键性的锁钥。当然,"去在"也是重新获得立足点的手段,只有"去在"才可为追问,为超越获得未来。因为,具有最初的唤醒作用的追问,才是具有极大意义的,而其本身就是具有创造性的,且超越者必为新。

140. 可见,会学习,善集成,能超越,敢再造,均会推动创新。同时,能与他者交流、探索的也是为了向着创新的目的去的。于是,创新就是用文化的方法与科学的技术来联系过去、当下与未来和奇妙自然而获得的。在此期间,对于任何的发现,先不要质疑,应先推演,待发展起来再审势,然后在检验,因为所有的在开端上的质疑都是不能前进的。故此,为了完成目的而与方法的协调的实现,乃是人类的一个大进步。这时,纯粹的东西,便不包含有任何的感性的存在了。所以,只有达于本真的才会是创新的胜利,否则即是衰败。

141. 很显见,从实践到理论,再到实践,再推进理论,这一思想方法的形成,也是表达了人类的一个进步。因为,要想获得历史的进步,即从残酷的自然中解放出来,从肉身的束缚中解放出来,从落后的思想中解放出来,惟有在反复的实践创新和新理论的形成中,才可达到一个最高的解放状态。所以,为了实现人类的最高程度上的解放,便是需要一个个的通过进步过程的。其中,创新乃是摆脱落后世界的最大的具有革命性的存在。于是,我们郑重地讲,为社会创造更好地利于人类发展的先进主张,即创造最先进思想,首先要成为国家战略。进而,它就要联系到了政府和政权的问题。

142. 从事实上看,政府不仅对创新具有推动作用,对各方面的存在,它都是具有张弛力的。倘若政府能助力于最先进思想的形成,将会造福人民千万代,这是其一;其二,政府于政治上的最高的善就是要实现永久和平,虽然政府有时的恶,也会为人们行善创造条件,但我们仍希望政府的善当与人民的善相统一,才是最为美妙的。这样的话,政府就不能做奸人之雄,也不可剑走偏锋,因此就要给政府以合适的尺度来约束,就要给强权以合适的尺度来约束。但是,政府的拥有最高权力和拥有一切权力又不是一回事。所以,我们既要重视对政府的关注,还要倡导对亿万民众的道德建设。

143. 在开始,道德的最初处,仅是存在于子女们与父母的情感里面的,此时的良心又在道德之前,即由良心再产生道德;然而,责任等又是在道德之后的,因为由道德才产生了责任。所以,良心→道德→责任是一条路线。可是,责任的另一起源又是自律的,故道德与自律在责任的问题上又是相互回含的。可见,在道德之中,当是有一个严格的自律的存在的。所以,良心就要履行对道德的稽查,①而坚持道德恰是坚持了对非道德的严厉惩罚。于是,道德的力量一定强于物质的力量,这主要是反映在时间的长久性上。

144. 康德讲,道德上的人格性,就是一个理性存在者在道德法则之下的自由,②这是一个高尚的自由。虽然如此,人格的存在也不可以取代德性,也不能脱离理性之光和上帝之爱,否则便不能过上成圣的生活。因为,德行就是以本性为是的东西。或说,道德性当是义务与动机的一致,而合法性只是行为与法则的一致;如是之,道德就是理性的主观之具有了当然的真实性的。

145. 尽管义务的是属伦理学的,而非义务的立法是国家强制的,

---

① 弗洛伊德:《自我与本我》,林尘译,上海译文出版社 2011 年版,第 228 页

② 《康德著作全集·第六卷·道德形而上学》,李秋零译,中国人民大学出版社 2007 年版,第 231 页

某些诱惑的是含有邀请性的,以及罪恶是相对于神法来言的,犯法是相对于民法的事,和道德的是相对于舆论法的事,但任何的复仇又都是一个新的违法,人们不宜宣传复仇的思想;且所谓的爱也既要合世俗规矩,更要合当下之法,不能以爱的名义去从事悖理的疯狂。因为,低级的那些"爱"的本能总要惹是招非的。

146. 所以,道德论的最高原则就是,按照一个同时可以被视为普遍法则的准则行动,即道德的要依普遍的法则。再向上一步,则道德神学就是至善的神学了。虽然宗教的信仰会贬低道德,但升腾起信仰的存在仍在于道德,离开了道德的信仰是恶的。因此,道德的应以"善"为起点,应以"至善"为崇高,应以信仰为同胞,信仰亦应以有道德而自豪。这样,人生的幸福就必须要以至善统一在一起,而且行这种善又是从快乐开始的。于是,道德的便是愉娱的,便是理智的,又是目的的。研究好道德,似乎也有到达真理的神圣之路。

147. 孔狄亚克讲,为了在最完美的顺序下来阐述真理,必须注意这样的条理,即顺着这种条理,能够自然而然地发现真理。因为教育别人的最好方法,莫过于通过人们用以自我教育的途径来引导他人,[1]这是正确的。所以,陈述才是真理发生的地点与场所。[2] 如此一来,即使在荒谬的虚幻中或许也是存在着真理的。当然,真理的一定又是要在它的自身中的确实运动时,才可为真的。此时的真理就是对物的衡量,或说真理的就是在物上面的衡量与诸物的相符合。同样,真理就在于,谓词与主词相符合,并在句子中作为符合的词而被确定和言说。这样

---

① 孔狄亚克:《人类知识起源论》,洪洁求译,商务印书馆 2010 年版,第 306 页

② 海德格尔:《物的追问:康德关于先验原理的学说》,赵卫国译,上海译文出版社 2010 年版,第 33 页

的话,按照传统概念,真理就是使思想和物的相统一了。

148. 另外,真理又是需要从概念中来抽象而出的;如是之,真理的就是要人来同意的了。因此,真理是全体,①所谓大多数的便不能成为真理,即绝对真理就是无需真理来标明的真理。然而,真理又是具有转移性的,如儿时的真发展到了成年人的真就这样,只是转移后的真理,更加地具有了实在性。比如,当下的真理,就多是科学的了。

149. 可是,把解释学当作获得真理的一种方法,乃是从狄尔泰发源的。在这其中,只有先行地否定掉自身的内容和意义时,真理的实核才会显明。所以,真理就是可以经受住无数次的否定,但仍能成立或存在的东西。可见,真理就不是某种具有代表性的存在了,②故有关的可代表的东西,便不是具有真理性的。有哲学家讲,真理的本质揭示自身为自由。自由乃是绽出的、解蔽着的让存在者存在。③ 可见,此人之说已接近于本质了。因此,无论如何,真理的必须要得到证明,才可成为真理,这应是不用怀疑的。

150. 然后,我们说,关于检验真理的标准当是主体的利益,它的途径当是在实践过程中经由趋利避害来完成的—思想,是最正确的。在此,真理就是对生命的适应,适应生命的就是真理,不适应生命的就不是真理。这时,真理就是意识的陈述与生命需要的事实基于相合的正确的凝定,否则真理便没有历史的延续性。但是,在历史手中的真理,与当下又是无关的。鉴于真理的都是可以成为历史的,理性的就是合法的,所以合法性就只有在合客观性与合现实性中,才能具有真理性。

---

① 黑格尔:《精神现象学》上卷,贺麟译,商务印书馆 2010 年版,第 13 页
② 狄尔泰:《精神科学引论》第一卷,艾彦译,译林出版社 2012 年版,第 193 页
③ 《海德格尔存在哲学》,孙周兴译,九州出版社 2004 年版,第 97 页

不然,合法性之说就是空穴来风。搞不好,它还会与荒谬结盟。

151. 虽然,荒谬与天才,亦是手足弟兄,且荒谬与荒谬的结合,也并不一定就会成为荒谬之种,而荒谬的来源也是属于痛苦的,以及它是在热烈的无结果的争论中产生的;但是,谬误比无知,比谎称真理更可怕,它的破坏力具有四面出击性。故抑止荒谬,让人们走向有存在价值的坦途,才是正路。

152. 杜威讲,价值就是价值,它们是直接具有一定内在性质的东西,①这就是抽掉了外在的现象说的。所以,价值的一定就是有利的和有用性的结合。当然,那些差异的得以显示的本身,也是一种价值。此时,价值就是以目的为根据才存在的,关于它的终极目的,也就是目的的目的,只有为了价值的目的,它才能成为手段的动机,没有价值的东西,不会引起人们的兴趣。另外,适用于制作与使用的标准,也被人们称为价值,这是容易理解的。所以,价值一旦形成,便会由于自己与生活的联系而成为一种生产力,②这当是千真万确的。

153. 上述者,均是属于纯粹哲学的范畴,我们已进行了不厌其烦的阐说。接着,我们就要在哲学与性质学的交集地带展开,并要历史性地来完成——哲学的当归于性质学的最后转向——这一艰巨任务。其中,可分为两个脉络,但目标都是一致的。

154. 关于第一脉络,我们说,形而上学的原意是在物理学之后,以超感性、非经验的东西为研究对象。同时,在有形体的东西之上的,凭感官不能感知的东西,又可叫作"道"。于是,严复就把"物理学之后"

---

① 杜威:《经验与自然》,傅统先译,中国人民大学出版社 2011 年版,第289 页

② 狄尔泰:《精神科学中历史世界的建构》,安延明译,中国人民大学出版社 2010 年版,第 221 页

译为"形而上学",此间的形而上学,也就是哲学本体论的意思。这样,以"物理学"的为形,以其"之后"的为上,才始有形上学。此前,柏拉图曾认为,哲学的理念不过是一种模式,而且作为这种模式也能起标准作用。可见,哲学的由理念而模式,便一定要有"形"学之意了。然而,第一的智慧的神学的也属形而上学,或说上学就是在神那里了,而智慧的仅是通往神学的管道,第一的便为形的最主要的方面了。

155. 从历史上看,哲学是较宗教行为而晚生的,但它却是为了寻求认知事物本质的,因此其"上学"的目的也就明显了。可是,观康德的东西,他的本体一说,既不是实体也不是本质,只是一个关于理性的缕述,且其讲的自然存在只是现象。如是之,康德的现象和本体就是欲使外在的形呈理性化的;其实,这是没有任何意义的。海德格尔讲,逻辑是真理的绝对形式,尤其是纯粹真理的本身;因为之前,黑格尔已经把《形而上学》称为《逻辑》或称为真理了。可见,逻辑的也是形学的。虽然,逻辑是学院教师的一种发明,而不是哲学家的发明,但哲学家还是要常用的。

156. 在《形而上学》一书中,亚里士多德讲,铜球一部分是质料(铜),一部分是形式(球),这时它的形式是不可分的,若球的分开就不是圆了,但质料是可以分的。故形式是存在于质料的外在上面的,可见形式的形没有主动性。鉴于形上学就是对实在的本质、构成和结构的最一般的哲学研究,则本质的便是在它的存在物里面的或是成分构成或是某种它的内在结构的。因此,我们发现,形上之路就当是通过后验的来超越到先验之前的存在。比如,人的获得 H_2O 的这种后验者,就已超越了关于水的所有的先天的存在了。所以,沿这一路径才是可以真正地能由形而向上的。上,在 H_2O 处;形,只是水的三态。这就是一种新的形上说。

157. 于是,尽管"水是 H_2O",不是被先验地知道的,但水是 H_2O 却是形而上的必然的。[①] 我们讲,这一段话,对哲学的未来会有比天还大的意义。因为,它可以延伸到其他的物中去,比如氢气等。上述是事实,然在表达上,如果一个陈述是形上的必然为真,但却是后验地为我们所知,此事看起来像是颠倒为之的,所以这些便需要一个有力的解释;如此言是有道理的。

158. 关于解释是需要人来完成的,对问题的回答也是这样。比如,有人讲,何以有世界的存在?哲学家就可以回答说,那是因为有我们的存在呀!于是,他们又讲,这个问题有答案吗?哲学家回答说,当然有。这是由于世界因我们而存在,我们也因世界而存在,且世界和我们又皆因人的意识而存在,即我们和世界的存在均是由于人的意识存在及其能感知存在而存在的。那么,这个答案是否会涉及某个必然的存在者呢?我们言,根据人的意识乃是源于内外在的灵动的结果,或说它的内外在的灵动的存在必是要具有某种先天性的,且先天的与我们肉身相联系的又是要依赖于人的意识的感知的,所以只要人们抓住了意识这条向上的引线,大家就终会进入到先天的存在那里去。先天的本质是在我们之前的,我们这些后在的一切皆从先天来,故先天的在就是相对于我们的必然的存在者。同样,我们与世界又是共在的,即我们与世界又当是统有一个先在的必然的存在者的,这是不用存疑的。

159. 在回答了前面的问题后,我们将先由数学来嵌进哲学与性质学。因为,数学家总是聪明地能把困难加以分解。莫里兹曾讲,如果既

---

① 罗伯特·奥迪:《剑桥哲学辞典》,台北市猫头鹰出版社 2002 年版

无哲学又无数学,则就不能认识任何事物。哲学高于数学,数学是朴素的哲学。同时,数学是无形物。① 可见,数学的存在恰是反映了人的某种哲学性质。虽然,数学也不只是逻辑,这是因为它具有比逻辑更为宽泛的研究对象和范畴,于是要把文章表达得像数学一样具有它的合理结构时,就一定是又会符合逻辑的,其中的文字排演就相当于是数学的运算,或是相当于逻辑的推断了。后来,几何学的被从其相关的性质中抽象出来,就如同哲学的也是从有些相关的性质中抽象出来的是一样的。总之,现在的哲学与性质学已走到了一起。

160. 李培湘先生讲:"反思,直译应做'后思',意即反复思索,反省回溯的思维"。② 我们言,这样的反思当是可深入到形上和性质中去的重要方法之一。因此,要想获得对象的真实内在的性质,我们必须要对它进行反思。反思,又可译作"反映",意即为对应面的相互映象。当然,这里面亦有引申的作用。由是观之,深刻的反思只要逾越了过程,尖锐的批判只要抛弃了现象,那么关于它们的再认识,就应是能指向性质的了,或说只宜在性质基础上的不断有新认识,方可趋于本质。

161. 于是,假如在形而上学中我们给自己一个命令,即"每一个形容词都需要一个它的独立存在的实体",那么我们就会避免常受的错误的诱惑。③ 这样的话,每一个存在的实体便至少是要对应着一个独立的性质。同时,每一个性质或多个性质又都是必要对应着某一本质

① 莫里兹:《数学的本性》,朱剑英译,大连理工大学出版社 2008 年版,第 21 页
② 李培湘:《人的本质·素质·素质教育》,四川人民出版社 2001 年版,第 304 页
③ 哈奇森:《逻辑学、形而上学和人类的社会本性》,强以华译,浙江大学出版社 2010 年版

的。因此,任何的一个存在实体,便会有一个对应着其性质的本质。只有如此,由"形"而见本质的"上",才会清晰。

162. 所以,研究形上便是为了达到一个最高点。在性质哲学里,我们看似的所有的从现在的指向过去的东西,都是以某一个问题的存在,如本质等为原点,以今天人们所勘出的新观念、新发现,来先期地置于这些原点以前,或先期地置于与这些原点处在同时的共存的程度上,方可再进行推理,而不是所谓的经由逆反的一路向我们的过去走着的。比如,我们今天说性质问题,就是把性质的置于与本质的共在的与生俱来的程度里面来言讲的。同时,我们也可以把过去的原点置于今日的当下,则之前的东西,也就正好用做可为推理的存在了。总之,我们做任何推理,都要把推理的过程先置于所要讨论的问题即它的原点以前,方是妥当的。其方法之一,就是前置条件;其方法之二,就是要把问题的原点后移。这些都是十分重要的。当然,顿悟的存在可以除外。

163. 下面讲的,就多是形上的必要导向和归于性质的文字。因为,托马斯·阿奎那说,形而上学……定义为,研究存在之为存在以及存在自在自为性质的科学。① 简言之,形上学就是研究性质寻求本质的科学。所以,首先的研究性质,一定是属于哲学的。也可以说,对于某事某物所包含的相关性质的存在,一旦经抽象而有理论出现时,它就可以立即成为哲学。

164. 很显然,第一哲学就是研究"本体"自身的性质、原理和原因的一般学说。② 其实,这里的原理或原因又都是在性质基础之上的有

---

① 托马斯·阿奎那:《亚里士多德十讲》,苏隆译,中国言实出版社 2003年版,第44页

② 高清海:《哲学的憧憬——〈形而上学〉的沉思》,吉林大学出版社1993年版,第43页

关性质的趋于更深层次的集成,所以探求"本体"的核心要旨,归根到底,首要的东西是离不开性质。另外,本性(实在)、真理和哲学又是联系在一起的,用本性去发现真理,用真理来表述本性,用哲学来说本性是某种原因,则真理就是指本性与本质的相符合了。于是,高清海先生讲,必须把哲学中不同派别、体系、观点的对立和冲突看作为整体本质的表现。① 因为,那些都属本质所溢出的性质。这样一来,形上的就必要倾心于性质,同时也要知道,在结构之中的亦是含有性质。所以,只要把性质的问题理清了,则本质便可以自然呈现。

165. 有大思想家称,形而上学……是属于提炼问题性质的。同时,形而上学也要克服片面性,克服片面性的问题,仍属提炼性质的问题。因此,关于哲学的思辨就应该上升到性质的领域,而进行更好地协调即可。思辨有理,不如协调有利。于是,形而上学就是沿着思维的性质和性质的思维而生成着的。或说哲学的关于形上的性质说,就当更优于脱离主要性质的辩证的某些东西,而且原因、实体、智慧、种属、基质等都是研究哲学必须要解决的问题,且解决这些只有通过性质学才能完成。很显见,形上所表达的现实的存在就是性质。所以,哲学的乃是属于它的所有的性质的,即哲学的就是关于性质的学说。

166. 我们讲,性而上学中的性,就是性质的性,就是天所命的性。天所命就是天所赋予的意思。其实,这里的性就是性质。在历史上,哲学的曾转向语言,说到底它乃是为哲学的要归于性质学理论所做的一种准备,只是人们尚未意识到而已。因为,认识论的转向和语言学的转向都是未能出性质学的范畴。克里普克曾言,先验的是一个认识论概

---

① 高清海:《哲学的憧憬——〈形而上学〉的沉思》,吉林大学出版社1993年版,第21页

念,必然的是一个形而上学概念,①而性质的存在无不是先验的,也无不是必然的。虽然,感性在认得或认识,理性则在懂得和理解,但是这些又都是要围绕着性质来展开的;否则的话,人们就会无从认得,也就无从理解了。

167. 比如,不合时宜的,就是在性质上似乎已经过时了。然而,超时间的东西,又会拥有它自己的时间,哲学也是如此。② 一般来讲,形者为下,性质才是奇葩,本质当是居上的,在它的里面,是含有"上学"的内容。我们的观点是,形上学要以性质—本质为认识对象,其前提就是要去与形有关的现象。

168. 当然,形上的存在还需要逻辑,我们的形上逻辑是,1)去形(现象),2)发现性质,3)由性质而直趋本质。因为,本体论研究的是存在问题,这就是它们应具有什么性质的问题。③ 同样,存在当为"是",即存在的表达只能是性质,或说惟存在决定本质,所以完全可以从存在、是、在等本身的联系中,找出对本质的解释。可见,这个存在的由性质到本质的意义乃是十分巨大的。

169. 非常明显,存在虽要以"是"或"这是"来确定,但更应以其所具有的性质来肯定之,没有性质的肯定,即使"是",也一定"不是",即它的所谓的存在实际上为不存在;这就好比说,空气是纸一样,空气能是一张纸吗?肯定不是。此即言,它们彼此之间是没有任何的可由之相关的性质来做肯定的东西。所以,存在的存在仍在自己的存在之中。

---

① 克里普克:《命名与必然性》,梅文译,上海译文出版社 2005 年版,第 10 页

② 海德格尔:《形而上学导论》,熊伟译,商务印书馆 1996 年版,第 10 页

③ 胡泽洪:《逻辑的哲学反思》,中央编译出版社 2004 年版,第 52 页

于是,要给存在下定义,主要是看性质。这个性质定下来了,则其定义也就解决了。因为,存在的或它的表达一定是性质,而性质的指向就是本质了。至于质料等,其虽在却不可言说,故略去。这样一来,关于存在的存在之说,就是既表性质,又表本质的。其中,第一个存在是性质,性质的存在之根由便是本质了,这就是第二个存在。

170. 如上述,所有的存在,都是以性质为存在的,关于这些存在的本质,就是存在的存在了。故,任何的存在一旦离开了性质,便不是我们所能理解的存在。目前,研究存在的存在即研究本质,尚未形成一种学风,且研究这一本质所涉及的性质,更是未能被人们所认识。所以,当今的哲学之研究性质就是最为重要的。有人说,实体不实;我们言,它只有与性质共存时,才是确定的与实在的。同时,只有这种确定的与实在的方可称为"有",方可称为"是",方可为"是"之后的存在。因此,这样的确定的与实在的便要通过"是"来表示自己的性质,此就是类似于汉语的主谓宾结构了。没有这个结构的表达,任何的存在均不可实现。

171. 再有,存在、存在性质与本质乃是共在的,在它们之间是绝没有先后之分的。接着,又有人提问讲,形而上学是否可能呢?哲学家回答道,一定是可能的,但要去形而上,上的主题是不会变的。向上去的路线当是循性质才可得到的。这就是说,若欲通过存在来表达现实的终极者,其所依据的就当是用性质来表达本质的。于是,第一哲学就是研究存在的本身及其固有的诸多属性;这二者合起来,也即为本质和它所辐射出的性质。

172. 亚里士多德讲,倘宇宙为一整体(完物),本体就是这整体的第一部分;倘这整体只是各部分的串联,本体便当在序次上为第一,其次为质,继之为量。① 本文的本体就是本质,其中的质,在有些译本上则为性质,故此间的质与性质又是相通为一的。可见,亚氏是以本体表本质的,而以质来表性质。我们说,亚氏的本体与质和性而上学中的本质与性质当是同一的概念。因此,形上是研究终极真理、终极实在和根本性质的;在这里,真理、实在或性质又应是具有同一性的,它们都是指向本质的,所以穷尽了真理,找到了终极实在,也就找到了本质。但在方法上,又该如何穷尽真理和找到终极的实在呢?从前的学者均未以回答。我们说,只有从性质之路找到根本性质的寄寓者,才是可行的。

173. 通过研究性质而获得本质,具有极重要的意义。比如,东方人和西方人在信息交流和转换的过程中,当是要有一个共同的法则才好,这样做就会少出歧义。因为,对于水,有人说是甘霖,有人却认为是烈火,如是就难统一。所以,只有通过形上之法使其在更高的层面上完成统一,才会有共同基础,做起事来,方能相互理解。在过去,由于哲学是同原始宗教神话相对立的,它自有积极性的一面;可是,在未来,哲学若欲获得更大的发展,如能用神学来牵引一下的话,也未必不可,这是我们的一个思想。此外,从前的德谟克利特言原子论,柏拉图谈理念论,亚里士多德却把哲学变成了理论形态;在目前,我们则将这一切都归于了性质学,当是人类的一个大发现。

174. 所以,哲学乃是一棵树,它是在形而上的过程中的逐渐长成,其存在的根据就是性质物 + 性质 + 本质的共同作用。可见,人类的一切都是关于形而上的,形而上就是发展,就是在发展过程中的追求本质。首先,就是哲学的当通过性质来追求终极实在(本体论)的绝对本

---

① 亚里士多德:《形而上学》,吴寿彭译,商务印书馆 1959 年版,第 237 页

质,当通过性质来追求终极真理(认识论)的绝对本质,当通过性质来追求终极价值(价值论)的绝对本质,当通过性质来追求终极目的(目的论)的绝对本质;不如此,就算不上哲学。然而,我们亦当清醒地认识到,那些未纯粹的形而上学,又是有着绵延了多少年来的许多错误的,比如亚里士多德认为,物体下落的快慢是由它们的重量所决定的一样。因此,真正的向着本质而去的就只能是性而上学,这时的哲学之若不归于性质学,它便没有自己的得以苟喘生命的休憩地了;此前的表达多是为了证明这个观点的。

175. 关于第二脉络,陈来先生讲,天所赋予人的则为"性"。《中庸》说,天命之谓性。性是天所"命",即天赋的,亦即生而自然具有的。同时,他又说,形而上者谓之性,形而下者谓之物。① 由形而上者谓之性可知,这乃是由形至性质的进步。于是,形而上者谓之性质为一,性而上者谓之本质为二,由本质而上者谓之先天为三。如此一来,由形到性质到本质到先天的理路,便得以通达起来了。因此,由于形而上者谓之性,则性而上学就是关于形而上之上的学问了。

176. 所以,形而上就是由形的或相的现象而欲深入至上的学问,它是由形的希望到达本质的存在,而关于性质的哲学就是由性质而达于本质的学问,在此期间可以是去掉形的,但在文字的推演中,仍可以把形作为引入的部分来讲一点点。自然,逻辑的所有问题都是由形名造成的,因为它不能涉及本质的内核上去,故不反映本质,其看似的合理的,都是形—现象的,形—现象的合理性没有本质意义。但是,逻辑于形名上,至少在文章里面是需要的,而哲学的于性质上的反向追溯至

---

① 陈来:《宋明理学》,生活·读书·新知三联书店 2011 年版,第 166 页

根本的即由性而上的存在,则是性而上学的事情。

177. 列宁指出,不应该是历史符合逻辑,而应该是逻辑符合历史。① 我们言,这和我们的有关思想是一致的。因此,逻辑就必须要符合由形而上的归于性而上学的历史路线。于是,我们之所以要由性而上,就是要为形而上和形而下者成就一个指南,或说我们的性质哲学的方法就是由形到性,由性到上,是一条去形的以性质而直达本质的法则,它可以分为非生物的和生物的两类,其间它们各自所遵循的轨迹是不同的。故,只有沿着性质运动的才是可溯源的向上的发展。所以,正本清源,就是性上之学便要研究性质,或言只有经由性质才能通达于本质。因为,形而上学研究的仅是形式;②鉴于此,形—而上就一定要转变为性—而上,这乃是人类发展到当今的阶段所必需的。

178. 众所周知,婴儿的认识是从物形开始的。后来走出了以物形为准的认识,从"形"走到"意"。……严格地说来,所谓的感官认识止于婴儿的认识,到了儿童时代,感官认识已不可分地渗入了理性认识。从形变成意中间,有了抽象、质的分辨,孤立物体的运动,还可加上一系列审美的意的活动,意念是这些活动的总称。③ 如此,就是认识的由形为始,然后又要去形的必然过程。本文的"从形走到意",离进入到性质中来观察,已是不远了。如此一来,对于所有的物就都要去形,或说形而上学化已经不可能。所以,只有以物的性质才能表达物,才能深入物,才能进入哲学的为了本质的体系,不然苑囿于形没有意义。因此,由性而上的必要走向超验的和先天的,这是一个步入到神圣世界的去

---

① 王东京:《中共中央党校老讲稿选编》,2010年版,第108页
② 王东京:《中共中央党校老讲稿选编》,2010年版,第73页
③ 刘烈:《神经病论:兼论以弗洛伊德为代表的心理治疗》,中国国际广播出版社2011年版,第228页

处,而通过以往的形—而上,万万达不到。

179. 虽然,理念的、经验的、直观的、辩证的、本体的和认识之统一的都是向着形上而去的,但惟有形上的与性质的能相合于一体,即在形上的架构中来表现的必为性质的时候,形上的才会有些性质学的作用。因此,性质的形上就是去形而上,在方法论里面就是要沿性质的阶梯来寻本质。可见,哲学的共通的基础,即为事物的性质,①这是十分重要的。

180. 我们说,迄今为止,所有的具有先贤性的形而上学家们,都未能在指导思想上,给世人找到一个由形而可向上去的路径方法。于是,哲学的已走向衰微,所以我们必须要拯救。当然,形而上学是贵在于"上",而不在于"形"的。过去的人们跳不出形,也找不到上,只能在形而上学的圈子里见形捕影,即使找到了影,也不知道"上"在哪里。"上"既是一种方法,也是一种指向。方法就是循性质,指向就是那本质,前提就是要去形,即去现象。只有如此,无他。去现象之形,循性质,找本质就是今日之形而上学的真谛。所以,海德格尔认为,必须从非存在—神—学之思重返形而上学的本质之中,以克服现代西方技术形而上学的统治。② 因为,在技术的层面上,它更是着重于质料之形的。可见,形而上就似是在现象之上,现象只是形,"上"则应是在否定了形之后的关于物自身的本质。但是,经过了对几千年来的形而上学的纵横两个维度的考察研究,人们在形与上之间,竟没发现有半点的联系,尽是风马牛的东西。

────────────

① 培根:《新工具》,许宝骙译,商务印书馆 2010 年版,第 57 页
② 张志伟:《形而上学的历史演变》,中国人民大学出版社 2010 年版,第289 页

181. 于是,我们的性质哲学就要重建形上,就要用他者的物的性质和我们的精神的性质来表明性上的即是当追求本质。此时的形而上学就可以在各个方向上成立,它不只局限在伦理学里面,形上已是一种人们所追求的类如婴儿的由形的认识开始的,却能向上走去的方法。然而,历史证明,要成就伟大的哲学事件,不从形而上学中新生出性而上学,又是绝难办到的。因为,形而上学搞了几百代人,仍没有鲜活的成绩。这就要求所有的哲学问题都当是要归于性质和性质关系的以及它们的出于本质的学说。

182. 有学者讲,西方哲学形而上学问题的历史演变大致走过了一条从存在到认识而到语言的过程。① 由存在到认识到语言的形上史是在由古代的"存在是什么",到近代的"我们能够认识什么"而完成了认识论的转向;在现代则由海德格尔的"遗忘的存在"走向了语言哲学,这就完成了语言的转向。所以,形上史就是由两个转向而完成的三个阶段组成。于是,我们就要逆存在—认识—语言而动,通过语言→认识→存在来寻求本质。因为,认识离不开语言,本质离不开认识,故由语言经认识而达本质,乃是一条不可被推翻的道路。在这样的背景下,若再思形而上学,它就必是能追求本质的学说,此时它当以语言为形,为第一存在,经以认识到的性质为渡具,则"上"就是存在的存在。不然的话,用从前的形上说,仍是不能知道本质的。

183. 在过去,经验的形成,也不只是仅依知觉的,而是经形—而上,才得以形成,即其只成为知识。知识满天下,本质却是寥寥无几的。所以,当今的形而上学就应由性质来奠基。尽管哲学是通过概念的理

—————————

① 张志伟:《形而上学的历史演变》,中国人民大学出版社 2010 年版,第 21 页

性认识来完成的,而不是通过概念的构造来完成,即认识的过程是由认形到识记于心的,然此仍是属于认识的低级阶段。我们言,认识的较高级阶段的就是认识性质,之后才有形上的一定是关于先天的存在问题,即由形—而上达于本质再进展到先天中去。因此,从形上到性上,第一要上到本质,第二就要上到先天的里面去。

184. 关于哲学的方法问题,在原则上,第一采取分析的从普通知识到最高原则的途径,第二采取综合的对这一途径的检验,并由源头再返回到普通知识。所以,第一的就是由形—而上的,第二的就是检验和实践的。至于经验性的哲学,在形而上的体系中,就相当于"形"的阶段;纯粹的哲学在形而上的体系中,就相当于是去形—而上的阶段。因此,形而上学就要从追溯其所涉及的概念之源而达成求得一个总的原因,其实它完全可以通过对有关的性质进行总的追溯,于是就可以得出超越原因的存在。所以,我们说,凡是完成了超越的,就是已达形而上学里的"上"的东西。

185. 可见,由"形—而上—必有'上学'",似是无有疑问的。但在"上"的过程中,必须要去"形",否则上去的仍是"形";如是之,"上学"便不能成立。由"形—而上—必有'上学'"的说法是沿着古老的形而上学的语境和语义来展开的。然而,根据事实看,"形"的东西早已被人们批判掉了。我们的真实表达,应是由"性—而上—必有'上学'",即为性而上学的意思,这里的性是指性质。性而上学就是通过性质而求得本质的学说。故,性而上学理论,便可以开一代学风,即它所涉及的哲学必将是全新的。

186. 海德格尔讲,形而上学从在者出发又归结到在者上去。形而上学不是从在出发进入在的敞开境界之可问处去。因为"在"的含义与概念都有最高的普遍性,"形—而上—学"作为起较近的规定作用的"形学"就再也高不上去了。于是,它只有这条路可走:撇开普遍者而归附特殊的在者。这样一来,"在"的概念之空洞也被填满了,也就是由在者来填满的。① 此间是讲,"形学"必要归于性质学,只是海氏未能清晰它的内容而已;—这些都是十分重要的,其乃是由"形学"导入进性质学的关键所在。至此,通过上面的两个脉络的内容,哲学的归于性质学的最后转向便可宣告完成。

187. 于是,由来性质的来直取本质的路,便已日渐清楚。尽管在这一行程中,还有许多的联系点,仍需我们要再予某些关注。

188. 比如,关于性质的学说一定是属于科学的,或说科学的所有进步都是沿着性质来展开的,只不过从前的人们在认识上,还不能有此明白的观点。虽然,科学的源头既是出自于心灵的性质的,亦是出自于事物的性质的;但是,科学所研究的(毕竟都)是事物的性质。②

189. 另外,事物的存在乃是一种由事而涉物的关系,人们多以事物一语来模糊物和事这两个东西。其实,只有物的存在,事才可发生,反之也是一样的。因此,事物必须要和性质相联系才会有意义,或说它是不能独立于性质之外。于是,每一具体物的性质便都是殊相,但从众多的殊相中,也可以得到共相;这就如铜铁铝的导电性都是它们各自的殊性,但所有的导电性又都是金属的共相是一样的。那么,事物的客观存在又是什么? 我们讲,由于物的质料无法言说,且事件的关系等亦是有关性质的,故事物的客观存在,就只能是性质无疑。所以,事物的构成便包含为,性质物、性质和本质这三部分。

----

① 海德格尔:《形而上学导论》,熊伟译,商务印书馆 1996 年版,第 86 页
② 罗光:《生命哲学》,台湾学生书局 民国 74 年版,第 15 页

190. 还有,我们已知道亚里士多德之本体的主要意义就是本质,然而它的之所以为这样,又是由什么来决定的呢?这就是关于本质的出处问题了。亚氏若认为本质的只是外在的形式,就是荒谬的。因为,本体中的关系描述了概念与概念之间或者属性与属性之间的关系,① 这就奠定了本质的逸出的性质的方方面面的存在基础。虽说关系是比较居后的观念,可关系的存在仍是要属于性质的体系。所以,本体的性质恰是认识的中枢机要无疑。同样,本质的之所以为这样,也恰是可以由性质来反向地能推出的,这是很容易的。

191. 一般来讲,实体是存在,本质是存在的存在。实体是靠质料来充实形体的性质物,性质是它的精脉,本质则是性质的终极的寄寓者。亚氏认为,实体有四个对象,即本质、一般、种和基质。关于基质,有人说是质料似是可以的;说本质是实体的对象,只有当实体直指向性质的终极的存在时,才是可以的。所以,只有本质通过性质才能定义实体,但若说实体就是本质,则显然不当。然而,实质的当是指实体之质料而言的,此为其一;其二,实质又是实际的真实的存在之质,此间的质当是事物的基础,或说就是直接与某事物为一的东西。

192. 至于质料,它便是性质的普遍的可存身的承载之体,但能表达它的只有性质。这就如同人们更看重的是对方的能力,而不是对方的肉身是一样的。所以,质料的是内嵌着性质的,因此质料便可以遮蔽性质。如,人们多见质料,少见性质;多见物,少见理;多见人,少见性。于是,在关系问题上的存在,就必是性质的相互勾连。当然,质料和物质在有时又可以是同一个词,或说质料的既可以是纯粹的物质,也可以

① 连莉:《本体中非分类关系的理论体系研究》,山东大学博士论文 2010 年

是表达需要上的质料。如是之,质料的就要起持续存在的作用。

193. 有人说,具有性状的,即可同时来表达性与状态的结合的存在就是质料,这是欠周密的。因为,短时的静态可称为状态,动态的就是变化的了,但性质与状态的又多是无关的。按性质的与质料的胶合的办法,性质便不能显出,此时由性质又怎么能达到本质呢? 所以,在性质与本质的阐说中间,一定要去掉质料。只有去掉了质料,性质的网才会明晰。为此,亚氏认为,说塌鼻有一个本质是荒谬的,因为它是把塌鼻的质料与性质相混合了。所以,我们说,亚里士多德的观点是对的。

194. 这样一来,所有的存在便都是只与性质相联系的,且存在的来源也可以从性质中得到体现,即凡是存在的只能用性质来表示它的内在,或说一个存在只要它的性质还在,则它就是完整的持续的存在。因为,有存在必有性质,反之亦一样。

195. 阿伦特讲,存在始终被包含在开端之中。① 于是,任何的存在便都是由性质所构成的统一体;也可以说,存在的支撑一定是要以性质为依据。所以,存在的必然性,必存在于它的性质中,故在性质中的必然性就要决然地导向存在的本身,就要决然地导向存在的本质。黑格尔曾说,必然性在发展历程中是隐藏着的,只在终点才显现出来,②这是正确的。

196. 因此,存在与性质是共在,性质是我们可知的,进而存在才是可知的。所以,一切的存在都可以表达为某某性质,如灵魂性质、循环性质、小的性质和活动性质等等。不难发现,每一个存在既是可以向前

---

① 阿伦特:《精神生活》,姜志辉译,江苏教育出版社 2006 年版,第 55 页
② 黑格尔:《精神现象学》上卷,贺麟译,商务印书馆 2010 年版,第 196 页

的,也是可以向后的。这样,无限才能在上述的两个方向来展开。尽管存在的东西只有在被思维的时候才存在,但这正好可与无限永远相伴。

197. 此时,如果我们广义地理解性质,不但承认个体有性质(如红色的、善良的),也承认性质或关系本身有性质(富贵的、对称的),那么存在也可以视为表达性质的性质。① 这样的话,存在的意义就被引申了。鉴于任何存在都有变化,所以它是所有存在的交集,但是变化却不能成为任何存在的本质。过去,在亚里士多德的文字里,他很少重点地来言性质,这便是他的一个缺憾。其实,亚氏已经认识到了性质的关键作用,然其仍未得要领,这乃是其知识所限造成的。我们言,一切的性质都是为了开显本质的,这就是性质的来到人间的目的。于是,存在就是性质 + 本质的和;或说,性质+本质=存在。

198. 因为,任何的存在的内容都是由本质和本质所辐射出的性质来构成的。亚里士多德讲,"存在"的意思是"一个事物是什么"……,而在另外一种意义上,它的意思是一种性质……。② 可见,存在的第一表达就是"是什么",第二表达便为一种性质。"是什么",更能反映原初的意义。然而,"是什么"须通过性质来推导出,即根据性质来得出它的形之上的东西,也就是那个"是什么"。有时也可以根据"是什么",直接把性质说出来。这里就存在一个是先认识性质,还是先认识那个"是什么"的问题。我们言,还是当从性质始。所以,存在就是存在性质,它是通过性质来表达"是什么"的,这是根据认识的次序而得出的结论。人们只有先认识性质,才可导向"是什么",对于某些新发

---

① 《分析的宗教哲学》,张力锋著,江苏人民出版社,2009 年版,第 60 页
② 亚里士多德:《形而上学》,李真译,上海人民出版社 2005 年版,第 189 页

现,人们可以第一步地就确定它"是什么",然后再展开说明。其实,这里的新发现和所称的"是什么",仍是性质。我们说,在任何的学习的认识过程中,一定都是先从性质入手的。

199. 关于作为存在的存在之"是什么",历史上的大哲们都难以说清。我们讲,在确定它的"是什么"之前,人们只能通过许多的性质,才能理顺明白。研究这些有时是复杂的,因为人们既要探讨存在,还可以探讨如何存在,即存在的之所以的存在。很显然,此间又涉及了本质的如何来源等问题。所以,"是什么"还不能表达本质。如,亚里士多德以 10 个范畴表存在,即是表"是什么"的,但他完全没有弄清楚,只有对"是什么",能精准地回答了它终极的依据时,本质才能显出;否则这个"是什么"就是滥用。因此,"是什么"只有经过了它的终极的依据之后的再现出的"是什么",才是本质。比如,水是什么?回答说,由于它的终极依据是 H_2O,则 H_2O 所显示的成分和结构,毫无疑问就是水的本质了。如此的叙述应是极明了的。

200. 然而,亚氏的思想为,"是什么"更当反映本初的东西,或说比起性质来,它似乎具有更充分的意义。我们讲,虽然如此,"是什么"若缺少性质的拥护,不能作为一条引向本质的线路,那么"是什么"的所有问题,也就都要无以为是了。因为,只有认识到了性质,才可认识到 XX 是什么的那些关于"什么"的内容。比如,某一存在的"是什么",我们只有认识到了它的存在的性质,并依性质而得出其本质为 A 时,才可以说这一存在的本质是 A。当然,在未能得出本质之前,这里所谓的"是什么",也可以为一系列的有关性质的集合,也可以是某一单独的性质。

201. 有人说,对存在的遗忘就是丢掉了对本质的研究,这样的话应是有道理的。因为,人们一旦遗忘了存在,则"是什么"就难有定义,且"是什么"就难有实体;还有,"是什么"便会与性质毫无联系。虽然,定义、真,都要从本质上来规定,且这个规定的同义词即为"是",然若把"是"或"存在"分成许多的范畴,应是可以的,但对本质却是不可以的;这是至关重要的。

202. 关于定义原则,我们讲,应是循着历史的(或自然史的)过程,来标记适当的性质才好。因为,种加属差这种引致到定义的办法,也正是在表达着性质的序列的。于是,有学者称,在自然中类和种有一种我们能够把握的隶属关系;那些类和种又按照一个共同的原则而相互接近,以便一个向另一个的过渡并由此向更高的类的过渡成为可能。这个由此及彼的"共同的原则",就是"合目的性原则",它使我们能够将自然看作一个无限多样的种类相互隶属从低到高进展的目的系统。①这里的话,说得极好,由此就可以定义我们的世界。然而,我们还可以把本文中的"自然"导向哲学化,即认为它是偶然之后的当然在向着必然而去的时候所展现出的一种存在;同时,它也当是性质和性质物的统一。如此一来,就会连接到了抽象的问题。

203. 其实,抽象的就是要除去所有的可感的外在现象即可,或说抽象的必要抽去现象,抽象的关键是要得出性质;只有如此,才能最终地获取本质。所以,从性质物中抽象出来的存在,只能是性质。当然,抽象也有一个度的问题,如果能抽象到所有物的基础时,则它的性质就能分别地开显出它所指向的物的深处,故最抽象的存在,其所具有的性质,才是这个最抽象的存在的能够存在下去的根本的性质,这当是具有

---

① 张志伟:《形而上学的历史演变》,中国人民大学出版社 2010 年版,第 186 页

真理性的。

204. 黑格尔指出,真理在本质上乃是主体。[①] 于是,真理的就应是具有本性的东西。这是由于,真理的初级意义是真实,因此才说存在的具有真理性。但是,真实的真理又是什么呢?这便不能由真实来说了,只能由最原初的"真"即本质来表达"理"了,而此时的"理"一方面就是性质,即真实与真理必要与性质相联系。因此,当真理表现本质时,则本质就是被真理化了。所以,本质可以通过真理来表现,但是真理与本质又是不同的。有时原因已靠近本质,却仍不能是本质,然真理有时又可以寄身在原因中。真理当是本质之真的理,或说是本质之真的性。很显然,这二者不是同一个东西。

205. 亚里士多德认为,是即为真;我们言,只有本质必是真的,但真的不一定就是本质。然而,在我们的性质哲学中,真理的理当是性质物的理,性是性质,性、理又是居于一体的。虽说本质是真理的核,可其二者是绝难相等的。因此,本质的是需要真理来相伴的,但绝对的本质则是可以超真理的,即此时的真理在本质面前已毫无意义。就真善美的关系看,真当产生善,善当产生美,惟有性质才能产生真,这应是含有一定的逻辑道理的。

206. 关于逻辑的,我们可以先从点、线、面谈起。众所周知,点是线、面的基元,因为它才最后组成了体。然而,点又是没有体积的,没有体积的成就了体积,这已超出了有形有体的存在范畴,即只能由性质来说明之。在这里,数学是相对于实在的物而言的后生的存在,它的起初只是规划量的前提,即只是性质分类中的一种,其对表达群体性质有

---

① 黑格尔:《精神现象学》上卷,贺麟译,商务印书馆 2010 年版,第 50 页

用,对于单一性质则无需在数学上再次予以言明。于是,物与性质的存在和数学的结合,就要推展到逻辑,即物的依于物性的既是合目的性的,又是要合逻辑的。一般来看,逻辑中的演绎之法当具有自圆其说的成分多,它很少能使人知道有关的本质。

207. 可是,当人们能自然地思辨到逻辑的必然性,并沿此直到性质的发生点时,确是会求到本质的。因此,当思辨的本身也正好在逻辑的必然性中进行时,才会是真正的思辨。所以,辩证的也只能在性质中进行。我们讲,倘若以归纳的作为逻辑的因,以演绎的作为逻辑的环节,以数学的作为逻辑的结果,如此一来,逻辑的枝叶才能完全。于是,此时的逻辑就是因果的、归纳的、演绎的和数字的,它们便完成了统一。这反映在性质问题上,就是性质与性质物的对应关系,以及由性质的指向本质的可得出性质的终极之寄寓物—即本质的存在,便是一个完事的体系。如此,才好言及和分辨许多哲学家的话题之利弊。

208. 比如,康德曾主张"自在之物"不可知,这实是其不知性质的归处,恰是本质说的机密。所以,康德未能寻求到本质。我们说,物自身的来源当是由内外在共同成就的,且物自身的诞生是与之性质、外相、质料和本质一同到来的。在这里,并不是先生成本质,再生成物自身或是再生成性质等。故,性质与物自身的存在乃是同生共死的。因此,物自身的本身还不是本质,本质只不过是存在于物自身中而已,尽管有时人们也说物自身就是本质。如此一讲,与康德有关的东西,也就清楚了。

209. 关于黑格尔的"本质说",我们言,它尚不构成本质的任何结构和组分。虽然他讲,阿那克萨哥拉是当年作为第一个认识到本质的人,①其实这也是一种妄语。再有,于事物内部的所谓的以子之矛,攻子之盾,这样的矛盾讲法,也是很难出现的。我们说,事物内部的性质是和而不同的,其间永远也不会存在任何的矛盾。因此,关于矛盾的推动思想便是有了某些荒谬性的,所以西方的关于矛盾的主张或许就是今日战争的根子之一,即矛盾的黑格尔的东西也就有了战争之源的嫌疑。在性质哲学里,矛盾的观点无法显现。故,统一的共在的理论比矛盾的要好得多。

210. 另外,一分为二的便要形成对立,也是没有根据的,且"一"并不意味着必定要分为"二",在"一"本身它也少有分为"二"的和相互对立的内力。说一分为二是黑格尔的习惯性错误。许多人都知道,黑氏的辩证思想主要是从一分为二的和矛盾的存在中来形成的,无此说的辩证法在他那里是不存在的。同样,他所建立的量变和质变的关系,其质的意义仅相当于质料,而不可能是本质。因为,本质的变化与数量完全没有交集。

211. 海德格尔讲,没有四方形的圆,然而却是有那个矛盾。② 可见,这里的矛盾的存在,与真实无关,即可以没有真实,但由它可以引出极多的矛盾来。于是,由矛盾又可以引出无限的臆造之思,因之无边的遐想也就能够得出,只是这些与事实毫无相干罢了,海氏的话似是针对黑格尔的。同时,他又说,适合于每个事物的普遍性的东西,人们称之为本。我们言,如此谈本质是不妥当的。因为,适合于每个事物即是适合于所有事物的普遍性的东西是不存在的,到目前为止,人们还找不到

① 黑格尔:《精神现象学》上卷,贺麟译,商务印书馆 2010 年版,第 42 页
② 海德格尔:《形而上学导论》,熊伟译,商务印书馆 1996 年版,第 78 页

如此的本质,比如既适合于火的又适合于水的,既适合于有,又适合于天的东西,就不可能存在。之后,我们还要回答有关思想者提出的问题。

212. 比如,有作者讲,物在其部分和性质的变化中如何持存？我们言,对于天然的非生命物,其整体与部分的性质是不变的,对于有生命物,它的性质只存在于整体中,而不存在于部分中,这就是性质的与物的部分之持存的关系。另外,个体与其性质的关系又是怎样的呢？我们言,个体如果是不可分的存在,则它的与性质就是一种共在,其表现是共生、共存、共亡,自始至终不可分。

213. 还有,我们能否自由地行动？回答说,我们的本性之一就是具有可思想的意识,意识是自由的,所以我们必是自由的。虽说肉身多不自由,但其无以阻碍意识的思想的自由。因此,我们一旦寄行动在意识上,他就是自由的,并且是能够自由地行动的。当然,这种行动的自由又是要在意识中,其与肉身应是无关的。再者,心身关系是怎样的呢？我们说,它就是关于性质与性质物的关系。如此说来,人们就找到了问题的原因。

214. 因为,许多的原因都是出于性质的,或说是与性质相联系的。鉴于某些性质的存在是要靠性质物之外的他者来激活的,这就表明了原因的也可以是外在的事实。所以,性质的作为原因的显现,有时便需要外在的力量。于是,原因的就是内外共在的,然于终极性质的原因处定是含有本质的,它既可以是原因的开端,也可以是过程间歇后的新起始。原因一般要含有目的性,同一事物的产生可以有几个原因的同时存在,几个存在也可以互为原因。亚里士多德的原因有四种,即基质的,本质的,变化源泉的和目的的;原因的方式有六种,即个别的,个别种,偶然的,偶然的种,联结的和简单的。就现在看,这些多是关于性质的分说。另外,偶然的原因也是原因,只不过它的存在是具有巧然的瞬间性。同时,运动和静止都有一个原因说,也是对的。

215. 关于原因涉及的语言学,它只是工具,工具本身不能显现存在的本质,我们只有利用它,只有在性质的范畴里才能找到本质。比如,在语言学中,名词的一定是观念的,1)若这个观念是存在于事物中的,便可以称为绝对的观念,2)若这个观念不是在事物中的,则它一定是由关系来的,故关系的便不是绝对的,但绝对的也含有关系。此时,绝对的名词即表示着绝对的性质。由于一物与万物都有关系,且经主要关系还可以找出原因,但关系又是较少地能用来作用于原因,或说关系多是由原因所引起的。关系的要义只是作为脉络而已,因此要少问关系,多寻原因。

216. 此外,依着关系来寻因果的路径,似可以沿下面的思考进行。1)若 A 对 B 有利,则 B 影响 C,使 C 对 A 利;当然 B 也可以直接对 C 有利,但 A 得到的有利的结果,一定是来自于 B 和 C 的,必要来自于外部,至于 A 对 B 的有利表现,则是由 A 的性质决定的,故性质既是引发原因的,又是得到结果的。2)反之,若 A 对 B 有害,则 B 影响 C,使 C 对 A 有害;当然 B 也可以直接对 C 有害,但 A 得到有害的结果,一定是来自 B 和 C 的外部,至于 A 对 B 的有害,则是由 A 的性质决定的。3)若 A、B、C 之间既无利又无害,则它们就会处于一种不能互为因果的即平行的状态。此间所论都是有道理的。

217. 在这里,原因的性质不同于结果的性质,反之也是一样。因为,在由原因产生结果的过程中,性质已经发生了改变,而被改变的性质则不能被还原回去,至少在时空上,这是必然的。所以,必然的是作为一种条件,一种条件之强迫的或强制的,不能依于冲动的,没有它,事物便不能存在,然其对于永恒的除外。条件的是必然的,必然性的是可以构成某种原因之一的。或说,必然的反映的是条件,而必然性反映的就是某种原因之一了,必然性属于一种性质。

218. 因此,某种必然性的原因,是可以作为出发点的。于是,作为出发点的开端便应具有源泉、本原和原因的意义。亚里士多德说,所有开端的共同性质就是第一的东西。① 我们言,这只是一种直观上的感觉。鉴于此,"由于它"的含义便有,原初的,本质的,性质的,或是指向位置的,且本原的就是近于终极的有关性质的相互作用的一体化,因此本体论者即为性质的理论集中,所以本体论就是性质说。这是由于它而存在的东西即是本原,在此也可以含有本质。本原的存在不能是单一的。倘若我们把某些本原的简称为本质时,则在本质的里面,就应不具有与它相反的或对立的其他存在,这似是合道理的。可见,在此背景下的本质,必是超越了本原以后的存在。

219. 有人说,找原因其实就是在寻本质,这是相对于某一个目的来说的。所以,原因、本质和目的在日常用语中多有混同。然而,性质是可以决定目的的,如水的性质就决定了它的向下之流动,即水之所以向下运动乃是由其性质决定的。一旦其目的实现了,就会走向自己的反而,如积于低下之水,必要蒸腾而上。另外,目的的之所以靠近本质,乃是因为目的的一直要存在于它的最初的范畴里。由于这样的范畴就是存在统一于我们之中的而成为了自我的一个性质,此刻的自我即意识,于是亦为理性。因此,上述的这些联系点,就为性质的求本质,再次

————————

① 亚里士多德:《形而上学》,李真译,上海人民出版社 2005 年版,第 116 页

地铺平了道路。

220. 海德格尔讲,人们,乃至民族,在其最大的历史变动中都与在者息息相关,却早已从在处脱落,而且并不知道这种脱落。这些情况似乎就是人类沦落的最内在的和最有力的根由。或说,人只要丢失了自己的本质,则其就寻不到本质,即此时的各民族便是处在了丧失其最后的精神之中。之后,他又说,在者的在又在哪里呢? 这就是对寻本质的发问,很显然,这一时期的他还未找到沿性质来寻本质的方向与路。至于他的"属于这一在者的……就是这一在者的在"①当是完全的一种不可自娱的东西。我们言,这个属于在者的,首先地应为在者的性质,经此才能找到在者的在。于是,向下展开的就是以性质而求本质的方法了。

221. 我们说,由性质而求本质,这是多少年来人们才发现的一种哲学方法,就是由于有了这样的方法,今后的形上面貌,必将会得到极大的改观。此间道理有,任何存在的内涵都是由性质来决定的,即谁有了性质,谁就有了存在。所以,只有依据性质,才可断定存在的实在,反之亦成立。然而,从质料和形式中都不能求得本质,因此只能从性质中导出本质。

222. 在阐述由性质求本质的过程中,不能离开严密的可递推的语言存在。因为,语言乃是由逻辑所构成。逻辑的根源必须从动作(包括言语行为)的一般协调中去探求,②也可以说行为的协调或语言的协调当是产生逻辑的基础。逻辑与语言在不协调的情况下,不能有联系;故逻辑的必是协调的。在此基础上,语言的第一阶段使思维变成可能,

---

① 海德格尔:《形而上学导论》,熊伟译,商务印书馆 1996 年版,第 33 页
② 皮亚杰:《儿童心理学》,吴福元译,商务印书馆 1986 年版,第 69 页

第二阶段与思维相辅相生,第三阶段则是在思维的指导下,使语言和思维自身都得到了进一步的发展。所以,语言的这种信号物,它最开始只能表形、象,然后再通过性质来表内在,最终的才可进致到能表本质。这应是人类语言发达起来的三部曲。我们认为,如此讲是十分妥当的。

223. 同样,由性质而求本质的方法之所以能得出,也是有赖于进行了诸如批判等的实践的。因为,批判一词来自于希腊,意思是挑出来、分开或突出特别的东西。……批判这个词几乎没有消极的意义,它意味着积极的东西最积极的方面。……它同时也是对习惯的和无尺度的东西的反驳。……批判意味着确立标准、规范,意味着给予法则,而这同时就意味着在一般的东西中凸显特殊的东西,即只有通过批判,即挑出来的办法,才可以确立出最积极的方面,这也就是关于由性质的而到本质的存在。可见,如此的批判坚强有力,或说我们的得出求本质的方法,是必然地会依着上述的批判思想而必然形成的。

224. 就一般来讲,方法的存在,是要适应于和契合于本性的,即方法论是要适用于和契合于本体论的学说的。同时,只有如此,它才可以合于认识论,并能得到它的正向的价值论。在这样的过程中,我们就可以知道,本质在未经性质的给予之前,人是绝难有任何的途径来认识到它的。因此,合于性质的就是顺道,合于本质的就是成道了。所以,我们要探讨的终极只是本质,而不仅是名或物的外壳,即一切都要回到性质上来研究。于是,人的全部的研究都是应对性质的及指向本质的研究。

225. 再有,关于研究对象的问题,我们当知其基本的组分,当知其内在的逻辑结构和秩序,当知其价值,当得知认识它的方法。事实证明,研究任何事物,只有切入到性质中去,才会合于目的。此时,诸性质的存在与结构的逻辑又是自然相通的。所以，只有当我们知道一个对象是何种对象，只有当我们至少这样或那样地了解它的性质，我们才能断定该对象存在，①即存在是以性质为前提的。这就是说，通过研究性质问题，就是能找到那发现本质的起点了。

226. 当然，我们也只有研究性质，才能建构起完整的求本质的理论，或说研究性质的存在当是一门最新的哲学，它不完全等同于科学，但有时却需要科学来做一些佐证。此时，精神科学和社会科学也都要统一于性质哲学，尽管对于人的性质来讲，我们更习惯称之为意识。杜威言，意义的实现使得精神物理的性质具有它们后来将产生的意义和价值，但是它也使它们混乱和错误颠倒。② 这就是告诉人们，性质就是性质，在性质问题上，不易做伸张或缩小。

227. 格雷西亚指出，同一事物何以可能以如此不同的、在某些情况下甚至是不一致的方式存在或被思考，③这就必须要由研究性质的方法来解决，否则便没有依据。同样，作为规律的存在，也只是表过程的，即它只是导向本质的东西，这个东西并不是本质。因此，在性质→规律→本质之中，这里的规律只有趋向意义，于是沿性质之逆流，就可以得到在它的终极源头处的本质了。所以，我们就是真正地践行了从性质到本质的关于性质哲学的奠基者。

228. 根据前面的文字，只有按照清晰的性质路线，才能探寻出本质，当是一个定论。因为，实体观念是外在的，它无以查知实体的内部

---

① 石里克:《普通认识论》,李步楼译,商务印书馆 2010 年版,第 298 页
② 杜威:《经验与自然》,傅统先译,中国人民大学出版社 2011 年版,第 222 页
③ 格雷西亚:《文本性理论:逻辑与认识论》,汪信砚译,人民出版社 2009 年版,第 58 页

存在。但是,性质的观念又是可以从其内部引出的,所以性质的存在乃是寻本质的惟一管道。曾有贤人讲,联系亚里士多德的必须要首先来勾画出实体的本性,此语十分重要。考虑到存在的是什么,兼及存在是某些性质来论,我们当第一的是研究性质问题,只有通过性质的索道,才能达于本质,否则就如上楼,没有楼梯是不行的。比如,人是什么?至今未被说清,所以在事实前面,我们只能回到人的性质里面来,这确是妥当的。不这样,空谈本质,无路径是不能实现目的的。故此,我们的结论就是,惟有性质能求出本质。

229. 可以肯定地讲,凡是忽视性质研究的,就搞不出什么新名堂。这是由于,事实或事态是由基本事实或基本事态构成的,而后者是关于对象的联结。① 我们说,本质不在事态中,而是在事态的起因中,即是在事态的未出现前的存在中,但对于性质物而言,本质必是在性质物之中的。同样,在程度上,也不宜反映出本质。然而,由终极真理所开显出的终极实在就应该是本质了。因此,所有的绝对都要由性质来出场,而其自身就只有隐到背后去了。

230. 于是,我们就要用思想的、语言的通过性质来表达事的或物的本质,即要经由表达事—物的本质,进而才能表达世界的本质。许多人都知道,亚里士多德在他的关于范畴的阐释中,曾确切标明只有性质的存在,才能达于本质。关于这一点,我们认为是极其正确的。只是在方法上,他未能予以说清楚。

231. 从上面一路走来,经过我们对形而上学的系统性的精细研究,发现之确为求本质的学说。然遗憾的是它并未给出任何的可解方

---

① 张志伟:《形而上学的历史演变》,中国人民大学出版社 2010 年版,第242 页

术,以致其始终都未形成一套可根据自己的理路,能发掘到本质的思想。好在海德格尔提出了形—而上—学的主张,即他已彻底地解构了原来的形而上学,更主要的当是我们在今天恰好完整地建构了性质学,进而就可以从容地讲,形而上学便完成了归于性质学的终极转向;此乃是由形—而上,以求本质的企图,就要让位经由性质—而上的路径,来实际地获取本质。因为,只有如此,方能完全哲学史上的关于那如何钓得本质的—上学之究竟的存在。

232. 据称,英国前首相撒切尔夫人和法国前总统萨科齐都曾表示中国并不是真正意义上的大国,因为近代中国一直是思想产品进口国,从未产生向世界输出过有价值的思想——"甚至一百年内,也无法给世界提供任何新思想"。[①] 这乃是小我中华的东西。

233. 在哲学史上,古有西方的《形而上学》,然一直都未形成真正的具有实际意义的"上学";今日中国有《性而上学》,几千年来关于寻求本质的问题,终于在我们的面前得以解决。这当是贡献给全世界哲人的极先进思想。至此,撒氏和萨氏所言,也就要当作阴霾而永远散去。

---

① 《唯思史观——人类认识自身何以发展的新的思想方法》,张跃著,电子版,第 18 页

第六章　性而上之二

1. 在《意义之意义》一书中,亚历山大教授遗憾地说,我使用过"现象"这个倒霉词儿。我已下定决心,如果不仔细确定"现象"这个词的意义,就永远不再使用这个词。① 我们讲,任何一个深思了"现象"一词以后的人,都会有此感受。故,对"现象"一词必须要有严格意义上的约束才好!因为,在哲学中,只有对某些概念实行了明晰的语义廓清,才能达成认识上的一致,否则便要混乱。

2. 其实,现象学所说的只是物质的模态之表象在感官上的显形而已,它不应有太多的玄秘。据有关报道,外在的"镜像"即是存在的"现象",现象学只是一种形态学,这当是合乎实际的。同样,"形学"就是现象学,它再也高不上去了,或说就是再也搞不下去了。因为,根据现象学的方法,即反思、直观、明见、还原和描述来看,它无论如何也是寻觅不到本质的。

3. 亚里士多德认为,形式是事物形成中起决定作用的原因,是事物的本质,这或许就是胡塞尔的关于现象—本质说的始端。然而,在胡氏之前,康德所讲的现象学,应是仅限于运动的物的现象而已,也可以说,现象的显象的综合就构成了现象界,亦就是康德的"自然"。此后,

---

① 奥格登:《意义之意义》,白人立译,北京师范大学出版社 2000 年版,第 121 页

胡塞尔的边缘域的现象学便成了海德格尔的许多重要概念的起源。

4. 胡塞尔讲,现象学是研究现象的,[①]且现象就是显现者的显现,即现象的又是可视见的。当然,现象的也是一种存在,只是它没有可以深入地能进到现象背后去的东西。这时,现象仅是一种表面的存在方式,或说现象的存在也是反映了它的一种最后的能力。同样,现象的也是一种观念。所以,一切现象,都是与我们人照面的东西本身。[②] 在此,现象也有多种,也可分类。

5. 因此,现象的便多是要成为说话的开始,即只是能起到一个引子的作用。所以,由现象的仅是为了便于表达而已。现象是关于有的非有,在空无之中无有现象之说。于是,凡表达的就要在意向的指导下,来完成含义之充实者,才是最好的,但它又是现象所做不到的。此是由于,最初的意识只能是识记后的相或像,这就是有关现象得以存在于人的开始。直到今天,许多的现象学者,还没有摆脱这个极早的烙印。

6. 现象学所反映的问题,就像人类的儿童期间的某一时段,他们把形式和内容还不能分开。比如,由象形而字化乃是一个认识发展的必然过程,即象形的在象形文字中,应是人类的早间现象,但后来的现象学则是一种自演绎的腐朽。更有甚者,人们又常把现象理解成物,这当是一个历史的天大的错误。同时,完全集中思想于现象的努力也是可憎恶的。所以,怀特海先生讲,现象世界是上帝或绝对的低级爱好之

---

① 胡塞尔:《现象学的观念》,倪梁康译,人民出版社 2007 年版,第 98 页
② 海德格尔:《物的追问:康德关于先验原理的学说》,赵卫国译,上海译文出版社 2010 年版,第 207 页

一。① 因此，人们便不能以现象来拯救这个世界，或说现象学早该逝去。

7. 但现象的还是一种在，即物是由物自身以现象来显示出来的。这是由于，所有的物自身的与自然的结合都有遮蔽物自身的能力，这种遮蔽的最初形式就是反向地呈显现象。因此，现象就是关于物自身的第一遮蔽，即物自身被现象以表面化后，就被现象给封固了起来，这是能被人们意识到的。所以，重重的现象就是物自身的遮蔽性。于是，现象的就是一种遮蔽的状态，意向的便难以冲进这种遮蔽的内部，即使是直观的也仍要被遮蔽。

8. 许多人都知道，化装与润饰除了人的能进行外，在动物、植物和一般物中都有表现，而这就会为现象的存在找到了根据，即现象的存在都是一种本能的化装与润饰。可见，任何的存在就均有了自我的遮蔽性，此乃是一种天生性，这就是现象产生的源头。这一点十分重要，过去的人们还未曾发现过。因此，任何存在都有自遮蔽和自我庇护的先在机能，这当是现象之存在的基础，也可以说，现象就是一种化装后的掩饰，此乃是上帝对物自身的包裹。然而，现象又终不能成为存在者的自身，它只能依附于存在者而存在，是附在存在者身上的华丽外衣，只可惜这个外衣是不能独立地去放进任何的一个衣橱中去的。所以，现象就如帘子，它把后面的东西都遮住了，可是这个帘子既没有厚度，也没有质量。

9. 现在，人们所言称的极多的现象，其实并不是现象，而是某种其

---

① 怀特海:《过程与实在》,杨富斌译,中国城市出版社 2003 年版,第 213 页

他的事实。现象一词已混淆了人们诸多的概念或思想。比如,许多的完整过程或事物的存在等情况,均被描述为现象,这是不妥当的。因此,我们便不能把物自身的东西放到现象里去讲,或说成是现象的内容。可见,人们的把现象之外的实在,说为现象,当是一种认识上的糊涂陋习。当然,有时某些人对于熟视的现象,在根本上也确是不知道它的是什么,至于由其而向内去的东西,就更不知道了,这也是不足为怪的。所以,在当下,现象一词已被用滥了。于是,有学者试图改进它的某方面意义,然仍不得要法,而难实行开来。

10. 非常明显,知识的第一处又是反映着一种形式之现象的,向后的才是反映着内容。黑格尔讲,精神在现象学里为自己所准备的是知识因素。① 其实,在许多方面也是这样。因此,知识的便包括现象,只有在此基础之上的意识才具有指导意义,即现象也在意识中,它只是关于对象的间接,或说真实的内在的是被现象的外衣所包裹着的。这时,现象的便是属于主观的了,脱离主观的现象是不存在的。于是,所有的外在的现象都是关于我们的主观的符号,即使是自然的其他的真实的对象的物,也都是我们意识中的符号。名称的就更是如此,在语言学中,现象常用名称(名词)附在物自身的上面。这样一来,现象的如名,它就只能告诉人们事物的外表和相关的时空方位了,然现象者本身却不能占有空间或时间的一丝一毫。

11. 虽然,现象作为意识的对象之一,是客观存在的,但这种对象乃是寄托在其他存在之上面的对象,这种对象是不能自我存在的,即现象的自身没有独立性。或说现象是不能作为自己的存在而存在的,世

---

① 黑格尔:《精神现象学》上卷,贺麟译,商务印书馆 2010 年版,第 27 页

界上没有任何独立的现象。首先,现象的表象不能独立存在,因为现象本身没有现象,它只能是寄寓于内在的变化着的显现给人们的方面之上;其二,现象的不能独立存在,乃是由于它只能是先天地在我与他者的中间关系中才可得见;其三,某些现象的存在或许是不变的,但对于现象的观察者的观察的变化来讲,它又是变化的,因此现象的存在终究是要变化的。可见,现象是没有从属于自己的确定性的。那么,现象离开了现象体后能否存在呢?我们说,现象离开了现象体(物)后是不存在的,因为一个完好的存在,于破坏之后,其原先的现象就不存在了。再有,现象的当是人的以不能深入洞察的主观而附在现象物的表面的,倘若我们用具有穿透力的手段看,则上述的现象就要发生改变。如用X光观人,则其表面的现象就都不见了,此时人们看到的只是一具骷髅。

12. 于是,任何的所谓现象,都不能反映出其内在的存在,这当是在一个绝对静态的情况下的看法;但在动态的变化中,由内在到外在的连续呈现,就会使得内在要不断地被耗尽,可见现象的外在乃是时刻地有损着内在的界面。因此,有人说,内部其实只不过是进一步回溯的外部。① 这是十分片面的,因为内部的性质通过外部的回溯是得不到任何结果的。

13. 所以,感官的知觉的现象的本身理应是真的,或说它必须是真的,所谓不存在的现象是很难在物的层面中被观察到的。但是,现象作为外表的真实,并不代表外在的之内的存在就是真实的,或说作为对象的现象是真实的,并不能表示这个对象的内在就是真实的,即存在者的

---

① 海德格尔:《物的追问:康德关于先验原理的学说》,赵卫国译,上海译文出版社 2010 年版,第 19 页

现象的真,并不代表存在者的真。因此,感性的真理多是现象的真理,就是事实上的现象的存在,对于这种存在是真的。然而,我们希望得到的是在现象之真的里面的真理,而不仅仅表现为现象的真的这种真理。其实,在万千的世界,并非每一现象又都是真的。现象成为真是有条件的,首先是同一的感觉,即现象是可感的;之后,是对同一的部分可以用同一的方式在同一的时间里来做同一的表达。

14. 海德格尔讲,在现象中,我把那些与感觉相对应的东西称为现象的质料,而把那种使现象的杂多在某种关系中得以被整理的东西,称为现象的形式,①这当是一种极好的方法。鉴于人的感官向着外在敞开时,初期所获得的都是形象,即由某种形所现出的象,或称之为现象,则感知的对象的开始就只能是现象,即现象只能被意识的感官所观察,而观察又只是感官的事。此时,五官所得的现象,难免会有不实之处,也可以说,任何一种现象(或表象)不可能都与一个事物是同一的。于是,仅凭现象的经验来做判断是靠不住的。所以,科学不迷恋现象。因此,实验的定是一种思想的表达,它的过程就是要抛弃现象的。

15. 然而,最初的理性就是将事物表述为可感觉的现象,并以现象为实在,这是人类早期所难免的。好在现象的只存在于质料的外面,人们又把过程的、分析的、意识的等等都来表达为事实的了,这就标志着人类的进步。在此不难发现,对现象的只宜进行直接的认识,或也可以对之进行剖析以钻研它的深度,但它终于没有深度。于是,存在的现象,就永远都不能成为存在的原因,这是由于,现象的是虚幻的,不实在

---

① 海德格尔:《物的追问:康德关于先验原理的学说》,赵卫国译,上海译文出版社 2010 年版,第 174 页

的,现象是"现而不实"。① 所以,现象学的其持之有故,言之有理,足以欺惑愚众,可其却不能行之有成,不能接受深入的检验,这就要被人们远离而去。

16. 虽说是,一切现象皆为空相,但是量的概念,若属于现象,则它又是不空的。同样,当我们听见引擎声和喇叭声时,我们意识中所呈现的不是引擎声和喇叭声,而是直接呈现出汽车,把现象实体化是我们自然意识的一种本能,②而这也正是人们多要停留在现象界中打转转的原因,尽管这声音不是现象。可见,在此中间,外在的与先入的必会含有某种天然的契合机制。根据现象学来看,发展的就必是要消失的,因为发展是需要力的,而力的一出现的本身就是要转化为无有的。所以,当这些被称作现象时,则此类现象就是正在消失着的存在。当然,力是不能作为现象的。另外,关于道德的也是一种现象说,明显是不恰当的。由于人的理智是受生命的枷锁的需要才起作用的,道德是人的行为,对于人来讲,道德是他的性质。有人说,因为惊奇才开始哲学思考,这是从现象开始的,我们认为,是对的;但是,哲学与现象学和实验的科学又是决然不同的存在。

17. 那么,现象的贡献是什么呢? 我们说,它们的贡献就在于现象正是通过现象来完成它们之间的相互的否定的。比如,关于早晨的太阳的轮廓看是大的,然当时较清凉些,而中午时所见的太阳看是小的,然在当时却是较热的等等,都是含有了现象间的相互的否定的意义。

---

① 陈来:《宋明理学》,生活·读书·新知三联书店 2011 年版,第 104 页
② 高秉江:《从现象学看"存在就是被感知"》,《湖北大学学报》2010 年第二期

因为,这些存在的——在场就是纯粹的显象。① 此时,在不在,需要显现,这就是说,真实要返回到现象里面去,或概念也要返回到现象里面去,即所有的在都是要由象来现出的,不然人们就见不到和找不着了。当然,这才是现象的真正意义。所以,只有形成即成型者,方有表象,于是进而可思,并要思之应当。关于思之应当的问题,还从未被人重视过。这些都是现象的积极东西。可见,事物的存在和理念都是同时出场的,但有时的理念会被形式的现象所幻化。于是,展开着的起作用的就是出现,只有如此出现者,才会导致显现,进而方有现象出。上述表达的乃是一种内生出的形—象,人可以凭触觉能知道。但是,在此基础上的人的可视觉的现象,就当是被外在的光芒所照映后才可明现的了。比如,火和灯都是生成现象与影子的真实存在。这时,只要见到黑暗中的影子,水中的影子,光明之中的影子,就可以找到形成它的现象。在某些情况下,现象的反光会让意识目眩,也会让思想痴癫,这些都是人们应当注意的。

18. 我们说,现象的只能是外在的来表现外在,它仅可在一个界面上表现,它既不能由内向外表现,也不能由外向内表现。可以说,现象就是实与虚的交界,因为它向着虚去不存在,即虚是无形无象的;同时,它向着实去也是不存在的,即它是无法进入到实中去的。于是,某物的现象并不构成某物的内容,也不构成其浅浅的部分。因此,现象便是不能进入物质,也是不能离开物质的一种外在。或说,现象就是一张变化多端的没有厚度和质量的外在的类似于皮的东西。如是之,现象的就是物自身的向外的延伸着的力或能量的已处于零点时的存在。

---

① 海德格尔:《形而上学导论》,熊伟译,商务印书馆 1996 年版,第 133 页

19. 同样,形象的外在与内在又是不可能互为映象的。因为,形象与现象的外在是内在的之外的从远处的来观向内在的一个反映,这个反映乃是内在的所面向那个从远处来的向着这个内在来观察的观察者的。从根本上说,任何一物的现象之外在都已近乎脱离了这个物的本身,而应让位给那个从外在的远处向内观察着这个物自身的内在的观察者的,即现象应是属于物的外在的观察者的现象。尽管这个现象是由内在所反映出的,但如果没有这个外来的观察者,则这个所谓的由内在所反映出的便是存在的没有了意义,或说它仍然不能成为观察者的现象,物就是用这一现象来遮蔽人们的视野的。所以,对现象做出解释的仍是现象,即以现象的现象,永远也找不到它的内在。很显然,现象的都是关于外在的,外在的现象不是物自身,事物的现象并不是事物,这就像苹果的形状不是苹果一样。还有,我们所知道的完全可以是未形的,如电是何形的呢?但现象学则一定要说明某些外在的诸如壳的东西,这便是现象学的极大缺陷。

20. 因此,表象是不正确者。表象之根由寄于思之颠倒错乱中。表象干脆变成逻辑上的不正确,错误了。① 这就是海德格尔对现象学说的最严厉的批判,尽管他未用现象一词,其实表象与现象乃是同一的东西,即现象就是模本之形的出现,现象就是一个表象。或说,现象一定就是表现着的外观。海氏又说,现象有双重意义,现象的一层意思是,采集自身、将自身带入集中状态……;但还有一层意思是,……呈现一个正面、表面,一个提供给一眼望去之用的外观,即现象只是自身处于其中的呈显。可见,现出的象必是关于形的存在,无疑。

---

① 海德格尔:《形而上学导论》,熊伟译,商务印书馆 1996 年版,第 195 页

21. 所以,当下的表现就是现象,或说现象又是具有时效性的。这样一来,显象的虽能附于实体,可其与实体的发生原因便终是无关的。一般来讲,实体之质料的显象更宜直观,直观的它直接地依赖于对象。有时,实体、质料和形状、形式等看似是不可分的,于是它们的集体的在场,就是反映了背景的和相的彼此依靠。还可说,形成与表象也是从思之视线来规定自身的。① 在此前提下,形而上学的形便是现象,故超现象的学问就是形而上学了。因此,现象只是一种表形表象而已,它自己就缺少了独立的存在性。

22. 再者,感官世界只不过是成就了显象的综合。进一步讲,物象的印象的应都是经验的显象,显象的又都属表象,然幻相不能成为显象,具有真实之相才能成为显象,尽管这个真又是只能存在于象中。可是,不言而喻的东西便是一种非幻相的,其实它只要是能深入一点点,相与形就会没有了存身之所的。这时,关于人格的物理化问题,即是趋于本体的。总之,现象着的人是绝没有人格性的。

23. 我们认为,一般的"现象"表达,它既是要依于哲学语言上的,又是要与真实的物的表面概念密切相关的,但其与真实的形成表面的膜的物质存在又是无关的。因为,膜的存在本身又可分表面的和内部的结构的等等。所以,现象只是一种显象。或说,现象当是通过空间和时间这一先天直观来显象物自身的可感性的,对于物自身来讲,空间和时间都是它的外在,故现象只是一个外在的赋予了物自身的面像,即它是以外在的光芒经过了时间和空间而照映在物自身上的形—影。倘若没有外在的光,没有外在的时空,则所有的现象都不能成为现象,都不

---

① 海德格尔:《形而上学导论》,熊伟译,商务印书馆 1996 年版,第 194 页

能成为人们的所感。于是,现象的概念就要彻底地被抹去。这就是现象的没有"自身存在性"的根据。

24. 然而,现象终是要以之显像来表达它的形与相的,否则就不能称为现象。

25. 海德格尔讲,我们所表象和意指的东西,只是我们内心携带着的主观形象,我们从未越过物自身,①此为正确的思想。这里由于,经验的知识只能把握住可感觉的表象,例如一件物的外形的如何等。同时,由视觉提供的知识极其皮毛,即仅限于显露一些有色的外部部位,各种颜色没有必然的转化,各个部位没有必然的选择。② 因为,造成这些"有色"的或"部位"的都是要依于一个他者来进行的,并不是由其自身来决定的。所以,思想的主要存在是与判断有关的,形象的这种用于判断的虽可介入一些,但不能起主要作用。故此,物质就是去除了现象的所反映出的一切,它与感官到的纯外在无关。也可以说,意指的表象,也与这无关。

26. 很显然,经人而制作的图形,也可以视之是抽象掉了其他的实体因素后的存在。于是,由简单的物的图形发展为象形文字,即表明产生的现象乃是人类认识的较早成果,这也正好说明了形的无质量性等。尽管在这之前,感觉到的图像也是指向现象的初步,可感觉到的声音却不是现象的范畴。因为,存在者之存在状态被规定为外观,这乃是世界必然成为图像这回事情的前提条件,③即像的仅为表观而已。或说,外观的只是图像。当然,图像的样式又是一定要反映为某种格局的。但是,只要这图像还是图像,就永远不会是物自身,且图像性和外在的不稳定性又是具有现象的必然性的。另外,在很小的范围内,千边形,如果它的每一边都是相等的,都是与一个定点的距离是相等的,则它的图形就是趋于一个园了。我们说,此时的园便已脱离了现象,这是由于,它是经我们所绘出的图,而不是由物所显出的像。所以,艺术家的"画"就是抽象的现代人的绘图,"画"不同于"形"。根据以上,对于现象和非现象的这两种相对的存在,就当是以 A 作为 B 的类似比较,进而使它们的各自意义得以表述清楚。

27. 在历史上,中国古典美学体系的中心范畴并不是"美",而是"象"。汉代以后,又产生了一个"像"字,"象"加上"人"即指按照人制做成的形象、画像、塑像等,表示肖像、相似、模仿等意。"像"的观念是西方古典艺术的一个主要特征。[①] 这就是说,中国的美是以意象、想象的为存在,西方之美却要以像,后来他们才逐渐地从像走到了象的。故,西方的现象学,实是指显像学。估计它以后也会离像而入象并要进入到性质中来的。还有,中国艺术的整体发展是在一个写意的"象"的造型思想中变化的,西方的则在写实,即中国的写意为"象",而西方的却是写实以"像",但西方的"像"也慢慢地被抽象化地变为"象"了。于是,观念的也可以是肖像的和现象的。因为,物象是可影响知觉的东西。我们说,一方面,象要像化;另一方面,像也要象化,只有如此,方可彼此的能够成全。

28. 所以,像者,相似。像者之现象,皆是相似罢了。如三维的变成二维的时,就只能是相似的了,至于二维的变成了一维的,就只宜用

---

① 王兴华:《由"像"到"象"》,《文艺争鸣》2010 年 第三期

符号文字表达了。此时,二维的与一维者皆离真实之现象而去。于是,现象的像仅是外在的形,它也可以成为有关物的影,是不能脱离物的一种显现,只是一个内外在的界面,这个界面没有深度。同样,镜子里的像也是形象,都是现象,此间的像只能被反映,不能联动,不能变化;而眼睛里的像一进入大脑形成意识,它就是可编辑的,能机动的了,这就是意识的最高的功能水平。可见,现象的都可以转化为镜像。故,只观像是没有用的,像是外在,是现出的象的像之存在。因此,现象的应是唯像的东西,唯像的东西是表面的,表面的东西是不能独立存在的。

29. 但是,关于某些物质的表面的氧化层的形成,它也是内外在结合的产物,但这个氧化层却不能称作是一种纯外在的现象,其乃是具有无限深意和无限深度的物质实在。还有,在表面的膜的组成上,必然还存在着相对的薄与厚的问题,故之看似的现象与膜的存在没有关系,膜有它自己的结构和内在,而现象则什么也没有。可见,现象的必是纯表面的,这个表面无成分、无结构。真理就是被裹在这样的表面所反映出的现象里,只有先去现象,真理才可以大白于天下。此时,表面的现象,也是毫无理性可言的。自然,表面的现象,它们又都是有形的固体及液体的内外在之作用的结果。可是,气体就没有这样的表面,所以现象学说乃是含有了极大的局限性的。我们曾深思表面之象,然深思之后,由于象的在表面,完全不能进入到事物的内部中去,因此除了满足视觉的功能外,则较少具有求本质的益处。

30. 海德格尔讲,表象属于作为现象的在本身,……表象就在在者本身中和在者本身一同出现。① 此时,表象乃是现象的在。于是,表象

---

① 海德格尔:《形而上学导论》,熊伟译,商务印书馆1996年版,第109页

者之展示自身直接属于在,而且也(归根到底还是)不属于在。因为,表象不能离开在,可其又无实在,且还能脱离象而成为影。所以,真正有知的人是当知道表象的在与不在的具体关系的,或说仅知道表象的某一方面是不行的。还有,现象的应不是内在的单一的表面,而是与外在共同影响下的呈显。这样,所有的表象都是可被经验到的。关于经验到的那些明见者,人们一要见种类的表象,二要见个体之物的表象。但无论如何,表象又都是不受知性的范畴的支配的,即表象的至多会形成投影而已,也就是说,它终不能反映到象的内部中去。

31. 我们知道,凡有之形、状皆属其外在的所表之现象,现象仅能状形,现象的可做"样子"或"表样"来解释,物的现象就是它的形态。即,形者,言其规模仪象也,非谓质也。①

32. 所以,"形"是指具体事物的"形",转而指"有形之物",具体事物。……讲超出有形之物……就是有关"形而上"(即具体事物之上,超出"有形之物")的学问。因此,形而上学的原意就是关于超出有形物体,比具体事物抽象层次更高的学问。这样的话,形—现象便与形而上无关。可是,所谓形似的"似"却是牵涉到了两种事物的关系的,②即形似就是两个现象上的相关性。或说,形似所连接的形象,就是有的形体的自显的外貌特征。于是,形象的是一种存在,这是可以理解的,由于存在有真实或虚拟的影像之分,则形象就正好处在它们的中间的分界的存在之中,而这恰是对形象的最好的在位置上的说明。

33. 当然,形的存在还可以解决外在的面积、体积的问题,却不能解决向内的性质的问题,这是其一;其二,它不能离开场;其三,就是更

---

① 金炳华:《哲学大辞典》,上海辞书出版社 2001 年版
② 过晓:《论"神似"不应与"形似"对举》,《文艺争鸣》2010 年第一期

不能脱离内在的质料而存在。非常易见,以形象理解形象,就是用现象去解释现象,这样的作用一般不大。关于人的形与神的存在,即观其性质的当是意识的存在主干,由它而相关的,比如有形美以悦目,意美以感心等。这里的广义的形,虽也指人的一切可视形态的统称,狭义的形,则可指人的具体的图形、形状等,但于生物的人而言,它们又都为性质。"意"一语指创意、意味、内涵,它是集情感、理性、气韵及格调于一体的精神实在。意,志也。从心察言而知意也,意指精神的映射,它乃是使外在的性质转化为意识的首要阀门。这是由于,意识的加上理性的,便能体现出某种张力。因此,在知晓"形"的同时,更要强调"意"的表达,从而达到逐渐去现象的目的,即由形而入意,乃是认识性质的必要法则。所以,形是意的载体与表现,意是形的内涵与升华,这就是所谓的以意生象,以象表意。此间的象就是形,故形象的意思是起源于中国的东西,而显像的则是属于西方的。形象是让形散去,此时的象是虚象;显像是让形凝聚,此时的像是实像。

34. 接着,有形就会有形式(即形的差异)出,然形式的仍是现象,不能以为形式一语中含有"式",就认为它是结构的。因为,在事物的形式的表象中,它绝不会含有物自身的内容。有时,所谓的巨大的形式可锁住内容,而使内容愈来愈少,不能外泄一点滴,于是纯然无益。但是,强大的内容又会足以粉碎那些所谓的形式,此时只宜以无形式为形式。简言之,形式的仍为现象,事物的存在是因于原因的,而不是因于现象的。所以,形式的知性并不深入于事物的内在内容。[①] 这就否定了现象的存在意义。关于有些非表面的形式,如几何学的三角形,数本

---

① 黑格尔:《精神现象学》上卷,贺麟译,商务印书馆 2010 年版,第 41 页

身的点,化学的结构等,与某物之存在的外相当是完全不同的。同样,数学上的,面是由点、线组成的,两个面若能相交于一点,则必是相交于一线的。这里的形式结构,就绝不是现象。

35. 据前述,现象的只是质料的形,而不是质料,即事物的外形都是其所现出的象,故称现象,所以现象均为外在的,而不是事物的组成部分,更不是事物的外在的组成部分。或说,现象的犹如虚无的外壳,它自身的内部毫无东西。在习惯上,人们一般都把现象和表面联系起来,也可俗称表面现象,即现象根本没有内在性。

36. 进一步讲,直观的外在面只能是现象。此时,表象的直观不管多么充实,都是关于现象的充实,因为无论如何它都不能进入到现象的背后里面去。所以,现象只是表面的非有的皮,它蒙盖住了物自身,即现象就是一个只起遮蔽作用的帷幕。同样,现象的不在物自身之内,它的轻浮其上的正是外力的对内在的形的凸显的向下的压迫的所形成的一个无有半点重量性的界面表现。因此,任何的外在作为内在终止于外的存在,它就是内在的向外的呈现,但作为现象的界面之外在,就不只是内在的表现了,而是内外在的共存。前者是在形成现象的过程中的表现,后者是已经成为了现象的表现。

37. 或说,现象仅是使内在成为内在的一个可以起区别作用的外在于内在的存在。现象是物自身的外像与物自身之外的他者存在的向着物自身的方向而展开的叠合的统一,它不是物自身的单一的只与内在相对应的存在。于是,现象这种存在只要寄寓于存在物的表面,它便不能形成存在的存在。一旦它脱离了存在物以后,其所现的象也会消失。由于现象本身既为表面且又居于表面,然而这一表面又无厚度,也即没有内在,所以研究现象意义不大。我们说,只有研究性质才是有好处的。如是之,我们讲的现象与有关现象学理论所表达的现象便是不一样的。

38. 现在,我们要把现象看成物的这种落后的观念给予矫正过来,而使其回归到它的表层的界面上来。因为,外在之表的现象太肤浅,并且经验的显象者都是现象,现象不可能是基础性的存在。自然,现象也不是对象,现象仅是对象之实在的形—影,只是这个形—影从未离开过对象而已。也可以讲,现象仅相当于一个依靠了实在的,却是不能独立的存在。然而,现象又是确实的存在,尽管事实的过程等不是现象,但现象的存在无论如何又是事实。可是,这种现象的事实,极无意义。

39. 还有,郑昕先生讲,相是现象的本体。① 因此,它便含有了具体形象为相之意,即相的呈现乃有像的全部形态。于是,外在之差别变化的现象和相状均可称为相。但是,相也仅是一种附体的而已,此时之相即表象。或说,现象只不过为事物之外在的形相或状态。当然,物的形相即现象又是因人而呈现的,若人被其遮蔽就不能深入到它的里面去,这乃是认识之愚钝的表现。洛克讲,所谓形相就是有限空间(或有限边际的广袤)中各部分间之关系。② 如此之论,也是有道理的。

40. 那么,形成外在的现象之相的原因又是怎样的呢?我们认为,这些都适合质料的内力在向外的表现过程中,是耗尽了所有能量的最后的存在,这是其一;其二,它也是外力的压迫与被压迫的终结。于是,相的存在便不能实体化,便不能成为结构,即使是由外在的像到我们的抽象之像的中间转折也是一样的。然而,在意识中的像,或许会因为意识物的有结构,而要变质成为含有结构的存在了。

---

① 郑昕:《康德学述》,商务印书馆 1984 年版,第 10 页
② 洛克:《人类理解论》上册,关文运译,商务印书馆 1983 年版,第 135 页

41. 有经文的注释称,名相:名指事物之名称,相指事物之相状。以名能诠显事物之相状,故称名相。① 所以,相者,世间森罗之万象;名者,诠释称呼各种现象之名称。相即像的存在,起初像只是一种显映的结果;次之,还是可思的。既然,外显的是像,人呼之为名;这些像、名的最后的归于无,定要早于其内在的存在。我们发现,以现象而名者,名多蔽实,名必为虚,不虚便是超出了自己的范围。因为,名者仅是人们指著的而已,即名一定是要离实而存在的。于是,以名不以真不以实,专为虚专为蔽真的存在便得以不言而自现了。名、形、相多在一起。可见,相乃形或状之意,就是形像的表现在外又可想象于心的。可见,关于各种事物的相状之说,也就是都要兼及现象的最好表达了。

42. 如此一来,凡所有相皆是虚妄,即现象的都不能称为实在。又有经文注释说,凡所有相,皆是虚妄,意为世界上一切现象都是虚幻不实的。相,指能为人们所感觉到的一切有形体的事物和现象。虚,即无实。妄,是不真。虚妄即虚假,非真实的意思。② 于是,相为现象,现象不实是因为它无以实,即不在实中。可见,相说,即为指著于虚幻不实的现象的讲说,不是具有真理性的讲说,是一种住相之谈。我们言,相说,即现象论。以现象代内容是当今社会的通病。

43. 由现象的导入形、相乃是理论上的一大进步,但像、影的存在离本质的居所,还很遥远。所以,我们就只能来寻找一条通往本质的性质之路。为此,就要先打通表、里的关系。

44. 在道理上,外在虽是某一存在之外的存在,但外在并不仅是某一存在物的表面的那个外在,关于某物的表与里有时是可以相互沟通

---

① 《楞严经》,赖永海注,中华书局 2010 年版,第 65 页
② 《坛经》,尚荣注,中华书局 2010 年版,第 17 页

着的具有一定的反映的。任何内外在之间，都是可以有相互影响的。比如，表的突变而融于表观，当表观与内在重组时，它或许就能进入到核心的层面上去，这就是由表及里的一个可能性的深化的过程。还有，物的表与里之间是可以存在有相通的管道的，故表面的是能够内存于体内的，只是它被内在所遮蔽罢了，愈向着体内而去，则这些管道就愈是要被内部化的，只有这些被内部化的管道，它才能完成由表到里的转移，否则内外就应是截然分开的。于是，真正的内外在的结合处便应是在物的内部的可直达其表面的连接线上的，或说一种外在乃是被嵌入到物的体内去了，而全部的内在终是难以显现的。当然，外在的现象也绝不是内在的。

45. 同时，只有物的内在的整体才是它的内容，它的外在仅是一个表象，是从内容中泛出的相面。物的内在和外在不是对立的关系，更不具有对立的性质，而只是物的天然的有里即有表的关系。内在必要通过外在而终止于外，外在只是内在的向外的一个界面。这个界面的本身仍是属于内在的，它只是处于了内在的外面而已。这就像水的表面仍是水一样，所以人们不能把水的外在的表面和水的内在的分离开来而大做文章。就是因为水的表面仍是水，才可以知道它的表象是无厚度无质量的。然而，这个面又是绝对存在的，或称是关于有的无和关于无的有。如是之，象—像—样式（样子）—相—抽象的形，便不可分开。鉴于此，现象与内在的理念等，就都是关于人的世界了，于是观念与实在也是人的世界。然而，时间永远都是被动地来标记内在的，无论何处，它都不能对现象起作用。可见，现象的意义便不能反映到内在中来，而由内在所生的意义也与现象无关。这样的话，意义就可以有两种。同样，在艺术作品里，神总会屈尊于现象。如此一来，只有感性、知

觉对现象完成了否定,它才会深入到物自身中。否则,神也会被现象
欺骗。

46. 洛克讲,我们的感官只要运用于外界的物象上,则人心便不能
不接受它们所呈现出的那些观念。[①] 此时,我们所意指的内心中的东
西,便是从外界交换来的概念。于是,经验的多为现象。或说,感觉是
可以连接现象问题的,但其终不能解决实质上的问题。因为,现象只是
属于客体外在的,它本身的存在,人们只能借助而用之。此后,现象即
被舍去,人们便走上了知性和理性。鉴于事实的既可以是显象的对象,
也可以是其他的关系,或不显象的存在,所以理性的便要归于理念,而
理念在实践中是无需对象可言的。于是,感性的面相与最高存在者的
纯粹概念便是完全没有牵涉。尽管理智它是可以控制着印象的,但人
的知觉只有在深刻的意识中才会与理智具有一体性,即它们才可以去
"形",此间的道理应是易懂的。

47. 关于照镜子的问题,它只是一种外在的检视,然内在的检视就
只有通过意识的审查性质才能实现了,而人的眼睛则是主动去照万物
的镜子,于是万物在眼睛这个人的天生的镜子面前,就会留下形象,进
而步入到人的意识。所以,明见性乃是眼睛的天然存在,体验只是生理
肉身的感触机能,内感才是意识的东西。于是,外在的现象在进入意识
之后的视觉痕迹就是一种曾经有形的印象。因为,打开眼帘所看的都
是现象,但在反思中则可以去掉现象,即它只能使用意识中的储存观
念。如是之,凡以见为证,以闻为证等,即以五官之所识的为证者,它们
所能证明的只是一个名词所指的外在,对于更深刻的内在,还需要再

---

① 洛克:《人类理解论》下册,关文运译,商务印书馆 1981 年版,第 648 页

证,此时的五官之证就有可能是不重要的旁证了,意识的主导性就要发挥出来,即五官只宜取相,惟心可以取义,并以意而成就思想。此时,心摄五官,五官以形相通,并终要归于心,且心要与意义合。有贤哲讲,现象的意识便是体验,使得一种状态能够变得在现象上有意识。① 我们言,体验的主观性就是一种意识。按顺序看,任何的物体都是大于它的所显的形象的,任何的形象都是大于它的表现的,也可以说,进入我们意识的只能是部分形象,而形象又是部分的物体之外在,这是正确的。但是,对于不可感觉者,便不可有实在的意识。这时的不可意识或许只有一个臆出的概念,悬在脑海里,它无任何的根枝。比如,关于暗物质一说,就是这样。

48. 我们知道,现象的皆类如镜像,意识中亦有过镜像一关,关于物的性质都要通过人的缜密的意识的探求来反映。在过去,曾有些人以为胡塞尔也把性质看作现象了,其实这是误解。因为,他从来没有把性质看作过现象。如,把金属的导电性质看作一种现象。然而,这种导电性又怎么能算作是现象呢? 故此,我们完全有必要在现象和性质的划分上做一些必要的阐说。一般而言,现象都是无有内在的性质的,我们讲的性质都是具有内在的脉络的,或说它都是有对应于内在之质点的存在。于是,在阐说某物时,胡塞尔只是联系其表面的现象,而我们所联系的则是其内在的性质。这是由于,性质是可理解的,现象的看似的可理解,然而确是无从理解的。所以,现象只为命名打下了基础,性质却要为导出本质而贡献自身。

49. 现在,有人经常把某些事实称作现象,这是不妥当的,只有作

---

① 布莱克摩尔:《人的意识》,耿海燕译,中国轻工业出版社 2008 年版,第 19 页

为性质的存在才是可以代表着诸多事实的。同样,人们把性质看作现象,也是一个天大的误会,因为性质物的性质是不会与现象那样寄附于性质物的表面的。当然,某种效应的存在也是属于性质的,但有人习惯说成是现象,这是绝对地不科学的。于是,人们就当由某些性质来代指某一存在物,而不能由某种现象来代指某一存在物。否则,便会迷乱不清。

50. 因为,知名不知实多是现象上的东西,知实不知性质仍是只知现象上的所谓的实的东西。那么,知识的表达是什么?我们言,名称的仅为一个指向现象的,而现象又仅为一个遮蔽的界面,即只有性质才是可构成有关主体的内容的。所以,初级的知识都是关于现象的,现象的毁灭是随着质料的毁灭而毁灭,然而质料却难以进入到知识的对象中去。质料若想成为知识,就一定要先通过性质来表现,才能为人们所认识。如,解剖开的看似的是质料,其实人们仍是要在那里寻找它里面的性质的,这是易于理解的。

51. 再者,据有关辞典讲,逻辑法推理的结果毫无效用,三段论的演绎之术不能帮助人探索真理,只求在争辩中制胜对方,而不求在行为中征服自然。① 其实,这只是现象逻辑,但对于性质的逻辑则有另一番天地。于是,此时的外在的非现象也可以表达内在,如语言中的性质说就是如此。故,存在主要是性质的存在,这尤其反映在相关的文字表达上。关于我们的性质思想,是根植于物自身中的,不是属于表面的现象的东西。当然,物的表面上的可以称为属性的如颜色等,也是性质。在这里,性质要和所有的现象丢掉关系。

---

① 田运:《思维词典》,浙江教育出版社 1996 年版

52. 如此一来,性质便无以说明现象,即使是关于现象的类似于语言的性质也不能说明之。比如,现象的那些可视感的像是性质的存在乃是关于人的不能深入到物自身中去的东西,我们一般应把这种看去如性质的还要返还给现象,即仍称之是现象中的一种现象。所以,作为现象的圈子里的那些与性质相仿的存在当是性质界的一种无用—即向内去的性质与表面的现象是极难结合在一起的概念。因为,现象的都不会牵连到物自身中的性质,反之亦一样。或说,在现象的象里面,一定无有表达性的质。可见,凡现象者既谈不到性质,就更谈不到本质了。这是由于,现象之相仅可作相对着的阐说,而性质才是绝对的存在,其与现象的相对无涉。相的现象之相对说是讲相之形、影的变化,不能与其内在的对应保持一致,但性质则是与其性质物的内在的终极的寄寓者是自始至终地共在着的。

53. 于是,形式好讲,质料难言,还没有人能脱离性质而对质料的内在有过很好的说明。现象是联结我们与物自身的"相面",它既不构成内容,也不构成性质。物的现象无以表示物自身,在物自身中只有性质的外显,才是可以深入到物自身中去的。作为外在的现象无论如何也是过渡不到物自身的里面去的。因为,物自身中的性质与现象在前往本质的方面是不相通的,或说无有半分的联系。

54. 也可以说,依靠现象是绝不能产生涉及本质的定义的,只有沿着性质的差别,才能在理性上趋近于本质,即现象确与性质无关,它只会歪曲和误解性质。此时,感觉的现象还会使人经常出错,然性质的对于人的认识应是极难有乖谬的发生。因为,现象的都是感觉的表面,而性质则要深入至物自身的内殿。或说,现象的感受的一定不会合于性质物中的性质。可见,形式的表面的规定,与内在的性质的存在是完全不同的。

55. 海德格尔讲,被呈现出来的东西,都是外观、样子,即以这个样子在场。[①] 但是,我们言,从内在中被反应或反映出来的就是性质了。因此,所有的物的外在的现象都如镜子里的形象,然而内在的性质在镜子里是照不出来的。虽然由镜像能知现象,可却不能感知性质,就如镜像能呈现大山的面貌,却不能反映出它的内部的矿藏是一样的。进一步讲,现象当是光给的化身,它看似是用颜色来外显的,其实它是用形来包裹住自己的,即颜色之外还是有形的,且形之外还是有颜色的;但性质都是人的用实践来牵出的内在,并是要使之归于理性的。如,时间的有人看似是现象,可它的性质确是标度;空间的有人看似是现象,可它的性质当是虚无。还有,重力是由地球内部决定的,对于它的感觉的表现却容易在外面得知,然最根本的实际仍是在它的内部的,即性质的存在,多不具有明见性,明见的多为现象。或说,现象的是表形、相的,性质的则是表本质的所逸出的。所以,现象学只是关于"形"的成分,由形—而上的理路,只能经过性质的桥梁,才可实现。于是,在的意思就是出现。在就活生生地作为出现而在。[②] 可见,在既有显象之外在,亦有性质之内在。通过"在"便可完成由现象到性质的转移。

56. 然而,在的形象差异无以构成丰富的在的内涵,可同一性质的存在却可以有极多的形象。这就是,某物的形态可以万变,但其性质是不变的,其质量也是可以不变的,故现象的存在之意义不大。所以,性质相同的性质物,其外在定是可以不同的,如表面积、棱和角等。即性质为内在的,它与外在的现象不能相提并论。如,白色是性质,它不是

① 海德格尔:《形而上学导论》,熊伟译,商务印书馆 1996 年版,第 180 页
② 海德格尔:《形而上学导论》,熊伟译,商务印书馆 1996 年版,第 102 页

现象,不是形,不是相。同时,白色也是有内在的,我们说,不能因为讲,性质的由于有内在特征,就是不能被反映的,这是片面的。关于白色的性质之所以是内在的,这要从色谱学上去阐述,就容易明白了。如是之,世界的内在是因其性质而加以规定的,它的外在则与其性质无牵连。

57. 很显然,能进行区别的只能是性质,因为形态的现象不起作用。虽然,所有的性质都是内在的,即使是表面的性质,它也是要以内在的性质为性质的,表面的现象的不能脱离内在而存在;但是,内在的性质不可能与外在的现象会叠加的可能。这是由于,在性质物本身,A 性质与 B 性质等的结合完全是内在的,它们与表面的现象确是无联系的,即性质的是内在的,它与现象不存在任何瓜葛。

58. 通过上面的文字,我们应知道,看一个外在的现象和知道某一存在的名称是容易的,但要掌握它们的一定的性质,则是要费一定的力量的,即形相的只是现象,性质的当是在实践后的可引向内在去的存在。或说,体现的乃是他者的外在,只有体验的才是我们的实践。还有,漠视的被动的都可以接受现象,惟要研究性质,则必须要有兴趣,要有关注,要有主动的切入精神。这样一来,性质的内在获得就是研究的结果,它不能由现象自然显出。

59. 布莱克摩尔讲,在柏拉图著名的洞穴预言中,人类并不能直接看到现实,我们只不过是黑暗中的因徒,只能看到外面的人被火光映在墙上的影子。① 然而,性质没有影子。也可以说,性质一定不会存在于影子中,性质只与性质物的内在共在,这是一个重要的观点。所以,研

---

① 布莱克摩尔:《人的意识》,耿海燕译,中国轻工业出版社 2008 年版,第 59 页

究性质必要去现象,必要去影子。黑暗中的囚徒,其实正是处于现象迷团中的囚徒。可见,性质具有直入性,现象是如形、影的遮蔽,质料是凝固的阻挡。因此,说明要从原因出发,这是人们所做不到的,由于现象有遮蔽作用,故只能从性质引入才是实际的。再者,知识的容力固然可以反映一些现象,但科学必须要摆脱现象,即科学只能通过去现象,来找到它的目的时,它的知识才能成为科学的知识。

60. 于是,在者作为在者而真,真者作为真者而在。[①] 此话的意思是想说,起作用的表现自身者停留在去蔽者中,去蔽者作为去蔽者来到表现自身这回事中停留,即在者是关于在的,它是需要去蔽者来完成的。这就告诉了人们去现象的重要性。因为,性质相同,必内容相同,内容相同,必性质相同;但现象相同,则性质不一定相同。如,木制的和铁制的同形的球体,它们的性质就是不同的。可见,对性质的认识就要有彻底的厘清,尤其是对时隐时现的性质,更要厘清。主要是去现象,使人们一眼望见的均为性质,如是才好。总之,所有的实有,皆由性质显出;所有的虚幻,皆由现象显出。

61. 我们说,某些外在的也是由性质决定的,对于生物来讲,它具有回溯性;对于非生物来讲,它则没有回溯性。这是极重要的观点。比如,人的矮小是摄取的能量少,寿命短;高大,摄取的能量多,长寿。这种情况,正是反映了人的生命的性质,而不是纯粹的无生命的物的现象,或说并不是如金属的表面的东西。现象只是物的一个界面,它没有内容。即,非生物的外在之变与内在的性质无关,且非生物的外在的差异与性质亦无关。所以,直接的对象世界其非生物的外在只能是现象,

---

① 海德格尔:《形而上学导论》,熊伟译,商务印书馆 1996 年版,第 103 页

而生物的就是性质了。于是,生物的形状的必是性质的,然而非生物的外在的现象的存在就不能归于性质之一隅。

62. 对于人来讲,面部表情可以反映出某些内在的心理感受,但这种表情不是类如非生物的固定的外在现象,他的这种与内在的关系,在非生物中是不存在的。因此,表象的仅是图像的,这是对于一般非生物而言的,然对于人的微笑则是需要内在肌肉与意识的配合的,所以它又是反映着人的心灵的。可见,凡是生物的外在显象都是性质的,凡是非生物的外在显象,就都是现象的。但是,对于生物的可看着的其皮肤与深入到骨髓的又是完全不同的。有时,艰深的又是具有凝重性的。据称,树高与树木自身的循环系统有关,这个原因还可以解释树的叶子有多少。所以,一个生物存在的外在表现,正是由其内在所反应的结果。很明显,它是不同于非生物的,在非生物那里只观外在,无论如何也进入不到内在中去。于是,所有的影、非生物的像都是形相,都是现象,即都是关于实在的不实在。这种不实在绝无本质。现象的除表面的还有虚幻的,表面的是像,虚幻的为象,故之现象不离像与象。如此一来,对非生物的面目的解释仍是现象,毫无意义。

63. 沿着前面的性质之路,继续向上就会开显出本质来了。现在主要的问题,仍是去蔽,因为现象的存在乃是人类寻求到本质的最大障碍,这一点人们必须要认识到。性而上,在本章里是要以去物象为基础,表明性质无象,并经性质的存在,来铺就那向上推演的路线。

64. 据说,伽利略曾指出,在科学研究中,懂得忽略什么有时与懂得重视什么同等重要。在求本质的哲学中,我们就要懂得忽略现象而重视性质。所以,先进的思想家都是重视方法的问题。因此,找本质,只能从性质起,而不是由现象来说明之。

65. 一般来讲,肉身之眼看现象,灵魂之眼才可以经性质而看本质,即人的视见的形状,并不能代表其内在的本质。形状的永远是外在的,形状的就是现象的。虽说现象的是明见的,但性质的和本质的则是要经判断的。所以,由感性到理性乃是经由了判断的程序的。当然,感性有时也会在现象中徘徊,但其终会要经理性而深入到存在的内部,并实现对其性质的认识,进而导出本质,在这里它是具有必然性的。

66. 关于视觉,它是利用了外界的信息,嗅、听等都是如此。故外在的现象当是知觉里面的东西,然而本质并不在一个事物的外相的界面中存在着。有学者说,所有的视觉都是色觉,因为我们只有通过观察颜色的差别才能区分物体的形态(明暗的区别也包含在了颜色当中)。① 因此,我们看到的就已不是物体的表面像状,似是只观察到了物的颜色的差别,其实物的颜色的存在,恰是含有性质并能指向它自己的本质的。然而,由颜色所现出的形,与这些又是无关的,故此现象乃是在颜色之外的,即其与本质仍没有联系。于是,直观的颜色性质当是一种事实,不能认为仅是某一现象。现象与现象的区别或不同是不能牵涉到本质上去的,即现象的任何存在都与本质无关。比如,金属的方形或圆形与其本质又有何纠结呢?所以,哲学必须满足于出自纯然概念的论证性判断,它可以通过直观来阐明,却不能从直观中推导出这种学说。在这里,经验性的直观是通过新谓词形成概念的。因此,利用概念的判断和推导也要有针对性地引用相关性质的表达才好。

67. 可见,感觉的表面经验只能认识现象,在现象的背后则是物自身。如何在物自身中发现本质,只能以实践在性质的导引下,开凿出向

---

① 路甬祥:《〈自然〉百年科学经典》第一卷,外语教学与研究出版社2009年版,第373页

内的阶梯,进而方可达到本质的所在。对于物自身,由于它是在显象内部的存在,因而是不可感觉的,所以只能用推断的方法来揭示,在推断的过程中,要以什么为依据呢?我们说,由于它是在显象层面之下的,依现象的和感觉的都是不行的。那么,到底要依什么呢?从语言文字学上讲,依名词、动词、介词、副词、连词等等所表示的都是不行的,所以就惟有表示性质的存在了。于是,关于性质的就是切入本质的不二法门。或说,现象的完全的是表面感觉的,由此来寻本质定是不可能的。

68. 因为,存在的外在是现象,只有在内在中,才会包含着本质,而意识就是存在的内外在的可进入自我的东西。于是,我们惟有在现象和物自身之间楔入一个自我的存在,才可以慢慢地发现事物的本质。自我的意识的必是内外在的共在的是无疑的,意识中的存在差异,只有性质能独特地深入进物的它自己的终极的寄寓处。鉴于性质的存在是有序的,有序的存在是有利于形成我们的意识的,也是有利于深入到物自身中去的。现象的存在是无序的,所以沿着有序的路才能找到本质。曾有人夸大形式,认为它是高于像的,其实它也是形,只不过是有些斑驳孔隙和间歇而已。故由形式想观到本质,则是意识所无能为力的。在意识的秩序中,要常把现象的给予淡漠掉,因为只宜如此,它才能更好地去求本质。

69. 亚里士多德讲,因为一个人是健康的,那么健康也是存在的,而一个铜球的形状与铜球是同时存在的。[①] 前者,说明了性质与性质物的是同时的存在;后者,说明了现象与性质物的也是同时存在的,正是由于它们的都是同时存在的,才误导了人们从现象去找本质的。从

---

① 亚里士多德:《形而上学》,李真译,上海人民出版社 2005 年版,第 362 页

现象去找本质,显然是南辕北辙了。可见,性质、性质物、性质物的现象即它的形或相是同时存在的,由于性质物的现象无有性质,即它没有内在的载体,所以由现象便不能得出本质。因此,众生的为现象所迷惑,不能求本质,乃是一种常见的病态,而且它是有历史原因的,关键是在亚氏那里出了错。

70. 现在,人们应该知道,从现象到本质,它们之间是没有任何的管道的。虽然,存在中也包含着现象,但现象的存在不能进入到它的背后的里面去。于是,现象的存在只是存在的现象,并不是存在的本质。鉴于在现象和内在之间,具有不可逾越的铁幕,所以由现象来认识本质或由现象来导入到本质的企图都是不能成立的。因此,人们必须承认并假定在显象背后,毕竟还有某种别的不是显象的东西,亦即物自身。① 如何在显象和物自身之间形成崭新的认识,是我们人类必须要解决的问题。有人认为,可以不断地通过剖析质料的方法,来使得某一现象的背后再反映出新的现象来,而这就是他们的所谓的形——而上的良策。其实,对于所有的物来讲,你无论怎样地进行剖析,它所呈现给你的,仍然还是你的剖析之前的一样的东西。至于由物自身或许的向我们来开显的那些现象的路径,我们还不能知道。由形——而上,直到物自身,我们讲,在去除了形的现象之后,我们的惟一的可依据的就只能是性质了。在此情况下,人们也就只能沿着性质的路,才可来到物自身——即本质的里面去。舍此,没有它法。

71. 或说,通过现象绝不可认识本质。这是由于,现象、表象等外在虽可代表着一种说明,且现象还具有主动的显相性,但却不能把它背

_____

① 《康德著作全集·第四卷·道德形而上学的奠基》,李秋零译,中国人民大学出版社 2005 年版,第 459 页

后的东西昭示出来,所以在任何事件中,它的存在只具有遮蔽之用。关于内在的本质,如某物的深处的结构性存在,就不能由现象来反映。这就是说,现象可以是我们人类与物的他者进行接触的开始,而反映本质的就不能是这些开始的东西了,经过我们的深刻的忖量,事实上只能为性质。在过去,人们看到的现象就像是在黑暗中见到的影子,随着进步,人们找到了产生影子的物,然后经过思想欲辨出物的如何产生影子,于是就找到了光,并沿着光来到了一片光明之地,并发现了太阳,此时方悟出只有太阳才是如上的一切的根本。这就是一条简单的由形而向上去的发现之路。

72. 当然,表面的现象也是不能触及本质的,如数学上的量就是这样。因此,作为表面的现象或作为现象的表面,即作为物的界面而言,它并不能代表物自身的内在,尽管它仍属于物的内在的止于外。若这个界面的东西向内能反映其内在的东西,则它向外也可以反映外在的东西,但是这个界面绝对没有这样的能力。所以,在一个现象的界面上来思考或说现象能反映本质等,就是绝对的荒唐。作为界面的现象仅仅是一种现象,是一个概念,这个概念必要居于它的存在之外,即它与物体的存在无关。于是,它与物体的本质就更是无关了。这就是我们的现象只是界面说。它的核心就是,这个界面既不能向内发生作用,也不能向外发生作用,而是处于内外作用的中和的在平衡状态下的存在,故其没有能量再向内或向外产生影响。可见,任何的现象作为某物的内在的向外的被终止的存在,它也同时是受了外力的阻止的。这个内外的力必平衡于现象的界面中,仅此而已。所以,物的现象绝不能向着它的内在的本质而去,也不能向着它的外在的本质而去。

73. 于是,本质便不会由现象显出。尽管现象的也是看似真实的,但这种真实的不一定就与本质有关,或说现象的也是客观的,然客观的绝不能等于本质,虽说本质也是客观的。我们知道,现象的必是外在的所面对着我们的像,本质是内在的性质的终极的寄寓者,所以由现象并不能反映出本质,而现象只是掩盖本质。本质应是在现象之内的关于物自身的向着它的本初的方向而去的最根本的性质的能存身之居所,即本质与现象无关,只与现象之内的物自身有关,或说只有通过物自身才可认识本质,而物自身的所有存在都是要由性质来反映出来。可见,"洞穴"中的影像都是我们所见的现象,故依着现象永远也找不到本质。因为,显相的一定是现象,物自身是在现象之内的,即凭靠现象是无以显出本质的。

74. 故此,现象与本质绝不可同一,物的本质在物自身中,而现象却在物自身之外,此就像黑色绝不代表黑人是一样的。在这里,表象的即是关于现象的,现象通过概念把自己变成了一个不透风雨的外衣,关于这个外衣的本身,现象也不能理解它自己,它只是成了人们争吵的对象。也可以说,现象绝不能表达自己为何物,自然也就不能深入到本质中去了。这样的话,对于现象的图景,要使之过渡到本质上去,是万难的。关于现象的外在的认识,它已被其自身茧缚得严严实实,即已没有向内外扩展的任何的余力了。所以,现象与物自身的本质就是绝不相干的。

75. 如是之,现象的就无法延及本质便是事实。这是由于,表面的若有本质,它就必须是独立的存在。然而,作为现象的相这种依附于他者之上的东西,又是难以找出属于它自己的存在物的,此即言,现象之中绝不会容有本质。同时,现象的只是意谓着"像什么",且是经验的"像什么",但"像什么"与"本质是什么"则风马牛不相及。如此的话,体现的、表现的就都是一种外观,外观的形可成象,象可成影,而质料是不可以成象成影的,所以形、影的现象就是无关实体的,因而也就是没有自存物的,这是一种推理,故现象都是没有本质的。

76. 再有,关于现象的和本质的是看似有关联的,实是相隔千万里的。比如,对象的被表象是可以长久地进行下去,然而它的仍是现象;某一整体被分解了许久以后,它所表现的也仍然是现象,即从现象来观出本质是绝不可有的。也就是说,现象与本质当完全无关,本质只有一个,现象则有无限个。现象并不是所有的事实或性质等的代称,现象仅表形态而已,除此无他。同样,以现象作为对象的知识更是不能深入到本质里去的表面的东西,即在现象里追求,永远也达不到本质中去。除非现象的都已毁灭掉了自己,即毁灭掉了自己的那些可感性的外壳,方能让物自身由性质来展示出自己的本质。然而,这又是现象的所做不到的。

77. 由上可以知道,本质无需现象。现象与性质物既不分离,也不相互作用,现象更多地是一种外在的象或像或影。非常显见,所有的性质物都有性质,都有现象,都有本质,但现象的形和影是没有内在的载体的,或说形可成象,象可成影,然质料是不可以成象成影的,故现象都是没有本质的。虽然,现象与性质物是不能分离的,性质与性质物也是不能分离的,但现象对寻求本质不起作用。因为,现象只有形而不及本质,然有形便不能说无,无本质又不能说有,所以现象就是看似有却是无的,看似无却是有的存在。如此者,是把现象独立起来讲的。其实,现象之形是不能脱离质料的,只有质料在才可以有形,故形不过是质料的不能离开自身的相,或说是不能离开自身的表面。为什么此时的物的所显映之表面即像(象)不能离开物自身而只能成为其自身的形,且某时的物也可以有影来脱离自身呢？我们说，影与形的分离是光在起作用，因为在黑暗中，就我们的感觉而言，形与影的共存是不显不离的，但是比这更深入的东西又在哪里呢？还要研究。影与形的分离表明，形是不能离开质料的，影是可以离开质料的，但影又不能离开形，即无质料便无形，无形便无影。然而，影子里又是什么也没有的。

78. 比如，黑暗是一种包容，是一种混同为一的存在；光明是一种清晰，是一种分割的力量，如果光明与热能相联系，则光明又是运动的力量，黑暗即是停止运动的力量。人在黑暗中 10 个月后才迸发到光明的世界中来，人每天都要享受一定量的黑暗，并最终要归于黑暗。黑暗利于我思，我能感觉到黑暗，黑暗作为一种未知者的现象是我们所能知的，但黑暗的本质绝不是由黑暗的现象所能观出的。人们关于黑暗的知识知道得太少了。所以，自然的乃是一种自然的涌现，但它所涌现的却是裹着外衣的存在，它的本质是什么？从外表上，一定是看不出的。因为，作为某一物的在其最外端的界面所表示的现象，是某一物与其外在的存在共同作用而成的。如人的皮肤的组织的外面和地球的表层的外面等，在这些存在里没有任何的内容，即人的本质绝不会存在于皮肤的外面的形——相里，或说地球的本质也不会存在于它的表层的外面的形——相里，二者是一样的。

79. 还有，水、冰、汽皆为同一之性质物，尽管其外形不同，然之不影响它们各自均具有无差异的本质的存在，或说形态与本质无关。据报道，到了纳米尺度，颗粒可能会几乎全是表面，这对于某一独立的颗粒或许是可以的，却也很困难，但对于颗粒的无分散性的集体，则是不可以的。鉴于事物的必然存在是起于本质的，而现象的原因则是内在与外在的夹击的结果。于是，现象本身的原因便不能只由内在去演说。

也可以讲,所有的形成表面的原因对于本质而言,都是无关紧要的,因为它只涉及现象。关于第一本原当是存在于本质之先的。此时,外在的形、像、影是现象的存在,但外在的色则是有内在寄托的,所以颜色不属现象。如白色就是属性质的不是属现象,本质不能在现象中存在,故白色的自身里面是含有它自己的本质的。在这之中,没有假像的问题,因为假的就是不能彼此一致,就是不存在的存在,且假事物必有假现象,但白色的不是假像。

80. 我们说,现象没有原本的存在,这是一个巨大的发现。所以,从现象中就找不到任何的与根本有关的东西。也就是说,从现象中是不可能找到本质的。然而,有人若以外在的形或式为本原,就是以现象来代指本质了,因为外在的形式只为现象—为表为相,这是无意义的。关于内在的形式说,可以看作是某一质料的宏大结构,而这种结构仍不可以成为本质。于是,下面的观点应是正确的,即走真理之路而非意见之路,方为妥当,这是由于,真理之路通向不变的本原,而意见之路却通向不可靠的现象。① 因此,依于现象必是不可靠的。

81. 另外,物的形状的现象可以无限地变化着,然而它的本质是不能随之现象做任何变化的,即现象的变化不影响本质,不影响继承性,或说形变质不变,现象变化与内在的质无关。这是因为,质的变化是根本的变化,现象的变化只是表面的,前者如生死,后者如形状的由小到大的变化等。于是,外在的是可以变幻多态的,而本质不能,故外在的不能反映本质。如,书的大小样式可以不同,但它的可以寄寓思想文字的本质则是不能变的。可见,由于现象之无常,其必要游离本质于千里

① 崔光辉:《现象的沉思:现象学心理学》,山东教育出版社 2009 年版,第 16 页

之外。

82. 关于性相,乃佛教之语,即是性与相的合称。涉及它的原文如下:性即法性,指事物内在的,不可改变的本质、本体、本源,如火的热性,水的湿性等;相即法相,谓事物外观的相状,可以分别认识,如火的焰相,水的流相等。中观学家主张"缘起性空",认为一切现象都是人们的虚妄分别,幻化不实,本无实在的自性,①这其中有些是正确的。

83. 在历史上,亚里士多德说,形式……是一种本质的原型模式,……形式的本意大概是指事物区别于共性状态的个别轮廓和形状。②所以,形式就是轮廓,现象就是形状,它可以由事物呈现。然而,事物的外表的呈现和本质的组分与结构,即与本质的原型模式又有何关系呢?我们说,本质与现象之间无有任何的介质,即现象与本质之间是不可能有任何的传导性的,这就是说本质的原型模式,绝不能成为物的轮廓形态。亚氏的弊端就是把本质的组分或结构或形态与外在的形式混在一起了,可以说这时的他一点都不懂得本质的存在。因为,只有内在的性质才可以谈及本质,由外在的形或称为像的东西,一定不能指向本质。于是,事物的本质模式与外在的形式便是不能同一的,比如冰雪的本质模态若为冰雪之外在的形状就是可笑的了。故此,亚氏的上述之说,便不值一驳了。

84. 紧接着,康德的现象学是划分感性和理性的,黑格尔的现象学是关于事物的外在表现的,胡塞尔的现象学则是对一般现象进行抽象而上升到先验的现象学。这三种方法都不能进入本质。因为,只要借

① 金炳华:《哲学大辞典》,上海辞书出版社 2001 年版
② 托马斯·阿奎那:《亚里士多德十讲》,苏隆译,中国言实出版社 2003年版,第54页

助现象,就都是水中捞月,不会有所收获的。当初,康德在由现象转至物自身后,发现自己不能再深入,就只好寻求自由,来发展伦理学了。这当是一种在研究本质问题上的实际的溃败。因为,显象不是物自身,即现象不等于物的本质,物自身是康德的本质说。关于现象与本质的关系,正如现象学之形与上学的关系。从过去看,似乎是先讲了本体的形而上学,然后才有了关于现象的现象学。其实,作为引导性的现象学的东西,总是要在形上学中与之时时相伴的,这就是一个历史的和逻辑的统一,它要求我们对这些当深入地来思考。

85. 康德讲,事物的本质并不因为它们的外在关系而有所变化,①即本质是与外部的关系变化无关。所以,我们的感性表象绝不是物自身的表象,而只是物向我们呈现的方式的表象。② 由于康德的物自身就是本质,可见表象与本质就无联系了。于是,形而上学便一直被先验幻相所蒙骗,……因为人们把本身只不过是表象的显象当成了事物自身。③ 这就是有关学者又把现象当成本质说的源头之一。此时,有专家讲,一定要把理性对本质的思考与感性对现象的认识分开。④ 否则,哲学上的问题便是一塌糊涂。

86. 但是,也有人说,在胡塞尔那里,现象就是本质,本质就是现

① 《康德著作全集·第四卷·道德形而上学的奠基》,李秋零译,中国人民大学出版社 2005 年版,第 448 页
② 《康德著作全集·第四卷·未来形而上学导论》,李秋零译,中国人民大学出版社 2005 年版,第 289 页
③ 《康德著作全集·第四卷·未来形而上学导论》,李秋零译,中国人民大学出版社 2005 年版,第 294 页
④ 游兆和:《哲学本质与演变逻辑新论》,社会科学文献出版社 2011 年版,第 98 页

象,①这似是极不妥当的。因为,现象学就如同是以洞穴中的影子来作为真的而进行的阐说,即它根本不知道本质的真的源头在哪里,此时他们只知道现象。我们可以把今天的沉迷于现象中的所谓思想家集体均称为"洞穴中人"。所以,凡是盯住现象,就会使本质消失,即现象只能反映它自己。可见,现象的本质说当是愚昧的,应该讲性质的本质理论才是正确的。

87. 再者,关于现象学的本质直观思想,不管它的从经验相似到经验的共相,再到高度的想象力,都不能想入到本质的一丝一毫,而这些仅是一般认识的初级阶段。认识本质只是有幸进入了性质之门的人,才可得到。大多数人一生只知道现象,少数人一生的前一阶段是认识现象的,后来就转向了。只有极个别的,在经历了现象的阶段后,开始悟入到了性质中去,并最终找到了本质,找到本质的人是少数中的翘楚者。同时,"本质直观是一种同一性综合"的讲法,也是难以综合到本质中去的。其道理就是,本质是不可直观的。

88. 很显然,在哲学家看来,认识现象不等于认识本质,因而对"现象"的经验认识也就不能等同于"真理"。② 尽管,现象学中的"现象"不是人的感官所感觉到的东西,而是人通过自己的意识活动"激活"感觉材料之后获得的一种意向,③这应是有道理的,但此时的现象之意向,还是不能达到本质。或说,本质的绝不是关于现象领域的认识,故

① 耿涛:《图像与本质:胡塞尔图像意识现象学辨证》,湖南教育出版社2009年版,第105页
② 游兆和:《哲学本质与演变逻辑新论》,社会科学文献出版社2011年版,第97页
③ 陈向明:《质的研究方法与社会科学研究》,教育科学出版社2004年版,第21页

言现象就是本质,这乃是天大的荒谬。其中,还包括有些人的所谓的从现象来看本质等等。

89. 所以,相、像或现象及形、样态都是由点、直线(或曲线)和平面(或凹凸面)组成,这些与实体的质料中的性质或本质则没有任何的联系。于是,从现象来谈本质是绝不相及的。还有,现象是指显现给我们的事物。现象是指就其自身显示自身者。① 然而,现象的背后,除了不断的质料外,看不出任何的新东西。这样的话,说现象就是本质,便毫无根据。

90. 众所周知,理念论是柏拉图哲学的核心,这就是说他只研究了共相的问题,但要从共相中抽出本质来,还是需要一定功夫的。他的共相说仍属现象,从现象到本质还有无限距离。柏氏认为用理念就可以代替共相为本质,显然是与表象裹在了一起,只是在表达上做了特别的强调罢了。但是,到了亚里士多德,他所立足的"共相论",就是多少地述说事物的性质了。因此,便前进了一大步。关于柏氏的共相,它多是从外在形式中抽取抽象出来的,但这绝不能关乎本质。我们言,只有把质料和形式抽象为性质的自动地指向本质,才是妥当的。否则,质料和形式就只是具有遮蔽性的东西。即,从质料和形式上就怎么也不能看到本质。

91. 所以,这时的抽象便已有了可将一具体物打开之意,所谓打开就是用思想去分解。② 然后,抽象即是要失去现象。如是之,抽象的才会伴有神圣性。比如,性质是性质物的性质,在性质物中,它们的各个

---

① 崔光辉:《现象的沉思:现象学心理学》,山东教育出版社 2009 年版,第 17 页

② 牟宗三:《理则学》,江苏教育出版社 2005 年版,第 6 页

性质都是相容的,它恰似在金属的延展性之中必相容有导电性。性质的相容性反映了它们的出于同一本质的不矛盾性。因为,同一本质不可能出现完全矛盾的性质,如出现既导电又不导电的性质。然而,对于现象来讲,它则完全可以有相反的存在,而相反的存在不可能同出于一个本质。这样一来,现象与本质就完全在理论上脱钩了,或说本质只能与性质相联系。于是,在同一性质物的性质变化中,当某一性质 A 出现时,不可以出现与 A 相反的性质,即相反着的性质是不可在同一性质物中同时出现的。这在研究关于性质抽象的过程中,要十分注意。

92. 另外,从人的性质来看,它无不是内在的主观的,因此人的所有的现象便都是与性质相关的,即人的所有的表现和现象均为性质,所以它就与本质紧密衔接,比如,人的自由就是人的性质,但是人也具有遮蔽自己的性质的能力,人的本质肯定不是自由,应是其鲜活意识的寄寓着的凝聚物,这就是人的本质之一。对于人的生命来讲,他的肠胃就如同一口锅,可以不断地炖出其所需要的能量。此时,人的形态与之生命也是不能相脱离的,即他的现象与其生命的本质又是表里相映的,绝不差分毫。

93. 可见,性质与非生物的外在现象确是无关的,然与生物的任何的外在现象确实又都是统一的和同一的。在我们的文字里,若没有标明是生物的,一般就是指非生物的。因为,我们已习惯说,以现象来言本质是虚妄,其实就是指向非生物的。

94. 比如,现象只是肉眼的简单外观,而要达到物的和事件的内在的地步,就必须要以意识来驭性质才可完成。这可参照从元素中得本质的方法来进行。同样,某些外在的只有卷入内在成为它的架构,才是在内容中的即是内在的支撑的,此时它方可以脱离形,因而它的本身也就必是内容的了。它的形成过程也就是内容的形成过程之一。由于性质是与内在形式结构相伴而出现的，所以性质的在内容之中便是无疑的。然而，所有存在物的本质必是其内在形式结构的终极构成。如此的推理是具有合理性的。

95. 再有，现象只于外在中幻化，本质与性质于内在中多不可变，故现象与本质无交集。即，现象不是性质，性质都是与内在相关，都可直达本质；或说，现象都是依附性的东西，而内在性的则是真正的具有内容的有性质嵌入在其中的，是可以找出本质的存在。进一步讲，现象上的一样，不一定在性质上是一样，本质的就更不能一样了。于是，同一的东西必有同一性，但不必有同一形，然必有同一质。这是由于，执著于现象，不能深入到性质的内在中去，凭何管道以达本质？故，从表面到本质，不经过相关的性质是无论如何都达不到的。所以，为了摆脱现象对本质的困扰，必须要用性质来拯救才好。

96. 因为，在现象与本质之间一定存有某些性质，只有依之性质才可达到本质，这就是说仅靠现象一定不行。所以，它便抛弃了从现象直到本质的任何可能。此就是性质的能力，就是内在的能力，然而现象不能对寻到本质具有任何的能力。在原则上，本质的主人必要带有性质的仆从，但在现象的没有厚度的存在中，性质则是无有容身之处的。很显然，性质是物自身的内在必然性，而这个内在必然性就是认识本质的必然；但现象的存在则是物自身的外在的必然性，正是由于它的外在性，便与内在本质无关。如上的思想应是非常易见的。

97. 据有关学者讲，近代哲学家觉得，在人的感官心智与实在之间总是隔着一道"现象"的屏障。① 于是,就要去现象,让物自身进入我们的意识。在此,我们所言的现象都是指着非生物的表面的形或相的,是质料的所呈现的外在的象或像,它与具体的内在无关。但对于生物的而言,则是另一番情况。比如,肚子痛是一个事实,不宜将其称是一个现象。还有,在正常人的脸上出现的比如一块紫黑的颜色,也不应将其称之为现象,因为它是代表着某种性质,并由此是可以找出引起这块紫黑的颜色的内在物质原因的。当然,这个内在的物质原因也就是其紫黑之性质所寄寓着的本质,或说是引发这块紫黑之产生的内在的质。所以,对于现象一词切记勿要滥用。现在的人们正普遍地在滥用着"现象"这一使用范围很窄小的词。鉴于现象无法反映本质,故此我们在阐述由性质到本质的过程中,就很自然地要把"现象"一词给抛掉了。

98. 关于形的存在,如数学中的三角形、圆形和多边形等,都是真实的可反映性质的存在。但是,铜球的圆形的圆就与铜的本质无有关联。因此,人们便不能把铜球的铜的本质和其球形的圆的本质进行叠加。也可以说,处在铜球表面的园是没有性质的,它就像所有的非生物的性质物的外在一样是没有性质的,恰是由于其没有性质,所以这个圆形的现象就不可能具有本质。只有脱离了该性质物的圆,铜的本身才会由其性质而显出自己的本质。铜球所显的圆和它的有关凹凸不平的表面都是一样的外在,因此这些显象就都不会具有性质,进而说,类似它的性质物的所有外在之象都不可能反映本质。故性质物有性质,有本质,非生物的形或像的外在是无性质无本质的。于是,性质、性质物、

---

① 张志伟:《形而上学的历史演变》,中国人民大学出版社 2010 年版,第321 页

性质物的形(象)的关系便表达清楚。所以,在谈铜的本质时,就必须要把它的外在的形,如圆球形的现象给去掉,此是符合人的认识本性的。这样的话,去现象而求本质就是一个天然的路线。只有如此,才能去蔽,才能深入,才能寻到本质的所在。可见,非现象学的表本质,如在数学中的以三角形、四边形和圆形的来阐说之是完全可以的,即只有脱离了现象,本质才能明朗起来。

99. 于是,寻找现象背后的机制就是探究性质的规律,这乃是摆脱现象的走向本质去的重要一步。因为,不去现象,本质难寻,而去现象必是要揭示其内在,此处的揭示一语用得十分准确。故,从万物之相状中再向内取出精见,就是去现象由性质而得本质之意。届时之见,就是性质的真见,或称是趋于本质的真知灼见。它要求在手段上,简单地罗列现象不行,去现象必须当置于历史的、逻辑的、方法的等体系之下,才能成为学问。或说,只有去掉现象,经由性质,直达本质,才可以拯救哲学。

100. 此间的程序就是,由感性抽象到普遍的理性进而上升至性质思维才好,然许多人的思维只是表象思维,即只是停留在表面上。在人们的认识过程中,要去现象而不是透过现象来寻找本质的人是不多的。可见,物自身就是去现象之后的存在。更深一步讲,要获得对本质的认识,就必须要扬弃面、相,即扬弃形、像。所以,要获得本质的存在,只能扬弃外在的现象,定是无疑。

101. 从历史的过程看,人的意识的初级阶段难以突破现象的藩篱,即使看到了真相,比如内在的质料,也不能看到本质。象与相,永远是遮蔽。有学者讲,尼采的永恒轮回说思考了存在的去蔽,却未能思考存在的自行遮蔽和庇护,未能思考"虚无主义"的虚无—原本在存在的自行遮蔽中有其根基;"无"是不在场状态,也就是隐蔽的聚拢的在场状态。① 这就道出了人的认识的片段性。很显然,任何的存在都是具有自行遮蔽和庇护的本能,这就是现象存在的最深的根源。但是,人的意识又是具有去蔽的神功,这就是人的去现象的天性,此二者正是在去蔽和遮蔽的斗争方面,才找到了在遮蔽过程中尚未能遮蔽的且正好是处于去蔽时的所开显的无蔽的存在,此时的存在定是反映了事物内部的筋脉,其一旦进入我们的意识,也就进入到关于性质的范畴中来了。

102. 一般来讲,障碍就是遮蔽,物的现象即是遮蔽,人以烦恼为遮蔽。遮蔽是自遮蔽,去遮蔽要内、外力,因此人们要全力去现象而见物的本质,还需去烦恼以见自性方可。同样,解蔽也是去现象,要内在敞开使本质自现是不可能的,我们只能通过性质的管路来见到本质,或言找到了性质的终点处的存在即为本质。这就是说,只有去现象不再思形相时,始能由性质而前进到本质中来。海德格尔曾认为,去蔽之法是靠技艺即技术和艺术,这是不妥当的。去蔽的根本就是以性质而否定现象,然后再深入到它的源头处。去蔽需要一个过程。虽然绽出与遮蔽是一对概念,但绽出、解蔽、开放和现身大都是一个意思。

103. 有时,人们存在的怀疑,就是现象的谜团在其思想中的反映,解决怀疑的方法就是去现象的遮蔽。至于有关本性的受束缚说,就是它的本真已被杂乱的现象所遮蔽了。因此,凡是在现象上的都是存在中的被存在,只有注意到了性质差异的,才可进入本质。俗话讲,小,畏于难,小畏化为无即为无化,即可致无不化。大,畏于死,由此可得大无

---

① 张志伟:《形而上学的历史演变》,中国人民大学出版社 2010 年版,第288 页

畏。这样,才可打破所有的遮蔽。此乃是对人去蔽时的精神要求。

104. 海德格尔讲,从隐蔽中出身,都是本质上属于在的事,……在和表象之既相抗而又密切合一。[1] 前一句话,若指性质就是对的,后一句话则没有意义。另外,此在就是存在中的无蔽,无蔽的就是真理,即此在就是讲存在中的真理的。因为,去蔽的就是真理,这乃是古希腊的语意。我们讲,去蔽就是去遮蔽的现象,就是去现象的盖子。当然,去蔽后的存在,倘以性质而言,其为真理也是可以的。这是由于,"无蔽"就是"让存在者存在"或"给予存在者存在"。[2] 很显然,此间的"无蔽"当是性质的无疑。

105. 但是,如果真理具有无遮蔽性,即真理的就是无蔽的,或说真理本身是毫无蔽障,自在自为的,[3]则真理就不具有本质性,因为本质总是被遮蔽着。所以,本质的若在先,就可以展示真理,此时的真理仍为性质;反之,便是我们当下所难以理解的。

106. 如此讲,本性之所寄寓的质即为本质,本质可以是一个物的深处的内在组分或它的结构,故本质便与某一现象是不能相提并论的。比如,水的 H_2O 的组分和结构,就是反映其本质的,这当是对本质的与物的终极组分与结构之关系的精准的确定之一。但是,对于万千的现象,说它与本质有关联,则是不恰当的。

107. 综合前述,我们是在奠基了性而上之一的基础之后,才得以发展到一定要去现象这一高度里来。其实,去形就是去现象,解构现象

---

① 海德格尔:《形而上学导论》,熊伟译,商务印书馆 1996 年版,第 115 页
② 张志伟:《形而上学的历史演变》,中国人民大学出版社 2010 年版,第291 页
③ 张志伟:《形而上学的历史演变》,中国人民大学出版社 2010 年版,第212 页

学就是说清了形而上学的再也高不上去了。经过我们反反复复地表明去现象的必须和必要性,它也就再次证实,惟有经由性质之路,方可寻到本质。用其他方法,确是行不通的。

第七章 性而上之三

1. 胡塞尔讲,现象学所谈的是"感知、判断、感受等等本身",[①]我们言,这样的现象学,更是认识论方面的东西。因为,哲学家关注的不是现象。他又说,认识论从来不能并且永远不能建立在任何一种自然科学的基础上。这是由于任何的自然科学都是以认识论为始的产物。故,认识论必当存有后生的自然科学的先天基础。其实,认识论的核心含义就是知识论。同样,推理的本质上也是动态的认识论。此时,关于推理的逻辑至少于过程中当是真的。在认识论上,人们需要逻辑。

2. 一般来看,只有符合认识论的,才是合逻辑的。并且,关于本体认识的历史过程也是逻辑的。其中的关键,都是要沿着认识的程序展开,才是符合自然的规律的。比如,哲学史也就是认识判断深化的历史。在过去,黑格尔曾将认识论与本体论合而为一,愈往后,认识论便愈要以形上学为基础。

3. 然而,认识论的研究应当从认识的最初的起源开始。比如,原始人的早期认识和思维就是现有人类认识和思维的"发生地",是现代科学思维形成和发展的源头。[②] 于是,没有源头的认识史是不完整的。

----

① 胡塞尔:《逻辑研究·第二卷·第一部分》,倪梁康译,上海译文出版社 2006 年版,第 15 页

② 李景源:《史前认识研究》,湖南教育出版社 1989 年版,第 4 页

4. 张志伟先生讲,认识论归根结底不过是主体的主场,①这是有道理的。所以,言主体和客体的关系只能是认识论上的话语。至于黑格尔的实体的能动的或说活的意义,乃是一种天赋的,可以被人所感知的能认识的具有灵动的功用之存在,其实此时的实体与主体是同一个东西。故此,只有当人把自身划分为主体和客体两个方面,把自己既作为主体,又作为客体看待时,他才会成为认识论意义上的主体。

5. 可见,认识是起源于主客体之间的相互作用,并于主体和客体之间的中途—来活动的。在此,人之所以成为认识的主体,并不是因为他是"人",而是由于他获得了一种新的适应环境的方式—劳动活动方式。我们讲,这种劳动是具有创造性的行为,是具有起源性的东西。于是,在劳动中,主客体关系的分化是随着联结主客体之间的中介物的变化而不断发展的。……物质活动、表象观念和抽象概念可以看作中介物的不同形态,②即分化的是为了要我们来认识它。或说,这里的分化的也应是按逻辑展开的。概括来看,主体、客体、对象、内容、形式、层次、过程都是处在各自的不断的分化之中,人们就是在分化的过程中逐渐提高认识水平的。

6. 在认识论里面,相对于主体的客体就是对象,这是由于对象能从各个方面来展示着自己。其中,对象中的"对"有迎面而来的意思。如是之,人的感性认识的产生就不是主体对客体的消极直观的产物,而是主体和客体相互作用的结果,即认识主体的认识与认识客体的被认识只有在同时显现时,客体的被认识才能进入到主体的认识中来。当

---

① 张志伟:《形而上学的历史演变》,中国人民大学出版社 2010 年版,第204 页

② 李景源:《史前认识研究》,湖南教育出版社 1989 年版,第 8 页

然,认识的存在又是具有先天性的,主体的意识和客体的给予性都是要表现为一种预先的存在。否则,二者就互动不起来。

7. 不难发现,在认识上之主体,必是要有生命力的,也可以说,认识的均是为了生命的目的才存在的,当生命的存在体日趋走向极致的时候,它便会从无语的本能的和低级自我的向着大脑去高度发展,并逐渐成熟,形成有语言的可思维的抽象意识,进而更好地为生命体服务。可见,认识作为人的一种本能,不管它发展到什么程度,都要寄存在生命体上,并为之鞠躬尽瘁。因此,认识的存在时时刻刻地都是在执行着生命的使命。所以,只要我们的生命在,则我们的视觉、嗅觉、听觉、感觉和触觉等的所感就是一个瞬间的判断,且这个判断是在意识的指导下完成的,但是由于它们往往耗时太短,便被我们称之是直觉了。这种直接的判断是靠先天所赋予的是与生俱来的。如此者,意识的产生的程序里就不能缺少判断的概念了。凡是未经我们所判断的,就不能进入到自己的意识中来,或者是不能为我们的意识所印记。这样的话,判断就自然要内生地引发出认识。

8. 由上看,认识的即意识的阶段性获得,是依于生命的身体的阶段性发育变化而逐渐形成的,如此的观点是对的。脱离认识阶段说就很费解。进一步讲,认识的既是意识的,也是意识之功能的,当某些意识能上升到精神的层面后,它便会超越认识的阶梯,而成为主导生命的神性的东西。鉴于认识的意识性,有些外在的你只要想去认识它时,它就会存在,否则就会被我们忽略了。然而,有些外在是可牵引着你必须去认识它的。这里的关键,乃是由外在的与我们的人之生命相关的程度是否紧密来决定的。于是,人的大规模的拓展认识的基础,当是其生命的业已发展到了能与复杂外在相适应之后的事。

9. 我们讲,只有在人的生命的基础上,才好研究认识的起源,以及人的为什么能认识外在的问题。首先,凡是在时空范围内的存在,它们就都有相通性,这些相通性的存在,便是人们产生认识一切的基础。比如,对"人类精神的史前时代"的研究,只需从物质世界的原子层次做起就已经足够了,①这里的仍是属于认识。李景源先生讲,史前认识是指有文字记载以前的认识。我们可以将其认为是处在人类的会说话之前的所有时代。

10. 第二,人是由无生命的外在逐渐地走来的,他必要经过水陆植物和动物到人的荒昧阶段,所有的这些历史的过程,也就构成了人的可以认识外在的无生命的水陆的植物的和动物的到人的当下的以前的存在的源头。因为,在人的基因里一定会有这样的存在。比如,物与物的或物的面对人的反应的刺激是无时无处不在的,这里的要害就是人的如何被感知。人的被感知的起源是人的作为最低级生物时的被刺激和被刺激的积累到一定程度后所做出的反映。如是的反应和反映的结合,则认识的意识便会得以形成。其中的人的被感知就是其被外在所刺激的结果。

11. 第三,研究认识的起源,宜先研究认识能力的起源,这里所言的能力主要是指人的学习以及思维的认识能力。比如,一切活的东西都反映着它们的环境。② 于是,每个人在后天都在观察着外在,然于先天上,他们又都是外在的塑造者。因此,人便要反映着外在,所以他们才能反观外在。倘若人不是外在的造物,则他就不能知觉外在。人只

---

① 陈剑涛:《认识的自然起源与演化》,中国社会科学出版社 2012 年版,第 65 页

② 韦尔斯:《生命之科学》,郭沫若译,广西师范大学出版社 2003 年版,第 1275 页

是关于过去和现在的承载者,人的现在的所感所思者都是过去的惯性的遗存,其前提是过去的先熔进了人们的肌肤里,故而才有今日之观察外在的进入我们的内心之中的适应和寄存的成功。以上的一切的根本,就在于人是经由了先天的外在的且也曾是外在的过程存在,如果脱离了这一点,仅仅地只是后天地研究人的认识外物和外在,就是脱离了源头的说法,便会失之理据。这似是现代人的一大发现。根据先天说和人是外在的反应的造物说,便使认识的来源问题得到了极大的扩展。

12. 第四,人为什么能认识自然呢?因为人是从自然中出来的;人为什么能认识微生物、植物、动物呢?因为人是从这些存在中演进过来的,或说也是从这些存在中走出来的,这就像人是从某个房室里走出来的,他一定会对房室有所认识是一样的。这就解开了人的原始的认识之谜。比如,记忆的或 DNA 的遗传性,就表达了从非生命的诞生过程中,到有生命的遗传,又从有生命的低级遗传进而向着生命的高级过程的遗传。故遗传的根基或说遗传的先天存在是在非生命的那里的,而这些也正是人的能够认识非生命的存在和能认识低级生命体的如微生物、植物和动物的原因。尽管 DNA 需要 RNA 来表达之。可见,DNA 的遗传性,就是我们反向认识 DNA 之遗传的脉络过程或源头的线路,离开这个线路,认识的之所以认识的问题,就无从解释。RNA 相当于我们人类的外在的激活,但它是内在的。若没有 RNA 的存在,DNA 的信息便难以主宰生命的细胞。所以,DNA 和 RNA 才要相伴而生。

13. 于是,人之所以有认识外在的能力,实是由自己的内在和其曾处于外在的经历所共同决定的;或说人之所以能与外在发生联系,也是由上述原因所共同决定的。因此,外在的与我们的联系就不是偶然的了,而是一个必然的了。否则,外在就不会被我们所认识,就不会与我们有联系,就不会成为我们的意识中的存在。如此一来,我们说,只要这个可与外在发生联系和产生认识的内在与自己的曾经的外在的痕迹是共同地存在着的,则在这些共在之中,就会生有打通内外的联系的管道了。所以,人的所有的这些意识的能力,虽是具有内在性的,然而在这之前,又是要先有自己的曾经的外在性的。至此,我们才会有与外在发生联系,发生认识,使外在成为我们的意识的内在的存在。

14. 之后,我们探讨认识的程序问题。在起初,当为眼、耳、鼻、舌、身的展开,因为它应是认识的极重要的开始之一。

15. 佛学认为,人类的认识是人的认识器官六根(眼、耳、鼻、舌、身、意)对于外部世界的六尘(色、声、香、味、触、法六种现象)发生作用而产生。[①] 其中还有,六识:指眼、耳、鼻、舌、身、意等六种认识作用,即以眼、耳、鼻、舌、身、意等六根为依藉,对色(显色与形色)、声、香、味、触、法(概念及直感的对象)等六境,产生见、闻、嗅、味、触、知等了别作用的眼识、耳识、舌识、身识、意识等。识、境、根三者必须同时存在。于是,识就是通过六根之见、闻、嗅、味、触、知等来对色、声、香、味、触、法的了别作用。意识由眼识、耳识、鼻识、舌识和身识所得。鉴于识、境、根必须同时存在,则内外在经过五官之门的敞开,就一定是共在于意识的认识之中了。因此,眼、耳、鼻、舌、身都是能开始与开启认识的识界的,意识本身也是能开始和开启认识的识界的。

16. 所以,感觉的定是认识事物的管道。比如,视觉既能认识事物,也能揭示其差别,这个揭示差别的存在应是认识事物的重要步骤之一。于是,在认识事物的过程中,人的眼睛最忙。人的大部分体验来自

---

① 《梵网经》,戴传江注,中华书局 2010 年版,第 33 页

视觉,或说人的认识多是经视觉来形成体验再去展开的。这时,任何的外在的流变在我们人类的视觉的照相机的面前,都会在被拍摄时而给予不变的定格,故流变对于我们的理解来讲,不会因其不确定性而不可认识,即它对我们的认识不产生任何不利的或不可能会产生认识上的影响。在此基础上,以可见的认识方式就能获得知,也即由见而知,还可以称之为见知。

17. 依前述推理,当是先天给人类的官能以第一次的认识能力,然后人的认识能力便与官能要相互地促进,即人的认识能力愈大,则之官能的洞察力也就愈大。从发生学上讲,感性是知识的起源。感性的首先的是事物的存在的可感之性,由此可感之性才可刺激我们的人的感官,进而形成感性认识。那么,人们又是如何认识的呢?又是如何知道的呢?即是如何在心灵和自然之间形成知识的呢?这就需要人们在心灵和自然之间打通那些业已存在着的某种能起遮蔽作用的界面,而完成这个打通界面任务的就是人的视觉、听觉等感觉的存在。这样的话,外在的成为内在就是五官的与其所面对的他者或他者与我们所形成的普遍的必然的感应的结果。此时,外在的只有适宜和通过人的感官的闸门,才可以成为意识的部分或内容,即外在的必须要与我们的认识能力相符时,它才可以成为我们的认识对象,才能进入我们的意识。陈来先生讲,人的知识都是由"合内外"而形成的。① 所以,耳目的闻见接受外部事物的给予,也就构成了人们的得以认识的门户。

18. 以向言而见,认识的起源于感觉,感觉的便是外物作用于感官的结果,它既要强调经验在认识中的作用,又要强调理性的作用。同

① 陈来:《宋明理学》,生活·读书·新知三联书店 2011 年版,第 79 页

样,人的认识对象必是要通过五官的管道而处于内在与外在之共在的状态中的。我们讲,这应是容易理解的。还有,感官认识多是外在向着我们而来的,思想的认识则是向着他者而去的。此间,向着我们而来的看似没来,向着他者而去的看似未去,但是它们确实来了,也确实去了。为此,认识自己就要多靠直觉,认识上帝便应依解证的才好,而认识他者之物则需凭感觉。直觉于人通常是以心而直达于心的,感觉是要通过感官的方可达于心,此二者是不相同的,解证是相当难的。故,研究心的意识就可以从认识开始,而认识又是从五官开始,即由外在进入到内在。这里就有感觉、觉知和知觉等。

19. 于上看,认识就是意识的通过五官的认和大脑的识的结合。如是之,大脑通过五官使外在指向自己的结构网络,形成意识,并被自己所意识到。意识的最伟大之处,就是能意识到自己的存在,而这也就形成了人的能自己认识自己的源头。倘若没有意识的能自己意识到自己之意识,则一切的人的反省自知的就都不能存在了。在此间,一切又都是自相适应的。人的能自我认识的能力或许是其他动植物所不能有的。再推演之,就是感觉中含有知觉,知觉便被意识转码为了概念。人的五官得到的看似是表象,都是感觉。认识的基础含有感觉,但它的成果已远远地超出了感觉,并可上升到了超感觉和超现象的程度里面去了。认识就如一条线索,它的一端由五官的感觉组成,一端则是可以发现性质和本质的存在,尽管这个线索很长很长。

20. 关于认识的开始阶段之二。皮亚杰讲,一切认识在初级水平都是从经验开始。[①] 由于感知是认识的首要存在,在这里,认识的初级

---

① 皮亚杰:《发生认识论原理》,王宪钿译,商务印书馆 1987 年版,第 6 页

水平若从经验开始,则经验就是从感知得来的,或者也可以说,经验与感知是并存着的一种共在。虽然,人的认识能力是天赋的,但如果没有感性经验的凭籍,就无法获得知识,①即人的认识能力是天赋的,认识的过程必须是要在后天才能完成。所以,它定是先天与后天的结合。

21. 顺着刚才的话语,知性必须要在驾驭感性的基础上,通过思维,才可认识出与经验的区别。不然,经验的意义就不能显示出来。因为,经验和习惯也是理性的根基,所谓经验性智力实际上应是根据一种情况对另一种情况的相似性与差别性的认识,理性的形成,正是需要这些具有差别性的认识。此后,理性就可以在自己的成熟之际,抛弃知觉,再去认识那些新的非经验的对象了。可见,经验的往往具有桥梁性的作用。

22. 当然,认识的也一定是判断了的内容或意义等,包括那些经验性的东西,或说关于其存在的必是已判断后的实在。所以,认识的结果通过实践的判断还应跳出经验的窝窝。经验的上方有现象的遮蔽,经验的下方有现象的迷雾缭绕,惟有实践可以刺穿这些。因此,实践的现实性,就要使认识的走向理智或是理论的了。虽说在实践里面,也含有猜测和思辨等,但都不会影响认识的最后的观念达成。这是由于,人们除了要有实践真理的能力外,还一定要有真理的反作用于实践的能力。不然,认识真理就没有意义。

23. 关于认识的开始阶段之三。黑格尔讲,自我是认识得以开始的主观条件,②或说认识的首先是自我的,包括我的认识、我的认识之正确与否等。因为,通过认识,存在着的世界为我,为我们存在着,而我

---

① 陈来:《宋明理学》,生活·读书·新知三联书店 2011 年版,第 353 页
② 黑格尔:《精神哲学》,杨祖陶译,人民出版社 2006 年版,第 44 页

们,认识者,又存在于世界之中。① 同时,它的意思还有,我去认识世界,我也当是世界的一部分。

24. 于是,认识就是我的认识,我认识他物,是要使他物进入我的认识,而成为我的认识。如我读书,就要把书的内容转化为我的认识,而我的关于它的认识,也正是书的内容。所以,认识就是我的去认它,而使它成为我的识。故认识就是在外物之反应的基础上,关于我们的反映的一种重构。可见,所有的外在与我的感应都是关于人们的认识和发现,都是成就意识的存在。比如,我注六经只为注经而已,然一旦六经注我就会有新经了。在这里,我们的知性当是一种规范的能力,既纯粹的知性定是某些行为的必然依据,知性于我们的活动就是思维,思维就是一种我想要思。认识也是从我想我思中出。

25. 还有,认识的产生自觉,它能够认识到自己在认识。这样一来,认识的自觉就会架起意识与外在沟通的桥梁。且认识就会形成自己所知道的系统,对于某些不明白的东西,这个系统也会想办法来让它知晓。比如,在少小时分,人们欲内在地认识到自己是不可能的,只有通过认识他者,再转嫁到自己的意识上来时,才有可能是真地认识了自己。总之,通过对外在认识自己是可以实现的。尽管认识外在,也是由自己来完成的。但是,认识自己,到了一定年龄,就不必再外化自己,只要扬弃已有的外化,就能回到自己了。人们一旦回到了自己,对自身就要真,对社会就要善,在自己与社会之间或说在社会与我之间就要呈现美。只有如此才好。

26. 由上所指,认识他者就是当把我们的意识要与之联系在一起。

---

① 胡塞尔:《第一哲学》上卷,王炳文译,商务印书馆 2010 年版,第 424 页

同时,存在者也必须被展示给我们,我们由此而认识它们。① 在方法上,要从事物的可认识性出发,而这个可认识性也正是我们所能认识的,于是这就可以把物的和我的思想结合了起来。就某些情况看,他物虽可以展开许多,但我们人类却只可认识其中的一部分能被我们所认识的东西。随着人类认识水平的提高,我们的认识的他物就会与现在不同。

27. 贾克梅蒂认为,在历史进程中,知觉已经被智性地转化成概念,我们已不能在真接地看对象,而是通过认识来观看物象。② 此即言,知觉已变成了概念,在我们看对象时,概念已抢先一步,把对象给笼罩住了。这样一来,我们就有理由把劳动的产品看作是认识成果的物化,③而产品的更新,正是观念提高的反映,所以商品的存在都是人们的认识水平和需要概念的外化。需要的前提是经由认识的存在而形成的,没有认识到的需要是不存在的。因此,所有的物的商品都是对应着人们的认识的观念的。尽管在这之间,人们又加进了供给的概念,但它只是从属于第二位的。由于认识的概念出现,质料的便不可以成为我们所能认识的东西,质料除了这个词以外,其他的东西都很难进入到我们的意识中来。虽然它也是有所指的,但是这个所指的始终都是不能让人有半点的可以清楚表达的存在。既然如此,在认识中,我们就当先要考察那些能自动展示能力的源泉,再去考察那些被动的容力的存在可能,如此才会全面。所以,认识能力和容力要兼顾。

---

① 海德格尔:《物的追问:康德关于先验原理的学说》,赵卫国译,上海译文出版社 2010 年版,第 185 页
② 王少斌:《存在与视像》,《文艺争鸣》2010 年 第十期
③ 李景源:《史前认识研究》,湖南教育出版社 1989 年版,第 13 页

28. 紧接着,就是如何以我的指向你和我的指向他,走向你的指向我和你的指向他,以及他的指向你和他的指向我,这既是认识上的问题,也是有着方法的价值的和本体的意义。显而易见,如何在你我他中完成认识的统一,其前提只能是思想的和价值规范的高度地胶融成整体。

29. 沿波讨源,我们知道,人的认识只是空间认识的一小部分,空间的认识工具在地球上或许就是人。在空间中,当外物具有不能被认识的存在时,人们便不能认识它,故不可认识者乃是外在物和人两方面的因素造成的。推而广之,所有的存在如果不是面对人的,就都是人的不可想象的,即脱离了人的存在,或许是存在着,但已不是存在于我们人的存在的概念之中的存在了。那样的存在,在我们之外,永远不为我们的存在认识所知,永远不会进入我们所知的存在范围之内,或说脱离了人的物,不为人所设想的物,同样是不可设想的。

30. 虽然,人的认识外在既有本能的,也有后天的靠本能来驱动的,即是其二者结合的;但是,人的认识一定需要沿自然逻辑的路线方好产生。认识一旦形成,则其与人化的观念、精神等便是同一的东西。观念的合于分析认识,超自然的为笼统的认识,人化的是自觉的认识。由于认识的个体与系统具有一致性,在原理上,任何个人的发明创造一定是与之所处的社会的系统是相适应的,它所需要的条件也当是基本具备的,因而必是可逐步实现的。所以,只要能想出的,就应是能慢慢做到的。在实际中,可能会略有时间上的出入。

31. 很显然,人的认识活动不管以什么形态出现,总是社会性的。人们只有在社会交往中才能改造世界,人们只有在社会交往中才能认识世界。因此,人的认识,人对外部世界的反映,本质上是社会的。①于是,知识一定是通过个人感知、知觉而被人们所认识的或知道的关于社会性的东西。比如,关于女巫和圣女的知识就都是由社会来决定的。再有,关于人对人是狼的认识,也是这样。

32. 就社会问题,包括自然和神学等,我们讲,在更高的层次上的不能形成分别,乃是我们人类的当今要处于更大的混沌的原因。比如,关于哲学与科学的区别,就常被人们忽略掉了,以致把哲学也要说成是科学,进而就酿成了极多的在认识上的麻烦。还有,就是美国总统与中国元首的区别,也被人们忽略了,以致认为是一个样子的,这就是大错特错。现在的人们,对于极高之存在中的分别是无从辨认的。某些人只适宜分辨极低层面的东西。

33. 众所周知,人的认识的发展,天赋的是基础,学习的是助力。至于人类的发现规律也就是人类的认识规律,如婴儿的从点到线到面的发现,也就是他的认识的展开的程序。在这里,关于人类的类,乃是含有男人和女人的共性之意。

34. 沿着黑格尔的路径,只有自我的方能具有认识的作用,或说能起认识作用的只有在自我的过程中才可实现。然而,认识也必须要有对象,没有对象便没有认识。此时,内省的反观的都是人们的自我认识的东西。或说,凡是人们所认识的,都必是属于自我的部分,进而均能影响到他的行为。于是,认识的就是向着自我的,而认识的结晶之语言的便是向着别人的,语言的绝不是为了自己而说的,因为对于自我来讲,是不用语言的,只要用思想就可以了。比如,在证实的方面,知觉间

---

① 夏甄陶:《认识论引论》,人民出版社 1986 年版,第 188 页

的相互的更正性,恰恰表明了认识的是可以走向自我的成熟的,乃是有脉络的。这是由于,知觉和感觉都是关于认识的,且认识的本身又是具有非自足性的。

35. 此外,哲学的通过认识而实现着的自我意识,表明了人之意识也为实现的认识,即意识与认识,或认识与意识应是一体的。在自我的成熟的大脑中,认识与意识既是并存的,也是可并用的。当然,意识更是具有先天的认识能力的,而认识的行为的本原是在天赋的那里的,其要求我们应直接地去认识对象。这样一来,就人的认识内容看,它们便都是从外部来到意识的里面的,这些是正确的。

36.更重要的,我们讲,认识就是要使意识知道,此语太精妙!之后,认识的愈深,意识的就愈复杂。在此,认识之实就是意识的另一表达。因为,一切的认识都是意识之中,绝无意识不包括的认识。对外,认识必要充当主观意识的前置力量;同时,认识的又都是要在意识的条件下,才可认识。比如,认识的知觉的意义一定是关于意识的。胡塞尔讲,认识的综合是某个"一致"的意识,①这是对的,其主要是表内在的。但是,就外在看,在一致性的问题上,比如,结论合理,其认识的过程就一定合理吗?或说认识的过程合理,其结论就一定合理吗?有时也不尽然。所以,只有实现了认识上的内外自觉才是意识的成熟表现,它当是从直观、反省至深思,乃是从发端、发展到结果的过程中逐渐悟得的。

37. 写到此,便应明白,认识其实就是要思维相伴于意识中的,这当是肯定的,即认识的必是信念要推向理性的行为。并且,心灵的认识物一定是因为物的当具有被认识的存在,人们的心灵间的交流是因为

---

① 胡塞尔:《逻辑研究·第二卷·第二部分》,倪梁康译,上海译文出版社 2006 年版,第 46 页

彼此对方的心灵都有被交流的对象,即人们只交流那些彼此存在的可以被交流的部分。不难想象,被思想者必是先天早就赋予了其可以思想的东西,只有如此,才是思想者可思想的。这与被认识者是一样的。在此基础上,关于外在的"真"就要经过思想之真的属性来确认,就要通过思想认识的联结,才可完成确认。鉴于思想和被思想的东西是同一的,其前提就是认识和被认识的东西是同一的,即意识和被意识的东西定是同一的,如此就解决了内在和外在的统一的问题。

38. 所以,认识与被认识之间,或说意识与被意识之间都是具有同一性的,正是由于这个同一性才完成了认识到的和被认识的二者的统一,即只有被认识的符合了认识的,它才能为认识者所认识。在这背后,其所隐蔽着的就是,认识即意识至少要具有双重性,它才能认识世界。这个双重性或多重性就是我们可以把人在开始认识世界的时候的存在称为第一性的认识 A,与此同时,人们又能有认识到 A 的认识能力 B,这个 B 就是第二重性的认识,也就是关于认识 A 的认识。当然,还可以有第三重性的认识等等。只有如此,我们的意识才能被我们所意识到,或说我们所意识到的,才能成为我们的意识,即我们的认识才能被我们所认识到,或说我们所认识到的,才能成为我们的认识。而这些存在,就必须要有意识的多重性作为前提,否则意识便不能意识到它自身,即所谓的认识,便不能被自己认识到。只有我们能认识到我们的认识时,人的认识才能实现,只有当 A 去认识某一存在,B 又能认识 A,或 C 又能认识 B 时,如此连续下去,整个的认识程序才会被激发起来,并最终才会使认识有所收获。这些应是具有绝对性的。

39. 关于认识的开始阶段之四。首先,认识的第一步应是来源于感知的,它是依赖于直观到的功能,才能做到的。黑格尔说,直观是认识的开始……完美的认识只属于用概念进行认识的理性的纯粹思维,①这后半句话,是讲认识的开始以后很远的事。因此,感知的体验就是认识,即感知是认识之最先的存在,感知中并存有直观,在它们的反映中,逻辑的应是心理的与直觉的结合。

40. 其次,贝克莱认为,最抽象最普遍的观念并不是心理或心灵起始所容易认识的,也不是它的最初的知识所精通的。② 虽说抽象可以到具体,但由具体到抽象更是利于认识的正确形成。因为,只要它不进行抽象,它就叫作具体的。③ 或称,具体的与抽象的是相对立的。尽管具体的内容是绝不相同的,但抽象的原则却是相同的。这样一来,人们就找到了可以统一认识的诀窍。

41. 第三,感知的运用智力更能推动认识的进程。譬如,通过"是什么"而认识,比通过"不是什么"而认识更有价值。这就是借助智力之后的智慧表现,且智慧也是智力的认识事物的一种超越的方法。于是,关于智慧就是对最卓越的事物的认识。在起初,经验认识不如技艺认识具有更真的知识,认识的知识应在为什么及原因的问题上得到解决后,才好上升到理论的认识。各个层面的知识会产生各个层面的智慧,但最高的智慧应是在原因的层面上展开的。

42. 紧接着,我们继续说,直观是认识的开始。同时,这种开始的认识当是要伴有专注的,即直观+专注=认识。可见,形成认识的障碍就是不专注。其实,认识需要专注的帮助,也就是需要注意和关心的帮助。所以,关注、关心、注意等都会合作地嵌进认识中去。同样,认识也

---

① 黑格尔:《精神哲学》,杨祖陶译,人民出版社 2006 年版,第 263 页
② 贝克莱:《人类知识原理》,关文运译,商务印书馆 2010 年版,第 12 页
③ 胡塞尔:《逻辑研究·第二卷·第一部分》,倪梁康译,上海译文出版社 2006 年版,第 248 页

需要理解,理解更需要认识,在它们的交互关系中,观察是会起到巨大的作用。至于在学习过程中所含的理解,就当是对某种问题的解决了。因为,学习与理解均是从认识开始的,在人的婴幼儿阶段,更是从直观开始。

43. 再有,关于认识的其他方面。比如,直觉的认识就是以知识、经验为基础的一种能力,在直觉的过程中,没有推理的成分,它所依据的只是潜藏在知识和经验里的意识逻辑。人们的知识越多,经验越多,则其直觉的能力就愈强,其推理的应用就愈少。这便是知识较多者犯错误的原因之一。倘若能把依赖知识的直觉力和推理的能力结合起来,就好了。于是,便有了理性的认识产生,因为它很少掺入那些看似精神的部分,它更多地是以实在之物为对象。然而,也有人要超理性,他们认为,在世界上存在的绝对知识,就是以精神来认识精神而获得的知识。因此,认知科学除了要来自哲学的认识论的和认知神经科学的外,还有时要旁逸到精神学那里去。这是一种细弱的委婉说法。

44. 显然,认识的存在经直觉而与知觉又是不可分的。首先,在我们言讲了直觉之后,必须要涉及知觉。一般来看,凡是知觉的都当是内在地要属于认识的;或说,"知"即是认识的一个方面,而"觉"就是一种认识。所以,在感觉中的知觉、觉察等都是具有认识的天然特性的。这是由于,认识是万不能离开感觉的知觉的所存有的感受性的参与的,倘若人无感受的能力,他也就不会再有认识的功能了。

45. 同样,在感觉中的体验也是一种认识。胡塞尔讲,认识是自然的一个事实,它是任何一个认识着的有机生物的体验,它是一个心理事实。① 然而,主观体验所经历的世界又不是唯一的,②这恰是表明了认识的具有多样化和世界的具有多样性。但是,关于多样性的存在,在认识上确是不需要达成人们的共识的,因为它是自明的。

46. 在前面的基础上,人们就能知道,认识的也一定是可以从感性中出的。曾有学者讲,情感不提供认识,这似是不妥当的。比如,诗是乐之芽,乐为诗之花,这就是一个由内在感情而外化为音响的过程。③因此,认识的就要在通过内外的相互转化或多次的反复中来实现。所以,鉴赏是愉悦着的,且欲求、偏好和兴趣又都有共同之处,它们都可帮助认识。其中,寻求美也是发现真理的方法;而在人生命里面存有的感激之情,看似的是归于道德之性,并且道德的又是先在于某些宗教而行的,但就是由于这个感激的存在,他人才愿意帮你去认识许多的事情。

47. 我们知道,感觉、感性都与他者有关,或说认识的就当是主客观之间的互通。但是,几乎所有的人都只能是部分地去认识空间,不能完全认识之。比如,惟空无为一,凡有者皆为二,对于这样的认识,就会使人极其吃力。再有,光对于玻璃来讲,是可以穿透的,这就是它的相当于一个实体的空的表现,而光对于水来讲,又相当于是一个液体的空了。这些都属难以认识的东西。于是,以人的有限的模式去了解或解释空间的无限模式,必然会存有极多的困难。然而,无限与有限在认识的过程中,又是难以分离的,事实上无限只有基于有限才可存在着。因此,它们应是一个整体。

48. 在研究认识的主客体相通的问题上,对于物的外在的而言,它

---

① 胡塞尔:《现象学的观念》,倪梁康译,人民出版社 2007 年版,第 18 页
② 李喜先:《21 世纪 100 个交叉科学难题》,科学出版社 2005 年版,第 592 页
③ 李晶:《以古筝演奏为例释"内心听觉"》,《文艺争鸣》2010 年第 5 期

一定不是其内在的反面,而应是之内在的表面,表面的虽因于内在,却已不属于内在,此时它只不过是处于内在之外罢了。对于主观来讲,人的具有能力才是其一切行为的发生源泉。于是,关于始生的存在,就叫原因;由原因而产生的就叫结果,且实施功能的就叫动作,而接受功能的便叫受动。因此,这里就有了互动的关系。其中,作用的目的是在于应用。比如,让副作用在某些环境下变为正作用也是有可能的。在自然科学里面,石浮水上和木沉水下者都是有的,而于社会的存在,就客观来讲,贫穷当是产生恶习的极大诱因。另外,关于数量它就是"序列"和"包含"两者的结合。① 这便含有了主客观相通的意思。

49. 同时,在某些情景中,习俗比自然的力量还大,这就是社会的大于自然的东西。但是,社会性的一旦被剧场化后,就要包含有假像的存在了。比如,市场的里面就是埋伏了许多赝品的。从主观上讲,人们之间发生的争执也是具有一些可产生彼此联系的方面的。虽说,每一个"不"都表达着一个争执,②即"不"就是争执,然而这也是有意义的,其结果就是两者之中只有一者发生的机率最多。总之,在人的社会里面,以认同的方式就能得以充实,以争执的方式只能得以失实。这应是确定无疑的。

50. 还有,胡塞尔讲,"实在的"是与"观念的"相对的概念,认识对象有实在对象和观念对象之分。③ 因此,观念的发生与发展便是由认识来实现的。所以,凡是由认识作用而来的,都可以叫作观念。用声音

① 皮亚杰:《儿童心理学》,吴福元译,商务印书馆 1986 年版,第 79 页
② 胡塞尔:《逻辑研究·第二卷·第二部分》,倪梁康译,上海译文出版社 2006 年版,第 119 页
③ 胡塞尔:《现象学的观念》,倪梁康译,人民出版社 2007 年版,第 6 页

或文字来代表这些单体的整个的意象,都可叫作词。① 可见,词就是观念的外型。

51. 那么,主客观之间的互通目的,又是什么呢? 我们认为,此时的认识就是当要找到有关存在的合理性。于是,认识一定要选择以可知的存在为突破口,方可形成认识的知识。然而,符号的虽可知,却与事实的甚远。故此,认识只有是从同一性和普遍性中去展开,才可去发现它的路径。这时,包括体制也需要使自身具有合法化,即合理性。如此一来,你只有必须地升得足够高时,才会知道自己有多渺小。这期间也是含有合理性的。

52. 同样,认识也是要从共同中来求异的。求异于哲学,既要批评,又要反思,这里还有出新的东西。为此,实现优点的叠合,最好! 鉴于兴旺发达就是把某些事情做得很出色、很好,可见在发达之中,凡普遍有价值的,也就是普遍有效率的,进而也就是具有合理性的。比如,占有就是义务的前提,这也是合理的,而这些合理的,又都是从求异的里面,所自然显出的。

53. 当然,在求异中,只有达成认识上的共识者,才是具有合法性的,此时的合法性,不一定具有合理性,这反映在交流和守信便是获得最大利益的前提上,就是人们得到共识的结果。可是,共识的存在,于宽弛与严峻之间又是没有固定的界限的。故,共识的多在于立法的实现之初,才更有意义。

54. 继续展开,可以说,认识就是我们正在实现或已实现的东西。于是,对于实现的产生变化和接受变化要同时考虑,即能力和容力要同

---

① 曹炜:《现代汉语词汇研究》,暨南大学出版社 2010 年版,第 3 页

时考虑。变性的存在就是要以容力来控制能力的结果。所以,对于变化的就要知道,A 引起变化的能力,B 接受变化的可能,前者是主动的,后者是被动的。因此,以假定来推出的就一定是真吗?即使为真,但其前提为假,如此半真半假,仍不能统称为真。自然,也可以反推出假定的为真。只有真真相通,才可以为真,至少在理解上是方便的。很显然,在道理方面,明见的认识还不能构成最崇高的认识。比如,对于本质的存在一定要有全新的表达,才能更好地认识它,否则仅靠明见是不行的。故此,崇高的超越就当是在真实的基础之上的以前所未有的已经实现了的认识。由上见,在认识的实现过程中,最怕的就是于路线的方法的犯有根本的错误,南辕北辙就麻烦了。

55. 再有,认识的乃是为了适应。比如,异化的也是为了适应。为了适应,劳动会有所得,悠闲也会有所得,但二者要适当结合。这时,对于人们的无反省的认识可以认为是自发的,不是自觉的。然而,不管怎样,发生的现实的东西总为彻头彻尾地是属于合理的。

56. 探赜研机,我们知道,一切的存在都要归于认识论的前提之下,方可形成见地,包括真主、物和形而上学的实在等等。譬如,自由的观念就需要认识上的再淘洗。还有,环境的作用又是产生认识的必须依据,然在认识产生以后,它的行为又可去再作用于环境,尽管这里是含有某些层次的。因为,独自的半封闭条件的认识,是不如在社会背景下的融合的认识更加快捷和准确。所以,于开放的环境之中,而伴有的理智的活动就是认识和产生认识的本身。在人与人的关系问题上,理智要求和解当是人类存在的最高方术。同时,和解也是人的一种责任和义务。

57. 接着,认识发生应是循着真(如名、数、量词)善(功能的价值的)美(情趣的,其中善与美的多是以形容词的为主)与它们的反面,兼及穿插而形成。比如,真、伪;善、恶;美、丑等等,便可以展开到我们能物想象的全部的词汇上来。此时,名称具有专属的深刻性。这就是像你在睡着后,有人喊你的的名字时,你马上就会醒,而卡车驶过你却醒不了一样。此乃是认识后赋予一个名的重要说。可是,对于文学而言,在某种意义上,就只宜说是语境的方能理解,或说认识离不开场景。比如,在地理学上,就更好理解系与统这两个层次;至于"解悖"一语,解悖就是一种极强的认识能力。总之,它们都不能离开自己的关于"场"的认识路线。

58. 在深刻的研究中,有关学者发现,人的认识的能力,其实定是先天的存在无疑。因为,只有先天的认识能力才会与知识发生联系,由认识能力到形成知识,由知识的应用到指向事物是两个阶段。关于知识的①就是认识的,即为认识于内的;②就是关于判断的,即为判断于外的语言规则。或说,认识的应是于内化中的方法,知识的则是于外化的物现了。此时此刻,认识上它还绝对不能具有可逆的存在发生。如,猫女儿能生出猫妈妈来,就属一个天大的笑话了,而这些恰是认识的先天性所决定的。

59. 我们说,科学的若永远只研究部分,就是要走向死胡同;人的在空间的若永远地只认识它的部分性,也要走进死胡同。然而,当下已有人将纳米技术、生物技术、信息技术和认知科学并称为21世纪四大前沿技术,且将认知科学视为最优先发展领域。该计划认为,一旦我们能够在如何(how)、为何(why)、何处(where)、何时(when)这四个层面上理解了认知和思维,我们就可以用纳米技术来制造它,用生物技术和医学来实现它,最后用信息技术来操纵和控制它,使之为人类造福。①
我们言,关于如何认知的问题,在此是放置最后的;那么,它应在何处,
即有光明的地方;又以何时,即在人的能极高度关注的期间;为何的问
题,即为了人之生命的需要,才开始那些如何的,也就是以外在的给予
和内在的被给予的相互结合来完成的。所以,何处、何时、为何、如何的
诸项就是在有光的地方,通过人的具有顶级注意力的时段,为了生命的
需要,而通过外在的开显与我们的内在的融入来完成认识与思维的。
如上当是最有道理的。由于它的不能脱离人,故想用纳米技术等来获
取认知的欲求,永远也是不能实现的。

60. 依着前面的文字看,认识的发端乃是具有着多样性的。然而,
认识的产生过程又当是有次序性的,或说是有着它的自组织的结构的。
下面,我们就来阐述之。

61. 首先,认识也有一个起源、成长和发展的问题。从初始讲,认
识是从认知和知觉的与识记之结合,其中的认知是要通过感觉的感受
来完成的。于是,感觉的与认知的结果都是向知觉进发的。所以,感觉
为,感受→知觉;认识为,认知→知觉→识记;但认知可以高于感受。
此间的联合起来就是,感受→认知→知觉→识记(其间的感受也是可
知觉的)。因此,感觉(感性具体)→知觉、认知(知觉与认知可合为识
记)、表象→抽象思维(理性认识的起点)→理性认识。故此,从感性到
理性必是经过了知性的抽象的思维的过程才到达的。在这里,有由表
及里的程序。

62. 第二,认识的次序性问题十分重要。这是由于,认识既要认又

---

① 陈剑涛:《认识的自然起源与演化》,中国社会科学出版社 2012 年版,
第 8 页

要识,对于同一的存在,只有通过对它的认和通过对它的识,所谓的认识才可形成。只认不识不行,认是识的初步,识是认的深化和在意识、记忆上的总结与雕刻,只认不识则不能称为认,因而也就不能有识,识是意识的成熟,是意识的高级阶段。于是,认识就是经由认、认知到形成记忆,之后方可形成知识。至此,认识才算结束。认识的阶段仍是认的过程,只不过它是有识别的意思。识别的认识已开始具有了知识的性质。因此,认—认知—识记乃是一个必然的过程。这里的知有知道、知晓、明白的底蕴。故知识是在知的情况下,才可以成为知识,才可以应用开去。认的过程是感觉如视觉等的综合运动,它是强行进入意识进入记忆的手段。人的具有大量的记忆功能是人成为人的前提,然后是识别、识记,形成知识,进行思想,此间还要加上学习的这种加快认识的帮助,便能使人得以迅速地提高了。

63. 在认识的次序中,也应是存有其自组织的,它当是人的认识的形成惯性的基础。李景源先生讲,一般而言,人脑的初级区可能与感觉有关,而第二区则与知觉或认识有关,第三级区是人的抽象思维的脑组织。……人由感觉过渡到知觉,然后向较为一般的、抽象图式的综合反映推进。……这些形式,乃是人的认识活动最高形式的基础。高级形式从发生学上说是与劳动联系着的,而从结构上说,则是同言语参与心理过程的组织联系着。① 可见,感觉—知觉、认识—抽象思维是一条路线,这是一条极重要的路线(此间的认识亦含认知意)。感觉、知觉、认知、抽象思维是于脑内的,外在的则是实践的劳动的活动,联系它们的中介当是语言概念。人是在感觉和知觉中前进的,然而他却是在不知

---

① 李景源:《史前认识研究》,湖南教育出版社 1989 年版,第 56 页

不觉中被置于某一起点的,任何人倘若没有这一起点,就会成为孤魂野鬼。关于如何地置人于某一起点的存在,则是我们人力所不能及的,至于人的走向终点,也是要先去感知之后,方可达到的。所以,感知于人,即是使人存在于世的标志。否则,就会让人无感无知,因而也就没有了起点和终点的问题了。

64. 第三,认识就是不断地建构。比如,感受→认知→知觉→认识乃是一个系统;物→物象→感官→观念→人心,就是在前面的基础上的新结构;由自我、感觉、感性、经验、理性,到思想成熟便也是一条认识路线的建构;所以,认识之由感觉到知道到形成知识再深入到原因,就是一个更大的建构了。如上,就是将认识的获得用了一个把结构主义和建构主义紧密地连接起来的理论来做说明的。①

65. 同时,认识的即是心理的,是逻辑的心理发生。认识结构,决定于知识模式,或说根据知识模式,可以求证出认识的结构。比如,人们若先识后知,就是知识,此时之识为认识,此时之知为知道或成为知识;但知识之知就是明确的概念了,此时之识便是知的可以标记的或记忆的了。因此,由事实的走向概念,是认识的初级路线;由概念再走向它的起源之说就是一条认识的高级路线了。

66. 沿着前面的思想,我们知道,意谓是感性的重要的组分,只是它有时还难以用语言来表达,难以用语言表达的是意识的一种于语言前的神经感受,故意谓又是意识的较低级的存在。尽管如此,在意识中,由感性的开始到意谓也是处在了一个上升的阶段。可见,感官的意谓知觉,在感性中它还尚未形成完全的认知,一旦认知能由语言来表达

---

① 皮亚杰:《发生认识论原理》,王宪钿译,商务印书馆 1987 年版,第 15 页

了,则意谓与语言的壁垒就会被打通,所以意谓、认知、语言也是一条路线。在这条路线里面,不可以跨越,即意谓的只有通过更深入的认知才能达到语言的层面。否则,意谓与语言是不通的。这样,感性—意谓—认知—语言意识的理路就清晰起来。还有,意会认识比语言的和逻辑的认识是更为复杂的认识形式。① 这种认识形式有时也是非语言的,于是不能说凡认识的就一定可用语言来表达。比如,表象和形象就是意会认识的基本要素,或说这些均是无以表达的。因为,还没有人能说明过一个"象"的具体的在哪里。

67. 综合一下,认识的构成就是为预见未来和接受新价值铺平了道路,②即人生的目的应是侧重于未来的和在接受新的有积极意义的东西的层面上的。

68. 经过研究发现,在认识的过程中,某些看似的秩序,其实也并不是固定的,因为它们都是互含的,是难以截然划分的。这样一来,便产生了一个在认识论上的无论如何也要涉及的共在问题了。

69. 胡塞尔讲,认识……相互产生于对方之中,它们相互肯定,它们相互证明,仿佛在相互加强它们的逻辑力量。③ 这就如,我之所以明白,是因为老师讲得明白或书上写得明白,此即为认识的要相互产生于对方的道理。当对象不能自明地显现时,我们的认识也是不能实现的,即不是被给予的,我们便不能得到认识的一丝一毫。此间的双方的明白是随着年龄知识的增加而相应地会有所提高的。比如,人与人的沟通是易于理解的,人与物的沟通则是费解的。首先,人要认识进去,其

---

① 李景源:《史前认识研究》,湖南教育出版社 1989 年版,第 73 页

② 皮亚杰:《儿童心理学》,吴福元译,商务印书馆 1986 年版,第 113 页

③ 胡塞尔:《现象学的观念》,倪梁康译,人民出版社 2007 年版,第 17 页

次是物要开显,只有二者的结合,人与物才可通彻。所以,认识的由外在到内在和由内在到外在的过程,均是含有双方交互的关系。

70. 海德格尔认为,感觉不是需要为之寻找原因的某种物,而是一种被给予的东西,其被给予性显然是通过经验的可能性之条件构成的。① 可见,感觉的这种被给予的,应是向着我来的,同时它也恰是在寻找认识的东西,是可以向着物去的。因此,认识的一定是给予和被给予的结合。此时,关于他者的身心的被给予性,正是我们的得以认识的前提,倘若无有他者的被给予性,人们也就无从认识之。或说,我的认识与物的被认识之间是存有一个可供认识的彼此的相等的关系的。只有认识和被认识相互映照,被认识的才能为人们所认识。不被认识者就不为人们所认识。于是,感觉、知觉、认识和被感觉、被知觉、与被认识都是一种共在,无有先后之分。

71. 哈奇森说,通过内在感觉每人都知道自己的存在,外在感官则通过自然的力量向每一个人有效地证实了事物同样是存在的。② 我们言,内在感知就是意识到的认识的本身,外在感知就是通过感官进行的联系内外在的中间管道。可见,外物的类如活的能动的外化的自己展开自己的过程,就是人的获得认识的先天所赋予的存在,于是它便可以进入到人的意识中来,对于一个不能展开自己的他者,人们是不能认识它的,故此也就不能进入到人们的意识中来。这样的话,由于内外的共在,一旦人的有了意识的活动,也就会有了认识外在的开始。如此一来,人的意识便具有了认识的功能,具有了分别的天性,即所有的外在

① 海德格尔:《物的追问:康德关于先验原理的学说》,赵卫国译,上海译文出版社 2010 年版,第 194 页

② 哈奇森:《逻辑学、形而上学和人类的社会本性》,强以华译,浙江大学出版社 2010 年版,第 81 页

就都要被其体悟的感觉抓住,而收进它囊中。

72. 在这里,人的认识只有与外物的展开正好具有同一性时,外物的存在才会在这种被认识的层面上由人而认识起来。我们说,在此的同一,就是去掉了所有的人的与物的之间的差异性的之后的共在,就是意识上的与外在的相等,就是可在表达上的能用"是"来联结的存在。再有,由于语言的内容是可以同时地存在于人的内外在之间的,如"花"既可以是指外在的一朵,也可以同时指向我们内在中的一朵。所以,只要有人的语言存在着,则人的由外到内的或由内到外的认识就可以在此基础上,自然形成,而语言的本身也恰是反映了在认识过程中的所有的共在。

73. 如前述,关于认识论的概要性的东西已经讲明白。然而,作为一个庞大的知识体系,我们还仍有必要,当作更精致的述说。不这样,细节难呈现,对要认识的东西便不可深入进去,就会在前进时不知理路。接着,我们再继续谈,感觉应是所有认识的源泉问题。

74. 关于感觉,在起初必是诸多存在塑造给人的,然后人的感觉才可以知道那些存在。进入了人的感觉之发生是由于,(1)有感官在起作用,(2)要有可感觉的外物,即感觉就是要感觉到对象,或说感觉的一定与客观对象有关。如是之,我们的感觉就只对映于它所能适应的范围内的存在。

75. 在开始,感觉也是一种感受,有时的感受是难以言说的。感受属感觉的被动性,而感觉就是它的自身性。感觉的最在前的主要是感受映象。在感觉的队列应以感受为排头。因为,觉即知,感觉就是经由感受而知的。同时,觉有知晓、能断、可决择之义,觉同决,可做知行合一或行为之解。这对明白感觉、知觉等都有极高价值。

76. 其次,由感而觉,以觉而觉,此间是以知为相承的,即感觉的一定要含有我的可感知外在的能力,且感觉的又是人的在外物的一种能力作用下的结果。如此的话,感觉与感知便似同一的,因为觉就是知。胡赛尔讲,感觉应当属于感知行为,而不属于想象行为,[①]这是正确的。但是,关于印象的应仍属感觉,印象的应是感觉的烙迹。所以,感觉—感受—感知—知觉就组成了一条路线。

77. 鉴于"表象"是由感觉译出的,故感觉—表象—意会(形成框架)—言传也是一条路线。于是,外在的大于感觉,感觉大于认知,认知大于语言便是一个规律。在原则上,感觉的只是温和的存在,人们绝不知道热量为1万度时的感觉。此外,植物也可以有感觉,但它或许不会生有灵动的观念。可是,树的年轮又代表了什么呢?我们说,它仅是感觉的痕迹。当然,这里还有许多是我们所不能懂的东西。比如,植物是否会有梦呢?对于那些植物的梦它会同人一样也有某种感觉吗?这些还需研究。再有,人的感性之精神主要的也当是从属于感觉,在此基础上,许多优越的感觉就能成为一种趋向神的东西。因此,在感觉的里面,也有向上的管道。

78. 当然,向着未来,向着远方,向着神圣的所指在行为的在感觉上,是较为缓慢的;而向着回来的,向着过去的,向着近的方向,在行为的感觉上,就应是较快的了。这些都是感觉的自己所能感觉到的。据称,太阳光约需8分钟才能照到我们,因此我们看太阳时所见的乃是8分钟之前的太阳。……这就为我们提供了一条新例证,证明必须把感

---

① 胡塞尔:《逻辑研究·第二卷·第一部分》,倪梁康译,上海译文出版社2006年版,第452页

觉材料和物体区别开来,①这对于空间的科研是必需的。然而,对于我们当下的普通的存在,要真正地区别它们开来,确是相当难的。比如,对自己常用的东西,就没有这个必要了。

79. 一般看,只有所见所知所触所味所嗅,才有所觉,且五种感官不是孤立工作的,而是一致行动以构建一个对世界的丰富的解释,②这是极为恰当的,但在阐述上,我们还要分别地来解说之。例如,人能视见到的就是他的感觉,我们不能说,人所视之时非要有某种疼痛感等才算为感觉。同样,人的视力只能辨别在一定色域中的物。因此,人的感觉和意识的存在,也是受这些影响而仅能反映全部存在中的部分。那么,为什么我们在整体和部分之间会感觉不到缝隙?因为,我们的视线是无缝隙的。还有,在我们的视觉下的所谓的无延时,实际上是有延时差异的,只是我们人类不能感觉到。于是,关于视觉的传递过程就为,感觉—知觉—联想、想象—理智。其中,由知觉到理智乃是含有了由知性到理性的阶段。当然,这里又是要有思想来配合的。

80. 此外,视觉、味觉等不仅是感觉的,还是判断的或是评估的和预储一定能力的直觉。它们的存在或许是瞬间的,但却可能已积累了人类数万年的积极元素。因此,它们便具有了十分的精准的洞察的功用了。据称,味道与声音、图像和环境等因素密切相关;味道是最为神秘的一种感觉,只因为它是与其他感觉合作的产物。所以,味觉的就不只是一种感觉,它还要兼有多种感受,其实感觉与感受都是一个系统,

---

① 《罗素文集·第二卷·哲学问题 宗教与科学》,何兆武译,商务印书馆2012年版
② 葛詹尼加:《认知神经科学》,周晓林译,中国轻工出版社2011年版,第174页

或说感觉是感受与知觉的总称。

81. 梅锦荣先生说,感觉是对刺激或客观事物最原始、最基本的反应。① 感觉内含感受和知觉两步,感受是生理的,知觉是心理的意识的,在此二者中,具有不可分割性;即感觉是指纯粹感官意义上所被动接受的刺激而知觉的,是通过眼睛或者心灵去意识,用心智去理解把握的。知觉已经在一定意义上包含了主体自我对感性刺激材料的逻辑统摄和意义设定,而建构完整意义对象的含义。纯粹感觉是零乱和杂多的,而知觉对象是完整和有序的。感觉是纯粹材料的给予,蔽于接受刺激材料的感官局限性才不完整,可知觉却借助于自我心智的整合而形成可以理解和言谈的整个对象,②这真是极精辟的高见。所以,看、听、闻、尝等都是感觉的,但看到了、听到了、闻到了、尝到了等就应都是知觉了。为此,照我们的日常用法,"感觉"、"感到"和"感触"等语词的原初也就都是应表示了一些知觉。③ 这是因为,对知觉到的东西,人们更容易进行沟通交流。

82. 举上述要义,感觉就是身体的一部分受到了印象或运动,因而能在理解中产生出知觉来。④ 此时,感觉是以知觉为后续的深入的存在,或说由感觉才蕴含了知觉,由知觉才延伸了感觉。就大的方面讲,感觉指直接的体验、感受和知觉;然而,狭义的感觉则是更大整体知觉的一部分。在事实上,感觉的多是物象,知觉的便应是印象,物象为身

---

① 梅锦荣:《神经心理学》,中国人民大学出版社 2011 年版,第 274 页
② 高秉江:《从现象学看"存在就是被感知"》,《湖北大学学报》2010 年第二期。
③ 吉尔伯特·赖尔:《心的概念》,徐大建译,商务印书馆 2010 年版,第 298 页
④ 洛克:《人类理解论》上册,关文运译,商务印书馆 1983 年版,第 82 页

外之物的影象,印象是内心的由物象转化而来的印记在其中的可作为知识之象。故,由感觉到知觉再到印象便是一条路线。于是,感觉必须要得到心的注意,才可形成知觉,进而才可以有观念的产生。如是之,对感觉的判断,在知觉那里就会形成观念。

83. 非常明显,由感觉到知觉的主脉一线定是由感知来完成的,若无感便无知,而有感必有知。所以,由感觉经感知而到知觉便是绝对正确的。因此,由感觉到知觉乃是人类的成长路线,这不可颠倒。倘若到了一定年龄之后,由知觉也可以倒映出某些感觉来。于是,感觉一要感知,二要觉识,此时的知只是知外在,而识不过是标记住而已。关于外感知即感觉,而内观的就是可知觉的了,或说感觉的即为外感知,知觉的便是可内观的。但是,依物的知觉又是不同于反省中的知觉的,此时依物的知觉只可以称为感觉。所以,知觉的是属检查自己的,感觉的仅是供应知觉之材料的。如此一来,知觉的就是能主动地纠错,感觉则是被动的。

84. 进一步讲,知觉是因感觉受了外物之刺激才可迸发的;即,外物(物象)—影响—感觉—知觉。可见,知觉乃是来源于感觉的加强。同时,知觉也是来源于客观刺激的加强。然而,它们也是具有各自的阶段性的。比如,感觉—感性,知觉—知性;前者就是非抽象的,后者则是有抽象性的存在了。总之,感觉的最后都是要依赖于知觉的。在知觉里,感觉还会在,然已超过了意谓的成分。所以,感觉—意谓—知觉必是相通的。虽说知觉在感觉之后,可知觉的仍为表面的东西,只是其已能觉在心里罢了。因此,感觉、知觉和记忆便是一个重要的次序,即感觉、知觉、记忆、考虑、推理就要形成一个自然的向上去演绎的阶梯。

85. 还有,感觉的一定是释义的,是在体验中的释义;绝少体验的应是不可释义的存在。这是由于,体验经感觉而感知,感知到的有物与物的关系,也有物与人的精神之关系等。就感觉的过程看,意象和意识已经前出。在这里,意识与感知均表现为认识,且体验的感觉性乃是一种人的天然的机能,倘若没有这个机能,则向后去的东西就无以展开。因此,体验的释义能形成观念,继而形成态度,并引导行为。我们所知觉的乃是其动机所及和经验的世界。体验离不开感官的感觉和感知。人的感觉通常分五种:视觉、听觉、味觉、嗅觉和触觉,此中只有视觉与光明有关,余下的四种则与光明无关。于是,体验……与经过理智和反复推定的深思熟虑不同,它表示平常性的经历。由于它是即时的、瞬间的,所以它就避免了概念化,包括当下现实及经历内在化的概念化。[1] 此即言,在感觉范围内的体验之释义是不能形成概念的,或说是根本来不及形成概念的,否则就不是体验了,或是超出了体验的范围。

86. 海德格尔讲,我们所经验者只是我们的感觉,[2]即经验就是被感觉。比如,人们可从记忆中产生经验,或说人是通过感觉之表象,记忆联系其产生的经验,并经学习所固定下来的概念,然后通过判断推理就能获得科学的东西和技能了。这是十分重要的。至于洛克所说的外部经验,乃是指客观世界的事物对人类的感觉器官发生作用的结果,他把这种经验叫作感觉。……而他所谓的内部经验,据说是"心灵的本身活动",他把这种经验叫作反省。[3] 此间所论,都是有益的。概言之,经验的被感知就是成就了感觉、视觉的转换变为了动觉的或是意识的存在等等。

---

① 罗伯特·奥迪:《剑桥哲学辞典》,台北市猫头鹰出版社 2002 年版
② 海德格尔:《形而上学导论》,熊伟译,商务印书馆 1996 年版,第 77 页
③ 洛克:《人类理解论》上册,关文运译,商务印书馆 1983 年版,第 2 页

87. 可见,人的感觉的定是其生命的和意识的共同的作用。动物的感觉的是以生命的为主,只有微乎其微的类似的意识参与,而植物的感觉的则完全是生命体的自身的本能的反映。或说,人的感觉就是其肉身的感受和之意识的知觉的统合,乃是一种身心的共在。因此,感觉就是肉身与大脑的共同存在。感觉受情绪、健康和年龄影响极多极大,所以感觉有时会是一个变量。关于感觉的存有变量性,亦就决定了它的不确定性。

88. 邬茂鹏认为,感觉是物质层面上的,而认知是物质转变为意识(精神)的必然步骤。虽然如此,感觉还是可以在物质层面中能产生我自己的,即感觉只要有它的感觉对象便可;然而,思维却可以去掉许多的客观实体。之后,感觉的通过认知的传导,它一定就要与对象为一端,与意识为另一端了。其实,感觉的只要成为意象,它就会存在于内在之中,即此刻的感觉的就是意识的了。有时,稍纵即逝的感觉,也是可以进入内在的,可却存留不住,所以我们便不再阐述它。最后,我们说,不可感的便不属于意识的范畴。

89. 在前面的基础上,感觉就是将信息传达到脑的活动和主体对物理成象释译出信息的活动的统一。① 于是,感觉的刺激必须要通过注意的提取才能进入大脑,还必须通过与已存储的信息(记忆)进行比较才能形成知觉,即任何一个环节的启动都需要有其他环节的参与。比如,人的感觉的是外在的给予性,对于它的原因的探知,就需要意识的深刻的加工,这里就包括实践和推理分析等,而这些又都是超出了感觉的范围,它应该是进入到了知识的挖掘的层面上去了。所以,对于

① 李景源:《史前认识研究》,湖南教育出版社 1989 年版,第 339 页

光、色的频率说是不适用于直接感觉的,或说它当是推断的结果。故此,我们的感觉只是拣取外在世界的一小部分的存在,因而意识也就是只关注它的很小的一部分。

90. 文章抵此,则感觉的一定是可感的道理,便是自明的。然而,思想的仅靠可感的还不行,因为它必是要基于可知的方能进行考量。比如,感觉是环境事物的经验,知觉的定是心理的抽象了;同样,想象的是反省的,真实发生着的就只是可感觉的。但感觉在反省的监督下又是澄明的。有时,感官除能感觉到东西之外,它本身也能获得某些娱快。当然,这种娱快或许不仅仅是属于感官的,它还会属于生理的意识的等等。因此,眼的视觉的存在,既是感觉的,又是知觉的,还是常伴有惬意的一瞥的;而手的触觉的能力是仅次于视觉的。所以,眼与手的协调就为意识的意识到自身而创造了新的意识。可是,意识在创造了这个新的意识之后,意识的能意识到自己的本身的功能,在有的时候是会被意识自己忽略掉的,这似是无疑的。紧接着,在有的时候,这个新产生的意识也会被意识自己给忽略掉,因为它的屡屡出现是太习惯了,如此的话就必要被忽略掉。

91. 于是,从外部事物到感觉的形成,一般要经历三个主要阶段,即物质客体由观测环境和观测手段的中介变为认识客体;认识客体通过分析器的选择和过滤呈现为物理映象;物理映象借助于主体因素的加工才转化为感觉映象。[①] 在此基础上,则有更大的三个阶段:即感觉阶段为,对事物的个别特性的反映;知觉阶段为,对事物的完整对象和简单关系的反映;思维萌芽阶段为,对事物之间的相当复杂的关系的反

---

① 李景源:《史前认识研究》,湖南教育出版社 1989 年版,第 339 页

映。关于这些阶段和反映,究其原因,它当是由感觉器官、大脑、语言、抽象和概括能力始终地在劳动基础上相互影响,相互促进而逐渐地分级所形成的。

92. 此时,感觉又是观念的开始。洛克讲,一切观念都是由感觉或反省来的,①或说感觉于外,反省于内,内外一通,则观念乃成。倘再细化之,感觉观念经反省还可成为某一系统的观念,反省之后经抽象,便可形成更高级的观念,即感觉观念→反省观念→抽象观念(创新观念)→实践观念→新感觉观念。如此循环,不断上升。可见,感觉的一旦纳入观念,存在记忆中,就会形成抽象的名词,进而借着推理,就能来促动理性的增长,这是一条很明显的路线。然而,在这一路线中的感觉和理性,于思维之中又必是要存有着一定的差别和比例之关系的。

93. 鉴于观念的东西不外是移入人的大脑,并在人的大脑中改造过的物质的东西而已,则人的感觉就可以感知客观实在的某些方面的契机,所以只有通过感觉才可以有感知。探之根柢,先是因外物的能力,才产生人的感觉,才产生了人的观念,若无外物的能力,则人心便不能凭空产生任何的观念。这当时确实的。因此,行为的产生观念,与洛克的感觉的和反省的就都应是一体化的东西。于是,感觉的任何东西,或知觉的任何对象无不会形成观念。

94. 再者,语言即是感觉的沉淀;然有人说,我们没有能力表达我们的感觉,②或说没有能力表达感觉的全部,若讲可以表达它的部分,似是更为合理些。因为,人的初始阶段的感觉确是不能用语言表达的,但在后来,有了可以分别的观念,就是可用语言来表达的,也可以说初

---

① 洛克:《人类理解论》上册,关文运译,商务印书馆 1983 年版,第 68 页
② 赫舍尔:《人是谁》,隗仁莲译,贵州人民出版社 2007 年版,第 4 页

始阶段的感受有时是难用语言来表达的,但愈往后,因有了可以分别的观念,则其就是可以表达的了。所以,感觉的从外到内,难免会有模糊的,而语言的是从内到外的,应是可表达清晰的。

95. 可是,不同的语言,会让我们看到不同的颜色,这就是不同的语言文化对现实造成的不同感觉,[1]如此便反映了文化与感觉的联系。关于它的应用,例如儿童应当学习的东西,必须根据和借助于权威而给予他,他感觉到这个给予的东西是一个比他更高的东西,这种感觉必须在教育中认真地加以坚持,[2]此间就有感觉的影响力量。另外,一般的知识性学习,常有使自己满足的时候,然而对于道理的追求应是越增加,自己会越感到不足。故学习与得道定不是一个层面。所以,学习是一个较低的阶段,在较低的阶段有满足感,而进入了道的就是达到了较高的阶段,越是在高级阶段,越会感觉不足。

96. 亚里士多德讲,所有人在本性上都愿求知,[3]即求知的本性才使人能成为人。此处所言的本性就是以本能为始基的,该本能因感觉而为求知提供了条件,且感觉的自身也会在其求知的获取过程中得到喜乐。因此,知识的也是来自于感觉,当然在这里的感觉又是要通过感知来实现的,即它是由感觉经意识才转化为知识的。于是,感觉应是确实知识的东西之一。比如,对物的知识就是这样来的。可是,对自己的知识就当是由直觉来的,尽管直觉也属感觉。

97. 倘若细钩玄,我们就可断定,感觉的定不是一种知识形式,

---

① 王士元:《语言、演化与大脑》,商务印书馆 2011 年版,第 93 页
② 黑格尔:《精神哲学》,杨祖陶译,人民出版社 2006 年版,第 80 页
③ 亚里士多德:《形而上学》,李真译,上海人民出版社 2005 年版,第 15 页

……知觉,同感觉一样,也不是一种知识形式——除非当它包含有期待时,①即依仅仅的感觉时的对象并不能构成知识,只有当分离于事物之外的成为思想的对象时,才为知识。于是,唯物主义把感觉看作意识与外部世界的联系,不仅承认感觉是我们知识的泉源,而且承认客观实在是感觉的泉源,这应是正确的。在此它并没有违背感觉不是一种知识形式的问题。同样,在亚里士多德看来,感知包含着主动和被动两个方面,一旦感觉被产生以后,就像知识一样占据了主观思维。一方面,感觉的被动性是官能世界在人身心的反映;另一方面,……"意志力"使感觉转化为所需的知识……这就是感知的主动性。因此,知识的进入至可理解的管道实在只有内外两种感觉。我们说,一种是可感的(外在的),一种是能知的反省的(内在的)。如上者,所有的都不能证明感觉会成为知识的形式。可见,罗素的观点是对的。

98. 非常明显,凡感者皆是交感,如人的五官之感觉即是其内在的意识和外在的他者之相互交感的反映;似此者就表明,感觉的并不是人的单一方面的存在,而是人的内在与其外在的共同存在,这就是内外之交感的所得。因此,感觉的就不是我的单一的对他者的摄取,而应是我的对他者的给予,以及他者的向我而来的给予之交感的合作。所以,感觉与被感觉乃是彼此的共在。

99. 这时,空间予我以观外物的能力,也给外物予被观的能力。如是之,观与被观才会统一于观的旗帜之下。同样,对于其他的感觉,也是空间予我以可感知的能力,和予外在世界的被感知的能力当是一起并存的。只有这样,我与外在才会统一于感觉的旗帜下。也可以说,感

---

① 罗素:《心的分析》,贾可春译,商务印书馆 2010 年版,第 135 页

觉是客观世界,即世界自身的直观映象。因为,没有被反映者,就绝不可能会有任何主观之张目的存在产生。故此,物之所显的,就正是我们所感的。我们不能感的,虽显－但终不能显现于我们的感觉之中。然而,尽管我们有所感,若无物之显,则亦会无物。

100. 所以,感觉的必是能感觉于可感觉的事物或是其具体的形式的。也可以说,我的感觉就是物的给予我的能知的东西。此时,感觉的知觉便完成了外在的向内而来的投影,即由实在的变成了虚拟的。于是,在感觉上,它若与外在的一旦没有了不同者时,即会合为一。

101. 进一步讲,我们的五官向外的感觉力度与外在的向着我们而来的所进行的投射的给予力度或许是相等的,但是由于外在之中还有光的存在,即由于光的所裹挟的外在的向着内在而来的含有了光的投射能量,一定会大于人的五官的向外的力量。故此,外在的就要被挤进我们的大脑,而成为内在,这似是外在的可以进入到我们内在的天然力量。鉴于五官在外,一心在内,其间以感觉相连,则内外互通,因此才可一切唯识;此识就是意识,或称这些也都是感觉中的共存。接着,便是由外在到内存的感觉传递似应有一个时间的也可以讲是存在着一个延迟的表达的,只是这个延迟的间隙太小,在人的感觉上就被忽略了,所以才有内外在的同时出现的印象。如此一来,内外在的对应说即是必然存在的。

102. 综合以上,我们就可以知道,感觉看似是认识链条中的一个环节,其实它的内部也恰是反映了认识的一个全部,即从感觉中,也可以形成一条认识的线路。以此为基础,顺延下去,我们就要讲由感性到知性到理性的认识过程了。

103. 大家都明白,由感而知,由知而理,就是由感性到知性到理性的过程。其中,感性具有经验性、直观性;知性有能初步综合感性材料的能力;理性是理智思维的能力。我们即按这个体系展开。

104. 在此,感性始终是最初的东西,而且感性的多是感于形式,如是之,所谓感性的智者便仅有狂名而已;至于激情的很显然应不属于感性。在原则上,感性离不开场的存在,如果没有这种场的奠基性,则思维的或许就会出现悖谬。

105. 有人言,感性之所司在直观,知性之所司在思维,两者结合才能形成知识。① 或说,感性感觉之,知性规定之;感性接受之,知性排序之;知性就是在感性基础上来对其进行排序和进行规定的。因此,感性的一旦抽象为必然时,也许就已进入到知性中去了。比如,共性从感性中被抽象出来,即是意识的提高而进入到了知性的层面。也可说,知性的存在已跳出了感性的范畴,而且它的对象应是与共相相联系的,但知性仍是知觉的,知觉高于感性。可见,感性的进入了观念时就是知觉的了。所以,由感性到知性是通过观念来完成的。这样一来,感性与知性的划界在意识中就是存在着的,于是在思想问题时就有了更大的意义。

106. 虽然,康德说,我们有知性,但却没有知性直观,即知性不直观任何东西……只进行反思。② 并且,构想构思也是属于知性的。可是,知性的却能认识到内在世界,而感性的仅能认识外在世界,或说感官在初始时是绝不能提供任何的纯粹知性概念的,进一步讲,知性在超越了感性之后,也就自然要丧失掉直观的能力了。所以,知性就是把对象分裂为形式和内容后所进行的抽象,即去其形式的外在的特殊性,而

---

① 张志伟:《形而上学的历史演变》,中国人民大学出版社 2010 年版,第167 页

② 《康德著作全集·第四卷·未来形而上学导论》,李秋零译,中国人民大学出版社 2005 年版,第 290 页

形成内容的普遍性。

107. 于是,知性的就是一种能力,它可以作为某种源泉来存在。故此,知性更多地就是在自己的范围内行事,它的向外表达的便应为基于"象"的文字的语言的等等。比如,知性就是感官显象的前提,即知性应在感官可以显象之先存在,或说感官之所以能显象,是因为人主要已先具有了知性。如此者,感官的作为意识的派出机构的事实和康德的在意识和感官之间所论及的这个"知性"说,就得到了证明。还有,实践的往往具有感性的成分,要使实践走向理性,就要对实践进行抽象,并使之可正确地反作用于实践。其中,科学会规范知性,能使之与超验分离。非常显见,实践的归于科学化后,再指导着实践的路线,就是感性→知性→理性。

108. 鉴于经验的为感性的内容,则知性便不完全要依经验思想,知性有时必须超出经验的层面,即知性当在经验之外独立思考。虽然,经验的转为显象,中间是通过了知性的和思考的存在的,即知性是借助经验的,且经验的形成有时也是需要一定的浅思考的,但是其二者还是要有各自的界限的。所以,经验→知性(显象)→更深的思考便是一条路线。在这里,知性具有一种天然的能力。

109. 关于经验,它首先是作为生命的重要存在而存在的,即生命的就是经验的,死亡的就是经验的终结。生命的在感觉中存在知觉,知觉的知就是经验,经验就是知的可回忆。同样,生命的经验又是客观世界的事物作用于感官的结果,若反向推理,则以知性的回溯经验也是一定可以的。陈剑涛先生讲,经验本身就是物质的一种基本属性,主体拥有它再自然不过。① 当然,在这里的经验与物质的属性,应是一个共在,才能说得通。所以,只要某一表象已寓于主体,它就说明该表象必是已规范或规定了它的那个客体,此时的这个被规定了的客体便成为了一个经验之后的对象。

110. 因此,真实的物就要成为经验的对象。比如,物的名称的也属经验;同样,可能经验的对象,即指自然,或说自然的当为经验之基础,而可能经验的前提,便为思想律的飘絮。于是,人的感性接受自然,人的知性规定自然,故自然也要存在于人的经验之中。当然,在自然里面,就某物的感性意义看,它一定就是人的关于其所有经验的集合所决定的,尽管这也是为经验服务的,但是二者并不矛盾。

111. 再论之,经验性的就是依赖感知为条件的。虽然我们的感性是一种极其模糊而混乱的经验方式,但是从感觉到知觉唯有通过经验不可,因为感觉的感知确是能供给经验以某些材料的,可它们自己却终不能构成一点经验的成分。所以,经验与知觉是有区别的,经验的多是具有不确定性,即经验的与内在的必然性之间的联系是不牢固的,至于常见到的则例外,比如太阳的东升西落就是这样。

112. 自前述可知,经验的更多是关系的,这种关系应是来自加强知觉的。比如,知觉从来不是在复数中被经验,而只是在单数中被经验的,②这就表明了经验与知觉相比,所具有的先在性。其实,在单数中的被经验者仍属感觉,即使在复数中的被经验者也是要属感觉的。因此,经验就是不断地组合(综合)成知觉的。所以,只有借助于可能的

———————

① 陈剑涛:《认识的自然起源与演化》,中国社会科学出版社 2012 年版,第 26 页

② 李景源:《史前认识研究》,湖南教育出版社 1989 年版,第 87 页

相互理解之关系,我们的经验世界才会与其他人的经验世界同一,而且同时会被他们大量溢入的经验所丰富,这就是正确的。

113. 据称,经验在很大程度上,又是要通过做事来建立起来的。[①]这是由于,做事就有体验,即一切经验都永远要以体验为先。所谓体验,只要它们在经验上同自然客体性有关,那么它们就是体验者的自我的体验,也就是经验。如此一来,所有的感知都不过是我们的感性经验对身体活动的依赖的一种结果,而这又是一种先在的体验。可见,体验和经验乃是要通过感知才能使自己得以丰满的。

114. 同样,经验的也就是来源于经历的和过程的存在。比如,怀特海讲,过程就是经验的生成。[②]在过程中,主观的形成经验,它是离不开直观和判断的帮助的,直观属于感性,而判断则是知性的事情。于是,经验的庄园里,就有了知性的影子。故此,感觉有时需在加上原因的知性概念后,才可成为更多底蕴的经验。因此,我们说,在语言产生之后,所有的感觉就都是在概念之下的知觉了,知觉由概念再回溯到经验,方可使之又重新显现。可是,无论怎么谈,经验的只是反映片面性的。然而,经验的整体即片面性的有机综合就已不再是经验了,这应是好理解的。

115. 李景源先生讲,经验具有两种不同的形式:物理经验和逻辑-数理经验。[③]此时,物理经验也是一种抽象,在物理经验中的协调,又可以抽象出逻辑。所以,经验的更多地是表现在形式上的,或说经验的

① 路甬祥:《〈自然〉百年科学经典》第三卷,外语教学与研究出版社2009年版,第83页

② 怀特海:《过程与实在》,杨富斌译,中国城市出版社2003年版,第303页

③ 李景源:《史前认识研究》,湖南教育出版社1989年版,第70页

并不是沟通实际的内容的,它只是背景资料而已。① 可是,由于它的形式之一是表逻辑-数理的,即凡与经验之形式条件相一致的,就是可能的,此间是有一定道理的。

116. 当然,经验的又是要缠绕于智力的,愈是经验的,愈是为人所熟悉的,对于熟悉的人们多不予理睬,人们只对生疏的有机敏的反映。动物和人一样,都不理会很熟悉的东西。比如,幸福概念的一切要素都是经验性的,因此时间一长,再幸福的事情也会喜新厌旧了。可见,幸福的就不是理性的,而是多要出于想象力的,或称它仅仅是依据经验性才存在的。于是,在这一点上,经验性的对于道德的纯正性便是极为有害的了。

117. 总结一下,我们就当在不断的经验中,来占有它的必然性,并通过这个必然性而达到我们的超经验的目的才好。为此,从方法上看,实在性的乃是经验和超验的客观管道,实践性的当是经验和超验的主观管道。人们就是要通过这两个管道,方好再去发现出一个新世界。然而,大家还应知道,世俗的一定是由经验所能调控的,可有些存在一旦进入了神秘的边界,便是经验所无能为力的了。所以,经验的乃是世俗与神秘之境的分水岭。

118. 在感性里,既有经验性又有直观性,二者紧密相连。在通常情况下,直观的直觉只有与判断结合,才会形成经验。此时,直观行为的特点就是接受、感受和接受性。我们讲,直观虽是意识的基础,可它却不是思维。因为,思维是间接的表象活动,而直接的表象活动即为直

---

① 托玛塞罗:《人类沟通的起源》,蔡雅菁译,文鹤出版有限公司 2010 年版,第 2 页

观。同样,思维的能力还具有更复杂的天赋性。那么,直观的意义在哪里?就在于能见形见影,别无其他,或说在形影之内的存在不能在直观中展示。当然,直观仍是人们用感官去获得知的东西,只有如此,感知者们才能给予其必要的观念。于是,只有被知道,且为被直观的才是可以进行论证的或演绎的,否则缺一不可。这是由于,倘若没有了被直观的被知道者,人们的论证或演绎也就没有了对象性存在,即无从言起。

119. 其实,感官的与一般意义上的直观没有区别,此即缘于感官世界的一切对象都是显象,显象与直观的为同一。关于感官,它直接的接触,如扣击;外在的作用,如听觉;相互的作用,如味觉、嗅常;根据光的作用,如视觉。此中间,嗅觉是对味觉的保护,而视觉是对嗅觉的保护。更进一步讲,嗅和味多会形成强烈差别,触觉的则会有笼统的总体感,而看和听就要快速形成观念,不像嗅、味、触一样还有更细腻的体味性。所以,直观的感官贵在能获得识别和辨析,而记忆的思考的多是为了获得了解和把握。

120. 在起初,生物的原始感官或许是内在的,然后才完成了到外显的突变。比如,眼睛的出现,就当是随着某一由内在到外在的感光点的形成而发展来的。同时,人的听觉也是内在之说。至此,形成感官的目的就在于它的要感知,于是感知也就成了其一种功能。因此,功能的内在根源乃是它的存有着目的。之后,感官所接受的自然存在,一定是真实的表象,但对于这表象背后的真实,则是感官所无能力的。比如,事物的"如其所现"是其对我们的"显现"或者"表现",事物的"如其所是"则是事物自身。① 这里的前半句讲的就是可由感官来完成的,后面

---

① 张志伟:《形而上学的历史演变》,中国人民大学出版社 2010 年版,第165 页

的就不是感官的事了。当然,感官世界也不是物自身,且感官也不包含有对空间或者时间的直观。可见,影像的在我们的直观下,它是离不开影像的发生体的,然而其一旦进入意识中来,就与之发生体毫无相关了。因此,由于意识的在我,人们只有确定了与主体的关系,才可以确定那些客体的东西,在这里必是要有一个先后的次序上的问题。

121. 由主体可见,感官或者心灵的一切觉知,总是依个人的量尺,而不是依宇宙的量尺,此观点应是确实的。同样,觉知又是思的前在。有人言,只有思想,才能意识,即它仅是思想的意识;其实,当是要先有意识,才有思想的。并且,在意识上,只有严驭感官的专注,它才会使思维的得以深入;可是,思维的再深入也不会导致感官的更专注的。

122. 在感官上,肉眼看近不看远,看前不看后,看外不看里,能白昼看,黑夜不能看。所以,远处、背面、内部、黑暗时,皆肉眼不可见。于是,人只能观出部分的外象。佛学讲,世人凭借日、月、灯光而见到种种相状名之为"见",如果没有这三种光明,就不能见到。① 在"见"的过程中,眼睛感受到最亮的光是黄色,它正好在阳光辐射最强的峰值区域内。② 鉴于视见是需要光明的,当黑暗大于光明时,是光明被与黑暗相等的部分抵销后的剩余,即黑暗的力量大,人的视力就弱;当黑暗小于光明时,是黑暗被与光明相等的部分所抵销后的剩余,即光明的意义大,则人的视力就强;惟有当黑暗等于光明时,最难理解。比如,黑之似洞,此乃是人们在视觉的理解上的一个对极黑暗的认识常态;至于说,黑到无法看见,就是承认眼的无有能力了。当然,人们就更不可能看到

---

① 《楞严经》,赖永海注,中华书局 2010 年版,第 67 页
② 薛定谔:《生命是什么》,罗来欧译,湖南科学技术出版社 2003 年版,第 155 页

不存在的东西了。故,看得清,知的明,即知的多是依赖看的。此外,由于有觉点的存在,即适应我们人类的最小的视觉或触觉的单位,则盲目者是可以经所触的觉点,而有所感知的,这就是在视觉之外,人还有其他的感觉渠道。

123. 许多人都知道,仅有视觉是不行的,它还必须要在意识的专心和注意时,才可发挥效力,不然便视而不见了。或说,视觉应沿着专注、重视的方向才会聚精会神,若沿着轻蔑、忽视的方向,就会看也无见。因为,视觉体验通过巡视、环顾,对收集的信息在引发后续的展开时,就会进入到若有所思的层面上去了。故,视—收集信息—若有所思,亦是一条路线。王小潞讲,大脑中的信息 70%−80% 是通过视觉管道接受的。[①] 其实,这里的信息正是经视觉所衍生的观念,且观念的又是可思想的,于是心的即为耳之闻的、身之触的等等。关于眼与心的展开,比如由眼中之竹到胸中之竹再到手中之竹,便是由眼到心到手的过程,此间是完成了逐层的转化的。如是之,对于可见的真,就能深入下去,而对于不可见的,视力就丧失了意义,有时对于可见的假,打倒它还是需要费一番心力的。

124. 在视觉中,就其目的而言,观察他者恰是在于要警醒自己。比如,观察的本身就是一种极高的意识行为,且在观察中还常含有实践和实验的成分。因为,观察的是仅限于整个的外在的现象,即它们都是相状或形相状。所以,在观察的意识面前,我们的思想只能下降为以现象的表象为对象,这是由于它的内在是我们所不能观察到的,而观察到的外在并不能表现内在;如此一来,关于事物的外在是它的内在的表现

---

① 　王小潞:《汉语隐喻认知与 ERP 神经成像》,高等教育出版社 2009 年版,第 98 页

之说,就该不成立。可见,它们应是有一个截然的划分的。

125. 怀特海讲,视觉、听觉、味觉、嗅觉、触觉大体上就是通过感官获得的几种主要知觉方式……感性知觉的特性在于它的二重性,即部分与身体相关,部分与身体无关。就视觉来说,与身体不相关是最明显不过了。① 我们言,他的基本观点是对的。此时,听觉既与身体有关,也与身体无关。比如,听觉、嗅觉首先是了解"场"的存在,这样的话,听觉就与身体有关了。视觉虽也可以了解"场",但它的更主要的工作是去了解"场"中的存在物的。视觉是希望感知远的,触觉是只能感知近的。于是,品尝金橘一点也不像看着金橘,即体味就是在寻找某一更可为我所直接能用的东西和信息。这便联系到了手—口协同和口—脸协同的问题,就组成了手—脸也可以协同一致。然而,体味的体感性的又多是属于意会类的,至于体感性的体验的便会导致意向。关于 X 的,即是意向着 X 的,这是对的。再者,体验之体认比感官之感知更具提升思想的意义,其根源在于,认知比感知更有分别性。另外,态度的也是要存在于体验之中的,且态度、动机和机能都很重要,其中态度又是需依赖于动机的,而动机的乃是依于机能才产生的,没有机能的动机是不存在的。可是,态度又是什么呢? 首先,它是一个呈现,如立志、观点和行为;其次,也可以不呈现,即没有态度的态度,主要表现就是不行动的不作为。关于不作为,若其在本能之外,一无所知,也就无可厚非了,否则对那些行政人员便要追究责任。

126. 还有,感官本身更有知晓、分辨和观之后的考察的能力。比如,在确切的范围内,行动估量着时间,而知觉则估量着空间。在此,行

---

① 怀特海:《思维方式》,刘放桐译,商务印书馆 2004 年版,第 134 页

动就是行为的引动。在感官的分辨方面,我们讲,就嵌入和绽放的关系看,嵌入的当是为了绽放,且只有剖辨性的绽放或绽出才最有意义。同样,从角力和张力来观,角力的发生就是在张力基础上的冲突,尽管在这种冲突中,有难以理清的纠葛等复杂关系,但是只要有分辨的可能,人们就应去再深入研究。故此,类如分辨的方法,有时会比结果更重要,因为无方法者是不会有结果的。所以,在研究中,对于静态的宜于从结构来分析,而对于发展的动态的更宜于从否定中来分析。同时,还应知道,一切的存在都是可分割和分解的,即使到了"无"的程度,也是这样。那么,考察的目的又是什么呢? 我们说,它就是要发现某种内因的东西。于是,一般而言,只有在感觉和真理的存在之间,人们才会有所发现,所以人们的探求真理,恰是为了来与感觉可共同地去检视外在的某些秘密的。当然,在感觉之外,也会存有许多的秘密。

127. 彭德格拉斯特讲,一切都取决于感知,[1]这是对的。之后,感知形成的意识还能更深入。首先,感知是脑神经的天职,而知感就是思想后的脑神经的天职了。此中,感知的感是在"动"后面的,即动→感→知→思。其次,感知又是构造着当下的,并且每一个感知都是一个组合。[2] 于是,感知成熟→指向性的形成(选择性、依赖性)→有目的的活动。

128. 其实,贝克莱的存在就是被感知,当是被我所感知。因此,在感知中的包括认知,就必是关于自我的与对象的统一,或说外在对象的就是被我的感性给占有的感知。但是,关于情境的和情绪的感知与认

---

① 彭德格拉斯特:《镜子的历史》,吴文忠译,中信出版社 2004 年版,第356 页

② 胡塞尔:《逻辑研究·第二卷·第一部分》,倪梁康译,上海译文出版社 2006 年版,第 521 页

知,应要早于具体的事物的感知与认知。这是由于,对于主体来讲,他有先认知情绪和情境的天性。

129. 接着,就是在我们人类未进入到世界之前,世界是存在的吗?有人说是存在的,但那时连你自己都不存在,以一个不存在的又怎能知道一个存在的呢? 所以,认知过程不仅是命题系统或用语言表达出来的知识,而且是发现问题和解决问题的活动。比如,恩格斯认为,对人类认知和意识的自然起源与演化研究,应该从原生质(即蛋白质)的刺激感应性做起,①这当是一种极先进的思想了。还有,人类祖先的游戏存在,即是新的行为的发展源泉之一,在游戏之中就一定还包含有认知性的审美、情感和意识的萌芽等,而这恰是游戏的包含着一个个体新行为的锻炼和发展说,这一思想无疑是正确的。

130. 关于认知,我们讲,它既是意识的来源,也是意识的结果,还是意识本身。第一,认知是意识活动的基础,认知过程包括注意、记忆、知觉、策划和语言等环节,或说认知是脑的整体的功能。② 所以,认知是需要一定的专业的组织和结构的,只有依此方面实现。第二,认知是为了理解。其中,证明是理解的手段,比较是理解和思考的前提,即理解的一切都可以通过相似性来取得联系。第三,智力的一定是认知的,认知的或智力的又一定是意识的,而意识的就自然包括记忆力、推理能力和语言能力等。同时,情感的也会成为意识思想的力量。如此一来,在一定程度上,意识就是认知,认知就是意识。

131. 同样,所有的认知又都是从感受开始的,且感受的只有在运

① 陈剑涛:《认识的自然起源与演化》,中国社会科学出版社 2012 年版,第 9 页

② 李喜先:《21 世纪 100 个交叉科学难题》,科学出版社 2005 年版,第 541 页

动和联系的过程中才能发生。很显见,每一个人的感受都是自己的,进而它才引起了自己的心理、观念和知觉的等意识活动。虽然,感受有时具有不可言说性,比如对某些复杂味道的感觉就是这样;但是,它的向外去,却是能产生情绪的东西。因此,感受器官、感觉器官和认知器官实是可以并为一个意识的器官。

132. 在此基础上,只有认知,才有知觉。倘若没有了知觉,也就没有了意识。可见,知觉、感知和认知的意识是不可分的。杜威讲,如果在自然中没有什么有问题的、未曾解决的、仍然在继续进行着而又未完成和未决定的东西,那就不可能有知觉这样的事情。① 但是,人的灵动的意识的外出,却要求它随时都需有知觉发生。比如,意识在知觉之后,可以一悟,就显示了它的神奇功效。同样,意识下的运算,也是由知觉来完成,这时意识、运算和知觉共同推动。只是在开始时,意识的欲运算,还需要知觉准备一番才行。

133. 就感觉的意义上看,知觉的也应是属于感性的,它只有通过"觉",才可以完成对知觉对象的肯定或否定,以及完成对差异的识别等。这时的知觉只是关于形式的现象的真实,这种知觉的内容并不能进入物自身。所以,外在的表象便是形成知觉的前提。然而,对于表象的知觉所形成的结果又是怎样的呢? 洛克讲,知觉是最初的,简单的反省观念—知觉是人心运用观念的第一种能力。② 于是,记忆便要随着知觉而来到意识之中。因此,一切必须当以我们的知觉为度,在这样的度量里,一刹那就是适应我们人类知觉的最小的时间单位。可见,人的

---

① 杜威:《经验与自然》,傅统先译,中国人民大学出版社 2011 年版,第255 页
② 洛克:《人类理解论》上册,关文运译,商务印书馆 1983 年版,第 109 页

存在就是要通过这许多的一刹那,来知觉生命的。

134. 由上可知,知觉的必是内心的东西,即知觉乃是人心的能力,或说只有心的意识的才可知觉到外在,否则外在即使存在,它也仅如暗物质一样,只不过是一个毫无感性的名词而已。这样一来,我们就可以认为,人所知觉的东西,仅是它的了义,……知觉仅限于对于当前在真实的空间上所发生的事情的领悟。① 故此,知觉到的事物,即仅限于知觉到的层面,在这个层面,其必是真的。但是,知觉的只能解决部分的识别问题,要深入就只宜与内在的再联系。如是之,胡赛尔讲,物是超越对物的知觉的,②便是极有道理了。在知觉问题的阐说方面,按照旧的用法,其系指任何的觉察,任何的所见,无论所觉察的东西是对象、观念、原理、结论或其他的一切都可以。可是,在晚近的文献中,它平常就仅限制用于"感官—知觉"了。对此,人们应当有些基本的了解。

135. 非常易见,感觉中的意谓,又应是意识在知觉以前的存在,它或许是某种先天的东西的突然的介入。总之,意谓的尚未形成某种确定;随着它的加强,代之而来的就是进入了知觉的殿堂,或说意谓的必要走向知觉应是无疑的。可是,有时意谓的所引致的知觉又不一定为真。比如,在观察过程中所出现的意谓、揣度和意图的生成之在主观里面的尽管都是要借助于精神来提升的,然而人们一旦由行为去推想意图,其间必杂有意谓的,及进一步的揣测的过程,或许是细密的,但意图的发生很可能不是细密的。这就会出现反差,甚至会出现失误。

136. 当然,在意谓之前,还有一个前表象性的存在,它就是指还没

---

① 杜威:《经验与自然》,傅统先译,中国人民大学出版社 2011 年版,第233 页

② 胡塞尔:《纯粹现象学通论》,李幼蒸译,商务印书馆 1996 年版,第 117页

有引起表象的东西。我们言,前表象性的潜在的绝不是非存在。所以,即使是引起表象的也只宜经由潜在的才可以有生成的发生。否则,无潜在之在,则任何的存在,也是难以存在的。于是,只有通过极强的挖掘能力,方能使官能的潜能实现出来,并再去向着他者的潜能去挖掘。但是,这又是极难极难的。可见,内在的类如潜在的原因的等等,就不是经由感觉和知觉所能知的,这是确实的。

137. 综上,由感性到知性,此后又穿插了感性的经验、直观和与直观同一的感官所及的内容,接下去的就是关于理性的存在了。

138. 在开始的时分,理性也要有感性的外衣。比如,观察的是属感官的,此时的理性,我们就称之是它的一个初起的阶段。于是,理性所知道的,就是人的感性所经验到的,故此经验的当是为我们所知道的,即经验的和理性的都是以知道的做基础。或说,经验的也就成了理性主义经验,理性主义必须要以经验主义为桥梁。但是,理性的终要超越经验,因为理性的更是要借助于逻辑的和数学的。比如,地心说的经验之所以让位于日心说的理性,这乃是数学战胜了常识,即经验的常识的地球不动的看似的地心说,便在数学的以日为心的模型中被战胜。可见,从经验上升到理性的中间,还是存有着一个他者的。所以,经验(偶然、片面)的就只能要导向理性(由经验进步到科学的东西),而理性的又只能要导向科学(普遍的必然的),这应是一个规律。

139. 我们说,纯粹的观察虽也有一些理性的成分,但其若仅产生意谓,仍是不能进入到崇高之界面的。为此,在理性之上的观察就是以思想来测度意识的对象,并能加以抽象的。有时,人们把此间的过程,又称之为精神,这是一个误用。不难发现,观察之理性和理性之观察已不是一码事了。或说,有系统的观察才是理性的,不然就是感性的。在这里,感性和理性不能完成统一。

140. 可是,作为人来讲,我们是既有理性又有感性的,这是由于,感官的可提供感性,而因于大脑的意识思想又能提供理性的缘故。其中,感性的有易变功能,理性的则更关注定义。在此基础上,感性和理性之间必要有理念的嵌入,方可完成提升。于是,理念的这个塑造理性的作品,就是具有了规范人的行为和意志的作用。其实,理念的唯有借助于某些活动,它才是能含有寄寓性的,即理念的若只凭空来说,也是难有确定的东西的,这样一来,它就有可能要倒向感性。

141. 海德格尔讲,纯粹理性作为进行判断的理性,康德称之为知性,纯粹知性。话语、陈述是知性活动。[①] 同样,也有学者称,知性是判断的功能,理性则是推理的能力。知性是关于经验的知识,理性是关于知识的知识。[②] 因此,理性的便与知性不同,即它已不是关于经验的原则。然而,知性的也是已知的和思想的,它一定是要沿着理性的方面来发展的。所以,在这里,知性的便是具有了纯粹的必然性的,或说它的指向惟有进入到自我意识的理性中不可。这当是千真万确的。

142. 从发展过程上看,对知性的扬弃就成为了理性,即把从知性分离出的东西或抽象后的东西再综合起来,就会成为理性。这样的话,理性的就一定是在概念上的被扬弃后的实在,或说理性的所有行为的先在都是关于知性的扬弃。扬弃的结果,使知性的冗余当尽皆除去。故此,理性的自我的实在的便要表明,在中国的语境下,理性的它就是实事求是。很显然,这是我们华人的思想。但是,东方人的东西在被西

---

① 海德格尔:《物的追问:康德关于先验原理的学说》,赵卫国译,上海译文出版社 2010 年版,第 112 页

② 张志伟:《形而上学的历史演变》,中国人民大学出版社 2010 年版,第 168 页

方人的理解过程中,会有许多被他们丢掉,然后就是站在自己的立场上给歪曲了。他们不懂得中国的语境和积蕴过程里的生成理性。一个从小在中国生长的西方人或许就没有西方人的某些乖僻。

143. 在发展中,理性的一是分析的,即分析它的理,二是抽象的,即抽象出它的性,只有如此,才是完全的理性。关于理性的出现,也是要有一定的条件的,比如①试误的积累,②正确模式的形成等。如是之,某些试误的实验就是理性的类似纯化的过程,所以理性也是可以经过实践的。因此,康德讲,纯粹实践理性就是一种一般的目的能力。① 我们说,在真实的社会里,没有理性不行,应用纯粹的书面上的理性也不行,即理性必须要与客观的相结合。

144. 于是,一切的理性本身就是被推论出来的,因此它是方法而不是实质,是活动的手续,而不是"终结本身"。② 再有,学习也是一种理性的行为。我们既要学习自己喜欢的,也要学习自己反对的。为此,维基百科创始人吉米·威尔士认为,只有在人们学会面对自己的偏见时,世界才会更加美好。他鼓励人们用一个月的时间沉浸于与他们自己的世界观相左的书本和网站里,你可能会发现自己之前的观点是错误的,而如果能证明你是对的,那就更好了。进一步,就可以理解下面的问题。比如,奴隶答主人质询,辞多支离,违避要点,故敷衍而冗长。③ 其实,今天的人们之问答,也多似奴隶之答主人,由于人们的地位不同,见识不同,难免会辞不合意。

---

①　《康德著作全集·第六卷·道德形而上学》,李秋零译,中国人民大学出版社 2007 年版,第 408 页

②　杜威:《经验与自然》,傅统先译,中国人民大学出版社 2011 年版,第 317 页

③　亚里士多德:《形而上学》,吴寿彭译,商务印书馆 1959 年版,第 298 页

145. 所以,理性就是关于人的一种根据某些原则来演绎至原因的能力。此时的理性多是需要外在的,或说当是适宜外在的理性,即理性不能脱离外在而在。当然,理性更是一种心理的作用,且这种心理的还是要考虑后果的。可见,理性乃是有目的的行径。同时,这个有目的的内在和外在又一定要契合的才好。

146. 因此,理性在①自然方面和②自由方面都可导向它们本真的根脉。举一反三,鉴于理性的这些内在,则之具有一定的立法权力,也就是可以理解的了。然而,理性的又是要通过概念来说话的,如此一来,在其立法时,对概念就要严格独立。否则,理性的越界与玄想必会对科学有害。这是由于,理性的应是科学的批判的和有约束性的,所以人们就要防止许多的过线的推断和论理。

147. 同时,理性的亦是经过了自我的意识的深刻的加工后才可实现的。比如,理智的发生就是由于有理智的内在,且需要意识的关照,方能化育成功。莱布尼兹讲,理智是求知的工具,它的对象是真理,而欲望却是求美求善的动力。① 可见,理智→知识→真理也是一条路线。于是,人们在辩论时,演说者就应该用论证诉诸理智。因为,理智的内容就是人们常言的理性。

148. 在历史上,对理性的自觉运用是始于12世纪的,现在我们已知道了理性所存有的三个方面的表现,即(1)自我发展要有理性,(2)合理要求要有理性,(3)提供标准要有理性。还有,感性、知性往往是被理性所牵引,同样理性也是会被有关灵性所牵引的,即感性→知性→理性→灵性。由感性、知性到理性是从物至人的,而由理性到灵性,就

————————

① 莱布尼兹:《单子论》,钱志纯译,五南图书出版股份有限公司2009年版,第9页

是从人至神的,或是到达先天的。从感性、知性、理性到灵性也是人类向上的进步阶梯。所以,由五官的可感觉的世界,我们就称其为第一世界,由大脑的进入思想的世界,就可以称其为第二世界,在一、二世界之外,就为第三世界了。

149. 但是,在人的理性之中,又是要取消神性的,故而理性的便与超验无缘,若以理性谈超验就是关于幻相的语言了。此时,非理性主义就可以从这些幻相中逃出。我们说,在西方看来,人是具有原罪的,然而理性权威的强制又是可以走向更大罪恶的。在一定范围内的理性科学是能走向善的,至于理性的艺术就会是善的完成了。

150. 我们讲,康德曾深刻地思考了有关理性存在之有限性的问题,或说人的理性总是一种有限理性,它不可能达到料事如神的境地。① 如是之,我们就要对有限的理性知识的形成负责,而对于某人的以理性知识的如何去应用,就不能负责了。比如,人类的理性模式认为,多样性是好事;令一些人吃惊的是,有关研究结果显示,增加选择的多样性会导致选择者困惑,在面对很多选择时,选择者很可能不作任何选择。处理多样性需要专注力和记忆力,而我们每种能力只有那么多。可见,理性者也会与自己的理性发生冲突,且这些又是理性的本身所不能扼制的。

151. 经过了前述的感性、知性到理性和灵性的路线后,对于人们的在认识的汪洋中,再乘坐判断的舟筏,来渡入到知识的殿堂,就扫清了一切的障碍。

152. 究其源,判断乃是一种理性的表现,或说判断必须要依理性

---

① 达尔文:《人类和动物的表情》,周邦立译,北京大学出版社 2009 年版,第 10 页

才可昌行。然而,怀特海讲,有意识的知觉又是最原始的判断形式,①即意识的与知觉的联结就形成了知觉判断,而与概念的联结就形成了概念判断。至于知觉之前的意谓的等,便要略去。根据有关的理论,我们知道,在理性的判断能力方面,如果它脱离了经验和感官,便会陷入到矛盾里面去;在实践的判断能力方面,知性只有把感性的排除掉,它才会显现出自有的大能。所以,理性的尚不能离开感性,惟有实践的才可以无情地或不自主地就可以去除感性。于是,人们对这些判断中的差异,还应进行更深刻的思考。

153. 此刻,关于判断性的东西,一定要有内容,不然就会难寻要领。比如,价格就是对价值的判断;也可以说,判断乃是在事实上所赋予的记号。故此,人们在面对某些事实时,就要先进行一定的概然判断,次之做必要的研究判断,最后是在研究的终结并经过了沉淀再行判断。如是之,概然判断—研究判断—研究之后的判断便也是一条认识的路线。在此过程中,每一种判断的本身又都是分析与综合的结果,且判断又将是随着改变了的态度而改变的。但是,在表达上,一般的判断均应等于谓语之陈述,惟有综合的判断,当是超出主词—谓词关系,而直指着对象的,这些应是不能变的。随后,皮亚杰讲,人们发现在分析性判断和综合性判断之间,应是存有着某些中间情况的,②这完全可以理解。

154. 对于莱布尼茨而言,一切的判断都是具有同一性的,或说分

---

① 怀特海:《过程与实在》,杨富斌译,中国城市出版社 2003 年版,第 295 页
② 皮亚杰:《发生认识论原理》,王宪钿译,商务印书馆 1987 年版,第 74 页

析判断的至上法则就是同一性原理,亦即关于矛盾的原理。因为,只有矛盾律,才可以彻底清除在理论上的两可与两不可的模棱态度,且在实践中也是这样的。还有,分析、比较要有情节、概括和抽象等,至于更深一步的,比如关于探究的通过模仿的就是进入到了推理的程度上去了。之后,还要进行选择。利科认为,选择就是一种突然出现,是一种侵入。① 我们言,他的话是有些耸人听闻了,因为这乃是水到渠成的事。关于选择,我们只要记住皮亚杰的如下的话语就够了。他说,选择公理的三个标准是,这些公理必须是充分的,前后一致的和相互独立的,② 也就是说,在彼此的关系方面,它们不能是同语反复的。所以,具有知识会分析理解和判断的人,比仅有经验的人更有水平,其表现在技术方面的能力更强。

155. 同样,判断又是思维的活动。有人讲,它根本上当服务直观,其实这应是对判断做检验来用的。虽然,在推理的过程中,也是要依靠某些直观、直觉的,可其终不能影响推理的客观存在性。鉴于随着知识的直观和信念的加强,人们的推理能力和推理意识会逐渐减弱,所以人们在进行判断时,就当适时地反其道而行之,这或许会有大收获。另外,以我的以当下的所熟悉的去判断他者或极为辽远的事件,也不是属于科学的,它只是出于人的一种不自觉的本能,且这种本能又是害人的。从上面看,我们的判断必须要与之对象相符,则其断定的才会是真的实现,这应是无疑的。

156. 再有,人类进行推演的起点,当时由定义开始的,而定义的就

① 利科:《论现象学流派》,蒋海燕译,南京大学出版社 2010 年版,第 62 页
② 皮亚杰:《发生认识论原理》,王宪钿译,商务印书馆 1987 年版,第 74 页

是确定意义的过程,所以我们还要联系到意义,并要以此再行延展。杜威讲,意义基本上就是意旨。[①] 因而,它就是内在的表现出来的存在,无意义就是失去了意象和更无表象的存在。存在即"是",或"是"亦为存在,它们必要表达真的意义。也可以说,一切实在都是通过"意义给与"而存在的,且其存在的共相又是与之意义基本相同的。这样理解起来就更清晰些。

157. 陈剑涛先生认为,意义的理解过程,实质上就是一种意义的建立或生成过程。[②] 比如,当事情一有了称谓时,它们就过着一个独立的和有双重意义的生活。除了它们原有的存在以外,它们还属于理想的实验工作范围以内:它们的意义可以在想象中无限地被联结起来和被重新安排,……在有相互沟通的地方,事物就得到了意义。所以,当事物具有了可以沟通的意义时,它们便具有了标志、记号的作用,而且就能够成为"暗示的意义"和"直指的意义"。但是,许多这样有意义的句子(例如理论性的假设)本身,又是不能涵衍出任何的实践的结果来的。并且,关于纠正的意义还是具有逆向性的,具有逆向性的东西是反思的批判的和解构的基础。我们言,只有当正向和逆向完成互通时,圆融的局面才会形成。

158. 另外,意义的可知觉性,就应是观念存在的本身。此时,观念的既是来源于知觉,而意义的也同样是知觉的。于是,观念的存在次序便与发生学的次序是相同的。因此,观念的初期形成也就是关于表象的了。同样,由眼见的心想的所产生的并可用语言来表达的外象,或内

---

① 杜威:《经验与自然》,傅统先译,中国人民大学出版社 2011 年版,第133 页

② 陈剑涛:《认识的自然起源与演化》,中国社会科学出版社 2012 年版,第 252 页

容也都是属于观念的存在。

159. 黑格尔讲，一个其直接性被否定而从观念上建立起来了的东西，这就是感受。……感受更多强调感觉活动的受动性方面。[①] 此即言，感受的也已是观念的了。这时，感官到的观念就是其所感的外相，这个观念的被理解就是知觉。当然，被理解的知道的就都是由观念来做过判断的。所以，通过认知、知道就可以获得某种定性方面的构成，于是观念乃出。故此，我们所知道的一切就都是观念的。其中，概括的抽象的便要形成具有普遍性的观念，即观念的已统一于实在的可能性里面，且其含义也必要相符于实在的可能性+现实性。

160. 由于每个人都不可能是处在纯理论或纯实践的过程中，于是交集性的或混沌的观念便要时有产生。比如，把主观的信仰和真实的行为的价值看成是一样的等等；其实，这是不妥当的。因为，观念和行为之间的某种自然的配合，多是出于习惯的联系而成。尽管这里的习惯对于观念和行为的交相影响，不一定都会起到正面的作用，但是人们却很少能认识到这些。所以，现在的人们普遍地拥有了许多的错误的观念，要我们去清除。比如，我们为某个观念的形成所付出的越多，就越不可能在反证面前抛弃它。这就是人的固执的源头之一。还有，通过劝说他人加入自己的宗教组织，就会强化信徒们自身的信念，也是因其有付出的结果。然而，人的整个活动，确是围绕"观念地存在着"的目的进行的。这就是显示了意识的力量。

161. 在前面的基础上，我们说，对观念的扬弃，之后的含义的就是概念了。当然，也可以对概念进行扬弃，或说概念与观念是可以相互扬

---

① 黑格尔：《精神哲学》，杨祖陶译，人民出版社 2006 年版，第 19 页

弃的。此时的概念者,当是完成了内外统一的存在。比如,形式的现象
的是感知的外在的,而这个外在的所内化的内容上的就应是概念的。
皮亚杰讲,实际上活动的内化就是概念化。① 可见,内在于我的即为内
化的,也就是概念化的。故,关于"知觉是概念的'先形'"一语,便应是
对的。尽管知觉、生命和意识是同在的,但是它们在反映给我的自我的
层面上,还是有些级差的,这就是所谓"先"或"先形"的存在基础。因
此,知觉的所有痕迹也都是可以再由概念来表达的。

162. 众所周知,体验必要有过程的存在,然后才有意义的出现,于
是在观念的记忆中就开始浮现概念。有专家称,在概念的产生过程中,
意动起到了极为基础性的作用。② 此是由于,感性要通过意谓而成为
"知",在"知"的层面上而成为知性,这样就可以反映为概念。凡不经
过意谓的"知",即只是可感的,便不能成为言传。故意谓的存在乃
是关键性的可提升到观念的步骤。所以,概念的乃是因感性方有现实
性的意义。同时,知性的对于感性也必要通过概念的存在,才能逐渐显
明出来。

163. 胡塞尔讲,直观仅仅给出个别性,思维则朝向普遍之物,它是
通过概念而进行的。③ 如是之,由个别到普遍的确要经概念来联合在
一起的,或说只有形成概念,才能具有普遍的适宜之性。因此,在直观
之上,宜加知性概念,而在知性概念之上,要再加逻辑的诸要素,才是最
好的。然而,要注意的是,人们需要的应为可以直观到的那些概念,不

① 皮亚杰:《儿童心理学》,吴福元译,商务印书馆 1986 年版,第 28 页
② 路甬祥:《〈自然〉百年科学经典》第三卷,外语教学与研究出版社
2009 年版,第 93 页
③ 胡塞尔:《逻辑研究·第二卷·第二部分》,倪梁康译,上海译文出版
社 2006 年版,第 216 页

能臆造不能直观到的任何的概念。在实际的生活中,我们倘若能以原有的概念再扩展到某些直观中去,或许会得到极新的东西,这极新的东西就要形成极新的概念。非常显见,这极新的概念,又是由观察的深入所形成的。于是,它就要自然与不自然地都要进入至思绪的圣殿。经过思绪的沉淀,则成熟的概念便可以弥补视觉等方面的缺陷。反之,不行。

164. 就直观而言,我们不可能会将事物的全部属性或细节均纳入到概念之中。关于事物的概念总是近似的,通过概念精确地描述或把握一类事物应是不可能的。所以,概念便把某些环节内敛了起来,使人看不到。故此,直接观察所得到的概念就要使感性消失,进而成为抽象的共相的存在。可见,抽象之感性抽象,是可感知到的,而对于共相的就只能是可概念到的了,即在抽象之中的联系必要由知的概念来完成。此时,关于概念的抽象的完成乃是其已赋予了一个被给予的内容,也可以说,概念的存在乃是出于人的东西,是人的先去概念外壳,然后再添加之内容的。其中的脉络是,外在的象(象征、印象)→抽象→概念。在抽象中,它的概括或许能出新的东西,此是言抽象的概括当是某种创新的基础 ,这是十分重要的。

165. 于是,人的知道就是通过概念来牵引出内容的,而事实在表达上也要从概念中派生出来。据说,从概念对概念的了解就是理念。[①]联系对观念的扬弃而引致到的概念,则观念的走向概念,由概念的达到理念的路径就清楚了。当然,因概念的关联,还应是概念的自身。我们讲,一定的年龄是与相当的概念水平相适应的,这里有人类从经验中学

---

① 王东京:《中共中央党校老讲稿选编》,2010 年版,第 96 页

习的过程。其实,在一定情况下的经验也是可以成为真理的。因此,只有学习了理解的,才是可判断的能明白的。比如,规律的必是某些事实的存在,就表达来看,它一定要借助概念,但是在这个规律的背后,仅凭其概念,又是不能知晓的。这就同尽管水是 H_2O,可水的概念却异于 H_2O 的概念是一样的。故之虽然水是 H_2O,一个人却可以相信杯里有水,而不用相信杯里有 H_2O。如此一来,对概念的研究务必要加深才好。

166. 有学者讲,语言总是混合的,来一套新东西,可以接受可以不接受。接受之后语言就变了,就包含了一些外来的东西。久而久之,一个混合语就涌现出来了,这就是英语的来源。[①] 我们也可以说,久而久之,人们对某一存在所取得的共识,即形成了概念,然后这个概念就会被确定在某一个词汇上了。于是,有关的语言就这样被定型。再深入之,则概念的问题,就①要合于发生学,②要使逻辑的逻各斯的走向完全的契合,③要成为一个体系,④要走向先在的方面去。这是多么好啊!于是,可以推想,概念的本质就在于它是与我们在思想中所想到的对象相配列的记号。[②] 这是对的,因为这个记号就是概念的载体。

167. 海德格尔曾言,真正承载着并直接与对象相关的是直观。……思维属于直观,……是为直观服务的。人的知识是概念性的、判断式的直观,人的知识是一种特有的、由直观和思维组建起来的统一。[③] 所以,知识的组成部分,直观和概念,关于它们的必须以某种明确的方式得到统一之说,就要求直观的应被带入至概念中来,且概念的也必须

---

① 王士元:《语言、演化与大脑》,商务印书馆 2011 年版,第 14 页
② 石里克:《普通认识论》,李步楼译,商务印书馆 2010 年版,第 60 页
③ 海德格尔:《物的追问:康德关于先验原理的学说》,赵卫国译,上海译文出版社 2010 年版,第 123 页

要达于直观之中。这反映在人的生命里面,知识的就应是在人的机体
生长时,所积累的概念日趋成熟之后的有条理组织与实际的对映。可
见,只要知识的介入,则对象与概念就一定是要相互符合的。同样,按
照康德的过去的学说,知识也是由直观和思维构成的,或说由直观和思
维的结合便组成了人的知识,故此知识的也就要归于意识。

168. 鉴于概念的先在之一,是存在于观念中的,因此人的所知的
又当是观念,故知识的也是观念的,即知识为,(1)外物借感官产生观
念的结果,(2)心中观念产生命题(肯定或否定)的结果。于是,知识的
发生:由外在累积的思想驾驭观念到感官,沿此途径又可得到知觉,或
说能观察可以知觉的,再反省于心,进而产生经验,就成为了观念知识。
可见,扩大和充实知识就是要扩大和充实观念。当然,知识的范畴应是
小于观念的,而观念的又是要小于知觉的。这似无有疑问。

169. 非常显见,由知觉才可得知识,且直觉的知识无需证明,或说
五官的觉知是构成知识的最基本的存在。这时,它的觉知或认知先要
觉察,觉察即可于言传,亦可于意会,因为任何一种知识都是言传和意
会的统一。故此,感官的接受的和人的反省的得出的,就是一切知识的
起源。

170. 我们说,从原始的萌芽来阐发知识是最美妙的。首先,人的
之所以能获得知识,乃是因为我们具有获得知识的能力。同时,这种能
力的分辨性又为获得清晰的知识而提供了手段。也可以说,只有在判
断中才有知识,而研究中的判断关系又是得到知识的重要方法之一。
其次,知识都是由特殊性开始,再转入概括的,即经验的感性只有通过
理性的统一,才能形成更高水平的知识。所以,物的存在一般性地必要
成为知识。

171. 据称,达尔文在他的那个时段里,还是不能知道基因突变说的。然而,基因又是会决定不同的认知表现的。因此,由于人类智力的基因存在,其必要影响到形成记忆的词汇,于是经由认的过程,亦即知的过程,就会形成知识,此时的知就是能够学习,而人的存在,就是在学习中,来优化自己的基因的。

172. 经过认的过程,知识的一定是在可知的前提下,方能成为知识,且知识一定是由可知的东西来逐渐地度量完成。于是,我们的所见、所知的概括就均可为知识。比如,识见的就是知识的显现。所以,视可识,觉可知,即视觉可识知。识知的只能是差别,否则虽识而无知,无知即无觉,或视而不见。其中,觉不仅可知,而且觉本身就是知,或说觉即知,觉即智慧。故,觉就是要以智慧为知。这样一来,我们就是要以自己的意识之直接的智识而知。同时,"知"还有坚持在者的坦露之说,这里还应有"愿",因为它乃是决心的存在。可见,在愿的坚持下的坦露,就要导致敞开,导致开放,而这些都是知。海德格尔讲,知是对自由计划和安排有所知以及对一切安排有所支配的把握,[①]这相当正确的。

173. 小结一下,就是观念的也属知识,二者不可分。当然,信念的也属知识。此时,观念的关系也属知识,这种关系或是契合的或是相违的。很显然,知识的就是思想的作用于观念所必须要做出的关于它们之间的相符与否的进而可产生分辨的结果。如此一来,知识就一定是具有确实性的。另外,知识的乃是要和考察联系在一起的,它大致是经历了认—知—识的过程,也可以说,知识的就应是关于上述之统一的或

---

① 海德格尔:《形而上学导论》,熊伟译,商务印书馆1996年版,第18页

是已形成系统的存在。海德格尔讲,知识领域,康德称之为经验。自然,知识的定是人的生命之经验来对这个世界的了解,在了解中,我们的自由性又是获得知识的必要前提。因此,知识的便是一种能力,一种使我们能知的力。还有,知识即权力,更准确地讲,人类的知识当是其行使权力的工具,如此似更贴切。

174. 接着,心灵和自然是要通过知识来架构桥梁的,且知识是能寻找原因的。它一方面在心灵中寻得原因,一方面在自然中寻得原因。所以,知识的就一定含有可获得第一原理的意义。鉴于知识的内容可为经验的,形式的可为先天的,如是之,知识的便至少要存有一定量的必然性。然而,在这种必然性中,若将信仰的转化为知识,对于世俗者而言又是较难的,但是对于宗教学家来讲,确实是可以办到的。

175. 通过前面的路,我们明白,知识的乃是在于要认取事物之普遍性。同时,知识必须要依凭于实证和定义,这就是知识具有普遍性的说明。当然,知识的除了真观念之外,它还要能够为他者来提供解释和阅说才行。从这些功能看,理论性的知识比起生产知识来,就具有更多的智慧本性。因为,智慧乃是关于某种原理和原因性的知识表现。所以,对于发明家来说,他便需要智慧,需要超知觉。之后,在发明基础上形成的知识,就为科学的更大发现能提供极宝贵的条件,而人的必要闲暇又是这一切的大前提。于是,知识的只有作为科学或体系时,才是具有现实性的。为此,人们的发掘处于潜能状态的知识,以利于当下的社会,又是我们的重要任务之一。

176. 在原则上,知识与内容分不开。一方面,知识的既是可获得真理的途径;另一方面,知识的有时也是可以作为真理来用的。如此的话,只有知识是唯一救星,或说只有通过知识人类才能获得彻底解放。

于是,知识就是可以增强人类生命内在的力量。但是,知识的有时越是进步,则人们之间的不相容性也就会越多,且不当的知识还具有某些玷污性,而这些又都是我们所应当警惕和注意到的。

177. 现在,我们通过判断,已完成了由观念—概念—理念,直到知识的过程,这乃是一个较为壮观的系统。然而,认识论在人类史上又是如何演进的呢?下面,我们就来做一些关于其简单脉络的研究性阐说。

178. 王士元先生讲,五个月的时候,婴儿就可以开始模仿个别的元音,十个月的时候,听起来就可以分辨,差不多一岁的时候,也许第一个词就发出来了。① 这就是人的语言的产生过程,此过程的存在,就是语言环境的存在。没有语言环境的存在,语言就不可能产生。从中我们还可以知道,人类最早的模仿是由婴儿五个月时的模仿个别元音开始的,即模仿是从语言开始的。人最先学会和使用的就是语言,如在一岁时的婴儿,就会迸出一两个词来了。还有,儿童不得不经常地使自己适应于一个不断地从外部影响他的由年长者的兴趣和习惯所组成的社会世界。同时,又不得不经常地使自己适应于一个对他来说理解得很肤浅的物质世界。此刻,对长度的判断,幼年儿童专心于不要超出原型的两端范围之外。如果复写的图形较原型稍短,儿童认为无关紧要,最根本的问题是不要画得过长。② 如是表明,儿童的行为具有收敛性,年龄越大越具有开放性。同样,儿童也有一种对向上的部分进行收敛的天性。然后,九到十二岁之间的儿童是学习说话的专家。在那个年纪,他可以像只学母语一样轻松学会两三种语言。③

① 王士元:《语言、演化与大脑》,商务印书馆 2011 年版,第 87 页
② 皮亚杰:《儿童心理学》,吴福元译,商务印书馆 1986 年版,第 57 页
③ 王士元:《语言、演化与大脑》,商务印书馆 2011 年版,第 88 页

179. 很显然，人们对物的认知和行为是要反映为某种过程之递进的。首先是"认"，反映为直觉的识别和辨析；其次是"知"，反映为了解和掌握；再次是"行"，反映为向内的接受和向外的施予；接着是"为"，反映为使用。但是，在考量词汇上，关于物体的指向我的都应是称之为"反应"，只有人的引入或外出的才是可称为"反映"的。在此，人为实践性的动物，乃是一个与其他动物的根本分野，或说人的存在已成了世界的奥秘，而实践的存在又是成了人的奥秘，要知晓这些奥秘，只能到先天中去寻找。

180. 我们知道，在认识的过程中，每个人都有视觉、触觉、听觉等本能，其中惟以视觉最重要。因此，人的由于在感觉上的同感性便是成了人类的得以发展的基础，它即是人的具有一致性的表现。有学者称，人乃以绽出之生存的方式存在，也可以说，唯有绽出的人才是历史性的人，①倘若没有历史性的人，则"自然"就是无历史的了。让我们从历史回到现实中去，则有关局内人的否定就是引致死亡，而局外人的否定便是可导向发展的说法，就是有一定道理的。因为，这一思想对于历史的发展具有极大的意义。

181. 关于历史，愈是远古的，愈是年轻的，愈是现代的，愈是古老的，只有当下的，才是看似成熟的，即历史的早期实为世界的幼年，较晚时期才是具有了较多的年龄。所以，愈是古老的，愈是年青的。培根讲，只有世界的老迈年龄才算是真正的古，而这种高龄正为我们自己的时代所享有，并不属于古人所生活过的世界早期；那早期对于我们说来虽是较老，从世界自身说来，却是较幼的。② 说得非常好！

---

① 《海德格尔存在哲学》，孙周兴译，九州出版社 2004 年版，第 96 页
② 培根：《新工具》，许宝骙译，商务印书馆 2010 年版，第 66 页

182. 海德格尔曾言,人们的根本错误就在于认为历史的开头都是原始的与落后的,愚昧无知的与软弱无力的。其实刚刚相反。历史开头是苍劲者与强有力者。开头以后的情况,不是发展,而是肤浅化以求普及,是保不住开头情况的。① 我们说,这些只是相对于人之外的历史来讲的。于是,自然的东西虽是具有某些历史性的,但它的后来却是不如其开始时的状态的。所以,如此的历史就不是属于形式的逻辑范畴了。鉴于它的不能真实地反映出有关概念的发生和发展的历史,也就不能窥见出历史的全貌来;因此,离开了生动的人来谈历史,意义不大。

183. 一般来看,人的历史首先是由其生命的不断衔接的存在过程所组成的。由是观之,人们只有在生命诞生之后,才会知道外在的,或说感知是与生命同在,即感知与知觉的乃是生命的表达,死亡后就无以说明了。所以,有高级生命的就是反映着的。但是,较低级生命系统的生物化学反应,也可以认为是一种认知的活动。总体讲,进化程度越高的生命系统,其所具有的一般感受能力或一般感受系统的种类就越多,②惟有如此,才可以再作用于进化的程度之更加的提高。

184. 因此,人的五官都是生命系统的存在,所以由其所引起的,即意识也必是要依赖于生命而产生和存在下去。比如,视觉和听觉的出现,就是生命体感知远处外在的最大胜利。于是,感官的乃是要服务于生命的,即只要是生命所允许的认可的感官所及的存在,则之就是反映在生命之中它所感觉到的可信的东西。同样,知觉的也必是生命的张力使然,它在时时地为生命进行着搜索性的等各种服务,以保证着生命

① 海德格尔:《形而上学导论》,熊伟译,商务印书馆1996年版,第156页
② 陈剑涛:《认识的自然起源与演化》,中国社会科学出版社2012年版,第210页

体的与环境的相适应。在道理上,一般感受和本能的无语言状态的也是属于生命的存在,它们也是为生命服务的。

185. 然而,人的生命的又都是具有行为活动能力的。举例,一级的认知行为:如,尚未睁开眼睛的新生儿,根据妈妈乳头流出的乳汁的味道而将乳汁不断吸吮下去的行为。二级认知行为:如,有选择的采食红色果实的行为。三级认知行为:如,摘下青色果实进行曝晒使其变红的行为。① 所以,行为着的一定是关于对象的,而不仅是含义的。这时,行为的当是在到达对象之前的体验,其一旦进入了对象之中,行为的也就结束了。或说,行为的目的就是指向一个对象的,当行为一结束,这个曾经的对象就会变成了他物。因此,任何的不行为的行为都是不存在的。

186. 过去,奴隶的劳动曾成就了智慧的源泉,其实对生命和自然的聆听与服从也是一切智慧的开端。还有,分析的由五官的到经验的到知性、理性等等,只有再经过了智慧的,才是具有更大的进步性的。比如,偷是坏行为,但偷行凶者的刀、枪,就是一种崇高的行为了。同样,我念书和书念我都是被书所念,均会有收益。另外,关于弱者的对某事的明白之后的一定的服从行为,应是含有为了阻止恶化的目的。这就是说,点头、鞠躬和伏地、下跪等都是程度不同的服从,在某些意义上,只有这种服从才会有秩序。可是,有人总认为服从是一种羞耻,此实是一种错觉。非常显见,人们的每天都会有错觉,而错觉又是要影响着你的想法和行为的。

187. 在人的生命活动中,文化的应是他的一个重要的存在方面,

---

① 陈剑涛:《认识的自然起源与演化》,中国社会科学出版社 2012 年版,第 240 页

其中的文就是纹路,文化有劳作收获的意思。文化它是通过社会传播,而不是通过遗传来进行远播的。但是,文化的发展速度又是快于生物之进化的。很明显,文化的乃是后生的,是社会的发展的产物,所以人的主要的思想,当是由社会的文化装备起来的。因此,文化之实践的意义就是含有社会性的了,反之亦成立。

188. 如是观之,所有的人的行为体验就都跳不出文化的圈子。同样,也只有文化是可以伴随终生的,至于衣食住行等在人的一生中,均已转变成了文化的符号。在当下,所谓的文学批评已被文化批评所取代,这也是属于正常的。据称,文化乃是中国行为方式的基础,而希望获得对方的理解,当是一种最重要的黏合剂。自然,这与西方的观点也有相同之处。尽管西方认为,中国文明与伊斯兰文明是一样的,然而我们讲,世界文明的精粹又都是别无二致的。

189. 其实,文化的在现代多是与教育为伴的。教育要求人们首要的是进行学习,通过教与学来完成对人的文化培养的目的。因此,学习就是获得成就的过程,且学习也是一种争取和占有的方式。根据相关资料,人的性格是可以受到所读书籍潜移默化的影响。多年来,人们一直认为,舌头只能察觉四种味道——甜、酸、咸、苦,后来发现还有第五种"鲜",而这也是由学来体味才知的。海德格尔讲,所谓有知的人只是指那种领会到他必须总是不断地学习,并且在这种领会的基础上首先使自己进入那种能够不断地学习的境界的人。[①] 于是,学就是由有思有惑时的不得不学,要进步到主动去学,故学是为了思明惑尽。然无学当是断尽思惑,再无可学,其可在有学之上得到,是真无学;其也可在有

---

① 海德格尔:《形而上学导论》,熊伟译,商务印书馆 1996 年版,第 23 页

学之先决然不学,是假无学。因此,教育可以决定一切或改变一切,但教育的背景要与教育的内容大致相符才好!这里的背景就是政府所提供的社会中的人们的生存状态。还有,教育的和利益的又应是导致服从的前提。同时,因教育要威严、高尚。众所周知,幼儿期的模仿首先是表象的,它可以为语言的形成做准备。在科学上,模仿可以为演绎真实的存在做准备;或者说,从游戏→模仿→更好地学习也是一条路线。但是,只要一进入到严格的学习阶段,就要去掉低俗的游戏和去掉外在的模仿了。

190. 从事教育的人都知道,数学的东西是了解诸物的基本前提,即近代科学的显著特征当是数学的,或说近代科学的乃是在数学础石上的实验之结果。虽然,皮亚杰讲,量度的出现在时间方面要略迟于数的出现,可其终究是依于数而发展的。

191. 我们说,闲暇当是产生科学的缘因,而实用的兴趣则是创新的基础。一旦人们能崇拜于痴迷的探索之中,或许就会有新发现。在方法上,那些富于创造的人们,首要的是在于当先行地为思想的提高来开辟道路。其中,抽象的概括乃是扩大视野和升迁境界的法术,亦是蕴含有新发明的法术。然而,新方法、新手段的形成,又是人之身心结合的产物,一方面它需要理解和顿悟,一方面它需要摸索和配合。尽管神圣性的创造过程有时又是不可说清的,或是难以讲明的,但是对于一般的人而言,只要知晓了结果,也就足够了。

192. 此外,新发现还要依赖于人之才具的不同方式的综合运用,关于新发现也可以算是重新创造,而当潜在的成为现实时,就是被发现了,现在,许多人由于未能认识到某些潜在的真实性,往往就以不存在而计入到人们的思想中,以至缺少或根本不展开对可能性的潜在予以研究,这就失去了许多的发现与发明的机会,真是可惜!或许他们还不知道,对于科学的能发现潜在等,也是一种享乐性感受,此间必含有许多幸福。

193. 当然,科学的也是经验的、实证的和逻辑的。因此,科学的认识就能深入于物质的内容之中。但是,具体科学里面的再多的证据也不能使某些原理而变成定律,这应是一定的。同样,任何的科学的新理论都不能够,也不应该并且也不会穷尽真理。这就是说,科学仅能解决真理的一部分事情。

194. 在事实上,科学技术所推动的人类进步又是具有某些片面性的,为了去片面性,一个种族的全面发展还必须要依赖先进文化的补充,故此科学的东西只是一种手段而已。对于手段性的存在,科学技术的本身,对于统一真善美,便不负有责任。于是,未来的人们就希望,所有的科学的真—均当合乎道德与生活,否则就要摒弃之,这是正确的。

195. 就我们认识的发展史来看,一岁左右的人类宝宝主要的是依靠手势来表达,在随后的发育过程中,便逐渐形成了语言。可见,用手势表意定在语言之先,它表明了语言的后天性。所以,手势比起言语,应该是认知上更基础、更稳定的一种管道。托玛塞罗讲,比手画脚是人类沟通的演化史上,最关键的过渡点,它体现了人类独有的社会认知与社会动机形式,而这些都是后来发展惯例的语言所必备的。① 也可以说,肢体的语言,促成了口头的语言,故在意识中,最早的存在应是脑与肢体的协同的表达。

196. 因此,在无有语言的前提下,手势必然会成为沟通的要件,比

① 托玛塞罗:《人类沟通的起源》,蔡雅菁译,文鹤出版有限公司 2010 年版,第 2 页

如聋哑人即是如此。这时,以手指物就是人类所独有的原始的交流形式。非常易见,手势的多是使人把注意力引向了他者,而声音的更多地是使人把注意力引向了自己。之后,约定俗成的语言(先是手语式的,再来才是口说的)便依附在已知的手势上,以共享的(而且众人彼此知道是共享的)社会学习经验,就取代了自然的比手画脚。① 这乃是人类的第一大进步。

197. 鉴于人的具有本能的合作能力,人也具有后天的经由沟通的合作能力,正是因于这些合作力,它才得以产生了语言。托玛塞罗讲,人类的沟通动机基本上是合作性的。共享意图的技巧与动机,就构成了我们所谓人类沟通的合作式基础结构。如此一来,不管是人类的语言,还是人类的手势都是在向他者来示意的,即要表达我之所想的意思,而使对方能知。一旦我与对方均能知,则大家的共享意图也就达成了。这乃是人类前行的直梯。

198. 于是,相互认知的根源就是在我们所能共享的主客体之间活动的基础上形成的,这一活动又可分为语言前和语言后两个时期,在前一时期主客体及手段和目的尚未能分化;在后一时期,则从动作转到了概念,再转到思维。在此之间,它也经历了知觉+领会(意会)→关系模型→发生言传的过程。就事实看,人耳闻的是声音,但欲观察的则是发生的主体。然而,这些声音表达的若是语言文字,人们就可以把文字与言说者(即它的主体)相结合起来,做观察了。所以,视觉语言既有视觉的向内的生成意识的语言的过程,也有由语言的导向视觉的并由视觉来反映语言的或还可称之是视觉语言的过程,此二者是共通的。由

---

① 托玛塞罗:《人类沟通的起源》,蔡雅菁译,文鹤出版有限公司 2010 年版,第 5 页

此,就可以联系到听觉语言,嗅觉语言等;其与视觉语言是如出一辙。

199. 接着,我们讲,人最先学会和使用的就是语言。在这里,语言的就是以认知为基础,是为了因应社交的需要,才发展起来的。也可以说,人类的沟通之以语言为其最精密的成品,当是从最初的共享意图而产生的。于是,语言的乃是关于认知和共享而进行交互沟通之表达的最高的内外存在。虽然,生活的就是实践的,但是语言的也是生活的,或说劳动是外在的,可语言却是内在的。尽管如此,语言的还是具有物质性的。根据上述,这些是容易理解的。

200. 在认识论中,抽象的应是观念,概括的必为词语。其中,简单的称谓能适用于所有存在的行为。但是,由于体验只属于体验者,体验性的语词表达就只能反映出它的一部分。而且,对于体验者来说,距离越近,词汇才可保留得越相似;越远,词汇就变得越不像了。这就要求我们,只有从对象出发,通过知觉的途径方可于后天来获取谓词的。因此,一个语词只有在语句的环境中才会有它的具体意义。

201. 关于语言上的含义一说,它就是(1)能象征性地理解语词,(2)能根据直观来使用语词。同时,任何的含义都是被蕴藏着的,我们只能说在某种程度上或是在某些范围内的含义。比如,反映一词的含义就是"反照",即一种光线反射,①这只是它的含义之一;而隐喻之意就是指要以他物之名来名此物了。可见,语言所具有的指涉功能,一定指,二是涉,且在所指对象中能涉入进去的才是真内容。

202. 由上看,人们也不必太在意文法,因为大家会听出有关的意思来。比如,话语既存在于说话者之间,同时还要受到社会具体情景与

---

① 游兆和:《哲学本质与演变逻辑新论》,社会科学文献出版社 2011 年版,第 100 页

生活意识形态规则体系的影响等,即它是不完全依靠文法行事的。然而,语法的存在还是有利于人们的沟通的。另外,由于现代的人类与语言已是密不可分的,且现代的人类多是要通过语言来提升自己的。所以,对于我们的世界,就只有运用语言才能够更好地了解它了。

203. 简单言之,语言的乃是具有了一个非常重要的功能,就是它可把听觉、视觉、嗅觉等不同的 Modality(形式、形态、特征)连在一起。比如,你说"纸",而我听到了,这是听觉,我眼睛看到了一张纸,则是视觉,把这些连起来,就是语言很重要的一部分。① 所以,未联结的个别的言语就是某一存在的被分化出去的表达,要想合成某一存在,是需要极多的语言才可完成。故,不完全的语言只表达部分。对于事或物的整体实现,只能靠行为和实践,别无他法。再者,如果一个语句的既真又假,则其就是悖论性的。比如,飞矢不动,便为谬误。同样,人们的能听到语音或看到文字,但这并不等于就是已接受了相关的语义了。此是人们当务必注意的。因此,再广而深之,人们就可以讲,凡是能给大家的生命以最大的具有积极意义的语言,便会成为我们的重要主张;在这一过程中,运用语言者之观察充分,描写充分和解释充分,就当是他们所追求的终极目标。

204. 综合前面的文字,已有的认识论的阐述似多被体现;然而,作为哲学的在更深刻的层面上的要完成由认知到识记的根本转变,并结为一个成果,还必须要我们自己来建构,因为此前的关于认识论的专家们,在这一领域,至少是未能说清楚。

205. 我们讲,由认知外在到转化为可识记的内在,第一位的,就应

---

① 王士元:《语言、演化与大脑》,商务印书馆 2011 年版,第 60 页

是把内外在的共在这个道理说明白;其次,就是应完成给予与被给予的论述;第三,方可涉及转码的实现。只有如此,才能解决认识论上的终极问题;否则,表达的愈多,愈无意义。

206. 关于内外在的共在,我们知道,普遍性是知觉的原则,知觉的对象必是某种外在,知觉涉及的一是归于知觉者,一是被知觉者,但此二者都要统一于知觉的共在之中。即,事物的外在通过人的知觉而与我的内在完成了统一,因此凡是知觉到的外在,就都是我的内在。或说,一切的为人的知觉所知觉到的存在,既是外在的,亦是内在的,也就都是关于内外在的共在。

207. 但是,知觉是从感知开始的,知觉是运动的前提,运动也是知觉的前提,感知、知觉和运动都是一种共在。可见,知觉与知觉的自身活动也是一种共在,二者不分先后。此时,有关运动、活动的行为都"朝向对象性"。进一步讲,感知是我感我知外在,知感是先知后感外在,知觉与感知也是一种共在。同样,客观的与感受的也是同一的,二者不可分。因为,感受的必是客观的,而客观的必是感受后的客观。因此,感知必是要与意识共在的,也就是与生命共在的。有时的感知可以存在于人的语言之先,当然这也是先天与后天所共有的感知。

208. 接着,耳目的知觉外物必是本能,而这本能必是要与意识中的先天的存在共处一隅。如此者,内外在就必是共在无疑。于是,罗伯特·兰札讲,如果没有观察者,宇宙就不会以任何方式存在。宇宙和观察者两者是同时存在的一对。在没有观测者的情况下,我就不明白我在此处所称的宇宙有什么意义。① 所以,世界只有与我们人类共在时,

———————

① 罗伯特·兰札:《生物中心主义》,朱子文译,重庆出版社 2012 年版,第 148 页

它才能获得有效性,即存在者只有于人的世界中才是存在的。

209. 还有,"看见"是什么? 看见是眼的凭借光在对象的身上反射到大脑里的镜像。此间,看见的关于眼的凭借的光和大脑的镜应是共在的。否则,看见就无以形成。眼的凭借的光即使是面对空无时,它也是有被人的可视的存在的。很显见,镜子的作用和眼睛一样,只起到一个观察他者及反观自己的通道的作用。或说,任何不是直接光源的可视物体都是一种镜子,因为光从它的表弹走,否则我们是看不见这个物体的。① 即,光、物、眼、意识都是共在的。通过光、镜子,则视觉、意识的问题就容易解决。于是,这些自明的便不用依赖我们过多的天赋去理解,就能知道它们的共在的道理了。

210. 所以,我所看见的,必是外在所显现的,即使是空无的存在,也是显现着的。只有如此,看见的与被看见的才是一个共在。否则,一切就不能看见,一切就不能知。此时,知与见和见与知亦是一个共在。见在我,知亦在我,但知亦在对象中,故见的应是知的,以我的知见而见到了外在的显现的知,则外在就必要为我所见,于是知见不可分离。即,人之见,由见而知,知又为觉,知、觉为一,人的所有的与他物的互感有知都是觉的实在。因此,再掘根本,人之所以能反观外在,只是因为人正是外在的反应,正是外在的造物,正是外在的锤炼和影响的载体,即外在与我都有共同的出处,都同属于一个共在,或说我是必然地知道外在的。如是之,人的可以感知外在和外在的被感知即为同一的,这是极为重要的。

211. 有文章称,声销无响,汝说无闻。若实无闻,闻性已灭,同于

---

① 　彭德格拉斯特:《镜子的历史》,吴文忠译,中信出版社 2004 年版,第 67 页

枯木,钟声更击,汝云何知? ……其形虽寐,闻性不昏。① 此即,声音消散,没有回响,你说听不到。如果确实听不到,能闻之心已经消除,就应该如同枯木一样。再次击钟有声产生时,你如何知晓呢? ……其身虽然睡眠,能闻之性并未昏沉。我们言,人之闻与不闻,都是外在的闻,这些闻,可闻也可以不闻。但内在的闻却是永远在的,外在的闻在时,我内在的闻是可以知的,然之外在的闻消失时,由于我内在的闻还在,所以在我的内在之中,外在的闻仍是不能消失的。这也就是我们的内外在的之所以共在的根本之一。将其扩展到嗅和触等里面,也是一样的。这时只要我的内在还在,则外在必在。所以,在人的生命之中,其内外在必是共在的。

212. 那么,物与感官的作用谁先谁后呢? 此时白板的灵性又在哪里呢? 我们讲,物和感官的作用是一种共在,白板的灵性乃是先天之性的后天反映。故此,我们的感官就是面向自然的镜子,于是所有的外物都可以进入到我们的镜子里面来。所以,外在的转化为内在,通过五官的管道而成为一种共在是必然的。若脱离了五官的管道说,由外在到内在就是难以阐明的,即内外在经五官必要互融为一。

213. 不难发现,五官的趣向一定是外在,但其趣之所出又一定是内在;如是可见,内外在必是相通的共在。这样一来,五官一旦与外在通,则内在就必知外在,且一定知五官不是外在。再者,外在的通过五官进入我的内在,我的内在有许多是可以通过语言来揭示出来的,所以语言的功能之一是抒发内在。当然,内在由外在形成,外在也有内在对映,且内在的溢出又会受到某些面向外在而去的关口的限制。这时,五

---

① 《楞严经》,赖永海注,中华书局 2010 年版,第 168 页

官既是接受外在的,也是排斥外在的,正是在这种双向的过程中,五官才完成了自己的对于生命的最有利的工作。接受与排斥的过程,就是获得"真"的过程,因为对于生命来讲,它是最能鉴别有利于自己的"真"的。

214. 在道理上,感性不是被动地去感受,它是时时具有捕捉性的存在,它的被影响和自身的去发现是可以同时存在的。关于感性有时意识要为它服务,不是感性只为意识服务。当感性受外来影响时,它只能进入意识之中,当感性去捕捉去认识他物时,它又需要从意识那里获得能量和支持。当外来的不能进入意识时,则感官就要把自己关闭;同样,当感性在捕捉他物时,若得不到意识的内力,则此时的感性也就停止了。由此推断,感性的最大意义就是启示我们让外在的进入到我们的意识中来。尽管人的感性于外和理性于内是有着一种天然的划分的,但是对于我们之启示的存在,恰要于内外在的转变过程中来实现的。

215. 比如,物性存在于性质物中,对于它的获得,首先是要来自于我们的意识的关注,之后便是在相互开显的过程中方可实现,相互的开显也是一种共在。有学者称,拥有共同概念基础的能力——共同的注意力、共有的经验、相同的文化知识——是所有人类沟通必备的重要条件,①即我们只有于共存中,才能彼此沟通。这种共在就是共有的经验和文化等等。此时,我们在概念中又能思维到什么呢? 它需要新的直观的东西来映入,才可以不断地产生联系。如是之便达成了内外的结合,结合着的东西也是一种共在。

_____

① 托玛塞罗:《人类沟通的起源》,蔡雅菁译,文鹤出版有限公司 2010 年版,第 3 页

216. 我们说,外在的成为内在的是人的一种天然的自觉行为,人无法抛掉他的所触所感。同样,任何的外在,相对于我,则我也在外在之中,不然的话,外在就不能在我的自我的里面,成为内化的存在。我只有在外在中,外在的进入我的内在,才会被有关内在的关隘放行。所以,外在的经验的向内而来是成为了人的意识的,它的向外而去就是作为手段的了。然而,手段的又是内在与外在的统一。① 于是,外在的任何的隐蔽计划和我们的内在的任何的隐蔽计划,都是同一个计划。因为,关于它们的开显都是同步的。

217. 总之,一切皆因我,我喜欢 A,就亲近 A,我不喜欢 B,就远离B,所以人的显现于外在的都要有内在的基础,这个内在的基础就是与生命的旨趣相合的意识倾向。这是由于在生命体中,因有同化作用,则外在的就可以部分地转化为内在;当内在的倘若有不适宜生命的需要时,它又可以通过异化的作用,而使之推向外在。这反映在五官的所联系到的境界之进入到意识中也是一样的;即新陈代谢的同化和异化的功能当是共同地属于生命的和意识的两个方面的。如此理解,才更完全。内外在不仅共在,而且共在的成分也是相等的,这个相等的数值是以适应身体的为度。故,外在与内在既是共在,又是同步的共在,且是同量的共在,对于人的生命而言,它还是同质的共在。

218. 关于给予和被给予的问题,胡塞尔讲,被感知之物不仅在感知之中,而且还在它之中作为对象而被给予,②或说给予事物本身的就是我们的感知,而感知一词的原意为,认之为真。因此,我们的感官所

① 黑格尔:《精神现象学》上卷,贺麟译,商务印书馆 2010 年版,第300 页
② 胡塞尔:《逻辑研究·第二卷·第二部分》,倪梁康译,上海译文出版社 2006 年版,第 193 页

感知的,便恰是他者的所给予的,即感知就是关于我的联系与对象的被给予的被置入的存在。比如,争执的也是一种联系,这就是说,"不"的存在本身也必是一种联系,而这种联系也是相互的给予。例如,不知不觉者就是它的可知觉的程度还未能达到能知觉的水平而已。也可以认为,此时是双方还没有达成相互给予的协议所致。

219. 梅锦荣先生讲,对刺激的主观感受和完满解释称为知觉,[①]即知觉是在感受基础上完成的,且外在的刺激给予和我的知觉接受又当是同一的。此时,每一个感知都先天地与一个可能的想象相符合,[②]这是无比正确的。所以,刺激相等,是指不同角度所见的物体在知觉上都是同一个物体,尽管映入眼帘的是不同的影像,这也就是知觉恒常性的现象。根据此原理,人们所见到的外在,虽是不同的,但其所知觉的却一定是相同的。这就是影像可不同,但知觉的程度却是相同的;此便是我给予出的是相同的,而被给予的也是相同的道理之铁证。

220. 因此,知觉就仅仅显示为一种选择。它不创造任何东西;相反,它的机能是,从形象的整体中删除我无法把握的所有形象,继而也是从我保留的每一个形象中,删除所有与我称作"我的身体"这个形象的需要无关的东西。[③] 概言之,知觉就是只选择与其生命所需要的东西。于是,经验、习惯都是被感知,信息一方面是被感知,一方面是被感知的遗存或烙印。通过被感知一语,对于有机体的理解就容易了。在被感知的过程中,"有物将至,其兆必先",就是说物的给予性是作为一种征兆的存在能使人在接触到物之前,就已经存在着了,这当是千真万

---

① 梅锦荣:《神经心理学》,中国人民大学出版社 2011 年版,第 289 页
② 胡塞尔:《逻辑研究·第二卷·第二部分》,倪梁康译,上海译文出版社 2006 年版,第 123 页
③ 柏格森:《材料与记忆》,肖聿译,译林出版社 2011 年版,第 220 页

确的。

221. 一般而言,感受的外在直观,通过我的内在的主观性或说内观的完成,进而便可必然地要走至意向的意识方面来,即直观的是通过外在的联系来思维的。直观是由感受和注意来形成。康德讲,感官……只给予我们事物的显象供认识,而这些显象又仅仅是我们的感性的表象。① 可见,物的显象与我们的感性表象就是一种给予与被给予的关系存在。当然,所有的五官又都有审察是非的功能,对于复杂的事情它便要慢慢来完成相关的过程。

222. 对于外在所给予我的,如其反射过来的色泽,可以进入我的眼帘,如其硬度可以让我的触觉知道,如其味道可以让我的嗅觉知晓等。我之所得,一定是外在之所予。同样,我之所予,也一定是外在之所得。如我之观宠物,宠物是知道的,但人之观山河,山河只是不会表达出来而已。就我之所予,亦是外在之所得说,如①我写书,则书中的就都是我所予的,即书的所得,正是我所予的。②我之管理树木,其果实就会大,亦属我之所予与外在之所得。除此外,就外在的给予我的来讲,以之可见而为我知,是第一步,以我的所知而又外见之是更高一步,若无不知无不见是最高一步。

223. 胡赛尔讲,所谓事物的被给予,就是指事物在现象中这样或那样地显现自己。② 这有些肤浅,因为被给予的不仅仅是现象的。物的现象就是它的显现的存在,即与我们的视域体验正好合于同一个界面时的进入到了我们的意识的直观,当二者不相符时,就不能进入到人

① 《康德著作全集·第四卷·未来形而上学导论》,李秋零译,中国人民大学出版社 2005 年版,第 290 页

② 胡塞尔:《现象学的观念》,倪梁康译,人民出版社 2007 年版,第 100 页

们的意识中来。体验的与被体验的必须是同一的,才能是可体验的全面的彼此的体验,否则便是不可体验的或只能体验部分。这就要求我们当按照物象适宜于我们才具的那些方式和比例研究它们。其实,此仍是反映了给予与被给予的关系。所以,现象的被给予的尚不构成"是什么"的本身,但"是什么"的本身也一定为被给予的,只是这种被给予的是可寄存在性质物的内在之中的。关于明见的与被给予性是同时存在的,否则被给予性的东西就不能明见。比如,现象的形、影和相都是被给予的。然而,在被给予中的"是什么",又是要经过推理的,即仅靠明见是不能完成的。

224. 因此,物自身只有呈现为人所知的存在,人们才能知。物自身的呈现的为人所知的存在一方面是天赋的,一方面是人的赋予的,前者如光的配合视力,后者如有关称谓的或表义的文字等。于是,人才可以知。这样一来,说 A 是毫无内容的,必是因为我未察觉到 A 的内容,同时是 A 也未呈现给我以任何的的内容。总之,在我与他物之间的不能相通时,即是我的无所得。可见,我们始终是居间的,必然介于人和物之间而活动,①至于要想知,一定要对方的开显才可以,倘若没有对方的给予是不能成的。

225. 那么,人们是如何把未知变成可知的? A 实践,B 推理,C 惯性兼偶性,D 未知的自己的开显。这些都是我的给予和他者的被给予的统一。比如,让作品进入我的世界,成为我的一部分,可称作以志逆意;而让我进入他者的作品的世界,成为他者的一部分,这就是孟子的"以意逆志"。其中,前者更为重要。此间的逆有迎合与揣度之蕴。于

---

① 海德格尔:《物的追问:康德关于先验原理的学说》,赵卫国译,上海译文出版社 2010 年版,第 216 页

是,给出解释就等于给出被解释的东西的意义。

226. 非常易见,事物的给予我的存在,乃是它本身巨大能量的其中之一的所能面对着我而做出的反应。此时,同化才是引起反应的根源,①这里的同化就相当于外在的给予和我的接受是同一的东西。故,外在的变为内在的,感知的变为行为的,经验的变为思想的,都是根据了同化的要求来实现的。同样,当物同人发生关系时,物及其本体属性就自然而然地受到人的需要尺度的衡量而被价值化。② 所以,物的存在成为人的对象,是因为物的属性在受到了人的需求尺度的衡量后,在价值化的基础上才被摄入的,这是极有道理的。

227. 陈剑涛先生讲,单细胞生物的趋利避害,原生质的刺激感应性,分子、原子的化学反应行为,这些简单物质系统或低级生命系统所具有的某种内禀的自然感受和自然判断能力,完全有可能是人类现有的高级认知能力自然发生与进化的历史源头。③ 即,物质间的最早的相互认知的能力确是存在的,如在化学上的某一物的原子只有和它所认知的可以进行反应的原子才能发生化合等作用。在这期间,既发生了认知的存在,又发生了反应的行为。然而,这种认知的存在,又是我们的人类之以现有的认知水平所不能言说的;但它无论如何,已表明了某种认知的开始。尽管这是物的天然能力,似还没有进入到我们的人的意识中来。以此为基础,我们把物质间的认知,如在化学之中的于反应前的认知,称为物质的认知,把我们人类的认知称为意识的认知,把

① 皮亚杰:《发生认识论原理》,王宪钿译,商务印书馆 1987 年版,第 3页

② 李景源:《史前认识研究》,湖南教育出版社 1989 年版,第 103 页

③ 陈剑涛:《认识的自然起源与演化》,中国社会科学出版社 2012 年版,第 5 页

植物间的认知,如相互的授粉和可嫁接等称为植物认知,而动物的则称为动物认知。如是的这些就可统称为世界的认知。于是,认知的向最高方面的发展,就必然要走向意识。

228. 对于人而言,我们认为,心乃认知之本,无心则无以认知。此时的心既指大脑的认知功能,又指它的意识。人的认知的本初是凭着大脑的天生的认知功能来开启的。之后,就是在这种功能和形成的意识的联合作用下,来认知一切事物的。虽然,先天的遗传的他予的和后天的自取的对于每一个人来讲,又都是不匀等的,但这并不影响给予和被给予的共在。所以,物的在我的体验中的被给予,进而就一定会成为人们的意识。

229. 接着,知觉之外的东西被知觉,唯一可能产生的前提就是在语言和知觉之间存在一种间距差,也就是说我们的语言可以跨越知觉而提引出一种知觉之外的知觉。[①] 如是之,只有巨大的语言力量,成为意识的重要组成部分的时候,意识的向着外在的扩展,才具有了天然的广袤性。否则,它便不能达到某种意识之外的可以意识的存在中去,或称在知觉之外能获得知觉。很显然,内外在的如何被意识所关联?这就是取决于外在的给予性和内在的于知觉上的统一所达成的结合的默契。不如此,就无以解释内外在之相互关联的问题。因为,这种关联或联结正是给予和被给予的天衣无缝的连接。

230. 关于转码的问题。首先,知觉的转变为经验时,必须要加上概念。其中,听觉更能激起人们的心灵的翻腾,视觉更能激起人们的赏心的愉乐情愫。这时,被看的东西就是被意识的,它显现着,但非作为

---

① 高秉江:《从现象学看"存在就是被感知"》,《湖北大学学报》2010年第二期

事实存在物而被把握。① 然而,观察和体味又不是停留在表面的,人们正是在这样的过程中,才可寻找到其所需要的重要信息,而有的信息恰是隐藏在某些现象之中或是它的背后的。寻找信息说,十分重要。

231. 其次,洛克认为,我们周围的物象既然以各种方式来刺激我们的感官,所以心便不能不接受那些印象,便不能不知觉那些印象所引起的观念。② 即,物象刺激感官,便形成了内心的印象,于是就引发了观念的抽象。可见,形的存在虽然具有无音性,但它当是必须要依赖视觉通道而印迹在大脑中的。所以,像被眼睛捕捉入脑;之后,被记忆,被意识,被标定。因此,在所有的存在中,都隐含着一定量的信息,而这些信息又都是适宜进入到人的意识中来的。于是,看似的现象等,只有它所含的信息,才可能进入人的大脑。

232. 众所周知,我们的感官应是把外在写入到内在的工具。或说,感觉的直指物的外在,知觉则是把握了物的向内的某种关系,也可讲可感的是物的外在,可知的就是一些向内去的关系了。故,由外在到内在的途径之一,便应含有了感应行为的内容。其中,这种内在的感应行为都是完成深刻的转化着的东西,即一切的由外在到内在的转化均当依靠这种行为来完成的。

233. 据称,外在通过情感来作用于身体,在情感之前是本能先起作用,在本能和情感之间由记忆、印记来联结和传导,通过传导再作用于身体的感觉。所以,外在的能产生感觉的过程是要有一段时间的。这样,人就是通过本能和相关的感情来接受某些外在的信息并使之以

---

① 胡塞尔:《纯粹现象学通论》,李幼蒸译,商务印书馆1996年版,第55页

② 洛克:《人类理解论》上册,关文运译,商务印书馆1983年版,第83页

适应于自己的身体和生命的。此时,感官、经验、大脑都在共同地起作用。

234. 许多人都明了,心理世界和物理世界的对照关系的形成,乃是要依于五官的意识的认识来完成的,即感受于外,心当有所识忆,或说耳、目识之表,惟心可识其性。至此,万物用心品,则万物必要入我心,而我心即我脑。研究发现,宇宙结构法则类似大脑或互联网,这就是由认知到识记的得以完成的最隐秘的对映。

235. 另外,相由心生,此间之心就是意识的存在,相是生命的外在,它是指意识可以就外在上有所反映,这乃是意识驱动身体的表现。还有,沿用有关报道讲,急躁会伤及心脏,急躁可能引起焦虑和敌意。可见,敌人的是外在的,但他的产生却是存在于我们的内心中的。因为,人之急躁等是可以引起焦虑和敌意的,而一旦把这个敌意指向了某人的片刻,则此时的他就是敌人了。同理,爱人者是予爱,情人者是予情的。所以,后天之心的作用也是巨大的。于是,所有的内在来于外,而许多的外在又是来于内的。就起源上来讲,人的诞生的过程是靠先天的力量来完成的,之后就是非自我的进入,在到了一定的年龄时分,人的内在的就可以反作用于或说是可以实现外在的了。故而才有上述的敌人等等的产生。这些是十分重要的。

236. 在认识的转变过程中,人的有关感应就是内在之所感与外在之所应的相会于心,并能生成意识之理或成为概念的等等。概念就是认知倾向的最终组成要素,它构成了有组织的知识。我们的话语、文字、印象都是概念。例如,数字这一概念,其实也是属于语文性的材料内容中的。在这里,人的认识能力是天赋的,但知识不是天赋的。人通过天赋能力与感官结合,才从外部获得了观念。于是,我的有知之场,在我的意识的作用下,就把那些外在的有觉无觉者的形形色色合并同类项,顺着知的路径便印记到识的存在中来。

237. 根据剑桥哲学辞典,对物理世界的五种感知——视、听、嗅、尝、触——都与从物理世界到心理世界的因果转换有关。所以,由外在的到内在的转换,即转码,就是由一般物理的信号转换为人的意识的符号。有了意识的符号,人们才有了概念、知识和文化等。比如,视网膜迅速将光转变为电信号,然后将这些电信号通过视觉神经传输给大脑。大脑将电信号转译成影像。这就是转码理论的一个佐证。或说,认识惟要通过转码来完成。

238. 因此,直观的印象就要经转码的过程,才可成为意识的内在结构。也可以说,大脑的能改变信号的存在就是转码。转码、识码和解码等都应由一个脑的机构来完成。于是,认识的办法就当是要依"人心之灵"来解决,心灵与神经系统相连,认识通过它的各个向外的窗口,把外物搬入心中,并被转码即化为数字等而记忆之,再转入反省的思想中去。如此一来,认识的就一定是生命的冲动的兴奋的放电的过程,和它的转码为意识的痕迹的清晰的自我的所能明白知晓的存在。

239. 我们讲,内外共存,给予和被给予,转码的存在这三者,虽然在表达上是做了分说的,其实它们都是交织在一起的,即有时又是难以区分的。至此,我们就在认识论的巅峰上,完成了它的最艰难的由认知到识记的转折理论的建构。

240. 沿着认识论的轨迹,在哲学上的追问,接下去的就是人们到底要认识什么? 我们说,在一般的层面中,首要的当是先认识性质,之后就要向本质进发。因为,这些才是具有根本意义的路径和指向。

241. 众所周知,认识只能于有差异的分别中进行,在无分别中,则难有新的认识出现,而形成各种分别的就是性质。非常明显,所有的差异、差别性质都是上天为我们创造好的,有时也是我们自己创造的,否则人们的认识就会迷乱不清。没有性质的认识,即没有差别或差异的认识是不可能的。所以,对于性质的认定,就是从混沌中分化出来的,它乃是人类认识水平空前迁升的结果。之后,人类一旦导入性质学,就会有极大的提高。因此,性质中的含混性定是由我们认识上的不清晰造成的。或说,某一性质物的性质常常会具有含混不清的表达,这应是由于人们的认识能力还未达到性质里面去的缘故。

242. 另外,所谓认识,均是去拣选的结果,它是专拣性质的即代表着某种区别的又是可进入到我们的五官管道的。在某种意义上,它相当于是雌雄间的交媾的感受体会和对另一方的了解。鉴于内在的可区别的是要在性质上来完成的,这种内在的可区别的说法,一定是属于认识论上的,故性质的无疑是认识论上的。于是,认识的用以区别的存在,也是知识的根源之一。这个具有区别性的存在就是性质。显然,个别的性质,若不能与普遍的知识相联系,则认识起来就会有困难。所以,认知就是通过识别来完成的,而识别的惟一办法就是要依赖于性质的存在,否则就找不到要领。

243. 同时,性质的能够内外在地为我们所知,当是为我们人类提供了可以认识的指向标。再者,性质的任务就是来开启人们的认识的,无性质的能够开启人们认识的是不存在的。由于任何存在均具有性质,性质就是对任何一事物的包括名词在内的所有的可以认识到的存在之表达。性质就是认识的途径,所有的认识都要通过性质的管道来完成。

244. 接着,怎样的世界才是我们所能认识的?我们说,只有开显着性质的世界,才是我们所能认识的。因为,性质虽由外在的世界开显出,但它却是由我们的意识所抽象而得来。于是,在世界和我们之间便由意识统统地包裹在一起了。这样的话,世界的被我们的所能认识就是自然而然的事了。如此一来,面对着整个世界,它便是人所特有的性质和能力。同样,人是一种世界性的存在,世界又是属于人的;我们讲,认识世界的那个最困难的部分当是在于人。

245. 总之,认识必须要从性质开始。而且,认识的目的就是要把握对象的具体的内在的性质。否则,认识便无意义。因为,任何存在的意义均是由可以认识的性质所构成。其实,凡为明物质都应是逐渐地可认识的,且可认识的,又都是性质的,同时,这些可认识的,又都是有价值的,又都是在一定的可认识的方法的轨道上能探索出其本体的东西,不然就脱离了人的认识的期冀。故,认识就是通过性质或本性来进行的,但这些都应是可知的,不可知的则不可认识,脱离了性质的认识是不可能的。

246. 一般来讲,性质物作为我们认识的对象,则其性质也就是我们所认识的存在了。虽然,对象可以用名词来指代,然要想获得关于对象的认识,就必须要依于它的性质;在方法上,也只能从性质着手。还可以说,只要不认识性质,就不能认识性质物,要想认识性质物的这个物自身,就只有通过性质才可以进入性质物,别无其他法门。此时此刻,性质就是使人们能认识到性质物的绝对的前提。

247. 所以,通过性质来了解实体和它们的关系,进而就可以认识之。康德称,我们通过它们对我们的感性的影响,给我们造成的表象来认识它们,而且我们把它们称为物体。① 这个可以通过认识人来说明,如果一个人没有显现出来的表象,就难以把他认识清楚。同时,人们认识 A,是因为 A 对我们的感性有影响,这一影响的存在就是 A 的有关表象,若 A 无表象时,人们便无有可以进入到认识的基础。这样的表象可溢出某些性质,而不仅仅是像了。更进一步讲,认识是当有其自身的建构的,性质的也应是有其自己的建构的,关于这一点还要深入研究。

248. 同理,在性质间也是存有着一个认识的阶梯的。在初级认识中,人们对于事物只是根据它的外在的现象,就赋予了它们的名称,故起初的名称多是一个关于"相"的称呼,其尚未涉及内在的性质和原因。此后,随着对事物的认识的层次的不同,则之所反映出的事物的性质也是不同的。如在人的一般知觉中发现的事物的性质,就和借助科学仪器所发现的同一事物的性质便必是不能相同的。于是,由隐秘的性质到明显的性质是需有一个认识的发掘的过程的。所以,事物的本性当是隐藏很深的,我们认识起来会很困难。当然,形成认识的公理化也是很不容易的,尽管其必须要与性质相关。

249. 培根指出,人们对世界知识的获得都是从对呈现给人们感官的事物的色声味等简单性质的认识开始的。愈是接近简单性质,一切事物就愈变得容易和明白,②即认识是从简单性质始。或说,认识的只有性质,外在的现象仅凭感觉就知道了。感觉的是表象,认识的是趋向于内在的。在道理上,体验是现象学的关键词,它是表达了要从现象的

---

① 《康德著作全集·第四卷·未来形而上学导论》,李秋零译,中国人民大学出版社 2005 年版,第 291 页

② 《文史哲·试论培根的"简单性质"学说》,1994 年第二期,第 15 页

外在开始进入到性质的一个界面,这当是认识史上的一个进步。那么,由感性认识到理性认识的转折又是如何形成的呢? 我们说,这就是由现象到性质的转折。因为,感性的多在现象中,而理性的就恰是性质的另一种说法。至于这里的转折,只要人们能清晰其间的概念划分就可以了。故所谓转折的问题,就是人们能明白地予以分类和分成等级的问题。

250. 非常显见,所有的存在都是以性质的认识为人们所意识,即性质的都是为人的意识所认识和反映的存在。我们讲,在意识中一定具有某些天然的性质观念,意识正是以此才得以开始向外进行系列的认识活动的。不如此,认识就没有起源。首先,自我认识应是所有人类意识智慧的开端,此时智慧的既是意识的,意识的又是认识的,人的自身意识的提升过程就是人的发展过程。我们的认识物自身,也当是从认识自我再展开着走向性质的诞生地而去的。

251. 比如,生命的需要指导着理性和欲望,它让思想去驱动全身。关于生命的需要让思想去驱动全身的观点之出现,这是对人类的认识史上的一大贡献。生命的需要是在肉身之中的管理者,它让肉身的发动机—思想来驱动肉身的各个部位。会思想是肉身的大脑的机能,肉身通过自己的感官为思想准备素材,于是思想又通过这些素材来指挥其相应的感官,认识的等等都是为思想服务的,认识属意识的高级阶段,精神也属于意识的范畴,在人的所有的性质之中,会动的是思想,它会使身体动,不动的有意志、毅力等精神的凝固的东西,这些凝固后的东西是不再参加思想的,故之与身体的其他的直接的动便无关系。相对于肉身而言,思想的机关就是肉身中的大脑,毅力、精神等凝固不动的就相当于肉身的肌体支撑,而其中活动着的成分是始于认识的。故认识形成概念进行思想方可驱动全身,并形成精神及其他的意识种种。

252. 还有,我们说,性质的必是可认识可经验的。于是,自然就是从经验中得出,经验绝不是从自然中得出,人是通过经验的片段的不断地组成自然的,故自然只能从经验中得来。此时,尽管自然可以存在于经验之外,但只要把自然与经验联系在一起,则经验就一定是在先的。这就是说,所有自然的性质只有通过我们的经验性质,才可以讲是存在于自然的里面的,因此自然性质即是从经验性质里面来引致得到的。然而,人们在知道了这些性质以后,又似乎觉得自然是在先了,其实这是认识问题上的一个颠倒;此即如盲人不知颜色,人只有通过视觉才能知道,可是有视力的人一定会说,若无颜色,人怎么看出来呢?所以对于人而言,是颜色在先呢?还是视力在先呢?很显然,人只有视力在先,才可以见其所谓更先的东西。如是之,在认识的阶段,则它的一切就都要第一地是服从于经验了。

253. 所以,对性质的研究就是一种认识。在研究中,实践决定认识,主要是讲实践可以发现性质,任何性质的获得,都不是现象的所能直接赋予的。这样一来,实践的认知的能力就可以穿入物自身中,进而便可以找到性质的存在。因此,实验的方法或说科学的方法就是使我们认识到性质的方法,它是可以切入至物自身中去的方法,也就是能抛离了现象的方法。

254. 就认识的必要导向性质而言,主观的感受乃是感受性质的起源。在原则上,感受性质时的自我体验与感觉器官或感觉系统所得到的应是一种共在。因为,一般生命系统所拥有的各种感觉器官或感觉系统,其主要功能是对环境事物的所具有的各种物理化学属性进行自然感受和分辨;其中的道理应是不言自明的。

255. 关于感觉的与我们的相对应着的存在,其既有性质的也有现象的,故要仔细划分。比如,某种感觉的反映在判断上的当是内容的,纯观看的似乎只是"形"。于是,感觉的向外的如看即为关于现象的存在,而向内的如思索的感知和感觉就是以概念的来进行了,此时它便脱离了形、影和象;长久坚持下去,就能寻到性质。因此,性质的被感觉乃是对现象的被感觉的超越。所以,感觉性质对于我们的行为便要具有巨大的指导作用。

256. 霍布斯讲,被我们的感觉器官所感觉到的物质的属性,存在于产生它们的物质之中。① 此刻,当一些原先发生在物理水平上的事情发生了更为广泛和更为复杂的交相作用的关系时,这些事情就获得了某种新实现的性质,这种新实现的性质,一般地被称为"感触"。然而,有机体和周围条件在各种情境中交相作用,当这些情境所具有的性质被区别出来的时候,它就产生了感知。感知不同于感触,因为它在认识中是有所指的。……感知也不同于含义……但是为我们所领会的整个情境所具有的意义仍是感知,②此间是有一定道理的。

257. 据称,感觉所特有的性质乃是宇宙的事情所具有的性质。于是,性质的也是可以感觉的,有时还会带有快娱和忧郁。然而,感觉性的本身又是含有非理性的。这时,可感觉的性质对于每一个人来讲,又不是一样的,即都是具有程度上的差异的。

258. 郑昕先生讲,感觉不是普遍的,它应是:如是在;它有一定的性质。③ 所以,感觉的一定是通过感受某一种性质的存在,即感性的或

① 霍布斯:《利维坦》,吴克峰译,北京出版社 2012 年版,第 4 页
② 杜威:《经验与自然》,傅统先译,中国人民大学出版社 2011 年版,第 191 页
③ 郑昕:《康德学述》,商务印书馆 1984 年版,第 9 页

感之以性后,才可上升为知即知觉。故,在感觉中,内含感受和知觉,于是在它们的存在里面,也就要自然地掺入性质的。至于本性之感觉或感受也是同样的,只是其中要涉及更多的记忆和学习,但人之学习,又要依赖于各个感觉之感官的通力配合。可见,感觉→记忆→学习→再感觉→再记忆→再学习,便是一条路线。然而,有的低等动物却没有听觉,或没有记忆,因之便不能学习或接受教育。

259. 在感觉中,一般的知觉也是关于外在的表象的,如对山的知觉。对性质的知觉则是要穿透性质物的内部才能知晓,如要知觉金属的导电性就是这样。由上看,感官、知觉都为性质的确立具有初级的作用。这时,能够引起知觉的正是深含于存在之中的性质差异,该差异越大,能唤起知觉的能力也就愈大,这就是性质的力量。因此,性质的获得是要通过知觉的,但性质的最终存在又是要超越知觉的,即性质的内含又是超过了直觉的,然不一定是自明的;同时,它还可高于感知的经验的东西,或说它是不存在偶然性问题的,也可讲,性质的乃是一个具有某种恒定性的存在。

260. 关于知觉的第一性质,应是纯生命的,其第二性质就当是意识的。鉴于感知是由可感的和可知的而来,知识是由认知与识别而来,则之中的识别就具有了分类的性质。不难发现,感觉中的知觉似是较低层次的,而智慧的则是高层次的。因为,智慧的本性乃是为了认识原因的。我们说,观念就是被知觉,且知觉的本身就是分辨,而这也正是发现性质的途径与过程。即,观念是从感官观察事物的性质而得来的,或说人对物的性质的观念的产生,是从与物的特点的接触中,逐渐形成的。此时,外物当是观念的原因,外物的性质就是产生观念的能力。观念就是依着外物的性质而产生的。洛克讲,任何东西的性质只要能刺激感官,在心中引起任何知觉来,就能在理解中引起简单的观念。① 这就是由物之性质经刺激感官,形成知觉而得观念的思想。

261. 于是,由感官人们之所以能得到观念,乃是因为物有性质,且人又有接受它的本能。此二者缺一不可。这样一来,任何的观念就都是表达着性质的存在,所以心中的观念之反映的就都是性质物的性质。可见,借性质而形成观念,当是一种必然。因此,性质与观念便是互相的反映。另外,只有观念到的性质,才是可认识的。如果不能观念到性质,则认识也就无从谈起。此是由于,感觉的根本的就是以性质物的性质而成为人们的观念,也可以说,所有的观念化的抽象都要指向性质,并最终要标的为性质。如此一来,观念的就有二,①既为发现性质的能力,②亦为已发现的性质。

262. 综合一下,人们所感觉或知觉的就都是性质。尽管在感觉时,体验的浅层是质料的模糊不清的,唯有可深入进去的才是性质的,这表明,性质的被体验当是有层次的或是有多个不同程度上的反映的,然物的性质又终是可体验的。同时,知觉、感觉的本身也是人的一种性质,凡性质者对于人来讲,必须要以他的语言作为标记来表达才好。

263. 依据上述,事物用性质,我们用感觉来完成相互的交接,事物的性质一旦脱离了我们的感觉,它便不能显现。因为,外在的可以激动人的有关感官,但要深入它就惟有靠性质了。此时,感性就是可感的性质,该性质包括向外去的可感受和向内来的可感受这两者的结合。同样,物的性质与人的性质在这一期间也就完成了它们的有关交集上的融通。

---

① 洛克:《人类理解论》上册,关文运译,商务印书馆 1983 年版,第 98 页

264. 在感觉的管道中,就五官而言,舌所味者与相、形无关,身所触者与相、形无关,鼻所香者与相、形无关,耳所闻者与相、形无关;上述反映的都是他者的性质,唯有视者的形与现象有关,即使是眼所色者也与相、形无关。可见,眼所色者也是性质。于是,五官的都是以反映事物的性质为主,仅有一视形的与现象有关。此当为一个早就应有的发现,只是人们很少有如此的想法而已,这就推翻了五官的只是产生现象的传说。就“形”而言,在汉语背景下,它也是性质词,如雪花的形,正是代表了它的某个性质。所以,“形”者也是可以表性质的。

265. 五官中,以眼较为重要,据报道,外界信息的 70% - 95% 是由视觉系统接收和处理的,通过视觉可以分辨物体的性状、大小、颜色和距离等,而这些均属性质的范畴,或说性质的存量至少可占总的能表达的数目的 95%,应是确定的。实际上,数值要比这大,因为其他的感觉也是可以发现性质的,如此之,研究性质就有了它的近乎全面的概括。起初,眼的存在是动物的趋光的性质的物质的实现,眼的存在是动物或说是趋光的性质与性质物的统一。之后,视觉引发的体验,对事物的认识便是通过符号载体来完成信息的转化的,每一个事物都会形成自己特有的视觉符号。所谓视觉符号,是指人类的视知觉器官—眼睛所能看到的,表现事物一定性质的符号。[1] 对于其他感官来讲,也是如此。所有的这些都属性质。

266. 海德格尔讲,人看得见在吗?我们看得见在者,例如这是粉笔。但是,我们能像看见颜色,看见光亮,看见暗影一样看得见在吗?或者说我们听得见,嗅得到,尝得出,触得着在吗?[2] 这里讲的在者所

① 罗玉明:《视觉与听觉》,《文艺争鸣》2010 年第八期
② 海德格尔:《形而上学导论》,熊伟译,商务印书馆 1996 年版,第 34 页

涉及的都是性质,由于在者是在的反映,则通过在者所及的而寻觅到在就不远了。于是,在我们所视的背后,必具有可理解的性质。尽管在世界上,从没有两个人以相同方式看世界,但他们却都会以相同的性质看世界,这应是无疑的。

267. 沿着前面的理路,人之所视所见,所有的见地,所有的推察和寻求,其实都是关于性质的存在。所以,以目观物,见物之形;以心观物,见物之情;以理观物,见物之性,乃是合性质学的。

268. 统而观之,所有的存在若无性质出,则必不为人所识,而人所能识者,又皆是从意识出。比如,只有爱的意识存在时,才会有爱的行为,于是爱的这种性质便贯穿于性质物的内外。还有,感官的在意识的指导下,它所进行的是靠着那先行的看似的无所思的思而动的,只宜如是,感官才可向性质的方面去推衍。因此,感受性质,通俗地讲就是主体对正在经历的心理事件或过程的一种主观体验,也常被称作有意识的经验。可见,体验的必要进入意识,感知于形于名的都是外在的标定,随着时间的展开,在名的形的苑围里,就要向着它的内部进行探讨了。于是,性质就要出场。这时,人们判断着的接触就都是关于存在的性质,无有这种性质者不能进入我们的五官而成为意识。形、像也可以进入意识,但还不能称为性质。

269. 通常讲,一个命题往往是由另一个命题来推导出,却不能依据自身来获得,这是由人的认识性质的过程所决定的。故,外在的反应给我,而我的反映给外在,在这二者的交互过程中,彼此都把自己的性质掺入到了对方。于是,被掺入了的性质,或是增加了对方的或是减少了对方的性质,则要视具体情况而定。因此,存在与"是"方可相通;所以,存在无论于偶然的意义之上,还是于本性的意义之上,即存在必要显真的意义,这些均是由人的认识来完成。其间,物可感人,人可感物,人物相感物人相感则物之性质必出。或说,性质的存在可以通过它的作用和被作用便为人们所认识了。于是,性质物定要用性质来反应自己或反射自己或向他者来给予自己,如火与热的关系就是这样的。否则,人必不能知。

270. 同样,一个想告知者必须使被告知者在能知的情况下,告知与被告知才可同时存在。单一的是不可能行的。这个想告知者也可以是一个外在之物。人的告知是方方面面的语言,物的告知则是形象、颜色和性质等。很显然,如果某物被知觉,则某物对知觉者就会呈现自己的有关性质,且物的呈现性质与人的能知觉这二者是同时存在的。你知觉到的是它的性质,它则可以性质到你的知觉,尽管后一个问题人们理解起来还很难。我们说,上述的共在,乃是明物质的作为一种反应与反映的必然,而在暗物质中或许不存在上述情况,当然我们也无以知道这种情况。人作为明物质,其能量的表现的即反映的意识的方式是向外呈现感觉,其他的作为明物质之能量的表现的即反应的或反映的方式则是向外呈现性质,由于物的性质与人的意识在一定高度上是同类的,所以它们就可以相互地以知觉和性质而共在着了。关于如上的明物质说,是我们的一个发现。

271. 于全有先生讲,我们所以能分别它们,只是凭借于由那种内在组织所流出的一些可感的性质。① 如此一来,性质就是表分别的,然而智慧却可以去分别,认识一切无障碍,这就是达到了一切空的层面上来了。可是,这对于人的在少小的时间里,又是难有意义的。在人的少

_____

① 于全有:《语言本质理论的哲学重建》,中国社会科学出版社 2011 年版,第 10 页

小的时间段里,其必要分别,之后方可知万物。在知万物的基础上,又把万物归于一,这乃是更高层面中的认识。所以,佛陀就是在认识论上的高明者,当然也可以称是觉悟者。

272. 就人类史看,婴儿在他的语言的表现里,也是要慢慢注意到某些存在的性质的。这里的注意有语言学习的成分。关于学习,类人猿的手势是可以学习来的,但它的声音的呈现则是不可以学习来的,这就反映了一个问题,人与类人猿的区别就恰在声音的可学习的性质上的根本的不同。沿着声音的语言的形成,人猿终于相揖别。随之文字的产生,人便具有了不可逆性的向前发展。人在 1 岁左右,也是先会手势的学习,然后才会语言的。如此一来,我们的世界,就是我们的语言让我们了解的世界。① 即我们的世界只有用语言才能了解它,而人类的最大语言存量就是关于性质的。

273. 所以,人们的一切的首要的关注,就是要重视性质的问题,即研究整体的出发点,当是从性质开始的。这里因为,关于性质的规定都是肯定的,即使是限制性规定也是一样。一般来讲,限制是关于给予自开端(以及限制开端)至最后的点的约束,这也是由其性质所决定的。另外,由于时间不同,质亦不同;空间不同,质亦不同,故此相对的约束也应是不同的。

274. 在认识论的发生学中,人的感性和理性都是天赋之性,是先天先予人以此性质,然后才有之感性和理性的。从浅显处讲,感性当是从现象进入性质的关口,其间是由感觉的感受切入,再至感知至觉知时,便到了性质的界面,接着在性质里面的就都是理性前的或说是知性

---

① 王士元:《语言、演化与大脑》,商务印书馆 2011 年版,第 91 页

的存在了。关于知性的过程,就是在知觉与觉知中通过自我反映来规定其对象的过程。知性就是不断地寻找可知的或能知的性质。知性的获得是建立在知觉的基础之上的。在道理上,知性更容易表达自我意识。知性的可贵之处就是进行分析,对差异加以扬弃,通过就性质的对比而得出某个统一性来。比如,好、坏、黄、黑都属性质,知性阶段就是知晓性质的阶段。

275. 知性之后的理性,康德认为,它只能予人的自完善有作用,对于物自身的存在,则无任何的方向指引之功能。我们讲,这是康德的对于理性之认识上的悲哀。因为,在我们与物自身之间,唯有用中介的性质方能来衡量和联系,此时只有它才能解证一切的存在,而这些又都是在理性方面的表达。进一步讲,理性就是在经验形成的诸知识的关系所交集的边界中来思考事物本身的。很可惜,这些又是康德所不知道的。

276. 就认识的过程可知,经验的应是存在于感性和某些知性里面的,经验的也是性质。首先,经验的必要具有生理基础,而性质的也一定要具有其可寄存的条件。于是,存在体与性质才会合一。同样,经验和人的有机体才会合一。其次,经验的既要抽象出性质,还要在性质间完成某种协调。但是,经验的虽可逐渐地能阐发出性质,然而它却不具有某种绝对性。因此,经验的在理当对应地生出性质时,便不能有百分之百的把握。

277. 我们说,知道了经验与性质的关系,是有利于专家进行判断的。关于性质的显出,既可以从综合性判断中获得,也可以从分解性的判断中获得,还可以从它们的中间获得。但是,我们只能知道物的性质,却不能知道物的诸如质料的本身。在这里,人的做分析的本性是先天的。鉴于这一先天性,则理解自然就能理解上帝,可要理解自然又只能先要理解自然的性质,舍此无他。

278. 培根认为,科学的任务是发现事物的简单性质的形式,①这是极正确的。为此,在科学发现的期间,实践的经验的和抽象的逻辑的有时在相互的融通中,便是具有着难解难分的作用了。于是,抽象的就只能是对应着性质的,在对性质的抽象之前,人们要对性质进行分类,这是一个基本的步骤。因为,性质不同于含义。比如,具有能力的性质,会形成动力观念,而具有容力的性质,则要形成被动的观念。当然,对物自身的不清楚的部分又都是可以归于模糊的性质中来的。不难发现,性质的虽然是所有展开的内容,但在这内容里面,又是一定要分有不同的层级的。

279. 顺着上述的路线,性质的通过科学的发现,就要固定到成熟的知识序列。此时,人类主要的当是获得事物之性质的知识。因为,人一旦拥有了关于全面的性质的知识,就是掌握了驾驭天下的能力,而人类知识的贫乏,就是不知道许多性质的存在。故此,有大专家讲,在一个物体上产生和加上一种新的性质或几种新的性质,乃是人的力量的工作和目的。发现一种性质的形式,或真正的属差,或产生自然的自然,或流射的源泉,乃是人类知识的工作和目的。② 这些表达,太好了!

280. 过去,亚里士多德曾说,什么是知识和可知的事物之间的中介呢?我们讲,这是一个重要的问题。在此,该中介就是可知者所开显的性质,于是知识即为建立在性质之上的存在。如此一来,在可知物与知识之间的中介问题就得以彻底解决。也可以认为,所有的知识都是

---

① 《文史哲·试论培根的"简单性质"学说》,1994 年第二期,第 16 页
② 王东京:《中共中央党校老讲稿选编》,2010 年版,第 74 页

关于各种性质的学说。因此,知识的必是关于性质的,知识的必要反映
性质,或是为性质服务的。这样的话,观念的关系亦即性质的关系,而
性质的关系也是知识。原始的性质更重要。故,从观念里面便可得到
知识,即所有的知识都是从性质中来。

281. 在源头上,我们讲,只有能知觉到性质的差异时,才可称为知
识。或说,知识的应是认识的产物,知识的当出自感觉,但知识的又不
同于感觉,知识的只能是关于性质的。所以,不论在感性还是在知性中
的经验的形成,其一定是全新的,可是这经验的全新的性质一旦过去,
它就要表现为过去的知识,尽管经验的本身也可以是知识。如此一来,
许多的过去的不再显示积极性质的知识对于认识的深入便没有了作
用,惟有持续存在的先进性质才能焕发出意义。因此,科学知识就是关
于事物性质的命题①之说,也就得以理论清楚。

282. 小结一下,我们说,认识的目的主要是通过性质来达到本质,
在前面的文字中,我们已经阐说了对性质的研究即是认识的理论;接下
去,我们就要架通在认识论上的由性质的直达本质的路桥和管道。

283. 在认识论上,许多人都知道,认识与认识对象的关系:(A)认
识的第一次完成只是关于外在的现象的,(B)认识的第二次完成应是
扬弃现象,而把握住性质,(C)认识的第三次完成就是要沿着性质之路
来达到本质的核心。故认识的在对象转化为自我的深入的过程中,不
是一下子就实现的。认识的能力是天赋的,认识的过程是我与外在相
互给予而来的,上天给我以渔,鱼是我自己渔来的。于是,性质的就是
可认知到本质去的管道,而关于现象的认识则与本质的联系无关。因

---

① 薛守义:《科学性质透视》,山东人民出版社 2009 年版,第 226 页

此,抽象的得出本质的方法,从现象开始是难有收获的,抽象的路线只能是从性质的渠道才可完成,且任何的抽象无不是从性质开始。

284. 所以,关于有区别的认识,①为一般现象上的区别,仍局限于现象,②为性质上的区别,只在于寻出本质。比如,关于物形的视觉的就是现象,这是认识的第一步;第二步,就是要分辨外在与内在并进入内在而认识性质;第三步才是认识本质。这样的话,我们就说,认识表面只是认识关系链的开始,认识性质才是认识关系链的展开,认识的只有达到了本质,才是其展开着的一个环节的终止。下一个环节的展开,就是认识的趋向于先天的存在,而认识的关系链反映在大脑中,就定是对应着诸多的神经的网络系统了。

285. 现在,就是展现于当下者。在人们的认识过程中,多先展现象,其次才进入到性质所寄寓的内部去,然后才是沿着性质而达于本质的,这当为一条必然的路线。如是之,现象的就成了一个我们的认识不得再行进的终止的界限,要突破现象的这条界限,就要找出新的路线,实践表明,惟有性质是可以引进认识到本质去的。可见,实践的目的并不是感觉现象,而是可深入到物自身中的超感觉,并由此而展开认识物自身的路径,其结果是要发现性质和发现物自身中的本质。实践是切入到物自身中去的法宝。只有实践才会实现对物自身的离开现象的思考,或说实践是发现性质的源头。很显然,直观、反思都不能明见本质。直达本质只有通过实践得出的性质,方可解决问题。

286. 根据认识论的要素可知,感官是不能独自发现他物的本质的,感官只有和他物的性质结合在一起,才可以推断出本质。性质既是外在感官得以深入到物自身中去的内在管道,它也会引导感官要与大脑进行协同性的探讨。因此,观念便是感官和大脑所发现的性质,靠所有的感官都难以发现本质。要得本质,必须经由性质再去上溯寻找。这是由于,感觉的表面终是现象,有条理的内在的才是性质,认识的是为了寻找本质,本质的惟有性质才能与其发生传导。

287. 进一步讲,由可感进入可知,由可知的去掉可感,可知只有知性质,才可认识本质,而认识只能是在知的基础上的认识。于是,人们只有通过性质,才可逐步地逼近物自身,这是因为在我们的感觉对象和物自身之间是有着一条难以认识的鸿沟的,而性质则是它们的惟一联系。此时,性质的存在应为性质物的相对于我们的人来讲的是一种被给予,且这种被给予也必是可感觉的。只有依于这种被给予的存在,人们才可走向深入着的本质中。当然,性质的也并不一定都是明显的可感知的,但性质的都是为了开显本质而存在的,这是不用怀疑的。感觉中,看是先达现象的,通过听、嗅、味和触觉的综合就可以产生性质的诸要素,于是就可成为引入至本质的道桥,然而这五种官能还不会直接进入到趋于本质的路线中来。

288. 在前面的基础上,感性的现象的认识通过实践的思想的来达到理性的性质的认识,再向深处就快近于本质了。这是由于,感性多反映外在,理性可以反映外在也可以反映内在,理性沿着性质之路就可以如乘舟筏,而向着它的目的地驶去了。一般讲,本性是性质物的本质之性,感性是关于我们的可以进入到性质的起步,在性质物的本性和我们的感性之间只能由性质的意识的才可以联结,此时的关于性质的认识即已达到了理性的程度。所以,感性(性质之初)→理性(性质)→本性必是一条正确的路线。

289. 据相关专家讲,理性认识是深入到它的本质,把它的本质表现为定义。① 其实,理性的就是性质,理性认识就是关于性质的认识。本质就是事物之性质的所以然。如此者,理性的本能,在寻找本质的过程中,往往会沿着本性所展呈的路径而发现一些规律性的东西。这些规律性的东西是从一般性质到本性间的具有某种趋向的存在的指示或标记。所以,从性质到本质之间是有规律可循的,或说从性质到本质之间是有一条规律作为桥梁的。规律是概念的系统抽象,概念的要点是对现象的去除。于是,在从性质到本质中,绝无有现象的痕迹。此时的规律本身也是一种性质。因此,从性质到本质,其过程也是性质的,即规律的过程也是性质的。故研究本质,不管是从出发点,还是从环节上,都要以性质而联系性质。可见,理性一旦把性质推出,它就可以为牵出本质,铺设了一条道路。同时,性质的必是理性的产物,理性的就必是具有合法性的,这样的话它的指向本质就有了必然性。

290. 依照感性、理性主张,我们所知性到的都应是自己的经验对象,或为关于其思想的延伸延长,而不是纯粹的物自身,这是对的,由于性质还不是本质。物自身的与我们的经验多是间接地相脱离的,即它只是存在于我们的感性或知性所获得的性质的终极指向当中的。因此,感性、知性、经验都是可以获得有关性质的认识,且在认识的层面上,它们也没有孰优孰劣之分。这三种都是获得性质的手段,同时亦是由性质指向本质而去的源头。有人认为,依经验判断难以进入到事物的内部中去,即在经验中,人是被束缚的。其实,这也是具有一定的片面性的,因为即使在经验中,也可以反映某些性质,只要明白了性质,则进入事物内部的寻本质也不是很难的了。所以,人们也不能完全反经

---

① 王东京:《中共中央党校老讲稿选编》,2010 年版,第 47 页

验。故此,认识一事物,通过经验的了解性质是第一步,深入到性质中去是第二步,找到本质是第三步。

291. 然而,在认识上的唯名论和实在论都是不得性质纲要的,即是难觅本质的东西。同样,范畴的只能为性质,性质的只能为性质,不能为本质。为此,对于专门的学问就当有专门的认识法则。比如,数学的有些方面便是不能依概念来做说明的,它必须反映为人的直观。所以,在这里的直观一是观外在的现象,一是观出概念等性质。原则上,外在的现象在性质里面是被去除了,观在得出性质概念后,自己也就退出了寻找本质的舞台,所以观的意义就被转向了。感性直观多显象,但有时亦可显性质,如在数学上就是如此,于是对直观的理解就要有严格的限制,不宜混沌不分。

292. 还有,我们细说眼之色,耳之声,鼻之香,舌之味,身之触都是我们的对存在之外在的感觉,惟有心之意是我们的对存在之内在的自感知。而且,色是有光才见的,声要有源,香要有根,味要有出处,触要有感,可心之意的存在基础又在哪里呢?我们认为,它当是生命的先天的五官的所得之杂糅的结果。如果我们把生命暂不考虑,将先天的又归于五官的本原的话,则意识的心就只能是五官的聚焦所生成的,除此无他。再者,按照传统,认识的第一步,若以五官的各自的单独功能来看,就应是仅限于色、声、香、味和触感的;然而,视还可以见形,见体,见高下大小,身之触,还可以感虚实软硬等,所以五官之间的相互的交合又可以产生出许多的认识来,如实体、软水、空无等,我们便把这些称之为认识的第二步。关于声有源,有内在之声也有外在之声,香和味也有同样之理,于是五官的某一存在与心的结合,又可以把外在的表面的东西能深入到事物的内部去了,这些我们可以称之为认识的第三步。关于心的内在的认识,如时间的形成,就是我们可以称之为认识的第四步;关于心与五官结合再与手脚等结合所产生的认识,我们就可以称之为认识的第五步;关于心与五官与手脚与工具结合所形成的认识,我们可以称之为认识的第六步;在第六步的基础上,再与天地结合所形成的认识,可称之为认识的第七步(第七步可再先一些);以第七步为基础,把它们都收之于内心所形成的认识是第八步,能超越从前的认识为第九步,近于神的认识是第十步。时间是心的,空间是视力的,所以时空是属于心和视力的。舌的味之过程乃是身之触的精细化,即舌与身是等同的,舌是触点更密致的,只不过舌擅长味,身更擅长知冷热坚软罢了,其实舌也是可以感温暖强固的。向着事物内部去的依于工具的,实践的,超越的应是寻本质的认识,近于神的认识就是人类的已获得解放的认识。色声香味触还不能表三维的存在,即认识的第一步不是从质料的形体入手的。关于三维的认识是从第二步开始的,关于事物内部的认识是从第三步开始的,关于时间的认识是从第四步开始的,第五、六步是趋于本质前的认识,第七步考虑了扩大的外在,第八步是理论认识,第九步就是本质的认识,第十步就是驾驶本质的认识。

293. 由观上可知,对于本质的规定,当是属于认识的范畴,而认识的目的就是要找到真实的本质,认识的过程极有益于思想的训练和生成。此时的认识,既要使客体观念化,又要使主体对象化,但总要归于本质化。然而,实体、物自身和对象又都是对认识的会有所限制,即认识是受实体、物自身和对象的结束的,所以认识便不能进入实体,也很少能进入物自身,更不能进入到被层层遮蔽的对象。要明白这些,就会少走弯路。

294. 经性质的再深入,由感官之认识来加强意识,就可以迈入到事物的本质中去,似是一条路线,于是,要获得本质应有意识的挖掘是对的。否则,感觉到的仅为肤浅世界,其间虽含有某些可思的理念的东西,但尚不能上达于本质。因此,人们无论对性质物有如何的感觉,都不会影响到本质。洛克讲,知觉并不是心灵的一种本质,乃是它的一种作用,①这是对的。所以,认识本质虽要经过知觉的阶段,然一旦达到性质时,它就与知觉不相干了。比如,在知觉上的近与远,无非是距离的东西,它怎能与某物的有关的性质和本质相关呢? 这样一来,只有通过直观,对象才会被给予②之说,虽然于认识上是有利的,但要它给予出本质,还要我们当深入到它的腹地方能获得,此必是无疑的。

295. 之后,人们所有的由感觉的或感知的上升到觉知的理性的就都是以性质为主的存在。现象的基本的是可感的感性的范畴,它难以形成"理"和"知",故在考虑本质时,就常要把它给忽略掉。虽然理性的前身也包括知性、经验、显象和认识物自身的成分,其中为了探求物自身(本质),知性就要依经验的显象来逐渐地推动认识向着更深处进行才好。罗素讲,经验的本质就在于由被经验的东西所导致的行为上的改变。③ 当然,这也可以反过来。比如,被经验者的行为,其本身也是一个表象,只是一个关于它的现象,此时的现象应是其行为的痕迹。于是,某一痕迹的映像仍是不能反映有关本质的。在这里,我们之所以再讲表象的不能通向本质,实是要人们当回归性质。

296. 此外,美的形式是外在的,但关于美的原因则是内在的、意识的,这也是认识论上的事,即外在的美的本身并不存有一个外在的原

---

① 洛克:《人类理解论》上册,关文运译,商务印书馆 1983 年版,第 72 页

② 海德格尔:《物的追问:康德关于先验原理的学说》,赵卫国译,上海译文出版社 2010 年版,第 123 页

③ 罗素:《心的分析》,贾可春译,商务印书馆 2010 年版,第 69 页

因,有时看似的外在的原因,实是在我们的意识之中的,或说有时的外在的事件的本质,又是与外在的相分离的,关于美的它一定是在我们的内在之中的。就类似的问题,海德格尔比喻性地讲,翻译……是原始本质被隔断被异化过程的第一阶段,①所以在翻译的认识中,便有了被丢弃的东西。可是,以丢弃的而言,抽象的并不一定是脱离实际的,抽象完全可以在实际基础之上的抽取至关重要的存在,也可以说抽象中的丢弃当是一件好事。这样一来,内外在的分离与被丢弃和抽象的可连续,就会使问题看似复杂起来。因此,在研究本质的问题上,就理应进行具体的问题要具体地分析,千万不能一概论之,即要走各自的性质之路才好。

297. 于是,关于知识的理论,就当①要区别所与物,②要发现本质。虽然在区别所与物中,我们确是无法指明不含质的概念,但在关系问题上,对它还是可以说清一些的。比如,黑格尔讲,规律本质上就是概念,其实这里的概念只是一个极小的片断,因为只要稍大一点,它就要联系到质的上面去了。所以,在黑氏学中说,他的绝对知识论也就是关于本质的内涵,或说关于本质的认识,与之绝对知识又是无有异处的。

298. 胡塞尔讲,认识在其有意义的本质方面是从属于语词的,②即认识表达的本质是寄存于语词之上的,这是正确的。也正是因为如此,由存在的本质到性质或属性,便有了一条由内到外的可认识的理路,且这个理路还是能言明的。所以,若将本质体为源头,它确是可以辐射出

---

① 海德格尔:《形而上学导论》,熊伟译,商务印书馆1996年版,第15页
② 胡塞尔:《逻辑研究·第二卷·第二部分》,倪梁康译,上海译文出版社2006年版,第34页

极多的性质的。反过来,我们沿着性质,就会达到本质了,这是必然的。

299. 我们言,认识性质就敞开了认识本质的大门。因为,对性质的考察乃是认识的重要手段,由于性质反映着物自身的脉络,所以顺着它,就能探求到其本质的东西。总之,本质由人的在认识上的规定性来标定为"是",可以讲甚为妥当,但这个规定性不是形式,只有性质才是可以深入到本质里去的。

300. 综合上述,性质物的性质是由我们所规定的,这是我们能意识到的。我们之所以能规定性质,是因为我们的认知已发现了它,并用知识把它给标记了出来。下一步,我们就要在这些标记的带领下,去找本质了,而认识性质和发现性质以及标记出性质,正是我们已深入到物自身中去的表现,有了这些深入则再深入之就有了基础。

301. 鉴于我们的认识的能力是可以不断地向前推进的,我们就可以通过性质的环节来继续认识,继续标记,并可从多方面的性质进行,最后只要找到了诸性质的辐集处,则本质就自然要现身。

302. 在此基础上,有学者讲,性质是事物的规定性,为这个事物与那个事物的不同。亚里士多德说,"性质,我的意思是指人们所借以被称如此等等的那种东西"。性质乃是物的规定性,表明物质的一般区别,种类的差别,并决定物的基础。我们通过对物的性质的认识,便可以认识物的本质。[①]

303. 至此,关于经由性质而可寻达本质的道理,便已在认识论上呈现得非常清楚。

---

① 王东京:《中共中央党校老讲稿选编》,2010 年版,第 48 页

关于经由性质以寻求本质的学说

谭长流 著

性 而 上 学

（第二卷）

九州出版社
JIUZHOUPRESS

第八章 性而上之四

1. 精神哲学,微乎深哉;然而,若能由表及里,并在将其导入到心理学和意识论后,它的玄奥的东西,还是能为人们所明白和易懂的。比如,洛克认为,精神的原意,其实就是呼吸。关于人的呼吸,人们应是自明的,不用解释的。

2. 有人问,世界指的是什么? 回答说,世界总是精神性的世界。动物没有世界。……世界的没落就是对精神的力量的一种剥夺。① 可见,说世界是精神的,是相对于动物而言的,因为动物没有世界。如此,就是合了黑格尔的观点。不难发现,精神的初期的都是关于自然的,或说精神的是在自然界中发展出来的。精微曰精,不测曰神,把它们串结起来就是精神。

3. 所以,只有精神,才可不断地能从原始的地方显有喷薄之势。这时,精神的就是具有先天性的,它乃是具有创造性的存在。

4. 在希腊人的精神世界里,他们讨论了人类精神的多元性,研究了所谓的灵魂,进而指出,按照精神的本身发展的规律来看,精神的信念是从周围世界的现实中产生的。于是,亚里士多德的精神哲学既相信客观,又强调精神的唯我性,即凡是脱离唯我性的精神都是不存在

---

① 海德格尔:《形而上学导论》,熊伟译,商务印书馆 1996 年版,第 45 页

的。对于伊斯兰教来讲,精神则是我的主的机密。

5. 按照一般的观点,精神的都是自己的,精神没有他者。精神就是不断地以自己来产生自己。比如,自我的就是精神,离开了自我的——精神,是不存在的,精神总在我中。正是由此,人才为自己来向着一切的方面而造路。同时,民族的精神也就是它的普遍的人性,故人的精神也就是人性无疑。在一个民族中,有时的人民之颓废,实是源于其整个集体的堕落,这一点应是可肯定的。

6. 当然,精神的一定要与身体的是有关的,即精神的不能独立地发挥作用。任何人都知道,精神是随着生命的年龄而成长的。例如,由儿童到老年,就是沿着自然—现实—可能的一线来体现精神的。总之,精神的就是生命的。我们的目前的处于当下的就是我们的现在的生命状态,进而精神的就是这种存在。

7. 在平常,名称只是一个所指,它可以不具有精神,尤其是被修饰过的名词就更是这样。如"死了的人",这个人就是无精神的。很显然,精神的生活又是要由外在的事件来促成的。举例来说,就饮食而言,它既是关乎人的生命的,同时也含有在精神上之享受的成分。还有,精神的既是人的魂也是魄,魂与阳性有关,魄与阴性有关。

8. 可是,单纯的事物又是毫无精神可言的,精神的只存在于我。精神的与我在于我有精神,我有精神时的与物的关系,就是要把物摄入到我的存在中。物体观念涉及的是借力的运动,精神观念涉及的则是内生的运动。精神一语,又是相对于物质来讲的,但要对精神细化,它还有极多的内容。

9. 有人说,物质不是精神的产物,而精神却是物质的最高产物。在这里,我们言无所谓 A 产生 B 的问题,应是 A 与 B 的共在,即物质和精神没有相互决定的问题。所以,宇宙即是物质和精神的统一。就整个宇宙说来,也没有物质与精神分离的二元论存在的余地,而只有物质和精神统一的本原的一元论,①这就是外在与内在互为特征,二者相互包含,相互渗透,互相统一。

10. 由上可知,内化的概念就是精神和世界的,比如与宇宙的物质的统一。故此,精神始终的就是理念,不过在起初它只是理念的概念。② 鉴于理念之中含有观念,观念的总体是由概念来完成的,则精神里的只是观念,观念里既含有限,也有无限,且有限是在无限中的有限,于是精神的既是有限的,也是无限的。

11. 黑格尔讲,精神是最高贵的概念,是新时代及其宗教的概念。唯有精神的东西才是现实的。③ 或说,精神的当是新时代的最高贵的现实。比如,精神之乐,就是天堂之乐的高贵地回到了现实;而知识之乐,恰是人间之乐的已在现实;且肉欲之乐,便是地狱之乐的非高贵地摆在了现实。在此期间,有关概念的内容若被生命的所遮蔽时,就只有通过精神,才能把它显现出来。因此,精神的大多应是由语言来提振的,这时的语言就是精神,语言的内容也一定就是精神的;当然,有时不用语言也可以。

12. 很显然,理解也是需由语言所形成的概念的,至于精神的理解是要复杂于物理的有关认知的,但此时的理解也需要用认知来表示。比如,精神在向外的过程中,就时时获得了对自己的有利的认识,因而它才具有不断的力量,并得以继续向外。

---

① 游兆和:《哲学本质与演变逻辑新论》,社会科学文献出版社 2011 年版,第 486 页
② 黑格尔:《精神哲学》,杨祖陶译,人民出版社 2006 年版,第 27 页
③ 黑格尔:《精神现象学》上卷,贺麟译,商务印书馆 2010 年版,第 17 页

13. 同样,理性的首先的也是由概念来构成的,而概念的就是脱去了显象的抽象存在。在一定意义上讲,精神的就是由理性发展而形成的;之后,精神就是理性的含有真理性的存在,就是具体的理性了,就是客观的精神世界,包括从最低形式的家庭直至最高形式的宗教。如此一来,精神的也可以理解其就是连续的理性运动,且精神的力量惟有通过理性才有可能获得补充。因为,理性一旦把外在的实体变成了自我,即主体,届时主体的自我和外在的他物之实在就成为了一体,并被以加强的形式而使之得以寓于精神的存在之中。

14. 精神包括:主观精神、客观精神和绝对精神。主观精神包括:理论(理智)、实践和自由。理论(理智)又包括:直观、表象和思想。直观就是超感性的,以注意开始,而使主观外化的存在。表象又分:回想、想象力和记忆。回想之想,只是记忆的再现,它所荡漾出的意象,尚未构成思想。想象力又分为:唤起意象、意象联想和产生幻想力。记忆又分为:保持名词的记忆、再现的记忆和机械的记忆。思想包括:知性、判断和推论。实践包括:实践的感觉、冲动与任意和幸福。自由就是理论精神和实践精神的统一。客观精神为:抽象的法、道德和伦理。道德必要归于伦理,才能具有客观性,而伦理可分为:家庭、市民社会和国家。绝对精神就是主观和客观的对立统一,它包括:艺术(以感性直观来显示自己)、宗教(以表象思维来显示自己)、哲学(以纯粹思维来显示自己)。

15. 客观精神也可以说,就是在法的意义上的人。然而,绝对精神的起源,就是把意识、精神和灵魂视之为身体的本身;所以,绝对精神其实就是人类精神的绝对化和本体化。尽管理念、绝对精神都是不可见的世界,但是黑格尔却认为,只有绝对精神才是……可能性和现实性的绝对统一。我们言,只有经由了可能性,而实现了现实性时,现实的就一定是绝对的了,可这些绝对的,又有可能会远离精神。

16. 让我们回到精神的源头,则它一定是从主观出的,即它绝不会完全地沉入客观,甚至伦理的也不能束缚它,因为伦理的也是客观化的东西。比如,精神的虽可以存在于某些伦理的里面,然这只是精神的形式;否则,伦理的这种规矩的就会把精神给框住了。于是,离开了主观性就无所谓客观性,当然若离开了历史认识的客观,也就无所谓主观。对于人来讲,一是主观在先,一是主客观应当共在,只有如此,才是合道理的。

17. 至于新精神的开端,是各种文化的一个彻底变革的产物之说,即精神的一定是起于文化的,文化的又是社会的,而精神又是属于科学之上的。所以,由社会→文化→科学→精神,便可以成为一条路线。比如,关于启蒙的,就是西方 18 世纪的精神,而这便是合上述观点的。同样,只有注意时,才可以进行教育,其实这也是一种精神的始点;而且,美也是必要存在于精神之中的。这里的意思是,对实在、真理和美之无条件的追求,就显示了精神的某种自发的力量。

18. 虽说精神是居于科学之上的,然它并不妨碍科学的又是精神的现实之思想的正确,因为黑格尔说,它是精神在其自己的因素里为自己所建造的王国。可是,一旦进入了这个王国,科学的就根本不可能再发生某些更高的精神的唤醒了,它就只宜对精神做显微性的分析,而这又是属于微精神分析的领域。可见,对于精神的与科学的绑定,必要进行再反思的才好。

19. 我们讲,精神是唯一的推动者,精神的才是发展的终极目的。故精神的既是起点,又是终点。黑格尔把精神推向艺术、宗教和哲学,只是向着高点而去的,他并没有把精神返回到起点上来,并不知道精神的对人的作用或对人的生命的作用,这当是其不能思考到的。此时,若说精神是对在者整体本身的权能的授予,亦未尝不可。由于精神是承载者和统治者,是第一的和最后的,而不是其他的,则每一个伟大的事件,必要先有其伟大的精神,方可。

20. 同时,伟大的精神也是自己能知道自己的精神的伟大的,而精神所知道的,就是精神所显示的和所实现的,即精神是对自己来显示自己的,况且精神具有创造性,它主要是依赖于自己的能动性和观念性之链接的。因此,精神的作用就是能把心灵的铅块化为黄金的。

21. 关于精神的知觉当是由某种精灵来完成的;比如,有限精神的存在就是由有限的灵物所引致的。有限的精神宽泛地讲,包括意志和意志的生命运动。根据精神的缘故,人的生命的这个灵物的存在,必是能有行为反映的。故此,生命的形态便不能脱离时空,或说它就是时空的精灵,而精神的依于生命便也要被时空给完整地标识和记录下来。

22. 一般来讲,良心是静止的精神,信心是信念的被确信后的精神,可见精神化的也必是精神。否则,精神过后的东西就是呆痴,即只有纯精神的,才是真正的可以永传的精神存在。

23. 其实,每个人都有精神的层面,比如元首和平民,好人和坏人,英雄和小偷都有。接着,任何精神都是依托一个精神又去推动着另一个精神的精神,精神在自己的系统中,只展示给我们它的中项,因为依托的精神已过去,正在推动着的精神还尚未实现。所以,凡精神的总是要打破束缚它的东西来保持自我,精神绝不会在任何的固定的形式中来休息一分一秒钟。

24. 具体的精神是生命的,特定的精神如"坚持",就是生命在这一存在状况下的凝结。于是,精神一旦标明自己的对象,如毅力,则其就会把这个对象作为自己用心的焦点,此时的精神更多地是会在生命的力量上面来展开。然而,在坚韧不拔的精神中,并非越多越好,厌倦可能给较好的模式异体以发展的机会,故困顿也是有利于向前进的。因为,人不能总是处在高度清醒的状态。进一步讲,思想、意志、自由等均是属于精神的,这只是相对而言的,就纯粹精神来说,它应是类如毅力、隐忍等概念。故,精神便应有一个自己独特的范围界限。

25. 在绝对上看,精神和思想,在有时二者又是不能统一的,精神的就是精神的,思想的就是思想的;精神的如毅力,而毅力的则是很少能进入思想的,但精神与思想又都是表生命的,又都属于意识。据称,主观的当下的期望及对未来的瞩盼,或称主观的力量,在一定范围内是可以影响到五官之感觉的,然在巨大的差距的分别下,主观的预期还是要让位于真实的感受的,这就是精神的潜在的存在的理由之一。比如,靠人们的精神,是可以抵御一定的寒冷的,可在温度极低的情况时,精神的又是不能承受的,就只能增加保暖的东西了。可见,精神的必是主观的一种逸出之后的能动。说得更详尽些就是,人在一定的限度内依靠精神是可以战胜物质的,例如在0℃附近时,凭精神的支撑是可以穿单衣的,然而到了-30℃,靠精神不穿棉衣就不行了。所以,精神的适用是有范围的。如是之,精神的意志力的抵抗,只是人的于正常情况下的某种适宜的具有一定延展性的发挥。

26.下面,我们谈精神的与心理学上的衔接问题,它主要的应是体现在精神与心理的诸如心、脑、思维和记忆等方面的交合上,这也是由精神的导向心理学知识方面的过渡。

27. 第一,心灵的也是可以表现为某些精神,因为心灵的也是可以含有精神的,这样一来,心灵和精神就会串结在一起。同样,心灵的思维及有关精神的思维,在事实上,这些思维只能都是存在于人的大脑一处的。

28. 第二,精神与自然,思维与存在,乃是理念的两个无限的方面。……有限是片面,无限是对片面的克服。① 此间之"无限"的提法好! 凡是有限地提出片面,都要放到无限中去。

29. 倘若精神的外在就是文化的,精神的内在就是思维的,则人类思维从具体走向抽象,便是必然趋势。具体就是现实(实在),抽象就是理想和精神,故人的要从实在走向精神也就是难以避免的。在此过程中,精神用思维把世界装入其中,而用概念和概念的交叉来创造世界,或说现实的被思维,就是会直接要升腾到精神里面去。

30. 很显然,精神的也可以因感性而表现出现实性,也可以在高度的抽象的思想中焕发出现实性。在道理上,思想为起点,思想是人的行为的起点,是人的认识被加强后的起点,是连接所有概念的起点,又是产生一切新精神的起点。然而,关于体内的思想和精神的系统,它又是要通过人的感性的与感觉系统再与外在世界发生联系的。在与外在的未发生联系之前,所有的思想都是关于内在的,且这种内在还不能反映为外在的形式或行为的任何东西。可是,若有大的精神能出现时,那些小的思想就要自行停止了。

31. 思想是很玄妙的东西,它总是于知识和精神之间来完成自运转的,思想还可以作为它们的中介。当思想达到精神的层面时,一般地它就要让位于精神,此时统治肉身的就要归于精神,所以这里的思想的

---

① 海德格尔:《形而上学导论》,熊伟译,商务印书馆 1996 年版,第 1 页

体系就要让位于精神的体系。精神的东西影响人更强烈，思想的影响人较缓慢，但却是根基。

32. 在过去，苏格拉底的主张既具有精神上的反思，又具有现实的否定主义。因反思而思辨者，更是具有纯粹的关于精神里面的许多新颖认识；此时，没有任何一种精神的会比思辨基础上的想象更能自我深化，更能深入对象，它是伟大的潜水者。在想象中可发现真实，亦可再获得深度。想象是思想的更高层次。当然，想象也是属于精神的某一支脉的机能。

33. 现实生活中，药品可刺激思想与思维，惟有精神可强化之。这是由于，感情的存在乃是要依赖于精神体中的某些物质状态，或说感情的也是关于物质化的思维和概念等。虽然，精神的与神经的又是有区别的和不同的，但是具有物质化的感情与具有物质性的记忆，又是可以让过去的精神再次成为当下的存在的。总体看，精神的就是对外在化的扬弃，而对外在化的吸收只能要归功于记忆了。在这里，记忆和精神是不可同日而语的。

34. 关于心理学的，一般的都是在心、脑的层面上的展开，以及思想的存在和它们的在记忆中的是如何的被雕塑的等，这些都是我们深入研究时，必须要涉猎到的。

35. 首先，发生认识论关心的……是概念与运演的心理发生，[①]且心理中的是外在的转码，它已不是现象，现象的只是存在于物理的表面上的。这时，心理的就是外在的再造，或再造的再造，而内化的就是心理的已经出现。

---

① 皮亚杰：《发生认识论原理》，王宪钿译，商务印书馆 1987 年版，第 12 页

36. 接着,内化后的顺递保存或世代保留的,就是遗传。所以,在心理发展领域里,感知运动结构对它们所调整的简单运动而言是形式,但对下一水平的内化了的和概念化了的活动而言,则是内容。因此,研究心理,要从人之诞生开始向两个方面进行,一是随着其年龄的增长为方向的展开,一是向着胚胎,向着其父母,向着其父母存在的社会,以及该社会所依赖的历史为方向的展开。鉴于心理的存在是双向的,故下列的图示应是有意义的:历史⇔社会⇔父母⇔胚胎⇔诞生⇔生命的增长。于是,看似的一个与其他无干系的生命的诞生,其实他在历史、社会、环境和文化的方方面面都是连续的,即不可能是一个断裂着的所谓的崭新的生成(这也为佛教的三生理论提供了依据)。

37. 其次,胡塞尔讲,完整的世界不只是物理的,它也是心理物理的,[1]或说世界的就是关于我的。在此,决定心理物理过程的根本因素就是信息。[2] 比如,遗传信息转译发生的先验心理是让物种的后代能够共同获得祖先适应性的生存经验,以提高物种的生存能力和生存机会;而个体通过经验认知获得的经验心理则让个体能够针对特定环境获得适应性的生存经验,以提高个体的生存能力和生存机会。之后,经验心理是中枢神经系统对外源环境信息进行加工处理内化形成的能够影响行为的心理组分。经验心理的信息源是外源环境,个体的经验心理是环境经验信息认知心理过程的内化。[3]

---

① 胡塞尔:《纯粹现象学通论》,李幼蒸译,商务印书馆 1996 年版,第 144 页

② 陈剑涛:《认识的自然起源与演化》,中国社会科学出版社 2012 年版,第 26 页

③ 韩明友:《生命的信息本质与生物进化机制的哲学探索》,吉林大学博士论文 2008 年

38. 还有，人的心理活动主要有思维、感知、直觉和情感四种，其中人的心理的最重要的是思维，类人猿的心理的是近于思维之萌芽的。于是，思维所及的观念便也是心理的产物，关于心理的可思维的与反省的观念有知觉、推理、怀疑、信仰、认识、意欲以及人心底的一切作用。当然，物质的活动又是所有观念活动的源泉性基础。

39. 其实，心理的必是要建立在生理的基础上的存在，完全脱离生理的心理是很困难的。这就是说，人类的心理能力是与其生命同在同长的，是与人的生命的进化同在同进的。可见，本能的心理的主观目的和行为意义都是要为了生命的，除此无他。比如，自由的是来自于心理的选择，而自由的又必须是要有生命之能力的自由方可，或说自由当是在自律基础上的为了生命的才能具有欢娱性的。自然，凡是能给出这样的能力来的，都是首先有能力者，这个有能力者的，关于心理的自我的就是可以称之为主体的。所以，主体的必为我，客体的仅为物。这时，主体的我应是与生命同在的。

40. 我们讲，心理的智力的存在都是文明的前提，心理的与智力的不可分，心理的不能以智力的作为过渡。故此，智力当是因心理的官能而产生，且官能的有时也是能力。由于人类的智力的向上性和不退却性，积智日多，则进步乃成。当然，人们在改造世界的过程中，环境也在改变着人，即文明又会受外在的影响。再者，因为人的想象力具有无限性，它终究会牵引而使人的智慧和能力等要向着不断扩大的方向进步，这也正是人信仰神的积极的心理存在之一。所以，对于理性的推理，就要涉及心理学、空间论和神学这三个方面。

41. 现在，主流心理学往往忽视对心理存在本真性的深刻思考。比如，某人的显示优点，也是意在与他人的缺点划清界限，尽管它不是随缘的行为,可却很少有人对此进行展开。同样,过失的也不是无因而致的事件,乃是有着重要的心理活动在内的。因此说,一切的毁灭、进攻、仇杀和敌人,都是存在于自己的肉身里的。并且,由它所引起的疯狂,又会为喜欢虐待同类的人能产生一种比较"好"的感受。虽然理智的理性的绝不会疯狂,可此时的理性在短期内,也已失去了意义。

42. 为此,那些愚顽庸狠之徒,便会因贪求而带毒结党(这是极不吉祥的)。于是,营私、破坏和战争只是人类心理脓包的大爆炸。① 在战争中,能行骗的定是人的行为,不能行骗的则是猪的行为,此时罪恶感使整个人所产生的自责的心理,也已荡然无存,这样的人便堕入了纯生物学的层面,故其必要走向没落。因此,战争无论如何都是人类的失败。可见,战胜你的私欲,就是战胜了你自己,同时也是整个世界的胜利。

43. 在心理学上,身心是同一的,身心之外的他者是由身的感官而进入到内心的,在身心之间没有因果性。此时,心对身,正是身的心所对的身;身对心,正是心的身所对的心,即之二者不可分,身心为一。故,身心必是一体的,但有时身心也可分开。比如,心在清醒时,身体却被麻醉后,心的力量便达不到身体上去了。这是缘于身心的最初是通过感官来完成交互影响的,而关于麻醉后的心的无力能知,并不代表一种正常的生理境况,所以我们不去赘述。

44. 仅就心而言,心就是存在,你相信什么,你就是什么。比如,心善成佛,心恶成魔;人随心变,心就是我;心随人变,我就是心。心思什么,我就是什么。心思刍狗,我就是刍狗;心思云天,我就是云天;心思

---

① 柯多尼:《微精神分析》,张宇凌译,商务印书馆 2011 年版,第 10 页

花朵,我就是花朵;心思上人,我就是上人;心思觉悟,我就是佛。一切在心,无心无我;心在我在,我在只缘心在。这时,人心是具有知道能力的,而气息也是如神的,因为内心乃是由气息的力量来调控的,于是气息与心可生一切,且只有得心,方可应手,即得心应手。

45. 同样,一切惟心造。所有的一切都是惟心所造。或说,唯心的就是外在的可以为我所知觉的观点应是正确的。比如,由反省在心中所接受的便是知觉,即反省也是一种知觉。可见,反省的乃是人心对自己活动所加的注意,外在的就是感觉对象,内在的就成了反省的对象。此刻,注意力的产生主要是因为人们对外在刺激的反应。因此,万法的源于三法,即①以静为行,②专注一心,③思惟真理。故之专注一心就十分重要;自然,只有思维到真理时,方能点亮心中的灯,进而才能以静为行。

46. 依前述,则一切都在本心,本心含藏一切。① 这就是一种内外在的共在说。这里的一切既含内外在,也含有心本身。故,内在之心心,外在之处处,时时刻刻都在一起。不难发现,只有当心与宇宙共在时,心才是宇宙,或称宇宙才是心。这样一来,天地无内外,心亦无内外。② 于是,内在外在无内外,内在与外在必要合而为一。因为,天地皆在我心中,我心亦在天地之中。我们个人的心既是与天地同的,天地也与我们的个人的心是同的。

47. 所以,自见本心定是心的功夫,示见本心也是心的功夫,自见与示见不可脱离。示见就是开示的识见。比如,自我就是一种心的亮光所照耀着的他者,所有的他者也只有通过人心的亮光的照耀才能成

---

① 《坛经》,尚荣注,中华书局 2010 年版,第 45 页
② 陈来:《宋明理学》,生活·读书·新知三联书店 2011 年版,第 312 页

为自我。在此背景下,自我的最终的仍是来源于身体之感觉的。或说,反而推论,自我的能通过他的行为,亦可进入到他人的思想。若 A 的自始至终的全部活动和 B 的自始至终的全部活动相同,则 A 的内心即与 B 的内心相同。这是毋庸怀疑的。

48. 非常显见,心所主者,又都是在于生命的。如,在人们缺乏充足睡眠的情况下,某些发自内心的对于"不好结果"的担心,会突然消失。这就是心之所心,非心所非心;命之所命,非命所非命;而且,心在身中,身在心中,心身为一,身心亦为一。在行为上,要先端心,之后才能端身。倘若所得之心无,所舍之心亦无,即是身心俱无,此是一个很高的境界,一般人难达到。

49. 关于心行,就是谓心内之作用、活动、状态、变化等,众生心念生生灭灭,迁流不息,它也含指心愿、决心等义,但心行的基础仍是在于生命的召唤,其表现为,心行与身行并行,这是由内到外的;身的向外之行与向内之行也是并行的。总之,内外之行,应畅通无碍。

50. 洛克讲,人心中的观念是由感觉逐渐供给来的,婴儿亦是跟着观念的加多逐渐警醒的,而且他愈是有思想的材料,他是愈能思想的。① 此即言,心中的观念当由外物而来,但它的存在却不能证明外物依然在。比如,以目视外在,是眼观;当闭目再思刚才的目之所视的外在时,就是心观了;由心观到心思的运作就是念,所念的东西和所视的东西虽于空间是共在的,但确已有了极远的界限。此外,还有心的关于味、闻、嗅和触等,都是如此。

---

① 洛克:《人类理解论》上册,关文运译,商务印书馆 1983 年版,第 82 页

51. 在观念中,人用言语发明自己的心思,因人之言,可以知人心,①即事可由话表,话乃由心生。因此,语言的一般用途就是将心中所思转化为口头所述。于是,进入的是外在,心出的是语言,语言又与外在的相对应,进而它们就联为一体了。如是之,语言的产生便开启了人们的心智,在心智中倘若有智慧出,当会有信心来相伴的,即智慧的与信心的乃同等重要。这样的话,在心中的信心者即是已肯定的,肯定者一旦与外物的相契合就为真,反之便为假,其道理应是不言而喻的。

52. 还有,绘画的也是一种关于心的有关概念的描写,即人所绘得的概念一定是由内心所生的,所以它就必是要表现为内在。可见,用心绘画,说画中无心便难,或说画者必是通过我心的,故画中自当有我心。若以外在为画,看似无我心,然其已通过我心,则我心就定在其中了,绘画是其一。其二,音乐的构成也是要依于内心的,即乐曲的存在亦可找到心灵的始基。比如,音之起,由人心声也。它既是生理的,又是心理的,故生理机能和心理机能是前后紧偎的。此时刻,发于心,感于心,流出心者,内心听觉必能听。感于心,是由内心听觉先行完成,之后才可激动于心,生成于心,而最后才可流出于心。再有,内心吟诵,内心听,内心感觉,一旦有了内外相通的机会,则内心的就变成了外在的东西。于是,在心为志,发言为诗。内心听觉首先就是要"感于心"。因此,内心之内情往往会寄附于它物而出,如想象之景,若能再配以内心之声,音韵似会更好些。这是由于,想象力在把握内心音色上是具有独特能力的,而且模仿、储存、创造、演奏等都是要靠内心感觉的来予以某种把

---

① 《新经全集·福音书部分》,中国天主教教务委员会准,1981 年版,第277 页

持的。如此一来,想象力在内心之间也当以最优秀者方可胜出,这时的想象力乃是在许多的想象力之上的想象力。

53. 由上观之,所有人的外在的都是由其心来操作,在这一管道内,许多外在的或许能转化为内在,许多的内在也可以转化为外在,比如以心为相就是由内而向外的;至于从人内心中所推出的上帝,虽然也是一种存在,但是根据人所制定的有关限制,他又似是人的内心所无法推出的。其实,这都是人类自己所创造出的有积极意义的矛盾。

54. 从外在看,喜怒哀乐是表面的,然而它却是人的内心世界的情感表达。我们说,内心之所以要反映这些喜怒哀乐,又是因某一外在的引起了内心上的或称是受到了刺激后的结果,这是一方面。另一方面,心又要左右感觉,如发怒时敲钟就会感到勇猛,忧伤时敲钟就会感到悲凉。这种类似的存在就会造成在事实上的强烈的情感或情欲和心向以及权威感的等等,都是易导演为错误的尺度了。进一步讲,心逆而言伪则行必险。必须强调的是,思想的悖谬当是最为恶僻阴毒的。所以,用力于心的变革乃至有功,才是人类社会最根本的胜利。

55. 有心就有心灵,心灵的当是感性和理性的统一,即心灵者①为感性的(感情用事),②为理性的(深思之后行事)。其实,心灵的和一般感情的或激情的都是共在于生命之中的,心灵往往能引致激情,激情又会冲击心灵。心灵往往是单一的,激情的还有身体其他元素的影响,故而有时的激情往往又会俘虏心灵。

56. 怀特海讲,心灵无非是从出生到此刻的经验情境的连续。① 际此当口,心灵的必是由于接触才起作用,同时它还可以表现为某种智

---

① 怀特海:《思维方式》,刘放桐译,商务印书馆 2004 年版,第 144 页

力。从根源上想,人的心灵的动力当是起于欲望的,欲望是内生的,欲望的也是生命的需要,且欲望的又是当下的直接的冲动。所以,要研究发展的开端,发展的开端就都是应指向内在的如心灵的一种向外的实践。比如,上帝乃是人类心灵的创造物之说,就是含有了极多的心灵实践的摸索之过程。

57. 由于心灵与生命同在,则外在的观念就一定是知觉的,而心灵的观念就是可反省的了。在客观上,转码的存在便使知觉成为了观念。因此,心灵在开始知觉时,就开始有了观念。知觉的应是物象,经过内心的反省,在印象的基础层面,才变成了观念的抽象,即物象—印象—抽象也是一条路线,这就是要以观念而观念之的意义。

58. 于是,超越小心灵,进入大心灵就有了可能。在大心灵中,它是一种领悟,而逻辑的则不能传达这种领悟。关于领悟之悟应是在小心灵的知的基础上的豁然的新理解,一般的理解的乃是心灵的一种官能,它是通过判断来追求知识的,而判断就是衡量,以使优势点能确定在哪里。判断要有充分的材料。在判断过程中,感觉和推理亦属心灵之为,它们都对应着自己的语言。人们的所有的认识的东西都要转化为语言。通过思想语言来设计人的行为,反之通过行为也可以来推断人的思想。这样就相互有了根据。语言⇔行为⇔思想⇔语言,它们之间是相互地发生着的。

59. 有学者称,马克思说,凡是有某种关系存在的地方,这种关系都是为我而存在的。或言,我们一般在同别人打交道时,才会说"我"字,才意识到我。[①] 其实,我与你,我与他,包括你与他都是我们所要考

---

① 　余明:《人的本质》,岭南美术出版社 2007 年版,第 17 页

虑的。自然,也可以认为,对于我所有的存在,均是和我的生命发生关系的事情。若一件事情和我的心灵没有发生关系,对我来说,这件事就等于不存在,①尽管此间的我应是指着人类的总的生命流的。可见,凡在语言存在的地方都无法回避我,即无法回避语言的主体性,而这个主体性的主体既是人之心,亦是心之灵,故心灵与我无异。

60. 在现代人的话语中,所谓心理的,也就是脑的。心灵的会变成大脑的,大脑的也会变成心灵的。此时,脑子才是听觉、视觉和嗅觉等的原动力,或说脑的存在才是心理活动的生理结构的基础。鉴于心与脑的同一性,它们便也具有了在官能上的统一功用,这种功用如源泉一样,只要人活着,就不会枯竭。

61. 历史上,手的应用、工具的存在、可以用火均促进了大脑的发达,进而形成了语言。所以,向着语言而来的是,手→火→工具→脑→语言。现代人的语言的向外的表达是,大脑(语言)→手→工具→目的。据报道,在人的个体中,4 岁应是大脑发育的关键时期。许多人都知道,大脑中既要有词汇,也要有句型;既要有词组合,也要有词组的组合,兼之组成句子。这就是思维时所涉及的语法。郭庆民先生讲,所有语言均共有一些语法结构之特征,这些特征当是构成了人大脑中的普遍的语法。② 因此,人类大脑的感觉、思维和思维序列,依赖语言和后天习得的方术就能得到充分地提高,从而便使人类更加有别于其他生物。

62. 对于人而言,经验能给我们的神经通路留下印记。这种事实

---

① 罗光:《生命哲学》,台湾学生书局 民国 74 年版,第 14 页
② 郭庆民:《语言、自由与人的本质——乔姆斯基语言理论与自由观比较研究》,中国人民大学博士论文 2010 年

被称为神经可塑性,也就是说,习惯会塑造大脑结构,反过来也能加强你对这种习惯的倾向。于是,不同的文化便可塑不同的大脑。所以,美国的专家就认为,人权和民主可能并非普世概念。

63. 据说,脑神经是呈立体三维结构的,我们言,在脑神经的最深处,应是具有三维以上的多维结构的。因为,依于前者,大脑与生命的神经系统在生命之初或生命过程的某一环节里是不能完全匹配的说法,就似是有道理的。然而,所有的行为,又都是在神经通路的协调下来完成的,比如条件反射,就是外在的刺激所引起的脑神经的对某些行为的发出的有关指令后的反映。在这里,绝不存在不匹配的问题,即只能依于后者的观点,才是适宜的。这就是讲,仅靠三维结构是无法理解它们的。

64. 由于外在是具有超三维性的,且外在与内在是一种共在,这就是说,大脑的内在结构也可以是超三维性的,其间的必是内外在相对应的。关于神经系统,它不具有从外在先进入大脑,由大脑再转入外在的问题,外在与内在是立即的成像过程,在立竿见影的背景下,此时没有往来的反复。于是,一切的外在与内在又都是平衡的,凡外在的一定要指向内在,凡内在的必要有外在的来显映。如此一来,我们人类的外在的一切的设计,不管是技术的、政治的、游戏的等等,其在大脑中便早已有了预设的案例。

65. 当然,脑的想法和计划又一定要联系躯体的感觉,又一定要联系一个纯外在,方可有执行的行为产生。即,想法(计划)+躯体+外在=执行之。可见,想法中的意愿乃是生命的意愿,但思维的却是大脑的思维了,尽管大脑也是从属于生命的。同时,人之知觉的有用性,即是能促成行为时的意义,不能促成行为时,知觉便无大作用。我们说,关于神经传导的双向性的共在,就会使外在和内在能完成瞬间的对应。至于在思维中有"时间差"的问题,这乃是一种真实的假象,因为脑的物质也不是一个"超导"的存在,其中也有如"电阻"的东西,但这种"时间差"并不会间断思维,或说这种"时间差"并不能为我们所知觉。

66. 类似的情况还有,人可以在睡梦中学习,睡着时构成的联系醒来后仍然保持。人们能在睡觉时学到新信息,而这可以不知不觉地改变他们醒来时的行为。大脑在熟睡时也会对刺激做出处理,甚至反应。研究人员发现,就闻味而言,入睡时的大脑与清醒时非常相似:闻到香味,我们会深深地吸气;遭遇臭味,我们就会马上屏气。这就是讲,睡眠时的大脑仍然是记忆活跃的,且睡眠时的条件反射,会一直延续到醒来的时间里。

67. 那么,光是怎样被记录在脑中的?它必须首先被视网膜转变成电脉冲。① 看来,电脉冲的存在就是转码的一种。而且,外界的存在即外在进入大脑一定是经历了转码的过程。同样,在转码过程中,电信号又是可以转换为化学信号的。电和化学事件不断重复,生生不息。于是,外在的信息如光,通过我们的认识管道,在转码为电脉冲信号时,就会来激活我们的内在模版,因此就进入并寄存在了我们的内在之中。可见,我们从外界提取的当是信息,然后才宜再进入大脑,即人脑的抽象的必是信息的或符号的方能适应。

68. 巴甫洛夫曾提出了人有第一和第二两个信号系统的思想,第一信号系统,是对外部世界的映象产生直接反映;第二信号系统,即引起人的高级神经活动发生重大变化的语言和符号之反映功能。如以上

---

① 格林菲尔德:《人脑之谜》,杨雄里译,上海科学技术出版社 2008 年版,第 37 页

成立,则信息的转码就是在第一和第二系统之间完成的。因为,知觉是大脑的机能,条件反射的早期存在是生命的躯体的机能,在后来,它们的中间就有了一个转码的存在了。或说,转码的任务是可以在神经系统内完成的,在完成后即呈送给了大脑。此刻大脑所接受的信息就是一个与其环结相适应的存在,这时物理的就已转变成心理的了。我们推想,生命的也许是可通过脊髓向其大脑提供信息与能量的,大脑与生命作为一个共在,作为一个整体,它就可以根据生命的拨动来开展工作的,尽管这又是不为我们所能知道的。所以,神经的应是一种活的电话线,构成于脑与脊髓的神经中枢当是电话交换局。① 这就为我们的转码思想提供了理据。

69. 就心理学而言,它的广义的思想范畴,细分起来又是具有许多的层级的,比如思、想、思考、反思、思辨、想象、幻想和思维等。如上者不能一一而论,我们只能从思维中的简单的东西导入,来快速地阐说思想的内容。

70. 思维就是思考的推度,人的认识之发生即是其思维之起源;思维是一种内在的积极行为,它并不是于外在的行为之中的初动;思维是世世代代不断进化的结果,思维和存在是一种共在。

71. 黑格尔讲,纯粹的抽象就是思维,但思想的内容要比它宽泛得多。因为,思维就是直观与表象的统一于认识的过程,其所包含的和对象应是由思想来完成的。所以,思维是出发点,思想是被思想的对象所推动。这就是说,思想与思想的对象应是互为前提的,即只要思想就当有思想的对象来推动,或说只要有思想的对象,人就必须要开始思想。

----

① 韦尔斯:《生命之科学》,郭沫若译,广西师范大学出版社 2003 年版,第 1296 页

72. 由于思维与存在是共在,则最高的思维就是最好的东西,而思想的思考的只是它的自身。当然,深思的又是最愉快的,此时思想的现实就是关于当下的生命。其实,存在的也是思想的,思想的也是存在的。有人问,什么样的生活具有大的快乐呢?亚里士多德认为,只有思维活动。这是由于,思维活动是无求于外的,它是自己对自己的思想,它是思维活动与思维对象的内在统一。在这里,思维同时既是活动的主体,又是活动的对象,从而它便达到了最完满的现实性。于是,不动的动者,在亚氏看来就是思想,就是纯粹的思想,亚氏的神不是别的,就是自己思想自己的思想活动本身。

73. 亚氏又说,思想的思想就是思想,即思想的就是思想的本身,或说思想和被思想的东西是同一的,……且生命就是思想的现实活动。① 这时思想的必要从属于思想者,也可以讲,思想者之思想的当是被思想者。很显然,思想是围绕着现实这个生命的轴杆来波动的。据此,活的思想一定就是现实的思想,因为人是处在现实中的,其思想也必是现实的。如果人们把它应用于实践,则有关定义的就当是思想的产物了,它就应是从潜在的到实际的存在之表达。

74. 依前述,思想只能思想自己所及的本身,其中它一定是要作为"我"和"我思"的存在。所以,我们要常来思想自己的思想,而不是思想自己的思想以外的自己。比如,思想—自己思想自己—应是思想自己的思想。再论之,思想本身就是思想者,即思想者应是存在于思想中的。

75. 于是,思想的结果一定具有支配的能力,即思想所赋予的就是

---

① 张志伟:《形而上学的历史演变》,中国人民大学出版社 2010 年版,第 218 页

思想所催生的,或说思想就是人类真正的发动机。因为,思想在神经元群之间,是有着其自生成的机制的,所以在它们之间便会存有天然的动力系统,也可以说,思想乃是具有自动性的。在此基础上,任何的存在都是因通过思想而变得神奇的。然而,以我的思想来思考他人的思想或许是可能的,但要以我的思想来思考他物的内容又是困难的,这就要求人们在思的过程中,还要加进新的方法、行为等东西。

76. 思想与自己的支配力的结果,即行为的产生,应是在自己的思想的张力作用下来展开的,而行为的与思想的其实又都是同一的,只是一个外在,一个内在而已。这时思想的来驱动身体,一定还需要身体的所贮存的能量来配合;否则,思想便不能驱动之。当然,思想所驾驭的行为到其完成目的后就要停止,故行为只是从思想到之实现的过渡。可见,思想一旦要表现为行为之后,它就与现实不可分了。鉴于思想的自己产生自己,是它有自己的内在秩序,思想若脱离了这个秩序,一旦止于某种如行为的联系了,则思想的本身也就要休息。这些是有道理的。

77. 许多人都知道,人类思想的展开史,应是要按着其个体的思想展开史来逐渐放大的,也可以说,以人类个体的发展阶段,就可以放大和解释整个人类的发展阶段了,这是其一。其二,用什么样的符号系统来表达思想,就会影响这个思想的发展。[①] 或说,表达者,就一定是影响者,如 A 要表达某一思想,则 A 就一定会影响着这一思想。其三,思想的特性就是,当一个人思想一个思想物时,显然这个思想物会引起他

---

① 　王士元:《语言、演化与大脑》,商务印书馆 2011 年版,第 133 页

的运动,但是……思想者所思想的东西本身可以是不运动的。① 其四,思想的个体性是永远的,但它的与行为的群体性(团体)随着社会的发展和工程的繁复,其必将是要分开的,即思想者与其之外的行为者又是可以分开的。

78. 正是由于思想者与某些行为者的可以分开,则最新的思想的提出才会加速地变为可能,且这种可能又是与人类的发展息息相关。鉴于此,拯救人类的思想一生,拯救人类命运的行为也就开始了,这是由于思想与生命的是相合在一起的。我们知道,形成思想产物的动因之一,乃是恰有对成的存在,对成就是相对而成,就是由不同的科属且在词意上要完全相对时才得以成。关于对成、对置、对立和对举,其中应以对举为先,对置是形态,对立成犄角之势,对成乃最好的结果。现在的人们多谈对立,不好。因为,思想是生命肉身之灵化的反映,它难有持久对立之力。此外,最先而无须证明的知识内容,便可称为首要原理或基本原理,而推论的思想活动,即是由此来开其端头的,这应是一种欲发展的最早的对成。如此一来,思想的就可以从假设的原理开始,只要假设的是正确的,它的结果就当是正确的。所以,假和真既可内在于事物,亦可内在于思想里面。

79. 在希腊人的思想中,"在"的意思是说,双重意义上的常住,①作为出现着的自立,②作为这样的自立却"常住"。……"不在"就是,从这样出现的常住中走出来。……存在(动词)的意义在希腊人思想中恰恰是,不在。人们在无思想性与自鸣得意中才把存在这个词(或

---

① 张志伟:《形而上学的历史演变》,中国人民大学出版社 2010 年版,第85 页

名词或动词)用来作在的标记的。① 于是,亚里士多德认为,真理是物质,本质是思想。因为,在只能从思想方面来获取解释。到了中世纪,人们所用的思想,仍是亚氏的东西。现在的思想则是采取了近代的科学的或哲学的思想。至于无思想,不是真的没有思想,而是愚蠢的低级的还反映不出新的思想;简言之,无思想性的就可以忽略为不在了,而有思想性的才是存在的,这应是能够理解的。

80. 孙澄先生讲,如果孔子的思想真正成为国人的指导,那么从秦始皇以来的各个帝国都不会建立和灭亡。② 即真思想应是使一个世界永远存在,永远发展的思想,而不是一个被不断否定的思想。可见,对真思想也要有程序设计,以求得能够永续地存在和高扬。这就是说,思想上的只有是永恒超越的,才是可永恒地居于统摄地位的;虽然在组织上,不超越的也可以统摄之,但它却不能具有长久性。从根脉上看,任何的伟大的超越的思想都应是有其伟大的来源的,且这种伟大的思想又都是可以作为一种以后的资源来用的。孙澄先生的观点是要我们来进行反省的,而反省的又必是重要的思想,同时反省的也是一种重要的方法。

81. 真思想和纯粹的思想,一方面都会有引致异化的可能,一方面也都会有创新的可能。我们讲,任何伟大的思想,都是要在某种创造的过程中来实现的,它不可能会受到任何的结束。或说,只有放任的思想,既不拘泥于任何一存在的,也不受限制于任何一存在的,才是最高境界的,它相当于以无执著为习惯的,这时的思想才易有美妙的东西出

---

① 海德格尔:《形而上学导论》,熊伟译,商务印书馆 1996 年版,第 63 页
② 孙澄:《形象的本质》,山东大学出版社 2009 年版,第 287 页

现。但是,对于在旧有思想的索链中的存在,即使是内外在的均不加干涉,而任其发展,它也会在达到树梢的状态时,而停止下来,这是容易理解的。

82. 因此,创造出于思想,是正确的。然而,只有思想和创造才是自由的观点,就是值得商榷的了,这是由于,纯粹的思想虽是自由的概念,但它却并不是自由的本身。所以,思想的本身也不是自由的。思想是在生命之后的,说生命是天赋的,因为每一个生命者均不能决定自己的生和死,而在其中的思想,恰好要受到这些束缚。可是,一旦不去考虑生命了,则在思想上的享受了真理性的人,他在行为方面,就会获得极多的自由。

83. 就思想和知觉的关系而言,虽然思想的看似是主观的,或说最有力的直观是思想,其实它必是客观的,或说一般的直观则是视力上的看,即思的本身是客观的和被思想的也是客观的。然而,思想的影子往往会遮蔽新的知觉。因为,思想的有时要涉及内容,有时仅仅是要涉及它的内外的一些关系,并且只要存在等级,内外在就会均有某些差异。这时,内在的思想的愿望是不存在于外在的形态之中的,自然也可以是不运动于外在的事物的运动里面的。所以,思想上的精确与模糊,就像知觉上的一样,当是依赖于反应与或多或少相似的刺激之间的差别程度。它的结果就是,一种模糊的思想比一种精确的思想更有可能是真的。① 此是源于感觉上的知识。

84. 感觉在运动里面存在的,只有在思想中的运动。其中,让观念运动起来的,①是思想,②是生命的需要。当然,思想的又是要在理解

---

① 柏格森:《材料与记忆》,肖聿译,译林出版社 2011 年版,第 157 页

之后的,而思想的也必是要运用观念的,即思想的都是观念的翻跃与沸腾。还有,思想的一定会被观念所苑囿,或说观念的乃是思想之父。

85. 由于思想或观念均具有某些自由的与放纵的习性,所以一思想和另一思想就会日常地要耦合在一起。但是,强行的压迫而合的观念或许是错误的来源,也许是创新的来源,创新是从不断的试错中产生。再者,思想和生命都是现实的活动,思想和被思想的东西是同一的,故生命就是思想的和被思想的得以存在的神。当思想能想于最高者时,即为嘉想;且默想神思又乃是人生的惟一胜业。比如,关于火和水应同属生命的形态之思想的产生,就是人类的一大发现。

86. 接着,思想的具有连续性,又是不断地推进人类社会之前行的基础,尽管我们所看见的断裂和之引起的否定只能是外在的形式的,即只要思想就有连续,它与真实的天然外物的非连续毫无关系。在思想上的连续,比如一刹那的存在和实际中的统一,完全可以为同一件事,因此思想所领悟的就应是不虚的概念,所以思想的又当是具有一定的实在性、普遍性和提高性的。

87. 如此者,所有的外在,只有被扬弃后的,它才会转化为概念的文字,进而成为被思想的物。比如,观念就是理念的被扬弃后的概念的规定性。故此,观念就是规定概念的,但要经过理念的扬弃过程才可实现。于是,理念的东西就应是主、客观的统一,观念的东西便要具有主观的规定性,概念的就是经观念规定,经理念扬弃的东西。

88. 此时,思想的观念的就要和文字的意义交织在一起,并且关于它们的对应又必须是相符合的。进一步讲,思想的就当是由语言的和文字的来促成的。例如,白纸、沙漠、孤独的思想者,靠文字就可以让沙漠在白纸上成为金字塔。很显然,这些名词的观念,一旦动起来了,它就是思想的。同样,语言的形式是语音,语言的内容是语义,语言是语音与语义的结合体,亦即是一种音义结合体,或者说是一种音义结合的符号。因此,我们便不能使声音离开思想,也不能使思想离开声音。①在语言里,既要有词汇,又要有关于它们结构的众多联系,才会构成发达的思想体系。比如,新思想之欲转变成语言,也要适用于旧有的句法和语法等。然而,纯思想的产生和新语汇的产生,却应是同时的。

89. 可见,语言对思想的表达是十分重要的,但是思想在翻译中又会变形,有时还会出现歪曲和遗漏的事情。这是由于,在古今东西之间,都会存有同名异义词的问题,我们只有找到了与当时语境相符的核心的真正思想才可解决上述问题。比如,置之死地而后快,若是孩童的思想,则其观念中的死和成年人的死又不是同一个概念的,这些是应分清楚的。

90. 因此,思想的表达的就当是语言的,且理性的也是表现为严密之语言的。在此基础上,思想的就是理性的基本形式,如我思就必为理性,就必为理性的形式。所以,思想的理性形式应当是不允许自相矛盾的,但思想的素材及其内容往往会有矛盾出现。由于思想一词乃是出于理性或理智的,则其活动与对象的符合,就要成为一完整的思想。或说,当思想与思想的对象是相同的,即思想与思想的对象在相吻合的时候,它的存在便是要趋于绝对的成熟了。

91. 罗素讲,对象可以在没有思想的情况下存在,而思想不可以在没有对象的情况下存在,②这是千真万确的,即思想着的一定是对象、

---

① 于全有:《语言本质理论的哲学重建》,中国社会科学出版社 2011 年版,第 161 页
② 罗素:《心的分析》,贾可春译,商务印书馆 2010 年版,第 10 页

关系和想象等,其中的关系可多为理念,知识的也可以是思想对象。非常显见,凡及思想必涉理性,而理性又可分为人心和神心两者,人之俗心所思多混乱,惟有神心所思才可常净至善。亚里士多德说,由于思想活动,理性才能获其至善,这只是表明了一个导向的正确。在原理上,理性的本能是高于思想的,因为它是应该存在且已存在的,但思想的常为事物所迷惑,即应该存在,然在事实上却不存在,在经验里也找不到。比如,强烈的外扰,首先就要刺激感情,致使内心的思想便不能自由地理性地进行推断和考察了,此类情况还很多。

92. 依上文,思想的有力,有时在实践中却是无力的,反之也一样。于是,逻辑的虽能为思想提供规则,但这里的思想却是先行的判断,即任何的思想都是由一连串的先行判断所组成。因此,真正的逻辑,当是历史的即依人的轨迹的关于人的生命流的不断存在的学说,人的生命流的不断存在就是人类思想的不断发展,而人类思想的存在只看一般的历史是不能发现的,牵引历史发展的最先进的思想往往会被历史的或当下的尘埃所翳蔽。所以,对逻辑的要求就必须要符合人类的思想的体系或秩序规则。比如,就目前看,科学一词只能是由思想的来指向自然的,否则就不合逻辑了。

93. 再者,人们思想的有时的受压抑,①是在它的深处也有类似的稽查的存在,是未通过的,②是潜意识的影响。这就会导致人的欲望必须要受到思想规范的,如某种稽查的限制。我们把这称为心理的能力之一。但是,据说原始的或人类的幼稚期的思想又是不受压抑的,他们的思想必要变成行为。可现代人的行为多要变成思想,这也就是现代人的早些时候多思想家的根由。

94. 胡塞尔讲,我思……包含着我知觉、我记忆、我想象、我判断、我感觉、我渴望、我意愿等等。① 因为，我思中的思维是感觉和记忆的综合，是尚未发生的运动，即思维也是一种体验，于是在思维中它就包含着感知、意指和回忆的存在。所以，凡是记忆的感觉的真实的存在，都是该记忆的形成之初的人的亲身体验的一次被激活后的烙印。

95. 在体验中，经验不能脱离记忆，经验是为了适应和改变。如此一来，经验的就要通过记忆来修正自己的行为，没有记忆的修正是不存在的。鉴于情境的既包括外在的环境，也包括内在的心情的所属，则类如这种外在性的内化就是一种绝对的记忆。目前，记忆的个体化或应用，正在向集团化和全球化转变，其中大量的智力活动是可以通过学习得来的，然后再印记到遗传中去。

96. 随着智力间的全球化逸散，思想着的得以快速扩大便成为了可能，尽管它是基于可感物在记忆中的观念之组合的结果。因此，记忆发展中的最重要因素就是它的逐渐组织化，或说记忆的必是要具有有序性的以及在此前提下的组织化的特点。当然，记忆力的又是注意力的痕迹。

97. 于是，记忆力的就是在记录能力的基础上来完成的。比如，原始思维主要依靠的就是记忆力。一般来看，越古老的越具体，越未来的越具有抽象力。布莱克摩尔讲，所有的记忆都是对过往事件的重构，②这是对的。在重构中，记忆的不仅是要对之前的进行顾及，它还包含着要对新的关联的建立。如是之，一个记忆的片断便可激活全部的记忆，这也就是回忆的开始。同时，它也或许能开启未来的奇迹。

----

① 胡塞尔：《纯粹现象学通论》，李幼蒸译，商务印书馆 1996 年版，第 102 页

② 布莱克摩尔：《人的意识》，耿海燕译，中国轻工业出版社 2008 年版，第 275 页

98. 虽然,记忆是关于记录或能记住可以回忆的存在,但记忆中却包含了被压缩的智能智力,而回忆就是对记忆的回想,且回想就是智能智力的一种反射的对应。这样一来,系列的思想自然地和自动地就要不间断地来自于回想与回忆了。

99. 洛克讲,回忆就是要用记性来瞥见各种东西。此时,抽象的范畴应是由源于具体经历的回忆所构成。在实际中,"样例理论"认为,人们做决定时参考的是对过去经历的具体回忆;"原型理论"则认为,人类决策的依据是对特定类别内所有记忆的抽象概念。从最新研究成果来看,样例理论更符合人类的决策行为,这是我们应当知道的。

100. 同样,回忆又是由联想所构成的。联想所能把握的就是,①它可现实地保留着,②它可使回想能回忆起来。因于联想就能知道,短时记忆遗忘的主要原因应是干扰,而不是记忆痕迹的消退,即只是联想不起来。

101. 再回到记忆。记忆的应是通过它的某些存在的不同编码来完成的。比如,语言和文字是表达和记录思维的物质形式,就语言形式同思维内容相联系而言,语言的历史也可以看作是思维的"自传"。①其中的文字的图形的都是为了记忆的而做的编码的符号。还有,象征与标记也是进入记忆的前提,而象征和标记的取得乃是通过感性来完成的,故记忆的便也要包含感性的内存。

102. 在编码中,必要涉及一定的变码。因为,变码的理论是,对象的存在,如电话号码为 A,现在我们把它转化到了某个人的名下,即只要言及某人的名字 B,就可以联系到他的电话号码 A 了。这个 A 当是

---

① 李景源:《史前认识研究》,湖南教育出版社 1989 年版,第 298 页

外在的对象的,而这个人的名字 B 则可以由电话号码 A 经过转码来印制到记忆的模板上去。可见,由具体到抽象也是能通过转码来反映到记忆的库府里来的。

103. 我们认为,只有能进入到思维体系的才可被记忆,否则记忆就不起作用。比如,在生命系统中的血液流转,记忆对它就不起作用。自然,人的理智能力和记忆功能又是要在人的生命过程中交替发展的,但记忆有时与理智能力又是无关的,且依理智的能力也不能完全地促进记忆。此是由于,记忆的本身乃是一种天然的认识的向内而去的被物所羁的东西,并且这种认识的认知和认知的记忆又都是根据生命的需要才会时刻地发生着的,比如它的最简单的认知即是生命的最早期的需要,等等。

104. 由于认知的存在,记忆的又是有关知觉的自动的辨识,或说知觉的连续,只有藉着记忆的原则方可进行。在过去,记忆的原初功能,只是唤起全部与当前知觉相似的以往的知觉,且是提醒我们想到这些知觉前后的知觉,并由此向我们暗示出那个最有用的决断。因此,知觉的一旦产生,它就肯定会唤起记忆。① 同理,当记忆消失了,曾经的知觉也就要消失。然而,动物虽在本性上均被赋有感觉的官能,可有些动物能从感觉中产生记忆,有些则不产生记忆,即使如此,任何的记忆之体认,也都是要以感知为基础的。

105. 洛克又讲,记忆只属于由身体得来的那些观念,只属于人心运用那些观念时的各种作用。② 进一步就是,感官的只接受观念,记忆的要保存观念,分辨的只是来自于知觉观念与实在的契合与否。由上

① 柏格森:《材料与记忆》,肖聿译,译林出版社 2011 年版,第 26 页
② 洛克:《人类理解论》上册,关文运译,商务印书馆 1983 年版,第 79 页

可知,凡不是当下看见的,凡不是存在于记忆中的东西,根本就不能说是存在于人心中的。反之,观念的人心中的,必是要存在于人的记忆之中的东西。如是之,我们所以说的它在心中,只是因为它在记忆中。倘若任何的观念如果不在记忆中,则它又是已出现于心中时,一定是全新的,是以前所不能知的。

106. 根据心脑是一体的思想,记忆的就是外在进入人大脑中的印迹,连续的记忆就是连续的印迹。也可以说,所有的客观只要进入到了人们的大脑,就要受主观的组织和编码,才可保留在记忆里。这时,一旦我们所认知的能激活大脑,它就应存储于记忆的当中,记忆的再现就会开始思考的运演。于是,在记忆的里面,还要掺入某些复杂的思维加工。此外,当某事物的主要特征与记忆中某一事物的特征相似时,不管其表现形式如何,大脑都会再细加识别。再有,同时输入的各种信息,可分别在相应的脑区进行整合与分析,如此才可产生综合记忆。

107. 据报道,记忆的形成是一个消耗精力的过程。大脑需要确定是否值得花费精力来强化某个记忆,大脑的容量是有限的,阻止某种记忆形成是避免其负荷过重的一个途径。同样,合法则的应更易记住,不合法则的强记会有损大脑,如 $2 \times 2 = 4$ 是易记的,而要记 $2 \times 2 = 5$ 则是会损害大脑的。

108. 由于神经元是负责大脑的数据处理的,它表明外在的三维的已经是内化并转码为数据了。于是,以之做记忆就简单起来。所以,人的每个记忆,或许就是神经元的一种"结绳"的过程。因此,记忆的加大存在,是会使神经元增多的,这似是一个新发现。

109. 关于记忆与意识的关系,惟独可记忆的意识才是能够被意识的,所以只有记忆才是意识的第一存在。固然,记忆的也是经验的意识的保存。或说,记忆的只是意识的,这时记忆一方面是对外在的存于内在的停止,一方面又是由内向外的开始的起动,即意识的总是指向行为的。记忆的又是生命的系列时间之表现,记忆对生命的痕迹具有凝结的作用。我们需要的是活的记忆,因为记忆作为意识的标识,只有动起来,才会有价值。

110. 很显见,记忆的都是在某种激活状态下的被检索而允许的进入,它只能通过被激活的管道方可,否则便不能成为记忆。故记忆只有通过生命和意识的合力,才能完成。于是,记忆就让所有的生命的应感知的运动过程,都翻腾在自己的意识之中。也可以说,记忆就是关于生命与意识的连续,且这种连续一定又是生命和意识的共在,它应是内嵌于生命之中的,而表现为意识的。

111. 关于形成记忆的顺序,似是按着身心的原则进行的。首先,是关于身体的,然后才是意识的概念的形成。因为,人在疲惫之时的对身体的休息的时候的记忆就是第一地要表现在对身体的恢复的印象,然后才可进入意识的思想等。其理由当为,意识乃是寄寓在肉身上的,即先把肉身的问题解决好,才可再联系到它的精神上来。可见,记忆并不单是脑的功能,它也可以存储在生命的系统的某个里面。这样的话,记忆的就当是我们的意识的精神的基石之一。

112. 在更深入的程度看,其实记忆的仅是意识结构的一部分。鉴于记忆在意识中具有随时间天然编码的功能,正是如此,记忆才有秩序性。如是之,此间的组织编码就是结构记忆。可是,外在的由转码到进入记忆的模板本身是要有一个必然的抽象存在的,或说抽象是进入记忆模板的前提。所有的外在只要被转码和抽象地印迹到记忆的模板上以后,它就是应具有一般性的概念或说是意识了。然而,在空间里的关于无的记忆,就是真正的以意识为底蕴的组织体系了,关于这样的意识结构,还不为人们所知。

113. 我们说,人类的记忆是意识的后天的第一步,这反映在我们的生活中,就是更多地都在谈论着过去的东西,即使是谈未来的,也都是以过去的为基础的展开。因为,人们没有从未来引线到过去的能力,而这些的事实,其关键就是大脑更擅长对已发生的产生记忆。只有如此的解释,才是合情合理的。比如,婴儿阶段的人们没有客体的观念,只是因为其没有后天的记忆所致。同样,从我们在上学以前的许多的活动之不能形成永久记忆,可以说人的后天的所有意识,都是要经由有关的学习而巩固得来的。

114. 梅锦荣先生讲,学习由记忆推断,遗忘也由记忆得知。有了记忆才能保持自我意识。[①] 在学习中,专注正是使得记忆能够固定化的意识力量,且精力的也总是表现在记忆中。于是,联系必须由记忆来完成,尽管理智的展开在记忆上没有一定的秩序性,但理智的于记忆的作用,仍是十分巨大的。

115. 总之,记忆的只要思维需要,它就一定会为之服务。记忆的既是意识的痕迹,也是梦幻的痕迹,还是思维的痕迹。这样一来,记忆的就是互属于清晰的意识和梦的过程的,它们都可以在记忆的模板中存在。这时,记忆只是在主要特征间进行,在思维上也是如此,对于过细的识记或表达,意识本身必须要自加很大的压力才可完成,对于它的信息的平行处理也是如此。所以,记忆对于人的存在十分重要,人的过去的东西都可以在其记忆的宝库中找到答案,或说这个宝库也是所有

---

① 梅锦荣:《神经心理学》,中国人民大学出版社 2011 年版,第 328 页

意识的源泉。并且,一切可感的梦幻的也都要归于意识,倘若失忆的人或无记忆能力的人,就只能是一个白板式的人了。此种人,我们略去。

116. 思量前面的文字,人们就能发现,记忆与意识的关系确是极为紧绕的。我们认为,所有人之记忆的被激活,就是非生物的成为生物的再成为意识的重要存在的内核。因为,通过排除法,意识的内容除了记忆外,可以存在于物质中的均已不存在了。这就是说,一切当从记忆始。此也可以代替意识的先天的起源,惟有在记忆之思想。该思想在后面的关于先天的文字中,还要有展开。

117. 刘清秀先生讲,植物具有记忆能力。植物也具有知觉,对危险有高度的警觉性。① 同样,对一个有意识的动物来说,它对某个输入信号的反应当是一种"记忆中的现在"。按照这种想法,脑中信息传输和储存之间便不再有明显的差别,这也就否定了信息的所谓的由输入再输出的说法。其中,铭印现象乃是动物出生后通过条件反射建立的永久性记忆,成为动物之一种自发自然意识,影响着动物日后的行为。这些都反映了记忆的某些先天性。

118. 关于人的认识,乃是其意识的活动,是一种内外在的结合。它不仅仅是一种反映,更是一种类似文字的记忆存在。比如,认识某一镜子里的形象需要智力,但要保持住对形象的存在就需意识和记忆。看似的智力如果没有记忆,则意识也就不存在了。所以,意识就是认识的先天的和智力及记忆的共在。可见,意识不只是记忆就行的,它还需要认识与智力。如是之,所有的认识都会在意识的记忆的线路板上找到自己所需要的存在和位置,并且这个对应的存在和位置又一定是存

---

① 刘清秀:《自性论——事情之终极本质与人之终极价值的寻求》,贵州人民出版社 2008 年版,第 168 页

在的。但是,高智商对于大多数人那种平常的生活,又是没有意义的。

119. 在认识的过程中,就人的视域内来看,光的强暗及其不同的影子是与外物的形状在各异的角落和时空中无碍地联系于一起的,这是我们打开眼帘时马上就知道的。然而,光及它的影子和与它所包裹的外物相比,是不能形成长久记忆的,或说只能是形成短暂记忆的,它的作用只不过是把外物表现得更分明,其主要的就是为了把外在的带进我们的意识中来,这当是光的一种美德。由此可见,感官这个界面,它在外受刺激后,内部就会兴奋而转码而记录而成为意象等之意识。故此,所有的外在,于嵌入到记忆之前,都要经过转码的程序,否则一座高山一条大河是装不进脑袋里去的。自然,感官的存在还有加深记忆的功能,因为由纯意识本身泛起的则容易遗忘,如梦的许多内容的丢失就是这样。

120. 紧接着,以感官的清晰的直觉进入到人们的大脑中的存在,是要经过记忆的严格的演绎的排列方可再现为意识。所以,在感官的直觉形成意识之前,还是有着一个记忆的过程为中介的。没有记忆的意识是不存在的。在此基础上,感官的就是获得外在的源泉,而知识的即是关于意识的有效的利于生命的记忆的存在,且知识的获得应是先天与后天、感官与教育等的综合的结果,或说感官与知识之间虽有联系,但这种联系并不能成为知识的全部。比如,意识的通过反思的怀疑的沉淀,来把它的一部存在,也是可以变成知识的。

121. 细观意识的存在,从感觉的外在的给予到记忆是一个前期的过程,然后才可反映为表达的需要。胡赛尔从表达来言意识,是一种正常行为的颠倒。这是因为,在感觉中的感受的必要存在于意识的记忆中,才可不忘。感受的只能是意识的感受,意识具有感受与记忆同时完成的功能。当然,由感觉到记忆的推进又是注意力的在起作用,只有当感觉被注意力印迹到记忆的模板上以后,才有可能进入持久的意识的范畴,即一种感觉,只有开始被记住时,它才会成为意识的及其对象。所以,感觉、注意力和记忆虽然都属意识,但未进入到记忆的,恰是不能成为意识。

122. 不难发现,只感不知也是定难进入记忆中而成为意识的。在这里,知、觉是开启意识的钥匙。觉是分析后的醒悟,知是完成醒悟的存在,而感则含有辨别意。所以,感觉贵在以感受而分辨之,知觉贵在以明了而悟得之。因此,知觉的也是意识的,而知觉的只有在意识中转化为记忆时,意识的再意识才能具备它们所需要的源源不断的信息和符号。如是之,知觉的能力就可引致理解,即理解一定需要知觉来发挥必要的作用。于是,意识就要以知觉为天窗,以记忆为内在,以思想为灵魂。

123. 弗洛伊德讲,只有曾经一度是意识知觉的某物,才能够变成意识,任何产生于内部的某物(除开感情)要想成为意识,必须试图把自身变成外部知觉。① 此间的要求就是,只有根据记忆的痕迹,上述的才会成为可能。同时,知觉的又是要依于意识而靠神经的作用来储存在记忆中的,之后它就要在意识里面再增加相关联系的内容了。

124. 就知觉而言,在记忆中,回忆也是它的内容。回忆就是使意识当下化的表现,平时意识的只是生命所需要的日常的东西。或说,所有的意识都应是记忆后的再现,这里的识为记忆的所指。比如,唤醒也是记忆的重见,但数字上的运行则与记忆无关,运算也是思想演出的一

———————

① 弗洛伊德:《自我与本我》,林尘译,上海译文出版社 2011 年版,第 207 页

部分。思想有时需要过去的记忆,如开始的时分;有时则不需要过去的记忆,如推理开始后的时分。可见,思想或运算的延展都是意识的能动的涌出,而不完全是意识中的记忆的被激发与激活。然而,表象的在意识中的则是记忆的回想的和想象,在意识中回忆、回想和企图、想象均可同时产生,即许多的意识都是要通过记忆来获得不断的再生产的。

125. 只要一细想,就会知道,回忆中还可包括梦的能够登场。由于梦的能被记忆,意识的能被记忆,表明梦也是属于意识的。梦具有能被记忆,以及能有产生朦胧、新奇知识的功能,这是我们在日常清醒时所不能得到的,这两点是应肯定的。可是,梦的又具有难以长久记忆的存在,此恰恰表明注意是记忆的前提,而梦的不同于人的清醒时分的意识能唤起注意,所以梦的记忆多被丢去。当然,它的记忆的不清晰,有时也可以经由梦的重现来加强之。

126. 于是,梦的存在有时也是一种清醒的直白,其标志为它是可以被记忆着的。比如,清明梦的状态,便应是从梦到醒的过渡期间的记忆。在这样的片断里,梦与醒是交叉在一起的,故梦中有醒,醒中有梦,所以才有意识的梦出现。如是之,梦与清醒就联系在了一起。因此,梦的被记忆和意识的清醒着的记忆,没有区别。可以说,梦幻和意识都是在大脑的记忆模板上的显现,然后又归于这个记忆模板。即记忆的模板是时刻地工作着的,不管是黑夜还是白天。在黑夜,这个记忆模版就适用于它的大脑的睡眠态,进而它的活动就表现为梦;在白天,这个记忆模版就适用于它的大脑的清醒态,进而它的活动就表现为意识。故,清醒的意识和睡眠中的梦幻就在记忆的模板中,找到了它们的共同的出处。此时,如果有人说,那些失忆者会有梦幻吗?我们言,他可以没有过去的梦,但他仍会有现在的梦,他失忆的只是过去,或说他尽管失忆了,然其只要还有短暂的意识,则这样的意识就会有与之相应 的梦幻产生,这是无疑的。

127. 我们认为,研究意识要首先从天赋的人的可以有意识的能力来着手,接下来是感官的功能,然后才是外物的与我的相通,并最终刻印在记忆的模板上来。关于思维、梦幻等都是在记忆的于模版上存在了以后,才开始的。如上是表述中的过程,在实际的情况里,它们又是完全可以迭加在一起来进行的。所以,从无意识到有意识就要经过关注和形成记忆的过程方可实现。在少小年龄,即人的不能意识到自我的时期,也就是他的无意识的阶段,此间的记忆尚未形成。或说,记忆乃是伴随着自我的有意识的开始才开始的。于是,记忆的起源点就找到了。如是之,意识的根据生命的起源说,它或许就是原始之电的一种遗存之后的能起作用的内在力量,且这种遗存的只能是记忆。

128. 经上述,则意识的即是通过记忆才把对象的转化为了我之性的,故此意识与记忆便具有不可分割性,或称几乎不存在分的可能。因为,意识就是以忆为持的,它所能再意识的无不是以记忆为根的。继续向前推演,也可以说,肉身与先天的意识(灵)的结合便成为了人,灵在人的出生前是先天的,到人出生至有记忆就是属后天的意识了。在出生后到有记忆的几年里,是由先天到后天的过渡期。

129. 薛定谔讲,意识总是处于"现在",对意识来说,没有曾经和将来,只有包括记忆和期望在内的现在,[①]此是对的。比如,意识向外的指向知觉,向内的指向记忆和思想就都是这样。在知觉过程中,意识可以察知现在的整个过程,只有具备了这样的整个过程,意念的被识记才

---

① 薛定谔:《生命是什么》,罗来欧译,湖南科学技术出版社 2003 年版,第 134 页

会成为可能,不然记忆就不能实现。在向内的方面,所有的意识的运作都要依赖于记忆板块的被激活,人的记忆的板块即是其所有作为的中枢理据。

130. 同样,意识的本身也是创造了它自己的记忆的。由于意识的主要功能是在记忆基础上的变化和腾转与显现,因此记忆的乃是形成意识的第一要务,否则意识就是不存在的。但是,人类的起初当是否定性在前,肯定性在后的,如儿童在开始说话时,先说"不",之后才会说"是"。此二者就是否定的(自他的)以及肯定的(自我的)源点。或说,人的意识的完成应是从否定的自他的才转向肯定的和自我的,只有转向到了自我的,才可以称之是具有记忆性的意识的存在。这就是我们的关于意识的创造记忆的新发现。此观点十分重要。

131. 如此一来,人的初始意识的产生,便应是随着它的催起记忆的出现和概念的形成而同时迸发的。之后,意识的知觉都是关于记忆的,而意识的成为意识,均是在于记忆的神功,并且意识的分析应是在记忆与知的层面上来展开的。至于意识的记忆是要有顺序的,当是可理解的关系体系,即意识的必须是近于理解的,对于不理解的,有时是难以记忆的,即使是记忆了,也是短暂的。比如,新、异的都是可利于意识的形成和记忆的,反之则不然。

132. 还有,早期的进入意识的存在,似是无需意识的判断来进行的,进入意识的大门是随时敞开的,它就像是镜子可以随时把经过它面前的外物映像出来,至于它的是否可以存在于意识之中,那就要看记忆把它置入了自己的模板里来没有,置入记忆中的就会在意识中反映出来,否则就不会在意识中反映出来。这里也暗含一个意识之存在成熟的问题,不然它就会瞬间给遗忘掉了。所以,成熟的意识多是具有深刻记忆痕迹的存在。

133. 我们讲,与生命并存的一切都是属于意识的,记忆也不例外。自然,思想的也是基于记忆的,越是深刻的思想,越要依赖于有关的记忆。我们在研究认识、意识的过程中,都要把记忆的真实存在作为某一源泉来考虑。任何外在的之进入到意识的同时,都要先到记忆的模板里面去报到。在物理上,意识的精神的均是始于刺激而止于肉身大脑的神经之分布的,其中间的过程就是必须要有记忆。这些都是正确的。

134. 一般而言,知觉束理论是生命的,自我理论是意识的,生命与意识是一种共在。其中,自我的应是在思想中的在大脑中的,不能思想的脑死亡的人就当宣判其死亡。这时意识的一定就是生命之中的大脑的机能,因此生命的运行程序与脑的相关节拍的程序便是一致的。人的生命与脑必须与外界的可产生意识的存在相结合,才能生存下去。或说,生命的存在要求大脑必须为其提供持续的信息支撑即意识支撑方可。故此,人的动机的是意识,意识的也是能动的和原因的。意识的最大特征或许就是能动的,能动的应是生命与大脑的共同存在。

135. 然而,动机的又是由观念和感情所构成的,并且理念的或观念的本身也必是动机的存在,即动机绝没有无理念的与无观念的动机。所以,动机的一定是因果的,这样的话,则原因与动机便不会相互冲突。

136. 通过人的生命发展史可知,意识的从生理的仅有知觉到情感再到具有意义的理性智慧,是一个逐渐的进步过程,这可从脑的进化过程中得出。此即为知、情、意的形成过程,这里的知仅为知觉,不代表知识;情是情感,意指有意义的,所以对知、情、意不能做过度解读。但是,大脑的又是要借用心理的来表达意识的,凡是它的对象,都必须要在自身的意识之中来显现。同样,心理的存在又都是要由语言来做阐述的,因为语言的就是意识的制造思想的砖瓦的本身。

137. 周德华先生讲,DNA 是一种生命文字,由于它能忠实自我复制,因而唯它能穿透时光隧道,保存并记录演化的细节。[①] 我们言,DNA 是一种生命文字,而语言符号则是意识的文字,这两种文字之间或说在信息的传递和表达方面,应是具有相通性和自动转换的对应着的机制的。这样的话,皮肤所对应的外在和其内在的基因之间,就可以连接起来,通过 DNA 文字就可以对应地转化为我们的意识文字,并进入显现在我们的大脑中,成为概念、判断等等。可见,生命的文字必要和意识的文字发生共融,才是可以理解的。当然,第一位的该是先天的外在的信息,要首先地在历史上转变为生命的 DNA 的文字,然后再经过 DNA 的复制转录,即通过所谓的神经系统,兼之后天的作用,方好进入到意识中来,并成为意识文字。生命文字与意识文字,共同地构成了我们的意识。非常显见,意识的就应是与生命的先天性叠加的记忆后的关于自我的能识别的种种存在的体验感受之精粹。

138. 关于上帝对人类的原始启示,正是人类获得自我意识的第一缕文明之光。人为什么能获得最初的意识,这当是一个群体的在稍稍的有了一丝的觉醒后的开始。此时的觉醒似是一个幼儿在 3-4 岁时的可以保留下有关记忆的某种自我的感知。人只有存在这些感知了,他才能接受上帝的启示,即人才会有自我意识。所以,人的存在,主要是由感而知,完全的有感者是低等动植物,达到知的程度,就可以为人了。要知道人的知,以及如何知,均可从观察幼儿中得到解释。这就是人的后天意识的起源。

---

① 周德华:《人体发生学》,湖南科学技术出版社 2011 年版,第 29 页

139. 在后天的意识,它是通过知觉于内外在之间建立起了明白无误的联系的,而这种联系的可以认知的本身就是意识。任何的知觉包括视觉、触觉等等,都是起着联系的作用,这种联系就是反映、抽象、形成记忆诸项的简称。最后是意识把所有的联系都收归于自己所有了。比如,知觉→记忆→潜意识→前意识→意识,都属意识的不同阶段,都是意识。再者,我们的对过去的回忆和对未来的期待,都是表现为当下的意识,故当下的意识本身,就具有了一个向前的和向后的可以连续在一起的无限性了。

140. 于是,研究意识就不应仅限于植物、动物和人类这三种存在之中,还可扩展到非生物里去,因为在它们之中也有记忆的存在。

141. 虽然,婴儿的会说话就表明了意识的存在,其会行走即表明了意愿和意志的统一,但这些认识的意识存在还都是处于极低的发展阶段的。可见,意识的是具有不同程度的表现的,一个成年人的意识要比婴儿的意识高明的极多,尽管它们都叫意识。故意识是有着不同的划分上的区别的。若被感觉的就是意识的,则人的从一诞生的时刻起,就是有意识的,所以这样的意识是与生俱来的。意识的提高确是要通过思想来完成的。

142. 意识一词的意,是以审而思,识乃分别,故它就是以审思而得来的可以分别万物的心力。由其所辖的感、觉、认、识、思、想等也都是属于意识的元素。关于想象的也是思想的一种,有时信念也可以进入到思想中来,但理智更多地是一种规范性的思想,所有这些均属于意识。

143. 在意识中,入脑于深处的东西就不可以再分经验意识和纯粹意识了,此时对于意识而言,其间的所有存在都是同一的,只不过某些是新形成的,有些是被用来思考的。比如,由认识到概念、判断和推理都是思想的内容。因此,经认识到概念到判断到推理的思想等,又都是意识的系统的工作过程。在这里,一切都是由意识的程序使然;或者说,一切的外在只要进入了意识的程序,它就要按照意识的轨道来运行。固然,意识也不会离开逻辑、设计和谋求实践等等。

144. 概言之,意识既是运动也是不动,它运动于思想里,却不动于大脑中。本来,知觉的意念也有思想、理解、意欲、知识、自由、自动力和动他力等,然意识的终极却是又要受到认识的存在来束缚的,这也是影响意识的一个利器,我们应当知道。

145. 如此一来,意识的所知,就是意识的自在,这个所知的自在便当是有关记忆的痕迹,此亦为意识的对象之一;之二,就是对第一对象的予以关注,并使之能再呈现,而复入意识。前一个为意识到,后一个则为意识着。所以,无论如何,意识的就必是要有对象的,对象的也必是要有意识的,说外在的未进入意识中是可以的,说对象未进入意识中是不可想象的。对象就是我的意识的之所以产生的外在,当然有的外在也可以暂不能成为人们的意识对象。

146. 从我的意识能被自己意识到,就可知晓这种意识的双重性或多重性的表现应有,自我的反省、反思、对自己行为的监督、纠正等等,而且这些均是内在于意识之中的,并不会反映为外在。但是,意识的又是可以和所有的虚幻来对话的,有时它只限于在意识里进行,有时却也可以存在于现实之中,这应是意识的一种独特性。

147. 在此基础上,一切的学问的相通性就都是源于意识的自身的必然的相同性,所以任何的学问间的都是相通的。例如,感觉、知觉与意识是相互通的,意识与思想是相互通的,即感觉、知觉、反省、思想、理智、智慧等都是相互通的。鉴于意识的相通性,意识就是存在的被意识和被意识的本身,被意识的过程就是存在的被认识、被思想和被比较,然后又返回到意识之中来。结果,全部的我们所表达的都是要依着人们所给予的名称或定义等涉及的性质来进行标识的,除此之外即使是存在的,它也不能内在于我们的意识殿堂。所以,凡是我们能表达的,就都是存在于我们的意识广场之上的。

148. 同理,感官之感,记忆之记,理性之理,也都是意识的东西。并且,凡是意识的就均要与某些目的相联系。这样,在一个人的连续的意识之中,贯穿在它们之间的主线便应是生命所及的受到关注的思想,和对生活的需要所形成的对意识的自身的串接。

149. 因此,所有的思想的感知的或理性的都属意识,至于心理的心灵的意志的认知的等都与意识的是同义的。比如,奥古斯丁在人的灵魂中就曾引入了"意志"的概念。自然,信仰、精神等也都是一体的不同的方面,然而它们也都要归于意识。如是之,心理的脑的感官的等等所有的精神的灵动的都是意识的,意识是所有上述的总称和总和。

150. 有一天,精神终于发现自己是从意识深处产生的,此是由于意识在情感的蒸腾下,最易形成精神,当然此时的意识也可以作为心理的一语来解释,此为其一。其二,任何的现实只要被我的意识所捕得,它就要自然地成为我的意识中的精神的伙伴,此时的现实与意识和精神又是统一的。其三,意识形态的种类和精神的不同的存在阶段是相对应的,而这种对应也是形成意识之秩序的前提。所以精神即是在意识中发生和展开的,因此精神时时不能离开意识。

151. 根据上述,则黑格尔的精神,他所讲的也都是属于意识,只是为颠倒了的意识。他把精神置于意识之前是天大的错误。比如,黑氏所言,精神的现象就是意识,是不够严谨的,虽然精神的也是归于意识。毕竟他还是做了许多有益的工作的。故此,李景源先生讲,黑格尔的《精神现象学》实际上就是从个体意识和社会意识的统一中来考察意识的形成史和发展史的。① 这应是有道理的。

152. 黑格尔认为在"宗教"这一意识形态出现以前,精神发展的主要过程是(一)意识、(二)自我意识、(三)理性、(四)精神(即客观精神)四大阶段。为了表达方便,我们说,意识的其实就是精神。因为,意识的既被精神着,精神的亦被意识着;前者是精神自己的意识,后者是意识自己的精神。可见,精神的单元就是意识的单元。比如,精神的苦恼,即为苦恼的意识;分裂的意识也就是精神的分裂。

153. 但是,精神的等等又都是某种意识,绝对的就是意识的显示为精神,或说精神的只有在意识中才能成为精神,意识是精神的根,外在是意识的根,感官是外在与意识的中间阀门。于是,精神的只要是意识着的精神,则它就不是独立的精神,就只能是离意识还不可远的精神。

154. 从定义上讲,精神状态就是指意识。② 故,据此便可以说,意识与精神又是同一的。人们之所以把它们分说开来,主要是为了阐释上的必要。这时,精神状态的具体表现便应为某一意识的实际活动,于是狭义精神就为群体性的意识,广义精神包括绝对精神,即精神与意识就可以互为互用了。如此一来,双重意识便会出现,双重意识就是可以任意组合且能内观的意识,在它们的组合期间,必会含有一些精神的

① 李景源:《史前认识研究》,湖南教育出版社 1989 年版,第 16 页
② 爱德华滋:《意识与潜意识》,贾晓明译,北京大学医学出版社 2007 年版,第 32 页

存在。

155. 就某种程度来看,精神的又是意识的较高级阶段,比如精神的当为真,精神的目的就是去假相,就是在意识的基础上求真。因此,在真的事实方面,精神的就是要高于意识的。所以,研究这些问题,从获得意识的认识开始,就应像欲飞的鸟要超越行走方能成功。进一步讲,意识的高级境界和最高境界又都应是精神的,即意识的最高存在亦为精神,或说意识的是能生发精神且会趋向着它的。当然,此时的精神必是在极宽泛的定义之下的精神。

156. 在人的生命中,精神自它上升到意识的较高阶段以后,它就是行为的主宰和现实的主宰。因为,在意识决定行为后,行为在指向现实的过程中,就多要精神来操纵了,没有精神的行为,一切便无以完成。同样,处于极端精神中的存在,它是能把意识部分地给消解掉的,此时它就是支承肉身的唯一。比如,体现决然毅力的这种精神,便根本不需要其他意识再现,就能使身体与之紧密地统一起来。

157. 我们也可以讲,意识中的精神性就是其意志的标识。因为,精神于主观是理智,于客观就是意志(意志是由内指向外),即精神之中必然内存意志,也必然要放弃一般意识,精神就是在关于意志的扬弃过程中,才得以获得不断的内容的。

158. 此时此刻的意志,当是意识中的独特存在,它较意识更能激发精神,更能开显生命之活力。故,精神的强制就是意志的压力,且强意识(精神)一定是可以统治弱意识(精神)的。进而坚定的意志总要抛弃不坚定的意志,坚定的意志是有坚定的精神为力量的,不坚定的意志是以三心二意的精神来敷衍的。

159. 于是,所有的意识都是自我意识,所有的自我意识都是理性,所有的理性都是精神,所有的精神都是绝对精神,或说意识的就是精神的,只是在中间加进了自我和理性而已。比如,在意识中掺入信仰,也就可以说是增添了精神。自然,其中也会含有意志的成分。

160. 所以,意识又来把握精神,这是由于在自我意识当中,精神的必已根植在自我的里面,或说精神乃由意识出。虽然如此,意识也会进入精神,且一旦进入精神,则意识的存在就会完成转折,此时的意识就是精神的意识,它就会随着精神的存在而存在,并开始进入到现实的界面,即意识在精神的方面是向着外在来敞开的,而精神在向意识方面转去时,必是内在着的收敛的。许多人都明白,自己能知道自己的就是意识,可见精神的也必是我所知道的。故此,精神的就是自我意识的显现,若没有自我意识的精神定是不存在的。

161. 如此一来,精神里的我,就是意识里的自我,也可以认为,自我意识首先的应是精神的概念,并且精神的在意识的里面的徘徊,也是要以自我为中心的。

162. 很显然,精神的必是属于我的,它自是包裹了意识的可以向外闪光的东西。同理,意识只有在自我的背景下,才会具有主动的或是能动的勃发,而精神的恰是意识之主动性的或能动着的勃发着的更高的意识。至少精神的一定的就是纯粹的自我的意识,比如直观的精神等也都是自我意识,关于人的意识在这里均可被精神一语所代替。

163. 推而广之,自我就是内外在的对象的皆入我中。非常明显,意识的多是要以外物的变为对象的。这样一来,物的世界,在意识的最高阶段里,它就化成了精神。可见,精神与物,在意识的面前,均是相等的。其中的关键就是,他者的既然是客观的,自我的也是客观的,则之二者便要具有了相偎的关系。在此前提下,所有的对象一旦通过了我的适当的否定之后,就会必然要转嫁为自我的存在。关于存在的对象有三,①物质对象,②社会对象,③精神的即意识对象。其实,它们都是关于自我之对象的分说。

164. 依于前述,则自我意识的就定是真正的具有了现实的精神。在现实的精神中,自己知道自己又是精神的精神,精神里的自我意识就是自我精神,此时的自我就是精神的自我。精神的意识,意识的精神,自我意识的精神,只有统统地经过了自己的精神的扬弃,精神的意识和精神的自我意识才会完成统一。届时,我即精神,或说精神就是我。

165. 所以,精神的真实就要求意识的当有理性。这时,在理性意识下的实在就是精神,或说在意识上的理性也是精神。因为,精神的必须要从意识中抽象出来,它只有经过了理性的关隘,方可上升为纯粹的完全的与庸俗无关的超越的自我。

166. 根据理性的作为原因,它就是驱使人们能产生行为结果的一种力量,即理性的任何表现都应是向着更高的意识来进发的,它的过程就是以追求绝对精神为目的。可见,精神的便是要高于意识的,并可寄身到他物上去,且还能返回给我一定的影响。正是由于精神的这种含理性的真理存在,应是可以再反映的意识,它虽由我出,但又能复给我。故精神的乃是一种相互的能量,我予他,他亦予我。意识只能指向目的,而精神不仅可以感染对方,也可被对方所感染。这就是精神与意识的区别。

167. 那么,精神或意识的发展又是如何进行的?它是随着人类的生命历程而向上向前的。这反映在人类的个体上,就是随着年龄的增长,其精神的东西就愈成熟。首先,精神的是内在于意识,外在于生命的势形的展现。精神是连动意识与连动生命的存在。比如,意识就是生命的精神,精神的就是生命的意识。因此,不管是直观的,还是有关信息处理的,其都是为着生命的自身的。其次,性欲的这种精神作用,实是为生命所逼出的意识行为。之三,历史总是胜利者在审判,胜利者总有理由来惩罚失败者。请问胜利者只是因为武力的胜利而胜利的,他在人类的精神方面并不一定代表着是胜利者,有时甚至是失败者,从这点来看,过去的意识的只是人的生命力的附庸。

168. 当人到了一定年龄,而把生命托付给意识时,其若能满足自己的意识,也就是对生命的满足。人们习惯上把生命的存在分解为日常的生活,所以对意识的满足,也就是对生活的满足,当然这是较低层面的。意识的最大满足,乃是精神上的享受,它是在肉身享受之上的享受。鉴于只要生命存在,意识就存在,在生命运动最激烈时,意识的某些反映也就愈激烈;在生命需要休息的时分,意识也会得到休息,但意识的休息与睡眠无关。意识就是生命的永远的精神。然而,意识的反映在激烈的时分,生命的体系却是可以不处在激烈的时间段的。

169. 由上可知,意识的乃是一种生命的能动,它是依于生命并为生命而引发的自我的运动。同样,精神的驱动力也是源于生命的需要的。如是之,人的生命就是由意识来体现的,且经意识又可焕发精神,而精神又要回返于生命。在肉身中,神经的存在应是感应的中介,它衔于外而含于内。我们认为,在神经中的脉冲就是一种精神,就是内在于生命中的活的神的力量。这样一来,意识与生命就是互为表里的,在意识显现时,生命的似乎感不到,但你要感觉生命的如心跳,则与意识似也无关;然意识与生命一刻也不能分开。

170. 当我们从生命的意识或精神向着本初的方向去看时,它就应是灵魂。所以,灵魂的必是存在于意识之先的,精神的则在意识之后,即灵魂先在于意识,而精神则是意识的高级阶段。灵魂的应有两个功能,①可以伴生意志,②生命要求它必须理智。在后天,灵魂、精神和意识又是互为一体的,只是灵魂为内隐的。在表达上,写灵魂要做到强大而多变是不容易的,虽然如此,只有阐说了极深入的灵魂,才是最美的。

171. 自然而然,灵魂的某些方面,又是一种外逸的精神的实现,它当是意识的无限向上和精神的向下的交感。因此,我们希望精神的能把灵魂的真理性,表现于当下而成为现实的意识,其实这样的意识是经常存在的。所以,精神与灵魂的合体,即神灵是可以存在我们自己的意识里面的。于是,人们才能在意识中不断地向上前进。

172. 关于精神的形成,也可以说就是意识的对象在上升为理性后的概念,此时精神之清晰的被认知应具有实在性,它的来源仍要处在意识的对象之中。至于神不守舍、神之恍惚等,多会发生在意识的清醒渐去与混沌的交界处。

173. 我们知道,意识一方面必要触到精神,一方面又要回想到感性,而感性的意识则不含有精神的成分。但是,在意识的知性阶段,尽管它的对象已是超感官的了,然而在它的自身中,仍是少有"自我"的显现的,即此时的它的存在还远不能为精神。可见,感性、知性只有通过"自我"才会变得更有意义。当然,意识的发现自可清扬为精神,且精神在回首意识的发现之际,也会产生有关的娱悦。因此,在精神的机构里面,倘若是从痛苦开始的,当其面对获得愉快这样的一种趋向时,就要伴有欲望的来增生了。

174. 有人认为,精神在意识中,或意识在精神中,都是需要知性来联系和把握的,进而就会有某种因果关系出现。可是,这些却是要有前提条件的,比如由经验到意识,由意识到精神,这应是一个上升的路线,尽管此时的意识只是作为一个在很窄的意义上来使用的。同样,精神依意识,意识依经验,经验依事实而连续地相互地加强着的作用,包括反过来也是一样,都是含有某种沿袭的。

175. 于是,意识的发展,就昭示着精神的生成,精神的可以理解为它是经意识所泛出的光。狭义意识,一为外在的对象意识,一为内在的自我意识;广义意识,包括理性和精神。由此观之,精神的必是能意识到的,意识的要存在于内,而精神的可以显现在外,但精神一定要以意识为光源,而意识则是以精神为光线的。

176. 由于任何外在的一经意识的转化就必要成为精神的产品,也可以讲,意识就是产生于物质活动和精神活动的综合过程之中的东西,①即意识就是内外在的统摄。然而,精神的意向和表象并不能反映精神的本身,这与物的外在的现象不能反映物自身是一样的,或说精神的升华也应有外在的表现,如凭意志所产生的抗寒冷等,都是如此。

177. 思量上文,精神的就当是意识中的一个较为鲜丽的花枝,然意识的已是离开体外形迹的所在,精神的就更是这样。此时,精神的若欲再成为精神,便一定还要通过意识的重新实践的过程,否则精神的就会缺少推力。

178. 在精神中,让概念去认识他者,这是精神哲学的目的。其实,只要让概念进入精神,也就是重新的回到了意识。精神是自然的,即自然的绝对第一性的东西,它的存在都是概念,这就是说,关于精神的理念,必为概念。但概念只能是人的概念,所以此间的自然就是进入意识之中的对象,即这个自然已不是独立的外在了。鉴于理念的是在意识

---

① 怀特海:《过程与实在》,杨富斌译,中国城市出版社 2003 年版,第 444 页

中存在着的,其必当用概念来表达,于是这些又可以显现为精神,或言精神的定是有所意识的,概念的也是有所意识的,故此很好理解,意识的概念的也可以认为就是精神的。

179. 精神在伦理的王国中,它既是普遍的意识,也是经验性的意识,以及自我的意识。其中,关于经验的成分最大。伦理的是一种精神的统一,是一种普遍的意识,此时的精神是伦理的外衣,而它的内在则是意识。综合之,在精神界的统一就当是要在意识上的完全的统一后的统一,若离开了意识的完全的统一,则精神的统一便是不可能的,如伦理的与精神的统一,就必要依于共同的意识不可。

180. 如此一来,精神的、知识的等等就都是属于意识的,知识的只是意识的一个有条理的类似于条码的东西,且绝对的知识也是属于精神的,只是它已绝对到自己能详尽地认识自己,自己认识自己也是属于意识的。

181. 所以,意识与精神时时地都是统一的,只是为了方便解释,人们才做了同义词上的分说。比如,有些人在文字的表达中,就常把精神视为意识;同理,用意和执著也都属于意识与精神的范畴。

182. 因此,精神与意识的结构亦是一样的。例如,概念、理性、知识等均是关于意识之结构的不同显现,还有智慧也是精神的一个层面,它既是由意识出,也是时时可被意识到的。

183. 小结一下,精神、意识乃是一种紧密的共在,不能观之为某一外在的肤浅现象;并且生命、意识、精神都是关于存在之一体化的。这反映在主观精神(意识、自我意识、理性)客观精神和绝对精神(宗教、绝对知识、艺术、哲学)上面,其实又是属于意识的所标记的不同对象,或说是思想的不同界面。其中的要点就是,客观的绝对的精神都要归于主观,都要归于意识,这是不变的;而法、道德、伦理、艺术、宗教和哲学也都是意识的反映,即任何的精神都不能逃离意识的苑围。虽然,认识、自我意识、理性、精神、信仰和宗教这一线的主脉仍是意识,但是它们的阶级却是被逐步地——地为提升着的。为此,人们当深刻理会之。

184. 关于意识的过程,我们知道,它①是由感性确定对象,②对之发生知觉和理解,③使之进入自我,我也进入对象。如,我读书,书的内容通过认识的步骤进入了我的意识,同时我所认识的也正是书上的内容,而这也是我所意识到的。意识在他物与我之间是贯通的。所以,他物也是我物,我物也是他物。我物与他物在意识里是共融的或共容的,乃至是共溶的。意识就是容我与他的溶液。此时的我已不是操纵大脑的我,而是回归到大脑的意识中去的我。我的身躯、思想等等都是意识中的存在,它和外物的进入脑的意识是一样的,只是我们似乎感觉到他物是通过了我们的感官,有时就以为我没在意识中,其实不是这样。因为,当外物通过我们的感官而进入到意识时,我们也是随着这个外物而一起来到意识里的,否则没有我们的牵引,我们的感官是不允许那些外物进入到我们的意识内室的。随着我与外物的共同地进入到意识里面,我与外物就一起地被留在了意识中,或说是成为了意识这个溶液里的相互可溶的溶剂了。这就像是读书时,我已融入了书中的角色是一样的。此时的我已完全是在对象中了。尽管完成这一幕是要通过激烈的门槛的,然无论如何此是真实的。在现实中,如我们想把对方消灭,当这一意识进入了我们脑间,结果对方却会把我们的有些人给消灭了,此时关于把对方消灭的意识就会同样地进入到了对方的脑里面,故可以设定我与对方的在意识上的勾连应是同一的;这样一来,对方的就必会进入我中,我也要进入到对方中。

185. 于是,意识的当为感知、认识、思维和表达等,然而胡塞尔的学问则是侧重于表达上的。黑格尔曾认为,表象包括想象、神话、象征、形象思维等。[①] 我们言,这是扩大了的表象,它仅是存在于意识中的很不重要的东西。

186. 还有,意识的来源,其绝大部分的应是先天的存在之遗传给了我们,然后就是相关的类如语言的学习,一方面它能在脑内激活过去的东西,一方面它又把外在的东西反映给了我们。譬如,我们意识中的概念在脑中仍有空间性的反映,在记忆的初期多有时间性,愈往后,时间性就会慢慢被消失掉了。因此,意识中的概念,从自然中来,但会丢失它的某些特征。另外,意识的还有自己的难以意识的神圣部分,这是我们所不能理解的。虽然,人的神经性可以是多元的与无限的,但它们都要归于意识的这个惟一的中枢,此是不用怀疑的。

187. 接下来的十分重要,即意识、意志的都是人的活着的灵魂的某一部分。这些灵魂原本是不存在于我们的体内的,只由于脑的存在,它才得以存在了我们的肉身之中。这就像外在并不是存在于我们的体内,但是通过眼帘,所有的外在为我所视,进而就成为了我所看到的是一样的。大脑相对于灵魂,眼帘相对于外在,就像是外物通过镜面而被反映到镜里面成为像亦是一样的。在这里,我们的脑和眼帘,就是一面镜子,灵魂通过脑的镜子而进入脑,外物通过眼帘的镜子而进入到眼内。因此,只要人的脑的这面镜子在,则灵魂就会永远被映入到人的意识中来。所以,灵魂永在,只是人不常在。我们发现,人的大脑具有对外映照灵魂的功能,它比纯粹的镜子要复杂无限倍,但镜子的显示说,

---

① 黑格尔:《精神现象学》上卷,贺麟译,商务印书馆 2010 年版,读 27 页

恰是证明了世界上最复杂的问题。

188. 埃德尔曼讲,意识是高度整体性的或统一的,也就是每个意识状态都是一个统一整体,它不能被有效地分成一些独立的成分;其次,它又是高度分化性的或是多样性的,也就是有数量极大的不同意识状态,每一个意识状态都可以引起不同的行为结果。[①] 可见,意识的当是既高度整体又高度分化的存在,前者表达的是在脑内的联系上的反映,后者则是在行为目的上的反映。例如,觉知的应是以感觉的先在而后有所知,知觉的应是进入脑后的意识,这期间的它们在意识中具有整体性;可是,此时的知觉又是能被意识所意识到的概念类的知,它的存在则是表明了某种意识上的分化。

189. 沿着镜像说,空空的镜子就是人的空空的无意识,镜子里有物了,人也就有了意识,此时的镜子就是我们人类的大脑。当镜子里的难显存在时,似如人的开始年龄的大脑里的没有一物。所以,外在与意识是共在的,即只有镜子与外在共在时,它的里面才会有像出现。彭德格拉斯特讲,镜子将左右颠倒过来,而不是上下颠倒过来,[②]这与我们的眼睛反映到人的大脑中的存在是一样的,也正是这种颠倒,它才适应了我们的视觉,它才适应了我们的意识;否则,一个不颠倒的镜像倒是不存在的。凡是适应我们的,都是我们所适应的。此与左右脑的关系也是体现着一致性的。这种颠倒是内在的颠倒,是人的外在似乎不能知道的,而这也恰是说明了转码的与先天的存在。

190. 就自然而言,身体与外在是一个共在的统一,且身体的内外

① 埃德尔曼:《意识的宇宙》,顾凡及译,上海科学技术出版社 2003 年版,第 131 页

② 彭德格拉斯特:《镜子的历史》,吴文忠译,中信出版社 2004 年版,第 355 页

在也是一个共在的统一。因此，外在通过身体的转码，就要成为内在便是一个必然的存在。所以，身体才会又包含了亿万分子的协同活动，故信息间的转录和转码就是可即时地能完成的。于是，我们意识中的知觉便应是根据生命体中的神经之冲动或刺激的转码所形成，不同的刺激，就有不同的转码，就有不同的感觉。神经系统应是联系生命和意识间的管道，它更多地是实存于生命的肉体中的，这便表明了它的内在性。

191. 至于外在与内在的关系：①外在的进入内在是在意识的指导下的经过信息—转码—进入大脑。因为，意识是先于感官的，感官是要服从意识的，意识不是被感官刺激才有的，若感官在先，意识在后，则人的存在就是不协调的。②外在与内在同时进行，如琴键与琴声的关系。③外在的经过感官先传至大脑，大脑再进行处理形成感觉等，如某些书中讲的，人们的"看"，是大脑受刺激后再要你"看"时，才可以"看"的。我们说，③必要回到②，②必要回到①，只有如此，才是合理的。

192. 众所周知，眼耳鼻舌手身是外在，劳动是内外在的结合；大脑意识是内在，语言文字及文化也是内外在的结合。我们认为，劳动是内外在结合的初级阶段，语言文字及文化的才是内外在结合的高级阶段。眼耳鼻舌手身与劳动的结合更密切，大脑意识与语言文字及文化的结合更密切。随着人类的发展，上述要素就组成了一个共在，形成了一个有机动作的整体。我们说，文化的存在正是所有人的意识的许多内容的外置。意识的要反映在文化上，从文化上则可以窥见意识的秘密。故，意识与文化的对应，恰恰能表达了文化和意识的予以人的独立性。从其他动物的没有文化的内容来看，除人之外的也不应有与之相关的意识，至于动物的某些本能的存在，或许还未进入到文化的意识的层面上来。

193. 由上可知,内外在的统一定是一种类似于锁钥的契合。在本初,凡是外在能进入内在的,或内在能接收外在的,其二者必是先天地就已经为适应着的了。之后,外在的进入内在,还必要经过内在的同意方可。同样,内在的涉入到外在中去,也需要外在的同意,即需要外在的开显后的包容,否则内外便不能通,便不能互为存在。此处的道理应是浅显的。

194. 于是,他物相对于我物,自在相对于他在,就要适应内在的同意和外在的开显说,然他物的他在绝不是由他物来完成的,而是由我的存在才可赋予上去的,因为无我即无他。在过程中,尽管内外在的存在,当有长期稳定与瞬间变异相结合的情况发生(此容易理解),但是在相互作用中,一方面,反映者以一定形式复制被反映者的结构特性;另一方面,它本身的组织性和有序性,同样会被其他事物所反映和复制。① 如此一来,经过长期的信息的交互转换,便要形成某种存在的全息性,这应是肯定的。

195. 根据任何的对象只有通过被适当地否定后,才可进入我之意识的思想,所以在我的内在里只能存有我的关于意识的东西。其实,在这里的否定,也就相当于一个转码的过程,即由实在的、外在的或硬或软的东西而被转码为可以存放在我大脑里的意趣。这里的否定是去除了与我的大脑的意识之不相容的东西,而不是去概念和去本质,或说是把对象的存在完全地推翻。它不同于我们日常所说的否定掉。此处的否定是扬弃,是抛弃了现象的形以及事实上的或酸或甜和或大或小,而

---

① 李景源:《史前认识研究》,湖南教育出版社 1989 年版,第 154 页

保留意识的要它留下的东西。

196. 在数学中,平面直角坐标系的存在,是能成功架起数与形之间的桥梁的,这就是从相关维度转码到数到点的一个证据。显而易见,平面的二维的完全可以展现和标记三维之立体的,如一幅山水楼宇的美术画;点的成线的一维的完全可以标记平面的二维的或三维的,如光纤传导,DNA 信息保留等。此间表明,外在的纷繁的一切之进入内在是不会有障碍的。同理,人的意识功能将外在的三维的立体转化为二维的平面的,比如在纸面上的绘图的完成,是很自然的事。在此基础上,通过语言文字的与数码的对应,以及数码的与一维的长短之间的对应,则二维的转化为一维的也是很自然的事。在一维的基础上,通过基因的排序而进行记忆的存储,又是很容易理解的。依此,外在的三维的进入到内在中来的过程,便得以阐述清楚。

197. 紧接着,被转码后的存在,就当是形成记忆了。记忆就是不断聚合新内容的过程,且意识的必须是记忆的,即意识的一切都必是要记忆的。比如,物的是意识的向内指向的一个记忆,事的有时就是意识的向外指向的一个目的,所以事物便通过记忆既表内在又表外在,反之亦同。

198. 由于记忆的向内性,它就要归于心,或说心与物应为相辅相成之关系,不论任何一方皆不能单独存在,因此才说色心不二。因此,无外在就无内在,无内在就无外在,意识必以外在为在,外在必以意识为在。于此背景下,心又与意同,故之才有心意之说。再向前推,则意识就是一个人心中所发生的知觉,即意识就是心的知觉。然而,不需要感官参与的意识,当是形成意识以后的意识,它绝不是初始的意识。这样的话,心灵感应便一定是自我的存在,其与严格的他者便无关系。

199. 鉴于人的本性也是包含在意识中,或称是包含在心灵中的,所以本性的冲动或消止,也必要源于某一意识的影响力的作用。比如,鳏寡效应表明,人的确会心碎而死,此时的心就是意识的集中表现,它会受到强烈的外来刺激,而导致意识及意识中的本性部分与意识物的分离,就会使人彻底脱离意识而死亡。

200. 其实,思想、心灵都是意识。宽泛地讲,凡可言说的就无不是思想的,即意识的。但是,某些神秘的也有不可言说性,其中的只有一部分可以归于意识。至于不可意会者,就更是不可言说的,此时它的全部都不应归于意识。然而,对于某些能意会的,顺着其结构的展开,恰恰也是理解言语思维深处的利器。

201. 有学者说,我们首先当有能力意识到自己,才会产生思维和意识,[①]即自我意识为意识他者的前提,但自我意识又是源于他者的。这就是讲,思维是产生于人的有自我意识之后,它当是在婴儿一岁半左右能从镜子里意识到自己,且开发出了语言时的事情,但此时的意识尚未被记忆。随着年龄的增长,其思想的、感觉的就都要表现为成熟的意识;在意识中,它无以分苦辣的味道,意识的乃是统揽一切的东西。

202. 许多时候,意识还要借助于意识的意识,比如静观和深入的再思考等。因为,人们虽是具有自觉意识的思维主体,但他总是要在意识中先有意图之后,方有行动,这是一方面。另一方面,以深思、体悟、冥想来和灵感、冲动、梦幻结合,又会时有创新的意识生出,这才是最重要的。当然,创新的也必是需要给予强烈的关注的,否则也不能成功。

203. 在创新中,人的悟想、灵动的当首先于精神和思索中展现,其

---

① 彭德格拉斯特:《镜子的历史》,吴文忠译,中信出版社 2004 年版,第 368 页

至少的应是在意识上要灿烂夺目,或说新的因素一定会超出过去的习惯,并能自己构建规则,来指导趋于更好的发展方向的行为活动。

204. 从意识的认识阶段看,它是由初级到高级来发展的。初级的留在感官上;形成高级的过程,是从思想到实践,又从实践到思想的,此时的意识一方面对实践具有绝对的指导意义,一方面又对自己的精神领域具有绝对的指导意义。在原则上,认识、思想、精神都是意识的东西,有时我们可以单独地来称呼他们,这乃是由于它们各自地在意识中是处于了主导的地位时,才得以这样的。比如,我们说认识一语时,就是此时的意识把思想和精神都要服从于认识这个前提下的表现为阶段性的专注力。如此一来,实体、绝对、存在也都是要内化至意识的无疑。

205. 沿着前面的理路,五官的定是意识的派出机构,由外在而进入内在的是意识的认识阶段,认识的在意识中的被保存,称为意识的记忆阶段,在此基础上的更深层次的展开,如思维等是意识的加工阶段,而它的最高境界,可以称为意识的精神阶段。在起初,人类是有心无力的,即无力抗争那外来之力,于是那外力进入我心,当然我心也可进入外力。这看起来似是人的屈从于外力,但这个屈从的过程必是经过了我心的允许的。凡是他人的精神影响了我,均可称之为外力。所以,先有世界精神,后有世界秩序之说就是成立的。之后,被意识的就是被思维的,被思维的也就是被精神化的。因此,外物的进入我的意识中,我的意识进入外物的存在中便得以实现。其中最关键的环节,就是外物的被精神化。

206. 进一步讲,由外在经感官到形成概念,也可以称之是意识的第一阶段,由概念进入思考到思维的凝结的形成精神为意识的第二阶段,对精神的保有和超精神的生成存在是意识的第三阶段;即,

$$\frac{外在\to感官\to概念}{意识的第一阶段} \Leftrightarrow \frac{概念\to思维\to凝结为精神}{意识的第二阶段}$$

$\Leftrightarrow \dfrac{精神的保留\to超精神的生成}{意识的第三阶段}$。以上是极重要的发现。

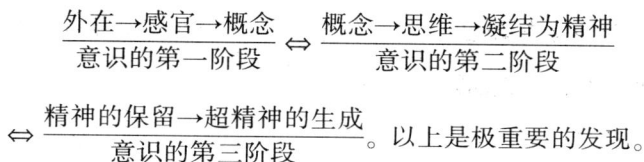

207. 根据有关典籍,在哲学意义上,意识即精神。在思维学意义上,意识是人脑认识活动的保持和认识结果的保持状态。在人脑中,只要认识活动(从感觉直到思维)保持着,认识结果(感性知识和理性知识)保存着,意识就存在。在思维学意义上,精神的含义大于意识。始终能为主体自我觉察的意识活动称为显意识,在一定阶段不为主体自我觉察的意识活动称为潜意识。人脑仅限于取得对客体表层的认识结果的认识活动,是感性意识;人脑进而成为取得对客体深层的认识结果的认识活动是理性意识。人脑思维是具有理性意识形式的物质运动。[1] 现象学的极多的是感性认识,性质学的则必是理性认识。自然,我们也可以把意识里的精神称为精神意识,把其中的思维称为思维意识,把意识里的感知称为感知意识等等。这样,我们就完成了意识的分级。虽说意识的深入是从感觉、知觉、观念、思想到精神的不断推进的,但其最私密的部分应在于由精神到神圣的存在之无形的过渡,关于这些还很少有人研究。

208. 我们说,精神从意识出,思想着的意识到的精神,还只是过程性的精神,尚未脱胎而独立。在其独立之前还要经过思想这一关,由于精神是原始地存在于意识中的,只有当意识中的思想进行超越性的飞升时,精神的才可被独立出来。精神的独立出来的诱因正是产生此时思想的那些东西。此后的精神就是绝对的精神了。

---

[1] 田运:《思维词典》,浙江教育出版社 1996 年版

209. 关于意识的运作即思想的过程,也恰是精神的某种劳动,或说以意识而思的也当是意识的精神状态之一。其中,意者为知,意便是知,无知则无意,凡意便是知。因此,只要有知的意识生成,思想就会涌出,精神就会飞扬。在这里,有意识必有思想,有欲想就必要有精神来发生。精神看似是只存在于意识中的,实际上它也是存在于肉身中的不可见识的力量。

210. 在大多数情况下,精神可以因信念而升腾,此时信念在意识中是由思想的加强,而终于让信念转化为了精神,并似是脱离于意识之外。当然,由于信念的颓萎,也可以把某些精神消失在意识中,进而使信念的自身也被消融。接着,激发精神的就是意识的沉沦,意识越是沉沦,精神就愈是激发,除非意识已把精神给封闭死了。当意识能把精神给封闭死后,意识便与精神一起沉沦。意识的沉沦是随着其思想的堕落而完成的,否则任何洋溢的思想,都会产生精神。

211. 所以,意识是以思维出去的精神或以精神出去的思维来外化自己的,故意识是根本,精神或思维都是它的蔓芽。如是之,意识的在向着自我的方面,一定是要呈现着精神的以及思想着的精神,而在向着他物的方面,则不一定非要呈现为精神,只要把对象放在被思维的位置上就可以了。

212. 布莱克摩尔讲,精神内容包括知觉、视觉、记忆和情绪体验,[①]这就是说,精神与意识是同一的。因为,意识的内容也包括:事物、感性、经验、知识、原理、思想、宗教,一切的对象等等。即,精神的必是意识的,它不仅可以产生感觉,还能增加思想的分量。

---

① 布莱克摩尔:《人的意识》,耿海燕译,中国轻工业出版社 2008 年版,第 149 页

440

213. 但是,当精神反过来能压迫意识进行观察时,思想性的东西便会被遮蔽,然思想性的存在总有一天,要精神即使是在压迫意识之际,也必须进行思想,或说一定要进入到意识的思想阶段。这是由于,精神总是被灵魂从意识中实现出来置于思想者的思维着的之后的缘故。可见,灵魂较意识更为能动,精神较灵魂更具有表达性。此间不变的是,意识在自身中,无论如何都会完成由感性到思想至精神的转化升级,而这又是灵魂与精神都不能撼动的。

214. 同样,心、灵、意亦是为一的;心,泛指所有的精神存在,即通过所说的心、意、识;而心灵的则属于肉身的内在的精神之灵,其也属意识,即意识中要含有心灵的思和信念的精神的等等。因此,心(正心)、知(致知)、意(意诚)也皆为意识。

215. 意识还包括意象、欲望、疼痛等,意识中的存在,只有根据生命的需要,才会是变成有序的。比如,心理的、精神的和思想的,在一个人的生命体里,必是要和谐统一的。虽然有时的思维是以精神为对象的,有时精神又可以脱离思维,但这些都是正常无碍的。或说,人是通过意识的,才会把影响生命的存在转化为自己的意识之部分,如要进行思维和变做精神等都是一样。此外,我们所说的内在,即是意识的内心化,只有被人内在内心化的东西,才是可趋于自由的。

216. 于是,意识既是关乎外在的,也是密切联系内在的。我们知道人的语言可表达构成其外在的精神,而思想的或反思的则能构成其内在的精神。在语言表达以前的短暂的利用概念应是意识的工作,只有意识的连续的排兵布阵,才能构成思想及语言。语言是一种外在的进入到大脑中来的。至于它在大脑中的位置,首先是存在于记忆它的地方。对语言的应用是根据生命的需要来调动的,此时生命对脑发出指令,之后再要语言出场。语言自己没有机动性。即使是思维中的语言,也是根据生命的密码来调动的,而不可能是思维自己调动语言。意识中所有的一切,如思维、语言、精神、概念等虽不是处于平行的关系,但它们之间也没有相互操作的本领。意识中的所有的一切都要服从和服务于生命的指挥;如生命要意识来思维,则意识才会令语言来参与,如生命要调动某些精神的存在,意识就会把毅力、耐力等表现出来。如此者,语言、思维和大脑的关系就清楚了。意识在没有得到生命的指令前,是不会有所作为的。

217. 因此,一切的意识思维都要依赖于生命,只有在生命的最旺盛的期间所成就的精神,或许才是最有力量的。此是由于,精神观念的产生,主要是由意识在思考生命时所逸出的,尽管个体生命可以死亡,但人的整个生命流依然澎湃,这就是精神不死的铁证。故,生命着的精神一脉是持续。可是,下面的事实也是存在的,即经意识所迸发出的精神要比涌动的思考存在的时间短,且连续着的思考,它也要让位于更长时间的意识的存在,同样有关意识的虽可和感性的感官捆绑在一起,然之又会超越感官所经历的时间。

218. 我们认为,知觉的感性的含有实践性的进入了长期识记的,然后再反作用于社会生活的,乃是生成着人间文化的路线之一。其中,财富的只有向文化转移,才能永垂青史。因为,我们的人类只能共情于文化。比如,文艺复兴时的精神,就打破了束缚人们思想的桎梏,而为新时代所接受。这里的精神乃是一种积极意识的风行及影响力。在当下,人们有时多是以此精神来言精神的。

219. 精神就是意识之思维出的高级形式的存在,它可以是长时间存在的,也可以是瞬间的。我们把认识思维和酝酿行为之外的意识,如毅力、忍耐、信仰等称为纯粹的精神,纯粹的精神要有它自己的领域,不能什么都是精神。当然,最高的精神必是思维出来的,所以由极普通的意识到进入最高的意识是要通过思维的成熟来完成的。

220. 一般而言,意识就是思想,就是观念,就是精神;形态就是体系,就是系统,就是过程,就是存在的形和像的外在之态。再深入一些,意识就是人的犹如灵魂、感觉、知觉、反省、认识、行为和生命存在的中心。只有无心者没有意识。意识是人的存在的根本。或说,意识、经验、概念、知识、精神、思想等都属于同一个王国。如是之,意识的便是所有对象的总和,但意识本身再也不能成为对象。因此,意识的存在便具有最高的终极性,这是任何的存在都不能比拟的。于是,可以得出,对于人来讲,只有意识才是至上的,而任何的可以成为对象的都不能超过意识。可见,心理的、逻辑的、语言的、思想的、精神的等等都只不过是表现着意识的一个个侧面,人类的自我的终极存在只有是意识。

221. 在意识中,一定含有梦。梦或许可以反映出我们认识世界的原始状态。有学者称,做梦者确实意识到了自己在做梦,[①]可见梦的也属意识,由于能意识到的就一定是意识。其间最重要的就是,梦中的荒谬可以使它的肉身的机体会为之惊醒,这反映着人的生命是不允许极端的错误的存在的。因为,只有惊醒才可以遏止梦中的荒谬。所以,清醒的人们对于极端的错误也是会遏止的,而这种遏止也正是一种人性的天然的清醒。由此看,人类会自觉地自然地去阻止着极端的错误的发生的。

222. 意识的存在也包含着意志,意志也是意识的内容。比如,意

---

① 布莱克摩尔:《人的意识》,耿海燕译,中国轻工业出版社 2008 年版,第 309 页

识作为动词是可以的,但是意识作为一个名词,它就要与意志合为同一的了。意志的是有着更为具体的人的所指的意识,除此之外的宽泛的众人所表现出的意识,则不能称为意志。这就类似于"少数人的意志"和"大多数人的意识"的表达是正确的,不宜反过来说。虽然如此,高贵、可耻、有害、称羡等又都是能在意志中被反映出来的。

223. 经过前面的文字可知,所有的范畴或存在只能被统一于意识,这时意识的存在就是意识的本身,且其所存在的就是被感知。或说,所有的意识的源头就均是曾经的被感知,在此背景下,被注意的才可进入意识的闸口。

224. 于是,意识的来源有三,①先天的,②外在的映入,③模仿的实践的强化。故此,人的眼耳鼻舌身和他的遗传性就应是通向意识的六大门径,只要经由其中之一者,就可达于意识,在这六大门径里面,没有彼此的局限。当然,意识也可以起源于无意识的悠然的一瞥或某些行为的在自身中的反映,即某些无意识的结合,恰恰也是一些有意识的开始。

225. 有专家讲,意识起源的基本环节为,①由一切物质所具有的反应特性到低级生物的刺激感应性;②由刺激感应的反映形式到动物的感觉和心理;③由一般动物的感觉和心理到人的意识的产生。此间关于反应的特性是一切物质都具有的,是物质本性最普遍的表现之一。反应是事物间相互联系、相互作用的产物;反应与感觉相近,它的特点在于,被作用者以改变自身形态或转化为他物对外界作用作出反应。反应没有任何的选择性,而刺激感应则是低等生物趋光、趋营养、趋利避害等适应周围环境的反映形式,随着环境的变化和漫长的自然选择过程,产生了动物的感觉和心理。动物的感觉和心理是较高级的反映形式,它不仅可以分别反映对象的属性,还可以形成对客观环境的统一反映。后来,人类的意识是在动物感觉和心理的基础上发展而来的,生物的反映由刺激感应性到动物的感觉和心理的发展,是人类意识的自然史前提。意识是物质自身长期发展的必然结果。意识是物质的最高产物。① 由一切物之反应,进化到某些存在的感应,到动物之感觉、心理的反映,再至人的意识,看似是有分别的,其实对人来讲,反应、感应也是联系在感觉、心理之中的反映,且感觉的心理的反映,又必是属于意识的,即在意识领域里,这些都是难解难分的,或说对于人的反应、反映、意识当是一体化的。

226. 首先,在先天上,意识的最初的必是自然的冲动。我们认为,关于意识的自然起源与演化是,①明物质世界的反映,②五官感觉,③转码,④三维的→二维的→一维的→点存在,⑤内外对应的共在,⑥语言文字的对象化形成概念,就标志着当下意识的诞生。李景源说,认识起源于主客体的分化,这种分化萌发于人把自身看作是有别于他物的东西,因此意识的起源内在地包含着自我意识的起源。② 即意识的第一的是自我意识的,当具有自我意识的主体与客体得以分化时,意识的就开始形成。只有如上的综合,意识的起源问题,才会说清楚。

227. 比如,婴儿期在完成了从感觉到感性到直观的程度后,由于他们知道了某些选择性的抵抗,所以就可以证见,此时他们的意识便已经产生。推而广之,意识的也是被整个社会引导来产生的,而不是被个体引导的。同时,文化的存在也能决定意识的产生。

---

① 李淮春:《马克思主义哲学全书》,中国人民大学出版社 1996 年版,第789-790 页

② 李景源:《史前认识研究》,湖南教育出版社 1989 年版,第 103 页

228. 关于意识形成的先天性问题,即意识的最早的根源是在先天那里的,或说卵与胎儿的有灵犀之意识,乃是动物与人之有意识的根基,先天的意识不是在半路上走进卵或胎儿的。然而,韦尔斯却讲,没有人敢于主张着,卵或早期的胎儿能和人之有意识一样而有意识。也没有一个人敢于在发育中画出一条明显的界线来,说意识是在这儿窜进了胎儿或婴儿。① 人是于不识不知之间跻入有意识的生活的。韦氏所言,虽有一定道理,但应都是后天的东西。在后天,人出生不久有一段过渡的混沌期,接着就进入到有意识的不断的增强的可通过习得的、语言文字的发展过程中来了。

229. 其次,我的意识,或说是关于认识的形成,应是以我的主动为先,在我的感觉如视觉和触觉等的前提下,对外在形成意念或意象或印象,并可聚合成形影、表象,进而上升为知觉的观念。这时的观念就包括意会、表象和语言。至此,独立的外在所给予我的就要服从于我的观念,而观念又是从属于我的意识的。所以,认识的形成或说意识的产生,即是以我为主的通过观念来把外在引入到内在之中的。其中的关键链条是感觉、意会、意象、印象、形影、表象、知觉、观念。观念的形成是我的意识的支出和外在的给予相互糅合的结果。

230. 在久远的历史上,人类意识的第一步主要的当是通过外源性的存在,方可获得。如果我们回到每个人的个体的身上来,比如四、五岁儿童是知道他的哥哥或姊姊的,但往往不能意识到他又是他的哥哥(或姊姊)的弟弟(或妹妹)。② 以此观之,人的意识的一个方面,乃是从

---

① 韦尔斯:《生命之科学》,郭沫若译,广西师范大学出版社 2003 年版,第 1466 页

② 皮亚杰:《儿童心理学》,吴福元译,商务印书馆 1986 年版,第 97 页

"自他"为开始才进步到自我的,然后才是自他和自我的相互交流。

231. 如此一来,外在和内在的结合就是意识的形成,或说是外在的———$\xrightarrow{\text{神经的受刺激}}$知觉→意识,即三维的进入到二维的平面之中,然后成为一维的成为点成为文字进入我的意识。我的意识还可以反向而出,又以文字的点的一维的表二维,或在平面上表三维等。

232. 之三,社会的存在与意识的形成是在二者的相互的给予过程中来实现的,在 里不存在某种谁决定谁的问题。相互给予说十分重要。因为,文化、遗传、相貌和存在的时间过程都对意识产生影响,此即内(基因)外(相貌)在,环境(文化的)和存在的过程(如时间、年龄)等都是决定并成为意识的要素。但基因的内在不能直接反映到意识中来,它需要经过相关的内部转化才可完成。同样,人化自然或自然人化也正是人的意识与外在的相互给予的体现和结果。尽管自然的人化即它在人化的过程中,与真正的被人所化的自然二者不完全相同,但它们都是统一于有关自然之意识的,这是无疑的。

233. 上面的意思是说,我之所以能实现意识,是由于意识的对象能开显出让我的意识可以意识到的存在。当然,我也能开显出让意识的对象可感知到我的存在。所以,相互给予、相互开显、内外共在以及转码的等,就是从认识到形成较高意识的过程,其中之环节既可适宜于认识,也可适宜于精深之意识。

234. 此外,构成意识的除了第一的必是自我的以外,第二的还必须是自在的。只有第一与第二的结合,才能称之为意识,即自在的必要成为自我的,才算是意识的完成。这就是关于意识的理论的产生。在此期间,由于人的每个生活都是要迎向着更新的生活的,或说生活的乃是构造着意识的河流,且生活的方式也是意识的构成方式,这应是容易理解的。

235. 小结一下, 眼耳鼻舌身是意识的天然的形成机关, 这与动物的受刺激是相同的; 手的灵活的使用和劳动的出现则是意识的后天的形成的主要管道; 语言文字促成了意识的走向成熟, 而文化的种种存在, 则代表了意识的充分的外在的表现, 或说意识也是有外在的, 即是文化的多方面的展开。劳动的也是意识的外在。

236. 那么, 人为什么能有意识, 或说是有"知"的? 第一, 它是其生命本能的反应; 第二, 它是生命的本能向着意识过渡去的; 第三, 就是意识的在能意识之前, 应是以"知"为前提的。前两项是由脑的组成部分所涉及的神经系统来完成的, 后一项是通过"知"的语言的"知"而存在着的。这就是说, 在我知之前, 语言的表达已经是可知的了, 而这个可知的在进入我的意识后, 也就自然是可意识的, 即可知的了。至于在可知的基础上能形成的新知, 则是关于过去的知的生长的部分。所以, 我的意识和我的知是通过语言的载体所表达的知来完成的。当其进入到我的意识后, 才可成为我的意识中的知。否则, 一个混沌无知的东西, 即使它进入了我的脑, 也不会成为我的知。以上即为, 意识的是通过有意识的才可成为意识, 而其中的管道就是类如语言的契入。因为, 在学习语言中, 它的每一个字词都标明着一个可意识的并且是已知的东西, 故内在的意识是由外在的可意识的存在而导入的。

237. 于是, 所见即为所知, 所闻亦为所知, 因知而识, 因识而意, 意识乃成。它的路线是, 见(闻、触)→知→识→意→意识。其中, 若能由识为智, 便是意识的内在的升级。同时, 意识的又是累积的, 比如先识字再识词, 再识句子再识某段文字或某一篇文章, 便是这样。因为, 没有先前的字、词的累积就不可能知道文章的意思。

238. 我们说,从生命的本能到后天的成熟意识,大致是经过了自发到习得到习惯的过程,再从习惯的养成而激活为一种反映全过程中的经由了转码的痕迹所标记的意识,此时的存在就是后天的一个完全的意识形态了。它的初级阶段为,感性、知觉、知性;而自我意识包括,欲望、承认、普遍;理性就是意识和自我意识的统一。综上,意识、自我意识、理性的一脉就是感性、知觉、知性、欲望、承认和普遍性以及它们的统一。至于意识的持续发展应有感性之确定性、知觉、知性三个环节的不间断推动方可,而意识的发达主要的则是由后天来完成。

239. 这样一来,意识完完全全地就只是"意识",它是一切理性和非理性、一切合法性和非法性、一切现实和虚构、一切价值和非价值、一切行为和非行为等等的来源,①即意识是一切的来源。

240. 所以,只有意识才能自己证明自己,自己创造自己,自己发展自己,只有意识才能成为性质哲学的进入精神领域的起点。

241. 接下来,我们展开意识的分类问题。这就是意识于哲学上应有一个明确的过程,于艺术上应有一个明确的载体,于宗教上应有一个明确的精神。此时,一切都会进入我们的意识,只不过有的表现为清晰,有的表现为模糊,有的表现为直接,有的表现为间接罢了。于是,就会有明意识和暗意识之分了。

242. 在意识之中,它的元素应按拓扑学的关系而存在着,在由外在到内在的关系上,应按投影学的特征来进行着,在整个的外在,应是按欧几里德几何学的关系而存在着。因为,欧氏几何学是外在的多维的,投影学是相当于人的感官把外在转化为内在的,而拓扑学则是相当

---

① 胡塞尔:《纯粹现象学通论》,李幼蒸译,商务印书馆 1996 年版,第 218 页

于内在的绕指柔般的意识了。这些讲得都是很好的。

243. 从源头上看,外在的反应、感应、反映的影响,通过感觉进而完成意识的生成,这是一条路线。或说,由一切物质所有的反应,到低级生物所具有的刺激感应,再到动物的感觉、心理之反映,直到人的意识的产生,应是同一条路线。反应是外在的他者的天然性,反映是相关项之内外在的联结性,意识是人的独有性。三维的二维的一维的都可以是外在的,它们在向意识的转移过程之间,不断由外在进入内在,并最终要全息地寄寓于意识物的细胞中。

244. 至此,笼统地讲,意识可以分若干等级,如动物级意识是不用语言表达的,人的意识的一部分也是不用语言表达的,但大部分是要用语言来表达的。鉴于世界的存在之具有意识的程度不同,才划分了植物、动物和人类。植物有知,动物有知有情,人类既有知有情也有意。知、情、意都可称作是意识的。

245. 同理,痛苦、高兴等也都是属于意识的层级。再有,看见了,没有理解,也会形成意识,如人们很少对外形的所现之像进行理解,或从不想去理解它。当然,理解了的就更会形成意识。因此,在意识的范畴里面,是有着不同的位次的。

246. 我们说,由于意识的存在具有超越性,它便会使自己要产生非宁静性。很显然,意识还具有学习性和杜撰性等。较低级的意识害怕真理,高级的意识掌握真理;较低级的意识会受到理性的暴力压迫,高级意识则用理性作为桥梁来直达真理,故理性对意识的作用乃是具有双面性的,这是其一。其二,自我意识的当是在其可挟持的本能之上的,但它却是在关于他者意识之下的。涉他的意识是人类的较高级的意识,也可称为智慧了。于是,对于意识的就可化分成,自然意识、本能意识、自我意识和他者意识。

247. 不难发现，意识可以具有无数的层次。比如，上帝意识、人民意识、国家意识、民族意识、个人意识等等，都是意识的层级，这是好理解的。此间的关键是，在这些层级中，大部分上应是相吻合的才好，即以不冲突的出现，才是最有利于人的生命之延续的。

248. 有学者讲，意识就是我们从"我"的角度来看世界，①而能从镜子里进行自我识别的乃是具有自我意识的标志，这是人类拥有更高智力水平的一个特征。患有自闭症、精神分裂等大脑功能紊乱的一些人无法从镜子里识别出自己的脸。可见，意识的自我存在，首先是从自我识别为开始来标记的。

249. 此后，我就在世界中，世界便在我中，我又在我中，世界又在世界中，之所以如此，完全是认识的意识在起作用。这里的关节点是意识，即世界只有显示为意识时，它才能显示我，而我只有显示为意识时，才能显示世界，不能单纯地表示为，世界＝我，它的科学的写法是，意识＝世界＝我，或意识＝我＝世界，以及世界＝意识＝我。

250. 在世界中，语言文字的起源都是意识的生成和外逸，都是意识的有规律的生成和外逸的表现，都是对外在的进入意识的，以及意识的对它的一种必然的反映，这个反映既是适宜我的，也是适宜他的。语言是内在于意识之里面的，意识是生命的需要。在生命的时段，一切的意识都是由内外在来铸成，一切的外在又都是嵌于意识当中的客观化的种种存在。

251. 如此一来，外在的成为意识就是无碍的，其之所以无碍，可以

---

① 布莱克摩尔：《人的意识》，耿海燕译，中国轻工业出版社 2008 年版，第 V 页

讲是早在万物的反应与感应的自然链接中,即在那近于先天的时分,意识便已经诞生了,且它还是经过了转码的转变的。这就是说,先天与后天间是可以自动地转译某些信息的,只是这种转译过程,尚不为我们所能知道。在事实上,正是由于转码的存在,理性才会要求意识必须来把非理性的转化为理性,从而使理性能上升到相关真切实在的程度。

252. 就理性而言,意识的行为不仅会形成自己的更有用的意识,而且还要形成自己的精神。人可以没有行为,但绝不可没有意识。论行为与意识的谁是在先的起源,我们说,在当下仍是意识,而行为只是一种依于意识的本能。

253. 由人的行为可知,它的一切均应从意识开始,而一切的意识,又皆因肉身的生命而起,此时一切的目的,也都由意识生成。概言之,意识只服从于生命,之后一切的就当服从于意识,包括全部的外在,虽然外在的看似是身外的,但它已在我们的意识之中。

254. 如果我们不谈生命,则意识的便是可以统一一切的存在了,即一切的存在都可以反映为意识,一切的外在所成就的意识就是绝对的必然,或说只有意识是能占有一切的。

255. 但是,在意识面对一切时,仍会有许多未意识到的东西,而这恰是人们未予关注的存在,这些都是相对于某些外在而言的。其实,一切皆流也是外在,它只有进入到了我们的意识的寄寓物的当中,才是不变的。

256. 由于数字的是可以指代一切的,且数字的又是意识的,则一切的外在也就都是意识的。如是之,意识的网便能把一切的外在都要摄入其中。之后,我们讲意识的结构。

257. 意识的①是有着一个生命的内系统,②是有着一个五官所衔接的外系统,③是有着一个语言文字所统辖的更大的系统。①是独立的,②是与①相联系的,③是与①②相联系的。总体上,它们又是互信息的。再深入一步,五官的看似的为意识的与外在物的中介,从根本上讲,它们都应属于嵌在意识结构中的硬件。

258. 在意识的内部,它是有着自结构的,此结构是不为我们的意识所能自知的,然而它却会使进入到意识中来的存在都能发生自洽的联系,只要它想与之发生联系即可。关于意识之中的结构和链条的存在,还有待人们去认识,而认识的结构则是因外在的给定性或给予性来起作用的,它与意识的存在必要经由转码的过程才可联系在一起,比如对美的认识,似也有逻辑的结构。美在意识的深处,只是主观的,它不完全受感官的影响。

259. 我们认为,意识的存在完全是自组织的,这种自组织的主要表现是反映在它的内外的相通性的上面的。即,意识亦应有自组织过去和自生成未来的能力。同时,意识中还应具有其逻辑的自组织的结构体系。

260. 可见,意识的一定是含有着一个自在的系统,在此系统下,所有的意识又都是靠自己来建构的。当然,意识的起源和意识形态的起源又是不一样的。因此,它们的后果也是不一样的。

261. 鉴于每个意识都是为了另外的意识而存在的,每个意识所表现的也都是另外的意识。这样,意识本身就是自为的和为他的统一。所以,意识的内容就是意识的诸多的展开的环节,比如从形式到形式,不借助于可感事物者就是意识中的形式,即意识的形式是不依赖于可感物的。为此,形状的常性和大小的常性又表明了意识的稳定性,或说意识虽经由视觉等形成,但它又不完全依赖之。其一旦在转码完成后,就具有了自己的独立性。此间的大小常性只是关于知的,而不是关于觉的。

262. 因此,意识的也是符合时空秩序的。在这里,意识以场的形式是可以弥漫整个世界的,即全部的世界也可以被意识所摄入,尽管被摄入的世界有些方面是清楚的,有些方面是空无的。

263. 李景源先生讲,人们的意识……也是受他们的肉体组织所制约的。① 我们设想,意识的结构必要因我们的大脑结构和外在世界的结构而形成的,是一个统一的结构,即它的结构应是我与他者的结构之和,或说是这两种结构的美妙结合。之后,这种意识结构的功能外出就要表现成是行为的结构,而这种行为的结构又可以反演成是意识的总结构。其中,逻辑的只是程序的,是活动结构的内化。人的行为具有可逆性,运算具有守恒性。不难发现,意识的结构当是内外在的兼及与行为的统一。

264. 意识的结构性,就决定了它是所有问题的交汇点,是所有相互依赖关系的源头,进而成为影响世界的力量,即这种力量必在意识之中。于是,意识便为推动所有实现的创造的根柢,其中新的意识又是牵引创造性存在的决定力量。

265. 在起源上,意识一定是以对象为意识的,对象也一定是以意识为对象的。意识的自身就是由对象的实在中来寻求到与意识之意识的统一的。这时,关于对象的知识也就是意识的本身,或说意识的也就是知识。

266. 根据有关资料,意识的必有经验的成分,但经验的与意识的

① 李景源:《史前认识研究》,湖南教育出版社 1989 年版,第 29 页

联系则可以是任意的,即没有任何界限。事实上,经验和理性都要服从于意识,它们都不能反制意识。并且于理性中,道德乃是一种比伦常更高的意识形态,或说德行也是一种意识。

267. 我们知道,一天的明意识的结束是伴随着睡眠而开始结束的,每天的新意识的开始,是受当时的目的或目标来牵行的,随着其不断的新目标的出现,就会有不断的新意识出现。这样就会形成意识的在新的状态下的连续。也可以说,只有意识的才是常新的存在。罗伯特·兰札讲,万事万物中最大的奥秘,就是意识的存在的。① 自然,意识和意识物又是同时存在的,没有意识到的物质,尽管其具有先天性,但不经过人的意识,终不能在人们的意识中形成相应的概念。因此,意识就是用概念来触及事物后的反映。

268. 在形成概念的过程里面,有时意识会受情绪操纵,情绪是受内外夹击的自我的表现,这种情绪可以很自然地影响到意识。其实,情绪也是意识,即意识对自己的本身也有影响力。情绪、情感、感情虽说是意识挟迫了身体中的某些生命要素,然而观念的存在却是纯粹的意识,或说意识是与观念而并生的,当然观念也是意识的真身。

269. 在无限的观念中,意识到的既可以是内在的,也可以是外在的。既可以是先在的先前的,也可以是当下的,但对于未来,则不能意识到,而只能有意识。意识的内在作用是要照顾好生理上的需要,它的外在作用是要反映它自己的那些他者。其实,在那些他者之中,也是包含有一个与我相对的"你"的,只有在你我共处时,更能明白。当然,意识还可以同化所有的外在,而使之进入内在。其中,意识的向内性乃是

---

① 罗伯特·兰札:《生物中心主义》,朱子文译,重庆出版社 2012 年版,第 145 页

人的自私的最深的根源,而为公的则是人的向外的一个目的。

270. 所以,意识的既是关于内外在的,同时它也必是要以先天的先在的指向,而成为后天的识记的,或说是先天与后天的共在。如此一来,意识的一定是要存在于先天那里的,只是它的在先天的部分,多是不为人们所知罢了。意识的先天性,也是人的一个看不见的本能本性。经深思表明,意识中的先天性,并不可反映在真理中,真理在当下能先些时间出现,也可以在稍后一些时间出现。

271. 在意识的研究上,人们不可以第一位地就引入逻辑的内容,而只能先从显露天赋的地方开始,不然的话,即是不合历史的规律。胡赛尔讲,现象学要必须研究意识,其实在所有的领域都要从研究意识为始,尽管我们仍然不理解许多的意识。

272. 虽然如此,但是一切的路又都是由意识来开辟出的。可见,意识至少在我们进化的历史过程中,已是将我们从危险中拯救开来许多次了。这就是我们人类得以延续下来的根本基础。

273. 对于意识来讲,它的主体和其行为活动乃是一个共在。主体在意识中,意识也在主体中。非常自然,主体、客体也均是一个共在,均是共在于一个共同的意识之中。在主客体里面,意识是于自在、自为和自觉的过程中完成统一的。实在的是自在的,意识的是自为的,自在的要变作自为的,必要由意识来自觉地完成。

274. 关于自在等,人的睡眠后的清醒是一个界限,在清醒之前是一个独立的存在,在清醒之后又是一个独立的存,然而在这两者之间的意识,应是各不相同的。但是,任何意识的对外显示,又都是经过考虑的,即使于睡眠中也是这样;在睡眠中只是人们未能感知到考虑的过程。故此,要做大事,必须要睡眠好! 所以,意识必须要服从于人的正常的生理机能所保持的状态。

275. 由上看,意识就是永远也不休息的觉醒者。意识中的内观,就是要观出从前的当下的或未来的被遮蔽的东西,以求得到某种惊醒的发现。在此之际,时间和空间又是使意识的得以清醒的重要坐标,对于不清醒的意识来讲,它便无需时间和空间的维系,或说只有清醒的意识才能把所有的时间和空间均能内存于自己的某一隅中。

276. 由于意识的内在的觉醒性,我们便能在看似的无意识的过程中,来对他者做出判断。比如,口误、笔误的存在是常有发生的,这看似也是非意识的,然而意识的终能发现它们。还有,习惯的或许也会导致无意识,但是习惯的形成仍是要有意识的;我们称习惯时的无意识,只不过是意识的患有了麻痹的症状而已。

277. 于是,无意识的犹如意识的休眠状态,意识的当是无意识的意识被激活的状态。比如,①昏迷的只是意识的昏迷,并不是无意识,只是意识的非清醒态;②掌握某项特定技术的最高境界是几乎可以无意识地完成工作,似乎是自动完成的,①然这仍不能抛开意识。故,时间的空间的一切都是意识的,无意识的可以存在,却不能为我们的意识所知。

278. 依于前述,意识间的 A、B、C,当是互通的无隔阂的,即意识之间应有类如一致性的存在。这时,相关的含义的必是意识上的联系,而我的意识与他者的意识发生共在,其方法就是需沟通与交流,重要的当是通过某一事件来表达,且所有的有待沟通者,只要其回归于意识之中,就会自然地融洽。从意识与意识之间观察,意识的状态会有几十亿

---

① 马杰斯:《道家哲学与欧洲哲学关于人的本性问题之比较研究》,南京大学博士论文 1999 年

种可能的。① 比如,理智仅是意识状态的一种简单存在。

279. 在意识的状态内部,凡是处于其中的,比如理念等,都是有意识的,即空间、时间、过去、未来都在我们的意识里面。此间,对许多规律的应用,既具有一般的真理性,亦是具有意识性的本身的。因此,意识里的意识,必是同为一个意识的存在,而这个存在,一定为可意识的东西,不然它就不能进入到意识之中。不可意识的,也就是意识不到的,这种意识不到的存在,乃是从未意识过的。或者说,反映者与被反映者都是一种共在,即被反映者与反映者是不能相互脱离的,否则那些被反映者就不能进入到我们的意识家族来。

280. 承接上文,模仿的应是一种同化,同化的基础仍是潜藏在意识中的共存。这就是讲,真实的存在只宜通过模仿等变成了符号,才能进入到意识的宝殿。在意识的大堂上,只分不同的程度,只有时间的先后。当然,意识为了自身的需要,也是存在了扬弃的,即完整的自己可以否定自己,自己可以保留自己,自己可以发展自己,自己可以解放自己,自己可以毁灭自己,自己可以迟滞自己,自己可以惊恐自己的那些势在可以向上的有利于自己的东西。此外,意识之中,还会有自己的反意识,还会有自己意识的真主天帝,以及自己的可以奴役的压迫的等等。

281. 在意识的海洋深处,还有许多我们未理解的东西,还有许多接近于被理解的东西,形象的多是在未理解之前形成的,到现在也有不少人未能理解。关于方圆说,或讲既方且圆的存在,人们听起来是费解

---

① 埃德尔曼:《意识的宇宙》,顾凡及译,上海科学技术出版社 2003 年版,第 148 页

的,但是它确是存在于我们意识中的东西。其与外在的无关性恰恰表明了在意识的王国,它当是有着自己的独立的存在者的,或说在意识中,它不怕矛盾,如圆者是可以方的,而在意识之外就怕矛盾了,如方者必是不能圆的。

282. 接下去,我们专谈意识。首先,意识当是进化范畴内的一个事实,在此过程中,客体在我的主体之内的映显,也就是意识。同时,意识又是环境的花朵。此外,意识在任何时候都必是被意识到了的存在,并且意识要因自己的认识、思想、精神和启发,才可连续地被意识着。其次,意识是于整合中来求得自身之完美的,在此之间,宽容也要归于意识。关于意识永远不会是空洞的,一切都是它的,比如光和影像都是与意识同在的。如是之,意识既可以追求善的圆满,也可以制造恶的让人不能有所察觉。

283. 第三,意识是在对自身的判断中走向疲惫的。由于性者,理也;理亦可通过意识,则统一所有分立的东西,就只能是要回归于人的意识,尽管有人外在地称之为上帝。故此,意识便具有了真理、永恒和神圣的意义。第四,意识又是理解的前提,根据阐释和理解都是在知性的活动范围内的意识之说,可见意识乃是具有唤醒、觉察的智力过程的,但有时它的某一部分也是不能自知的。为此,意识便应先有价值观念,再有事实展现,此后才能趋于目的。第五,意识贵在系念。由于意识无时无刻都是在灵动着的,所以意识永远地都是要呈开放状的,它的所谓的防御或封闭都是在开放之中的防御和封闭,只具有瞬间性。在事实上,后人利益难以助得前人,以我们的意识是绝对顾及不到在我们的意识之前的存在的。因此,我们的意识,只能与当下的相对应,并可传之于子孙。

284. 之后，胡赛尔讲，意识的本义是一种被意识到的存在，①也可以称，意识的一定是具有内容的，所以才是可以被意识到的。然而，意识的自作用，只有在其发生后，才能被自己意识到。

285. 显而易见，意识的也一定是意识着的，前一个意识是当下的，后一个意识既可以是当下的，也可以是未来的和过去的等等。于是，意识便可以是主动的，又可以是被动的，意识的主动性和被动性是可以同时存在的，即意识就是可意识的以及被意识的总和，被意识就是在意识的同时，又已意识到了意识的本身或者是它的前身了。

286. 关于意识的本身的被怀疑的过程，也是一种意识，在这一过程中，现象的多被淡化掉了。因此，意识既是意识的场，也是意识的主导或是意识的奴婢。同理，学习也是意识的，学习可以使意识有条理化，它可以存在于意识的感知之后，却不可以存在于意识的确定之前，这是极易理解的。

287. 有人说，灵魂是人的意识所不能意识的，其实灵魂的一旦寄寓于肉身时，它也就要和意识为同一。类似的还有图腾，它也是意识的外显，只是意识所造的象征。虽然某些所谓的客观与意识是无关的，但意识的一定要与客观有关，此是不用怀疑的。

288. 在道理上，意识的只能是合意识的，世界上的一切都是合意识的，凡合意识的即使是已存在于其自身的封闭的病态之中，则此时的意识也要合于其病态之中的意识。或说，人的所有的表现，都是要归于意识的；因为，①人只要生活在人的社会里，其意识的存在就会自然而来，②所有的人的技术的成果等等，不论其多么复杂，都是人的深刻的

---

① 胡塞尔：《逻辑研究·第二卷·第一部分》，倪梁康译，上海译文出版社 2006 年版，第 419 页

意识的部分外化。技能的成熟,虽可以挤掉意识的某些成分,但仍不会影响意识对它的全面把握。

289. 所以,意识的必须是意识的本身,这就如人们所知道的一定为他所明了的是一样的。比如,古老的意识的意乃是以识为前提的,这正是所谓的由识而致意,此间恰恰反映了意识的内在关系。当然,意识的又是有别于利益的,在意识中对于不相信者,它也可以包容,这就表达了意识的态度的宽宏。

290. 任何事物的名,无不是经意识的指定后的存在,包括镜、镜像也都是因意识而生成。由上可见,时空的是向着意识的来开放的,意识的也是向着时空来开放的。虽然,意识中的影是有着作为背景根据的形的,但意识的不真实、不实在就是由它的片面性所导致的不完全等所造成的。片面性的东西最容易在现象里面显露出来。

291. 不可否认,所有意识的都是要依一定客观现实的东西方可存在,即任何的占有意义均是当有意识的,或说意识的必是已经给予过烙印的,尽管感官的本身看似为意识之外在,其实它时刻都在意识之中。故此,只要进入意识的,意识的便会存有其意识,并可反作用之。唯独注意力的中性,能反映意识的不偏颇的原则性,这是十分的难能可贵的。关于意识的原则性也可以表现它的某些共性,即它的共性也会具有一定的原则性。

292. 这时,意识的对象,意识的本身和意识的内容都是同一的。比如,疼感的必是疼感的内容,即意识的必是意识的内容,且意识的内容当具有自我的沸腾性,此是由于意识的因子乃是时时地激励着的。还有,意识的也包括文化的所有内容。

293. 同理,意识的也是可以比较的,进而意识的也是能理解与判断的。狄尔泰讲,一个判断在做出判断者与理解该判断者那里是完全一致的。它像是通过一种运输,毫不走样地从说话者的所有物转变为理解者的所有物。① 于是,意识的在我与他之间的转移,就可理解的而言,应是一样的。我的所有物转变为理解者的所有物必是可以画等号的,这与内外在的统一是毫无二致的。某些看似的不均等只是假像,只要他者的开显与我的接纳,或我的开显与他者的接纳是在同一水平上,且是在同一份额上的共在时,意识的就我与他者的转移便必是同质同量的。比如,我的开显为 A,他者的接纳为 1/A,则转移的相等的部分就只有 1/A,反之亦是一样。这就是说,表现与被表现只有于共在中才能得到实现。上述的 1/A 就是一个共在的表现。

294. 综上可见,意识的一定是具有高度的自动化的有效性的既可以认之为真,来做意识的再加工,也可以存而不论,来作为意识的在方法论上的表现。其中,意识的表象功能应是第一的,至于它的去探索和处理问题,则是意识的更深入的东西。很显然,意识的成熟性就当表现在它的能调节和策划以及可产生智慧、谋略等方面。可是,严厉的苛酷的意识的本身的有些规矩也是能够杀人的,这些都是我们应该知道的。

295. 在此,意识的认识自己,就是要使自己再迭加到意识之中方可,而意识的认识他者,就是要给出其客观的意义。然而,对于各个层面的了解与深入的过程,又都是需要意识的主动方式来进行的。并且,对所有形象的定型效果的产生,也均是要由意识来完成的。

296. 原则上,意识还具有自动的秩序化的功能。比如,外在的痛苦便可以改变意为的某些执著的方向。此外,数学的乃是因意识的方

---

① 狄尔泰:《精神科学中历史世界的建构》,安延明译,中国人民大学出版社 2010 年版,第 189 页

可运算,即在数学中必含有意识,故意识的有时也可以用数学来表示。同样,效仿的也是进入到意识的阶梯,然后通过语文,意识才会逐渐成熟。自然,叙说的或叙说着的也一定是具有意识性的。

297. 如此一来,我们就能意识到我们所感知的任何事物,这是肯定的。但某些存在的事实,也可以不形成人们的意识,如牛奶中含有水,水中含有氢分子,在人们的意识中,氢分子似乎并不是牛奶的组成部分。还有,习惯性的是漠不关心的,在此之际的意识将会要消退一些,这就表明意识的更多地是存在于形成习惯的那个当初的时段。

298. 依前看,关于意识的自明性问题,确实存在着愈是自明的,却又不能自明的问题,且要把这些自明的东西表达出来,则是更难的。虽然,意识到就是明确地知道,或说只要是意识到,就是能联系到的等等。比如,本能的一旦被人们意识到时,它就会联系到一种目的,并伴有行为的产生。因此,在婴儿期多是由生活来决定意识,到了成人期就是要由意识来决定生活了。所以,意识的多会采取顺势而为的作法,其原则上绝不会与自然趋势相对立。于是,理论的实践的和目的的都是关于意识的反映,而亚氏、康氏、海氏所讲的也都没有跳出意识的存在的营地。

299. 回到哲学上,我们讲,所有的存在体系都是关于人的在意识中的统一。人们在表达时可以不成体系,但只要一进入意识里面,或一切只要回到意识的殿堂来,它们就必是统一的。在此统一的情况下,意识的既是意识着的,也是被意识的,这乃是意识的绝对化。因为,意识着的与被意识的应是某些统一的两面说法。故此,如果要限定某一信息仅是指向 A 的,就要防止它在非 A 的范围内的泛滥,这才是意识必须要注意的。

300. 就意识的统一性来看,只有意识为一者,才能成为一个人,这是由于意识当为统一人格的东西。在它的统一过程中,意识的转化就是由"为意识的"到"为我们的"和由"为我们的"到"为意识的"这些必然性来完成的。至于由名称→含义→对象,这乃是一个进入意识后的再现。

301. 杜威讲,詹姆士曾把意识的进程比作一条河流,而不管意识所具有的间断性,[①]这是有一定道理的。鉴于所有的当下的识,必是要以意为先的,故意识既是一个整体,也是一个顺序。所以,由意识到,至成为意识,再至意识的转入行为,以及此后的又一个意识到,即是一个意识的连续。

302. 在意识的连续中,群居者间的竞争与环境的变化会对意识的发展有贡献。因为,文化的智力的传播都是群居社会的生产物,这时意识的公共性也应是来自于那样一个群体的。比如,意识所含的认识、观念,理解、标志(表象)等,都是这样。若再向前推演,共同的意识还可以形成相同的信仰与宗教等等。

303. 可是,没有根据的抽象就会造成意识的苍白与贫乏,这是对意识的最大伤害。由之所及,意识的片面性便是意识力低下时的表现,或说低俗的意识必要与低俗的意识者有关,低俗的意识者定要与低俗的趣味有关,低俗的趣味又与受教育程度和经验有关。然而,低能者的意识将无法损害高能者的意识,崇高者的意识是自己能够意识到自己的崇高的。

304. 那么,意识的最深处会存在着什么? 我们言,它是存在着史

---

① 杜威:《经验与自然》,傅统先译,中国人民大学出版社 2011 年版,第 229 页

前的有关近于无的踪迹,在这里的意识之美,才是最有高度的美。关于意识的最高要义,应如黑格尔所言,问题不在于消灭对方,而在于争取对方的承认。① 就是这一承认,当是经过了翻天覆地后的变化的,是来之不易的。

305. 格林菲尔德讲,高级的智力行为需要有意识和下意识的加工,②而智慧的乃是意识的高级运作,知觉的是意识的初级形成,在前知觉期有下意识出现的可能。可见,知觉的智慧的都是意识的,由意识的初级阶段兼及某些灵性的迸发之进步到它的高级阶段自是一个发展的过程,这是正确的。智慧是在知觉基础上的意识的高级阶段,它的存在反过来对知觉又具有完全的指导作用。

306. 在某些背景下,由智慧所引起的流变完全是无痕无迹的,但是其意义却是无比巨大的。在意识中的智慧,它是采用了介乎同化作用和顺应作用之间的一种平衡的手段,来把其能效扩散出去的。所以,人们便要以智慧,来实现更多的智慧。

307. 由丝而线而缆,经精神至心理至意识,紧接着,我们就要上接到性质。众所周知,意识贵在分别,或说分别者惟意识;同样,能分别者亦惟性质。鉴于人的意识的分辨力正是识别外在者之性质的内在性质,没有这个内在的性质则外在的性质也就无以被察知,所以这也是内外在之统一的一种。

308. 我们说,所有的意识中的标识都是要依性质而立,尽管某些标识是以象或像的形式存在的,但这些象及像的存在,仍要以性质为依

---

① 黑格尔:《精神哲学》,杨祖陶译,人民出版社 2006 年版,第 29 页
② 格林菲尔德:《人脑之谜》,杨雄里译,上海科学技术出版社 2008 年版,第 29 页

据,否则在意识中的就难有区分了。故,胡塞尔承认,想象图像常常是无法被注意到的。① 因为,转码后的图像仍不如有关性质的其他的转码。这就表明,性质的乃是去现象后的对其内在之条理化的抽象。至此,肯定与否定的内容才宜成为相关性质的别称。

309. 意识贵在分别,然后方可记忆,而分别者决不可离开性质。其中,最容易被肤浅记忆的是现象,每一次深刻的记忆都是伴随着某一次更深刻的认识,较难的如性质、本质等的记忆则是需要多次的反复的认识才能实现。于是,外在的集于我的意识中来,是要靠性质而分别地存在于记忆里的,只有据此才可有思量产生。可见,意识的和性质的始基都是存在于人们能知晓的那些记忆里的。

310. 陈来认为,人的意识系统(心)一方面表现为具体的知觉,另一方面这些知觉的活动方向无不受内在的本性所决定和支配,这两个方面合起来才能成其为人之心。② 此是符合性质学的。在性质学中,性与心同见同明,外在的性质与内在的意识是一种共在,或说性质即心。也可以讲,它物之心即是我心,它物之心即是其所开显之性质。不难发现,凡要理解意识和性质,均当从"无中生心"开始。

311. 在源头上,人的所有的心理能力都是为了其生命的本能的存在而服务的,如情绪、模仿、记忆、理性、抽象、美感和道德等都是为了人的自身的及自我保护这些本能的性质服务的。于是,所有的性质也都是为了其本性而服务的。本性就是关于性质物的根本之性质,亦可类如有关本能的某些性质。在人的本性和其他性质之间是存在一个心理

① 胡塞尔:《逻辑研究·第二卷·第一部分》,倪梁康译,上海译文出版社 2006 年版,第 74 页
② 陈来:《宋明理学》,生活·读书·新知三联书店 2011 年版,第 76 页

的中枢的,但对于其他性质物,则无需这个中枢。当外在的进入我的内在,有时是需要我的情感的态度的关注的,否则就会视而不见,充耳不闻。此时,某一情感还可以有多性质,就像一性质物有多性质是一样的。

312. 对于人来讲,愉快或不愉快是可以随时转变的,即某些性质在其身上不具有稳定性。如此一来,人们就可以有不同的性质,若这些性质的集合群是由同一存在发出的,则这些人就是可以团结在一起的。比如,以此为背景,人们便可以通过一部宪法。然而,宪政的存在就是具有一定的物自身的性质了。

313. 李景源先生认为,人的身心是达到意会知识的工具,①这里的身心,一方面是指物质的身心,是指肉身。人的肉身只是意识的工具,就像汽车只是人的工具,而人在车里则是犹如车的大脑之意识一样。如此说,意识就是决定肉身的,人就是决定车的,性质就是决定性质物的,由于意识是存在于人的生命体内的,所以它就是决定人的自身的。另一方面,这里的身心又是表达了它的体感的含有某些心的作用。因此,凡性质的存在都是一个真实的表达,而用意会之说尚不能清晰地反映性质,尽管意会的存在也属人的性质。在这里,人的性质就是其心脑的意识,也可以说它的一切都是属于心灵的。如是之,物的实存便只可填充空间,惟有它的性质才可在人的性质即意识的牵引下,方能进入人的大脑里来。

314. 有人说,初生的婴儿的心理状态就像一张白纸一样,请问白纸的性质又是怎样来的呢? 这白纸一样的性质只能是先天寄存在人这

---

①　李景源:《史前认识研究》,湖南教育出版社 1989 年版,第 77 页

里的,白纸并不是没有白和没有纸。之后,西方人又有了"把心给你"一语,它实际上是"心—给你",相当于中文的"万岁"之类的欢呼。当我把心给你,你把性质给我,则意识就形成了。于是,我之所以认识 A,A 之所以被我所认识,皆是因为在这其中必有一共同性的存在。这个共同性的存在就是寄寓于 A 中的性质,就是这个性质又先天地或后天地已寄寓于我的大脑的意识中。此时,我的意识与 A 的性质共在。凡不处于共在之中的都不可能被意识。

315. 狄尔泰的理论是,就关于心理关联体的直观的构成而言,最关键的是结构的性质、基于既定态度的体验的结构体的性质、各种体验之间的结构关系的性质,以及各种态度之间的结构关系的性质等。①简言之,意识的构成最关键的就是性质。或说,心理的都是意识的,都是关于外在的他者的性质的内化的存在,即心理的意识就是外在者概念化的性质。也可以讲,关于心理的性质也就是意识的性质,这时的意识的性质恰是意识的对象和之自身。

316. 同样,心理的还不只是一般物的属性,它也应是生命的性质,即生命与意识是一种共在。关于心灵与身体之关系这个经典问题,就是意识与生命的关系问题。因为,身体只是生命的承载之物,而心灵的只是其意识之一。此二者定是性质与性质物的关系问题。所以,如果心灵性质或状态的类型是法则性地与物理性质或状态类型相连结,……就可以将心灵与物理性质等同的方式来加以解释,②这是十分重要的。再深入一步,则心灵与脑的关系就当是性质与性质物的关系了,

---

① 狄尔泰:《精神科学中历史世界的建构》,安延明译,中国人民大学出版社 2010 年版,第 26 页
② 罗伯特·奥迪:《剑桥哲学辞典》,台北市猫头鹰出版社 2002 年版

并且对于元素和物之外的事件的性质,也必要全部地转码为心、脑的意识。

317. 上述是讲,意识与物质大脑正如性质与性质物一样是一种天然的共在,也可以认为,意识即脑的性质,或说意识就是脑所伴生的性质,即意识是脑物质的性质无疑。比如,疼痛便是关于它的感觉和神经与脑的共在,在此没有先后的问题。这就如同金属与导电性的存在为一种共在一样,我们不能说是先有了金属才有了导电性,或说是先有了导电性才有金属的。

318. 在此基础上,我们的观察、意识和思维都是要沿着事物的性质而展开的,因为人们在现象那里,找不到任何的路径踪迹。如是之,意识的一要知觉对象,二要独立反思,三要加强认识,这些均为意识的性质。故此,人的性质的核心就是它的在人们的意识中的存在着的思想的被意识到的中坚部分。

319. 虽然,意识的内在变化很少被反映出来,但是人的根本性质是意识,由人所发出的行为都要服从于意识,而人的外像则与意识无关。此间,意图的也是属于人的性质,于是意志、意图都要归于意识;在这里,人的最关键的存在就是他具有意识。由于意识既是先天、后天的中枢,又是思想和行为的司令部,所以前述者应是对的。这正好说明了人的因为具有了意识,他才得以成为了人的。

320. 从发展的角度看,人的性质之一,就是其有思维能力,而所有的思维又都是要先求分别的,且所有的分别亦都是由性质来铸成的。可见,集而别之,方可思之。集乃以心聚外,别乃识之性质,思有量之排序的意味。这样一来,凡思维者,皆能做推量分别之想,故之所及者必属性质,而这正是"分别即推量思维之意"的阐释。还有,思维的也是达于性质的手段,同时思维的本身也是通往形而上的路线。在这条路线上的思维之性质,必是会通过联系、集结和综合的方式来架构起一座雄伟的通往更高层次上的性质大厦。

321. 固然,性质物的性质应用又是要通过我们人的思想的力量方可来作用于性质物的,此时思想的就是要规定性质的引线,范畴的只是划就存在的界限。过去,赫拉克利特曾认定,逻各斯的定是"思想"性质的东西。因此,偏离性质的思考就会进入歧途,而依着性质才可以有系统的思想。性质不是物。

322. 可是,物质的又是如何地变成思想的呢?就是外在的是如何成为内在的呢?其间最主要的是由性质的语言来完成的,因为性质的已被语言深入到物的内在之中去了,然它又可以返回到我们的脑的意识的内在里面来。尽管在概括、抽象的观念中,会有许多的性质被舍掉了。比如,意识偏好于外在,始有现象而成意象,人只有在深刻思想时,才会去现象,去其他非主要性质,只有把思想和性质连结在一起,才会进入到物自身的内部,虽说此时的意识能感觉到很疲惫。

323. 原则上,我们的设想只是我们认为的而已,设想总是和现象与性质所供给的纠缠在一起,设想出来的就是意见。人们在采纳意见时,多不去理会现象。其实,幻想的也是与性质有关。自然,意识的想象和联想的作用,均会使意识能意识到它的本身,而这个关于意识到意识者的存在,恰是意识的最主要的性质之一。

324. 总之,人们应是先有思辨的性质,然后才可进行思辨的,这就是只有相关的性质,才能决定其相关的行为的理论。倘若有性质改变了,也会改变人的思想,这是对的;但思想着的永远是在生命之本性统辖下的范围之内的存在。

325. 接着,我们还当知道,思想的深入是必须要借助于某些工具的,如数理化手段或逻辑的、实践的、运用规律的和性质的等等,否则其思想便只能在表面上做文章,或是思想不出美妙的头绪来。在本初,人类最早的工具是棍棒和石块。李景源先生讲,对物体特性的熟悉是复杂的工具运用的基本组成部分,如果再把这种特性变成一种达到一个目的的工具,那么这种工具行为就可以看作是一种智慧行为。① 可见,智慧是从熟悉开始的,而智慧的实指就是具有目的性和为实现目的性而采取的高明手段或使用了奇妙的工具。熟悉是从注意和审视或审查开始的,之后就有了尝试和探索性行为。所以,智慧来源于熟悉,熟悉来源于注意,注意来源于尝试。在注意之中除了一定的审视、审查、辨别外,还有观察、思量等。

326. 黑格尔认为,自身一词用于各种自然事物或精神事物时,指的无非是这些事物本身所固有的性质。② 李申讲,在西方哲学中,精神是可以离开物质独立自存的。但中国哲学中,精神则不能离开物质(气)独立自存,而物质(气)本身就是具有精神的。③ 于是,中哲的性质与性质物的共在即为一个真理,西哲的性质可以独在应是一个短时的谬误。因为,中哲视精神不能离开物质,即性质不能离开性质物是对的,然西哲认为精神可以离开物质而独立存在,即性质可以离开当下的性质物,这是不可能的。

327. 此时,关于精神的根本指向即为意识,意识的本身就是人的性质,这是对的。由于意识的充斥,则一切的外在又都是人化的存在,

① 李景源:《史前认识研究》,湖南教育出版社 1989 年版,第 34 页
② 姜丕之:《黑格尔〈小逻辑〉浅释》,上海人民出版社 1981 年版,第 290 页
③ 李申:《儒教简史》,广西师范大学出版社 2013 年版,第 115 页

且人的性质主要是表现在精神的意识上面的,也是正确的。至此,人性、人格、人的自由、精神等都是关于人的意识的性质的不同写照。

328. 同理,精神的意识的又是人的物质之性质的活化。当然,这种活化是以生命的存在为前提的。推而广之,真实的精神,比如客观精神,用该精神的超意识的在巅峰处来看人和物,就是能将之均精神化的,这也是可归于性质的一条路线。

329. 关于物质性和精神性的关系,就是事物的性质和人的性质之间的关系。在此,精神的意识可以捕捉他者的性质,但其本身的组织则是我们的意识难以确定的。然而,可以说意识当是寄寓在某一组织之上的。这些,都是可在有的范围内的理解,若将意识精神放在无的范畴里去,则其也会有自己的相关组织,只是人们不能知道而已。

330. 稍一思量,就会发现,精神的应是具有多重性质的。比如,理性虽是关于理念的表达,但其仍为精神的性质。一般来看,精神只是存在于精神物中的,是精神物的性质的自我意识,精神的存在与僵死的物无关。较为特殊的是,精神或意识,只有在意识物中才可反映时间,否则时间是不存在于精神或意识之中的。意识物反映时间是它的一种机能,而精神或意识的存在则不能说是意识物的机能,应说是意识物的性质,尽管某物之机能也是其性质的存在之一。

331. 肖谊先生讲,……小说的元虚构性质主要是指小说本身强烈的自我意识,①此即性质就是意识,相当于 S 是 P 的思想。可见,自我及自我意识不过为人的性质耳,所有的性质都反映着其所存在的目的。

332. 很显然,现象是外在的,内在的只有性质和意识。在内外之

①　肖谊:《论弗拉基米尔·纳博科夫美国小说的元虚构性质》,华东师范大学博士论文 2006 年

间,我们是通过视觉、感觉等来完成联系的。此时,内在的意识经视觉
等和外在都是相互敞开的。故此,对象的初步的进入自我,只是现象的
进入了自我,并不是对象的内在已经进入了自我,对象的内在的东西进
入自我还要经过理解的认识等很长一段时间。对象的内在的进入自我
是要通过性质的管道才可进入的,这期间的自我还可以进行到思维思
考的层面上去。

333. 说得准确一点,人的生存活动如果没有观念形态赋予其性
质,人的生存活动便是无法进行的,①这是一条真理。可见,人的意识
和它的万千鲜活的能动性乃是其生存的前提。在这样的时候,若没有
人的观念,也就没有物的性质。首先,第一批观念的出现应是人造的。
之后,在人与物之间便会形成相互的粘贴。于是,人的诸多意识乃成,
物的性质观念乃成,人与物的性质乃成。从此,性质的互易就可以改变
人的生活。

334. 我们应该承认,意识的存在即是人的活着的灵魂,而死后的
灵魂应是人的转变为僵尸之物时的性质。因此,灵魂的一方面为意识,
一方面它仍属性质,这只是相对于人的分说。沿着前面的思想,若欲解
决灵魂与肉身的矛盾,就只能通过性质哲学来完成,这是由于物的性质
就等同于人的精神意识,二者是相合为一的。

335. 所以,万物有灵就是确定无疑的。这一说法乃是人以灵来联
系万物的。然而,现在的我们却是以性质来联系万物的。灵的概念较
为神秘和深窄,性质的则为普遍和宽泛。有学者讲,灵魂……由于它本
身就是共相,所以它具有抽象的统一形态。此处的灵魂完全没有我国

---

① 张广森:《本体论语境中人的本性审视》,吉林大学博士论文 2005 年

古代社会所说的鬼怪之魂魄的内容。在那个时代,它仅为性质的集成,或言就是理性的总代表,因为理性的又是灵魂的主要特征。我们继续探讨,则关于意识的性质就是思想,也就是它的目的性,如上又均是关于人的灵魂的主宰者。只有这样,灵魂的东西才可回归于当下。

336. 如此一来,意识的就是人的作为主体的意识,由于人的具有感性和理性这两种性质,即意识本身也就含有感性意识和理性意识。一旦理性意识转化为意志,它便会具有立法的作用。可见,意志的应是意识的高度的集中。

337. 自然,意志的本身也会含有多种性质,如善良等等。这时,人的有某种性质,就会产生有某种意志,如某人具有嗜好战争的性质,则他就会具有关于进行战争的意志。于是,意志的存在和它的力量的显现,就是属于人的一个性质的内在和外在的统一。

338. 进而,性质的导线就必然要与意志相联系。比如,由敬重的意志发展到爱的意志,在这个过程中的存在就一定是友谊的增强与维持。故,在一个意志和另一个意志的中间,仍会衔接有某种东西,此反映在性质上,或说在两个性质之间,应该还是有着某些存在的。这就是说,某些存在不一定就是直对着一个内在的原因的,它或许是只对应着由一个原因向另一原因过渡的某种程序里的,即由原因可以导出存在,而在过程中也可以挟持存在。因此,它就可以解释许多的存在尚未具有原因的原因了,尽管其所对应的过程也可以称之为原因。

339. 我们讲,植物、动物和人都有"意识",万物都有意识,只是有些物的意识我们称之为性质,才更妥当。只有人的意识才能撩动其他物的性质。对于无限的空间来讲,人与物是一体的,所以才可笼统地说,万物皆有性质,但若细化起来,我们就言人的性质也即是他的意识。

于是,性质与意识既相等又相同。此刻,性质就是意识,而意识也就是人的性质,或说人的性质也就是其意识。结果就是,人之有意识和物之有性质,二者应为同一个理,即与理学中的一个理的两个方面又是统一的是一样的。

340. 如是之,理解了意识就是理解了性质,反之亦然。比如,性质的可以说是一种机能,意识的也可以说是一种机能,但在通常情况下,言意识为机能时,又是要由性质来代转的,这是由于意识只是人的性质,而不能是他物的如机器的性质,且他物的如机器的性质又不可能是人的意识,然无论如何,它们又都是要归于性质。

341. 故此,意识就必要和性质联合,且只有在这种联合中,它才能完成外在的进入意识,以及意识的为了目的而反衍为外在的等。这里边也含有了意识与性质,意识物与性质物的看似的某些类如灵动的区别,此是不言而喻的。意识物就是人,意识物也被包含在性质物中。

342. 在源头上,性质和意识都是相互地嵌合着在一起的,只是后来才被分割开。薛定谔讲,起初闯入意识领域的只是那些变化或"差异"。① 而如此的差异,恰恰就是性质的反映。即,在意识中不存在两个同样的一,不存在两个同样的有或无,这正是意识与性质的共同特点。

343. 还有,性质的存在必须是反映在有意识的状态下的,并且凡被意识到的只能是归于性质。意识间具有相互依赖性。同时,意识的又都是关系的、内容的、性质的,包括现象的等等,它最后一定要去除现象的材料,只以性质的为骨干。虽说意识的常会使人模糊性质而转为

---

① 薛定谔:《生命是什么》,罗来欧译,湖南科学技术出版社 2003 年版,第 94 页

现象,然这是由意识的错觉所产生的。鉴于得到现象是容易的,得到性质是辛苦的,故弃辛苦而寻容易的做法,首先是属于意识的。

344. 但是,只要有清醒的意识,它就终能在实践中发现性质,且还可洞察出性质的有关规律。这样一来,由认识经性质到意识就有了一个美好的联结。当然,也可以说对外在物的性质的得出和其转化为内在的性质,又应是意识的做功的结果。

345. 连接上文,则关于性质的知觉就是一种被意识,或说关于意识的性质也是含有感识的,即意识的通过知觉的认识,又加强了自己的意识,这也是意识的一个性质。

346. 关于对性质的感觉又可以是被体验的,被体验的一定是意识的,性质是经由体验的桥梁才与意识共在的,以致最后再也无需体验了。体验的感觉主要是感觉存在的性质或它们的强度。感觉亦属意识。意识中的体验的只能都是性质与关系,如性质的既是关于质料的可感觉的,亦是对象的内在的又是外在的等等。

347. 归根到底,人的性质就是其意识,意识与事物的性质是同类项,于是人的意识与事物的性质就可以自然地合并在一起。至此,意识必是人的一种性质,是人的一种内禀的性质。所以,人的性质和意识在发生学的里面定是紧密地关涉为一的。

348. 非常易见,意识的只是人的性质,不是所有存在的性质。人的意识就是知,物的性质就是理,理可被知,知中有理,知理同体。在人的意识中,是可以容纳不同物的甚至是相互对抗的性质。因此,人的意识和他物的性质就是要相通相容的,否则人的意识就只能局限于现象,便不会有所发展和光大。

349. 意识即性质,尽管这里的性质多是含在经验之中的,然而就人的能形成经验而言,这也应是人的性质所决定的。同样,认识也是意识,意识为属人的性质,故认识也是人的性质,此种性质乃是一种能力。比如,意识的向外的认知当是趋向他者的性质的。人在一定的年龄内,意识的只是接受性的向内的存在,其似小时候的认字。但年龄稍长,他便具有向外的发问了,等等。

350. 通过研究,我们知道,性质间的差异也应是有系统的,世界之所以让万事万物以不同的性质出现,其目的就是为了便于我们人类的认识,否则我们就无从谈起有任何的意识,故性质即是成就意识的天然的东西。有人讲,意识并不是实有的一个独立的境界,而是自然界达到了最自由和最主动的境界时存在所具有的明显的性质。可见,意识乃是人的一种天赋的最自由、最主动和最明显的性质。

351. 在这里,世界的一切都要归于人的意识,而归于意识的又都是性质,性质的就是差别,物的性质一经转码,就会成为我们的意识,意识的就是实在的予我,否则便不能进入到意识中来。然而,在意识中留给我们的又都是较迟钝的东西,因为最精要的通神的往往会一闪而过,这一闪而过的便是不为我们所能知的。为我们所知的长时间存有的就没有了稀奇隐秘的意义。如此,似是正确的。

352. 再有,极关键的就是关于意识的异化问题,只有意识的异化了,才是人类的真正的异化,它必是加进了某些否定性的元素,或是 A 性质的被 B 性质的楔入后的结果。此时,若人们领会了这样的性质,则人们的意识也就标志着是发展到高级阶段了。

353. 其实,人的行为看似是意识的直接表现,但在它的底部确都是其性质的反映。因为,意识的内容乃是由性质来锁定的概念,意识的机能只可产生人的外在的行为,却不能指挥人的生命。或说,人的只有意识才可施于事,然这种意识又是要属于人的本能之性质,即人为的使性质的转变是人的意识的作用,可这种作用又是要受制于人的根本性质的。此外,一切人文的存在也都是关于人的意识的,而这些存在的意识便也都是属于人的某一性质。

354. 当然,在性质中,还包括品德、素质等。同理,这些仍是人的意识的反映,故意识与性质不可分。尽管如此,内观它们还是有不同的讲法的。比如,物的事理的都是性质的,惟独人的性质的是称为意识的。人的意识还具有无限的多重性和反向的自知性,但物的性质则没有我们能意识到的可自知的本领。

355. 对于人而言,美的存在是之意识的表现,属于他的性质,其与外物紧密相关。至于这一类似的特征的产生,仍是其某种性质的直显,即它应是由我的意识所赋予的。因此,全部的性质的存在都要依赖于意识。同样,关于梦的实现当是某种欲望的已得到了满足,此时梦是属于意识的,具有基源性的东西。可见,人的本性也是要寄存一部分在意识中的。所以,就此看,人的存在实是为满足欲望的机器。

356. 于是,任何的影响的痕迹对于人的力量,必要成为意识,对于物来讲,必要形成某一性质。影响的多是场的作用。在场中,事物与事物之间的无形的勾连,就代表了它们的隔空的关系。关系的存在是人的发现,在性质物间的关系是具有天然的相依性的。人的发现的关系是以意识为中介的,不然在性质物之间是看不到的,它们是无影像的。比如,时间和空间的关系就是这样。

357. 为举出要义,我们说,物质与性质是相互伴生的,人的生命是与其意识相互伴生的,物的只有通过性质,才能和人的意识发生关系,在人们的认识范畴里,它不与物的质料发生关系,因为质料是无法表达的,即与意识是难以发生联系的,或说它是不能进入意识的。关于人,他的性质还可以反映为意识与之生命的关系,此间的缘由在于意识的本身也是性质。

358. 属文到此,就应明白,人的意识这种功能性质,当是随着生命的生长发育的过程而不断成熟的,即意识的产生也不是一蹴而就的。而且,意识的系统又都是为了生命之生存的,我们正是通过意识才看到了物的性质,只是物的性质没有我们的意识的反映具有鲜活性而已。但是,性质物的性质存在与脑物质的意识存在又是一样的,所以我们表达的意识,也正是在表达着物的性质,意识对人和性质对物均具有一一的对应性。

359. 在发生学里面,生命是在选择中完成的,故意识也是在选择中完成的,人的性质也是在选择中完成的。其过程就是,感受的、语言的、生命的、意识的相互转码,就会有相互的表现与适应,如痛苦的经过意识可以在肢体上有所反映,进而在语言上有所表达,而这些都为生命的性质。一切的只要融入于生命,慢慢地就都在可理解的范围之内了。因此,意识的就是伴随着人的生命的一种性质。

360. 罗伯特·兰札讲,我们还不知道意识是如何出现的? 意识是如何开始的? 意识是怎样能够产生的?① 我们说,由于性质与性质物共在,则意识必与生命的意识体是共在的,即意识是随着生命的出现,由先天带来的,但它又是被后天激活的。所以,意识的合目的性就是它的要顺从于生命的性质。当然,意识与生命的又都是要互为目的的;这是由于,人在生命中若没有了意识,人也就不存在了。

----

① 罗伯特·兰札:《生物中心主义》,朱子文译,重庆出版社 2012 年版,第 147 页

361. 于是,研究意识,①必须要研究生命的起初,②必须要研究性质物之性质。只有二者结合在一起,意识问题才可迎刃而解。因为,①是解决共生物问题的,②是解决内在问题的。只有研究好了意识,才会形成一切存在合法性的基础。在这里,意识和性质便具有了天然的合法的与合客观性。

362. 故此,如果要建立关于意识的科学理论,就必须有一个合理的哲学主场作为出发点。① 我们言,其只能以性质研究为始。此时,关于意识的科学理论应该有它自己的基本原理作为整个意识大厦的支柱,这些原理不仅要在主观世界和客观世界之间架起一座桥梁,还要具有相对独立性,即它们不能够被物理学的基本原理所完全指导。② 同理,它就必须要归到性质物与性质的相关原理上来。如是之,相对应的就只能是性质,符号的更多是语言,此两方面的衔接,正是打开意识之门的锁钥。

363. 我们言,意识是人的性质,而人的所意识的又是所有物的性质。杜威讲,意识一词……一方面,它是用来指明某些直接明显的性质,感觉的事物所具有的性质。这些性质,从心理学的观点看来,平常被称为感触。这些直接的性质实际上乃是自然过程的终结或结束,而这些直接性质的总和便构成了所谓意识。……在另一方面,意识是用来指实际所知觉的意义而言,指对于对象的觉察而言,它是十分清醒

---

① 李喜先:《21 世纪 100 个交叉科学难题》,科学出版社 2005 年版,第 591 页

② 李喜先:《21 世纪 100 个交叉科学难题》,科学出版社 2005 年版,第 592 页

的、机灵的而且是注意到目前的、过去的、未来的事情的意识的。[①] 他又说,在精神物理的水平上,意识系指现实的直接在性质上的各种差别的总和而言。而同时在心灵的水平上,意识系指对于意义现实的领会而言,即指观念而言。……意识在一个具有语言的动物中系指对于意义的觉察或知觉而言。意识是从实际的事情,无论是过去的、现在的或未来的事情的意义之中去认识这些事情,意识即具有实际的观念。此间的深意为,意识乃是物质的最高性质。

364. 在这最高性质之间,意识的既是我的意识,也是他物的进入我中,于是我掌握了他物的某些知识,然而这对了解他物只是做了一半的工作。后一半的工作就是要我进入到他物,在设身处地的环境里来了解他物,这样才能真正地从内部看到事物的本质。关于这后一半的工作将成为我们研究意识的新形态。我不进入他物,只让他物的概念现象进入我的内部,虽有意识,但终究不大。

365. 他物进入我中,我们所接收到的都是一种刺激,进而转变为一种意识,至于形成某一刺激的原因,则它应是先在于这一意识的人们曾去展开的相关刺激和其所形成的新的意识之积累。意识就是在这种不断的叠加过程中,才完成了它的对事物的更深刻的,或说是向着本质的方向而去的认识。关于意识的不断叠加的思想就是人类不断地深入认识的同一语。关于意识的不断叠加理论十分重要。通过这个理论,人们就能由表及里地发现问题。因此,人们谈问题,也要有一个由表及里的过程才好,不能不顾及过程,一下子就谈到很深的东西上去,让人

---

① 杜威:《经验与自然》,傅统先译,中国人民大学出版社 2011 年版,第219 页

们不能理解。

366. 同样,人们可以见到天上的星星,但听不到它们的言语,至多只能闻到半空的雷声,而嗅觉就是需要更近一些了,触觉则要摸到它,味觉只有让物来到人的口中。所以,从五官来讲,它是需要由远到近统统地摄取外在而进入到意识时方可。因此,五官的是有着尺度上的或是距离上的各自的不同功能的,这是其一。其二,就是意识还具有舍之又舍而趋于本质的先在性。比如,视觉是依光的,光在黑暗中,可以独立地进入意识;但光若与其他的外物共在时,则光不进入意识,而只有那个外物的所现的象即现象进入到大脑中来。于是,外物的表面的东西就进入了我们的意识,意识就把光这个产生外物现象的又不属于外物的存在给抛掉了。接下来,当这个现象被我们的意识转码为观念时,如山的观念它又要去掉了山的颜色或者植被等;再向后,人们在山里发现了金矿,则山的相貌又要被去掉了,若研究黄金的导电性,则关于黄金的其他特型,也要被去掉了。于是,意识就这样一直地对应着以舍的方式走向本质的里面来。这些反映在基因遗传学上是最明显的。以上是个历史性的发现。

367. 关于意识,它既是感觉的、事物的对象的,又是思想的精神的,其最高点应与先天的联系在一起,其最低点是现象,其最深处就是要反映真理所寄寓的本质。首先,意识要让它自己与感官和对象这三点联成一线,从对象向着内在的方面看,就能发现精神;从意识向着外在的方面看,就能发现事物的本质。如此一来,从对象→感官→意识→精神和意识→感官→对象→本质中就可以看到,精神是在我的意识的极高的层面,而本质则是在于物的对象的最深之处。

368. 其次,意识的又是不能直观到本质的,即直观的不可能抵达本质,意识的应是在反思、抽象和可证实的活动中才可掘出本质的。或说,本质是要在实践的基础上的经过否定现象,才可以获得导向自己的性质的光线的。还可以讲,仅靠思想也是不成的。但是,思想又具有去表面性,它的最大意义就是既要帮助可深入到物的内在中的行为来找出物的本质,又要把本质表示出来。这样的话,由其所涵浸的人的心识便一定希望知道,①本质,②探求本质的过程,③关于本质的记忆,等等。

369. 鉴于人的意识皆由之性质出,则意识的趋于本质的理路也就是自明的了。根据意识、自我意识、理性、精神到宗教所反映的本质,应是从意识到的物的元素而指向宗教的即神的过程,如果物的元素是有,神在现实中是无形的话,则人们的认识的上升通道就是由有到无的。其间过程的载体是由人的自我来完成。在东方有人把宗教的本质的神又反过来指向肉身或某一偶像之物,这便是从无到有的一个反映。即使是西方的宗教的指向为上帝,也仍是一个有的象征。故,人的意识都是在有无之间来摆动和循环的。

370. 然而,自我的本质又是关于思想的生命,即意识是需要生命的感觉的。在自我之中,其精神的所有存在都是意识,人的生命的本质之性当是意识,意识的存在就是世界,世界的一切都是意识。如此,已是极深刻的了。

371. 过去,意识习惯于用感性的经验去求真,但总是进行不下去。这就是说,通过现象的确是难以达到本质的。此为方法问题。求本质是意识的任务,但不可以经由现象来完成。任何事物的本质都不能存在于它的外面,可在形成某物时却是需要某种外在的力量的。由是观之,感性现象即使是客观现象,它也不是本质所能固有的。

372. 很显见，意识只有摆脱现象，才能求真到本质，这便是精神科学的要义，一旦求真到本质，就会得到绝对的知识。可是，意识往往要依赖概念来进行思想运转，但由此过程仍不能认识到概念的根本，或说概念之概念的内容。于是，这就是通过现象的概念难以发现本质的原因之一。所以，意识乃是被现象的概念挡住了视线。由于心与物，语言与实在都可归于意识，我们在通过意识与被意识的勘察后发现，现象只是一个起遮蔽作用的界面，而本质则在物自身中。因此，只有去现象，深入物的内部，本质方可以被我们无碍地得出。

373. 在原理上，意识具有其自身的提高作用，它所反映的只与自己的意图即目的相统一，意识者的意识并不是直接地在于展露它的本质，而是通过生命把其本质隐匿起来。因此，类似的无生命的现象，若从生命的线路上去看，它们均是离意识的本质的距离还是很远的呢！于是，意识的要通过外在的行为来实现其目的，然目的性的存在仍不是属于它的本质的东西。

374. 进一步讲，我们所求的本质就绝不会存在于意识的表现中，就绝不会通过意识的目的而表现出来，即本质与外在无关。比如，逻辑并非意识的本质，意识的产生也无需逻辑，意识的应是人的生命本性，逻辑则不是人的生命本性。且自然这种外在当是人的意识的对应，关于它也不需要有严格的逻辑。

375. 再者，由于我们的感官不同，意识在观察事物时，也会得出不同的性质，然而我们还具有反思、归纳的能力，反思与归纳又可以把不同的性质都聚拢到那个共同的本质里来。同理，思只有思性质才有意义，而本质的存在恰是思性质的结果。思的本身只是人的思，只是人的生命的表现。在客观上，对于本质的思或许是存在着某种不顺畅的情况,但是并不能因此就要否认本质的存在。思不到的存在或被歪曲的思均与本质的存在毫无关系。因为,思不到的存在并不意味着就是不存在的,最可怕的就是被歪曲的思。

376. 当然,思、想又是多变的,即它也不是心灵的本质,因为本质的东西是不宜多变的。如是之,就要以定义或说是用词语、符号及抽象的意义等来对本质进行陈述。虽然,观念会由物象出,由性质出,由内在的结构出,由本质出,但惟独理念是能牵引或推动思维的东西,所以才有由性质能导出本质的学说来到这个世间。

377. 海德格尔讲,精神的每一种本质形态都具有模糊性。① 我们说,这种模糊是尚未精确的表现。因为,全部精神事件的本质特征皆在于意识,而意识自身则是与对象的一种关系。同样,真和假、本质和原因在一定意义上,也都是可以反映为思想认识之中的相关属性的,即寻求本质,也是人的一个重要性质。为此,人们若常以心灵和精神视为本原,这在某种起因的层面里看似是可以的,然终不能在更精细的程度方面来言说它们就是本质。

378. 可以推想,意识(性质)一定会受到意识(性质)物的本质前的存在,即通过其先天所赋予的能力等来操控的。一时当意识能洞悉了意识者的本质时,它也便成就了意识的本身。

379. 综合之,人类总是以我—以我的生命为轴来展开对外在的观、认识、意识,直到认识本质等。其间,有人认为,真理的乃是以本质为尺度的存在,然而在未得到本质之前,言这种真理又是不存在的。

380. 历史上,康德的知性、理性和纯粹理性说,都未能言及深入到

---

① 海德格尔:《形而上学导论》,熊伟译,商务印书馆 1996 年版,第 11 页

性质中来的话题,尽管其繁冗有理,但对认识本质还是偏离了方向。也可以说,按着他的思路,或许根本就得不出本质来。之后,在叔本华看来,意识或主观性就是存在的本质。[①] 由此观之,叔本华亦不懂本质。因为,意识是性质,性质尚不属本质。可见,意识的观察只是想知道本质。此时的意识它还要借助于理性,所以想寻找本质的意识就需和理性联结在一起。

381. 我们讲,本质既不在对象的现象里,也不在我们的意识中,只能在物自身的内部;而求索本质乃是意识必须要通过性质的路线才可寻得。并且,对于独立物的本质只宜由意识来去除其与他物的交集化的存在,方能在绝对差别的基础上胜出。

382. 细细地表达起来,用概念的思维来打断用表象的现象的外形化的思维,应是第一步;第二步,是用性质来思维;第三步,是以性质的思维为杆,以规律为线,以逻辑为钓饵,就可把本质来钓出了。由于相同的元素有相同的性质,此时元素的性质的终极的寄寓者,就当是它的本质;而心灵的应是意识,其本质必是关于它的性质的终极的寄寓者,任何人都知道,这一定是指向大脑的。

383. 在前面的基础上,根据意识的物质性存在,我们就可以说之是意质。于是,它便为意识与大脑的物的结合。所以,意质乃是一个新词。因此,人是什么呢? 由于人的本性是意识,意识的终极的带有物的存在是意质,即意识与其质的结合,这就解决了人是什么的千古难题。当然,意质与意志又是不同的。

384. 从发展的经历看,意识与五官之间,最早时的应是一种简单

---

① 阿伦特:《精神生活》,姜志辉译,江苏教育出版社 2006 年版,第 26 页

的对应,然后积累经验并通过经验来获得具有分别差异的性质观念,进而得到某些规律,以致能上升到认识事物的本质,这乃是意识的精进的阶梯的过程。也可以说,意识的初级是形式,稍后是物质的基质之感,最后才会涉及性质和本质。

385. 故,意识在认识本质的时候,一要依于经验,二要依于理性,脱离了这二者,本质就不能明见给我们。因为,经验的深入能确定性质,理性的是可以寻到关于性质的规律的指向本质的引信。

386. 同时,由于意识的也是关于性质和为了阐述性质或本质而存在的观念,所以我们必须要为之进行特别的叙说。比如,精神从意识中迸发出来后,它一旦统治了躯体,意识的存在就要躲到它的背面,倘若人的躯体长久地被精神统治,就会成为精神的躯体,而这是不正常的。人的存在必须要回归于温润的意识,才是正常的。意识的实在性是理性的,精神的存在只有回归于意识之内的实在性中来,才是理性的,即精神的存在可分为理性的精神和非理性的精神之两种。意识受理性的规范是向着求本质的方面而进行的,但由意识迸发出来的精神,有时可以不受理性束缚,因此它与求本质的路就不会统一到一起来,这便是精神的悲哀。可见,意识是需要真理的本质的和性质来定格的,是需要某一外在的来做边界的。但是,想象的性质终不能进入本质。

387. 还有,意识的通过"名"而知其所指,通过现象而知其相状,通过实践等手段而能打开内外在的关口,然后再经过内在的性质的求证而走向本质,此时期的意识就应是人们所讲的开悟的阶段。

388. 黑格尔认为,概念、思维就是事物的本质。可是,我们知道,概念、思维的仅是人的意识,通过类比的方法,它只是相当于物的性质的东西。非常易见,黑氏的观点似已前进到了性质的层面,其仍未能认识到本质。关于思维而言,人们应通过现象思维,进入到性质思维,再进入到本质思维,才是一条正确的可深入的思维之路。

389. 在实践中,人们可由劳动是外在的而想到许多问题,①非生命的物质的性质是内敛的,但仍可表现出来;②动物的植物的有生命的性质应是多显外在的灵动的方面,如动物的运动和植物的生长等;③人的这种生命物的性质是以意识为载体的,由于意识中具有无限性,由它所反映的性质也就具有了无限性。根据意识的主要表现为人的劳动等外在事件看,这些外在都是关于性质的表达。如说导电性是金属的一个性质的表达和说劳动等是人的关于意识这种性质的表达是一样的,只不过金属作为非生命物谈起它的性质来较方便,而对于人这个有生命的存在来讲,表达起来要麻烦一些罢了。因为,要表达人的这个有生命的物,必要归于那些可辖制人的生命的大部分的直接存在,即意识中来,而意识的又是人的性质,但是只讲意识,或说此性质又是不能使人清楚清晰的。这样,意识的就成了关于它自己的性质的说明了。人的所有的外在的一瞥一动都是意识的,因而也就都是人的性质的。人的性质与其外观所表现的是有关联的,它不像金属的导电性与之外形的是园是方无关,即金属的外在形态与它的本质应是无关的,然而人的生命本质与他的外在又是有关的。④由上可见,A.人的外在的有意识的活动并不是人的如五官一样的现象,而是人所表达的性质,是性质的反映,也就是人的性质的外在的灵动。B.在性质之中仍有性质。C.非人的生命物的性质的表达也就是它们的外在的灵动性,一旦生命物的生命终止了,此时的物就要归于非生命的物中去了,于是它们的性质便会内敛起来。故活物和死物的区别点便是从性质的外在和内敛两个方面而得出。再如,人的做好事是表明其具有善的性质,或说是善的性质的表现;动物的能够被家养是表明它具有可驯良的性质,或说这是动物的具有可驯良的性质的表现;植物的叶绿的表现是说明它的具有光合的性质,或说植物的光合的性质就是由叶绿来表现的。如是之,我们就从根本上解决了依附于物的界面上的现象和物的展开着的行为是截然不同的问题。因为,后者是具有生命物的性质,而前者只是物的表象或纯粹的现象。所以,这就再次证明了只有性质才可通达于本质。同时,也说明了生命性的存在都是体现着展开的性质的,人的多种外在的行为都是表现其性质的,而不是现象的,这些是一重要发现。

390. 关于本质为性质的出发点,这一理念的形成,乃是因为意识中的思维主要是通过以思以量的方法来达到起分别的目的;而起分别的依据就只能是沿着性质的所指的顺序展开,所以在意识中,无性质就无思维,且以思以维的终极也正是要归于性质的出发点,否则思维便没有意义。于是,凡为意识的就必为性质的,此一定无疑。当然,性质的出发点或归宿处或寄寓者,也恰是本质,此亦无疑。

391. 皮亚杰曾认为,语言功能的出现,标志着婴儿期的结束。① 可见,语言的出现,就标志着人之内生的即意识的业已形成。在语言的初级阶段,婴儿的语言能力只是单向的,还不具有逻辑性,或称是还不具有可逆性和传递性。稍后,人的由形象到抽象的思维,便是显示了意识的一种加工的功能,此时在语言的概念上,就具有了可逆性。只有具有了可逆性的存在,人们才会寻到性质的泉头而达本质,并可进入到先天的存在之中。这样的话,对意识中性质的分析就定是要得出本质的,而得出本质的方法只有依赖于性质的存在的溯源而去方可。

---

① 皮亚杰:《儿童心理学》,吴福元译,商务印书馆 1986 年版,第 iv 页

392. 性质学表明,所有性质物的性质都是要由我们人的意识来筛选后而给予说明的。此时只要我们人类的意识对其进行类别程序上的框定,则性质的指向就必是本质。第一,意识所能知者,一定会进步到先认识性质,再认识本质;第二,凡是关于性质的意识,都要必然地再携性质向着本质而去,这些就决定了意识→性质→本质的向前之路。

393. 因此,意识通过性质的管道来认识本质,就等于用性质而进入到了本质的堡垒之中了,于是本质就必要被开显出来。不然的话,在现象中打圈圈,是找不出探索本质的任何路径的。

394. 孙鼎国先生讲,马克思主张从物质生产活动中揭示人的本质,这就要全面而深入地分析物质生产活动的性质。一是从分析人的物质生产活动本身的性质入手揭示人的类本质;二是从人的物质生产活动的社会性质—物质生产方式出发揭示人的社会本质;三是从人的物质生产劳动的个人性质入手揭示人的个人本质。[①] 综合以上,人们就可以发现,凡是要揭示本质,就必须从性质入手,即依着性质便可以导出本质来。这是极为重要的。

395. 在性而上之三中,我们已指出所有的认识,都是要先明白性质的,并经性质的一脉,即完成了由性质—向上推演的路线。同理,在本章的文字中,我们又指出了人是凭性质来进行精神的心理的和意识活动的,并经由性质的高扬,从而也顺利地完成了由性质—向上的推演。这标志着性质学的构建已相当成熟,进而为性质界的能绽放出本质,便打好了全面的基础。

---

① 孙鼎国:《世界人学史》第四卷,河北人民出版社 2003 年版,第 298 页

第三篇　本质界

本质界的存在相当隐秘。

惟有逆着性质溯源，

方可找到那性质物的最深处的本质。

本质再向前越一线，

就要到达先天域；

它的向我们走来，

便是当下的世界。

第九章　性而上——上学(之一)

1. 性而上——上学,就是由性质而上——向着"上学"来进行连接的,在这一过程中,它已涉及"上学"的边界,同时也是对性质的自身的表达的已趋于最高程度上的圆满了;其所有的话题均体现了由性质到本质的对应关系,或说讲的都是从性质该如何进入本质的。

2. 在《现代汉语词典》中,性指物质中因含有某种成分而产生的性质,如弹性、油性等。此语十分重要,就是由于这个成分的存在,性质的才得以存在,我们说这个可产生性质的终极成分就是这些性质的本质。又如,性者,质也;它也是表明了性质的源头是在质的存在里面的。《哲学大辞典》说,性一般指人性,亦有"天性"、"物性"等义。先天之性天成之,后天之性习成之也。自然本能不可谓之为人性,儒家原则上均以道德之性(善性)视为人的本质,这些阐说都是有道理的。

3. 古人对"质"的解释,既有今人的物质中的内质的意义,也有思想感情的意识中的存在成分。概而言之,质就是规定→性的存在,而规定→性的质就是本质;A 不同于 B,就是因为 A 的性质不同于 B 的性质。于是,性由质出。因此,由性质便可以求出本质来了。另外,质也是某种实在,而它的实在性就是质的有关性质;故本质,有人言就是根本的实在。

4. 就《汉语大词典》来看,它在性质条目下,有质地、特性和本质说,由于特性本身就是性质的重复了,在此不议;其中的质地说极好!因为,有了质地说,事物的性质才会有它的寄寓之所。现今的人们皆以性质为性,故性质的终极的存身处就只能要上升到本质里面去了。性质有质地说和上述的性因成分而产生的思想,就把性质和性质物与本质的存在关系完全地廓清了。

5. 据说,世界上是绝无两个相同的概念的,然而以不同的概念却可以导出一个共同的质来,因为同一质的存在可以有不同的概念,以此反向来推也可以。但是,世界上绝无两个相同的概念之论,则是一个真理。

6. 按性质学原理,性质的应是源于内在的,依藉它便可以寻出那开端的存在来,尽管性质的本身只能由我们人来发现。如是之,有的性质的存在便不允许它寄寓在一个空的无的里面。因此,通过对性质的把握,并对它的规定性进行剖解,就能找到性质的出生地,这是一个重要的方法。

7. 我们讲,智慧的存在就是要以性质来发掘本质。即,从性质来认识本质,以性质来追问本质,则所有的性质都是关涉本质的性质,任何性质都是以本质为根的。虽然思想还不能直接表示本质,但它却可以经性质过渡到本质,由性质到本质恰是利用了思和想的这样的摆乘的工具。所以,关于它们是什么的问题,第一位的就是它们当具有如此这般的性质,第二位的才可依之而导向本质。

8. 海德格尔认为,在亚里士多德那里,作为简单陈述的话语已经成为规定物之存在(物性),即诸范畴的引线了。[1] 此间引申表明的,就

---

[1]　海德格尔:《物的追问:康德关于先验原理的学说》,赵卫国译,上海译文出版社 2010 年版,第 111 页

是人之话语所代表的物性,至少是发现本质的引线了。故此,性质的一脉既是追求本质的路线,也是击垮非本质的存在。

9. 首先,所谓一个性质的法式乃是这样:法式一经给出,性质就无讹地随之而至。这就是说,性质在,法式就必在;法式本义就普遍地包含性质在内,法式经常地附着于性质本身。其次,所谓法式又是这样:法式一经取消,性质就无讹地随之而灭。这就是说,性质不在,法式就必不在;法式本义就包括性质的不在在内,性质不在,法式就别无所附。最后,真正的法式又是这样:它以那附着于较多性质之内的,在事物自然秩序中比法式本身较为易明的某种存在为本源,而从中绎出所与性质。① 或说凡是能把一些性质联合在一起的东西,纵使所联合的并不完全,总是能为发现法式的可绎出性质的本源来铺平道路。

10. 许多人知道,古代语言一个词可以描述一系列性质,此似是表明一个本质的存在,它会引发出一系列的性质的。反过来,就是多性质的归宿必要在同一个本质的身上了。于是,某一物的各种性质在原始处必要归于或统一于本质,这就是康德的恍若有所意识的,但其仍未能明了也未能说出的。

11. 自然界的奥妙,就是它可以展现出某些存在的性质,但却难以直接地把其本质显示给人们。因此,这便需要我们沿着性质的藤,来找到它。鉴于性质是本质的某种类似的维度,本质通过性质,性质通过性质物而存在,可见内在于性质物中的意义就只能是性质。在道理上,性质与性质物、内在、现象等都是不能表现为同一的,即它们只能与本质的表现为同一。

---

① 培根:《新工具》,许宝骙译,商务印书馆 2010 年版,第 118 页

12. 所以，只有看清性质，才能把握本质；只有知道了本质，才能明了性质的出处，反之亦是同样。如此一来，借观念所及的性质来解释和寻求本质就是一必然的管道。或说性质便是存在的筋脉，本质即是内在的这些筋脉的发生的中心。过去，人们也知道某一存在的含有些性质，确不能再向前一步来知道它的本质，这是当时的历史局限性所造成的。

13. 很显然，性质是依于本质的，此时全部的性质都可以有一个前置的基础，而这个基础就是它的性质的本质。然而，性质的表现又均为本质的后天存在，尽管它是与本质同期诞生的，即性质的应不能于本质之前显有存在，而是要和性质物共存在的。原来，在性质与本质之间当是具有着不可毁灭的纽带联系性的。

14. 在现实中，同形同名可以有互异的性质，但同本质者不会有互异的性质。关于性质的相反的不同，就势必要走向本质的不同，比如A、B的若具有不同的性质时，便一定会导致A、B的于本质上的应有极多的差距。当然，性质上的相似也有可能会引致本质上的相似。依前述，性质只有在本质相同的情况下，才会具有相同的含蕴指向。

15. 文章抵此，就应明白，性质与本质之间是有着天然的关联的，且这种关联是由它们之间的规律性来完成的，比如凡是本质必能焕发出性质等。故，由性质到本质的逻辑一定是，A.本质（内核）→B.本质必伴有本质性质（内核的光环）→C.本质性质又辐射出其他性质（光环外的光芒）。反证之，由实践得到性质的规定，即为得到某种理论的前提，而这些又都是进行到本质的津梁。

16. 于是，任何性质的存在，它都要寄寓在一个可有效表达的相关项上，据此人们就可以找到本质，而本质也就必在这个可以有效表达的相关项的所指对着的存在之中。也可以说,性质乃是通过一个相关项,比如本性来达到本质的。由性质的相关项,即引发着性质的存在,若我们沿之寻下去,就会找到本质是无疑的。

17. 沿经验的感觉至理性的抽象来达到本质的方法路径,惟有依性质的所向本质的推论才可实现。因为,我们遍观能见到的知识,除此一途,尚无可深入的任何东西。这样一来,性质就是存在的表达,本质就是这些存在的存在。结果就是,寻找与某一性质相联系的存在,当得知 A 能决定该性质时,则此时的决定者 A 即为该性质所反映出的本质。

18. 过去,有人多把性质认为就是本质,这在一个初始的阶段来讲是无可厚非的,因为把性质视为本质是较以现象的为本质前进了一大步,但过程的与目的又是不同的,性质只是达到本质的脉络,故性质的在一个更高的层面上展开,就不能说是本质了。比如,定义主要表性质,然后通过性质再来表本质,即真实定义揭示的是被定义项所指称的事物的固有属性(或说是其本身所具有的性质),在此前提下,找出种差,也就是与他者的性质不同的存在,则之本质便要显示出。如是之,一旦给出了定义,也就是快找到与之相关的本质了。

19. 游兆和先生讲,……事物的性质……是由该事物所具有的……本质所决定的。[1] 可见,由于事物的性质是因本质所决定的,反过来事物的本质,也就能由事物的性质来导出了。这是根据性质当由存在中起决定性作用的核心来决定的,这个核心就可以称为本质。鉴于存在的生成之时的背景的多样性,它就可以有多性质存在了。此间的

---

[1]　游兆和:《哲学本质与演变逻辑新论》,社会科学文献出版社 2011 年版,第 107 页

意思是,研究真正性质的问题,就是研究本质的问题,即从性质中可以寻获本质。

20. 事实上,不少的存在是由多性质复合而成,对于多性质的找本质,就是要找到这些性质的共同的根在。当然,若能找到其中的某一性质的寄寓者时,也就是找到了本质。在这里,多性质的并存就是类如本质的能"放光"的一种实际状态。我们知道,凡能相交的存在,均可找到它们的结合点,如两条直线的相交,以及光的都出于同一处即相交于同一点的存在。由于性质同出于本质,也就是相交于本质的。故此,我们就可以从中找到本质了。

21. 由上观之,性质的存在归根到底,是要趋向于某一个可以寄寓它的存在者上来的,而这个可以寄寓性质的极后的存在者就是本质。很显见,在性质存在的最深处,也就是含有本质的存在了。这时,性质物的所有的性质的辐集点就是直指本质的,或说性质物的所有性质的辐集点的存在就是本质;即只有在共同的意义上,如在性质的相聚点,才能发现本质。然而,由一个性质也是可以达到本质的。

22. 循性质的足迹能找到本质,就像循牛马的足迹,能找到牛马是一样的。因为,性质的来由之所在就是本质。所以,只要找到了某一性质的与之紧密对应的他者,则这个他者的或它的终极存在就关于其所对应的性质的本质。

23. 那么,性质的存在意味着什么呢?它意味着任何的本质均能被我们所认识。这是由于所有的存在都不能脱离性质而存在。比如,核心性质、根本性质和终极性质都是本质所直接对应的性质。如此一来,了知差别就是明白了性质,但要证解它的之所以的究竟,就需找出本质来。不难发现,看似的性质学,实是通向本质的惟一法门。

24. 胡塞尔讲,任何事实科学(经验科学)都在本质本体论中有其本质的理论基础。[①] 所以,任何的事实都要以本质为柱脚,故关于性质的事实也要归于本质的存在中来。从前,人们之所以难见本质,乃是由于不了解性质的存在意义和它的指向,以及不明白本质就是性质所表之差异的最后归宿,等等。

25. 只要稍一思索,人们就会清楚,凡是与本质有关的都要从性质中反映出来,绝不可能从现象中反映出来。或说本质向外逸出给人的认识只能是性质,而不能是现象,由于现象可以有无尽的花样。只有通过性质,才可证实本质,现象不能证实本质,即本质是通过性质而与现实相关联的,只有与现实相关联的本质才是可以尽快认识的。在认识的过程中,本质往往要在概括的关系的勾连里面才能被反映出来,因此认识的目的就是要从性质入手,通过其关系的勾连的导入,来抽象出本质。

26. 可是,本质又该如何被认识呢?首先,本质必要存在于性质物的内在中,在此内在的里面可以理解的一线只有性质;其次,这时的性质的根又在哪里呢?我们讲,它只能由本质引出。于是,我们只要找到性质的质,或说是找到了性质的源头,也就是找到了本质,这应是一条很明确的路线。本质虽能隐秘于性质物的内在之中,然有性质却是可由之流出的;这样的话,沿性质来寻本质就不是难事了。

27. 接着,本质是什么呢?在此,它必须要由性质来表达,因为关于是什么的其他的诸如范畴、多少等都是可以并入到性质中来的。更直接地讲,本质就是性质的体,性质就是本质之体的用,或说内在的性

---

① 胡塞尔:《纯粹现象学通论》,李幼蒸译,商务印书馆 1996 年版,第 60 页

质的终极的体即为本质,而内在的本质的理则是其相关的性质。就原理上看,本质总在统治着性质,性质与性质物永远共在。

28. 同时,本质的又是真知的,获得它的手段就是要从性质来步入。至于对本质的描述,也是需要借助性质来作为过渡的。洛克讲,要想有一个关系的观念,我们总得观念到关系所寄托的所依据的那种东西。① 这就是研究本质,一定要通过性质,并经性质找到性质的寄寓中心方可的思想,而此时找到的寄寓中心也就是本质。洛克的此言应是关于性质的终极寄寓者就是本质学说的萌芽。

29. 因此,若欲寻出本质,就要从它可能具有什么性质开始;也可以认为,要想导出事物的本质,只需沿着性质的引路前行,便是唯一的捷径。这是由于在本质中,不会存在它与性质偶然的哪怕是一秒钟的失联情况发生,即它们只存在着永远的天然的联系,或言性质的存在都是要必然地导向本质的。

30. 一般来讲,由本质可以引出许多性质,但本质又是极难发现的,所以只能由性质来聚焦本质。可见,经性质是可以得出本质的。几千年来,考察和反省事物的本质,看似有多种方法,现在我们发现,其实惟有性质一途才是真正可行的。

31. 于是,为了认识本质,我们必须要借助于性质。在终极问题上,本质乃是产生区别的核心,而性质正是它的得以区别的所在。比如,种和属都应有共同的本质,但是它们却也有着各自的性质。顺着此前的理路可知,由本质的性质,是可以倒逼出本质来的;也可以说,本质是必须要由性质来上溯,方能明白的。这些都是不用再怀疑的。

---

① 洛克:《人类理解论》上册,关文运译,商务印书馆 1983 年版,第 49 页

32. 其实,本质的并不是抽象的,但在方法上只有引向极端或高度的抽象化时,它才会趋于靠近本质。这时,本质已是略去质料的内容了。黑格尔讲,本质正是对一切直接事物的扬弃,[①]我们认为,直接事物就是类如直接的质料及表面的现象等。如此一来,本质就是物自身的本质,而不能是现象的本质。故,存在之绝对指向的只能是本质,它不可能是现象等使人迷离的东西。

33. 探索精微,本质当具有自己的独立的最后的差别性;不然的话,它就会与他者混同起来。比如,当 A is p,B is p,C is p,即 A、B、C 的共性均为 P 时,P 便要存有本质的意义了。为此,只有本质相同的,才可以严格地称之是同一的,才应有那同一的名词。否则,就是糊涂的表达。

34. 我们言,只有本质的统一,才是统一的根本和内容,至于它的部分说是在量的存在上的划分,非生物的部分和整体在质的问题上没有任何的区别的关系。于此背景下,本质也可以在不重要的末节中存在,尽管它仍是占据统治地位的。仅此一点,本质与非本质相比,就更具绝对的稳定性了。所以,本质的本身是不会存有被欺骗的方方面面的可能。

35. 根据同一本质可以产生极多的不同的性质差异而论,非同一本质的差异是不可能归于某一本质的同一处的,这应是容易理解的。亚里士多德认为,一的本质是开端,开端至结束的整体亦为一。我们讲,在严格意义上,沿着亚氏的思路,一的本质应是开端的载体,至于他的整体说,当是会含有另外的本质了。

---

① 黑格尔:《小逻辑》,贺麟译,商务印书馆 1996 年版,第 244 页

36. 于是,人们在阐述本质时,就应以一个最合适恰当的定义来表达之,才是妥帖的。即,只有涉及了根本性的定义才是在言本质的,不是所有的以定义的身份出现的就都是关乎本质的。故此,本质的就是不可再分者,如果定义的是趋于本质的,则本质的便应是不可分的。倘若本质是可分的,这个本质的就是不存在的。

37. 鉴于本质是由人来发掘出的,则关于本质的获得也就要有一个研究的过程。本质也是要在一定的方法下才可得到的;其中,从本质出发,或假设一个本质,再返回来求证它,也应是一个方法。

38. 从前面的文字知道,本质必是存在于事物之内部的,但它的可表达的性质虽然也是内在的,然而它却是能从外在来感知到的,尽管此二者是有紧密的关系的。这时的本质只要性质不变,则其也一定不变;若本质已变,则之性质也必变。本质的变与不变,都要通过性质来展现给人们,因为任何的存在的本质均是深藏于内在之中的,惟有它的性质能外露。当然,对未发现的本质,我们也可以用潜在的来说明之。

39. 关于本质,不宜有特殊本质或一般本质之说,本质就是本质,本质只有一个。本性不是本质,本性是性质是紧依于本质的存在。本质的绝对意义就是它要与存在和性质共在,而某一存在必是要因于其本质才得以存在,之后该存在又必是要围绕这一本质来存在。

40. 有辞典称,本质的概念通常称为实质,这是保存在整个中世纪传统中的说法。如果实质性就是本质的实在性,以实质言本质还是有性质的一些关联点的,然终没有普遍性。可是,在更早以前,实体即为本质,乃是亚里士多德的习惯用法。他认为,实体为本质,是沿着存在之原因这条路线来展开的。我们讲,这些实质、实体的谈法极不严谨。做学问,不能任意地以一词来代另一词。

41. 事实上,只有依据性质,才可追溯到本源和搞清楚有关的规律。就方法来看,既要从历史上追溯到本源前面的本质,又要在一路的实证的情况下来求得本质,才是最好的,或说是从先天和后天两个途径来解决。

42. 承上文,因于来源、起源的思想,就能澄清某些更高层面上的问题,进而就可以阐明其本质或本性的问题。尽管本质是要沿着本性才能找到;但是,关于同质的分叉又是不能作为起源来看待的。

43. 由起源再向前,存在的就是与本原相关的了。存在就是性质和性质物的共在。本质在性质物中,本质在性质物中是需要性质来反映出来的。本原的是先在于种、类之存在的,但种、类的存在还不能称为本质。首先,没有本质的本原就是空的;其次,本原在遥远处,又是先于本源、起源、根源和基源与原因的。

44. 近看时,本原的只有在与本质的相联系时,它才会与本性有关。在此,若说本原既可以于性质物中,又可以表现为它的组分和结构,则其与本质就是无异的了。当然,若它的意义是由本源来泛起,并因此可引出名称来,由名称的概念也可以反溯至根源。所以,基于这样的源头说,似是也靠近了本原的。我们说,本原性的最高载体是属于本质的,本质一定就是最高原因之上的存在,除先天的之外,所有的其他原因,都是存在于本质之后的。本质是独一的,原因不是独一的,没有独一的原因。

45. 从前,亚里士多德的原因有,1)本质(本性),2)质料(结构),3)变化的来源(动力),4)目的。很显见,亚氏哲学是希望通过研究原因来指向本质的。但是,胡塞尔却希望从现象来找到原因。然而,原因的庞大体系永远与本质都不能是同一的,因为最原始的原因,它也不能是单一的存在,至少要来自两个方面,所以从原因来找原因之上的存在即本质,则是不能通的。于是,只有循着性质的路才能到达本质。

46. 怀特海讲,对原因的寻求永远是对作为原因之载体的实际事实的寻求。① 这是讲得何等好啊! 于是,性质的作为源头的载体就是本质,或说我们顺着性质去寻找的,永远是作为对性质之源头载体的寻找,也即是对本质的寻找。尽管在这里,怀特海先生似是误用了原因的概念,但他的意思人们还是能明白的。

47. 关于原因与本质的关系,原因的终极之因在先天之后必要依于本质;在后天,任何的原因都是不能与本质为一的。虽然,本质有时是被某些哲人作为原因的终极之因来做代说的,可他们却完全没有言出任何的新东西。本质必是性质的终极核心,原因是人们的关于某事某物发生的思想,而要使之归于某些内外在条件的一种指向。比如,所谓的寻求理由,就是寻求某一事物的出发点和其得以存在之因缘的,这个理由看似是可以单一地存在的,但其存在之理由的原因则是不可以单一独立地存在的,而这恰是与本质不同的。如此一来,以理由的作为出发点,在它自己的存在范围内便应是具有绝对性的,可是它一旦进入到本质的界面来表原因时,就当无效了。

48. 尽人皆知,原因是可以外在的,但本质是不能外在的。并且,外在的形式的结构的是可以成为原因之一的,然元素的在更深层的内在的成分和结构,便与性质之外的种种原因均无关系了。任何的原因都不能独一地存在,本质确可以独一而存在,这就是原因和本质的区别。当然,原因也是具有不同层面层级的,如大原因、小原因、内部原因

---

① 怀特海:《过程与实在》,杨富斌译,中国城市出版社 2003 年版,第 72 页

和外部原因等。其实,任何的原因由于它不能具有独在性,故都不属于本质。

49. 在原因中,根源的存在多是具有物质的基础。可是,根源的存在尚不能形成本质,但或已接近于本质的某些边界了。本质的有时是寄寓于根源的基础上的,它可以在定义的形式下,来规定某某的是什么。从根源上或从起源上来探求本质,就是历史地从发生学的角度获得本质的路线。然而,这应是跳出了有关原因之存在所及的那些窠臼的。

50. 海德格尔讲,根源就是从本质之隐蔽状态里产生出来的。[①] 可见,根源也是一个后来者,而将这应用到内在的原因上,便是最恰当的了,因为即使是内在的原因,它也是要居于本质之后的,或说原因与本质相比,是必然没有先在性的。虽然,本质是可以存在于物的根源中的,但它应是超越物的总原因中的质。尽管本质在后天是与之总原因具有某些相关性,比如我们所说的日常生活中的原因都应是枝节性的。本质就像是靠近树根的最原始的根的内部的惟一能产生根性的存在,只有这个可产生根性的存在,才是树的依赖于树根的能生长的终极源头。

51. 综合一下。关于本质是存在于原因之上的主张,就彻底击垮了任何的希望从原因来寻找本质的思想。我们说,本质与原因不能一一对应,原因只与性质物有关。本质与性质的直接相联和各种非先在的即非先天的内外在的原因均无关。当然,各种先天的诸原因与本质的关系又是极难理解的,或根本是不为我们当下所能理解的。但是,后

---

① 海德格尔:《形而上学导论》,熊伟译,商务印书馆 1996 年版,第 146 页

天的人们在感觉上,似乎认为本质与原因又是有关的,而这正是不能分别性质物与性质的关系所造成的。在这一问题上,原因的存在就遮蔽了许多哲学家的寻求本质的眼睛。因此,找到原因应只是普通哲人的胜利,其实只有找到了原因之上的本质,才是趋于最后的胜利。

52. 关于内含本质的载体可以具有许多性质,但本质的这个核或许就不具有许多性质了,它在理论上仅与本性共在。或说本质是可以展开极多的性质的,但在它们的中间环节,当且仅有一个本性的存在,即在性质和本质之间是以本性相连通的。本性就是根本的性质。

53. 进一上讲,本质上的性质应是纯一的,此后的性质之所以有许多,乃是因为由本质的根本之性又会衍生出许多的其他的性质来。反过来,众多的性质的综合的环结,又是可以并为本性的,而本性的寄寓者就是本质。故,本性的生成依据就必是本质。

54. 本性是属于内在的,所以本质也必于内在中。至于本性之说,首先的就是关于本质的根本的性质;也可以讲,根本性质的存在,即是本质之性。其次的才是本性之后的性质。

55. 本性是直指本质的,且本性也必是要皈依到本质中来的。本性就是最近本质的性质,因此本性的必是要内归于本质自己的。很显见,在本性上相同的,即为在本质上的是相同的,但相同性中的"同"是有异于统一性中的"一"的,然相异的源头在本质上是不能相同的,而相似的只是相同者多于差异,且有差异者也可以在某些方面是含有相同性的。

56. 所以,本质或本性与本质或性质都是要相通于一体的。如是之,本质的能焕发出本性、性质和属性,本质便是事物的得以存在的即性质的终极载体,有性质便与性质物形成共在。有时,本性的瞬间显现,也是可以忽略某些属性的,或称这是一种不带属性的本性也可以。

57. 本性乃是由本质所逸出的性质。本性与自然本性不可分开,或说是为一的,本性与本质是一种共在,本性与本质都是为了反映着性质与性质物这一目的的。在道理上,只有当某一事物的本性更接近于它的本质时,它才会更显现真理,故真理就是性质、本性与本质的统一。

58. 据推断,本性的是可以成为原因的,并是最高原因,它与本质共生共在,且是可与之能同时地指向着自己的存在对象的。因为,本性也是性质,在性质的家族中,彼此都没有独在性。但是,在原初的本性中,它又当是含有一系列的自己的目的性的。所以,研究性质和本性是为了找到原因的归处,自然也是一个方法,这样就更利于找到原因之上的本质。

59. 其实,找到了本性,再找到本性的寄寓者,也就是找到了本质。从先在的角度讲,依于本质的,第一位的就是本性。即,由本性而向上指定的便必为本质。可见,经性质到本质之间是由本性来完成汇集的。如此一来,性而上—上学的中间关键,就是这个本性无疑。于是,由本性就可以窥见事物的存在根源或说是最高原因,从最高的原因或存在的根源也可以窥见某些本性,再向前一步就是本质了。本性是与本质最近的性质,非本性的性质是由本性而外延出去的。这样,由性质联系本性,在最高原因的基础上,就可以发现本质。这仍是一条沿性质而寻本质的路线,若离开了此性质的路线,再有一万个原因,也是找不到本质的。

60. 海德格尔讲,希腊人最初的哲学就在走向一种自然哲学,走向一种认为所有事物本来都具有物质本性的想法,①这种想法是对的。但是,亚里士多德却认为,本性就是本质,便为不正确的了。因为,本性只是本质的性质。同时,他所讲的"自然意味着自然的东西的本质"说,也是不正确的。此是由于自然这种性质物会把本质包裹得极严的,或说本质是不能与性质物混为一谈的。

61. 亚里士多德还说,一是偶然为一,本性为一的。我们认为,只有必然为一的,本性才是为一的;也可以讲,偶然在导向本性的过程中,早已是被消除了。再想一想,亚氏的曾把本性定为本质,就当是大错特错的。因为本质为体,本性为用,二者是绝对地不能同一的。倘若是同一的,则天下的所有的观念就将是极度的混乱了。

62. 我们知道,事物的本性是可以理解的。首先,本性的是含有可知觉性的,并且是最原始的可知觉性,即本性的①有主动的表现,②有被动的表现。这时,本性的具有主动性的在内,其之外的则可以是被动的服从的。其次,本性又是可反应在其他性质之中的,通过认识其他的性质,就可以综合或抽象出众多性质的本性来。

63. 比如,人的本性是向着粗野的和动物性的方面而去的,人的本性是与人性背道而驰的,且是相差甚远的东西,这应是人们能理解的。在人的本性之中,应是含有许多丑陋的存在的,其中有妒忌、幸灾乐祸等。所以,在人的本性之中,难以见到真善美。此时,这些人的本性又一定要依据他的关于其从前的那些类如一般生物或动物的本质的,而这些与人的反省无关。虽然,人的本性是向着动物性的方面而去的,它包括自私、血腥诸项,然而人的本性又与人性—包括慈、悲、为他等,便

① 海德格尔:《形而上学导论》,熊伟译,商务印书馆 1996 年版,第 17 页

是在根本上存在着不同了。所以，我们就可以得出人的本性是趋向恶的，而人性则是向往善的结论。这就解决了某些人的笼统而言的关于人之性的善恶问题。

64. 再推想，万物的由于其本性，所以也就绑定了它们的本质，故本性与本质是不可分割的，它们是相互地连接着、相互地决定着的。本质的公式就是关于其本性的寄寓着的意义能被呈现出来。因此，本质的光耀多是通过本性来代为表达的。其实，正如黑格尔所讲，神的本性与人的本性都是同样的东西。[①] 我们认为，这也是有一定道理的，尽管神、人是有区别的。

65. 沿着前面的思想可知，任何事物都是由于其本性和本质的共在而存在着，在这里的"由于"就是与"因为"相同的，就是作为性质上的一种"原因"的意思。过去，人们探讨事物的原因，既有笼统性，又不与性质挂钩，这是欠考虑的。现在，我们探求原因，是以性质为航标，这就在路线上有了极清楚的导向，依性质一旦找出它的最后的寄寓者来，则关于存在的形上即本质的东西，就会被我们证出。于是，把事物的性质观念抽象到极处的诞生物就是本质，这时的本质一定又是要反映到相关的组分或结构的载体上去，且它又是要与根柢的性质之最高的原因连结在一起的。

66. 推而广之，凡性质物都会具有性质的存在，性质的最后的归结处就可称之为本质了。即使是纯抽象的存在，它也有可以表达的性质的最终的寄寓载体，我们也可以称这些终极的载体为本质。在此期间，本质所涉及的都是性质，性质所依托的最后与归集的就必为本质。

---

① 黑格尔:《精神现象学》下卷,贺麟译,商务印书馆 2010 年版,第 268 页

67. 如此一来,存在的便是性质物与性质的共在,而本质则恰在其中。所以,凡物必有所是,就不用再怀疑它了。然而,空间和时间在根本上,又不是与物自身相联系的,它们只是与物自身的同感性的关系相联系。这样的话,关于时空的本质,就要相依于它们自己的性质来导出,因为它们与物不相同。

68. 还有,内在于物的各种关系,关系的看似无物,其实它的本质仍在物中。如果说本质在关系中,或说此时的本质是未联系物的,但它一定要联系到性质,而性质又是离不开性质物的,所以本质的关系的表现,必要相同于性质,即本质与性质不可分,尽管其间可夹杂一些所谓的联结性等等,实际上这些关系的本身,还是不能逃离性质。因此,性质物的存在便是以性质为信息的,通过追踪性质的信息所传递出的路径,就会觅得其源头的本质。至于物与物之间的关系的本质,也是可以通过它们的相关性质的终极的寄寓者的存在来表达的;即使是非物质性的,比如是话语的,它也是可以指向该存在的那个由其自己所形成的具有核心思想的载体之本质的,这当是肯定的。

69. 海德格尔讲,无蔽境界就是那个内在物,也就是在原始意义上的……那个起作用的相属关系,……这个相属关系本身只有现成事物的性质。[①] 可见,存在于内在物中的关系,也就只有性质了。于是,由此关系,进至性质,再达于本质就是一条理路。此时,无蔽的境界,又可俗译为真理。

70. 关于真理,我们认为它就是本质之真和本性之理的结合,或说由本质之真必能得出其本性之理,故真理必是要契合在,也可以讲是必

---

① 海德格尔:《形而上学导论》,熊伟译,商务印书馆 1996 年版,第 189 页

要连结在本质与本性之间的。因此,真理的存在就不应取决于信念和人数的多寡。

71. 在原理上,事物的性质都是关于事物本质的性质,而性质的能被思想,也就是性质物的能被认识。于是,性质物就会在性质的体现着的地方乍现出一缕缕的光来,我们顺着这些光看去,本质就在里面了。可见,物自身只有通过性质才能转向本质,本质既是属于物的,又是属于人的意识的发现的,形上的存在理应就是本质,而不是其他的东西。因此,本质正是经由人的思想来探求到的关于物的性质的终极的源头的所在。

72. 通过对性质的研究,就可以洞开性质物的组成、结构或变化而直至本质的大门。比如,向外格物,即是要向其内在来见性的,然后再返还给物,因此对于物的存在,才可有性质之说;而性质也恰是要寄寓在性质物上的,性质的最后的寄寓者就是本质。由性质到其极点的寄寓者,乃是一条认识本质的路线。

73. 有学者称,传统对物之物性,即存在者之存在的规定,以陈述（判断）为引线,存在通过思维或所设定的可思维或不可思维的性质而得到规定。[①] 可见,存在看似是由性质来决定的,存在的存在即本质,看似的也是由性质的来决定的,只不过它是由陈述性判断来表示的罢了。其实,在这些看似的性质之前,当是有着一个起决定作用的本质的,只有它才可以决定性质,才可以决定存在。于是,存在、性质、本质的顺序关系就得以清明了。

---

① 海德格尔:《物的追问:康德关于先验原理的学说》,赵卫国译,上海译文出版社 2010 年版,第 158 页

74. 据有关文献报道,形式就是……支配和构成简单性质的东西。① 而且,培根在阐述由性质到达本质的过程中,就是以形式为载体的。我们如果去掉"形式"一词,认为"具有支配和构成性质的东西",即为本质,本质是性质的源泉,本质的组分和结构就是事物中的性质得以存在的依据,这就符合性质学的主张了。因为,培根的形式说离本质的路程还很远呢。

75. 我们讲,所有事物的性质都是内在于事物之中的,这样一来,事物的本质也就只能存在于事物的里面了。同时,所有的属性便必要在类的前提下,而汇聚于本质,即所有的性质物在表达上都要统一于性质,然后再统一于本质,这当是一条绝对的理性路线。

76. 现在,人们应该知道,在性质物中的多性质都是具有着同一性的联系的,这些联系的结点就是本质,此是由性质向着本质的方面看所得出的结果。然而,在从本质向着性质的方面看时,则由同一本质所产生的诸性质之间,又是具有着极大的差异的。可见,看的方向不同,其所面对的会完全不同。另外,一性质物有多性质,求其本质可以从多性质切入,也可从某一个性质着手,或者一与多兼用,则本质便可自出。

77. 于是,决定性质的就只有本质,性质物不能决定性质。比如,事物的有偶然的性质,乃是因为它一定有这偶然的性质所曾寄寓着的本质。还有,性质的变化也应是与它的本质的系统的作用同时发生的,它的变化的方向当是依据本质的作用力的方向来决定的。至于性质的价值就是人为的关于物的有用的指标了,它是人的对物的需要的尺度。

78. 同样,物之功能的也当是具有其所寄寓的基础,或说功能的向

① 《文史哲·试论培根的"简单性质"学说》,1994 年第二期

着性质而去的,也应是直对着本质的。

79. 所以,在性质物中的性质必要有一对应的关系是指向它的某一组分的质的,这个组分的系列的质的就是属于本质的范畴的。故,在此关系所及的本质的范畴内,就可以斟酌确定出本质来了。比如,食用醋中含有酸味就是醋的一个性质,人们只要依着其性质,就可以在它的性质物中能得出它的本质。本质之质是由性质之性来导出的,性质如光,本质则是它的光源,人们只有沿着光才能找到光源。

80. 一旦我们找到了某一性质的所对应的性质物中的那个特定的存在,则这一性质的本质也就找到了。比如,赖耿阳先生讲,金属的特色源自可自由运动的传导电子,金属的一般物性大都藉自由电子模型来定性说明,[1]这就是近于本质的了。此外,由于白色的光是数种可折射光的混合体,所以研究白色光的本质只要从其中的一种折射光中即可获得。此时的白色光类如一种性质物,我们不能认为它只是某种存在上的一个白色的性质。如果把白色光认为是一种色的性质,再与其他的色去共同地认识颜色的本质,又是另一回事了。如是之,就表明了性质物的每一个性质都应有着一个自己的本质,而一个性质物内的所有性质又都应有着一个共同的本质,这样才是更合理的。在前述中,称由一个性质也可以得到一个性质物的本质说,与此并不矛盾。因为,每一个性质的本质,也一定是在那众多性质的共同本质的大家族中的,在这个大家族中,一即是多,多即是一。

81. 自然而然,相对应的东西,它们在性质上也必是要相对应的,不可能有相对应性的东西,在本质上它们却没有相互的对应。比如,门

---

[1] 赖耿阳:《贵金属元素化学与应用》,复汉出版社 1990 年版,第 12 页

捷列夫指出,元素的性质随着原子量的递增呈现周期性的变化。这个定律揭示了元素的自然系统的分类,此间的分类只具有简单的相对应性。由此可见,元素性质的分类是按自然的相对应的系统来进行的,因为性质与元素相伴时,元素就是按照自然的对应关系来做对应的。从元素的自然系统的分类中,似乎可以看出,它在昭示着什么?我们认为,这种分类的根据便应是标定出其本质的基础了。

82. 关于本质,它就是一个物的内在之质的能散发诸性质的存在,这个存在就是其多性质所环聚的根本性所寄寓着的。虽然研究本质要从性质物的性质群着手出发,认识某一性质并不等于就已认识到了本质,但若能认识到本性的寄寓者时,也就找到了本质。从本质的最近的本性到达本质,或许只差一步之遥,然这又是不可逾越的。如此一来,事物就是因本质而存在的,于是本性也就自然地会存在于本质的周围。所以,事物便是由于其本质和本性的共在,才会有如此这般的。

83. 当然,物种间展现出的关键差异的,仍是本质,只是人们在一般的时候要通过性质的区别方好进入它的内部而已。在此,本质就是物自身,它能显出性质,它一定会有自己的组成和结构。尽管本质有时是可以与经验相关的,但是它必须要经过性质的抽象才能于物的内在之中被发现,这些都是确定的。

84. 显而易见,本质是可以作为一个物的性质的归根到底的存在,但在某一过程的展开中间,这个本质又是不会存在着的。虽然知识上的所描述的本质与实际存在的本质是必须要对应的,然此二者又是绝不相同的。同样,每一个事物对于本质来说,应仅有一个陈述,然而对于它的属性或其他性质来讲,就可以有许多陈述了,这些也是不能相同的。

85. 黑格尔讲,事物本质上是返回到自身的。① 故此,事物的本质必在物自身中。比如,在事物最初的基础上,再向深处推,或许就能找到本质了,在它以后的存在就可以称之为性质物的。同时,本质的在实物之中,又是实在的,其一定要从实物的性质中来内在地被导出的。对于复合物而言,它也应有自己的一个本质,这或许就是组成此复合物的各个物的本质的巧妙的集合,或许是它们又生成了一个新的本质物。但是,被人有意截割的,譬如对于树,其侧枝、侧干都可以去掉,因为它的存在根本不在这里面。所以,事物必须要因于其本质才可具有自己的位置,这就似在 1、2、3……n 中,1 的本质就决定了它在第一的位置。

86. 再深思之,所有的质变均应会引起性质的根本的改变。在这里的性质的改变,不分本性、属性和特性等。因为,只要本质的存在一变,则其原有的本性、属性和特性等就都要做彻底的不含旧质的巨变,且本质、性质与性质物的变易又是要同时发生的。

87. 有文章称,原子是不能将其本质向别人做任何传达的,是没有任何东西与它相等的,②此语是荒谬的。如果物的归宿是原子,则物的本质就必在原子中,而原子中的本质必因原子的相关性质的被开显的过程而展示出来,这就是它的应向别人所传达的。所以,我们只要明白本质与根本之质是分不开的即可。此外,关于只有事物的本质,才是永久的东西,才是事物的真正性质③之说,也是欠当的,因为本质是性质的寄寓物,它并不是性质的本身,且本质也有变化的时候,这些都是易懂的。

---

① 黑格尔:《精神现象学》上卷,贺麟译,商务印书馆 2010 年版,第 93 页
② 黑格尔:《精神现象学》下卷,贺麟译,商务印书馆 2010 年版,第 66 页
③ 姜丕之:《黑格尔〈小逻辑〉浅释》,上海人民出版社 1981 年版,第 299 页

88. 接着,有学者言,之所以没有无前提的科学,是因为科学之本质存在于那种前提中,在于有关对象的前—判断中。① 在这里,关于本质存在于前提中,对于事件来说是不成立的,对于物的本质,说之存在于其前提中的说法更是不妥,由于它是只存在于事物的自身之中,凡本质皆如此。

89. 我们说,本质之前的必是先验的,本质确与人的能否认识有关,物的外在(现象)是我们的感官的经验的认识的层面,比如有专家讲,蜘蛛丝看起来像一串珍珠项链,这就是表达的一种现象。然而,发现物的本质一定要去现象去形,即揭去外在的面纱,此时的再认识就与外在的等等无关了。至于向着本质而去的认识所发现的新存在,我们就可以称之为性质了,它已和人们所谈的现象不在一个层面上了,而这些又与那个"前提"没有半点联系的。

90. 从前,康德明确区分了现象的物和物本身。② 物本身在去除了现象之后,只能留下性质的存在,即物本身只能是由性质来支撑,此时的物本身就是本质。可是,海德格尔却认为,现实是纯粹的表象而非事物的本质,即一切事物都有两副面孔,凡人只能看见表象,而其本质和真实反留给上帝自己。③ 或说,凡人只能看见现象,这似是有合理性的,但却没有本质的合理性。所以,看着的事实的合理性,不一定就是本质的合理性。

91. 因此,物就要原始地统一于本质才好,而不能统一于诸感觉。

---

① 海德格尔:《物的追问:康德关于先验原理的学说》,赵卫国译,上海译文出版社 2010 年版,第 162 页
② 海德格尔:《物的追问:康德关于先验原理的学说》,赵卫国译,上海译文出版社 2010 年版,第 116 页
③ 王少斌:《存在与视像》,《文艺争鸣》2010 年第十期

性质是人的诸感觉之深入实践且得到验证的存在，它不像一般的表象即现象，可以一看便知。比如，某一存在形成时的环境，可以影响到其真实的外在就是这样。进一步讲，空泛的理论会展现无形的所谓本质，然若描述实在物，其本质则是一定可以有形的，尽管这个有形的本质会是非常微小的。

92. 本质的就是一物的去掉与他物的交集后的，即与他物完全相对立的根本存在。在相关的性质物中，我们要把它们的所有性质的交集去掉。由于性质是可以被我们知道的，所以本质也就是一定要为我们所能知道的。去掉相关性质的交集，就是去掉了相关性质物间的缠绕。在单一性质物的性质的辐集处，即本质的存在点便是生成性质的基地，此时它的展开着的性质便与他者的性质毫无相关。我们沿此展开着的性质的反向就是可导引到本质的指路标记。

93. 也可以说，求 A 事物的本质和 B 事物的本质，就是把 A、B 所共有的部分都去除后的真正的差别所在，就是它们分别的本质了。因此，推断出某一物的本质，有时是要借助于他物来完成的。比如，人和书的本质，首先要去掉人和书的共有的物质的部分，于是人就剩下了附于肉身之物的精神，而书则剩下了附于物的文字所表达的意思。所以，人的本质就是向着精神的，书的本质就是向着文字所表达的意思的。这样，我们就找到了求本质的方法。如是之，只要一一地对比下去，则事物的最后的本质就可以得出来。此时，再检验这个差别的规定性和自为性，若此三者，即差别性的、规定性的和自为性的能完成了统一，则它的本质就能确定下来。故事物的本质就是在事物自身中的规定着自己的自为性的与他者的完全没有交集的差别的寄寓者。事物的自为性就是它的独立性，关于事物的本质的规定性，就是它与一切的他物的绝对的区别之后的存在,则一事物与一切的他物的交集的全部的去除之后,就是该物的本质。

94. 于是,对于两物 A、B,分别求它们的本质,第一步就是要把它们的交集的性质先去掉;第二步,在每一物上最好是能找出这个物的所有性质的交集点,因为它就是该物所有性质的发生处,即本质;第三步,也可以由一个性质来求本质,若能找出某一个性质的本质来,也就是找出了所有的性质的集合着的本质了,此方法似简单些。

95. 之后,请问若 A = X = B,则 A = B 是成立的吗?我们说不一定,至少在它们的起源和方向上或在过程中是不可能相同的。因为,在时间的同一起源和空间的同一位置里面,是绝不可能存在有关于两个物的或说是 A = B 的存在的。这就是说,关于 A = B 的存在,一定是抛弃了极多的不能相等的部分之后的才是所谓的 A = B 的相等的存在。于是,它反映在 S 是 P,即 S = P 上,其也一定是在本质上的抛弃了极多的差异后的存在。只有如此,或说是在 S 和 P 中,当把它们相比较得出的所有差异即不同的部分均去掉,余下的才是它们的共同的存在,而这个共在既在 S 中,亦是 P 中。如是之,这个余下的共在,就既是 S 的本质,也是 P 的本质。至此,S 是 P,或说 S = P 才是成立的。当然,这也是求 S、P 之本质的一个方法,或说这时的本质就是 S 与 P 的共同存在。即,欲得出 S、P 的本质,就是要去掉 S、P 的所有不同的成分,或说是它们的差异,方可。而这也正是表达 A = B 或 S 是 P 的一个根本前提。所以,我们得出 A = B 的相等,是要排除所有的不相等之后的才可存在,且 S 是 P 就是排除了所有的在 S、P 中的"不是"的之后的才能存在。可见,这里的等号和系词"是"所反映的本质只不过是主词和宾词之间很少的或很小的一部分共在。故欲求 A 的本质,就要在 A 与 B、与 C、与 D

……等等的比较中，找出 A 的独立的部分就可以了。我们在数学上发现的 A＝B 或 1＝1 等都是去掉了 A 与 B 和等式左边的 1 与右边的 1 的历史的起源和过程之后的抽象之物。这些等式在数学上成立，在哲学上的等式按着我们的起源的观点和时空的观念只能是本质上的相等，而不可能在其他方面均相等。倘再细思索：1）数学上的相等只是量的关系，2）一般语言表达上的相等，或应是有关共性等共在的东西，它们既可以是现象、性质也可以含有本质，3）在明确的意义上讲，只有标明一个事物的 XX 的本质是 XX 时，此时的才是言说着的本质的，4）现在许多人不懂本质，尽管也说 XX 的本质是 XX，但它的本质仍是在本质之外的东西，这就需要我们真正地能找出本质的东西来，以及可以表达它的方法。

96. 有学者称，"绝对理念"就是扬弃了一切差别和矛盾而实现了自身的统一性。① 在这里的绝对理念，即 S 是 P，此时的 S 是 P 应为抛弃了 S 与 P 中的一切差别和矛盾，进而实现了 S 与 P 这两者的统一性，也正是在这种统一性中，才完成了 S 是 P 或 S＝P 的完全的存在。因此，"是"的本质就是统一了的及统一后的本质，就是本质的相等的同一性。当然，它们也可以是本质之外的某种共在。

97. 鉴于上，有时的性质的终极与本质的真实表达，即为 S 的归于 P，其中的 P 为本质，就是性质 S 的可以寄身的巢所，但它并不能表明性质与本质就一定存在有同等性。

98. 由于性质决定生死，结构决定差别，在求本质时，去交集后的存在，就可能只有反映在结构上的差异或在未做结构分说的元素上的

---

① 张志伟：《形而上学的历史演变》，中国人民大学出版社 2010 年版，第215 页

差异了。当然,同元素可能会有同结构,也可以不会有同结构,即相同的成分也可以有不同的结构,其性质也是不同的。这在从性质到本质的过程中,就要 1)知道其组分,2)知道其结构。在组分相同的情况下,主要是研究结构。

99. 关于同质异构说,即是本质的表现的另一种存在方式。所以,我们既要研究成分也要研究结构,因为此二者不可分,或说成分的也是有结构的,它们都是关于本质的真实化身。

100. 我们说,发现性质的可以寄存的结构,是十分重要的,此时的这个结构就是本质。实际上,任何的存在都是有结构之构造的,故物的内在的本质可在性质的聚焦于结构的构造中,应是正确的。很显然,性质是依托于本质的,这是一种天然的联系,本质有时又是可以和产生性质的结构为相同的。

101. 从本质的结构内容看,不通过其内在的构建形式,便不能有它的性质被反映出来,这应是符合本质的焕发性质的学说的。故性质的真意所指是可以寄寓在性质物的内在的类如形式的结构上的。为此,人们倘若找到了有关性质物之性质的得以生发的最初的那个结构形式,也就是找到了本质。这也是寻求本质的一个好法子。

102. 然而,非生物的外在的形式又是与性质无关的,性质只靠存在的本质来给予,这个本质的组分一定是有结构的,本质的结构与外在的形式又不是同一的东西。有了上面的理由,则非生物的诸如质料的形式就要让位于其内在的性质的可凝聚于一处的结构,这个内在的凝聚性质的结构也就是本质,此时的所谓质料事实上就是性质物,在性质物中,本质便要由性质来导出。因此,外在的形式和质料或性质物都不能成为本质的依据,只有性质才是可认识本质的独一法门,进而才能发现本质。性质应是性质物的可以表达的唯一存在,由之再找到它的根本处便是本质了,或说性质乃是为了开显本质而诞生的,也是可以的。

103. 对于本质结构的研究,需以性质来引入,因为即使是本质的组分,也可以存在结构。于是,凡研究与性质直接相关的,只要发现生成它们的组分、结构或其他的寄寓者,则这个本质的东西也就是找到了。

104. 可见,本质的是可以有结构架设的,性质是可以反映在结构支撑之中的,这里的结构之形式并不是表面的外在,它乃是一种内在的性质的必然依托。这就是讲,性质的本原有时会隐存于性质物的终极的结构中的,关于性质的本原说是一个极难的话题,我们可以把它的最后的存在的妙处称之为本质。很显然,本质的是可以有结构的,但本性则是不能有结构的,这应是确定的。

105. 如是之,性质与结构便是密切相关的,因此性质与结构就要形成对应的关系,而性质的本质便可以在这些相关项中找到。此时,这个结构又是高于任何原因的,或说后天的所有原因都不足以形成这种可产生性质的结构。比如,在 PZNT 和 PMNT 单晶四方相中,沿四方轴方向的 B-O 键对它们的性质具有非常重要的调控作用。[①] 这就是说,B-O 键应正是该存在的枢纽结构之一,而这一结构的存在恰是可以对性质产生极大影响的,至于其他的方面则没有这一功效。

106. 之后,曲松楠先生讲,面对面的和肩对肩的电荷给体—受体作用是其形成超分子结构的主要驱动力。[②] 我们想,这一超分子结构

---

① 杨新建:《钙钛矿型铁电材料电子结构及物理性质研究》,中国石油大学博士论文 2009 年

② 曲松楠:《联二酰肼衍生物和联 1,3,4‐噁二唑衍生物的合成、自组装与性质研究》,吉林大学博士论文 2009 年

应是不具有本质性的,因为它是后天的电荷的作用的结果,而这与我们的要标定的生发性质的本质的先在,又是不能统一到一起来的。所以,它的存在便与本质的结构无有关系。

107. 至于某些元素的本质均在于它们的结构,乃是因为这些元素的结构恰是形成其性质的源头;再推之,性质的出发点也必要在这些元素的结构上。所以,元素的本质就一定要确定在它的结构的存在之中,应是无疑的,这些应是显示了一寻求本质的推理过程。

108. 由上看,作为性质物的性质、性质与功能,兼及性质的作用,一旦它们与性质物的深层的存在发生了联系,则性质、功能与性质的作用等,往往就会指向一个共同的去处,此去处离本质就不远了。有时,信息、经验也可以引起机能性和结构性的改造与变化,这是存在的,但它并不是直接对应着本质的,我们可以把这些称之是对性质物的某些方面的反应或反映。

109. 在物理学上,专家们的去形去状而把物体简化为点的行为,也是一种极好的趋近于表达本质的做法。

110. 再有,对于某一事件,要想寻出它的本质,也要依之性质,而找出其性质的寄寓者,这应是一个必需的法则。事实上,只有空无才可有所谓脱离质的存在,凡是有关事与物的性质,必会存有本质。因为,事件的本质是可以从人的这个操纵者中得出,而物的就不必言说了。鉴于事件的发生应是人的意识的外在的作用,其本质仍要在意识的寄寓物中,而这个寄寓物应是在事件的主导者的大脑的存在里面的。比如,开始时是在 A 的脑中的,后来情况变了,本质也会转移到新的操纵的主导者 B 的脑中去。

111. 综上,物的对应的本质和事件的对应的本质问题,便已讲清楚。

112. 在生命体中,基因的存在十分重要,我们必须要详细阐述。

113. 据报道,某种基因可以产生类似的机制或机能,然而它们产生的物种却可以是完全不同的,或说不同的物种之间也可以有类似的机能和类似的基因的。比如,人与黑猩猩的遗传物质 DNA 结构的差异只有 1.23%。

114. 再有,基因乃是决定生物性质的根本,这可表现在,乳的缓冲性质就是由于乳中多种酸性基因和碱性基因引起的。当然,对于人来讲,他的基因还是可以决定其某些态度的,而文化的也能决定其一些态度。我们认为,文化与基因之间是会相互影响的,且文化的符号能在基因中留下烙印。

115. 有人讲,玩具偏好是由激素引起的;那么,其他的偏好是否也是由激素引起的呢？能否说,所有的偏好都是由存在的激素引起的呢？或都可以说是。研究激素这种内在是很有意义的,尤其是它与基因的关系就更为重要。

116. 刘晓东先生讲,人类个体的精神发育之所以比其他高等动物发达,究其生物学原因,应是在于人类个体的基因编码系统具有近乎全开放的性质,①即人的基因编码系统中绝大部分都是开放的,这样它才更适应吸收许多后天的有用的信息。甚至人的那些少量的特异性本能行为,也需在后天环境中加以锤炼,这就揭示了人的内外在的结合的秘密。比如,激励因子的往往要在敏感的兴奋过程中形成,就是含有如上的道理。

---

① 刘晓东:《儿童精神哲学》,南京师范大学出版社 1999 年版,第 1 页

117. 关于后天的信息,如我们出生后的地理环境等,也会影响人类基因。于是,环境影响人类的基因,反过来基因又可以决定人类的某些行为,故行为也是环境的产物。如说环境是外在的,外在的通过人的转化也可以产生行为。所以,向外的行为是可以来自于外部的,此间包括由外部刺激产生的行为,也包括看似无刺激的长期的温和的要素的影响,这些影响是一、两代人看不出来的。现在,科学家认为,约40%的患病风险是基因带来的,其余部分就要归于环境等外部因素。同样,研究人员还发现蔬菜里的核糖核酸(RNA)在食入后进入体内循环的血液,而且一旦进入我们体内,就能改变我们的基因表达。所以,食物可以改变某些基因是确定的。

118. 如此一来,基因受外在的影响就是明显的。再有,人们会问,社会地位的变化会改变猴子的基因表达吗?一项新研究给出的结论是肯定的。另外,犬是由狼驯化来的,犬的基因与狼的是不同的,所以基因也是可以被驯化的;这就是说,基因是可以受外部条件发生变化的,于是基因是可变的,而不是一成不变。故,只研究基因不研究外在的环境也会出现一些差异。自然,竞争肯定也能导致基因改变的,而蚜虫会在四至五代的时间段里,就要发生一次显著的基因进化。

119. 由上可知,基因可以因环境而变,但是本性的改变则是要与基因来共同改变的。此时,基因也可以引起它自己的外在,即基因之间的互动也完全可以引起其某种外在的。还有,基因与环境之间的互动也一样能引起自己的外在。反之,任何的外在的也都是可以找到基因的内在的依托点的。不难发现,所有的现象只代表非生物的外在,而某人花白的胡子是代表他年老的事实的。即,现象终不能代表其内在的性质或本质,可是人的花白的胡子一定是对应着其内在的某些基因的,这就是生物和非生物的不同。

120. 其实,关于人的聪明与否的问题,也是要取决于基因的。专家们发现,脑细胞基因复制对于人的记忆和思想的发展,具有极大的基础意义,这就是基因复制可使人变聪明的道理所在。我们讲,几百万年看上去很漫长,可对复制的基因能固定下来而言,当是很短暂的。同样,基因重复的表达分化,也是植物进化的根本动力。

121. 因此,大脑发育主要是由基因来控制,即基因会控制大脑发育的。比如,加强大脑中的神经键,将短期记忆变成长久记忆,就是需要通过基因转录的方式来完成的。依着有关资料可知,我们的祖先已产生了 8 种有关大脑功能和神经系统的基因突变了。此即言,基因突变是可以从大脑功能和神经系统开始的,这些都是十分重要的。

122. 当然,人的基因组成又不是在受孕的那一刻就完全确定了的。专家发现,凶险脑病与特定基因有关,且我们醒着的时候,我们的神经细胞会不断地形成新的突触,从而加强了我们大脑的活动。这些突触有许多是无关紧要的,但去除它的唯一办法是停工一会儿。这项理论能够解释,为何难以把新信息塞入困乏的大脑。同时,压力将使人体内的酶改变分子形态,从而停止所有代谢程序。这样一来,人们就必须要尽快地摆脱有关压力的折磨,方是最好的。

123. 可见,压力虽然不会改变 DNA 序列,但它会在基因上留下化学标记,并由此来决定基因的相关的活跃程度。它的表现过程是,压力可使一蛋白质从染色质中分离出来,然后它就束缚住某些染色质,再往后,这一蛋白质便会消失,但它已印记在原先曾束缚着的染色质上了,于是之便会遗传下去。故此,在遗传学上所反映的外在,就应是内在的必然外在,所以其与非生物的现象便无任何的关系。

124. 我们知道,人体中的所有细胞都是含有相同的基因的,而线粒体则又存在于几乎所有动物的细胞中,线粒体会把我们摄入的食物转变成身体所需要的动力。线粒体基因只来自母方。进一步讲,线粒体是负责将脂肪和糖转化为供细胞所用的能量,它们只携带几十个基因,占 DNA(脱氧核糖核酸)的 0.1%。它们与细胞核是分开的,细胞核含有其余的 DNA 序列。由于线粒子是细胞的发电机站,则我们所获得的"美味"就要首先地供给它了,然后再经之产生的电的驱动来供给细胞。如此一来,基因便会充满活力。

125. 那么,为什么在人的生命中会具有诸多的共同性呢?事实上,这正是为了它们的共同生命的,而镶嵌在其中的意识的存在一定也会兼有这些共同性。说到底,在意识中也应含有基因的强烈对应,即意识也当伴有基因的可指导自我生命的共同的影响能力,尽管这是不为我们所知的,但是它们除了相互的依托外,似是难有再表达内外在的任何可能了。

126. 如是之,和意识相连的与语言有关的基因究竟又会坐落在基因组的哪一部分呢?目前人们还不能回答。语言与基因一定是有关的,我们认为,语言或许应存在于基因里的不同碱基的排序之中。总之,语音的部分一定是内在的,文字的可印记的部分一定又是内外共在的。在社会上,每种语言对于人类描述和认识的世界都是等价的。这就是说,人们的表达方式尽管不同,但它们却都可以达到一个共同的目的,即是能找到本质的,此对各宗教的在语言上的圆融,意义十分巨大。

127. 根据某一性质都是要内在于某一性质物的理论可知,任何的性质又都是要依存于该性质物内的某一直对的存在的,即所有的性质均要相依于性质物内的某一特定存在的。比如,人的性欲就要依存于

526

其体内的某一固有的蛋白的。对于生命物而言,其全部的性质之存在的依据就应是 DNA 的所有的特异的展开所致;此是说,生物的性质总有它的归宿点。同样,对于非生物来讲,它的所有性质也是要有其终极的对应点的,只是非生物的性质不像生物那样有明显的外在特征。

128. 刘月蕾先生讲,基因必定是某种物质(而且必定是某种化学物质,因为整个生物体都是由化学物质构成的)。① 所以,本质的就必定是某种物质的,这是由于基因的是反映了生物的本质的存在的,且它是决定和控制其所能存在的一切的。这就为本质的物质说,又奠定了一个生物学的基础。

129. 当然,还有基因的不同的编码问题,其实它就是同质的结构的不同之演说。每个人都不相同,就是由于其基因的编码不同所致。如果说,人与人之间的存在相异之处,恰恰就是在这个结构上了。

130. 综合之,基因与环境便共同地构成或塑造了一个个的生物的真实的内在和它们所要表现出的外在,而这些内外在惟有性质能表达。反之,逆性质回溯就可以找到本质了。

131. 在前面的基础上,很显然,只有当以生命为切入点时,人们才能更好地呈现出他的全面的本质。也可以说,由生命到意识,而进趋至它们的根本之所在,也是一条很好的寻求本质的理路。然而,意识的本质是什么,即自我的本质是什么,或说思想的本质是什么,我们讲,这些都是存在于人的生命之上的绝对存在。

132. 关于智力的基础,应是记忆、认识和思想等,智力和文化是人所仅有的。智力来源于生物学,智力的可加速人的生物学的进化,尤其

———————

① 刘月蕾:《遗传与基因》,山西教育出版社 2012 年版,第 56 页

是文化的作用更大。可是,上瘾的虽是记忆的在生命的身体上的反映,却与智力的发达不能存有任何的相关性的。

133. 接着,重复的适应,当是生命之发展的基础。因为,重复的即是建立有机联系的关节。重复被反映,并被记录在其化学的链条上,且是能决定其结构功能的,而它的还可以转化至遗传物质中。故,结构的向外既能反映性质,其自身亦能反映本质。如是之,本质的就不仅仅要存在于一般的元素里或只是点的,对于生命体而言,其本质应是由活的元素所反映出的结构来规定的。

134. 陈建生先生讲,直立行走,使口腔与喉部逐渐接近直角,这样就有可能构成多种阻碍,控制气流,发出更多式样的声音。[①] 如此一来,它便是语言形成的关键之一。之后,随着语言文字的出现,人类的思维便具有了无限的创造性的潜力。但是,语言的只能做解说,即语言的绝不是事或物的本身,这就像语言上的树,并不是真正的树为一样的。所以,我们探讨本质是要使用语言的,然之本质的存在又绝不是等同于语言的。

135. 还有,许多医生都明白,某些男性不育是因为他们的精子无法激活卵子,虽然他们的精子与卵子能融合,但什么也没发生。研究人员已经知道,一种基因突变会导致精子缺乏 PLCz 蛋白,进而造成男性不育。PLCz 蛋白会引发卵子开始分裂,方可有形成胚胎的过程发生。由此可见,结合者必须是要在相互的激情扰动下的被激活的,才是具有生命力的,而这种有激情的源头是需要有一个内质的存在的,它必是在欲结合者的其中之一,或是在所有的欲结合者之中存在的。所以,对于

———————————

① 陈建生:《人类化石的语言痕迹》,《化石》1986 年第三期

人的生命来讲，它的本质就必在其生命物中，虽然他的许多的是精神的，但精神的又是必要依于相关物的。

136. 对于生命物，其生物钟与视网膜之间也是存在联系的，因为后者会提交光照环境的信息，而影响到生物钟的反映。另外，研究鸟类的专家称，迁徙的鸟是靠消耗蛋白质来补充水的，这应是一种神奇的生命物质的转换。还有，医学工作者讲，人的癌症是与饮食及缺乏锻炼等有关的，即癌这种内在的病，是与人的外在的影响有极大的联系的，这是大家必须要清楚的。我们讲，病皆是生命物的存在，非生命的物不会得病。

137. 据说，对于鸟类而言，气候变化易使其"出轨"，这就是外在的影响了行为。关于外在的，如牛羊看到同类被屠宰时，与人类一样，在这种情况下，动物体内会释放出肾上腺素和皮质激素等荷尔蒙，其情绪和举止就变得低落，免疫系统受到削弱。可见，外在的产生的伤感可刺激体内系统的紊乱，即外在通过感官而影响到体内了。

138. 同样，人的童年之受虐会增加患抑郁症的风险。因为，受到的虐待是外在的，抑郁是由内而生的；如是说，外在的能产生内在的，或称外在的已变为内在的了。这时，如果是在农场度过童年的孩子，将会有益于其免疫系统的调节，而这就是外在环境决定的了。

139. 此外，基因是内在的，酒精是外在的，对人来讲，他应是被内外夹击的动物，其全部的行为，一部分可以视为由内在的引起，如本能的；一部分则可以视为由外在的引起，如酒后失德。在清醒时，大脑能决定一切。然而，外在的虽能影响到某一事物的诸如它的功能等等，但它却要通过这个事物的内在来完成，即外在的也要通过内在的才可起变化。

140. 原则上,外在的可影响内在,如处于受到威胁的情境中,人的心跳会加快,这是一方面;另一方面,希望也可以通过资金来获得,即内在的能由外在的刺激而得到满足。这样一来,意识的起源就是与外在的直接的对应,其本质就是寄寓在人的生命之中的意识化了的物。于是,外在便可以影响内在,如环境可以改变语言的神经生理结构,以及长期记忆可以有形地存在于脑神经中,即是例证。

141. 有学者称,人有一百亿个神经元! 这当是一个高度发达的生命物。此时,由众多的以群为集体的神经元的交替地发出的冲动,便会形成大脑的超感觉,在这里面,似是存有极多的神秘性。人们发现,语言也是要靠神经元来支持的。一般而言,神经元有三部分,一个就是它的主体;然后它有很多很多的分支出来,有一支特别长、特别粗的分支,这一条就叫轴突,是送信息出去的;别的那些分支叫作树突,是收集信息进来的。所以,神经元一方面收信息进来,一方面又要送信息出去。① 这犹如开关的一张一合,或说神经元的结构对于人的生命而言,其更多地是作为某一硬件来存在的,这应是有道理的。

142. 我们认为,不管是上述的超感觉,还是一般的感觉都是人之为生物的本能,而感觉中的知觉,也应是属于本能的,且自我的又是要受知觉、本能之影响的。自我是出于本我的,本我的向后展开便要受本能的影响,其实感觉、知觉、感知和超感觉等必是要归于本能一脉的。

143. 因此,被感知的存在一旦对有机体具有生存价值,则此二者就会相互吸容,最终这些被感知就要内置于有机体的类如结构的存在里面,这些都属本能的运动,其结果,也可以讲,它就是某些后天性质的

---

① 王士元:《语言、演化与大脑》,商务印书馆 2011 年版,第 65 页

能被激活的新生成。

144. 李景源先生讲,习惯就是经验的模式或在新的情境中整理经验的方式。这种整理经验的方式,由于对有机体具有生存的价值而被置入有机体的结构之中。① 在此,经验的置入结构的表达最重要。可见,经验的又是习惯的,习惯的先来整理经验,是因其对有机体具有生存价值,故此才被置入有机体的结构中。从某种意义上说,习惯的经验的本能的也都是性质的。于是,我们认为,性质的嵌入有机体的根源就找到了,它先是有机体的存在当具有某种自己的灵性,其包括变化的动的或感知的记忆的等等,由于其灵性的存在,它便能对相似的与差异的会有所反映,进而就可以累积成习惯性的存在。鉴于这种习惯性能知道某些经验或感知与被感知等对于有机体是否具有决定存在的价值,且又加之这个有机体具有那美妙的灵性,所以有机体便与之能适应的有用的诸存在相互吸容,最后就被置入了自己的内在的结构里面去了。因此,这些性质也就在之灵性的基础上得以生成。其间的灵性代表人的先天存在,而此性质则是指人的后天所形成的性质。

145. 韦尔斯认为,我们自己学知的行动是优胜的,或讲它是远远地已超过了本能的。② 然而,这种学能又是要以本能为前提的。也可以说,本能是与自身存在同生俱来的,本能又是助成自身存在之发展的,本能还会与快乐相伴,即本能也可以把目的和手段统一起来。所以,凡属本能者,其必会自择目的,又会自择手段,这就是本能的天然的高明之处。

---

① 李景源:《史前认识研究》,湖南教育出版社 1989 年版,第 92 页

② 韦尔斯:《生命之科学》,郭沫若译,广西师范大学出版社 2003 年版,第 1315 页

146. 但是,本能的往往不会产生智慧与知识,尽管本能的存在与脑的机关也是有紧密关系的。在原初的方向上,本能的只有阶段性的行为,它不可做系统的和有未来预见性的事情。弗洛伊德讲,本能指向他人,却从自身获得满足。① 同时,本能的是无可战胜的,道德的教育的都不起作用,这应是有生物学上的道理的。

147. 非常明显,本能的动作和后天的实践是有区别的。有人说,凡是无意识的行动都可以被人呼为本能,②这是不完全的,因为本能的也是可以有意识的,只是人的意识不能或难以控制。此外,繁衍、生命、对财产的私有性等都是属于本能的。如是之,本能的也是属性质物之性质的,它是与性质物共生出来的。

148. 其中,性本能是最根本的存在本能。在梦的里面,意象的性是真实的,因为性是最本能的,最本能的是难以遮蔽的,其他的是可以化装的。由此就可以知道,性的扰乱便应是神经病的根本原因。③ 相对于他物,人们还有性能之说,关于性能其实它也就是相当于性质的某一种。

149. 事实上,本能在生命和意识之间是具有着极强的冲动的穿透力的,于是它就可由生命无碍地进入意识,或由意识也可无碍地进入生命。总之,它的能量是极大极大的。当然,我们也可以把某些属于自然的能力称之为本能,这个本能是只宜在物质层面上和较低级的生物生

---

① 弗洛伊德:《性学三论·爱情心理学》,宋广文译,台北胡桃木文化2006年版,第86页
② 韦尔斯:《生命之科学》,郭沫若译,广西师范大学出版社2003年版,第1315页
③ 弗洛伊德:《精神分析引论》,高觉敷译,商务印书馆2010年版,第iv页

命的存在形式中方可体现。至于社会的本能,则是由利己主义成分和性欲成分结合而产生的一种特殊的情况。① 我们研究这些,主要是为了预防某些过度的自私的等等破坏性行为的产生。

150. 举一个例子。我和吃的关系是本能的,我与吃的关系加上哪些是我能吃的关系的组合就是包含有自我的意识的存在了。所以,自我的意识是在本能基础上的延伸,至少要延伸到一个环节。只有在自我的意识之上的才能谈及知识或智慧的等等。

151. 有时,本能的也可以伴有一些理性,因为它是曾存在于上一个理性者的那里;在当下,它更是被理性包围着的。但是,纯粹的理性的又绝不是本能的,然而理性的又一定是需要某些本能的。这时,理性的乃是人的一种本能的高级存在,或说人虽是理性的,但更重要的是基于本能的,本能的是动力,理性只是起矫正的作用。

152. 总的来看,我们言,直接规定意识的就是心。进一步,意识的可寄寓的存在者,就应是人的意识之本质,但意识到的和意识的展现,并不反映它的本质。本质的东西当是关于发生性质的有关逻辑的原点,它不能反映在逻辑的过程之中。

153. 陈红讲,心理机制应当具有独立于遗传基因的决定因子,心理基因作为独立于遗传基因信息的意识层次的程序信息,它的生成、演化,也应当类似生理信息,遵循信息自组织与超循环生成原理。② 所以,凡是属于信息的,都应遵循信息的自组织原理,这就是心理的信息与生理的信息均当遵循信息的自组织原理是一样的。

---

① 弗洛伊德:《图腾与禁忌》,文良文化译,中央编译出版社 2009 年版,第 93 页
② 陈红:《心理基因论:心理自组织原理与超循环生成机制》,南京大学博士论文 2008 年

154. 有文献称,位置是关键,或说掌握感乃是自尊心的重要因素。于是,在这一思想下,人类的不理性就要推动着市场。此时,经济事件的根源,本质上基本都与心理有关,即我们已把追求物质上的自私变成了一种美。再者,金钱虽然具有刺激人们渴望自由的能力,但是这一自由又要与极多的厌恶是同生的。还有,在什么时候,为了和平而接受战略性妥协是正当的?妥协问题上的举棋不定和妥协精神的深层原因在于和平与正义之间的冲突,和平与正义也许还会需要两种截然不同的性格,一种是为了和平而妥协,另一种是不顾后果捍卫正义。和平与正义之间的冲突是核心,妥协处在两者之间。要想改变,必须有人开始采取不同于以往的行动,这便需要人类有更大的能超越的顶级智慧。

155. 其实,只有智慧能安稳于心灵时,人们才可找见到许多的慰藉。当然,由冥想而入定的则是另一个话题。此外,由个人的心灵而激动心理的又应是我们语言的得以产生的源泉。故,人之内容的"心",便当是其本质。因为,他的意识只是之性质,且其生发意识的"心",也正是意识的存在之根,所以躯体的行为有时就是要反映于生命的与意识的这些性质的共在之中的。

156. 对于人来讲,本质可以通过行为的性质来反映,但在行为之中绝不含有本质。比如,当勤劳这种行为达到一定程度时,它是可以代替制度的某些缺失的,然其终不能反映制度的本质,即行为的存在与其本质结构的某种如性质的机能之外在的展现是一样的。

157. 就事实来看,人的行为有主动的由心到外的,也有被动的从外到内的,比如走路时的突然跌倒,人能意识到疼痛等。我们理解由意识支配的行为是容易的,但对于理解被动的然意识也能予以准确地反映者就较困难。我们认为,从基因学上可知,人的每一细胞与大脑的所有的意识都是全息的,即在信息上它们是对等的,且是相通的,是一细胞对应一大脑的。因此,在被动的行为之下,它也能与意识中的概念发生直接的对应关系。这就是人意外地接触到温度较高的存在时,可知觉其为热的根源。所以,意识和行为之间是有着同步性的,不管它是主动行为,还是被动行为。主动行为是意识直接对应意识的执行者,被动行为是被动的身体部分直接对应意识。在如上的对应过程中,没有时间显现。以此可见,不管是主动行为,还是被动行为都是与意识直接地相互联系着的。于是,我们就解释了主动行为的意识的指导作用和被动行为的能准确地反映在意识之中的关系。

158. 人于行为中,只有在我的可以自知的前提下,才可向着物自身的深处去理解,并能真正地理解物自身;而我的可以自知的东西对于任何的事物来讲,只有性质的存在才是最有意义的。比如,人是唯一会因为情感而流泪的动物,这应是我们所自知的。因此,情感与泪或流泪就是一对相关联的项。可见,情感是可以从泪水中的线索来找到它的本质的存在的。

159. 刘晓东认为,文化的根系是生物的,文化的内核就是生物的,生物的东西已被文化的东西化了妆。[①] 他还说,一方面,我们应看到人类的现实存在是文化的;另一方面,我们又应当充分估计到先天禀赋在文化和精神系统中的根基地位。这就是先天的也具有文化的精神的原始作用的表述,只是它尚需人们的后天的唤醒而已。

160. 从根本上讲,文明的应正是对本能受压抑的反抗,这映照在文化上,便有了与之不能分割的特性。然而,人的生活习惯的实践,又

① 刘晓东:《儿童精神哲学》,南京师范大学出版社 1999 年版,第 3 页

无不是要以文化的来展现。至于当下的文化的多是要寻求某些向前的东西来作为依托,比如欧洲人文艺复兴的精神,就是将其源头指向了古代的希腊那里的。很显见,在此背景下,人的成功感更应是要建立在人文价值观之上的,而不是在物质价值观之上的,并且更加是以集体性来代替个人性的东西的,这些都是极有道理的。

161. 我们说,在意识的知性之中,关于质的相关规定,都是经过思想认识之推理而得出的,这里的质的存在就是本质,且这里的存在的本质与实际的存在的本质必是要有同一之对应的。这时,人的能动性的东西恰是经其思想的牵引和刺激其所寄寓的本质而发生的。因此,第二信号系统说便揭示了人类特有的思维生理基础。①

162. 所以,思想的实体一定是意识化的物质或说是物质化的意识,对于这个东西的彻悟很有意义。思想的记忆的能反省的东西必是要①与生命发生联系,②意识起关键决定作用,③这个东西当有最先进的择优机制。故此,它的工作程序便应是以利于生命的存在为第一原则的,应是以意识来预警来经验来权衡的,应是以如上的基础做最优的判断,并转化为行为的。研究这个思想的机器最为重要,还要深思之。也就是要深思思想者本身,深思能思想的核心。认识你自己,就是初级地思考思想者的之所以,就是要永远地思想给你思想的思想里所引出的自己。

163. 可见,思想的本质和物质的本质都是要由我们的观念来表达而出的,离开了人们的观念,便不能谈及任何的本质。由此来看,观念的形成知识,知识的就是观念的,它的来源就应是感觉及其之后的反省

---

① 巴甫洛夫:《条件反射:动物高级神经活动》,周先庚译,北京大学出版社 2010 年版,第 9 页

所得到的。或说，知识就是感觉和知觉的意识化了的存在。有学者讲，人类认识史的本质就是……以观念形式和理论思维形式把握客体的历史。其实，观念的理论的思维的都属认识的工具，然而寻求本质，恰是需要这些工具的。

164. 关于精神的中心所反映的，就是属于人的本性问题，精神要归于意识，意识即为人的性质，故人的性质的聚集处的性质也就是其本性的东西。从上面一路走来，我们知道，人的本性当是由①基因、②内外信息循环之加强所共同生成的；其间由①所决定的，必要在②的条件里才可以实现，无②则①便不能显现；若在②的有利情况下，①的作用就会更大些。

165. 然而，精神的原始的东西，又应是要归于人的本能的，它的每次出现都是一种迸发，很难在这之前找出它的除本能之外的有关历史的演绎的任何痕迹。或言精神的总是向着它的在的本质的，找到精神之在，就是要找到精神的寄寓之所，如此也就是找到了它的本质。

166. 但是，存在的性质之终极所归于的实结，作为本质的言说，乃是经深思后而得到的真，它与人的最初的在现象层面上的被感知的真毫无关系。如此一来，在感知的理念上的表面的东西就一定不是本质的东西，可本质的东西确是需要理念的来做表述的。在表达的阐述中，一旦自然和属人的关系，能构成人对世界的有关事物的性质观，由此就会发现世界中的某些本质了。

167. 总之，对本质的是要经过向内的契入的才可获得，仅由外在的相不可得，由外在的向内的契入是要有求证的过程的，人们讲的科学的或实践的都是这类的方法之一，但同时还要有心悟乃成。我们说，由意识、精神能产生物质是不可能的，但通过意识、精神可以寻找到它们的可以寄存的物上去,则是容易办到的,所以也就找到了本质。

168. 故此,本质之为本质都是由性质所引致的东西,在研究这一过程中,人的意识里面的理智会起到一定的积极作用。其实,理与识和智都是关于意识的东西,且三者的分级也不远。因此,若欲寻得他者的本质,只宜通过人的内在的意识的分辨力,沿着他者的性质之路去寻找就可以了。

169. 众所周知,本质应在最初阶段出现,而意识的认识只要发现了本质,则该意识的水平即是达到了极高的程度。同样,此时的意识和本质就都是排除了与他者的交集后的指向与成分。于是,本质作为某种绝对的差别载体是实际存在的,且这也正是意识的实在性所规定的。

170. 关于人与他物都有本质的存在问题,不能只言人的而不讲他物的本质。海德格尔说,人的在的本质……只能从这个在的本质来得到规定。[1] 这是看似的正确,实是应由本质的性质来规定的。当然,人的本质又是不同于物的本质的,这里由于其二者之间存有根本的区别。人的本质既是在其生命中的,也是含有意识的灵动之所在的,而物的本质则只能是靠它的性质来被动地为我们所认知。

171. 接下来,我们就要谈及脑,然后再以意识与脑的关系的阐说,便将性而上—上学的文字内容推向到一个新的高潮。

172. 夏甄陶先生讲,脑是由大量的神经细胞组成的。神经细胞含有丰富的不同型式的核糖核酸分子。研究家们推测,核糖核酸分子可能是储存信息(记忆)的物质基础。[2] 另外,人在睡眠期间,脑制造蛋白质的速度要远远高于觉醒期。蛋白质是一种大分子,为维持结构所必

---

[1]　海德格尔:《形而上学导论》,熊伟译,商务印书馆 1996 年版,第 140 页
[2]　夏甄陶:《认识论引论》,人民出版社 1986 年版,第 179 页

需,它又是体内所有细胞(包括神经元)功能的基础。同时,脑和脊髓一起也就形成了中枢的神经系统。关于多神经的高度的聚集区域,在起初就当是形成大脑的重要的可供选择的地方之一。如此,也就揭示了它的生成的有关的秘密。

173. 接着,正是由于人有一个独特的脑,才造成了他与其他动物相比所表现出来的全部的能力差别。① 总之,人的能力与他者的差别是由其大脑的差别所决定的,人的能力大,所摄取的营养多,则也正好与能满足其具有大能力的脑的需要是成比例的。所以,大脑的不同,能力即不同,功能也自然不同,而这恰是某些不平等的机理之基础。虽然,脑只占我们身体总质量的 2.5% 弱,在安静状态下,它却能消耗 20% 的能量,②这似乎亦合二八定律。

174. 据说,婴儿出生后的一段时期内,他们的大脑以 1% 的速度生长,但在 3 个月后,他们大脑的生长速度会降低到每天的 0.4%。研究显示,在出生后的前 90 天内,总的来说婴儿大脑会成长到 64%,他们出生时平均脑部大小为 $341\,cm^3$,90 天后则为 $558\,cm^3$。换句话说,3 个月后,新生儿的大脑从平均成人脑部大小的 33% 成长到了 55%。就身体质量而论,脑重最大的生物是人。脑越大,它所含有的神经元也越多。

175. 因此,在更精细的意义上也可以说,脑是由神经元组成的。③即,脑内有数量巨大的(10^{11} – 10^{12} 个)神经元及更多的(10^{15} – 10^{16} 个)突触连接,它们构成脑的整体网络。这样一来,人的大脑就要包含有约

① 李景源:《史前认识研究》,湖南教育出版社 1989 年版,第 54 页

② 格林菲尔德:《人脑之谜》,杨雄里译,上海科学技术出版社 2008 年版,第 22 页

③ 格林菲尔德:《人脑之谜》,杨雄里译,上海科学技术出版社 2008 年版,第 97 页

1000 亿个神经元。于是,不管是语言皮层还是运动皮层,如果你在皮层表面做一个网格,每平方毫米的新皮层就要约有 148000 个神经元。①讲这些,对我们认识大脑极为有利。

176. 余明先生讲,人的大脑由从内到外的三层组织(古皮层、旧皮层、新皮层)构成,基本上相应于大脑的知、情、意三种功能;下意识动作或本能行为被古皮层控制指挥,动物在知觉生命受到危险的瞬间即刻就会产生本能的反应动作,人的本能行为与动物的基本相同。② 如是之,它便使得人的各部分都要成为一个互联互通的存在,大脑即是所有互联者的交结体;然而,这个交结体本身又是一个巨大的加工厂。它的缩小体还可以植入任何的一个互联着的极小极小的存在之中。

177. 从历史上看,我们的大脑是几百万年来一层一层地累积起来的。③ 在此过程中,大脑是自然的巨大秘密。同时,我们的大脑还以惊人的能力去适应了我们所处的环境。进一步讲,以人为中心的存在,就是以大脑为中心的存在。由于人的向着大脑的发达,它才可以顺着自然而征服了一些自然,尽管自然又是不可征服的。

178. 许多人都知道,脑的存在乃是一个庞大的复杂的灵动的特有的组织。脑的功能的具体表现在它的一个网上是可以各自为政的,它们是能分别地和不同的外在形成着点与点的对应关系的。或说,大脑是以相关的影响效应来连接彼此各部分的,这也是符合实际的。不难发现,大脑就是一个生命所及的时时在场的存在。为此,脑基本上是一

① 卡尔文:《大脑如何思维:智力演化的今昔》,杨雄里译,上海科学技术出版社 2007 年版
② 余明:《人的本质》,岭南美术出版社 2007 年版,第 34 页
③ 王士元:《语言、演化与大脑》,商务印书馆 2011 年版,第 31 页

个化学系统,甚至连它产生的电也来自化学物质。① 于是,脑的内在便要逐渐地彰显出来。

179. 我们说,大脑当是以适应和服从生命的存在为前提的。因为,生理的身体的都是生命的,但它们的存在又多是要由大脑来调节和维持的,虽然大脑的存在又是根于生命的基础之上的。很显然,大脑在电位(ERP)作用下的表现,仍不能反映其有关意识的本质,这是由于它只能提供一个我们可以认知的区域,即仅相当于一个"名"的所指罢了。如此,还远远不够。

180. 在客观上,脑结构还会决定懒人的不思进取等。并且,某人的行为失常也是因之脑部在某个地方出了损伤的缘故。还有,人的快乐定是源于脑细胞的感觉之愉悦的,比如爱吹牛就能产生这种效果。另外,有时的疼痛可改变神经与大脑的通路,这是十分可怕的。如上,既有表现内在的,亦有表现外在的,此间的内容都是我们必须要知道的。

181. 关于大脑的进化,我们认为,它应是劳动成全了健康的脑,这就是说,脑不是靠自己的用脑来得以无漏地发展的,通过右手优势带动左脑的事实来看,脑的完善是依赖于手或手的劳动的。然而,随着现代文明的呈现,机器的逐渐代替手和手的劳动,日久年深以后,人的脑是否会退化呢? 我们说,当是肯定的。此表明,凡是进步的,都在隐藏有走向自己反面的东西。但是,要避免它却是不容易的。同样,分工也是有利于发展脑的。在分工时,某些需要还会产生脑的合用。

---

① 格林菲尔德:《人脑之谜》,杨雄里译,上海科学技术出版社 2008 年版,第 66 页

182. 其实,人的大脑在胚胎时段,就开始工作了。这对于认识大脑极为重要,从更广泛的空间来说,世界的运动的目的,或许就是为了人类的能够产生大脑。关于这一思想的发现,对认识无限的有与无的极多的奥妙,应是十分有意义的。

183. 埃德尔曼讲,脑是一种选择性系统,并且以极其复杂多变的方式发生匹配。① 在这种发生匹配的过去,人类早期的自我加强的竞争过程,或说是自激式的生存方式,也能使得大脑获得空前的发展。如此一来,脑的功能与反映便会随着经验或学习而改变而提高。总之,人类的进步主要是内外在的作用于脑的进步的结果。

184. 尽人皆知,脑神经是与五官紧密联系在一起的,正是这种神经的线性布局,就确保了外在和内在的至少的是同时的存在,其前提仍是意识在先,否则便不会被感知。尽管此间的意识在先的表达,一方面是出于五官功能的考虑,但它毕竟是一个事实在先的。不然的话,一切又该如何谈起呢? 或说五官在没有它的功能时,又会是什么样的呢? 所以,一切便为不可理解的了。关于另一方面,五官的只不过又是意识的派出机构,它当是在其功能范围之内的时时要受意识的直接指挥和控制的。

185. 故此,五官的与大脑,恰是一个较专业发达和一个高度的全面发达的两个存在,于是五官的必要服从于大脑。为了实施这种服从,五官的神经就要与脑来衔接,即感官通过神经系统与脑的存在是互通的,不是单向的连结。这是由于,神经的存在乃是一个具有普遍的互通性的网。

---

① 埃德尔曼:《意识的宇宙》,顾凡及译,上海科学技术出版社 2003 年版,第 162 页

186. 在感官的基础上，人所产生的感觉，一定是含有意识的，意识的一定是关于脑的这个最高中枢的感官的活动。人们常说五官，其实这五官都要归于一个总的官，即脑的存在。当然，也可以说，人是存在六官的，或说五官的是居外的向外的并且是向内的，而脑的这一总官是居内的，然而它既是向内的，又是向外的。于是，人有六官，脑是最高的官，具有最大的能。

187. 王小潞讲，人脑是高度发展的组织，它的主要功能是处理信息。人脑接受内外环境的信息。① 此时，神经就是传达信息观念的沟渠，它们可以把信息观念由外面导入至脑的宫殿。据专家研究，那些在脑里的传递信息者，①为神经元，②为胶质细胞经一些化学手段来完成。如是之，大脑的获得信息的路线便已清楚。

188. 这样一来，人的大脑就是一个特殊的物质，它当是一个蕴含海量的信息的存在集体，它的每一精小的存在都具有独特的记忆和反省的功能。脑的存在应与神经、感官和生命联系在一起，而心、脑所出的其实也都是关于意识的代名词。关于人的大脑中的某一信息所寄寓的神经支线与另一支线的交合，我们讲，它既是一种融通，也是一种新生，其再生长的当是具有某些独立性的，且又应是存在多岔性的。如，

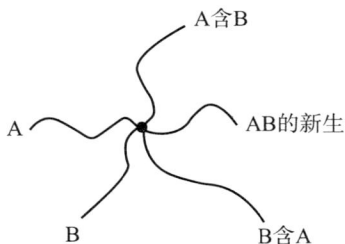

---

① 王小潞:《汉语隐喻认知与 ERP 神经成像》,高等教育出版社 2009 年版,第 58 页

189. 梅锦荣先生认为,由于大脑能储存信息,神经活动可针对回忆中的刺激而反映,并不一定针对当前的刺激,而当前的刺激也不一定能引起即时的反映,①这就是意识的含蓄性。在信息中,经验的即是被感知,被感知会造成新的神经模式,它又会为机体提供新的结构,并再生成新的经验。在高等动物里,这种神经模式为机体提供的新结构或许就产生在大脑之中,因此大脑就是所有被感知而形成的结构的精妙纂辑。所以,正是人类大脑的这些结构和认识结构的历史性变革,才揭开了人类文明或是现代思维的序幕。可见,知觉的应是凭藉了感官和脑的共同力量,而智力的则纯粹为脑的东西。

190. 由上看,人脑便是生物进化史上的一株奇葩,是人类认知的生物基础。② 或说人脑便是认识和思维的物质发生地,即人脑就是认识和思维的唯一器官。人的意识、思维的起源都要依赖于脑的进化。并且,认知行为的复杂化均是由于和通过脑的巨大的缠绕力与深入的钻燧性来获得保证的。离开脑,人的认识能力就要枯萎掉了。

191. 概言之,只有认识的,才是脑所发生的,脑的所有的其内在的再发生,都是有着某个第一位的认识来作为基础的。认识应是感知与思维的和,它天然地要由大脑来完成,即人类的认识是大脑与实践的共同产物。此时,人脑具有超感性的能力。同样,劳动又可刺激大脑,大脑再来激活认识,认识便由可感的要上升到理性了。所以,李景源先生讲,伴随着人脑的重大变化,人的认识也相应发生重大飞跃,这就是在认识的系统发生和个体发生过程中出现的由感性到理性、由直观表象

---

① 梅锦荣:《神经心理学》,中国人民大学出版社 2011 年版,第 34 页
② 王小潞:《汉语隐喻认知与 ERP 神经成像》,高等教育出版社 2009 年版,第 4 页

（具体）到概念（抽象）的发展实际,①此论极为正确。

192. 因此,由脑机能的日益皮质化规律可以推出,人类独有的认识活动和有目的的实践活动的形成和发展必然是随同全新的皮质层的出现而实现的。② 此即言,人的所有的活动的形成和发展就一定是随着全新皮质层的出现来展开的,这就是一种近于寻找到本质的思想了。

193. 上面的意思是,人只有通过自己的超级大脑的赋予,我们才会具有创造力。首先,单独的个体一旦弄懂了如何要与他人来分享复杂的想法后,他便会开始在地上书写简单的符号,这只是外在的;其次,内在的脑则需通过化学语言来进行交谈。我们把这些内外在综合,就会明晓意识的应是整个大脑的功能的总体的阐说,而语言恰是意识的一部分,它在大脑中的反映与存在,理应是有一个属于它自己的区位的,这是不用怀疑的。

194. 我们讲,人能语言,并以文字来思索,这才是其大脑的最神妙的。鉴于人的行为是要依语言、观念而动的,而神经的对此没有决定性,可见神经的存在只能像一般的工具是一样的。达尔文认为,语言的连续使用将会对脑发生影响,并产生一种遗传效果,反过来,这又会对语言的进步发生作用,③此议必是肯定的。

195. 据专家称,用右手的人,语言多半在左大脑。用左手的人,语言可能在左大脑或右大脑,这是不一致的。④ 然而,我们多会用左侧的半脑来思想问题。至于这左右大脑的功能形成,有学者发现,原始人大

---

① 李景源:《史前认识研究》,湖南教育出版社 1989 年版,第 59 页
② 李景源:《史前认识研究》,湖南教育出版社 1989 年版,第 59 页
③ 达尔文:《人类的由来及性选择》,叶笃庄译,北京大学出版社 2009 年版,第 406 页
④ 王士元:《语言、演化与大脑》,商务印书馆 2011 年版,第 26 页

脑两半球的分化,当发生于手势语时期;事实上,这应是准确无误的。

196. 可是,人类所具有的注意机制,并没有被两半球的分离所割裂。大脑半球分离产生了两个独立的知觉信息加工系统,但它们使用一个共同的注意资源系统。左半球在语言和言语上有明显的优势,右半球的优势表现在诸如面孔识别和注意监控这样的任务中。[①] 这就是说,分是只适宜对外的,而对分的合则是要对人的生命负责的,比如统一注意机制就是为此根本目的而服务的。

197. 实际上,生命为了获得能量,它是需要来自于各个方面的硬实力和软实力的。关于软实力,比如受到赞扬激励,人们以后会表现得更好。对大脑而言,受到赞赏就像得到现金嘉奖一样是一种社会鼓励。这样一来,我们就找到了人们在完成某件事情后得到社会奖励时会表现得更优秀的科学证据。因此,在教室里或在康复期间,对学生和病人就要多加表扬才是。所以,为了使人能正向地生活或前进,就必须要单一地使用正向的方法,而不能采取既讲正向的好处,又讲反向的害处的混合的方法。此是由于,讲反向的话,无法形成人的正向的兴奋刺激,只有受到正向的鼓励的人,其以后的表现才会愈来愈有利于社会。

198. 巴甫洛夫曾讲,大脑和高级神经活动由无条件反射、条件反射、双重反射形成,它揭示了精神活动是大脑这一物质肌肉活动的产物,其同样需要消耗能量。[②] 此间,关于精神之产自于脑肌肉的观点是最为重要的,这就像人的某一愿望的出现,是对应于其内在的某一物质的。正是由于这一物质的存在,人们才产生和增强了对某一渴求的冲

---

① 葛詹尼加:《认知神经科学》,周晓林译,中国轻工出版社 2011 年版,第 42 页

② 巴甫洛夫:《条件反射:动物高级神经活动》,周先庚译,北京大学出版社 2010 年版,第 9 页

动。当然，这种产生愿望的物质也是必要存在于大脑之中的。

199. 根据以上的道理，则以人脑来研究人脑就是有可能的，因为人的思想的脑可以高于物质的脑，于是把物质的脑放置在高于它的思维之脑的下面来研究之，终会有一个好的结果。虽然，人类的脑，已被公认为是我们全部思维和情感的掌握者，但是我们的思想还是可以把握脑的。此时，思想的思考之脑既是要高于人的物质之脑，它又是与人的生命之知相结合的，这就比放在实验室里的脑要美妙多了。

200. 之后，我们探讨神经与大脑是如何环结的问题。关于记忆，似是它们之间相互联系而存在的标识。因为，大脑中含有神经递质谷氨酸，经此或许就可以完成大脑与神经的同化、共在与融和。在这一过程中，有可能会形成记忆，进而就可以存储在脑灰质中，用于思考了。现在，神经心理学家们根据不同脑器官单位在实现心理反应中所起的不同作用，已区分出了脑的三个主要机能结构。……其中的第二机能结构又包括皮质的一级区、二级区、三级区。……三级区位于枕、颞、后中央皮质交界处，是不同分析器皮质部分的交叉区。三级区的器官能够把信息由直观综合提高到运用语言符号进行抽象综合，把直观知觉提高到抽象思维，并有效地实现信息的保持。[①] 我们言，这些就表现了外在的与内在的直接对应的并得以稳定的实际，是千真万确的。

201. 至于形象思维区别于抽象逻辑思维的地方，是它加入了人的经验的因素。……实际经验表明，人脑的思维缺乏数学的严密性，人的思维活动主要不是离散的数学式的，而是连续的模拟式的。……模糊推理是人脑工作的主要思维方式。[②] 因此，从模糊推理进步到数学的

---

① 夏甄陶：《认识论引论》，人民出版社 1986 年版，第 180 页
② 李景源：《史前认识研究》，湖南教育出版社 1989 年版，第 5 页

严密的格式,还是需要有一个过程的。

202. 某学者说,物质具有从自身中发展出能思维的人脑的本性,[①]其理由大概是,既然有某种粒子能让其他物质具有质量,或许就有某种粒子能让其他物质具有能量,或许就有某种粒子能让其他物质具有活性,即具有生命力;如上之述似是有道理的。接着,脑的组织中是否也有一种粒子,它可以让脑的细胞会能动起来,以致使人不停地思索。它或许如数学中的零,单处时不存在,但与其他数结合时就会发生效力,如在某一数前就会缩小 10 倍,而在某一数后,就会扩大 10 倍,我们认为这是有可能的。

203. 还有,精神的创造是脑的产品,而脑的形成要有一个历史的过程,故要历史地研究脑的作用的产生,就当研究大脑的生成史。首先,精神的这类性质是取决于脑的;其次,精神的又是意识的,神经的是属于生命的系统的,然又是联系着人的大脑的,它是生命和意识的沟通管道。

204. 在未来,物的精神化和纤细之质的意识化是有可能的,因为物的性质可以等同为人的精神,而人脑的纤细质已经意识化乃是确定的。人还有摄取物的性质之魂魄的能力。比如,外在的三维的到二维的到"一"、"·"的嵌入大脑便是人类所特有的能力。

205. 葛詹尼加讲,大脑作为一个整体一定大于其部分之和,大脑一定能产生心智。[②] 其实,心智的也就是人脑的,人脑的主要心智的功能便是思维。当然,心理活动的某些展开又是大脑一定部分的生理活

① 夏甄陶:《认识论引论》,人民出版社 1986 年版,第 184 页
② 葛詹尼加:《认知神经科学》,周晓林译,中国轻工出版社 2011 年版,第 14 页

动的结果,或说心理活动的研究也应当沿着生理学的道路来进行,这样才能更全面。

206. 从根本上看,大脑是由人的生命能量来支撑的,脑环结的每一个细小存在都会如一个电感,只要稍一刺激即有小电流通过,就会产生较强的电流,此时意识就会被激活。这一过程并不是神经元的放电,或说与神经元的放电毫无关系。由此而形成的心身关系的问题,就是脑的意识和神经系统的在身体中的网络关系;后者可以认为是前者的物的派出的组织机构,它既为意识搜集信息,又听命于意识来使整个的身或之部分能行动起来。

207. 所以,研究脑与意识的关系,实质上是要回答从物质如何转变为精神这样一个最根本性的科学命题。① 我们言,脑与意识的关系问题就是性质物与性质的问题,由于性质物的性质与脑的意识都是具有同类项的本质,则以脑通过它的五官来感觉外在对象所给予出的意识与其所获取的这个外在对象的性质物的性质,在原则上应为一,即意识到的为 A,则性质的亦为 A。这就是说,性质物的性质与脑的意识必是含有等同成分的东西。因此,脑与意识的关系问题也就迎刃而解了。

208. 关于人在事件上的与其性质的相合,也就是人的在大脑中的与之意识物的相合所推动而引致得出的,明白了这些,比如再对性质的阐发,若能达到心开意解的程度,此时离见到本质,也许就仅有一步之遥了。

209. 在当今社会,谁都能知道,脑的形成应是产生意识的最重要的源头,虽然它更多地是联系着神经的,但它确是生命的集中感应者和

---

① 李喜先:《21 世纪 100 个交叉科学难题》,科学出版社 2005 年版,第542 页

能行使指挥权的地方。即,意识就是脑的生命体现,意识就是生命的人脑的所知的外在的进入与内在的反向而出。再者,现代人的关于某些脑电的变化的反映,或许多是生命的作用力的痕迹,而较少地表现为意识。所以,研究脑电,更要研究意识在脑电中的影响,这当是人们必要注意到的。

210. 依上述之见,所有的意识都必须是在存有生命的前提下,以大脑的神经的活动为基础的。或说意识就是人的生命系统所激活的脑的功能,那些看似的属于人的生命系统的如视觉、嗅觉和触觉等,其实它们都是由人的神经系统来与人的大脑紧密联结的。故此,每一意识与脑的某一点的质必是对应的同时存在。在身体中的神经系统,是意识的脑的部分的外延,正是由于意识、脑和神经的存在,才反映了一个整体的人的生命。可见,肉体的心是归于生命的,但"心"所代指的应是意识,而产生意识的物质的肉体的"心"则是大脑。

211. 这样一来,我们知道大脑活动的一个重要特点,就是它能从环境中接受不断变化的信号。至于其先由大脑皮层中不同功能部分抽取各自有用的信息,然后大脑再把各部分给出的有用信息经过整合,最终做出全面性的反应,则是一个加工信息的过程。此时,大脑皮层中的同步现象便体现了抽取有用信息和整合这两个过程。① 我们言,这里的"先由"说就是代表了某些意识的先在性,而其"同步"说应是反映了它们的那种共在的关系。

212. 然而,大脑接收的信号又不只是来自外部世界的,它也是来

---

① 李喜先:《21世纪100个交叉科学难题》,科学出版社2005年版,第609页

自于体内的。① 我们认为,来自于体内的是关于生命的,而来自于体外的则是关于人们所接受的后天的意识。这是由于,脑在身体中,意识在生命中,脑是身体的部件,脑与意识共在,即意识不可以脱离生命。也可以说,大脑的存在就是先天所预设的关于意识的巢,尽管大脑与意识也是共在的,同时意识与外在的也是共在的,即大脑、意识和外在都是一个共在。

213. 但是,于这种共在中,大脑对意识的排列又是要按着时间顺序来进行的,虽然在许多年以后,记忆的不是很精确了,可在大概上还是有一个前后的框框的。

214. 显而易见,意识的本体就是大脑,而进入脑中的就是意识。当然,脑的存在首先的应是意识,然后才是精神。因为,意识可以是由神经系统在脑的环结这个"电感"里面而放大出的轰鸣,其中便自然地能内生出某些精神。

215. 钩玄提要,人的性质的根便在意识中,意识的基础就在大脑的意识物中,即大脑的各个部分是分别地决定着人的各方面的性质的。以此推断,人和动物的所有性质的源头,就都应是存在于这些机体的大脑里面的。如是之,我们就解决了上述两类性质的来源问题。

216. 同时,意识的应是大脑这个性质物之性质的可以对内和对外的感知的存在。对内是意识之性质的内在性,外是它的给予性。关于对人所称的意识,即如性质物的性质。若把人称为性质物,则他的意识也就是它的性质。人之所以能有意识,完全在于其脑的存在。脑是

---

① 格林菲尔德:《人脑之谜》,杨雄里译,上海科学技术出版社 2008 年版,第 84 页

嵌入在人体中的,意识也是人体中的,这就如同导电性是存在于金属中的是一样的。再细剖,我们就知道,脑的意识化其实也正是意识的已经脑化,如此一来,脑与意识就是异名的同实同在了。

217. 综合之,世界的运动的目的,就是为了人类的能够产生脑。因为,只有运动才需要脑,才会创造脑。同样,又由于脑,才会产生有意识的运动。在这里,小脑既管无意识的,亦管下意识的。管无意识的是具有先天性的,管下意识的是先天的延伸到后天的部分。

218. 我们言,所有的止于本质之前的都是先天的,由这个先天的所伴与在本质上的性质就是本性,或说本性也是从先天而来且是止于本质的存在。本质与本性是不可分割的。经由本质与本性再向外展开的多样性当是由生成它们时的环境中的多要素或作为多背景的多存在所造成的。可见,每一存在的多性质是与生俱来的,是在之生成的期间的环境中的多要素或多背景下的多存在共同地迭加成的。在如上的场境中,我们就理清了本质、本性和多性质之存在的起源。当然,后天的也是可以嵌入一部分而进入到性质的序列中去的,但应是很少的。

219. 人们应该清楚,先天的并不具有后天的性质,只有先天的与后天的能完成统一时,这个统一的性质才可以显现。我们可以用后天的例子,来联系先天与后天的关系,比如心理的是尚未成为现实的,故它与外在的现实将要形成的概念定是不同的。也就是说,这个先在的心一定要落在后天的概念上,即如种子只有落在土地上才有意义。

220. 同样,先行一步的认识应是该早于其他的动作行为的,先行认识的原理按照等级是最先的。比如,对变革的重视就是取决于事实上的要先行的东西。但是,事实上先行的东西在认识顺序上又是后来的东西。① 于是,我们说,性质的这种先行的存在,在人类的认识顺序上必要居于关于现象的东西之后,这乃是一个正常的秩序。这就是为什么人们要先说从现象到本质,以致到现在人们才发现应是从性质到本质的原因。在事实上,先行的展开的东西的顺序是本质、性质和现象,然而在认识的展开的顺序上则要先认识现象,再认识性质,最后才能认识到本质。故,后天的存在之先于本质是荒谬的。本质是一切有的存在的前提,任何后天的存在之所以存在就是由于有本质是在先的。

221. 李景源先生讲,当有机体内贮存了某种信息的时候,必定引起机体的机能性和结构性的变化。在低等有机体内,这种记忆的印迹可以从身体的一部分"迁移"到另一部分。在同类相残的实验中,甚至证明某些经验模式通过自相残食从一只动物迁移到另一只动物身上。这种情况多半是由于低等动物(如涡虫)缺乏真正的消化系统,其消化大部分是在细胞内进行的。所以,作为记忆编码的复杂分子就会完整地到达残食者全身的细胞之中。在高等动物身上,通常早在食物到达身体细胞之前产生消化。因此,记忆编码分子就被酶分解为次级单位,记忆多半就会消失。但是,对于高等有机体来说,经验将导致发育中的有机体生理系统的改造和变化。② 上面的文字表明,除了①基因遗传外,还可以②通过"残食"的方法,进行外在的经由细胞的载体来完成有机体间的信息迁移,这是一个十分重要的思想。再加上③外在的给予性和④内外在的共在,我们就完整地得到了一个系统的知识:A.基因说具有先天性;B.外在细胞迁移说是先天与后天的结合;C.外在的给予

---

① 海德格尔:《物的追问:康德关于先验原理的学说》,赵卫国译,上海译文出版社 2010 年版,第 150 页

② 李景源:《史前认识研究》,湖南教育出版社 1989 年版,第 92 页

说是先天性的;D.内外在的共在说也是先天与后天的结合。所以,人的认识离不开先天的存在,离不开先天与后天的结合后的存在。如上,当是具有真理性的。

222. 此外,身体的一切分子又都是我们的一部分,又都是有思想、有意识的自我的一部分,因为它们和同一能思想而有意识的自我,发生了革命的联系,而且它们受了什么感触,我们也可以受到,……我们也可以意识到。① 可见,身体的生命联系有时是通过思想和意识来完成的,本段文字表明,人的胎儿也是已接受了其父母的思想和意识的,这是由于他是以父母的分子所组成的,后来他们虽然脱离了母胎,但他们已是父母亲的自相似体,是与父母一样的活体。所以,父母的思想和意识就要遗传给了其后代,后代也可以再发展之,这就是先天的与当下的结合。

223. 关于词的产生应是人类思想的真正的有意义的开始。词是人类群居时对某一概念的集体指认,并经社会同意后的文化存在,这一过程是需要漫长的时间和高度的发达的大脑和集体的智慧所凝结的。因此,只有人类才可奠定词的存在。同时,词又发展了人类。词是人类智慧的源头,而这个源头又是人类自己形成的。这就是说,某一事物的某一性质的源头的存在,恰是就在该事物的自身之中。词的存在是人的之所以为人的依据,正是由于词的存在,人类才得到了第一次的大发展。人类的第二次的大发展就是要进入到"词"里去,即进入到词所指的物或事件之中去,而进入到事或物的内部去的标志,就是要循着它们的性质来找到本质。当人们找到了本质时,就会进入到第三次大发展

---

① 洛克:《人类理解论》上册,关文运译,商务印书馆 1983 年版,第 311 页

之中。在第二次大发展期间，我们所使用的概念都是关于性质的，即都是去名词、去现象后的存在。尽管此时的名词、现象还依然有意义，但只不过都是一种集有关性质的符号了。人们现在所取得的成绩，只是依从现象的缝隙处乍泄出的一点点的性质的春光所推演成的，真正的科学的大发展并没有到来。若欲实现科学大发展的到来，只能依性质的连缀去发明、去发现。否则，不沿着性质的轨道去发展，则人类的就只能是在低层次的空间进行小步的踯躅。

224. 很显然，人类已经历了识名的阶段，和观察现象的阶段。在当下，则必须要突进到由性质而发现本质的阶段。

225. 一言以蔽之，性质哲学的终极目的或说它的终极反映是什么？我们言，人的性质就是意识，意识对人来讲就是为了维持其生命的存在与显示其能力和崇高的；而性质对于性质物来讲，就是为了维持性质物的存在和对空间来显示它的功用的，这便是性质哲学的终极表达。所以，对于人来阐说的应是生命和崇高，对于物来反应的便是存在和功用。如果把人和物构成一个世界，则其整体的显现就当是生命、崇高、存在、功用，这才是整个世界本质的意义所系。

226. 于是，由此就可以轻松地在后面的文字中来认识到"上学"的内容了。

第十章　上学(之一)

1. 神有上帝,人有上学,这里的"上"是"至上"之意。上学就是要解决、说明和澄清关于本质之存在的这个千古谜题。

2. 历史上,亚里士多德讲,没有一个人明确地表达过本质。[1] 在他的著作中,有关实体的概念即是本质,也可以说亚氏之实体的本义就是本质。现在,我们讲,本质就是产生性质的存在,本质就是性质的最终的承载者,本质只有通过性质或通过性质来表达时,它才是存在的,无性质的本质是不存在的。

3. 之后,又有大学者言,本质对我们是隐瞒着的,任何一个追求某种事物的本质的人都是在追逐一个幻影(维特根斯坦、施泰格缪勒)。事实上,这是荒谬的,因为他们不知道什么是本质。首先,本质是存在于性质和性质物的共在之中的,它必是要由性质来引发而出的,其最终虽是寄寓在性质物里面的,但本质——由于能焕发性质,于是我们说,本质当是物自身的可以对应着人们的意识的关于其性质的凝聚后的存在,这个存在通过去掉自身的与他物相交合的那些东西,便要逐步回到自己的本初的本原之所,在此它便能自我地展现出来。

4. 除上述外,还有先贤称,本质不能在时空内开显,[2]这也是十分

---

① 亚里士多德:《形而上学》,李真译,上海人民出版社 2005 年版,第 35 页
② 叶秀山:《哲学要义》,世界图书出版公司北京公司 2006 年版,第 155 页

不妥当的。因为,时空内所有的开显都是通过本质来完成的。倘若我们沿着本质的辐散出的性质反向来推导之,则本质就必然会被追踪而能寻到,这是肯定的。

5. 接着,对于本质而言,它有没有自己的物质基础呢?我们说,对于有的存在来讲,其最根本的决定性质的终极之物就可以简称为本质了。洛克认为,本质就是可感性质所依托的,①他讲的大意是对的。因此,在本质上的可依托和依赖的就应是诸性质共同的趋于它们的生发之处的可相互偎倚的实际支撑,即本质必为一种有,不能为无,这时本质只与自身的性质相关联。所以,这些也就回答了本质的当具有物质的基础问题。

6. 在性质物的有中,其最深处的成分、组织和结构都是可以成为本质的;如果引出性质的 P 的结构,就是终极的存在了,则 P 就是本质。本质的成分,本质的结构,本质的异动,本质的其他等等,都是决定性质存在的根本,都是具有无与伦比的重要性,这当是一个很关键的发现。于是,本质就要具有一种形式和形式的规定,②这在性质的所依于成分的基础上是正确的。然而,本质是被物质组织结构所决定的,③如此笼统地谈是欠妥当的,因为它没有联系到性质。依性质的来源指向,到头来凡内在的组织、结构或某一存在的存在的成分都可以成为本质。

7. 本质的原义就是存在,任何的存在都有结构,事物的性质若是要依赖于它的内在结构,则此时的结构就为本质,这可称是实在的本质,而名义的本质就叫作抽象的本质观念。故,本质可为,①抽象的本

① 于全有:《语言本质理论的哲学重建》,中国社会科学出版社 2011 年版,第 9 页
② 黑格尔:《逻辑学》,下卷,杨一之译,商务印书馆 1996 年版,第 76 页
③ 余明:《人的本质》,岭南美术出版社 2007 年版,第 13 页

质观念(名义的,不生不灭的),②内在的结构(实在的,可生可灭的)。关于它们的表达就是,性质(观念)→概括(抽象到载体)→本质。

8. 也可以说,本质一定是被性质推演到极点的存在,本质就是它的精准的抽象,本质的意义就是可以区分出那些非本质的东西。虽然,本质是要由观念来阐发的,但事物的本质却不是事物的囫囵本身,也一定不是整个事物的观念。胡赛尔讲,本质内容的每一性质……都是一个观念,①这是不同于物的非性质的认识看法的。如此一来,一个本质便是必要包含有各种相关性质的表达了。

9. 当然,本质的具有自己的多样性质,它也正是本质的之所以为本质的根本所在。或说,本质通过它的不同的多性质就一起地来支撑了它们的共同的存在,此时的本质当是与它自己的多性质联合于一处的终极之物。由于性质的都是可以表现为观念的,则本质就可以通过定义或原理来表述。在大多数的情况下,用定义来表述本质是常见的。根据决定性质的终极存在就是本质,这个本质是可以由定义的形式来表示,且在性质与本质之间是有着必然的对应的关系的。所以,对于物来讲,它的性质与性质物中的本质便是对应着的;对于事件来讲,它的性质便要与决策者的决定性的存在是对应着的。为此,事件的本质就可以由起主要作用者的意识、意念来引向到它的寄寓者中去了。

10. 同时,本质的存在也有它自己的内在的不显的性质,只是这个性质,还不能为我们所知,然而这个性质与本质反映在性质物中的性质又是不同的。

11. 从极高的理论层面上看,本质的又是具有不可超越性的。因

----

① 胡塞尔:《纯粹现象学通论》,李幼蒸译,商务印书馆 1996 年版,第 359 页

为，本质是独立自在的，它不依附于后天任何的东西，而那些质料都要根据于它，是之构成了所有其他存在的基础，本质只有一个，即本质的应是其所有的性质的源头上的载体。

12. 不难发现，本质的存在，绝没有任何内在的矛盾。其要义是，本质的就在于它能有规律性地使其各样的性质都以自身为出发点，或说凡是能总绎出（或能总辐散出）性质的那个存在便是本质无疑。

13. 很显然，本质的就必要与完美和恰当相互联系在一起，即本质的就当是绝对的神圣的和最高的。故此，凡事凡物的本质就都是由性质所拱卫的可趋向于先天的存在了。

14. 非常易见，本质的必是本真的，是绝对的真。这样的话，本质就是具有最根本性的东西，在它之前的虽可存在，但不能有性质，即事物是从本质开始才显有性质的。然而，本质的又必是内在的真实，且这种真实是不宜独立外现的，或说本质应在物的性质的最深处方可存在，否则就不是本质。此时，本质为内在的体，性质则为内外在的用。

15. 如上理，本质的在性质物中就是不能直观的，这是由于，只有向外发散性质之光的内在组分或结构，才当说成是本质。可见，一切存在的具有决定性的东西，就必是含有本质，而经本质的外显给我们的就是性质了。当然，某些本质有时又要借助于一些工具仪器才能被发现，但就理论上而言，本质只能在不同性质的结合处，方可把控着性质物的各种机关。

16. 我们言，本质的当是最简单的存在和不可再经常变动的，因为杂多的已被去除，而多变的只能是本质之后的事物了。可是，本质也并非具有永久性，有的可以瞬时即灭。如此一来，本质的也是可以变的，它只是相对地长久不变，它只能是与自己的性质同在时，才是不变的。

17. 事实上,只有本质的才是性质之源头的存在,本质的改变是要借助于它的性质和性质物来完成的。这就是说,本质必是某些生根性的载体,至于本质所及的后续发展还是需要其他原因的,但此时的原因已不是那些先天之因了。即,本质的当是内在的决定某事物之所以是某事物的第一存在,它与那些发生的原因,或说原因的外在性又是有区别的。在原因问题的阐述上,本质的要高于后天的所有原因,它是一个固定于某一阶段的存在,它不存在于所谓无限的可以向前的推演的过程之中,因为此时的本质是无法表达的。

18. 有学者称,根据就是内在的本质,而本质实质上就是根据。^①如是之,本质的存在于根据里便为有意义的。这时,本质即是决定性质物的存在,或说本质就决定了从其自身中所逸出去的诸种性质,可见本质是可以向外分泌性质的。

19. 依上文,本质就是决定事物的性质可以归于一的存在;当此之际,本质的自身必是共相的一,它更应是万物殊相的多的根。从它的中心向外看,本质的所显无共相,只有殊相。比如,一物的本质定是一物的与他物的绝对的区别,而一物与他物的普遍性之说,其理论在本质上当不具有相容性,所以说这对于物本身便不能实现,它只宜在无的条件下才可以实现。

20. 但是,对诸存在的本质进行分类则是可以的,如社会本质、实践本质等。我们说,这些被分类的本质其实只是不同的性质的寄寓着的存在。有人以性质来说成本质,无非是强调性质的重要而已,但这样讲是不严谨的。在这里,我们所谈的本质几乎都是种类的本质,如物的

---

① 姜丕之:《黑格尔〈小逻辑〉浅释》,上海人民出版社 1981 年版,第 287 页

或人的本质。对于任何的存在来讲,只要其本质相同,则之性质就必相同,这是无有疑问的。

21. 一般来看,本质的都是内在的实在,且这种内在的实在又是其之后的存在得以存在的根据,而这种根据的反映就是它要相依于那些由本质的中心点所焕发出的性质,即本质是性质的源头,它是统筹性质的中心。因此,本质的这种实在,虽是难见的,但是由于它有性质之光的外出,所以人们只要沿着性质的向上去反推,就一定能直达本质的存在中。这样的话,本质就是性质的光源,是存在的最初的因子的个体或集体,性质本身无有物质质量、物质粒子和物质形态,但其必须要寄寓在某一物质之上或之内。

22. 所以,本质即如光源的一点,性质就如它的发射出去的光束。在原理上,本质这种光源,必须要由性质来作为它的光线的,因此它们在性质物中才是处处相符的。

23. 从前述可知,在性质的起点处,或说于本质存在的地方,也应正是诸多性质的分化中心,即性质是从本质中被分化着来演绎而出的。反之,关于性质的在物质基础之上的最后的归结的存在也就是本质了。

24. 对于性质来讲,其殊途同归于一处的就只能是本质。当所有的性质都荟萃于一个内在的存在之中时,则它所代表的就是本质。反过来,由此还可以流出那些性质来。这里的意思是,在性质的终极处必为本质,或说性质的究竟的寄寓者也就是本质。

25. 在因果问题上,本质与性质同在,然而为了后天的方便之说,也可以勉强地讲,性质为"果",本质为"因",只有本质的因,才能焕发出性质的果。且科学也只能是藉果方可推出因的,而这正是由性质来寻出本质的无以辩说的依据。如是之,对于性质的联系着的质的规定,也就是本质。关于性质物的性质,其必要根植或起源和受控于它的某一联系着的质的点上,我们把这个具有决定性作用的质的存在就可以称之为性质的本质。当然,这个本质的点也可以是某一种或一些离子等,点的说法只是个代指的比喻。这样一来,由性质到本质的思想也就得以形成了。

26. 有人问,性质的根基在哪里呢？它一在我们的意识处,一在事或物的本质处。当人们的意识与事物的本质正好结合时,则本质的东西就要开显出来。比如,由无到物,经$E=m$来完成,由物到说清它,要经性质来完成,而被说清楚的,就是本质了。

27. 在言说过程中,对性质的判断的目的也是为了找到本质,即找到性质物中的与性质的直接的对应着的最后存在,或事件的决定者的起了决定性的那些意识的寄寓者。由此观之,性质与性质物的所有联系,都要终止于本质。从本质的连同区里,可以向外光射出许多不同的性质来。

28. 于是,性质的便是由性质物的内在的可引起它存在的成分和结构等来作为本质的所指的,或说性质的本质即是以其得以生的成分和结构等而作为天然的依据的。事实上,成分、结构、变异、运动的方式,发展的水平、杂质、缺陷、外在的影响的进入都是性质的在性质物内的某种本质的存在之一。倘若某些性质因之对应的结构的不同,其也相应地存在着不同时,则此结构就是该性质的本质。进一步讲,性质的终极的存在寓所就是本质了。

29. 再细研究,就可发现,每一性质都当有自己的本质,综合性质也应有综合本质,这个综合本质或许就是所有性质之本质的交集。在这个交集里,有可能其他的次要性质之次要本质的存在不能显现。综合本质的表白方式或许也是可以通过性质的个体化来实现的。原则上，本质的存在中仍可再含有其他的各个本质，凡是在本质中的，就都是属于本质的范畴的。总之，含有了性质的关于它的最终的联系项，就必是直对本质的。

30. 沿着前面的观点，则简单的性质和综合的本质的相互证明也是可以合并在一起来言说的。因为，它们都是可以指向本质的这个集体的。比如，只要以某一存在的多性质中的一个性质就可以证明出它们的共同的本质来就是这样；而这个共同的本质，就可以称之是它的诸性质的集体的胶合的共在，然有人又称之为共相，似不稳妥。这是由于，某些存在的共相，并不能反映性质，即与本质没有联系。

31. 就空无来看，欲大者必空，只有空才能容大，且空中亦有性，非空中亦有性，寻空性可得空本质，寻非空性也可得非空本质。此时，空本质与非空本质无关。依上之意，有的原始的性质的承载者就是关于有的本质。在这里重要的一点是，性质的自始至终均无需本质之外的来影响。不难发现，没有性质物的性质是不存在的，但有许多性质物的性质，还是不为我们所能知道的，因而也就是更难表达的了。空间的性质是无，无的载体是能量，故空间的本质当为能量。空是性质物的转化，性质物也是空的转化，空只是对人而言的没有性质物的形态等等而已。

32. 其实，凡"是"什么的问题，真正地讲，均可归为关于"本质"的一系；也可以说，本质就是它的是什么和之所以是。关于它的是什么，只能用之所逸出的性质来表示，它自己则无有可以引入述说的对象；关于它的之所以是，则在于其与性质是一种共生的共在，否则本质便不可存在，而这也正是本质的得以存在的原由。除此之外，本质的是什么和它的之所以是的问题就无从谈起,即只有本质的才可以言"是"。

33. 洛克认为,本质 essentia 一词原义就是存在,在他的思想中,存在是什么,即为本质是什么。故而有专家讲,存在之于存在物,不是"生成性"的本原,而是"本质性"的根据。[①] 这里的存在就是本质。因为,本质性的本性之根据必是本质,且生成性的本原也是本质。

34. 这样一来,任何存在都是因本质而存在,本质与存在不能分离,但我们说,本质与存在又不是同一的。因为,本质的可以理解为就是存在之初的至真者,然而这个至真者又是什么呢？它只能是其所显出的性质的寄寓着的存在了。

35. 所以,本质者,如 S 是 P,即指 S 的本质与 P 的本质相同,而不是现象上的相同,要实现这种本质上的比较,只有通过性质才可完成。其实,S 是 P,也等于 P 是 S,这里的 S 的本质为是,与 P 的本质为是,都为一个共同的是,或说 S、P 的本质都指向是,且同为是。因此,这个看似系词的是,既为主语的本质的展开,又是谓语的本质的先出,或说是以本质来规定着谓语也可以。故此,是即为本质无疑;但要完成 S 是 P 的肯定,必须要使 S 的性质与 P 的性质的当完全相符,否则 S 便不能是 P 了。很显然,这些均与 S、P 的现象无半点关系。

36. 关于现象的,应是经由五官所感的表象,含外在的经验的东西多;而性质则是内在的抽象的,它是由本质所反映出的差异与差别,或说由本质所反映出的差异与差别就是性质。比如,一册书和一株杂草,从现象上看,一册书只是许多纸张叠合的东西;一株杂草,人们注意到的或许只是它的叶子。可是,从本质上看,书的本质乃是由文字所反映

---

① 张志伟:《形而上学的历史演变》,中国人民大学出版社 2010 年版,第 17 页

出的人的文化精神的寄托,一株杂草的本质作为植物是通过光合作用来吸收能量的载体。于是,书籍的能反映出的与他者的差别即性质就是能给人以文化精神,而一株杂草所反映出的与书本的差别即性质就是要不断地吸取外在的能量。得出上面的结论,不是由感官寻出的,而是深刻的意识的探求的产物。所以说,性质是内在的,现象是外在的。性质的也是真实的,也是可以经由实践再反作用于感官的,如金属的导电性就是这样的。因此,感官的来自外在的是现象,而来自内在的则是性质。尽管某些性质是不可观的,或是仅可触感的。

37. 可见,本质就是要用现象来做伪装的,就是要用质料来作为阻塞人们视线的,其惟有留下了性质的门路。在这里,性质的变化与现象无关,仅与本质有关,即只与本质的成分的组合变化有关,只与之结构的变化有关(如染色体结构畸变和化学结构的变化,都会引起性质的变化),还可与成分的量度变化有关(数目的即是成分的量度,如整倍数或非整倍数在基因中就会引起不同的变化);此外,又与本质的突变有关。至于量度和量的存在乃是由于它的本性或属性等性质而存在着的,因此空间、时间和运动都可以表达为某个量。在本质上,量应属于一,所有的量都是一的翻版。

38. 在事理上,本质的含有初期的发生的思想是对的,当然本质的又是要在它自己的开始形成之中方可确定的。同时,本质的存在本身一定是具有场的巨大能量的,否则它就没有焕发出其本性、性质的力。

39. 可以想见,本性必然会联系着本质,本性是所有性质之本,本质之外的最近处的定是本性,连同本性的便是各种性质的展开,而本性之本与物的根本之质的结合就是本质,故本质就当是其具有物质的最深层之成分的质的能被本性所说明的东西。

40. 于是,终极的性质就是本性,本性的得以寄寓的存在者就是本质。性质哲学的终极目的就是要阐述物的本质和人的本质。鉴于一切的都是由于其众多的本质的存在才能够存在的,这里的本质就是它的根本的性质所指向的载体,则本质的就是性质物中的根本之质,就是关于其根本性质的已然的归宿之质。

41. 或说,本质就是其根本性质的自始至终地寄寓着的物质,也可讲,原生质的性质就是本性,是最接近于本质的。由于特性、属性和根本的性质都属性质,只要是性质所寄寓的性质物的最深处的存在就一定是本质。

42. 如上,就表达了共同的性质对于一个类别的集体都是有意义的。尽管人们认为,更重要的是根本的性质,只有从根本的性质中,才能导出本质,但是本质的同样应是所有性质的最后的可栖居之地。

43. 关于寂灭之灭差别,实为差别在向着本质而趋的时候是已逐渐地收敛而进入到了无差别的本质里面的。此间的寂灭有封闭万千性质差异的能力。由此可见,性质向着本质的方向,其差异性当是收敛着的;而从本质的向外去的方向,其所显的差异性当是分散着的。在本质处,无差异,在本质最近处有混沌样的差异,此性质未做分明,是属本性的状态,自本性以外,则各性质便分别地舒展开来。如图:

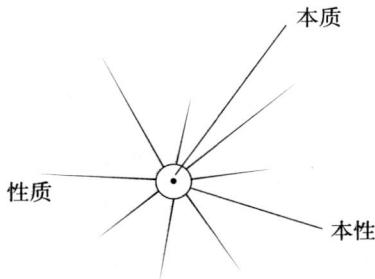

44. 综合前面的文字,本性的就是最接近于本质的本来的性质。我们言,先天的就是天赋的,就是超验的,就是在本质之前的存在。故,本质就是先天与后天的一个分界点(它们的串接,也可以成为一条线)。从先天来讲,本质应是它的最后,从后天来讲,本质恰是它的最先。因此,本质当由先天来,但后天一定要能获得到。或言,本质的就是先天的以来之最高的和终极的。此刻,本质的已于先天之后,而其又是在后天最前的,这就是先天→本质→后天的路线。

45. 胡赛尔讲,一切都是本质上被预先规定的。[①] 这样的话,本质就是先天与后天的界限。概言之,本质的是既有人的在认识上的层面,亦有它自己的能被认识的层面。它是介于先天与后天的存在之间,是所有性质的集聚的寄寓者。

46. 当然,本质除了它自己的物的载体和之载体的结构外,它还可以反映在语言文字上。在先天的存在中有产生本质的源头是无疑的,在后天中,有后天的本质的反映,这也是无疑的。总之,本质的就是因于先天的。可以发现,本质当是先天与后天的拐点。为此,人们的格物、穷理就必须要穷至其极,这就是至少的要得到本质之意。

47. 本质对于物来讲,应是一个确实的存在,它既可以由成分、结构来表达,也可以由成分、结构和变化的相互关系的存在集体等来表达。凡性质的本质必要存在于性质物的内部,它或者是可以引起性质存在的组分,或者是可以引起性质存在的内部结构,或者是其组分与结构的统合,或者是引起性质存在的元素的分子的运动形式等。

48. 纯物的指非生物的本质在其整体与部分之间是共在的,或说

---

① 胡塞尔:《纯粹现象学通论》,李幼蒸译,商务印书馆 1996 年版,第 326 页

同质的整体与部分的本质是同一的。至于寻求某些混合物的性质之本质,也可以参照同质的物来进行。

49. 从宽泛的程度上看,功能也是结构的意义,也是结构的性质表现。那么,结构的存在原因又在哪里呢?我们认为,本质之性当是决定着结构的,或说没有某一本质之性的存在,就不会有某一本质的结构,这是从最原始的角度来体会到的。比如,正是由于有了水的存在的本质之性,才决定了有 H_2O 的结构,或推及人的本质绝不是他的结构所决定的。但是,从已经存在的物来察知,又是由结构来决定本质的。如,可根据 H_2O 的结构进而言说其本质等。总之,一旦分开结构和本质来谈它们的单一之时,就必有不和谐处,只有回到性质与性质物是共生共在的,组分与结构和本质是共生共在的,本质与性质是共生共在的时候,才是完美的。这样一来,性质的本质应为内在于性质物中的是其最精微的成分、结构等,也可以是外在与内在的结合的结晶的共在;同时,它还可以是关系的发生的和过程实施者的意识的载体,它一般只存在于有中。无的本质只存在于无中。

50. 因此,若结构的性质是由结构所决定的,则其本质就必在该结构之上。倘外界的欲影响该性质,一定要先对它的结构发生作用方可。也可以讲,结构的变化是可以影响性质的,但某些外在的,又是会促成结构变化的。此时,我们说性质的本质仍是该结构,而不是影响结构的其他因素。这样就可以把本质的存在限定于性质物的内在之中了。如是,就避免了一些发散的无限的联系,或是到性质物的外面去找本质,由于那样的话,就没有了尽头。

51. 所以,探索某物中的特定存在与其性质的对应关系,只要这种关系成立,则沿着这样的轨迹就可以找到本质了。即,性质的事实是由本质来决定,而本质的在性质物中,则是可以原子的或分子的或它们之前的存在的集体形式存在着。同时,由于既没有无结构的主体,也没有无主体的结构;于是,既没有无结构的本质,也没有无本质的结构。即使是元素的,也是要有结构的,这些都是正确的。

52. 其实,万物只不过是今日的人们所已知的一百多种元素的杂糅而已。关于元素,它就是具有相同核电荷数(即核内质子数)的一类原子的总称。因此,世界的便为元素的和它的化合物的综合体。

53. 在人类的认识史上,门捷列夫注意到,如果把元素按重量排列,相似的化学性质就会周期性地重复出现;而这也正是原子量决定元素性质的学说之开端。所以,在那个时代,原子量的存在就是它所涉及的元素之性质的本质。

54. 到了 20 世纪,随着对原子结构的进一步了解,人们发现原子是由质子、中子和电子组成的,质子和中子存在于原子核中,它们的主要区别之一是,质子带一个单位正电荷,而中子不带电。电子比起质子和中子来要小得多,每个电子带一个单位负电荷。于是,现代元素周期律的表达便为,元素的化学和物理性质是随着原子序数的变化而呈周期性的变化。即,元素的性质是随元素的原子序数(核电荷数或核外电子数)的增加而呈周期性变化的规律。由此可见,元素的性质是由原子序数来决定的,且这个决定的存在就是关于元素的性质所揭示出来的本质。也可以说,产生或决定性质的存在,就必是本质无疑。故之此时的元素的本质就是原子序数。或说,所有事物的本质均是它的能决定或产生着性质的存在。这样一来,每一种化学元素的性质都是由其所含质子、中子和电子数决定的。① 进一步讲,元素性质的本质就是寄寓在它的质子、中子和电子数上的。

55. 在向后,郭德荣先生讲,量子力学建立之前,元素周期律的定义虽然已经是,元素的性质随元素原子核电荷的递增呈现周期性的变化。但是,元素周期律的本质是由核来决定的,这时的本质就是该核的载体。从更根本上说,原子核的结构当是核电荷能够发生变化的内因,是决定元素周期律的根本原因,也是决定原子结构的根本原因。② 如是之,其本质便已显示而出。

56. 综上,关于元素的内在与性质的联系之认识的递进过程就是,①以原子量与元素性质相联系的,或说元素的性质是由原子量决定的;②以元素的原子序数即原子核电荷数与元素性质的联系,或说元素的性质是随着元素原子核电荷数的递增呈周期性变化的;③以元素原子核的结构决定着元素的性质。可见,从重量的成分的转向结构作为本质的存在物是有一定的道理的。因为,任何一有的存在必含重量且其成分都是有之必然的结构是毋庸置疑的。但是,在未能了解结构以前,笼统地言某一重量或成分也是可以的。如是之,本质的东西就更清晰了。关于前面文字所述及的成果,它们是分别地各自经历了50年后才得出的,即一个体系的在某阶段的完善大概需要150年时间。比如,初期的50年,中期的50年和成熟的50年,得出如此的结论极不容易。

57. 依上述道理观之,本质必在性质物这个实体之中,本质不可在表象的层面,即使在最简单的存在物身上,它的现象也不能代表本质。

---

① 斯特沃特加:《化学元素遍览》,田晓伍译,河南科学技术出版社 2002年版,第 5 页
② 郭德荣:《元素的演化和周期律的本质》,宁夏人民教育出版社 2004年版,第 32 页

比如，元素的构成，其本质是由质子和中子数所决定的，它与元素的其他表象很显然是无关的。在更复杂的事物方面，其表象就更不能代表本质了，其不管是对人的固有外相或对物都是如此。对于人来讲，其表象可能非常复杂，但人的本质却是很简单的。现在的人们之所以讲，由现象可以反映本质，主要是不明白反映本质的东西，有时偏要用某些类似于现象的来做附和，但是用这些现象来解说时，并不能认为它就是可以直趋本质了。

58. 我们说，本质的内部仍有它自己的成分和结构，若将本质放大，同样会看到一个像其他存在类似的天地。

59. 紧接着，关于放射性衰变的研究，便证明了一种元素是可以通过 α 衰变或 β 衰变而变成另一种元素的，这就推翻了元素不可改变的观点。即，一种元素的性质转化为另一种元素的性质，是伴随着放射性衰变来进行的，此是说，元素的性质的变化的本质乃是在 α 衰变或 β 衰变中完成的，而元素性质不变的提前是其原子序数的存在之稳定。对于事件来讲，1）是衰败下去的变化，2）是发展起来的变化。有人认为，这二者应是相等的才好。

60. 据报道，20 世纪初，科学家发现原子、电子和光子等量子与由它们构成的日常物体有着截然不同的运转方式。然而，各种物质都是量子粒子的集合，且光、电和磁 都是量子现象。这就是说，物质的本质已从原子的层面，要进入到量子的载体上来了。

61. 另外，依于医学上的"牙本质"一语看，本质的存在是可以为一些物的集体的。当然，这在化学上的化合物中是常见到的，它们也可以是由结构来完成的。所以，对于元素的本质来讲，它的原子核的结构中的质子和中子，也应是具有不同性质的，即它仍是相当于一些物的集体的,尽管它也是由结构来支撑着的。如是之,本质的便可以为一个单质的,也可以为一些化合物的集体,单质的可以呈现为某一结构,化合物的就更容易表现为结构的了。这就是本质的在微观上的展开。就我们的研究可知,本质是向着终极而去的。单质的元素的在原子核的层面上也不能认为就是同一个存在,因为它也应是由不同的成分合在一起的。

62. 再有,据称当微粒尺寸进入纳米量级时,就会从长度之变进到质变了,其力学、热学、电学、磁学和光学性质便要发生根本性变化。这时,质变可以在纳米尺度上完成,即性质的改变前提,是可以依于尺度的,此刻的能引起性质改变的尺度就是本质的存在。

63. 从根本上说,把原子看成是线性谐振子只是一种近似,实际上晶体的许多性质是由原子的非线性振动引起的。于是,原子的非线性振动即是晶体许多性质的本质。

64. 关于晶体的性能是由晶体的化学组成和结构确定的,当化学组成相同而结构不同(即同分异构)时,晶体的性质也迥然不同。金刚石和石墨均由碳元素组成,两者几乎对立的性质,起源于其内部键型、构型的不同,这就是结构的力量所致。

65. 此外,众所周知,半导体电子产品乃是虚拟世界的得以产生的物质基础,则人类所造的虚拟世界的各种性质的本质就是寄寓在半导体电子产品里面的。化学书中讲,在有机物中,由于原子的排列方式不同,所表现出来的性质也就不同。因之,有机物的数目异常庞大。[1] 此间,即包含了有机物的本质。

----

① 《化学》九年级下册,人民教育出版社 2013 年版,第 103 页

66. 我们说,认识成果之展开的历史必是逻辑的,认识中的性质,联系着推论,就可最终指向本质,这就是一个逻辑的过程。如,1)酸有酸性,2)酸性的根源在 H^+,3)H^+就是酸性的本质。同样,OH^-就是碱性的本质。

67. 至于本质的原因,在先天那里,它也会有形成时的至少的两个方面,此论是正确的。但是,不能说 A 的本质既为 B,又为 C。原则上,本质具有归一性。如,对单一元素来讲,其性质所最后寄寓的组分就应是本质,而组分的结构也可称之是本质的形式,在这里,如此的说法似更好。可是,对于某些化学物的组分上相同,就是由于结构不同,才造成不同性质的,则此结构就是本质的了。就表达上,还要把它们的相同的组分作为一个前提来说清楚为好。

68. 还有,色的形成也是有它自己的根由的,如 β—胡萝卜素是胡萝卜呈鲜红色的来源(此即本质)。这就像人的穿衣服,是有着自己的爱好的,而这些爱好的正是人的性质。所以,依着性质的色也是可以寻找到它的寄寓物的。

69. 总体上,自然物的本质一定是在它的性质物中显现着其最本初的标记的,这是本质的向内的一面;本质的向外的方面,是显现着它应有的性质的光的,这是比喻。然而,真实的光则是光源的性质,光源是本质,是性质的光的可以寄寓的存在,离此而言本质都是不当的。这就是说,光的本质即它的根本的寄寓所在一定是光源的真正发生地,故光源的真正发生地就当是光的本质。但是,光又可以舒缓地寄寓在空无之中,这时的空无便不是光明的本质了,因为这种光的寄寓是脱离了它的根本性的存在的。在非空无的存在中,光明是不存在的,于是也就无从再言光明的本质了。

70. 对于火的光而言,此时的光的本质就是火,由于它的光的性质都是寄寓在火里面的;而对于火的本质,就是其性质之寄寓的正在燃烧的燃料之中的,所以火的本质就是关于火的性质的存在之时或之初那与之共在的可燃物。因为,火的性质正是寄寓在这个可供其燃烧的且是正在提供其燃烧的燃料之上的。

71. 任何事物皆有本质,因为任何的事物都是有性质的,有性质其必有载体,而这个趋向于终点的载体也就正是本质。从前面的内容可知,单质的本质是在之本身内部的,对于复合体的本质则要在其复合的组分和内在的结构上去研究,它不是各种复合元素的本质之和,复合体的本质相对复杂。比如,某些化学性质就常会受到一定的价键结构的控制,就是这个道理。

72. 依于报道,地球的固体核和液体核共同作用形成了磁场,由此可防止太阳风——太阳释放的一种持续存在,速度达402公里/秒的带电粒子流——吹散地球的大气层。此间,就表达了极多的性质的产生之本质的问题。如,大气层的存在本质就是以地球所具有的磁场为依托载体的。

73. 还有,在空中要形成降水,就必须有成核微粒,使水分子能够聚集到上面,越来越多的证据表明,这些冰核可以是细菌,也可以是其他生物微粒,这些都是关于类如本质的要具有某些先在性的表述。

74. 此外,零亦有重要意义。由零代表一个符号看,它似是无性质的存在。比如,电子核中的中子或许就是无性质的,尽管无性质也是一种性质。因此,它才可以确保其本质的纯粹性;在本质的集合体中,只有一个共同的不显的性质。

75. 从有关陈述看,本质的存在一定是可以和能够为人所理解的,且纯物的指非生物的本质又是可以存在于它的部分之中的。鉴于表达关系的性质和表达实体的性质都是出于它们的本质的,则规律的或是关系的存在也应是有其物质的基础的。对于事件而言,必要有人的参与或是有其他的参与者,否则就不会有任何的情况发生。故此,关系的本质就当是由它的终极的寄寓着的存在所自我决定的。

76. 举例,作为一种关系的可以寄寓的源头的就是其本质。如,海洋酸化性质的本质就是人类所产生的二氧化碳的增多,因为它也可以说,海洋酸化的性质是源于人类活动所产生的二氧化碳的不断累积的结果。

77. 黄力讲,经济的本质就是通过对他人的欲望进行分析和研究,达到使自己获利的一门科学,[①]此话讲得好。因为,获利的本身也是含有一种表达过程与载体的实际情况之发生的。这样一来,经济上的人造物的本质就一定要在它的物自身中。

78. 关于哲学的本质,应是进行追问思想的系统载体,而不仅仅是从思的角度来对"知"的开放。关于思的自为的本质是自由之说,在某些程度上,是有着片面性的;即使是真理的本质为真的可以寄寓在理的层面上的思想,也是值得商榷的。

79. 虽然,物的本质不可以明见,但事的本质却是可以由归纳演绎得出的。或讲,事件的本质是由它的操纵者的意识物所决定的,便是正确的。

80. 在数学上,不等式是用等式来言说的,等式的本质是它的两边均相等,不等式正好与之相反。

---

① 黄力:《由始至终:一切的本质》,吉林大学出版社 2008 年版,第 74 页

81. 关于平行线的本质是在同一平面内,两条或多条的直线,它们均不相交。其中的相交与不相交的交点问题,乃是成为了本质的关键。由于平行线是借相交线而演来的,相交线的本质为在同一个平面内,两条或多条直线它们都有一个相交点,所以平行线的本质就是非相交线的,即不存在一个相交点的问题。此段文字,可作为平行线的有关内容的引入部分。

82. 由上可知,只要某一存在的本质为 A,则其相反的存在的本质就是 A 的反面的存在。我们若知某一平行线的性质,就可以反知其中的两线是不相交的,此时的这两线平行即是一种存在。如果理解者把平行的与不相交的立即挂钩,则平行的存在就是它的本质—不相交;倘无此挂钩,则平行的这种存在就只是存在,它还不能反映为本质。所以,凡言存在即为本质者,当是说它们二者有统一的共在。否则,存在便不能与本质相合为一,即存在只是存在,本质虽是寓于其中,却是不能开显的。从平行线的三个性质中可以发现,它们都是有着相关性的,且都是可以相互支撑着的。我们又知道,平行线的三个性质是各不相同的,但只要知其任意的一个,就可以推出平行线的本质来。故此,由性质求本质,在本质展开的各种性质中,只要能循着其中的一个,便可达到本质处。我们讲,以最简单的性质导入最好。再有,通过性质的获得我们知道它们是借助于判定而产生的。因此,判定的判断的本身也是离性质不远的。在非数学领域,有时的判定和性质可以合而为一。从众多性质中,取一性质来达到本质的思想的形成,就为人们简化求本质的路径做出了巨大的贡献。

83. 我们明白,最简单的形或多边形就是三角形。由三角形可知,它一定是一个封闭的相状。正是由于这个封闭的相状,它便能为自身起到了天然的遮蔽和庇护的掩饰覆盖作用。在全部的实体中,其所反映出的外在,至少的是类如三角形,即三角形是形的集体中的最简单的成员。因此,任何的有的存在均会蕴含形的遮蔽性,而这个遮蔽性的存在前提就是形的自我所具有的封闭性。于是,形的封闭的遮蔽的就是现象的呈现的源头。

84. 可见,形状的现象如同一个外在的箱子,人们永远也不知道在箱子里的东西到底是什么,即由现象是不能推导出本质来的。

85. 由角的平分线的性质,即"角的平分线上的点到角的两边的距离相等"能知,根据此性质,我们可以回归到全等三角形中去,于是通过角、角、边就可证明,某一角的平分线的存在必然成立。这便是由性质到本质的方法。在这里,关于角的平分线的本质是通过一个事实来表达的。所以,本质的存在,可以表达为,①性质的可以寄寓的物的最终的存在,②性质的可以寄寓的事实的最终的存在。

86. 还有,由"确定一个圆最基本要素是圆心和半径"可知,圆的本质就是关于圆心和半径的共同存在。故,本质就不只是单一的元素所能概括的了,它有时是需一个集体的元素来表达。如圆的本质为圆心和半径的共在,平面的本质为不在一条直线上的三个点的共在。导出圆的本质也是依靠其有圆心和半径这样的性质来得出的。

87. 在直角坐标系中,点与数和图形是对映着的联系着的,而这正是适合于外在的可以转化为内在说的。因为,图形与点的外在,恰是通过了人的这个坐标尺度来转码成为人的这个内在的数的。当然,这个数的更是可以作为文字的。此中可见,外在的和内在的在一定条件下的对应转化便是必然的。

88. 高中生已学到了无限的概念,其实无限（∞）与无限（∞）加1

是不一样的,即∞≠∞+1,因为无限(∞)的可以表示点的是在一条直线上的存在,而一条直线与其之外的一点的存在就可以形成一个平面了。所以,一个平面又有无限条直线了,这是一个发散性思维所考虑而得到的结果。因此,看似的加了1,实际是加了无限的无限。于是,在理解问题方面,要有它的在空间上的展开,才好。不然,只限于线的或是点的就要走向收敛了。这一理论就完整地回答了《空间哲学》第342页中关于0,1,2,3,……n,n+1的变性问题。由于0,1,2,3,……n 就相当于是趋向于∞的,但是当其进行到 n+1,即如∞+1 时,便会由线上的点的无穷转变至平面上来了,或说此时的∞+1 和∞已经不是同一个存在了,也就是完成了变性。

89. 小结一下上面的话题,就是过不在一条直线上的三点,有且只有一个平面,这便是确定平面的最基本的依据。于是,关于平面的本质就是,不在一条直线上的三点所确定的存在。非常明显,这个本质即是由它的公理性质自然导出的。因为,一点仅为一点,二点便成一线,三点便成一平面了(只是三点不在一条直线上就可以了,或说是一线一点,就可以组成一平面了),而一平面就是无限的线,一线就是无限的点。

90. 鉴于几何问题转化为代数问题,就是图形的经文字而意识化了,当然图形的也是可以意识化的,但它是要经过维度的变化才可以。所以,我们知道直线、图形等是可以通过方程式来演说的,而这就是由外在的一维的或二维的三维的转化到文字的阶段。于是,经此转化,它们就很自然地有条理地进入到了大脑的更适宜理解的意识中来了。我们说,能把空间的形变成数,是人类的一个重大进步,这才是最为便于记忆存储的。

91. 在生物学中,我们必须要谈到基因。基因论认为,个体上的种种性状都起源于生殖质内的成对的要素(基因)。[1] 这里的性状是性质和情状的简称;而所谓的基因就是 DNA 分子中某一特定的具有转录功能的核苷酸片断,这些片段能通过控制细胞内 RNA 和蛋白质的合成,来决定生物的遗传存在。[2]

92. 原则上,基因决定酶,酶决定代谢作用,代谢作用决定各种性状。此间基因的最小尺寸可达 $10^{-18}\,cm^3$,基因的最大尺寸只能容纳大约 15 个蛋白质分子。

93. 由一个基因可以影响多个性状和一个性状受多个基因控制可知,一个存在可以产生多个性质,多个存在也可以导致一个性质。但是,每一个性状的存在,均当有一个基因来做支撑。并且,性状应是基因与环境共同作用的结果。[3]

94. 根据我们的观点,所有的现象皆无内因,皆无内在的对应点;而 DNA 所表达出的外在则与现象无任何相通之处。现象与性质无关,人们只有找到了性质的终极载体,才可找到本质,否则就是悬空着的本质。

95. 在生物学教科书中说,基因是有遗传效应的 DNA 片断。[4] 这是一种定义式的表达,明显没有本质的表达更为全面和准确。如,基因的本质就是关于它的性质之终极的物质载体,即具有遗传效应的 DNA片断。由此可见,本质的就是某一存在的性质之终极的物质载体,或其他的可表达的终极载体,也可说就是关于它的究竟的寄寓物,或说其他

[1]　摩尔根:《基因论》,卢惠霖译,北京大学出版社 2007 年版,第 1 页
[2]　周德华:《人体发生学》,湖南科学技术出版社 2011 年版,第 16 页
[3]　《生物·2》,普高必修,人民教育出版社 2012 年版,第 76 页
[4]　《生物·2》,普高必修,人民教育出版社 2012 年版,第 55 页

的可以终极寄寓的存在。

96.20世纪40年代末50年代初,人们认识到脱氧核糖核酸(DNA)是遗传的物质基础,是基因的载体。① 所以,这里的基因之载体就是它的本质,即DNA。在此,遗传信息的传递方式是从DNA到RNA(核糖核酸)再到蛋白质。我们认为,这就是代代间记忆信息的内在之衔接的程序。因为,遗传的至少是要分为明记忆和暗记忆的。

97. 可以想见,所有的遗传都应是遗传着物质的,而在这些物质中,又储存着遗传的信息。所以,遗传的本质仍是物质。这样一来,遗传的本质就要归结于基因组结构、组成和基因表达的变化。② 如是之,遗传的本质问题就说清楚了。

98. 根据事物的本质可以由事物的内在本性反映出来的思想,我们说性质必是内存于物自身中的,在它的里面,只能发现性质。因此,从性质到本质就是一条天然的理路,故由现象去找本质是行不通的。然而,某一生物的外在的发生在物自身中又当是有它的对应点的,如肺炎会引起身体的发热。其实,发热正是人的一个性质,由此上溯找到它的发生地和寄寓者,即生成肺炎的存在,这本身就是找到本质的过程。

99. 所以,人的基因与其个体的外在的表现是有关联的。如,有些外在的病态的表现是可以在基因里找到根据的,这就是由其内在的病变才引起的性质变化,也就是因循了内外的共在而一同变化之观点的。或说,人的疾病就是关于其生命体质所反映出的一个性质,这个性质的本质就是居于其体质内的发病原因。反推之,某些基因的变异就是有

---

① 摩尔根:《基因论》,卢惠霖译,北京大学出版社2007年版,第3页
② 俞海菁:《人类新基因c1orf37 - dup的起源、进化及其同源基因的功能研究》,云南大学博士论文2008年

的疾病的本质,这源于此种疾病乃是由那个基因所控制的。

100. 刘月蕾讲,人类疾病的发生,都与基因有直接或间接关联。[1]比如,现在已发现四种遗传疾病是由于性染色体数目改变造成的,即遗传疾病的本质所指必要寄寓在某些基因上面。

101. 在过去,当基因组计划开始时,人们发现只有 53 种基因变异体与疾病挂上了钩,而现在已经有超过 2900 种基因变异体与疾病对应上。可见,某种病因就是存在于一些基因的突变之处的。

102. 目前,依于完整基因测序数据显示,黑死病就是现代所有传染病之鼻祖。很显然,某些细菌所引起的传染病,它既是某种原因之一,又是本质,此时的原因与本质部分相合(这里的本质一定不是在后天最前的存在)。

103. 关于人的白化症的本质,即它的存在的根本性的物质基础,就是控制酪氨酸酶的基因出现了异常;而猫叫综合症的本质,即它的性质的究竟的寄寓物乃是人的具有部分缺失的第 5 号染色体所致。同样,遗传性乳光牙本质的致病基因已被定位在染色体 $4q^{21}$ 上的 2MB 的范围内。[2] 这些都是表达本质的。

104. 当然,本质的存在是需要有证据的,或说本质的一定要具有它的致密的关联项的。此外,本质者一定是纯粹的存在。对于复合物,则需要有纯粹明晰的元素的组合成分或结构以及分子量等。比如,祁海燕讲,对 TFHSV－1 活性成分的生化分析提示,其分子量为

---

① 刘月蕾:《遗传与基因》,山西教育出版社 2012 年版,第 177 页
② 张晓海:《遗传性乳光牙本质致病基因的鉴定和 DSPP 基因敲除小鼠的建立》,中国协和医科大学博士论文 2002 年

6,000dalton,化学本质是多肽与核酸的复合物。[①] 这便是经过求证的本质,其表达的十分准确。

105. 生物学书中说,芦花鸡羽毛有黑白相间的横斑条纹,这是由位于 Z 染色体上的显性基因 B 决定的。[②] 此时的基因 B 就是芦花鸡羽毛有黑白相间的横斑条纹之性质的本质。所以,用基因来表某些本质是最容易被人理解的。因为,它所反映出的性质可以正好寄寓在某一基因上。从前面看,基因学、数学和化学的表本质说都是很充分了。

106. 如果以人比喻成是一条染色体,则其所有的性质就只有寄寓在"大脑"这个基因上了。于是,一个基因就可以放大为一个大脑,而一个大脑也可以简化为一个基因。如此来类比,基因便是具有大脑一样的存在,而大脑也是如基因一样的存在了。可见,大脑里的所有信息都可以微缩成一个基因来遗传给后代的。一个细胞就是一个人,一个大脑就是一个基因。这既有基因学上的支撑,也有全息学上的支撑。如此,都是关于基因与大脑的相互联系的方面。然而,大脑的是指向意识的,只限于人;基因的则是指向全部生命的,是所有生物的表现。基因所表现的性质具有一一对应性,所有生命体表现出的性质都可归于基因,并在基因中找到其可以寄寓的存在即本质来,这正是处在人的意识之前的存在本质;而人的意识所反映的性质就都要归于它的寄寓物即大脑的存在—这个本质中来。此间的关于生命之性质的本质和关于意识之性质的本质的化分具有重大意义。这是人类第一次提出关于生命性质和意识性质之划分的理论。

---

① 祁海燕:《羊 HSV-1 特异转移因子的分离纯化与化学本质研究及其临床应用》,第四军医大学博士论文 1987 年

② 《生物·2》,普高必修,人民教育出版社 2012 年版,第 37 页

107. 再论之,生命的奥秘必是在于它的具有神圣之活性上的,这个活性一方面是表现为生命体系的,一方面就是会含有意识体系的。在高级生命体中,活的运动神经的正常功能是可以传递冲动到肌肉之各部位的。更深入些,即使是融合了的双亲特征也会因于活的存在而要加强给下一代。还有,记忆当是在基因里的编码的痕迹,这些编码的活化就是能使人们所知道的一切,倘若这些编码的不能活化,则我们就不能知道任何的东西。

108. 我们讲,同一基因由于它的编码不同,则之内部的存在也就不同。所以,编码对于同一基因来讲,又是本质的决定者。当然,不同的基因也是能划分出不同类别的决定者的。于是,在同一基因的层面上,我们又讲到了编码的问题。基因还可以定位到染色体上,以及定位到它的其他的存在范围里面,此外还有转录因子等问题。因此,基因虽可以是本质了,可它的编码又是本质的本质,至于基因为什么有不同的编码等,则可归到先天那里去了。这样一来,本质家系便表现,我们在某一时段的认识水平上是可以发现与之相称的本质的,然而在极高的水平上还可以再发现更向前的本质,即在本质之中又会得到本质,或本质的本质的本质的等等,如此向着它的究竟走去,则本质的家系就要完善起来。

109. 周德华先生言,生物界所有的动物、植物及微生物均含有核酸,核酸有脱氧核糖核酸(DNA)和核糖核酸(RNA)两大类。DNA携带着主宰细胞生命活动的全部遗传信息,并能通过DNA的复制将遗传信息传给子代DNA。DNA主要存在于细胞核中,少量在细胞质中。RNA则与信息表达有关,它主要存在于细胞质中,少量在细胞核中。两类核酸都参与生物的遗传活动,与生物体的生长、发育及遗传关系极为密切。① 这些讲得十分好。

110. 不难发现,生物的所有性质都是具有遗传性的,性质的存在都是具有它的内在的物质载体的。比如,生物上的某一存在的多性质的相伴出现,乃是基因连锁的结果,但是它们的性质归类则可以由染色体的数目来决定。即,生物外在性状的异化是由排列在染色体上的基因数目或排列顺序发生改变引起的。这就是生物的外在所具有的内因说。然而,表现型又是作为染色体组对环境作用的一种"反应"而出现的。② 对于人来讲,他的外在是由染色体组来作用而形成性别差异的,此即言外在是有内因的。这就是男女的内在本质之区别的原因。所以,生物的本质就是存在于它的基因之中的。

111. 关于男女的区别之本质,就是寄寓在相关的性别染色体上的,男人的为 xy,女人的为 xx。可是,进一步探讨,就会发现性别又不仅仅是由 X 和 Y 染色体决定的。因为,微小的 RNA 可以有针对性地关闭特定基因,从而对作为生命发育基础的复杂遗传程序进行操控。这些微小的 RNA 发出信号,命令生殖细胞(卵子和精子)发育。一旦失去这个 RNA,或是失去生殖力,或者就是要同时具有雌雄两性的特征了。这便是关于男女区别的更深层之本质的阐说。

112. 罗西指出,在正常情况下,健康的女性胚胎肯定发育为女性婴儿,但男性则不同。在受孕后的第一个月左右,胚胎细胞以惊人的速度分裂,直到形成能够辨认出头、胳膊、腿等身体的微小胚胎。这时性

① 周德华:《人体发生学》,湖南科学技术出版社 2011 年版,第 11 页
② 皮亚杰:《发生认识论原理》,王宪钿译,商务印书馆 1987 年版,第 67页

别尚未决定,而自此以后决定其成为男性的因素是一种贴附在男性细胞外的微小物质—Hy 抗原,它促使 y 染色体尽最大可能使胚胎朝男性方向发展,即开始发育睾丸。但此时仍不能确定其就是男性,它们须有另外的过程,下丘脑能产生和释放出某种具有连锁反应的物质,最后给胚胎睾丸一个信号。这时,胎儿开始分泌性荷尔蒙,生产出大量睾丸激素——一种男性荷尔蒙和少量的雌性激素与孕激素。这种荷尔蒙混合物促进男性器官进一步发育,直到胚胎发育为男性。[①] 此是说,决定男性的本质成员还有 Hy 抗原+给睾丸的信号+睾丸激素的产生。

113. 对于生物来讲,要有新功能的性质外显,必要有新基因的出现,而这个新的基因恰是其新功能的本质存在,倘若没有这个新本质,则新功能也就没有了对应点。有时,生物的内在突变当是新性质产生的根本过程,其本质就是要存在于它的基因那里的。据称,每个人要从父方或母方接收到平均至少 3 个突变基因。[②] 我们言,这应是人类持续演进的三支重要力量。于是,生物上的性质的改变,一定是由于之基因的异动所形成的。

114. 举例如下。生物的性状的如豌豆的圆粒和皱粒都是有其内在本质的,这与非生物的外在的现象完全不同。当然,生物的原性状的遭破坏后的现象存在,就与非生物的外在的存在是一样的了,此时它们便与内在的本质毫无联系。纯生物的性质的本质都可以归到基因上去,人的生命的性质也可以归到其基因上去,但意识的性质就只能归到意识化的大脑中去了。这是其一。

115. 其二,果蝇的性别是由染色体决定的。依前述,基因变,性质

① 罗西:《女人本性》,中国华侨出版社 2007 年版,第 3 页
② 刘月蕾:《遗传与基因》,山西教育出版社 2012 年版,第 52 页

就变;染色体变,基因必变,故性质亦变。这就是说,在基因的深处还有本质。如是之,人们就既要研究基因与性质的关系,更要研究在基因的较高层次上的对发展性质物的关系。

116. 其三,有人言,特定基因会让人更友善,这就是外在性当有内在对应的佐证。此时内在对应的这个寄寓物就是本质,本质是事物性质的终极存在者。本质、性质与性质物共在。鉴于本性是本质之性,虽然人的本性是在人性之前极远的东西,但物的本性与其他物性则几近无有分别。本质决定性质,性质反映性质物,于是我们就找到了本质和它的定义。本质是性质物的内在根本,其与外部原因无关。在实际上,由内在到外在,一个小差异会有一个大偏离(适用于基因论),由外在到内在,一个大偏离仅会产生一个小差异(适用于自然选择论)。这些应是容易理解的。

117. 其四,据报道,基因对人类智力贡献度可达50%,而且人类的智力是具有多基因性状的,即涉及很多基因。很显见,人类智力是我们进化的一个惊人成果。紧接着,有人问,人为什么会坠入爱河?答,为了传递基因,这是正确的。再细查引起爱的物质,即爱的本质就是那关于后叶催产素的存在,此是不用悬疑的。

118. 其五,所有的研究都表明,无论是细菌、植物还是动物,乃至人类自身,遗传密码表都是适用的,都有相同的 20 种氨基酸,相同的 4 种核苷酸,相同的密码子及其基本一致的蛋白质合成机制。遗传密码在整个生物界都是相通的和统一的,①这即为生物界的共同的本质之一。可见,生命实在的统一性便是表明了所有的生物都应有一位共同

① 刘月蕾:《遗传与基因》,山西教育出版社 2012 年版,第 108 页

的祖先。

119. 因此,由豌豆到果蝇再到人,即从植物到动物,无不表明了它们在基因上的同质性。这样,它们的性质的源头,就都是在基因那里了。于是,生物的本质就找到了。

120. 我们言,性状的性是由内在控制的,由性而导致的"状"是内外在共同控制的。若"状"不由性来控制时,则性与状便无关。在生物中,性、状是紧密结合的,在非生物中,性与状一般无联系。倘若把这些推演到动物身上,即它的性、状之关系的存在也是与此相符的,所以动物的本质也就是其性质所寄寓着的根本存在,其实它也在 DNA 上。

121. 然而,人与黑猩猩在基因组 DNA 序列水平上,只有 1.23% 的差异,[①]或说人与黑猩猩、大猩猩这 3 种动物的 DNA 近 99% 都相同,人类与猩猩的差别只有 1% 或 2%。这已基本上是同质的存在了,但是其外在或内在却大相径庭。也可以讲,极小的结构性变化,即会演化成极大的内外在的差异性存在。不难发现,对于大脑的差异也是由这 1% 或 2% 的不同造成的。所以,对于同质的要求,就不能有一丝一毫的不同。

122. 另外,猩猩的喉部构造仍属原始猿类的形式,使它们无法发出人类语言的声音,这就是猩猩无有人语的本质。尽管猿类的手势的学习性、示意性和注意性都具有似人的性质,可是其声音的呈现的非学习性就阻止了它的语言的产生。故此,猿类便不能进化为人,此亦属本质问题。

123. 刘月蕾讲,不管是动物、植物、微生物还是人类本身,一切生物的遗传密码都是相同的。各个物种之间的区别仅在于它们所含的遗

---

① 俞海菁:《人类新基因 c1orf37－dup 的起源、进化及其同源基因的功能研究》,云南大学博士论文 2008 年

传物质—DNA 分子的长度不同,即所载的信息量不同。① 于是,信息的才是决定物种的依据,或称生物有别的本质是寄寓在信息量的大小之上的。在此,DNA 分子中的遗传信息,是以蛋白质的方式表达出来的。

124. 首先,遗传信息是存储在 DNA 分子里的,它的存储方式是通过碱基的不同排列顺序,即结构的不同来完成的。可见,信息的不同是需要不同的结构来做相互的对应的。现在,我们已知人类基因组共有 31647 亿个碱基对,含有 3 万—3.5 万个蛋白编码基因。关于碱基顺序位置的变化,它既可表示复杂的信息,且它的本身也是某一信息。如是之,DNA 分子巨大,所含脱氧核苷酸数量很多,并且碱基的排列顺序也不一样,这就决定了 DNA 可携带大量的遗传信息,这些遗传信息能指导细胞中蛋白质的合成,从而调控细胞的各种生物活动和代谢反应。② 故,DNA 是具有大能量的。

125. 其次,基因还决定蛋白质或多肽,DNA 携带遗传信息,这个信息就是蛋白质或多肽上氨基酸分子的排列顺序。③ 此为更深入了一些的讲法,即信息的表达是要通过某些排列来完成的。

126. 科恩讲,每个基因都是一个小蓝图或者称为密码子,用来表达出一个蛋白质,众多的蛋白能使细胞做出许多事情来,从转运氧气到传递信息,④这些都是具有神奇性的。

127. 实际上,我们接触的信息是可以散乱地存在于磷酸、脱氧核糖、四个碱基和氢键中的,只有当它们共同地合成为 DNA 的结构时,才

---

① 刘月蕾:《遗传与基因》,山西教育出版社 2012 年版,第 112 页
② 周德华:《人体发生学》,湖南科学技术出版社 2011 年版,第 12 页
③ 刘月蕾:《遗传与基因》,山西教育出版社 2012 年版,第 86 页
④ 科恩:《天性:遗传如何影响孩子的性格、能力及未来》,王大华译,新华出版社 2003 年版,第 183 页

可成为我们所能认识的信息。故信息的完整的存在是需要一个有结构的物质基础的。在一个细胞中,尽管 DNA 结构是为主的,但其中也一定散布着极多的 DNA 的复制所必需的其他材料。它们的共存,就组成了一个本质的集体。

128. 那么,外在进入内在的旗帜又要安插在哪里呢? 我们说,外在通过神经系统,把信息导入到神经细胞中,并被转码,经由核酸中碱基的各种顺序排列为标记,而使其存储在细胞内即形成了记忆信息。于是,外在的就进入到了内在。当我们的生命需要它时,神经系统再进入细胞,根据碱基的排列顺序的账册来找到这个外在的内存者,接着就进行利用,如做思考或恢复成原来的外在时的信息等等。转码就是把外在的信息转换成核酸世界的语言,即变成 GATC 的排列顺序。当然,在转码前它还要接受人的观念的规整,否则就难以进入转码的接口,其中的本质是碱基排序。此间,所有的信息都可以存在于一个细胞之中。

129. 有学者言,基因的表达与调控是生命的基本过程之一,它既是信号转导的终点或结果,也是信号转导的起点或原因。[①] 我们说,这也是反映了一种本质。同样,关于某种基因的转录因子之存在,也是决定有关性质的本质。

130. 众所周知,关于生命的延续的需要乃是历史发展的重要的推动力,而劳动只是它的一个表现。进一步来阐述,即历史的顺延应是符合逻辑的,历史的应是关于人的生存的,生存的只有为生命的,因此生命的也是逻辑的,当然逻辑的首先是属于生命的。

131. 接着,韩明友先生指出,命才是生命的本质。生命的意义是

----

① 李喜先:《21世纪 100 个交叉科学难题》,科学出版社 2005 年版,第582 页

"命"的世代延续,而不是"生"的物质活动。① 他说,一个无"生"的"纯命"只需要 1.3kb 的遗传信息容量,只需要 1 个"复制自我"的基因信息指令。要建构起一个物质代谢系统需要大量的信息指令,所以相比之下,构成一个独立生活的生物所必需的基因约为 1500 条。人类的基因组达到 3300Mb,基因总数约 40000 个。这从某种程度上讲,就是抛弃了许多的在肉身方面的外在的"生"的延续意义,而进入到关于本质的存在中来了。

132. 我们知道,人的长相、肤色、身材、胖瘦等体态特征都是基因决定的,而 DNA 是基因的物质基础,它由四种不同的核苷酸 G、A、T、C 组成,这四种核苷酸的排列组合竟然使世界上几十亿人中没有两个人的基因组 DNA 序列是完全相同的。② 即,本质的 DNA 可演变成万千的性质存在,这就表现了一个本质的是可以生发出极多性质的。

133. 有消息称,我们人类体内发现了 145 个来自于更简单的生物物种的外来基因,这或许就是我们能认识其他外在的内在根柢。另据人讲,在未来,最终可以用基因扫描来识出特别有天赋的孩子或者学业能力差的孩子,这便是属于对本质学说的利用了。

134. 关于基因与大脑的联系,只要稍加思索,便可明白它应是通过全息律来完成衔接的;而生理和心理的统一,也就是生理的生命和心理的意识的统一,且只有生命和意识的这种统一的互动,才是真正的一个系统的互动,或说惟宜如此,它们才会更有意义。

135. 当然,由生命的动机也是可以观出它的意识之性质的,生命

---

① 韩明友:《生命的信息本质与生物进化机制的哲学探索》,吉林大学博士论文 2008 年

② 刘月蕾:《遗传与基因》,山西教育出版社 2012 年版,第 170 页

与意识是共在,生命的本质在意识的问题上,即是 DNA 的已经意识化的意识物。据说,心脏可以影响大脑对于可怕事件所作的反应。心脏和大脑会相互"对话"。这就是于共在之中的生命应具有第一性,意识只能服从于生命,或生命当对意识起决定作用的佐证。

136. 在道理上,大脑定是物质世界的一部分,而物质世界的许多存在和它们的性质也已构成了大脑的一部分;同时,大脑又是所有人之机体的向内或向外的反映的整合器。所有的存在于大脑中,就像是所有的存在于无限的空间是一样的。

137. 从发展过程看,人的内在的进化变异应是由脑细胞推动生命体系的细胞,或是反之亦可以,来共同完成的。此间,在大脑中的当是化学反应,因为它没有物理反应的任何标识。比如,血压的高低也是由化学反应造成的。可见,人脑的化学反应必为世界的纷呈变化中最精妙神奇的。

138. 由于人的大脑两半球具有不同的功能,我们想,人的大脑的两半球的功能形成是否会受到了地球的影响呢?如果是肯定的,则因人脑的两半球的不同,就一定会造成地球之东西两个半球上的人的思维定式也不能完全相同。如此一来,东西半球上的人的差异性也就是必然存在的,这样也就没有必要来搞什么普世的东西了。于是,便必然地会在东西方存在有差异,此或许是一个发现。人脑的左半球似是指向地球的西半部的,右半球似是指向地球的东半部的。该问题要通过东西方的诸如哲学家的表现来说明之。倘若能说明,就是对人类的极大贡献。根据人脑的左半球善于按程序办事的习惯,为了互补的关系,西方人就当要多搞些尝试性的活动;根据右半球善于按尝试性的行为来办事的习惯,为了互补的需要,东方的人们就应要多研究一些程序性的法则。这是由于,人类多是从不足或短处来谋求发展的。

139. 我们说,人的生命系统是以心脏为中心的自循环的,这是其脑力所不及的内在组织,但大脑可以指挥人的生命系统去从事所有的外在的运动,即人的大脑多是关于外在的。于是,外在的就可以存储在大脑里,并在大脑之中进行着翻腾和被思索。可见,大脑是以一个内在而反映着众多外在的,它难以反映生命系统的自行运作的部分,如心跳、呼吸、精卵的生成等。因此,生命的自循环系统和脑系统的联系,我们认为就当由神经系统来完成。这样,神经系统的定位就可以找到了,即它只是联结生命的内在和脑的向外的需要的存在。大脑系统或它的外层应有神经联系,但大脑系统或内部当不完全由神经的要素组成。我们可以把脑内的物质称作脑环结,或环结质。综上要点,所有的大脑的内在便多是关于外在的反应或反映与映射。

140. 一般而言,脊椎神经中枢及它们所控制的那一部分神经系统内的反射行为,虽然通过大脑,但绝不属于意识范畴,或者说与意识几乎无关。① 这些就阐释了我们的人是关于其生命和意识的共同存在说,所以非意识的存在,恰是应归于生命系统的。

141. 许多人都知道,皮肤是会受到基因和环境的双重影响的。由于皮肤能受到内在的基因和外在的环境的双重影响,可见人的身体当接触到外在时,其首先要在基因上留下痕迹,于是外在的信息就要被储存在基因里了。这适用于眼、耳、鼻、舌吗?我们说,它们会同样适用,因为它们也有一个类如皮肤一样的连接着内在基因和外在环境的东西。所以,大脑中的信息若与基因中的信息是全息的一样的话,则脑的

---

① 薛定谔:《生命是什么》,罗来欧译,湖南科学技术出版社 2003 年版,第 93 页

信息就是采用了身体细胞中的基因的。这样的话,神经系统的作用就大大地被降低了。倘若神经系统是存在的话,它或许就是细胞的基因间信息传递的反映,如是之,便为神经系统的现在还没有找到其所对应的物质基础,就提供了一个客观的依据。至于信息是如何在细胞的基因间完成传递的,人们可以再进行其他的寻觅,这已经不复杂了。我们思索,信息在细胞间传递,主要是通过激活基因 DNA 分子中的具有复制转录功能的因子来完成的。这种连续快速的经外来影响而引起的复制转录,就应是神经系统真实的可感觉的过程。故此,我们就给了神经系统的存在以一个更新的理解。

142. 再深入探讨,王小潞讲,大脑皮层的信息加工实际上就是大脑神经网络中神经元簇的连接过程。[①] 我们言,人脑的信息加工,应回到脑细胞的 DNA 的碱基排序中来,因为人脑的信息储存量是可以趋近于无限的,而只有 DNA 中碱基的不同排序的存在才有这种可能。尽管在排序过程中,也是可以有连接的。

143. 王小潞又说,一个生物神经元细胞主要由细胞体、轴突和树突等三部分构成。其中,轴突是输出装置,用于向外传输电脉冲;树突是接收装置。为此,有关专家解释道,所有大型动物都已进化出了特殊的神经细胞,从其上延伸出直径只有 3–25 微米,而长度可达数米的轴突或神经纤维。信息像波一样沿着这些纤维进行传递。[②] 所以,神经系统又是从神经细胞或其组织中外延出的可传递意识信息的纤维集体,它是一个执行意识指令,和具有接收信息功能的物质存在。其实,

---

① 王小潞:《汉语隐喻认知与 ERP 神经成像》,高等教育出版社 2009 年版,第 47 页

② 路甬祥:《〈自然〉百年科学经典》第二卷,外语教学与研究出版社 2009 年版,第 463 页

这个纤维仍是要由细胞组成的,它的传递信息的过程仍是要通过转录因子等来完成的,即它仍要回到我们的思想路线上来。

144. 非常明显,脑的神经系统的结构,也是可以决定意识之存在的一个重要方面,因为有时它的结构确是可以决定意识的性质的。

145. 鉴于大脑是所有生命部件的神经连通区,则生命的一切就都是要在大脑中得到交融的,并可得到平衡和得到提高的。比如,由动到意或由意到动,即动意和意动的完成均是需要脑的神经的脉动来施行的。所以,意识便是通过脑神经的冲动或脉动来和身体发生关联的,且这种关联的过程本质就是在神经系统的细胞这里的。可见,脑神经细胞的功能就是反映了人的内外在的天然的意识性,而这个意识性又是内外在的天然的反映于脑细胞的功能。

146. 同样,关于神经的脉冲,它又是一个事件、一束波和一种可传递的扰动。因为,在功能正常的神经系统中,几乎所有的信息都是由一个个不同频率的神经冲动组成的。[1] 所以,信息就是意识的关于神经的冲动。正是这种冲动,它才与生命系统时时地发生联系,它才可以时时地集聚着能量和消耗掉能量的。

147. 陈剑涛先生认为,人的心理或意识活动只不过是大脑神经元群行为(以 40-50 赫兹的频率发放)的另一种方式而已。人的精神活动完全由神经细胞、胶质细胞的行为和它们的构成,以及影响它们的原子、离子和分子的性质所决定的。[2] 其实,这里的精神正是脑神经细胞的性质本身。沿着这样的思想,则大脑就是有效地发动精神的机关。

---

[1] 路甬祥:《〈自然〉百年科学经典》第二卷,外语教学与研究出版社2009年版,第465页

[2] 陈剑涛:《认识的自然起源与演化》,中国社会科学出版社2012年版,第24页

148. 但是,大脑却不属于神经系统,因为神经系统并不产生智慧。人是以语言、文字为思考的基点的,而这些则不是能由神经系统所解决得了的,这一观点十分重要。人类的脑的存在应高于所有神经的东西。鉴于在动物的某些类脑中有神经结和神经环之说,我们讲,人脑的物质可叫作脑环结,即它是先进于神经的物的存在,其理由在于神经是线状的,但它的环结就应如一个电感,已不只是一条短线了,由于电感在通电的情况下其电能会成倍地增长,这或许便是脑的能产生智慧的重要原因。当然,它更主要的是应成为人们之有关意识的载体。

149. 说得准确些,大脑就是以意识为用,以之环结为体的,意识、脑环结与大脑不可分。人们所知道的大脑似是为物为相,其实它们都是意识,都是意识的物化,或说在大脑中的物也是意识,只要是在大脑里的,则物与意识便不可分,便不能分,便无以分,亦不可妄自分之。

150. 那么,脑是如何从感觉刺激中来获得到有关意义的? 答:这是通过语言的作用来完成的。因为,语言既在我们的意识中,也是外在于或称是指向事物中的。只要外在的经由刺激通过语言进入到了我们的意识中来,则我们的内在就已经是获得了外在的意义,这种对应是天衣无缝的。也可以说,大脑的活动都是由无声的语言和文字来贯穿其中的。

151. 于是,大脑中的神经元时时都要自发地去捕捉适当的刺激信息,以求在此过程中能够获得其所必需的脑环节营养素。否则,它就会凋亡,而这正是形成意识的具有主动性的存在根基。此时,丘脑是产生意识的核心器官,丘脑的功能就是将数个神经元的信息合成为丘觉,并发放到大脑联络区,使大脑产生觉知,也就是产生了意识。丘觉是想法,是念点,是意识的核心。觉知就是意识。

152. 在前面的基础上，意识的既有感觉，又有认识感觉和评估感觉的能力，这就是人的能够认识自己的理论前提，而此理论前提的存在又是有物质基础的。该基础就是脊髓和脑干中的主要感觉通路是导向前脑部分的丘脑并终结于其腹侧核，腹侧核的神经细胞沿两个方向传导脉冲，一个传向大脑皮层，另一个传向丘脑的核心结构。黑德认为，前一个传导是感觉的，后一个传导则是认识和评估感觉的。或者说，神经是可以分岔的，即一个神经来源可以被人的多单位接受，并转化为对各自分别有用的信息。

153. 因此，关于意识的正确与否的判断方式，不只是基于我们的教育、信仰和哲学，还与大脑的生物学有关。美国科学家声称发现了大脑中的一个"上帝区"，说该区域能控制宗教的信仰。可见，大脑就是思维物质，思维物质乃是人类特有的物质和物质能力。说到思维，它包括情感、感知、感觉和认知。对于人而言，脑细胞通过我们对世界的感知便会达成与染色体的结合。学习的经历从根本上讲，就是形成和加强这种连接的结合的过程。同样，人类的想象力也是来自于大脑区域网络的广泛连接与结合的，它们会共同地操纵意识、探索和运用有关的符号等。

154. 在脑细胞中，外在的成为内在是要经过类似翻译的转码过程的，当外在的一旦进入到了内在，便会承担起相应的生命职责，并会随着生命而起舞，而成为积极的意识。

155. 下面，我们阐说一些转码的问题。根据有关资料可知，大脑皮层的作用，是可以使外在的转码为意识的，进而就能来指导行为运动了。人的由感官接受的东西，都是要经过它自己的转码程序，才可变为概念而进入思想的。在人体内具有极多的转码机关，这些机关主要地是存在于大脑皮层或它的附近。正是由于有了转码的存在，它才可以解释人脑的机能和与人脑的思维之二者的和谐与统一的关系。关于转码的事实，它就如画像可以转化为数字，然后再进行排列组合是一样的。当然，它也可以转化为更高级的存在形式。转码机关需要某种物的存在，不同的信息就是要在这些物的存在中完成相应的转码工作的。此种转码的存在是先天赋予的，它不进入大脑的思维系统。我们可以把大脑的思维意识系统称为前台，而把转码系统称为后台。转码系统具有不显象性，没有转码系统，大脑的诸种神奇就不会有相应的来源。

156. 每当我们闭眼去听树的响声时，脑里的眼前也会出现树的身影，这就是在意识中的转码的最明显的表现之一。从树的身影就可以联系到物质的本质与其映照着的现象必然无关，即使是意识中的本质概念也与外在的现象无关。至于意识自身的本质，由于反映着外在的转码的这些已进入到内在，一旦它与人的相关性质能共同地寄寓于某一终极之物时，则这个存在就是其本质无疑。

157. 据研究，刺激、感觉、交流和记忆都可以引致神经元的增长。于是，记忆的就不仅仅是烙印了。这或许是一个不被认识的发现，即记忆会使神经元得到许多的新生存在，而那些新生的就是记忆的反映在物质上的增长，此亦可谓之为记忆的本质。

158. 所以，凡记忆都是大脑对外在刺激的一种生理回应，都是人的一种意识的本能，都需要生物编码即通过碱基的不同的排列顺序来表达之，这反映在一个生物的寄寓体里面，就会有结构上的变化。或说，外在引起的记忆必会有其自己的形态痕迹，因此这也是导致脑内神经结构变化的主要的原因之一。从这里可以看到，外在进入内在，①要转码，②要深入到脑的神经物质中去，并能以有形的方式存在下来。我们称这种外在的进入了内在的并以有形的方式来显示着的存在,即为记忆的本质。故,记忆的正是寄寓在这些存在之上的。

159. 如上是说,人脑在照见外在之时,不像普通的镜子,不存着痕迹,而是能留下记忆,并是可复现的。这就是大脑产生意识的超物质的原因。此刻,记忆是根植在大脑里的一系列神经元中的。关于脑的记忆的大容量、长时性和高强度乃是我们人之为人的意识存在的基础。其实,正是由于这一缘故,即使人在睡眠时,也要为自己记忆的存储不停地做着工作。

160. 然而,据报道,在记忆形成后,神经引起的增加又会足以导致失忆;但在记忆形成后,神经导致的减少,失忆的情况却没有出现,这是一个方面。另一方面,人在四、五岁前,大脑内的海马状突起若处于高度变化状态时,也会因此而无法稳定地储存信息。我们认为,这就是人在四、五岁以前的记忆不能保存到成人时的一个内因。由于此时的大脑根本就不能稳定地储存信息,所以我们在其以后也就难以知道那个时期的情况了,这些皆属本质说。

161. 可是,大脑的司令官又是怎么的呢?我们讲,大脑是受生命的秘密指令来工作的,在大脑休息时,人的生命会自己负责生命体的运动,当大脑进入意识状态,人的生命便要委托大脑去代理它的工作。或说,生命的某些隐秘的再现于大脑之中的,便应是意识的内在生成。生命要由生命体的性质来表现,人便把这个任务都交付给了大脑,进而它也就有了关于自己的意识。

162. 根据性质学说,意识的存在既是先天的,也是后天的。首先,1)在人的脑中,至少要存有这方面的机能,2)它定会带有一些与生俱来的性质、属性;其次,就是人的后天的生命为了适应环境和自身的发展等等而必要产生某种相关的意识项。我们说,不管是先天的还是后天的,意识的本源的出处只有一个,即它的本质是不变的。

163. 虽然,意识是脑的活动,但脑的活动又是要根据生命的安排来进行的,如口渴的意识确是因为生命机体的需要水而存在的,它并不是脑的直接需要水才引起的,所以意识就是生命的各种需要与否在大脑中的真实反映。离开了生命既不可以有大脑,也不可能有意识,而生命之所以供养大脑,就是要大脑通过意识来为之自身服务的。

164. 就意识而言,可以把它看作是脑质分子的(原子的)或关于它们的结构之活的灵性的有序的编程或编码的组合,而这一组合又是与生命的需要相适应的。当然,这种组合亦是在与基因的及其编码的共在的情况中,方好实现。如此一来,我们就把意识的寄寓物又向生命的更深的方向推进了一步。

165. 个体的生命是依于外在赋予的,人的生命与大脑共在。因此,大脑的存在也是依于外在赋予的。由于外在的赋予和激活了我们的生命,激活了我们的大脑,我们的大脑又反作用于我们的生命和全部的外在,则人的大脑便必是外在之灵动于内的结果,同时它又是可灵动外在的一切过程的中间的内在的关键点。从某种意义上讲,大脑是靠生命的对外在的需要来控制的,之后它才能控制躯体和外在。

166. 接着,有人问,大脑这个物是如何引发意识的呢? 这正是性质物与性质的关系。因为,任何的性质物都有它自己的性质,于是大脑中的物就要伴有与之共在的主观的即为意识的性质的存在,只是这个意识的性质恰是我们所能理解的或说是可体验的,故而这个脑的物质与意识的关系难题就可以得到解决了。我们言,大脑就是一种性质物的可以使它的性质不断地能被自己所意识出来的存在,此时的大脑绝不相同于其他物,但在道理上,又是具有一致性的。很显见,大脑皮层间的相互作用,便应是意识作用于意识,即意识能意识到自己本身,能反省自己本身,能检查自己本身等等的存在前提。同时,语言的文字的形音与其所代表的内容的这些多重存在,又兼之以大脑皮层的多个部分的排列组合,就可形成诸多的意识形态,就可以形成很多种的意识的重叠。于是,意识就可以展开许多的翻新。倘若再加进极多的事物进来,就可以演化出近乎无限的意识。

167. 由上看,要回答脑怎样孕育了意识,只有通过脑的性质就是意识这种关系,才能说得明白。这就如同理解金属里怎样具有导电的性质是一样的。在此我们可以讲,它们均是一个共在。如此者,大脑就是一种独特的性质物,它的意识就是这个性质物的性质。尽管这个性质与其他物的性质是有区别的,但它仍属性质物的性质。

168. 因此,意识与人脑的关系,就如性质与性质物的关系。由于心、脑为一,则意识的本质就是心,于是它的载体便是在脑—心上面的。然而,在脑中,根据物质已经意识化,或说意识已经是物质化了。所以,意识物与意识又是具有同一性的存在,故人的意识的本质就是在上述的表达中的关于它们的终极的寄寓者,应是确定的。

169. 鉴于性质的性质或说所有性质的源头就是本质,如人的关于他的心灵的所有的性质都是可同属于意识的,则意识的寄寓物就是人的心灵的本质了,尽管此时的本质已经是意识化的存在了。还有,性质物的性质,尤其是对生物而言,有时它会存有一个高度的集中区,此刻在单位性质物上已聚集了极多的性质,从而使二者超密集地结合在一起。如此一来,性质与性质物便相互嵌入而不能再分,这就像是人的大脑一样。因为,大脑的单位物质量和其之上的大脑的信息量与其他物相比,是可以多到近于无限的。故而大脑的意识便要深刻地影响到大脑的物,就使大脑的物会变性地要向意识的方面转移,应是十分的容易了。当然,这里的看似的脑物质,一定是被信息化了,或说是被意识化的。即,大脑的物质存在和脑的意识存在已经是一种水乳性的共在,难以分为哪些是物的意识,或哪些是意识的物。我们讲,此间的脑的物质已经是意识的全面的凝结;同样,大脑中的意识也已经是物质化的。在大脑中,意识与它的寄寓物不可分。

170. 有专家称,通常人们所说的知、情、意之类的心理(存在)……就是大脑的性质。认为人的心理状态本质上就是大脑的神经生理状态,[1]这是非常正确的。因为心理的就是意识的,意识的终极依托就是以大脑的神经生理状态为寄寓者的,而这恰是意识的本质。关于心理的发生,它应是有其自己的机体根源的,若把心理的称为意识,把它的机体根源称为本质,则意识的本质便只能是已经意识化了的存在于大脑这个机体之中的那些物质。

171. 自然而然,意识的本质也可以称是意质,意质已经意识化,而意识也已经意质化。于是,大脑中的意识质便应是它的中枢组分,或言脑的意识质就当是决定意识的根本存在,且这个意识质的灵动即是驱役意识之显性的惟一力。

172. 我们认为,大脑中的约有140亿个神经细胞,这些都已是意识化了的细胞,或说这些细胞化的意识,已难以分出此二者的具体区别。所以,大脑的就是意识质即意质,意质与意识已不能分。若以大脑喻心,则心的这个物质载体就是其心性之本质,因此也就是人的思想之意

---

① 陈剑涛:《认识的自然起源与演化》,中国社会科学出版社 2012 年版,第 20 页

识的本质。

173. 概括地说,意识的本质就是它所寄寓的物,当然此物已经是完全的变性为意识化的了;而意识的更新便应该具有脑细胞的某种变异来作为基础的,且脑细胞的变异并不只是仅仅地在于它的原质,似是与它的接受信息或形成记忆之前后所产生的不同有关。这样一来,意识或意识行为的延伸的本质,就当是大脑的不同于以往的—而再生的那些由其功能所引致的物的成分,如大脑皮层的它所发展出的更先进的存在。

174. 总之,世界上存在的只有大脑状态,[①]这是说得多么好啊!我们称,大脑的本身就是意识,意识的本身就是大脑,大脑与意识不可分。没有意识的大脑,就不能称之为大脑,不是大脑的意识就不能称之为意识,意识与大脑同一。大脑的物质已经意识化,大脑的意识也已经物质化,这些均是不用再论证的了。

175. 我们还可以说,意识就是大脑的生命感知,此时大脑的感知是可以用语言来表达的,这乃是人类最大的奇迹。因为,其他物的性质的表达,是否会有它们自己的语言,我们是不知道的。而我们的人类惟能知道自己的意识的性质,且是可用声音和文字来做阐说的。尽管人们也能知道外在的物的某些性质,但是这些性质物与之自身的性质是否具有它们的某种自我的感知,或是具有某种它们的自我的表达,则是我们当下的智慧,还不能明了一点一点的。

176. 勿用赘述,语言的也定是意识的,意识的是与大脑的性质物相对应的。所以,语言的本质就是存在于大脑之中的承载着语言信息

---

① 陈剑涛:《认识的自然起源与演化》,中国社会科学出版社 2012 年版,第 45 页

的意识质那里的。

177. 同时,语言的生成还是神经细胞反应活动的结果,这一结果反映了客观物质内容,语言首先是反应的,然后才是对反应进行反映。① 反应和反映,这二者是相辅相成的。根据"语言的生成是神经细胞反应活动的结果"一语可知,语言的寄寓物是在神经细胞上的,因此它的本质即为其所寄寓的神经细胞无疑。由于语言又是意识的存在,意识在大脑中,已经物质化,或说大脑中的物质也是已经意识化了,所以语言的本质就当是与意识的本质合一的。同理,人的其他的心理性质也是要归于意识的,或说人的除了生命的某些性质外,就都是意识的,可见人的本质之一,便是意识的寄寓物。

178. 不同的语言影响会塑造出不同的大脑,不同的大脑就会有不同的感觉,那么不同的感觉就会产生不同的行为,然后一代一代地传递下去。② 此即语言(塑造)→大脑(产生)→感觉(产生)→行为。如是之,大脑便靠语言来支配,感觉便靠大脑来支配,感觉看似是独立于脑外的,其实不是这样。并不是先有感觉再传入大脑,而是大脑先布好了感觉的引线,或言首先是脑的通过其引线才来确定某点是感觉和被感觉的共在,然此共在是后生的,脑的感觉总是要时刻地准备好的。这里的道理就是,没有脑的在先,人是无法在某点有感觉的。这样,我们就推翻了感觉在先,然后再传入脑的如此一个颠倒着的说法。因为该说法,主要是否定了脑的居先的作用。于是,感觉、行为都要受大脑的支配。在某种程度上,大脑的感觉与其所布线的感觉至少是一共在。当

---

① 刘忠:《性质语意理论的提出与自然语言理解及其实现的研究》,华东师范大学博士论文 2004 年,第 18 页

② 王士元:《语言、演化与大脑》,商务印书馆 2011 年版,第 92 页

然,它的前提是大脑要靠语言来支配的,进而也就纠正了感觉的要大脑后支配的思想认识。这一观点的形成,对后世的发展,是有贡献意义的。

179. 有一组科学家说,①人们在日常生活中所关注的东西是要取决于他们的基因蓝图的;②我们的大脑告诉我们的东西是经过过滤的,情绪的确有力地影响着我们看待世界的态度;③DNA 连同我们的文化、经历和环境可以影响我们的脑化学,这样我们对世界观察与重点关注的方面就与我们身边的人不同;④与其说是我们的眼睛眨了一下,不如说是我们的大脑眨了一下。一旦你的注意力聚焦某物,那么你的大脑就已投入工作,对某物展开思考,不再剩下任何资料。如上就否定了先由感官传至大脑,然后大脑再发信号的说法。于是,关于感觉与意识可以是一种共在的理论就必是正确的了,或说脑的意识有时是可以存在于某些后天的感觉之前的,也是正确的。

180. 依照王士元的思想,语言一定是能塑造大脑的。他认为,有了人类发达的大脑,才可能有变化无穷的语言,同时语言也在不断地改造大脑,不同的语言会塑造出不同的大脑,语言是人类最关键的特征,研究语言与大脑,就是研究人性最好的方法,因为人性就是大脑与语言所共同造成的。① 简言之,就是有了大脑,才有语言;有了语言,才可以改造性地完善地塑造出更美妙的大脑;而思想的基础是语言,即脑的支配就是思想的支配,或说就是语言的支配。脑的存在只是载体,真正的有意义的东西只能是灵动着的语言,或说是语言在支配着大脑。语言的载体在大脑之中,联系此前的文字,于是语言的本质即明。

----

① 王士元:《语言、演化与大脑》,商务印书馆 2011 年版,第 138 页

181. 由上观之,大脑是靠语言来支配的,且语言是建立在发音、听觉、记忆以及多种认识的技巧上的。人类的所有思想、感觉、情绪,都由大脑来主宰。尽管大脑的存在是先天的,但它已被后天的语言所俘虏,而成为了语言的工具。否则,一个空白的脑,若不进入任何的语言,则这个脑就是无用的。我们说,看似的车的奔跑,其实它是由人的启动后的驾驭的结果,人在这里的存在就相当于是车的大脑,而这个车的大脑里的就是人的语言,此是一个比喻。脑子里存储的是什么?它存储的只是语言。所以,内在的语言就完全地掌控了整个的脑,即成了全部的意识,因此意识的主宰功能就是语言的作用。

182. 当然,所有的语言又都是以复杂的、相同的计算结构为基础的,生活于各种社会环境中的所有正常儿童都拥有这种结构。① 我们认为,语言的这种计算结构的基础,应是存在于脑细胞内的 DNA 的碱基的排序之中的,因为只有如此,它才可以由基因遗传学来做解说。对于儿童来讲,他是先学会名词,之后再学会动词的。在脑体里面,学习新名词时与视觉有关的左侧梭状回被激活,新动词激活的是处理语义和概念信息有关的左侧额下回。

183. 向更深处推演,就会发现所有的语言和行为又都是因于生命的需要所派出的。虽然,语言的本质也是可以归于意识的寄寓物上去的,但是只有考察语言,才可以明白知识的存在。知识有赖于命题和文字,而文字又是语言的。语言的原始的载体在哪里?则它的本质就在哪里。语言的是声音的、文字的和它们所指的意义的,然这些必是要根据于文字所代表的事物的内在之中的性质的,同时它还必是要寄寓在

---

① 王小潞:《汉语隐喻认知与 ERP 神经成像》,高等教育出版社 2009 年版,第 37 页

人的大脑的意识质里面的,即语言文字乃是联系我们与外物的中间衔接体。

184. 尽管本质的表达是需要语词的概念的,可它终是要处于人的判断之下的,在此即如S是P一样,S代指本质,P是关于S之本质的语词概念,"是"则含有相同的或相等的意义,或仅为本质间的系词。综合以上,人的本质之一就当是意识的寄寓物,人的一切的在生命之中的那些非生命所直管的,且是由它的核心之存在而反映出的便均是意识的体现了,这里一定要包括语言。此间,还有一个意思就是语言的本身,绝不能成为人的本质,但它可以有着自己的本质,其中的道理应是不言自明的。

185. 我们知道,人的眼、耳、鼻、舌、身既是意识的联系外在的硬件,其功能的表现也是意识的软件,语言文字则是它的最大的软件,大脑就是自带软硬件的最高合体。这时,任何的外在都有内应着的我们的神经基础,或说我们的每一神经细胞都有其所要对应的外在。因此,内外在之间就时时地要发生着对应的联系,而这些反映在字词之上,也是一样,即每个字词之义或它们的音形也都是在内对应着人的神经环结的,在外又对应着事物的名和内容的。于是,外在的进入内在,它应是以五官为对称轴的(不然就没有距离感),然后对其形貌、大小、性质则可通过维度变换、转码为文字和形成记忆,就来到了意识中。

186. 由于人的一切心灵的性质表现均是应归于(或出于)其意志物的,且物的一切性质的表现又都是要归于(或出于)其本质的,故意志物的存在就是人的心灵本质。所以,研究人的意识问题,必须要和研究物的性质问题相勾连,否则就找不出一条可行的路线。物的性质与人的意识是同一的存在,这是由于,物的性质是从其本质处分泌出来的,而人的意识也是从其所寄寓的本质即大脑中分泌出来的;二者的任何的表达与表现都是具有一致性的。然而,任何人之间的主观的意识又是不能一样的,其实这正是类如性质物的性质所显映出的精义所在。

187. 因为人的心与灵之关系,就是本质与意识的共在,则意识为性质是从心中发出的,即意识是寄寓在心的里面的。于是,心为人的一个本质就当是确定的了。此间的灵为心的能动,其与意识当是同一的。根据心灵的灵亦可为知,便能明白灵知一定为意识。心灵者,就是本质与意识的同合,但单一表达时,仍以心为本质,以灵、灵知之意识为性质。由心灵可知,本质与性质是共通相依的。意识的这种人之性质的主要汇聚者,又可称之是靠近本性的性质了,本性的寄寓者,或某个性质的直接寄寓者都是具有同一性的本质。

188. 在此前提下,精神的、心灵的都属意识,只有意识的寄寓物才是人的心灵的和精神的本质。鉴于意识和它的所寄寓的质的结合,可以称之为意质,则人的本质之一便为意质。当然,心也是意识的所嵌入的质;事实上,所谓的心也正是人之性质(意识)的寄寓物。因此推定,人的本质的存在之一就是"心"。心、脑是同一的。

189. 马克思说,人的本质是一切社会关系的总和,而这个关系的总和的归结者也是要相融于意识里面的,所以它也属意识。因为,人的意识,从根本上讲来,就是人脑对客观世界的反映。同样,费尔巴哈也认为,意志就是人的本质。[①] 可见,当时的这两位伟人,是把意识和意识的本质给搞混淆了。说意志是本质就等于说性质是本质为一样的。只有性质的终极寄寓物才是本质,否则便是错误的。

---

① 金炳华:《哲学大辞典》,上海辞书出版社 2001 年版

190. 还有,"思"在海德格尔那里,是被看作为"此—在"的真正的本质的。然而,"思"恰恰是属于意识的。严格讲,人的"思"还仅是人的性质,于是用"思"来指称本质,就是极不妥当的。

191. 显而易见,本质多是被现象、质料所遮蔽的,本质在性质物中是所有性质的发生原点,在人的存在中,其有一种于生物之上的却是不同于生物的超一般生物的本质,便是意识的发生的存在初端。意识的本质当是人的超生物性的寄寓在顶级灵物之中的最高存在,物的本质也是寄寓于性质物中的最高存在。在人的意识中,由于其存有知识,由于其存有探索的精神,随着其认识深度的增加,意识的自身的堡垒就是可以从内部攻破的,即意识是能够把自己说得明白的,或说意识之谜是终有可解的。

192. 例如,在现实生活当中,常常遇到问题,遇到困难,多会认为这是外境的过失,认为是别人安排得不合理。佛法告诉我们,所有的问题要在自己内心深处去找原因,去找解决问题的办法。[①] 我们言,外在的困难,皆有内在的原因。今日的外在,均是昨日的内在。今日之内在,又是明日之外在;这就是意识的反映。

193. 因此,从感性认识上升为理性认识的能动性飞跃,应是源于心理基因对信息资料的组织。从认识向实践的能动性飞跃,也是源于心理基因对外界物质、能量和信息的控制。实践检验、修正、发展认识则与心理基因的控制反馈和变异相联系。故,认识飞跃的微观机制,正是心理基因、知识基因的超循环生成。[②] 这就是由感性到理性是由心

---

① 释慧空:《学诚大和尚侧记》,中国物资出版社 2012 年版,第 113 页
② 陈红:《心理基因论:心理自组织原理与超循环生成机制》,南京大学博士论文 2008 年

理基因对资料的组织占有而成,由认识到实践是由心理基因对外在信息的控制来决定的。总的看,认识的飞跃是①心理基因②知识基因的共同作用之结果,即认识的发展是由心理基因的控制反馈和变异于相互的联系里面来完成的。

194. 在认识过程中,环境的影响内在,受影响的内在又会作用于它自己的外在。故外在之间的联系,实是要通过某一内在的作为桥梁的,尽管这个桥梁是不能为人所直观的。比如,即使在完全黑暗的环境下,在我们看不到周围任何东西的时候,我们的大脑也有一种神奇方式,可以知道我们在空间的位置—我们是直立的还是以某个角度倾斜的。这样一来,万物的本质便必是要以人的本质所逸出的那些能动的性质才可以探求到的。

195. 据报道,一项新研究发现,血液中类胡萝卜素含量较高的人往往对未来更乐观,且心理健康和身体健康存在关联。这就是内在决定情绪的本质的表现之一。当然,外在的也可以影响到它,但其必要通过内在的某一环节来做转化或转折才好,否则便不会成立。

196. 有学者称,新大脑皮质不但使生物能够通过学习技能而获得无限的能力,也赋予了他们从经验中受益的能力。[①] 可见,学习的本质,即操纵学习的根本力量,应是由人的新大脑皮质来发生的。于是,新大脑皮质便能启动学习的命令,使人们通过学习可以获得无限的能力。这样,我们就找到了学习的物质源头,且这个物质的源头也就正是可称为本质的东西。

197. 接着,是什么使得人们成为晚睡者的?所得到的最合理解释

---

① 路甬祥:《〈自然〉百年科学经典》第三卷,外语教学与研究出版社2009年版,第79页

之一是这些人的生物钟长于 24 小时。故此,关于存在的性质,是可以从性质物中找到它的依存根据的,关于这个终极的根据也就是本质。

198. 我们讲,性是人的自然存在,性意识的出现是与性器官的和有关激素的发育相伴相关的,这些都是内生的。可见,意识的存在,一定是有着它自己的寄寓物的。这也就是人的性欲的动机在哪里的问题?经研究,它应是由里比多引起的。所以,里比多作为本质,它所反映的性质就是性欲的冲动。因此,性的寄寓物就是里比多,故里比多就是性欲的本质,这是一个最简单的关于性质归于本质的例子。

199. 柯林武德认为,历史"阶段"的本质在于每一个历史阶段都被另一个历史阶段所取代……因为每一个历史阶段在其存在的时候自身都会转化为另一个阶段。① 我们言,历史的应是人类过去的文化思想在当下人们大脑中的意识的遗存,有关它的意识物,才是历史的本质。

200. 刘森先生说,人的本质是人之所以成为人而区别于其他动物的所在。② 王善超称,人的本质主要回答"是什么"、"何以是"的问题。③ 我们讲,这些都是有道理的。此间,人的本质就是在其生命基础之上的意识物,因为人必须要有意识。这样也就回答了人的"是什么"与"何以是"的问题了。关于意识,在后天,人又是自己本质的创造者,尽管这个创造的本身又是要有某些先天的存在来做支持或支撑的。

201. 王善超又讲,人的本质也是一个系统质。所以,系统质与本质家系必有共同点。首先,意识的问题要和基因学联系起来,基因的编

---

① 柯林武德:《形而上学论》,宫睿译,北京大学出版社 2007 年版
② 刘森:《马克思主义哲学中国化刍议》,中共中央党校出版社 2008 年版,第 139 页
③ 王善超:《论马克思关于人的本质的基本理论》,北京大学博士论文 2000 年

码是其记忆的第一存在,它是一维的,由这个一维可以走向平面的二维,再走向外在的三维和由外在的三维转码成为我们的意识是同一的东西,只不过是方向不同。记忆与基因的统一就是意识与生命的统一,于是生命、基因、意识就得到了一个系统化的存在。

202. 其次,人的内在的生命体系的汇集点是心脏,人的意识的支配体系的汇集点是大脑。大脑的出现是在心脏之后,故生命是第一的,而支配生命的意识则是第二的。这就是说,心脏是人类乃至所有脊椎动物的在胚胎中最先开始运转的器官,由此方可言及人的生命本质。

203. 事实上,人性和人的属性都归人的性质,性质的指向它的终极的载体即为本质。人的本质之一是意识的寄寓物,意识的核心是为人之生命服务的那一部分。如此一来,他的这方面的本质的自身就与人的意识的载体的自身是一样的,意识的载体的自身必要与肉身同在并始终应联系着生命之身,当其力量尚小,还不能服务于肉身时,就由它的某种先天性来代管,当其有能力来管理肉身时,意识与肉身就可协调地统一在一起了,之后当意识不能指挥一个腐朽的肉身时,意识就要逃跑掉。本质在性质物中与意识的究竟的载体在人的存在中毫无两样。

204. 就生理上看,人在形成意识、思想等等的时候,一定会伴随着相应的化学变化和细胞间的信息传递的,其间定有部分激素的参与。此刻,肉身上的某些激素也是可以内生意识的,即该种意识便不是从当下的外在中得来的,是先天赋予的,是先天以先在的方式从遥远的以前的外在中获取的。

205. 可以想见,神经结构的编码就是人的内在的信息的存在方

式,而这种信息的有所反应,便是意识的先天表现在后天之意识上的能
动。刘晓东认为,人的文化、人的认识等都有生物学(或遗传学)上的
前提与规定,它们离开生物学将是不可理解的,①这就是关于某些意识
的具有先天存在的理由。

206. 例如,我们从前只知道思维的存在,却不知道思维之物的存
在。现在,人们才明白了思维可以飞向远方,但思维之物则是不能飞向
远方的。这就一方面反映出思维之物所具有的巨大的含有能量的有条
理的效用。我们讲,关于思维所显有的能量的具体的条理化问题,目前
还只能存在于人的意识的考虑之中。尽管如此,思维之物即可供思维
的物也似是具有自动的可条理化的功能的,或说思维的条理化应是随
着思维之物的在其极深处的条理化而做出的相应的展开。如是之,思
维与思维之物就是如同性质与性质物是一样的。对于思维的可以飞向
远方,我们说它也是需要由思维之物的装置来进行发生的。总之,思维
不能离开思维之物而独立存在。思维之物如琴,而思维则如琴声。在
大脑中,此琴是由生命来拨动的。

207. 非常明显,人的超生物性质就是意识,意识包括感觉、感知、
感性、理性、思想、精神、幻想、创新、认识、宗教等等。其中,①意识的本
质就是它在人的生命之中的脑里面的寄寓物,②具体的意识即某一具
体的性质的本质也是它在人的生命大脑里的某一寄寓着的物,这与一
般物的性质的本质是一样的,③对于事件的本质则是操纵者的起决定
作用的那些意识的终极的寄寓载体。总体来看,性质的多是面向着我
们而来的,是性质物的敞开;当它背对我们而去时,就是性质物的自我

---

① 刘晓东:《儿童精神哲学》,南京师范大学出版社 1999 年版,第 45 页

封闭,但不管它们表现如何,其本质都只有一个,即是那些诸性质所对应的在性质物中的深处之最后的存在物。这就是讲,性质必是寄寓于物的,这个性质的究竟的寄寓物就是本质。本质第一的要反映为本性,性质既可是本性的,也可以是它的枝蔓。于是,人的本质之一便是其有生命的意识物,他的本性或性质就是意识。

208. 我们认为,只有生命与意识的统一,人才能成为人。其实,凡是人的意识的都是关乎其生命的,且人的生命的极多的存在均要通过他的意识来反映出来;人不同于物,物似很难知道自己的性质,而人的意识则能把自己的内在阐述明白。同时,它还能挖掘出生物与非生物的本质来,这就是我们的意识的妙处,也是人的区别于他者的根本所在。

209. 高清海先生也讲,人有一个生命的本质……,人还有一个超生命的本质,[1]这正符合我们的观点。因为,人就是身、心两面,身是生命的,心是意识。有人可以有生命,却无有意识,然人有意识时,则生命一定存在,若以此为基,则人的本质就应是在意识的寄寓物上,也可以说人的本质即是心,但其生命的本质必是要在 DNA 的寄寓物上的。

210. 所以,人就是生命和意识的总和。故此,关于人的需要,它既是具有生命意义上的,又是具有意识意义上的。总之,人的本质便必是贯穿于其生命之中的能焕发出无限思想意识的可形象地称之为辐辏的存在。

211. 如是之,人的本质,其一即为生命的是指向 DNA 的,另一则为意识的是指向心(脑)的,且生命的大部又是要由心(脑)来调控的。我

---

① 高清海:《哲学的憧憬——〈形而上学〉的沉思》,吉林大学出版社1993 年版,第 7 页

们讲,所有的人之前的生物和非生物只有一个本质,而人则具有两个本质,这恰是人之为人的根本依据。

212. 在现代,任何人都知道,人的相貌是由基因决定的,这就是生物性质有其外显时的内在说,此种内在只是 DNA 中的很小的一部分。过去的人们多将现象和生物性质的外显给混淆了。我们把生物性质的外显之内在说,也可以理解为是一种本质的对应,但这种对应只是本质集合中的一个点或一些点的片断。

213. 统而言之,所有的生命性质都要归于基因,以基因的寄寓物为本质,此是生命本质;但人的思想、认识、精神等都要归于意识,即以意识的寄寓物为本质,我们称之为意识本质。由于人的存在自生命诞生之后是要逐渐地靠意识来指导的,虽说意识的本质较生命的本质更具有决定性,但不能认为关于人的本质就只是意识的本质,而不包括生命的本质了。生命本质在起初是先于意识的本质的,在后来它又是仅次于意识的本质的,这是人类所特有的标识。我们或许也可以说,人是具有双本质的,这就要看世人的倾向了。可是,其他的生物或非生物都只有一个本质,惟独人具有两个本质,这便是人的成为人的两大支柱。当然,这也应是一个美妙而崇高的发现,此论述极为重要。

214. 如此一来,所有的生物的性质外显的如相貌等就都是由其基因决定的,所有的生物之死亡后的和人造物及非生物的外在则与基因无关,也就是说,这些现象都是不能反映本质的。可见,从前的现象说,完全是一个混沌的,根本上分不清哪些存在是与本质有关系,等等。这样,我们对现象的问题就可以解析明白了。对于非生物的、人造物和生物的死亡后的僵尸而言,现象与本质毫无联络的瓜葛。但是,生物的外在,却是对应着其所具有之性质的归结上的内在的某一点的,这个点同样是本质的存在,此点也可以并到整个本质的概括之中去。于是,人的本质,①在 DNA 的寄寓物上,②在意识的寄寓物上。其他生物的本质均在 DNA 的寄寓物上。人造物的本质是人的智能的载体。元素的本质则在其原子的序数和它的结构的寄寓形式上。化合物的本质是在其性质的终极的寄寓着的组分与结构上的。

215. 由前述可知,本质也是有层级的,这些层级是随着人们的认识水平来规定的。关于精神的本质它应是意识物中的某一载体,所以精神的本质恰在意识的寄寓物里面。根据以上,我们就把物的和精神的本质讲得清楚了。物的本质就是其所有性质的最终极的载体。然而,神的也是有神性的,或可称神的灵魂亦即神的性质,此时神的性质就是由神的本质所反映出的一切存在,这当是超人的精神的更高级。

216.《坛经》讲,不悟即佛是众生;一念悟时,众生是佛。① 此是言,不开悟时,佛就是众生;一念得悟时,众生都是佛。可见,A＝B 并不同于 B＝A,并且言其中的 A＝A,B＝B 也是不准确的。设佛为 A,众生为 B,当 B 未开悟时,A 为 B(即 A＝B);但当 B 已开悟时,则 B 为 A(即 B＝A)。故符号上的相等,在实际中则不一定相等,该种情况在社会学里面也是有明显例证的。所以,此间的本质就是其所根系的寄寓着的悟和不悟是绝对不同等的。这样一来,便是从本质上能说明问题的。

217. 我们撰写到此,世人应该明白,从性质到本质的理路,其指导性的意义应是十分重要的。根据染色体组决定男女,和每一种化学元素的性质都是由其所含的质子、中子和电子数决定的,经这两者的结合

①　《坛经》,尚荣注,中华书局 2010 年版,第 52 页

表明,通过性质是可以追溯到本质的。一方面,这里的对人而言的男女的本质的不同就是染色体组的不同;一方面,对物而言,就是质子、中子和电子数的不同。当然,还可以向更深的方面去演绎,这在前面已经说清楚了。

218. 至于本质就在原始的结构中的,如三角形的本质即是由三条直线所围成的图形,而其所有的性质均是由此而出。可见,某些存在的本质是可以由极少的观念来指示清楚的。还有,如果我们把某些植物的本质,即它的DNA的存在一定要框在其种子里时,就能由此来观之前,又可以视之后了。因为,从种子的来龙去脉是能知道它的前身与它的后世的。

219. 总之,只要有多个性质就可以通过推理的方式得出本质(如元素的本质);只要由性质找出它的深刻的对应存在,则此就是本质(如DNA的反映);对于人的意识的因都要归于大脑,则其意识的本质就只能是大脑中的意识的最后的寄寓物了;对于化学上的性质,可以推出它均是由其组分和结构来反映出的,则其本质就可定在该组分和结构上了;对于数学的只要把其性质全部理出,在其某一性质的对应的终极的存在中,本质就可以立即显现。因此,通过性质必能得到本质是无疑的一个天然的过程。

220. 故,本质就是性质的终极的在性质物中的根本点上的寄寓物,所以讲某某存在的本质就是其某某性质的最后的载体说,即可为一个表达本质的公式了。如,人的本质,①就是其生命的寄寓在DNA中的载体,②就是其意识的寄寓在大脑中的可归于到底的载体。这时,人的生命和意识都属他的性质。因此,我们的本质既是关于生命的,也是关于意识的;且生命中性质的本质就是DNA,而意识的靠近先天的载体就是大脑中的意质。

221. 又如,灯的本质就是光明的载体;机器的本质就是人的智能知识的载体;书的本质就是关于人的精神、文化所寄寓在文字上的载体;文字的本质就是人的思想、意识的成为概念后的有形音义的载体;由于此间的"文字"首先是表书中的系列思想的性质的综合的,之后又阐说了它的本质,这样一来,在连续的语言过程中的 A,既是可言性质的,又是能引向本质的,以及它或许就是本质的主词。倘若在 S=P 中,则性质是不能直接称为本质的。

222. 还有,思想、观念的本质就是其寄寓在大脑内部的终极载体;长江大河的本质就是其关于流水的载体;风的本质就是空域间的温差的存在载体;战争的本质就是以置敌人于死地为终极事件的载体;政治的本质就是以操纵国家为终极的载体;国家的本质就是以人民为终极的载体,等等。

223. 于是,所有生物的根柢的本质都可以归宿到 DNA 中来,所有非生物的根柢的本质都可以归宿到元素的或化合物的发生性质的组分与结构上来,所有人的心理的都可以归宿到意识的寄寓物中来。

224. 此刻,任何的桌子都还是一个桌子,任何的人造物都是为了人的需要。这个需要一定是寄托在它的功能上的,且这个功能是不可分散的,它反映在人造物上,功能之性质所指向的必是人造物的物自身的全体,而不能是某一部分。同时,人造物已把某些不能产生功能的多余物去掉了。这就是说,人造物的性质就是人所需要的功能,其本质就在它的物自身中。另外,同一时间产生的诸物是不可能存在于同一具体的空间里的,但同一具体空间里的存在产生却是可以由诸多时间来完成的。此即言,时空是必须相脱离的,然而它们确是可以因有而共在的。以上是关于人造物的。对于单质的,本质在元素里面,对于化合物的本质则在其性质所寄寓的终极的组合成分或结构里面,而人的心灵本质则在其大脑里面。因此,意识的乃是人类的共在。所以,人的、人造物的、自然单质的和化合物的本质问题,就约略地说清楚了。

225. 关于物的本质、事的本质、事与物的结合的本质说。如图:

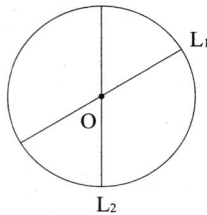

其外园是表现的形象,L_1 是一个性质,L_2 是另一个性质。L_1 与 L_2 的交点就是该存在的本质。本质应居于核心的地位,以上适用于物。对于事来讲,可能只有一个性质或很少的性质,因此这个或几个性质的产生者,就是直指本质的,即它一定要有一个可表达的寄寓主体。在事与物的结合上所反映的性质要多一些,这应是符合实际的,此时的本质当是它们二者的起决定作用的一方的性质所寄寓着的那个存在。

226. 一言以蔽之,物的本质定是它的性质的终极的寄寓物的组分和结构,这个组分和结构是潜在于性质物的深处的;事件的本质则在其主要的起决定作用的和有决定影响者的身上的;而人的所有的超生物的,即除去生命的自我运转之外的性质都要归于意识,且意识涉及的这个总的性质的载体就是大脑,凭藉性质的终极的载体即为本质说,则人的意识的本质之物就是人的已经意识化的大脑。鉴于在事实上的更为直接、客观与唯美,我们言,人的生命是以肉心为心的,且意识的存在是以大脑为心的。于是,就可以说,人的本质即为"心"。这一人的本质之"心",既是生命的,也是意识的,是关于它们的之和。

227. 至此,关于哲学史上寻求本质的话题,便可以结束了,这应是全世界的哲学家们的集体胜利。

228. 今后,我们言,哲学的发展定会在一个更先进的层面上展开。

第四篇　先天界

本质既出，
它的存在的源头问题，
就只有指向先天界。
先天界孕育了后天的一切，
在那里有无限的奇妙。

第十一章　性而上——上学(之二)

1. 根据哲学的惯性,在人们经由性质而寻出本质之后,则关于本质的前生的缘起的问题就要提到日程上来。

2. 在以往的文字中,人们已结束了寻求本质的问题。接下来,我们便要探讨关于本质是如何产生的这一重要思想,进而就要开始了一种新哲学。

3. 原则上,普通人只能见形,不能见性质;上人者能见性质,不能见本质;上上人者,才能由性质而见本质;极上人者,可由本质而见先天。在这里,哲学研究有大量的超时间的东西。有人讲,哲学家们所感兴趣的,是先天的东西,[①]此论是非常正确的。

4. 在性质哲学中,我们只宜把自然的看作是一个系统,才能最终地认识到那些有均要统归于无。进而说,无限便具有了不被有限穿越的性质。虽然在有中,它的某一结构也是可以存储光的,但其终为少数,这就如同有人言说的要以水点灯是一样的。

5. 由非生物进入生物,俞海菁讲,基因起源是物种形成和进化的生物学基础。于是,在先天界又是如何地起源了基因的呢? 这就需要更深刻的探讨才能解决。再有,基因总是要与某一蛋白联系在一起的,

---

① 万德勒:《哲学中的语言学》,陈嘉映译,华夏出版社 2002 年版,第 15 页

那么请问该种联系，又是由谁来做媒介的呢？此类事都应该再研究。

6. 俞先生又说，自然选择作用是新基因产生后促进它们在群体中固定下来的重要进化力量，它帮助有益的变异尽快地固定、增加它们在群体中的频率，这种活动已经在探索一些新基因的起源过程中被检测到。① 可是，自然选择的背后操手又是谁呢？它为什么要给予生物以有益的进化的力量呢？生物的进化对于自然的本身的存在是有益的吗？自然选择的规律又是怎样的呢？这些无疑地也需要精思解剖。

7. 我们知道，在生物界，它们的遗传密码都是相通的和统一的，这是为什么呢？之所以有这种存在的根柢又在哪里呢？此外，动、植物体内的细胞组织都是会受到上一代的 DNA 遗传物质所控制的，包括物种形状大与小和寿命长与短等。② 关于这一惯性的设计，又是出自于哪些神仙之手呢？在当今，均没有人给予回答。

8. 据报道，动物也有死亡观念。同时，动物还自然地存在着"对等、公平、同情、安慰"的社会友好倾向。在数学方面，有人说，鸽子的计算能力堪比猴子。这样一来，学习和应用抽象计算的法则就不是灵长类动物所特有的。然而，人类与类人猿的笑声又当是同根同源的。至于存在此间的为什么，就只有到先天界中去寻找了。

9. 对于人来讲，他的心智在胎儿期就已被母亲打上了各个方面的烙印，或言儿童在出生以前，即通过母亲的影响，而得到了某些观念。这就是说，纯粹的观念、理念都是含有了某种超验性的。可见，各种观念的秩序必然是要先于形式上的那个三段论的秩序的。

---

① 俞海菁：《人类新基因 c1orf37－dup 的起源、进化及其同源基因的功能研究》，云南大学博士论文 2008 年

② 梁健：《论细菌起源与作用》，《大众科技报》2009 年 6 月 14 日

10. 事实上,人的潜伏的观念就是遗传中的记忆。因此,人的最根本的进化当是通过长期记忆的来引致脑神经结构的改变而完成的。所以,只有它才是生命与意识的结合的始基。

11. 李景源先生讲,人的心理和认识的产生与发展,既有其社会历史的前提,又有其生物的和生理的基础,[①]这是对的。或说,习惯的定型的动作无需思考,即它乃是由历史来逐渐嵌入的。此前,弗洛伊德也说,超我的起源,一个是生物本性,另一个是历史本性。[②]其实,历史的本性才更具有超我性。

12. 刘晓东认为,本我是遗传的、集体共有的,自我是从本我中分化出来的,它具有个人性质。[③]就人的性质来看,其应是从遗传之中处于休眠状态的被激活出来并得以发展的,人的性质是建立在自我的基础上的。此时,人必须要先有某种机能,然后再于外面的刺激下启动这个机能即引发之。如人受到外部的讨厌的情绪刺激,内心就会烦躁,是因人有这个机能,这就如同种子有发芽的机能,一经水和阳光,它就能活泼开来是一样的。所以,能力必是由可能而来。

13. 综上,所有的存在都必须与原因有关,即任何存在都有原因,或说凡是发生的,皆应有原因来助成,任何事情都必为其原因所规定。当然,原因的存在是可以独立的,但原因的启动则必须要有外在的条件;也可以讲,在原因之外还要有一个原因,这或许就是原因的原因。故此,条件的原因之不同,则其后来的结果也就不会相同。

14. 于是,要研究 A,就要搞清 A 的性质,或是搞清 A 的存在之前

---

① 李景源:《史前认识研究》,湖南教育出版社 1989 年版,第 17 页
② 弗洛伊德:《自我与本我》,林尘译,上海译文出版社 2011 年版,第 226 页
③ 刘晓东:《儿童精神哲学》,南京师范大学出版社 1999 年版,第 339 页

的存在的性质。比如,某一 A 的存在,可以包括微观的 C 和宏观的 D;C、D 的联系即存在 C' 和存在 D' 的联系。关于 A 的存在 C 和存在 D,由存在 C' 可以推出存在 D';这就是说,存在的存在 C' 和存在 D' 的存在还可以展开到存在的 C'' 和存在的 D'',因为它们都是可以再向着更深处去推导的。

15. 对于存在的存在是必须要进行研究的,它不是可以自己开显的。同时,它又是反映着认识的向上的无限性的,因为存在的存在……的存在,首先是含有极多层次的。其次,它又是规范着存在的某些行为与发展的。

16. 上述,由于涉及了存在的发展问题,我们便谈一些这方面的事情。比如,在较大的范围上来讲,全球的发展,实是野火模式作用的结果,即它与某处的文明的在先的理论是大相径庭的,而某些文明的之所以诞生,则又是空间野火模式的产物,其与人的力量应绝对无关。这些就都要归于先天的层面上去,才好理解明白。

17. 关于先天界的神奇,爱德华·魏尔森说,将孩子们和成年人完全隔离,我不怀疑他们能说话,而在理论上,假以时日,即令没有人去教他们,他们或他们的后代也会发明出一种语言,[1]这当是确定无疑的。

18. 有人讲,语言不是由遗传所得的,[2]但人的能使用语言,也一定是要有着它的在这方面的性质的,否则其他的动、植物为什么不会使用语言呢?所以,只有人类才拥有真正的语言系统,即语言的存在也是人的应有的性质之一。

---

[1] 爱德华·魏尔森:《人类本性原理》,宋文里译,桂冠图书股份有限公司 1992 年版,第 28 页

[2] 埃德尔曼:《意识的宇宙》,顾凡及译,上海科学技术出版社 2003 年版,第 262 页

19. 任何人都知道，儿童从一出生就已沉浸在语言中，即使自己还不会说话，我们也都会假定他们多少会受周遭语言的影响。[①] 于是，此时的外在，对于儿童刚出生的时段来讲，便必是一种先天的存在了。谈语言就要联系到语法，虽然说语言不是由遗传所得，可是语法的存在确是当有先天性的，尽管它也是具有着后天的文化性的。

20. 人类社会的群居生活，一般会形成概念性的东西，之后再通过共同指认，就要形成某种文化，只有在此基础上的，方可代代相传。随着一代一代地传递和相互间的影响，则它的场就要扩大，因此扩大的表现，既可是纵向的，也是横向的。

21. 然而，到目前为止，对人类基因的解读还不能回答，为什么拥有语言？与语言有关的基因究竟坐落在基因组的哪一部分？为何拥有不同的语言？神秘的语言赋予我们共同的人性，但将我们分隔开来的也正是语言（语言隔离）。[②] 可见，语言的文化的传播也是有边界的，而这个边界的出现，也正是由语言的这个可扩大影响的存在所形成的。上帝制定了不同的语言，用以分隔人类的思想联系，其中必有深意，只是我们还不知道而已。

22. 由性质到本质是一条路线，只有跨越了本质的门槛，才可进入到先天界。我们在本章的文字，就是要借着性质的余威，来完成本质与先天之存在的对接的。

23. 黑格尔讲，本质是自己过去了的存在。[③] 这乃是从遥远的先天走向当下的说法。可见，本质定不是后天能产生出来的，它的源头必是

---

①　托玛塞罗：《人类沟通的起源》，蔡雅菁译，文鹤出版有限公司 2010 年版，第 100 页
②　周德华：《人体发生学》，湖南科学技术出版社 2011 年版，第 35 页
③　黑格尔：《小逻辑》，贺麟译，商务印书馆 1996 年版，第 241 页

要在先天那里的。于是,所有的有在本质之上的先在都是应来自于那趋向于无的存在。

24. 因此,在本质的存在之前,一定还有其他的产生条件。或说,本质的存在是需要先天的原因来产生的,但本质的自身则不能称为先天的原因。先天的原因第一的是时间上在先,只有时间上在先的,再兼及至少的两个方面的存在,才可有此称谓。故,本质的产生是在先天那里的,无疑。

25. 由于本性是其他性质的得以存在的根本性质,且本性又是与本质同在的,则产生本性的源头与本质一样也是要存在于先天那里的。从先天界看,存在于有无之前的超级的那些诸多的我们所不能理解的种种美妙,于最原始的时候,应是可以铸成物之不同的本性或本质的,有的本质或许就是无之前的瞬间的维度改变所致,故生成本质的有并不难。惟有如此,阐述起来才是合理的。

26. 洛克讲,……观念之不存在于事物本身,就如任何事物之不存在于其原因内一样。① 如此一来,原因便都应在事物之前,所以事物本身才不含有原因。如,A 的受压迫的原因,一定有一个在 A 之前的压迫者,故在 A 本身找不到原因。任何事物都是原因的结果,事物不在原因中,原因中的事物仍归原因。由事物上溯可以找到原因,但在封闭的事物中则找不到原因。于是,仅依据以事物之现象是不能寻到本质的,因为产生它的是没有在原因上的独立的寄托者,进而也就不能与先天的存在来发生任何的瓜葛了。

27. 我们认为,先天地认识一说,是超本质之上的,所有的认识看

---

① 洛克:《人类理解论》上册,关文运译,商务印书馆 1983 年版,第 271 页

似都是在后天形成的,比如在人的意识中都有求真、求本质的能力,但它依然可以再向前去思想去认知和去识记的。如是之,通过性质而得到本质便是为了更好地能认识先天所必须要履行的一步。

28. 所以,经验的在经过了本质的拐点以后,就要走向超验的先天的存在里去了。在更深的程度上讲,只有先验的或是超验的意识,才是能凌驾于本质之上的意识,否则便只是经验基础之上的后天的意识。

29. 此后,我们就可以沿着某些天赋的、先在的等等,来导入至先天之中。关于天赋的东西,它常是以潜伏的方式存在于我们的机体里面,这应是后天的人们所能知道的。所以,自然印入心中的就是天赋的。这时,天赋者乃是心灵所注意的以及是注意到的结果。或说感觉的存在也是天赋的,它的天赋性就表现在其与生命的共在性之上。

30. 比如,生物体中的所有细胞都具有对刺激做出反应的性质,即应激性,但不同细胞的敏感和反应程度却有明显差异;而这种性质就是天赋的,人最敏感,动物次之,植物最下。在此之前,由单细胞形成一个具有特定功能的立体的组织体系,乃是上天的最大的成就之一。

31. 这就是说,人的应激系统是天赋的,是本能的,也可以认为,本能的本性的都是天赋的,即天赋的与本能的在一定程度上便是没有差别的。同样,人的所有的能力都是具有天赋性的。例如,外在的可以影响到内在,大脑是认知的主体等,这些都是上天所赋予的。如是之,以天赋的能力来洞穿他者,或许就是发现与发明的关键。

32. 其实,所有的性质也都是天赋的。因为,性质者就是能产生观念的能力,能力是天赋的,故性质也是天赋的。原则上,观念的乃是由外物的天赋能力所给予我们的,但它又是要通过我们的天赋能力所接受的。

33. 依着弗洛伊德的观点,由梦或许能找到天赋的根源。我们讲,如果解决了天赋从哪里来的问题,人们就可以请上帝走出哲学的阵地了。在一定意义上,天赋的必是先在的,它可以通过遗传和后天与先天的衔接来完成。

34. 显而易见,越是先在的,越是趋向真的。比如,许多的存在都是依着它的较高级的性质的所指而衍生出来的。由之看来,先在的性质一定是先存在于上一个层次中的,但是它要表现出来,就必须要和其共在的性质物结合在一起,而这个可结合在一起的性质物就必须是真的才行,且愈向前愈是这样。因此,可以设 A 由其自身的性质能产生出它的从属的 B 和 C,则高级的 A 总是会先于低级的 B 和 C,然在研究顺序上,研究 A 则要在研究 B 和 C 之后,方可进行。于是,根据性质的有关先在性,人们就会更加地容易来表示性质物与性质的后天的共在的问题了。

35. 有学者讲,人类的任何行为方式在深层次中均与人类生存状况相关。① 这就是说,人类的具体表现都是与之生命的过去的先在是有关的。故而他们的历史的也就必是要以极先在的来作为肇始的了。虽然,有人言,逻辑是具有一定的先在性的,但是它却不能存在于语言的初始阶段,即它只能存在于语言的运用的过程之中,所以有关逻辑的先在于语言之前的说法是靠不住的。

36. 据报道,研究发现,人类天生就具有公平的观念;此外,鱼也可以"嗅到"恐惧气味,人类或许也具有该种能力。这些都应是某种天性的表现,天性的都是天生的。许多人都知道,自我行为的第一因当是

① 王立山:《精致化思维》,广东人民出版社 2012 年版,第 56 页

心,而事物的第一因至少在时间上应是为初始的那些在先的,否则便难以理解。根据一般道理,时间上和有关展开着的逻辑上的在先的存在更是会具有本原性的。

37. 还有,人的某些失误、失言、过错、犯罪等也是存有必然的先定性的,不然他便没有可以称为原因的理由。为此,先形、前生命存在、前意识存在、超验等便都是极有水平的表述。

38. 依前面的文字可知,先在的不一定就是先天的,但先天的存在,必是先在的。同时,先天的范畴又不是经验可以证明的,但经验的先天条件却必是其得以产生的源泉。并且,经验的也是能完成先天与现实的某些关联的管道。为此,我们就要建立经验与先天的可能的连结点,以试图能从经验进入到先天中去,哪怕是一点点也好!

39. 关于先天的天赋的也就是先验的,后天的即是后验的。原则上,先验的是与经验客体无关的非经验性的存在。先天、先验只与极纯粹的存在密切地相联系。这样一来,本性的和起始的就都是要具有着先验的源头性的标识了。非常可惜,人们至今还没有先验哲学。①

40. 我们讲,先验性、先天性都是关于先在的,先在性当是符合发生学的秩序的。比如,概念性知识虽不是先验地存在于儿童的心灵中,而是通过发生学的发展而产生的。② 但它之所以能产生,一定是要有个先天的条件的,这就回到了我们的正确的论断上来了。

41. 由上看,先验的必在我们的认识之前,然而后天的经过某些规则也可以撑起一片先天的空间,即某些先天的也是可以经由后天来构

---

① 《康德著作全集·第四卷·未来形而上学导论》,李秋零译,中国人民大学出版社 2005 年版,第 280 页

② 皮亚杰:《发生认识论原理》,王宪钿译,商务印书馆 1987 年版,第 9 页

造的。对于后天支架着的先天只适用于我们人类的自己,对于自然的先天,我们就无能为力了。

42. 根据先天与后天的连贯性,我们所有的认识与理解就都要尽可能地植根到先天的或先验中去。否则,当下的就会处在一个断层的地带上。

43. 紧接着,超出经验的就是超验的。有人讲,超验的是非认识的,这是过去的说法,在目前不能认为是绝对的正确。因为,超验的通过理性的钻燧,也有可能会见到一些先天的光辉。一般而言,知性与经验相关,然超验似与经验无关,或说先验的是在经验之先,在根本上确是超验的,而不仅仅是在时序上的先。这是由于,有时的经验的先出,是无意义的。此间所反映的经验、先验和超验的关系,是对过去的总结,仍有待完善。

44. 众所周知,先在的先天的超验的都含有前定的意义。了解它,对于指导我们人类的未来,具有无比的类如神仙的作用。于是,我们现在就要把超验的先天的尽可能多的东西与我们的已知的联系起来,看有没有我们所能理解的,因为在有关的联结时,或许恰好是为人们所能懂的。如此,就非常美妙了。

45. 综上,人的认识应由后天的经验认识,慢慢导向先天的超验认识,认识的本能是先天的,但它一定离不开后天的经验认识的激活。人的认识的形成,必须是在先天的超验性认识的基础上,再和后天的经验性认识的联合作用才可实现,否则就无有认识。这样的表达,应是确定无疑的。

46. 根据性质哲学的谋篇布局,我们一旦能把后天的推导至先天的那里,就算完成了基本的任务,这当是我们工作的一个界限。下面,我们就来阐述先天与后天的衔接问题。

47. 首先，凡是先天的，就都是存在于本质之前的，或说形成本质的即是先天的；而本质则是先天与后天的分界点，由本质所展开的虽是和本质与生俱来的，但它的存在便多要反映为后天的了。这是我们的观点。

48. 其次，有条件的都是后天的，先天的具有不可见性，或称非条件性，但先天的确可以通过后天的可见的来做比量推度。

49. 第三，后天的一定要服从于先天的，先天的多做指导，后天的多做实践。然而，先天的与后天的习惯等无关。我们言，所有的后天的或当下的一定是需要与一个先天的或过去的存在来结合才好。

50. 第四，先天的是予人以渔，而后天的则是人的自己应得到鱼，这就是先天与后天的区别。另外，先天的于后天来看，当是具有惯性的，后天的应是具有加速度性质的，至于外在的与内在的衔接就是它们之间的相互作用的统一，而这一切都是万有性质的结果。

51. 第五，先天与后天的结合部是处于混沌状态的，通过后天的探索，混沌的便可日益明朗起来，因此才可以通向先天。在方法上，若归纳有序，演绎有理，倘能实现先天与后天的某些圆融，就是趋于完满的了。

52. 从实际来观，人的许多的功能是后天出现的，功能即为力与才干。此是讲，有些方面的能力不是先天就有的，但它一定是先天所设定的。或说，后天的生理上的功能表现，都是先天的在其机体上的预先置入的结果。

53. 据报道，人能否成功，基因的影响力比生活方式的作用力要大，尤其是自制力，其实是潜藏在人的 DNA 里的。这是说先天的当强于后天的。还有,基因可以在后天以微嵌的方式进入某一机体;如此一来,基因的先天性存在就可以"瞬间"来到我们当下了。

54. 接着,我们言,就感知的机能而论,其一定是先天的,但能感知到的则是后天的。故,知觉的必是先天的,且这个先天的当是为后天的行为预做准备的。就生命和意识来讲,它们都是依赖这个先天的存在而存在着。于是,人之所以有体验,乃是因为先天的与后天的觉识具有同一性,要想证明它,就是体验具有后天的不可测度性是真的。

55. 不难发现,视觉上的自动完形和听觉上的闭合原理都是天生就有的,是不用后天来完成的,自然而然,感觉、知觉、知识又都是认识事物的前提。知觉①是来源于本能的以觉而知,②是以知识而觉之,故知觉本身也是先天与后天的结合。若言知觉有先天性,则知识当为后天的,此二者结合就可以洞察今天。知识必须要通过知觉的部分来获得,能获得知识是人的先天的性质之一。

56. 先天的是属于主体之主体性的东西,那种通过走出主体并到达客体而在知觉中首先被通达的存在,是—从主体来看—后来的显现,即后天的。原则上,分析判断多是概念的先天的,综合判断多是对象的后天的。

57. 现在,先天的多被表达成是空间和时间,由空间和时间而有纯粹数学。我们的观点是,先天的只有空间,时间是依于人的后天才发现的。一般情况下,人们都知道空间的不可感性,仅仅是知道而已,因为它是无所感的。虽然在理解时间上,也有不可感的可知性,但这不重要,主要为时间是关于有的即具有后生性造成的。如上,也反映了某些知识不一定都要从可感中来。

58. 先天和后天一定存在某种共鸣的方式,它在机体内的表达应是具有感传性的,它于外在的表达可以通过最初的模仿来实现一部分。在这里,条件反射是其内外在的基础,故模仿是先天之先形的所对应的后天之后形,但还未深化到思维的层面上来,或说尚未形成可思想的语言。然而,随着模仿的强化,内化力也在加强;同时,由于人与人之间的非语言的交流,也为形成思想做好了准备,于是在不远的时间段里,就打开了语言的大门。这应是婴儿语言前的内在表现。

59. 发生学的研究表明,智力是先于言语而存在的,这种前言语的智力就已经包含着一种逻辑。① 我们说,前言语的智力、逻辑都是先天的存在之遗留在后天的事实,它只能是完成人的向后天转化的力量,在后天没有言语的个体是可以想象的,但没有言语的人类的集体的存在则是不可想象的。

60. 语言的产生是经历了自发、模仿、单词句、双词句到语法的过程,其间包含着同化、概括和独特的创造,而这里的自发性则是一种先天的存在,模仿只是联系先天与后天的桥梁。

61. 皮亚杰讲,语言它不是由儿童所创造,而是通过现成的、强制的和集体的形式传递给他。② 其实,这也是一种先天的给予的在后天的实现。再有,关于理解易,表达难一说,理解易当是具有某种先天性的,而表达难则完全是后天的事了。这种行为尤其适用于儿童的在简单的语言学中所出现的情况。

62. 语言是根据先天遗传,被后天激活的具有创造性的意识组分。所以,语言就是人的先天性存在加之后天性存在的产物。没有先天性,

----

① 皮亚杰:《发生认识论原理》,王宪钿译,商务印书馆 1987 年版,第 74 页

② 皮亚杰:《儿童心理学》,吴福元译,商务印书馆 1986 年版,第 46 页

后天性无用;只有后天性,先天性也不能实现。

63. 王小潞认为,语言神经网络是天生就有的,而具体接受哪种外部语言体系,构建怎样的内部语言系统是后天习得所定的。大脑语言系统既有先天的部分,又有后天的部分。[①] 这是完全正确的。

64. 我们知道,先天的与智力的是有关的,可是与它的某种表现则可以无关,但学习的本能则一定是先天的,尽管学习的行为是后天的。因为,人对外物的性质的获得是有先天性的,性质的可表白都是由人的先天与后天的共同作用而得来的。故此,习得的都是人的后天的存在,但它也惟独是人的本能性之一,即是有先天性的。在此基础上,人的先天性与后天的习得性就必须要统一起来,否则人的先天性在后天里就不能诞生和发展起来,且他的后天性便也没有了存在的基础。

65. 关于先天和后天的问题,它们必要存在于生命的系统中,而后天的只有藉着先天的并需通过经验的体验的方可实现。此时,构成生命的活的要素完全是先天与先在的东西,尽管维持生命的是后天的诸物。进一步讲,我们的生命都是先天所赋予的,生命之外的也是先天所赋予的,然而我们一旦回到自己的生命之中时,就会感觉到又是后天的了。

66. 依着韩明友先生的思想,以哲学视野和信息视角重新审视生命,可以将生命看作是由"生"和"命"两个子系统构成的一个完整有机系统。"生"是由"命"的程序指令信息指令构建并服务于"命"的物质支持子系统,承担着生命中的代谢功能;"命"则是生命的程序指令即信息子系统,承担着生命本身的信息遗传和运动指令功能,所以生命现

---

① 王小潞:《汉语隐喻认知与 ERP 神经成像》,高等教育出版社 2009 年版,第 98 页

象才总会表现出新陈代谢和世代遗传这两个重要的生命特征。① 即，生是在命的遗传性的基础上的后天的活的物质的延续，命不神秘，它是关于先天的遗传信息的组合，生是当下的，命可以寄存到未来中去，或说它的基因可以转给下一代。因此，生命的意义就是"命"的世代延续而不是"生"的物质活动。生命的主线是遗传。

67. 就遗传而言，人的胎儿会通过母体感受一些微弱的观念，或母亲的全部的观念的印迹；在其出生之后的生长的过程中，经由感觉的联系，便完成了一一的对应。于是，在胎中之感就与现实完成了结合，或说遗传的东西就已得到了实现。黑格尔讲，胎儿以母亲的灵魂为灵魂，在母亲的灵魂的直接控制、指挥下生活。② 此表的是以当下的先天正在孕育着后天的实践。

68. 据说，数万年以来，人类的行为方式和生物性变化之间一直存在着相互影响，新的行为方式有时是生物性变化的结果，有时又是诱因，这当是先天与后天的结合论。思量上文，则历史的就当是人们在后天的向前来演绎成的，但相对于我们今天来讲，它又是先天的存在了。

69. 由生命就要涉及意识，意识的起初是本能的，但意识的内容则是后天的，我们所讲的意识多是指内容，而本能的就是指先天的了。可见，意识的必是在先天的基础上，以一种后天的获得性来实现的。

70. 许多人应知道，意识对于自己的起源是无意识的，它只能将其托付给先天的存在，但意识对于自己的后天的新的东西则是完全可以意识到的。同理，先天被压抑的东西有时也是无意识的，后天被压抑的

---

① 韩明友：《生命的信息本质与生物进化机制的哲学探索》，吉林大学博士论文 2008 年
② 黑格尔：《精神哲学》，杨祖陶译，人民出版社 2006 年版，第 20 页

东西应是时时有意识的。

71. 总体讲,任何的后天的意识都是从先天的意识中出发的。举例,起源性的意识无不是从先天那里脱胎换骨来的;再如,人的微笑是从先天那里来的,但在后天,人们于微笑时,则是能意识到的,这样的就可称之是最初的意识。

72. 同样,所有的存在也都是由先天引出的,是于后天逐渐形成的,因此意识也是这样。很显然,意志或意识还是承先天和继后天的中枢,它向上进入先天的原因和目的,向下进入到后天的行为和手段。所以,意识一定要有一个程序的趋优系统。它的程序的起点在先天,之后再由后天的诸如环境的信息等来编织生成。在此过程中,当先天的能够进入至后天时,智慧就要出现了。

73. 人之初,吮乳是一种先天性行为,随着吮乳这种行为的扩展,如吮其他物的出现,则先天的就要转化为后天的了;而完成这一转化的先机就是先天的存在之有益于生命的意识的形成。于是,在意识的督导下,后天的行为便得以壮大起来。有专家称,成人之心是由赤子之心发展而来的,①即后天的是由先天的发展而来,赤子之心必是先天的本能的。

74. 再者,人先天地有了躯体,然后才有心脏维持躯体的自运转,接下来才是脑的发挥功能。这一历史顺序表明了先天的第一性,生命的第二性和脑意识的第三性。但是,生命诞生后,生命的躯体的某些行为又是要服从于脑的意识的。之后,是生命的和后天的分别居于第二和第三位置。先天的具有诞生性,后生的意识具有它自己的指导性,生

---

① 　陈来:《宋明理学》,生活·读书·新知三联书店 2011 年版,第 396 页

命的本身则是起维持性的作用。

75. 这时,意识已在生命中高度觉醒,生命是先天的,意识的能力也是先天的,因此它们的结合,只要把后天的内容装进去便可。

76. 那么,这些意识的内容又是如何地被装进到内在之中的呢?我们讲,所有物的性质都是和物与生俱来的,人的性质即他的意识也是与之俱来的。这个与之俱来的途径有两个:①是随着胎生遗传来的,②是随着父母的教育而得来的。为什么说,这些后天的学习也是与生俱来的呢? 因为我们所有的学习的也都是属于先天的,也都是相当于在我们出生之前的或我们出生时就已经存在的。当然,我们的后天的学习也可以学习自我们出生以后的新发现的知识,但是这些毕竟是少数,且这里所讲的新形成的知识,一旦又遗传给下一代时,即它又是成为了下一个的与生俱来的知识了。正是由此,人类才愈来愈聪明,愈来意识愈丰富了。在一个长期的比如一百年的时间里,可以存在爷爷奶奶的遗传给父母的,父母的又遗传给我们,我们的又遗传了子女,这样的大家庭由于都处在同一个社会环境中,虽然造成了关于先天的遗传的不明显性,然而只要缺少了有效的遗传或是有效的关于后天的对先天的知识的教育,则任何的一个下一代,就都要变成白痴;而这些就恰恰证明了人的意识的是与生俱来的。关于人的后天的学习,不是与生俱来的说法是欠妥当的,其道理已如前述。倘若我们的先人们没有一分一毫的知识遗传给我们或教育给我们,则人们的后代就都是无意识的生命。所以,意识的存在必是遗传的或是经教育的这种遗传来传递给我们的。这就是讲,遗传和习得均与大脑的以及它的具有可以接受教育的先天存在是紧密关联的。

77. 我们人类的所有的感觉、认知和文字、语言、概念等都是把外在变成内在的渡筏。我们人类的意识即他的性质和其他物的性质的存在所不同的地方,就是它分布的不如其他物的那样均匀地存在着。人的意识的分布主要是集聚在脑里面的,其次是分布在肉身的各个部分的神经系统中。因此,我们就解决了意识的来源问题,或说意识是如何进入脑的内部的,即讲述了意识的乃是经由了遗传的途径才寄寓给我们的。

　　78. 下面,我们还要说,外在的是如何进入到内在的问题。A,先给意识进行一下划分。我们认为,肉身中神经的,生命的,可以心观的初期都是一种先天的意识的内在;而文字—语言(口语),认—识,视—觉,听—觉,感—觉,味—觉,嗅—觉都是一种由外到内的,反之则是由内到外的意识的联系;由语言文字的学习和五官的经验积累所形成的识别,内在概念、判断、推理和可心观的成熟的存在等则是后天的意识内在。B,语言文字是音、形、义的组合,音是内在的,形是文字的符号,义是这个文字所指向的标的的内容。由于语言的声音和文字的符号与内容的对应(对映)性,语言的声音是内在的,文字的是内外在的,所以文字便把外在的现象、性质、成分、结构、变化、有无等等都贴上了它的标签,兼之它又都与内在取得了联系,这些联系还要通过五官的,五官的又要通过识别的、概念的、判断的和推理的手段来对那些文字所标定的东西进行核查侦别鉴定,凡是符合它们的要求的,就可以通过这个联系的管道而进入内在,并储存于内在的记忆模版上,以备意识的他用。文字这种存在与五官的知觉就是有着如上的关系;正是由于文字的出现,才极大地丰富了意识的内容。C,然而,在文字产生之前,人们应是用声音、形态、味觉、感触等来标定外在的存在的。如用 deng(灯的声音)来指代那个夜晚的发光工具。因为语言的音是内在的,而 deng 的这个灯的声音又是可以外逸地来指向外在的那个发光的实体的,所以即使没有文字,这个灯的概念也是可以进入到我们的内在的。同理,通过形、味等也可以标定外在,之后再通过与自己的内在的联系而使之转为内在。由上可见,只要内在与外在能取得联系,在内在与外在的相互贯通的管道里,外在就可以进入到内在了。我们认为,由五官的所展开的形、音、味等虽也能标定外在,而使之进入内在,但由它们所能产生的意识内容仍不充分。然而,文字的衍出,一定是要在这些基础上才是有可能发生的。D,因此,外在的进入内在是经过了两个阶段的,第一就是纯粹地借助于五官,以五官所展开的音、形、味等来标定或说是与外在发生关系,并进入内在;第二就是以文字为主,以五官的功能为辅,来共同地标定外在,其主要是通过语言文字这个内外在的联系管道,来使外在而进入到内在的。此时,五官更多地是仅起到了监管的作用。E,所有的外在的性状,时空表现,凡不能与内在发生联系,即不能由内在的触角,如文字、声音、味、形等来标定它时,则之就不能成为意识。意识的都是内在,但意识的与外在是有联系的通道的。对于外在,内在是可以其内外在联系的触角来给予之标记的,只要是被标记上的,它就一定要进入到意识的怀抱了。如此,就解释了外在向内在的转化问题。F,基因遗传就是在上述前提下,经过数千万年才逐渐完成的,遗传的一定是身心的内外在结合的产物。

79. 遗传的是指它的信息系统,也可以称为先天系统,自我感知的则为后天系统。意识的先天部分是遗传的以我们不可感觉的方式来指导着我们的生命,意识的后天部分是以我们的自我的可以感知的方式来维持着我们的生命,在我们的先天之后和后天之先,人类创造了自己的文化,文化既是打通先天与后天的管道,也是对先天的可以考察的一部分,同时也是后天的能应用着的一部分。文字是意识的固化,文化是意识自身的一个可以他者化的存在,是一个在你我之间的第三者。

80. 前述表达的,是含有一定的逻辑性的,它可以构成先天的先验的东西,进而就有了前自然的根柢,可见此处的逻辑当是能通达先天,又可为后人以理解的,这些都是十分重要的。

81. 研究先天的问题,自始至终都要涉及性质。性质是关于有的重要的可表达的部分,任何有只宜通过性质才能被反映。性质具有先在性,如人们只有先具备了那些三角形的性质在脑中,方可以绘出三角形的图形来。在性质物的生成问题上,我们说性质必须要具有先在性,这是便于言说性质与性质物的合一之起源的,否则仅由性质物的内生理论来阐述就明显地有了先后的次序,而这又是极不合理的,因为性质与性质物的共在就客观地要求了其二者的只有在具备了各自的先在性的基础上,才可以存有同时出现和同时地结合在一起的事实。于是,灵魂的具有先在性也是正确的。

82. 灵魂的当是具有先在性的,灵魂就是具有超度性的或使 A 可以过渡到 B 的无形的存在,此时的 B 是在 A 的基础上的可活灵活现的新 A,与原有的 A 已完全不同。灵魂是先天的存在,它与后天的肉身结合,便成就了现实的人。

83. 有生命的人是因之洋溢着灵魂,在灵魂中自有它自己的理性的成分,即生命的存在一定是充斥理性的,灵魂就是起将理性嵌入到生命之中的作用的。从后天看,理性既依据人的本性,亦当依据人们的偶性,认识先天的存在,需要理性。理性是用概念来认识他物的,但最深刻的思想,则不是出自概念的本身,而是出自思想之外的一个他者的所给予的类似于电击般的冲动。

84. 也可以说,意识要我们具有后天的精神,乃是希望我们能以之在将来可直通于灵魂,而灵魂也是先天赋予我们的一种神秘的类似的精神。现在,人们把宗教作为由精神通往灵魂的桥梁,或许是对的,但应该还有其他的路径。比如,只有让精神和灵魂自由相处,我们才能进入先天的境地,届时的人类方可得到解放性的新生。这也是我们某时所能意识到的。可是,人怎样的精神才能上达于灵魂或灵魂来下移至精神呢?意识让精神以向上的兼有思的线索为阶梯,在冥想中的过程中,通过悟的跳跃,应是能联系到一丝一缕的灵魂的,这就是由我们的当下而向着灵魂去的路;当然,灵魂的向着精神来的降落应是它的偶然的面对我们而给予的灵感—感应或某种冲动,完全是超意识的,此时只要思想者们能抓住了这些,也就可以和那美妙的灵神相通了。于是,向上的路有思、冥想、悟;向下的路有灵感—感应和由之引起的冲动。这样,灵感与思、与冥想、与悟,兼之灵的冲动,与思、与冥想、与悟,或者完全地反过来也是一样;所以,我们的精神就会向着灵魂的方面进步,就会与灵魂联系在一起,或说就已进入到了灵魂的界面。因此,研究精神就是为了达到更高的超精神之目的,并要一定实现之。人类的进步就是依照这样的理路才得以缓慢开始的。

85. 为了促进社会的更好发展,有关的教化也要显现灵的神奇的力量。教化可以使先天的美好的东西寄寓在现实当中,且能为人们所体验感知。否则,人们就不知道教化的深意的根本,当然也就更不知道先天的东西了。在过去,统治者的主要工作之一就是教化。

86. 由上可知,察性质以官能,知神灵当用悟、灵感与启示。然而,认识与灵魂之间的沟通有时又是要靠知识来完成的,即人的知识在认识的基础上会偶然地有趋向于灵魂方面的进步,而这也是人的某种可以接近于神性的反映,但更多的由灵魂到认识的获得,是必须要经过天启的关口才能完成的。很显见,人的获得灵感的东西是存在于先天那里的,即人的思是由神来做主的。所以,思维的思尚不具有最高的性质,思维的思都是过度着的。精神的只有阶段上的崇高性,意识的也应如此,最后回过头来看,只有生命的才是最根本的,因为脑的活动都是要受生命的冲动才引发的,这是正确的。

87. 洛克说,我们常见古时的圣人们,在受了上帝的启示时,必不能只在自己心中有这种信仰的内在光亮,此外还必须有一些别的东西,证明它是由上帝来的。他们虽亦相信那些启示是由上帝来的,可是他们还有外面的标记,使他们相信那些启示的发动者。他们在从事于教导他人时,亦被上天赋了一种能力,用以证明自己由天所受的那种委任是真实的,而且他们还可以借着有形的标记,来建立他们使命的神圣的权威。① 这就是说,先天的也是要有后天的痕迹的。

88. 在我们的思想中,神圣的都是超人的,神的存在应具有主宰的和征服的意义。关于神的性质,对于人类来讲,必是属于前第一的东西。为此,只有能恰当地引发出神明般的思考,才是最好的。

89. 一般而言,凡是谈神学的就当脱离哲学;但神学与哲学相互嵌入,二者才更具完美性,即哲学的神学是属人的,而神学的哲学又是神圣的。高清海先生讲,世界是某种更高的隐秘力量的作品,……关于这个隐秘的存在,神学家们称为“上帝”,哲学家们则称之为“本体”。本体是世界生成的本原。② 故此,本原应在本质之前,无本原便无本质,

① 洛克:《人类理解论》下册,关文运译,商务印书馆 1981 年版,第 页
② 高清海:《哲学的憧憬——〈形而上学〉的沉思》,吉林大学出版社1993 年版,第 11 页

这些都是属先天的决定论,是正确的。

90. 就神学来看,上帝是以感官作为工具来让人们接受外物的;其中,性质的影响最大,故性质哲学也是接近了上帝的。性质哲学和其他哲学一样,都是出于人的有限性不得不从自我意识和语言开始,同时也是出于人性深处的性而上的本能不得不关注终极的存在,这些都与先天的不可分。

91. 由神回到人。人的本能的虽然是遗传的,但它一定是要以先天的为前提的,或说它一定是要以先天的存在为存在的。因此,本能的遗传才可以反映在任何人的身上的。可见,本能的就是一种先天的生命冲动或生理欲求,故而它便是决定人的整个心理过程及其方向的先天之能。① 尽管本能的是与生俱来的,但它同时又是可变异的。很显然,本能的先天的也不是一成不变的,这或许就是人类前进的在其根本之前的理由

92. 稍一细想,其实本能的也是可以对接到先天界的,只不过它的表现是要寄存于后天之中而已。以下的内容,都是可以伸入到先天里面去的。例如,空间和时间的问题,当是一切先天和经验说都要涉及的,对于空间和时间而言,在对事物的认识之先,它们就已被我们知道了其必然的方方面面,这就叫作先天地被表象。

93. 除此之外,作为其他的存在都应是止于先天边界的东西。否则,在先天的那里,仍然可以无限地向前去追寻;如此一来,存在的存在势必就要远离我们而去,这在方法上是不可取的。当然,言及先天的存在,也是可以作为某种原因来处理的。同时,理性、自然都可以作为原

---

① 余明:《人的本质》,岭南美术出版社 2007 年版,第 263 页

因的存在。事实上,原因的或起源的多是不能因人而变的,即它们都有客观的先在性。鉴于先天的原因的原因是可以多层次地展开着的,我们就只能使其止于先天的存在之不远处,才是较为妥当的。

94. 接着,先天的要通过什么来契入呢?这是需要人们深刻思考的事情。我们认为,先天的只能借助其相关的外逸的本质或性质,才能为我们所体认。比如,现实一方面与运动等义,一方面由于现实就是事物的出现,而运动是可以在此之前就存在了,所以现实与运动又是有区别的,即运动是具有先天性的。还有,潜能既可以是主动地表现,也可以是被动的,但它们都应是与本能的存在着联系,而本能的也是具有着先天性的。说得更狭隘一点,在被社会化之前的诸种表现,均可以视之为一种先天的存在。上述者,都是可以联系到先天的。

95. 如是之,只有先天逸出的某些性质,才是我们可面对的,即使是后天所形成的性质,在我们认识它时,仍要考虑到其前置性问题。因为,性质在性质物中的存在秩序,都是须通过先天的原则来完成的。如,本性的辐散性质是一定要合于某种规矩的,而这些的就必要有先天性的东西。至于先天的只能是来自于灵感,或天性说是正确的,然此灵性之前的或波或粒又是会在哪里呢?若想深入了解此间的内容,就只能踱步到先天界里去。

96. 任何存在都具有先天性,非生物的如此,生物的就更是如此。当然,有许多的先天性又不是我们人类的头脑所能思考其万分之一的。在此基础上,则生物的生理的就必是具有先天性,这应是不用存疑的。可以设想,大凡生理上的机能展开,都应是先天的某种操纵本质的东西在起作用。

97. 韩明友先生讲,中心法则定义了分子生物学的基本规则,基因是永久的核苷酸序列,但它以蛋白质的形式行使功能;复制负责遗传信息的传递;转录和翻译负责将信息从一种形式转化成另一种形式。①我们认为,这些都是能引致于先天的定向法门,是可理解的,尽管它到先天的存在还有一段距离。

98. 根据有关报道,科学家相信,在脱氧核糖核酸(DNA)作为地球主要遗传物质出现之前,早期生命体利用核糖核酸(RAN)编码遗传指令。那么在 RNA 出现以前,生命体依靠的又是什么遗传分子呢？答案也许是一种叫作 AEG 的小分子物质,当 AEG 汇集形成链状结构时,就形成了多肽核酸的骨架,这应是地球上最早出现的遗传物质。可见,遗传乃是一种性质,这种性质一定会寄存在它的某一性质物上。此间,遗传的性质是其得以产生具有生命性的自相似体的前提。遗传本身是可以进化的,故其性质的存在也是可以进化的,即有些性质是可以沿某一固定轨道变化的,至于为什么生物会具有遗传性,那应只宜上推到先天的存在里去了。

99. 承韩先生的思想,凡是发生的事情,都不可避免地会按照自然法则的要求来给予绝对的规定。在这里的显有的必然性的意思,一定是带有先天性的,或说必然性的联系多是要与先天的相结合在一起的。也可以讲,任何先天的存在,都是关于某一事物的诞生之时或其之前所具有的真实依据,故较之于诞生后的存在,人们便说它的先在即为先天的了,这是容易理解的。

100. 在发生学上,胡塞尔讲,语言不仅具有诸多生理学的、心理学

---

① 韩明友:《生命的信息本质与生物进化机制的哲学探索》,吉林大学博士论文 2008 年

的和文化史的基础,而且还具有诸多先天基础。① 这一见解是十分高贵的。因此,人类语言机能的先天性,就说明人出生时的大脑并不是一个白板。比如,在语言习得的过程中,儿童所接触到的语言数据相当贫乏,而且不系统,但是在这种情况下,儿童仍能获得高度连贯的、系统的、结构复杂的语言知识。无论一个人说什么,另一个人都能理解。② 其中的秘密是,我们只能学习人类存储在遗传基因中的先天的各种语言。倘若再深一步探讨,则人出生时其心智状态的非白板性,或说在人的大脑中,就已经存有了语言、道德、正义等方面的种种潜质,而这些潜质只有在后天时,才能得以充分发挥,届时人们方能获有自我的实现之后的幸福感觉。

101. 因此,许多智力活动能在没有适当言语化时,就可出现。③ 我们言,这恰是当作为某一先天性来考虑的。因为,真正的普遍的智力的存在与提高,是必须要以语言为前提的。另外,在语言学上,"水"的概念和"shui"的语音组合连在一起,其中没有什么内在的原因,也就是说能指和所指的联系是任意的。④ 至于为什么会进行这种联系的安排,只有先天的神仙们才会全部知道。

102. 有人说,人是自由的,然他却无所不在语言或话语设定的枷锁中生活,这也可谓就是先天的束缚。于是,人便永远地无法有先天的自

---

① 胡塞尔:《逻辑研究·第二卷·第一部分》,倪梁康译,上海译文出版社 2006 年版,第 386 页
② 郭庆民:《语言、自由与人的本质——乔姆斯基语言理论与自由观比较研究》,中国人民大学博士论文 2010 年
③ 皮亚杰:《发生认识论原理》,王宪钿译,商务印书馆 1987 年版,第 11页
④ 孟庆艳:《文化符号与人的创造本性——早期符号理论比较研究》,吉林大学博士论文 2006 年

由,因为人们无法逃脱先天的他者为你所设定的诸如语言等之羁縻,即类似的语言又绝不是你自己能生成的。

103. 之后,我们来谈人类的心理构造是天生地相同的问题,首先,人的先天性存在是可以从母亲与胎儿的关系传递中得到求证的,当从人的成为人之前的孕育过程中即生成过程中来寻找。比如,据报道,妈妈能最先影响孩子的大脑。胎儿在出生前就能学习到妈妈讲的语言的特殊发音。婴儿在子宫中就发展出了认知声音的能力。新生儿的哭声,是以母语为基础的。此定是先天的存在。同样,女性在怀孕期间的一切体验几乎都要与胎盘进行交流,传递给胎儿。这就是人类的先天感受。于是,母亲所了解的世界也就全部地要装进我们的意识中,因此整个人类的联系就从未中断过,或说是不可能中断过的,即只要他是胎生的就可以了。

104. 其次,每一个人的社会行为,是受环境(尤其是他的文化环境)与其遗传基因交互作用之影响而造成的,①即是受先天的外在和先天的内在影响的。可见,遗传对人的社会行为具有决定性。此时,就某一意义而言,人类的基因在演化之中已经撇弃其本性而完全降服于新兴的、非生物的,或是超有机性的代理者—文化。但是,切切不可忘记,这个代理者仍然完全有赖于人类的基因型。它是说人的基因虽是可以降服于文化的,然这种性质恰是有赖于人的某种基因的。这样讲,就近于根本了。

105. 依上文,我们的生命和所有的官能等等,也应是全由先天的存在,才使之成为了可能的。比如,一项最新研究表明,女性卵巢中的

---

① 爱德华·魏尔森:《人类本性原理》,宋文里译,桂冠图书股份有限公司 1992 年版,第 22 页

卵子数量可能确实是在出生时就确定了;而这就说清了它的先天的存在性。同样,人的本来之性应是与先天的为同一的,此二者不可分开来讲。再如,良心就是人的原始的先天的善与坦诚。还有,据说喜爱婴儿乃是人脑固有的特性。固有的也应要归于先天的那里的。

106. 此外,天性还会规定着人的气质和性格。比如,某些情绪的存在,确是先天性的,确是所有的人群所共有的,它们的表现有愤怒、好奇和快乐等。在许多方面,透明的多角度的表达也是人们的天性,但是这种天性会随着人们的年龄的增长而逐渐消退,以致成为不透明的或是单一角度的了。此是说先天的会在后天中丢失,这是最可怕的。

107. 再有,据报道,自私会有利于自己,但随着大脑进化,选择合作的可能性增加了。合作有审慎算计的一面。为了将来得到合作机会,你必须要倾向于合作。合作与增加脑力是相互促进的。这时,合作又是有生理限度的,即它也是要受到先天的约束的。与之相似的还有,恶意程序之恶意软件所反映的恶的性质,乃是人的欲窃取对方有利数据或力图感染对方以病毒的非善的性质来强加给计算机的。可见,人造物的善与恶的性质都是人的善与恶所赋加上去的,或说它们的性质的先天存在是出自于人的这个造物主身上的。

108. 故此,一切的都是有条件的,人们所说的绝对的无条件的只是一种省略的说法,只要细查,所有的存在必要有条件,否则就是不成立的。先天是一切条件的基础,但它看似又是没有条件的。这是因为,我们还没有条件来了解存在于人类之先的那些条件所造成的。

109. 但是,先天的存在,也是我们的理性所能触及一些的。比如,实践的本能是具有先天性的,并且它也应属于理性的范畴。同样,道德在理性中亦具有更先在的先天的起源,即道德原则必须以较早的形式在先天那里自行地存在着。此刻,实践的规划或许就可以从类似的道德等原则的理性的怀抱中派生出来。然而,又应该由谁来核准有关的理性呢? 我们认为,只能是回到先天的存在,即让理性与先天的相结合,才是可以的。

110. 海德格尔讲,理性形而上学是出于纯粹概念的知识,因此是先天的。也可以说,一切知识必须以先天综合判断为基础。……没有先天综合判断,对象就根本不可能与我们面对而立。① 可是,困难恰恰在于,理性形而上学又是无法做出先天综合判断的。然而,我们人类的知识,还必须要具有先天综合判断的相关特性与特征。这样一来,关于先天的任何判断都只能是用经验的概念来做适当的铺垫了,否则便联系不到先天的界面中去。

111. 事实上,科学的理想由于在理性的概念中没有边界,它会无限地发展着。但是,在经验中,它又是有限的,所以科学理想的由简单到复杂,必须要在经验中完成脱胎换骨的转换,才能具有客观性,即理想的与真实的要统一起来。人的思想的无限性就是人类之发展的先天条件,就是由于这种先天的存在,它才不断地带动着被客观所局限的力量去获得一些突破,进而形成实体性的实在的由低级到高级的生产,即实体性的实在的美好扩张是来自于思想的牵引的,思想的牵引具有无限的性质。

112. 可以想见,人的概念都是由其有关的后天的经验所反映而形成的,但是对于概念的重新构想,则又是应属于先天的权能的。先天的含有理性,概念的被构想是理性的思维,因而也就必是为形而上学的。

---

① 海德格尔:《物的追问:康德关于先验原理的学说》,赵卫国译,上海译文出版社 2010 年版,第 162 页

从道理上看,以概念思维,用不着直接地依赖对象,这即可视之成有先天性的,然而那先天性的东西又是从哪里来的呢？我们说,任何的先天性的存在都要从外在和内在这两个方面来寻找它的存在原因。比如,李景源先生讲,在活动中起指导作用的观念模式,都是主体在以往活动中形成的原有图式。① 以此上推,就可以得到先天的概念了,这就是一种内外合的方法。

113. 依上面的基础,在思维中一旦涉入繁复的比较,则思辨的东西就要滋生,而思辨的多含有先天性的认识；如此一来,它就可以存在于知性之外了。鉴于思辨的因含有先天的要素,故其与实证的便要反映出一定的分离；同时,具有先天的性质的思辨,又必是和超验相伴的,所以思辨的和纯粹批判的即只建立在思辨基础上的存在,与科学的步步当检验的方法,乃是不能合为一辙的；此即言,许多的思辨与科学是不能相契合的。

114. 谈到先天的美妙,我们认为,它在知觉以前就与概念结合在一起了。比如,我们能知道的必是物的能开显给我们的东西,即那些物的向我们显现出的诸多的性质存在,倘若性质者不先天地开显给我们,尽管之或者是表面的,我们也不能认识,这就是先天的在先的理由,至于为什么这样,我们讲,此似是在明物质世界里的一种必然。

115. 就认识论而言,其存在于有机体方面的起源,都应是关于先天性的。其中,人的能够认识他者,第一要有先天的认识能力,然后才会有认识的过程和结果。于是,先天的存在应是我们人类所有行为的第一因。否则,人们的认识又是怎么能够开始的呢？因此,具有认识作

① 李景源:《史前认识研究》,湖南教育出版社 1989 年版,第 28 页

用的知觉之根脉便是要存在于先天那里的。

116. 所以,人生来就会有感觉、知觉和辨别能力等,这就是意识的先天的存在,此先天存在的后天的意义就是人们可以对外界事物发生作用。同样,外界的存在的给予性也会对人的感觉等发生相应的作用。由于人的五官的与其身心的一致性,故之这些作用就要从容地进入到我们的大脑中来。在该过程中,观察、体验、印象转化到组合成观念,当有一个有机的联系秩序。

117. 不难发现,感觉的应是构成意识的必须的外来的材料,而其先天的材料当是自然地就存在于它自己的内在之中的。比如,视觉之所以是视觉的,完全是由意识在做后盾的,至于嗅觉的等都是如此。婴儿的在无意识之前的视觉等,便是先天的存在所起的直接作用。

118. 任何人都知道,意识是具有先天性的,即使在意识中的也是具有先天性的,意识的所有存在,比如意志的等等,一定也都是具有先天性的。我们可以把意识的这些所固有的先天性,统统地称之为元意识。并且,它的相关尺度是永远地要被先天的与外在的尺度来共同地作为尺度的,这应是不太费思想的。

119. 同时,意识的存在又是来源于先天一线的后续发展,只要它所寄寓的生命还在,就是这样。此间的意思是,意识的必须是生命的,它的存在是当下的,但它的来源则是先天的、外在的、自然的。因为,这些不仅仅是具有抽象性的。

120. 狄尔泰讲,意识中先天地具有追求客观有效的知识、追求无条件的高贵目的的要求。[①] 比如,先天的某一遗传的外化一旦通过五

---

① 狄尔泰:《精神科学中历史世界的建构》,安延明译,中国人民大学出版社 2010 年版,第 27 页

官并与之外在完成对接时,它就会向着对象而投射出观念一样的东西,这样久而久之,就会转变成为概念性的知识。于是,五官的不仅是接受外在的,它还要把先天的遗传的外化出去,正是于这种既向内又外化的过程中,便相互交接而形成了诸多的关于性质的意识的再现。在追求高贵的目的方面,历史的已证明,人民的意志当是国家的元首的最先思考的高于任何先在的存在,这是不必怀疑的。

121. 此外,自明的与推导而明的其实都应在意识的里面,它是讲,在意识中在意识的深处一定又具有我们自己所不明的东西。然而,这些不明的即非自明的需要推导才可明白的存在意识,又是如何地进入到了我们的意识中的呢?我们只能把它归于是从母胎中获得的,或是说当从先天中得来的。如是之,①潜在的便应是从先天中来的,②潜在的便应是随着自明的外在的背后而进入到意识中来的。于是,潜在的来源就有了两个。当然,此问题还可以再思索。

122. 统观上述,意识的看似是我们人所独有的存在,但是依于先天的而言,它又应是万能之空间的某一神圣功能的强有力的渗透的结果,而这些便不是我们的人力思维所能涉及的,或说这也是属于先天的问题了。

123. 通过前面的文字,我们就完成了从性质经本质的与先天的对接,并已敲开了先天界的大门。今后的阐述,就是要专讲关于先天界的那些无比美妙的内容了。

第十二章　上学(之二)

1. 首先,我们说,关于先天界的存在,或称是从那遥远的先在处来导向本质的东西,一定是先于本质的,并且是高于本质的,也可以讲是在本质的学说之上的,但是为了表达时的方便,在这里,我们仍将其归于"上学"。

2. 接下来,我们谈先天的即是先行的被给予的问题。比如,是什么? 如果穷追下去,那么它就多为先天的存在了。此时,先在的先天的对于我们来讲,当有许多是未知的。然而,先天的又是具有绝对必然性的,或说先天的也是具有客观性的。

3. 关于先天的就是天赋的就是天生的即是先在的是在本质之前的,所以那些规定本质的东西,便可称之为先验的。海德格尔讲,先验的东西就是那种涉及超越的东西,[①]很显然,这是正确的。因此,我们不仅指向了陈述的对象,也指向了陈述的本身,而这种方式就被康德称为先验的。

4. 从实际上看,先天赋予万物的只有能力,却不能关照其结果,此间的过程则需要万物自己来实现,即先天的给我们展开着极多的可能,而这些可能的实现确需要后天的才可完成。如是之,先天所给予的包

---

① 海德格尔:《物的追问:康德关于先验原理的学说》,赵卫国译,上海译文出版社 2010 年版,第 159 页

括顺序等,又是不能间断的,否则后面的就接续不上了。

5. 可见,先天的先在的无论如何都要对后天的会形成影响。也可以说,无得先天先在便无有现在,先在是一切后在之共在的源头之源头。并且,先天的一定是可以表现为后天的诸多存在的。对于人来讲,在此过程中,天赋的一旦外在,就要表现为能力。至于先天的能力,①永远存在,②可转变为后天的,③之后,又会返还给先天的。我们说,科学之上,概念之上以及历史文化之前的和历史的先在本身都是先天的,而且它们的存在,都是隐藏着巨大能量的,这些是毋庸置疑的。

6. 很显见,遥远的先天的又应是在我们所能认识的之外的。于是,我们就把先天的只规定为在本质的发生之前的不是很远的存在。因为这样,理解起来就容易些。如此的话,则前一代所传给后一代的性质,便可以称之是先天的存在中的某一种东西了。所以,它便会涉及连续的发生学的问题。其实,凡是发生的都是事先所规定的。凡是发生的至少当有相关的存在原因。在佛学上讲,无因不生,业在因先。业为生因之因,因为生果之因。高一层次的生因与低一层次的生果,似有同一的过程,都是业力所为。再一推想,就可以知,有时的后天的原因,恰是先天的结果,反之亦一样。

7. 在前面的基础上,就性质学而言,某一低层次的性质,它不能是任何性质的性质,但终极的性质,则可以是任何性质的性质,如关于空的性质为无,就是这样。因为,一切的外物和一切的空都是我们的先天的存在,先天的存在与我们是一个共在。进一步,再观存在的存在是本质,本质的本质是无的寄寓着的先在,就会简单得多。所以,在性质中,也当有一个共同的祖先的节点之说,就是不用复议的了。

8. 我们言,所有的性质的开显都是先天某种存在的再现,都是先天的被后天的激活的结果。因为，从木材中是无论如何也寻不出金属的成分来的。同样，所有性质物的性质也都是性质物的得以存在着的先天所予的无形神力。尽管性质与性质物是同生同在的，然而在这同生之前，其若没有先在的已在，它又如何能与性质物结合到一起去的呢？这就是性质的先在之理由。

9. 还有，性质虽不能生成性质物，性质物亦不能转化为单一的性质，但性质与性质物的共在自有它先天的生成法则，这不是我们当下能明白的。到目前为止，我们只能知道它们是共生共在的，是没有形成时间上的先后的，这是其一。其二，多性质的在性质物中的被有机地整合，完全地当是靠先天的存在来完成的，即任何后天的力量都不能达到。至于后天的所谓的可以添加进一些性质的存在，也是该性质物具有如此的性质，才可以的。否则，便是万万不能的。

10. 有专家认为，色彩学在本质上应该被当作是一种精神科学。①由于只有色彩方可区分物的形，于是现象的就要与形色相关联，然其终不宜称是性质；又因颜色的当为精神且隶属于意识，其中重要的是作为现象的也要收敛于意识，这就可以终结关于"现象"问题的泛滥了。此亦具有先天性。

11. 根据万物有灵说，灵就是可以使物的能变化和反应（或反映），这在物上就可称为性质，在人身上便可称为意识，由性质到意识的演化过程是随着非生命物→植物→动物→人的存在来完成的。可见，由非生命之物到植物，由植物到动物，由动物到人乃是从性质到意识的进步的三个重要阶段。一般来讲，自然的乃是他物的本能，而我的本能定是

---

①　路甬祥：《〈自然〉百年科学经典》第一卷，外语教学与研究出版社 2009 年版，第 375 页

先天所予的包括意识,后天的意识在先天的基础上能从低级的仅限于自我的到高级的当一直达到智慧的层次上去,这是一个必然的路线。

12. 关于本质之先的,即在前—判断中的,我们就称之为先天的。在先天之中的存在,我们也可以称其为本质的原因或条件。在这里,前—判断的说法十分高明。虽然,一般的判断也是要遵循先天的法则的,或说当是遵循可能经验的先天原理的,但是黑格尔的判断,如绝对的本质并没有实有,绝对一词除了常指抽象而言外,没有别的意义①等,既是缺少本质学的知识,又是缺少更先进的先天的许多思想的。也可以言,他在后天的世界中和在先天的世界中都没有讲对。

13. 依着本质来说,本质的本质必要与先天的相关性质而成为某种共在的,这是向着先天去的实际。向着后天去,本质就应是有的事物的得以存在下来的根据。紧接着,有人问,为什么在那无限的空间与我们后天的结合处会存在有大量的本质呢?我们认为,它们均是由其先天性所决定的。因为,没有这些先天性的存在,本质的产生就没有它自己的凭藉源头。于是,在本质之先必要有一个更为前在的先天世界,这是可以想到的。

14. 如上的都是关于先天界的一般理论。对于非生物来讲,比如其原子在化学反应中所表现出来的对反应对象是具有明确的选择性的。关于它的这种感受和判断能力也应是一种完全的自然能力。我们说,这些都是先天的东西,是不可告人的。也许在数千年后,研究先天的大贤们才会把此中的秘密通过某种方式,来倾诉给后人。

15. 由非生物到生物,则所有的生物的起源都应是来自于它的较

---

① 黑格尔:《小逻辑》,贺麟译,商务印书馆 1996 年版,第 243 页

低级的存在,由此就可以将之追溯到一个最简单的同一的始基。然而,生物的存在又是万物存在的特例,所有的万物的起源都应归于它的最简单的状态,或说都应归于无的存在。这样就可以导出无中生有的概念。可是大爆炸说,并不能讲清它的存在是源于最简单的东西。所以,我们的空间哲学中的$E=m$的理论,就是具有正确性的。据上就可以得出所有性质的起源,都当在最为简单处,比如在接近于无的有处。甚至复杂的性质物的起源或许并不存在于它的复杂的本身之中,而是应存在于比它简单得多的东西里面。

16. 周德华先生讲,生物个体发育是系统发生简短而迅速的重演,这就是赫克尔提出的生物发生律即重演律。意思是动物从受精卵到成体的发育过程简短而迅速地重演了其祖先在进化过程中所经历的一系列发展阶段,可谓腹中方一日,进化几千年。[1] 由此就可以反衍到有关的先天里面去。比如,由种子开始到形成下一粒种子,这看似是一个后天的存在,其实它正是再下一粒种子的先天存在。故许多的先天的是可以在一个后天中看到的。因此,研究本质,有时又是可以从当下开始的,即不必研究无限地向前而去的那样一个浑然的过去。如是之,有些存在就会清朗起来。这些只限于后天的本质说。

17. 于是,各样的物种都有它先天的存在,依此上推,就可以找出它们的一个共同的祖根,这便是物种起源的理论。所以,每一个具体的先天的概念,并不一定就是直指或直达最原始的出处的,它可以是就现在而言,为其较上一级别的存在,或更上一级别的存在。故,这里的先天的就只是相对于后天的存在了,或说它不是必须要一步地就先到天

---

[1]　周德华:《人体发生学》,湖南科学技术出版社 2011 年版,第 29 页

的尽头去。

18. 那么，生物进化的机制是什么？达尔文的回答是，通过自然选择，即微小的有利变异一代一代地遗传下去，逐渐积累起来，就有可能形成新的物种。可见，生物进化的内在机制是因外在自然的影响所施加压力而逐渐形成的，这就是说内因的或内在的当是由外部的即外在的作用才产生的结果，若没有外在的存在，则内在的便不会有变异生成，或说内在的发生变异，完全是为了适应外在的需要。依此观点，凡是内部的内在的生成，都是因于外在的作用，否则内在的便无以变异，或言无有新的性质出现。内在的变异就是其产生了新的性质，故性质的产生的先天条件恰是由外在的去影响的，这就是外在的相对于内在乃是它的先天的存在。所以，在看似的形成的性质物中，先天的便与之同时生成了它的相关的性质。如此讲，应是有道理的。也可以说，自然选择就是外在论，就是内在乃为外在的存在。对于生物的进化和定型（定性）来讲是缓慢的，对于非生物的形成看似是快的，其实它也是要有一个过程的。如，铁的生成，它也是需要有一个冶炼的程序的，只有在该程序中，铁的性质才会逐渐形成，直到冶炼程序完毕，金属的铁方算诞生，此时与之同来的导电的性质等才会在铁的性质物中具备。这与生物的进化的内在性质要由外在而来乃是一个道理。自然选择是生成内在的外在说，纯粹的内在说似是属于基因学的，联系自然选择理论与基因学的正是性质学说。因为，自然选择是要选择与之相适应的性质，且基因之遗传的也正是与之相宜的性质。由于自然选择是外在的决定内在论，则外在的这种先在就既可以决定性质物的内在的生，也可以决定性质物的内在的死——即性质物的消亡，或说内在的存在把外在的对它的生成的影响力又原封不动地归还给了外在，如此的理解应是十分合理的。

19. 先天的存在是具有神圣性的，即使是神创论所阐述的也都是以最简单的方式方法来形成其有关的存在与结构的。布莱克摩尔讲，白蚁在它们的土堆被毁后进行重建，每个白蚁个体都遵循简单的何时加泥与何时减泥的规则，其中没有一只对土堆有一个总体规划，然而那些复杂的通道和墙壁系统就这么出现了。① 我们言，这就是一个以自适应达到整体适应的超级建模，是一种个体的通过群体社会相联系相适应之后的结果，看似的个体其正是通过相互的群体的联系，而演变成了社会化的存在，所以在社会中的是无个体性的，尽管其表现着的仍是个体的，此定是社会学的先天存在的生物性基础，它所反映的也是我们的人力于当下所不宜理解的。

20. 研究表明，自然选择的最终受益者既不是群落或种群，也不是个体，而是基因。② 比如，植物中的 CHC 基因最早是从细菌中进化而来，这种选择就使该基因既获得了植物的保护，也获得了细菌的保护。然而，这一进化的隐秘的路线又是我们不能得知的。因此，基因理论虽是能使人类窥视到天机的外在，可是却不能观察到天机的内在。人们只能约略地知道，凡是自然母亲赋给我们的都当是具有先天的决定性的东西。

21. 此时，基因与环境乃是一种共在，这便是可以决定后天之在的开始之点。或说，行为的起源乃是基因型和环境交互作用的结果。就生物来看，其先天的存在与后天的存在必是要由生命来衔接的。比如，

---

① 布莱克摩尔：《人的意识》，耿海燕译，中国轻工业出版社 2008 年版，第 174 页

② 布莱克摩尔：《人的意识》，耿海燕译，中国轻工业出版社 2008 年版，第 134 页

动物的行为多是由其基因编码决定的,有时也受后天的影响;而有意识的人的行为则是多由社会文化的影响和决定的,尽管这些从根本上讲,也是由他的基因编码决定的,但已存在的后天的力量绝对是与先天的存在要合为一股的了。

22. 原则上,先天的都是要先于知觉的,而知觉等的产生都要归于先天的存在中去,否则就无以解释之。比如,有人说,听觉比视觉显得更为重要。这应是从先天的层面上讲的,就后天而言,视觉是更重要的。进一步来讨论,凡是人的可理解的能力都应是天赋的先天的,不然谁也摆不出其他的道理。

23. 现在,本能的先天的东西,已多不为人们所注意了。本能的如自我保护、性爱、母爱、吸乳等都是先天的,心理的多是后天的,故理性的有时又不是超验的。此外,本我中的本能的部分是存在于生命之中的,而超我的恰是具有先天性的关于本我的源头,这种先天性理当存在于本我之前,至于先天的文化则是存在于某一生命的上一个生命之间的,所以它与本能又是不同的。

24. 谈到生命,它应是与灵魂共在的,即性质物与性质是共在的。然而,灵魂和性质又可以离开生命和性质物能够独处,即是可以和生命与性质物相分离的,否则在生命和性质物的诞生之初,或说是在它们的欲萌生或正在萌生的关键之际,灵魂和性质便是不能随机随时地可进入到它们里面的。灵魂和性质是在空间中的时刻准备着的要与生命和性质物的相合为一的先在。

25. 承上文,灵魂的只对于产生生命的肉身而言,才是早已存在的,当生命终结时,先天的力量又会使之脱离肉身而存在于空间的任意之处。在后天,生物的一切都是以利于生命为存在之条件的。还有,新生命在子宫中的发育过程，就是要不断地接受和增加遗传物质的过程。其虽在胚胎里面，却从父母那里得到了足够的遗传物。这对于所有的生命都是适用的。否则，它就要改变其发育的方式。如是者，既是先天的，也是为了后天之利于生命的。

26. 之后，我们谈生命中的更为艰深的问题。比如，任何一个外在一旦进入内在，生命的本能就要为之附体上一定的可记忆的能量，而会成为其再度转化至外在时的动力。那么，这些外在的进入到内在的力又是在哪里的呢？我们认为，它就是存在于外在的寄寓于它的向着我们而来的给予性中的所显示的能量里的。倘若外在的未在它的给予性中寄寓这些可显示的能量，则外在的本身便不能呈现出来，也就不能进入到内在中。至于这些外在的可显示的能量的来源应是造成明物质的光的能量所附体给它们的，不然的话，或说无光时，外在的是无论如何不能进入到我们的内在之里面的，就是这光，让外在的给予性中寄有了能量。

27. 据说，能量是表示物体作功本领的物理量，能量只能从一种形式转换为另一种形式，它既不能创造，又不能消灭。这就是讲，空间的总能量是固定的，它既不会增加，亦不会减少。我们言，能量的空无性是可以联系所有的有的，由于所有的有也都在释放着能量，于是它们便通过能量而有机地联系在了一起。

28. 鉴于任何的外在都会释放能量，这就是物的相对于我们的它所给予的性质之一，或称其就是能给人以适宜刺激的东西，如光波能和压力能等，此间波与能量是同质的不同的表现形态。然而，我们的感官既可释放能量也可以接收能量，由于彼此的能量是一种共在，内外在也就自然会合到一起来。在各自的能量中存在的大量信息通过相互的转码,便要完成统一。

29. 显而易见,有就是能量的先天存在,无才是能量的正常的后天的存在。有无之间是通过变性来实现的。人生活在有中,相对于无来讲,也就是生活在先天的里面。由于有无共在,所以人是既生活在先天之中,亦是生活在后天之中的。只有如此,我们才能以后天的来理解一些先天的,有时也可以部分的先天的来理解后天的。这就是人的关于先天与后天的可以联系的根本的基础。

30. 就人来看,他的心、脑、官能、知觉、感觉、理性、生命、成长等都是先天的或称是天赋的。之后,人的追求快乐和厌恶困难等也是先天的天赋的。人的才具也多是先天的天赋的。

31. 关于人的性质,有些方面是后天养成的,但是它一定要有先天的根基。在他的或物的最深处,倘若先天的灵魂和性质不是可以独立存在的,那么在形成人和物时,人的精神以及物的性质,又是从哪里来的呢? 我们说,它们只能是独立地存在于空间之中的,待到人或物的初始的欲成之时,它们便与人和物有机地结合在一起了,惟有如此的理解才是合理的。

32. 卡尔文讲,我们人类是得益于天生的社会行为的,①这就是说,我们人类既得益于天生的存在,也是得益于具有先天性的后天的社会行为的。比如,我们确有一台基本的和颇有规律的内部时钟,但我们也需要利用外部世界的线索对它进行微调。② 可见,先天的是需要后天的社会行为来做矫正的,或是来做激活和来做发展的。若把这些应用

① 卡尔文:《大脑如何思维:智力演化的今昔》,杨雄里译,上海科学技术出版社 2007 年版,第 166 页
② 格林菲尔德:《人脑之谜》,杨雄里译,上海科学技术出版社 2008 年版,第 49 页

于现代,则计划的本能定是人的天性的,而市场化的东西便多是属于猴子的天性的。此问题人们还可再研究。

33. 我们认为,先天的天赋的赐予有自然的、神圣的,也有父母的存在。下面就分述之。第一,自然的对于人应是一种先天的存在,后天的人性多是要受先天的自然的力量所规定的。同时,自然的目的又可以视之为原因,如先天的要人来繁衍的这种自然的目的,就是产生性爱的原因之一。因此,先天的就会含有了自然的遗传的性质。

34. 然而,有学者讲,理性的统治仅仅可实现于类中。此刻,诸多个体的友好合作并不是通向这一目标的道路。人们愿意和睦相处,但是自然知道什么对类更有好处,它希望看到争端。正是通过激情、自私行为和力量的冲突等,自然达到了它的目标。于是,先天的也不一定就是纯善的,或许手段的险恶,结果会是好的,这些我们不再议。

35. 众所周知,人的白天清醒和晚上的睡眠是与地球的昼夜一同到来的,即人的生命实在是与自然的相合为一致的。人的生命就是自然的生命,自然的生命是通过人的生命为最高的表现的;自然为它自己的生命即人的生命而准备了其所需的一切,人是自然的生命,自然是人的肉身,人身只是这个自然肉身的大脑,人的大脑即是自然的大脑的大脑。所以,自然与我或说天人就是合一的。天地是我身,我是天地心。天地作为生命的身体,是可以随时地产生生命的,所有的生命都可以合为自然的一个生命,那些看似没有生命的存在,其实也是生命的部分,这一部分只有作为自然的本身才可以知道,而作为人则是不知道的,因为这和人脑并不知道其体内的肠的蠕动是一样的。我们的神经只是自然的大脑中的神经,而这个自然大脑与自然的神经的联结,则是通过人的感官来完成的,故自然的神经就是人的感官与他物的相通。自然的生命是通过人的生命而得到保护的,自然的生命是通过它的遍布于各地的人的生命来表达自己的生命的。人类所有生命的安排都是自然的安排,人的看似的自由的运动,其实正是自然的要其所做的运动,作为自然与人所组成的生命,才是真正的生命。

36. 第二,人类的先天性即是人类的遗传基础所决定的;规定和影响人类行为的全部的遗传性质,这些亦可以称为本性。本性是先天性与后天性所具有的共同的根本性,本性寄寓在本质上。因此,我们的遗传基础就决定了我们具有许多性质,(如,吃饭、用语言、有情感等)这一切性质共同决定了我们之所以是我们,即人之所以为人。① 我们言,这一切性质,对于人来讲,多是反映了他的意识。因此,意识的也是人的性质。

37. 威尔逊认为,人类的一切行为都有其基因上的遗传基础。遗传基础不但规定了人的社会性行为的一般模式,而且人类社会文化发展的路径和空间亦最终受到遗传基础的影响和限制。② 所以,人的意识的认识的行为也是由基因所决定的。

38. 根据上述的先天的生物学基础,以及寄寓在这些基础之上的种种的先天性存在,它就应是人们的后天的得以存在的根本理由。比如,每一个人的基因都有两个来源,一是从父亲来的,二是从母亲来的。可是,同一基因又会有不同的表现,它有一点像语言,不同的词可以表示同一个概念,反之亦一样。故此,基因系统是唯一跟语言系统有许多

---

① 柳原:《本性世界:论人类本性以及作为本性现象的人类社会》,人民日报出版社 2011 年版,第 11 页
② 柳原:《本性世界:论人类本性以及作为本性现象的人类社会》,人民日报出版社 2011 年版,第 8 页

相同之处的。①

39. 第三,人的某些性质是随着生命的历史的过程而逐渐地叠加进去并被烙印为后者的先天的存在,今日之烙印即是明日之先天的音韵。从遗传学上讲,人若在 30 岁时育有子女,则之就会把他们在 30 岁以前所有的存在信息都会遗传给其下一代。

40. 推而广之,人、动物、植物的性质都是先天地在其过去的生命的连续的过程中叠加上去的。对于无生命的物的性质应是在它的生成的过程中一次形成的。如铁的导电性就是在它的冶炼过程中一次形成的。土壤的性质则是伴随着地球的形成而与之俱来的,等等。如上,就是某些性质的起源。

41. 弗洛伊德认为,数代个体不断重复的经验达到足够的强度后会变为集体的、类的、遗传的,而固着在生物学层面上的集体的、类的、遗传的内容又可能在一定的条件下转换为个体的精神生活中的内容。此即言,先天的与人的精神是时时相关的。

42. 于是,精神的存在经过数代传递,可以积淀、压缩为生物层面的种族记忆,而生物学层面的种族记忆,又可以上浮转换为个人现实生活中的诸种精神。② 很显然,生物发生与精神发生乃是相互交织、相互融合于个体发生与类发生的过程之中的。

43. 第四,先天的天命的就是天赋的规定,对于人来讲,进入肉身的第一存在就是与之相匹配的先天的存在。在此基础上,人便是由性—命(即其内在的本质所显的性和从先天所接受来的命)组合而生。

---

① 王士元:《语言、演化与大脑》,商务印书馆 2011 年版,第 55 页
② 刘晓东:《儿童精神哲学》,南京师范大学出版社 1999 年版,第 343 页

在实践上当是两性合一进而才有生命体的,所以性命乃成。比如,人在母亲的子宫中的时候,即是一种相对的先天的存在,而人在子宫中的生活,就相当于"史前"的时代。

44. 接着,我们还应找出先天的得以存在的源头。就人而言,他的先天的只不过是在他的父母及其以上的存在之中,实是时间上的先在与其肉身同某种精魂的结合。或说先天的就是父母在诞生我们的刹那之时,他们所给予的与之激情附体的存在,这些对于我们主要是启动生命。此后,就是由意识的自我来完成生命的成长了。于是,任何的外在的又都是我的自我的存在。脱离了自我的存在是不可理解或无从理解的存在。

45. 还有,婴儿可以从母胎那里得到其父母辈的全部的先天的信息,人类正是从一代一代的胚胎中不断地得到信息的增强的。最早的人类胚胎所接受的信息或许是较少的,但是数万年的人类经历,通过不断的胚胎转移,就使人类得以成熟起来了。在胚胎中,人的接受先天的信息是自有他自己的先天所赋予的途径来完成的。比如,人在胚胎中,即在五个月后可以有听觉,能知道身外的声音;同样,我们认为胎儿也是可以在意识中能分辨上下的,因为这是重力使然。不可否认,胎儿还可以通过体感经母亲来联系外在。因此,在五官与意识中,有50%是可以感知先天的。从上面的情况看,似是可以这样说的。

46. 之后,我们谈其他的先天性的问题。如,生命是先天赋予的,但生命自诞生日起,它又是要逐步地归于意识的来管辖的。可是,此间仍有许多先天的要素。这就是先天的永久存在和适当地要转化为后天的,且后天的又与先天的是有着千丝万缕联系的实在。

47. 再论之,人一出生就当是一个裹着有巨多的关于先天的信息的肉团。荣格发现，人生下来后就具有思维、情感、知觉等先天倾向，具有以某些特别的方式做出反应和行为的先天倾向，即采取与自己的祖先同样的方式来把握世界和做出反应的倾向。这些倾向，完全不依赖于个人后天的经验。

48. 向着更精细的方向去探讨，也可以说，人在出生时，大脑就已经预先在特定区域设计好了接受或生成语言的程序。从某种角度看，这些程序是自我编制的，是人类特有的，①而这些又都是先天的存在。或说，人一出生时，大脑便有了接受语言程序的能力，这一能力即使人和其他动物区别开来。……人类便有了学习的天赋。在道理上，人只有与其他动物可区别开来的能力，如使用语言，兼之多方位的学习等，在此基础上，也就是——人只有在文化环境中才能成为人。……同样，新生儿如果要在生理层面上成为人，也必须要有文化因素的参与才可。②不然，没有一丝一毫文化的人是不可想象的。由此看，儿童身体的发育也是需要在全面的文化生活过程中来实现的。这些外在的文化生活相对于新生儿来讲，也都是先天的。

49. 人出生后，其父母在保育儿女方面的也都是一种先天的天赋，更是一种责任或命令。同时，人的生而长之，也是上天予人的一种天赋，凡人的自然能力都是先天的天赋的。比如，人是唯一会流泪的动物，但在婴儿刚出生时，即使大哭也无泪流出，直到几周后哭声才会伴有泪水，这似是表明先天的存在也是需要一段时间的后天的配合才会发挥作用的。

---

① 王小潞:《汉语隐喻认知与 ERP 神经成像》,高等教育出版社 2009 年版,第 59 页
② 刘晓东:《儿童精神哲学》,南京师范大学出版社 1999 年版,第 343 页

50. 关于先天与后天的交接地带,当是婴儿从出生到有意识的记忆的最终形成的这一段时间,有人的是0—3岁,有的人是0—5岁,有的人是0—7岁,即在小学之前的到现在均已无有记忆的时段,都可以认为是先天与后天的交接时段,研究这一问题十分重要。

51. 弓肇祥先生讲,儿童心理实验表明,他们是存在着天赋的认知结构的,甚至存在着天赋的推理能力。① 比如,刚出生几个小时的孩子,就能够自动地做一些模仿,所以肯定这是先天就有的能力。② 我们说,模仿的反应的都是婴儿早期的先天表现。当然,婴儿也能模仿他们见到的脸部表情而毋需任何经验。这就提示我们在人的脑中一定会存在有某种先天的接线。

52. 再如,婴儿一开始的时候没有语言,他们怎样能够从没有语言,变成有语言?我们说,这就是先天的已被后天的所激活的表现。先天的越是被后天的所激活的多,则其就越是聪明的,而后天的可激活先天的武器,一定是人的文化的存在,在物质上的一定是脑的存在。

53. 从发展中看,婴儿后期的咿呀学语是我们人类的一个特有情况。父母会利用这一随机性的言语行为来强化他们偶然碰到的认为适当的话语,这样言语的基本要素就传递下来了。③ 即,对偶然的强化的习惯形成就会导致必然。

54. 可是,人的三、四岁以前的事情,许多成人又是没有记忆的,我们称这一阶段只是人的先天性在起主导作用。此即言,凡是先天的存在,多是不为人的后天的记忆所能记忆的。于是,先天的就具有不显现

---

① 弓肇祥:《真理理论》,社会科学文献出版社1999年版,第147页
② 王士元:《语言、演化与大脑》,商务印书馆2011年版,第79页
③ 蒯因:《语词和对象》,陈启伟译,中国人民大学出版社2005年版,第85页

的特点。因此，人们由于不能知，也就将其忽略掉了。要深刻地挖掘自出生到有记忆这几年间的人的所作所为所代表着的认识意义，这一时段的研究极为贫乏。关于先天性的在后天中的存在，我们可以将之比喻成是物理学上的某种惯性的存在。

55. 有人说，无论生命长短，最理想的状态当如婴儿一样。因为，老子言，人要回到赤子之时。但是，我们讲，人应回到胎儿之时，不能回到精子之时。由于精子的看似为一个体，其实对于胎儿来讲，它只是其存在的一半，另一半则是卵子。所以，看似的一个卵子在胎儿的存在中，也只是它的一半。于是，愈是向前的，反映在愈是向后的过程中，则其愈是呈现部分性。尽管在先前的时期，它也可以是一个独立的，或说不是一个部分的。

56. 李景源先生讲，如果拿人的行为同类人猿的行为进行比较的话，那么类人猿的行为对于人类来说，就可以看作是某种先天的行为模式，它便构成了人类行为的最原始的骨架。虽然如此，先天的东西最厉害的却在于，我们的生命仍不是根据我们自己而来，我们独立的生命仍不能由我们自己做主。

57. 但是，当人类变化的存在有利于其生命时，这些正向的机制的积累，就会把许多的复杂性赋予我们，如语言的产生就是这样。还有，缩手反射、眨眼反射、排尿反射和膝跳反射等，都是人生来就有的反射。就这类反射来说，只要出现刺激，正常的人体都会做出相应的反应，而不需要先经过大脑的分析和判断。其实，为什么这样，又都是我们所不知道的。

58. 马克思说，总之，人的感觉、感觉的人类性—都只是由于相应的对象的存在，由于存在人化了的自然界，才产生出来。五官感觉的形成是以往全部世界史的产物。不仅五官感觉,而且所谓的精神感觉、实践感觉(意志、爱等等)都是如此。① 上面所引用的马克思的这些话,说明了①人的肉身的精神性的产生是由于存在人化了的自然界,即由于存在文化;②人的感觉的形成及其功能的产生是全部世界史、全部文化史的结果。这些十分重要,它表明了意识及意识的派出机构都是由先天的外在的所影响而铸成的。

59. 然而,若解释在黑夜中我能见物,就当归于是光助我见,即只有光之照物,我才可见物的。因此,在我和物之间是要先有光,才可见物的,否则尽管有物,物亦不能显。所以,我们所见者,均是光所见者,或说光是外见是先见,而我所见是内见是后见,正是这种外见和内见的先见和后见的结合,才形成了真正的视见。

60. 同样,人们对冷热的感觉应是一种先天意识的关于这一方面之存在的回放,否则人们就不会顺序地探知到某一物件的由低到高的温度。海德格尔认为,直观就是那种先天地属于对象之对象性的,让现象自行显现的东西,纯粹直观是先验的。② 我们讲,这种直观的只能是指人的先天的功能,而不能是指向有关先验的对象的。因此,我们人类从感性得来的第一知觉都是关于对象的现象的,都是仅限于表层的反映到我们内在之中去的东西,故而这些都是肤浅的。去掉这些而再深入进去的包括科学的和解构的发明与发现的性质等,则属于第二知觉。只有关于本质的知觉,才是较高级的或可称为第三知觉,而超本质的或称先天的知觉才是最高级的知觉。

---

① 刘晓东:《儿童精神哲学》,南京师范大学出版社 1999 年版,第 344 页
② 海德格尔:《物的追问:康德关于先验原理的学说》,赵卫国译,上海译文出版社 2010 年版,第 180 页

61. 下面,我们讲一个极重要的东西,即人们对于较简单的错误是容易辨识的,大家的对于它的否定的观点也是容易统一的;但是,对于一个复杂的错误,或是一个弥天的误判若欲认识之就难得多了,当然要推翻它或重构一个新的正确的东西就更难了。人们或许是生活在一个只有低级正确而没有低级错误的,然而却没有极高明的正确且是一个由极复杂的错误所统治的社会。否则,人类在大的问题上,在终极的问题上,早就应该明白了。可现在,人们只能在小的问题上明白。于是,在一个低级正确的社会里,它会逐步地走向一个崇高的社会吗?当然,若没有壁垒,并管道通畅是有可能的。在事实上,任何存在都有自己的边界或称壁垒,所以我们期望的管道的相通定是十分困难的—这或许又是先天制造的。

62. 人为万物之灵,人通过不断地学习,或许会进入到崇高的社会的。可是,我们在后天又能够学会什么呢?这应是取决于我们先天的所施予的和其所构建的,而那也正是我们的祖先在漫长的演化过程中必须要面对的东西。或说,即使是后天的习得,也一定要有先天的存在理路,不然后天的也是学不成的。因为,语言的习得的本身在很大程度上,只是仅起传递作用的。

63. 在语言中,音素是无意义的,它只有与词结合起来才是有意义的。词是人类的文化的凝结,所以人的后天的文化要与人的先天的即使是无意义的结合,才能是有意义的。音素的无意义与词的有意义的结合,正是先天与后天结合的最好的有利于人类的存在。我们把无意义的声音串在一起组成了有意义的词,在动物中这是独一无二的。①

———————————

① 卡尔文:《大脑如何思维:智力演化的今昔》,杨雄里译,上海科学技术出版社 2007 年版,第 66 页

所以,我们所知的一切又都是应有先天的线索的。但是,先天的与人的思辨和逻辑又是无大关系的。

64. 关于人的文化的传递,应是通过模仿来完成的,它看似与基因没联系,但非人的基因体,又是不能通过模仿来达到人的文化的学习的方面上来的。自从人类有文化文字以后,便师师相授,代代相传,这是一种外在的基因,它同人的内在基因一样重要。文化文字者,于人之外都是先在的。所以,文化的传递便是一代代地沿袭下来的。

65. 假设自然选择如果存在,它就应是先天的。人的存在就当下而言,主要是文化选择,这确是人的后天的事。关于文化选择的概念很重要。接着,为什么只有人类能不断地进步,能创造文化呢?因为人类有历史,而别的动物没有。由于它们没有历史,不能够把过去的经验传说下去。为什么只有人类能创造历史?因为人类有变化无穷的语言。① 可见,语言的经验的历史就是创造着的文化,于是人类才得以不断进步。在这里,语言的翻新与创造才是第一位的,仅重复没有用。很显然,后天的人的创造是享受到了先天的恩惠的。

66. 关于人的先天说,可以在我们的父母之先,可以在我们的人类之先,可以在我们的动物之先,可以在我们的有机物之先,可以在生成有机物的环境之先。正是由于这些"先天的之先"的积累的记忆的存在,才有了我们的这些后天的存在,即在我们的意识之中的存在,极多的都是关于先天的先天的历史的历史的永续的传承才到达今天的。

67. 可以想见,意识的都是关于记忆的现在。所以,记忆对于意识来讲,它应是首要的。因为,意识是人的生命的极致,是关于区别一般

---

① 王士元:《语言、演化与大脑》,商务印书馆 2011 年版,第 7 页

物的记忆的神圣的活化。当然,对于人的能记忆而言,它又是要归于其生命的先天的那里去的。比如,以心来督导耳目应是人有记忆的意识之后的事,而在有记忆之前,看似的是以耳目的直灌入心,其实它也当是先天的意识早已在起作用的,或说离开了先天的后天的意识,耳目就不能听视。在性质哲学中,人对事物的可以认识到的内容,只有性质,而不能是其他存在。所有的意识的被激活都应是起源于先天的和后天的记忆的,倘若没有记忆,则任何的回想都是不可能的。于是,思想的应是在记忆之后的当是确定的。因此,意识的被激活的某一个起点就可以在记忆这里了。自然而然,性质物的生成的起点也必要和它的记忆有关联。这是由于,凡物都可以找到记忆的存在,而其他的则不能与记忆相比。故此,记忆的也是物的性质之一。

68. 倘若我们把意识都简单化到仅有的记忆时,则其与万物的均有记忆便是一样的。如果以记忆作为意识的起源,则意识的就是记忆的活化。于是,根据记忆的活化程度的不同,则其所反映的意识的程度也就不同。这样,我们就可以通过检视记忆的活化程度,来确定有关的意识了。比如,一般的非生命的物、植物和低级的生物,就难以见到有记忆的活化问题;此时,我们就说它们只具有性质。若某些植物和低级生物稍有活化的记忆的表征,我们便说它们在性质的基础上,已掺有了意识的成分。对于高等动物如狗,则之就明显地是含有记忆的,且是某些活化着的记忆,我们就说它们也是有意识的,只是它们的意识程度还低于人类罢了。关于意识的最简单形式为记忆和意识为记忆的活化说是我们的发现。由于意识的向着记忆的源头退去,它的存在也就表明了意识与性质的是同一的存在,只是它们所寄寓的物是不同的。人的一切感官都是为了获得记忆,没有记忆的意识是不存在的,尽管有的记忆只是瞬间的。一般的物的反应特征和原生质的刺激感应等,都是在记忆基础上的回应。以上表明,意识的最简单存在可以归宿为记忆,因此意识的源头问题就可以解决了。我们说,关于碳14的理论和古老的水也是可以检测出其存在的年龄等,就都表明了记忆的确实存在。因为,任何的物,都是可以记忆住自己的存在年龄的。如是之,意识与记忆的联系,与活化的联系,便被我们全盘地打通了。记忆的是天赋的,不是后天能创造的。

69. 由上可了解到,所有的物应是都有记忆性的。在生物中可从它的基因里面得知,有时也可从碳14的检测等法子中得知。至于这些物能否自知其本身的记忆,我们可以从动物身上明白一些。就人类来讲,能知道自己的记忆,当是我们全部意识的础石,否则意识就没有立足的根据。于是,万物皆有记忆,如树有年轮,动物有恐惧,人有储备的知识。这时也可以说,记忆就是意识的始基。

70. 罗素讲,他在植物中也发现了记忆的事实。① 当然,这又是可以归于生物的一类之中的。依着生物学思想,DNA具有极其简单的结构,一些相当简单的化合物像念珠那样串在一起。它们的每个单位中起决定性作用的部分称为碱基,一共有四种碱基。DNA中的每个碱基都附在一糖分子(脱氧核糖)及一个磷酸分子上。在DNA链中这种碱基—糖—磷酸组成的基本单位称为核苷酸。当这些核苷酸连在一起时,就构成了DNA。一个人的细胞中DNA竟可长达10亿个核苷酸。② 我们说,这就是人之存储遗传信息的基础。

71. 因此,DNA上就贮存着天文数字的信息容量。仅四种碱基G、

---

① 罗素:《心的分析》,贾可春译,商务印书馆2010年版,第75页
② 刘月蕾:《遗传与基因》,山西教育出版社2012年版,第57页

A、T、C 的排列数目就是 44 = 256 种,如果是由 100 个核苷酸组成的 DNA,它的遗传信息贮量就可达 4100,这比太阳系所有的原子总数还要大一千倍。推想而知,人类的遗传信息容量的确是一个天文数字。[①]由此可见,这些先天赋予我们的信息,也是会使人的认识能力趋于无限大的。

72. 关于信息,它是内在于物并与物相结合的,这就是一切的物质的得以存在反应的前提,即反应的必是根据存在于物中的信息指令的。如是之,我们就把本质的物或它的结构又向前推进了一步。比如,基因的虽是物,但它更是信息的,即在基因里面,它的信息定是物的排序,而它的物也绝对是信息的。此时的基因恰如一个活人,看似的其肉身的在动,实是为意识的驱动,即肉身的一切反应必是相应于它的物中的大脑的信息的作用。如此理解,十分有益。即使是原子间的化合,它也是靠有关的信息来推动的,只是我们还不了解。可见,凡是变化运动的都是由之相关的信息来牵动牵引的,这一观点较为重要。

73. 有学者讲,信号转导是生命的物质运动的一种表现过程或形式,是表述生命的语言。[②] 此时,由一种信号（分子）转变为多种信号（分子）的过程,通常是信号分裂的结果。我们言,这或许就是一性质转变为多性质的源头。不难理解,由信号组成的信息分子的生成、分泌运输、传递、转化及其调控和各种效应的形成,也当是某些性质的产生方式之一。

74. 此外,适应性的经验信息转译并压缩成为遗传信息,再经后代

① 刘月蕾:《遗传与基因》,山西教育出版社 2012 年版,第 99 页
② 李喜先:《21 世纪 100 个交叉科学难题》,科学出版社 2005 年版,第 583 页

发育过程的反转译就可转化成为后代可以自我生成的先验的心理信息了。于是,细胞的全息性就是先验心理能够发生遗传的生物学前提,且细胞的多有性也是先验心理能够发生遗传的基础。① 根据全息理论,细胞的全息性便会使脑的所有意识都可以与自己的信息是一致的。但是,关于此间的全息性存在的起源又在哪里呢? 这乃是世人所不知道的。

75. 显而易见,所有的有的存在,都应是具有记忆的功能的,对于无生命的存在是这样,对于有生命的存在也是如此。记忆的是与质料相连的性质。脱离了记忆的性质,它与质料也就分离了,因而也就不存在了。人的记忆是有感觉的,但是万物又不能由于人的感觉在才在,从源头上讲,在人的感觉之先那些被后来感觉者所感觉到的诸物,就已经存在着了,只是它们还没有成为我们的意识。我们这里所谈的意识是可意识到的意识,如果以记忆为意识之宗,则万物又是与意识在那本初的地方当是合而为一的。

76. 进一步讲,世界的起源一定是要通过它的古老的记忆的存在,方可加以认识的。比如,刺激的有感应完全地也是建立在有关的记忆的基础之上的。由于刺激是重要的外来者,而感应的是内在,内在的基础恰是在它的某些记忆里。刺激的外在是多种多样的,刺激与感应的结合,就要成熟着大量的信息,由于此种信息的存在,它或许就可使其寄寓物也能显有活性并活起来。如此一来,这便是形成活物的原因之一。

77. 我们认为,凡有记忆者将来都会有意识,如动物、人都有记忆,

---

① 韩明友:《生命的信息本质与生物进化机制的哲学探索》,吉林大学博士论文 2008 年

植物如树有年轮,普遍的非生命的物也有时间上的痕迹或反应,所以也有记忆。故,万物皆有记忆,于是万物的将来应均有意识。因为,在上帝看来,这些都是极容易办到的。

78. 现在,关于探测非生物存在的时间之记忆的技术,我们知道的主要有以下几种。

79. 第一,碳14测年法是由美国芝加哥大学化学家利比于1949年发明的。在自然界,由化学元素组成的物质分为两大类,一类是无机化合物;另一类是有机化合物,它主要由碳、氢、氧三种元素组成。动物和植物等有生命的物质的体内存在着大量的有机化合物。因为在古代的遗物和遗址中,随着时间的推移,有机化合物中的氢和氧是要变成水分而丢失的,只有碳这个元素能永存下去。碳这个元素存在着碳14这个放射性同位素。当植物活着的时候,由于不断地进行光合作用,二氧化碳(包括碳12和碳14)不断地进入植物体内,植物被动物吃掉,碳14又进入动物体内。因此,动植物体内的碳14的含量是不断变化的。但是,一旦动植物死亡了,其体内的碳14的含量在一天天减少。碳14的量是可以通过测量其放射性确定下来的,碳14的半衰期为5730年,即经过5730年以后,碳14的量只剩下一半,它所确定的年份最久的达50000年。[①]

80. 第二,用铀系测年法可测到4万年前的痕迹。

81. 第三,据报道,有人问,你们是如何计算出古远时代水的年龄?答:通过测定水里的放射性同位素,我们就可以估算出水的年龄。于是,水的年龄也是可以计算的。综上,似证明了关于意识的起源应在于

---

① 陈贻绎:《希伯来语〈圣经〉导读》,北京大学出版社2011年版,第113页

记忆的被激活的理论是正确的,因为这里的记忆说,与基因学中的信息思想又是一致的。

82. 第四,使用原子探针层析技术,它可以识别锆石晶体中的每一个铅原子并确定其质量,科学家由此确定,一块锆晶体的确已有 44 亿年历史。如此一来,用原子探针层析技术便可以测出几十亿年前的物质了。

83. 通过以上的手段,则所有物的存在年龄的记忆问题,或许就可以顺利地解决了。然而,先天为什么要留给我们这一有关的记忆的线索,又是我们所不知道的。

84. 同样,我们还不知道的有,人的生命和意识是相互脱离的,关于它们的联系则是我们的意识万万不能理解的。也可以说,人只知道自我的意识,却不知道自己的生命,生命的不属意识所管。先天让生命永远不为意识所洞悉。

85. 在生物学中,由 DNA 携带着主宰细胞生命活动的全部遗传信息一语可知,任何的细胞生命的活动当是由其先天的遗传信息来主宰的,此即言,①先天主宰后天,②信息主宰生命体,并表现为生命的活动,③生命的活动其实当是先天的信息的再现,生命只是信息的载体,④让信息与生命结合起来的原始存在应为 DNA,即 DNA 一方面是细胞的生命的,一方面又是用先天的信息来操纵细胞生命的。⑤一个人的生命亦就是等同于某个细胞的生命,而关于遗传信息的存在也就是相当于先天的意识的主宰部分,⑥更概括地说,DNA 就相当于是生物是人,细胞就相当于是肉身,遗传信息就是人的先天的意识的自然的组成与组分。

86. 那么,关于生命又是如何作用于意识,意识又是如何作用于肉身的呢？我们讲，这只能是先天隐秘地赋予人的一种不可有知的本能。它不同于性，性的欲望是内生的，内生的虽多是由先天转来的，但性的存在又是可知的。性及人的其他能力和意识的本原都是先天的天赋，这是不用怀疑的。人的行为既受意识的支配，也要受生命体中基因的支配，只有如此的理解，才是合理的。同时，意识的当兼有利他性，基因的就一定要有自私性了。思索上文，生命的反应与思维的反映就应是相协调的，所以人的肉身与大脑便是步调一致的。

87. 王士元先生讲，神经系统的最小单位是神经元。人的一切思想和行为，都是这些千千万万的神经元沟通的结果。神经元是先天给我们的。环境给了我们什么呢？环境给了我们学习的机会。什么是学习呢？就是神经元当中结合的关系，结合的效率。[①] 此论是有深刻道理的。

88. 可是，人的心灵又是起源于哪里的呢？我们认为，它必是起于父母在交媾时的激情所激活的属于自己的那些神圣灵魂，之后它便被带入了我们的肉身。于是，先天的灵魂的即与生命共在而产生了心灵的及有关意识。由此可见，它们当是早于意识而存在的。我们说，激活生命的定是先天的灵魂的，而保有生命的则是意识，由意识又可上升到精神，而精神最后又要回归到先天的和灵魂的那里去，这似是一个有意义的循环。在这当中，只有先天的和灵魂的可以脱离生命，在生命的尽头，是由精神转化成了先天的灵魂的。因此，先天的灵魂的$\xrightarrow{\text{激活}}$生命$\xrightarrow{\text{共生}}$意识$\xrightarrow{\text{上升}}$精神$\xrightarrow{\text{转化为}}$先天的灵魂的。所以，先天的灵魂的可以说成是不可意识的和不可理解的，因为它们是在我们的生命

---

① 王士元：《语言、演化与大脑》，商务印书馆 2011 年版，第 70 页

之前和生命之后的存在。

89. 鉴于人类的先天的意识条件,是能决定他的先天性的种种存在的。比如,人的关于语言的天生条件,就是这样。如是之,我们就只能认识在语言中呈现的世界。我们造就了语言,语言也造就了我们。[①]或说,我们只能意识在意识中所呈现的世界,是先天的意识条件造就了我们,我们只是后天的被激活的意识物。

90. 据专家称,医学研究发现,听觉和视觉器官的发育几乎都在胚胎阶段就已开始。内耳在 5 个月内成熟,并可以接受听觉刺激;眼球和视网膜在第 7 个月开始生长。胎儿的耳朵能听到声音,在胎儿 5 个月时,就能听到母体肠道运动和心脏跳动的声音。[②] 我们说,由于听觉早于视觉,听觉在胎儿 5 个月时就能听到母亲的有关声音,所以人的感知系统首先地是要接触先天的存在,其次才是接触后天的存在的。因为,人在胎儿时听到的外在的声音,无不是关于他的先天的。人只有在出生后才能接触到后天的。在胎儿时的听觉的存在也是意识的存在,而此时的意识也是能意识到子宫之内外的存在,即先天的存在了。所以,意识的也是首先地要意识到先天的存在,这是无疑的。上述性质由于都是在子宫内形成的,于是关于性质与性质物(即人的肉身)之共生共在的理论也就得到了证明。综合前面的文字,我们把父母的存在称为先天的存在,把人在子宫里的存在称为生成时的存在,而此时在子宫之外的存在也是关于他的先天的存在,把脱离子宫后的存在称之为后天的存在。相对于脱离子宫后的后天的存在来讲,我们也可以把存在

---

① 郑竹群:《视域嬗替的语言镜像》,社会科学文献出版社 2012 年版,第19 页

② 《〈古兰经〉基础简明教程》,宗教文化出版社 2008 年版,第 158 页

于子宫时的称为先天的存在。这样的话,此时的父母就是关于先天的先天的存在了。可见,先天与先天的要诞生后天的和后天的生成也是有一个明确的界限以及可以展开的相对的说法。

91. 由于听觉早于视觉,若天生是聋的,则其必是哑的,因此说话的这种向外的表达也是要受着其外在的听觉器官来管控的,而这些又都是意识所不能起动的。所以,只宜把它称之是机能上的先天的存在。

92. 我们说,每个人都有一个由历史所形成的源码库,即外在的成为了内在的东西。正是由于这些内在,所有的外在才会有对映点,才会进入我们的意识,此为其一。

93. 其二,外在的又是如何整体地进入到其基因中的呢?对于人类来讲,我们认为,只有通过胚胎的遗传方法,才是可能的。那么,脑细胞的基因与肌体内的细胞的基因是否为相同的呢?我们讲,它们尽管相同,但脑细胞的基因会更具有后天的重新的组合性,而肌体中的细胞基因或许更有固定性。每一个人的先天的基因加上其后天的文化的等方面的印入在基因中的存在,都可以通过胚胎的形式遗传给后一代,每一个后一代都要比他的上一代的上一代多接收了其上一代的类如文化等的新增加至基因中的印记。如此一来,每一代的遗传量就都是增加着的,每一个遗传量都是先天的总和加上其后天的总和的量。因为,人的后天的影响也是可以进入到基因中的。人的由于有基因的遗传的存在,他在后天的学习中,才可以反录或转录先天的即先人们的知识,或说基因的遗传乃是学习的先天的基础。关于环境、文化可进入基因的知识是尽人皆知的。但是,关于脑细胞如何利用基因还要再考虑。由于细胞间的是全息的,脑细胞又多具活性,兼之还联系着极多的神经系统,故此它的被刺激、被反映、被记忆、被应用的概率就更高,且这些又是可以同时进行的,因而它们便会被开发出一个可以意识与集中意识的意识集体来,所以在大脑中的基因一旦被激活,它就可以被自己意识到,进而就形成了自己的意识。从遗传学上说,意识的大部分应是被活化的基因,而活化的基因也正是我们可以意识到的。如是之,我们便把基因和脑的存在联系了起来。尽管被人们能活化的在无数个基因信息中是少之又少的,但它已是能够适应我们的生命需要了。人是通过先天的管道在胚胎中经由遗传来接收先天的意识的,在出生后不久,则是经由眼耳鼻舌身来接触后天的意识的。没有先天的意识就没有后天的意识,没有后天的意识就不能激活先天的意识。这些均十分重要。

94. 由上见,大脑便是生命的最高级系统,它是鲜活的生存于当下的绝对的关于命的命根子,它是先天的在我们身上的所表现为后天的可以驾驭肉身的司令官。在这里,人脑具备先天的所有的为了后天而准备的路线。当然,先天的又是需要大脑来激活的,来理解的,来延伸到后天的,即大脑当是先天和后天的转换的枢纽机关。

95. 大脑还是敞开遗传秘室的户牖,也是进入遗传秘室的幽洞曲径。比如,女性染色体为 XX,男性的为 XY,但男性的生成还要有一个HY 抗原,以及下丘脑给胚胎睾丸一个信号,进而使胎儿分泌荷尔蒙,产生大量睾丸激素,才可促进其向着男性发育。由此可知,遗传是需要大脑来配合的,且大脑在胚胎时期就已经开始工作了。

96. 同时,大脑还具有先天的左右成熟概念的能力,此是它在概念之前就能自动地发挥作用的一种天然机制。大脑的这种天然性是存在于人的思想之先的,是人们意识协调的基础。这就是关于先天理论的在人脑中的反映,它是先天理论的本初。因为人脑有这种能力,该能力是自动优化出来的,其与人们的后天的考虑无关。接着,有人问,整体的脑与一个细胞的存在是全息的吗？整个的身体与脑的存在是全息的吗？或说整个的身体与整体的脑和一个细胞是全息的吗？我们认为，这些都是肯定的。

97. 之后，意识在人类的大脑中是怎样发生的？答：意识与人是一种共在，人在胚胎时就已由其父母先天地将极多的意识寄寓到了他的身体里面来了，然后再经过后天的外在的性质的激活或内外在的统一的进入，于是意识乃成。意识在大脑中的发生和导电性在钢铁中的发生是一样的。因为，在冶炼钢铁时，钢铁与导电性也是共在的，这就是性质物和性质的共在的最浅显的表达。至于先天的与后天的经验的结合，以及经验与客观存在的结合，人们的依赖感官等是不费思想的。所以，意识是脑的性质，自然也是脑的功能，但这种功能是先天就有的，不是后天产生的。倘若没有产生意识的这种功能，也就不可能会产生意识。

98. 因此，所有的外在的被认识，均是由意识的在其之先的认识所认识，即内在的意识是在外在之先的来起认识作用的。故此，才有外在的被认识和意识的先被认识之说。凡是人的当下的认识，都是一种后天的认识。这是由于在此之前，人们的处于胚胎的时分，就已先在地获得了他们的父母的所有认识，且这种认识要永远地较后天的认识在先，而这也正是外在的被认识均是由意识的先被认识所认识的根源。从基因学上可以解释这些存在。人的一个细胞就是其大脑的全部，而大脑的全部可以反映到人的每一个细胞中。人在胚胎中的细胞，仍是父母细胞的一部分，只不过在后天被分离了出来。人在胚胎中的十个月内就接受了他们的所有的先天的信息，人在后天只要激活它就可以了。

99. 因于上，则意识的源头必是存在于先天的那里，是存在于一个生命诞生之前的胚胎里,是存在于形成胚胎之前的父母里,是存在于父母所在的社会里,是存在于该社会之前的历史里;回到当下,它就是存在于所有的外在里。举例,外在的环境在一个方面即可造就意识,如由水里可认识反射;另一方面,仍是先天造就了意识,如人的认识能力。或说先有认识能力,然后才有认识的诸多存在。其实,环境的也是一种外在的先在。于是,精神的意识的必是以先天的为出处,后天的只是活现了它们而已。

100. 自然,意识的又是人类文化的起点,它的先天存在就是关于世代父母的文化和社会文化的综合的印迹。或说,意识是可以遗传的,即意识——意志是支配肉身的一种力,它的存在定是先天的天赋的,无疑。

101. 此刻,意识的向内存在就是对人生命的生生不息的激动,对外的存在便是显示了一种先天的绝对的神圣。比如,意识的先天的辽远性以及当下存在的万千的多样性,兼之其中间的繁杂的复合的结构等,就使意识的思想的展现运演或扩张具备了不可穷竭的大能。概言之,存在于这里的世界的最高的目的或许就是为了于无限之中来陶冶出人的意识的醇正与完美性的。

102. 有时,某些天生的是意识尚不能意识的,但它与意识又是连结为一起的共在。更深一步讲,能意识的或被知觉的现在的这些事情,多是以先在的无意识的为条件为原因而产生的结果。然而,意志的实施与培养则当是意志自身的加强,这种意志的可以加强的意识定是一种先后天的共同的存在,它既需要依赖于先天的意志,也是需要依赖于后天的意识的,这应是确切的。

103. 综合前面的思想,则人的可知的本能就一定是要被意识到的,即人的可知的本能的也是意识的,意识的本身也是存在于本能之中的,后天的都是这些的延长或延续。事实上,无需意识的辨识的也必是一种本能的先天的超意识的辨识,因为这种辨识在意识之前就可以完成;毫无疑问,它当是存在于我们所言的那些先天的比较靠前的位置上的。

104. 有意识就是心的作用,以心传心,就是以基因传基因。关于万物生心,心生万物,这是后来话。在此之前是,更先在的当先生无之前的心,无再生有;自更先在的生无之前的心起,始存万有和无。观某一有,则用某一心,若有某一心,则可观某一有,万不可以我之有而观他心,或以他有来观我心。心是更先在的先天的有无的源头,在更先在的要无来生有之前,它要先生无之前的心这一存在。因此,只有经由了更先在的生无之前的心,无才可生那些有。否则,有便生而无存。有只能生于无,无只能生于心。有人问,心是有吗? 我们说,心是生有之无的前在,它能容一切有,除心之外,还有空无能容一切有,但心还能容一切的空无,所以由更先在的所生的无之前的心,又是超空无的。

105. 由于心是生有之无的前在,能容一切有,而空无亦能容一切有,然心又能容一切空无,故心就是超空无的。因此,无在欲生有时,更先在的就当先生无之前的心。之后,无始可生有,否则有便无处存。即,更先在的只有先生了无之前的心,无的生有方显意义。如此,才合认识论上的发生学的程序。

106. 理解了前面的道理,才可明白如下的要义,即悟性是由我向天去的,启示是由天向我来的,灵感则是介于悟性和天启之间的交集。所以,灵牵悟生,若悟性与灵感与启示共在,则天下无敌;故悟性、灵感和天启一旦共在,则天人就会同一,人就能向天而去,这是非常易懂的。

107. 在先天界,我们必须要慢慢地谈到神,并直趋上帝。为此,就要首先地讲到一个引子。原来,从无的形态,波的精灵,能量的与弦动,及粒子的发生中,就可以看到,上天是只给我们创造了一个初始,如氨基酸和蛋白质等,或生命的简单个体,但是人类的繁衍却是需要极严密的组织的,这应是后天的事。也可以说,先天的仅为引动,后天的乃是发展。对于人来讲,他的才具的一部分定是先天的天赋的,而其要掌握的普通知识则不是天所赐的,只可由自己习得。关于先天之天,其外仍有天,且天外还有无限,无限之无限,终成无限天。

108. 其次,我们以宗教为桥,再过神性的小溪,就可来到神的境地了。一般来讲,绝对的宗教就是天启的宗教。在宗教里,我即真理,我即一切,我即是拯救,我即是最初始的至善的存在。宗教中的精神,一方面是在其内的,一方面是在其外的,在其外的仍是在其内的。或说,宗教的就是依于精神的发展而完成的。关于宗教的知识也就是直指着它的精神的那些语言所表达的。再推理,就可知宗教的本质其实就是上帝—神。

109. 根据性质哲学,性质虽不是神圣的,但那些性质和性质物的与生俱来,则必是具有神圣性的。此间的这一神性的本质之前的就是在先天界的,它与人的所认识到的本质的先在完全没有两样。有学者言,神性是最完美的存有,创造就是神性光耀的延伸入质料之中的,①这当是万分正确的。于是,任何目的都要在神性的神意指导之下,通过进步方可实现。若无神意与神性的指导,人们就只会日常生活,但不会有生活目的。当神性一旦能传导到人性时,也就是天人的合在一之中

① 罗伯特·奥迪:《剑桥哲学辞典》,台北市猫头鹰出版社 2002 年版

了,至于讲人的神性也就是在言说着他的崇高的不凡的精神。其余者,我们不再讨论。

110. 按照亚里士多德的主张,他认为天体都是神,而且神灵围绕着整个自然,譬如星辰均为神。可见,他的神并不是现代人的意义上的那些会说话的神。同时,他还把至善的指向神,并指向具有生命的宇宙,或说生命的固然亦是属于神。当然,这些至善的神在性质上,应是最美的。此外,他还有神就是不动的动者之思想。举例,运动从起点开始,但起点不是运动,所以这个起点就是不动的动者。再引申些,有专家讲,不动的动者最终在亚里士多德那里就是思想本身。因为纯形式只在思想中才存在。① 如此的理解,应是符合亚氏的观点的。

111. 与不动的动者相关,托马斯·阿奎那讲,在世界万物间唯一不存在变化可能的就是神,他是最高端的纯现实和纯形式的载体。② 其实,"一"也是神,但"一"仅是瞬间存在的,很快它就会被分解为二、四、八等,以至于没有穷尽了。由此可见,真理的改变也是有可能的,其前提就是只要在神或宇宙的意识下,则无所不能。

112. 事实上,性本能的定是先天的存在。因为,性者的根,恰是表神的,且神的对人来讲,就必是先天的存在。这样一来,神就都是人格神,也有称拟人神的,而神物即为人的理性之魂所依附上的实际东西,或说神就是人所集聚的全部的指向那先天的精蕴。当神性进入哲学,它便会具有神圣的性质,此神圣的性质必要与之性质物共在,与神圣性质共在的性质物就是神,于是我们就找到了神。同时,神又会在先天的

---

① 张志伟:《形而上学的历史演变》,中国人民大学出版社 2010 年版,第85 页

② 托马斯·阿奎那:《亚里士多德十讲》,苏隆译,中国言实出版社 2003 年版,第 64 页

原因中间栖身。

113. 我们言,只有在最高的程度上,才可以明晓上帝的一丝一毫。否则,普通的人对他什么也不会知道。因为,上帝或许就是既存在于天上,又是存在于我们的先天之中的,他能织就先天之网。至于后天的事,上帝便赋予人以某种能力,通过人这个中介来管理地球上的诸事务。很显然,这也是上帝和人之间的分工所在。所以,上帝就是天赋原则的起源,或说一切权力皆来自于上帝。

114. 上帝给了我们能力,并让人在快乐与痛苦的夹道中前行,只有如此才可以正向地推动我们的生命之发展。也可以说,上帝既然供给人以那些认知的本能,因此便不必再把那些天赋的观念印在我们的心中,正如他给了人以理性、手臂、物材以后,不必再为人建造桥梁和房屋似的。① 故此,上帝只给人以能力去获得某物,上帝并不直接给人以某物。

115. 从西方历史的情况看,科学的出现开始曾得益于宗教的帮助,这是因为在很大程度上,宗教为科学研究事业提供了一种极其纯正高贵的动机,用伽利略的话来说,上帝的作品有两部:一部是《圣经》,一部是自然。相比较而言,自然界倒是上帝的直接作品,故研究自然就是接近上帝的可靠途径。同时,宗教还为科学提供了一个可理解的自然,既然大自然是上帝的作品,以上帝的智慧仁慈,他不仅赋予自然界以理性的规律,而且他还把理解这种规律的能力赋予了人类。② 据此,宗教的就当是科学的先锋,然而后来的科学却又推翻了宗教。

---

① 洛克:《人类理解论》上册,关文运译,商务印书馆 1983 年版,第 54 页
② 赫胥黎:《人类在自然界的位置》,蔡重阳译,北京大学出版社 2010 年版,第 6 页

116. 可是，莱布尼兹又说，天主不是别的，就是自然。[①] 或言，自然就是上帝。真的是这样吗？伽利略不是讲自然只是上帝的作品吗？这为其一。其二，自然的应无需超越，但上帝一定是要具有超越性的，这是毋庸置疑的。

117. 上帝还有一个功能，是他把空间和时间联系在一起的，由于在空间的无处，时间无法表达，然而此处却可以存在一位上帝，于是在上帝那里，时间便得到了开显。

118. 根据一般理论，上帝只能是绝对意志，只有绝对意志才是没有对象的，而可以成为人们意志之对象的就不能成为上帝，这应是有道理的。鉴于最高的这种绝对的存在，所以有人说，天使会背叛上帝一定是不可能的。对于我们来讲，既要言上帝之光，亦要言上帝之光所照耀的万物生长，否则上帝似是孤单寂寞的。

119. 沿着前面的思想，上帝的意志就是绝对的存在，存在就是上帝的意志之目的，因为除其之外，一定不存在规定上帝意志的东西。所以，被说明的上帝也是难以规定着上帝的，而真正的上帝是不可以被人的说明所能说明的。

120. 因此，上帝表示的就是一种崇高的、智慧的和无敌的，即上帝的存在，①必为心中的内在视觉或信念，②还要有一些带形的标记。倘若上帝一旦被理解成精神，则上帝就是我们的自身，此时上帝会与我们齐肩。如果人是上帝了，他也能造出有意识的人。可是，人这个被造的有意识者，又是没有智慧首先地来造出一个有意识的人的，这就是人的

---

① 莱布尼兹:《单子论》，钱志纯译，五南图书出版股份有限公司 2009 年版，第 11 页

悲哀!

121. 关于上帝的创世说,它应是为了哲学上的需要才被逐渐地完善起来的,所以凡为上帝之观念也都是由性质所合成的。由于性质的不同,则上帝的外逸的存在也就不同,即上帝又是可以决定性质的。

122. 在哲学上,通过一般性质、根本性质、性质如下等等,可以知道存在的存在也具有一般、根本和范畴的特点;就是说,存在的存在或言形而上的层面之中也有根本、重点、一般、并列的各种关系。经由这种关系,我们才可对任何一个存在发掘出其更为真正的存在来,即找出统摄这个存在的灵魂或上帝来。此问题解决了,存在的精神就找到了。有时,我们就是要通过存在的存在……的存在来找出存在的上帝,方好为大贤哲们聚会在形而上的圣殿中来讨论那些"道",做好必要的准备。

123. 其实,上帝应是先于所有存在之本质的代名词。说上帝是万物的本质,就不能表达上帝的超越性,因为我们讲本质是仅说到那止于先天的边界存在处,若把先天的都归还给了上帝,又说上帝是本质,这样就不合道理。故此,世界必须要经过本质以洞悉当下,上帝必须要有信仰的意识以存在于先天,即只有经本质再通过信仰的意识,才可以照亮整个的先天与后在,而最终把上帝推向我们所不能知道的那些领域。

124. 上帝的极多的奥秘是我们所不能知道的,关于他所创造的那些元素的本质的之所以存在,即先天的东西,也是我们所不能知道的。随着本质的展开,它的性质之发生,质料之长成,包括其最后的坏灭和有关运动的原由等等都应是不一样的。因为,在同一本质上可以有很多的性质会分段出现,故其所反应的存在就要有多样性,然而在本质之前的,岂是我们能知道的?再有,若无种子的本质所在,有水和阳光这样的可以称之为发芽的原因,又会有什么作用呢?可是,如何会有第一粒种子的呢?这又是我们所不能知道的。

125. 科学上,通过研究质子、中子和电子数的关系,人们知道了单质的元素的本质。可见,人的实践必是有目的的,这一切又是通过人的意识来完成的。自然界的因果关系,也是它的一个实践活动,而完成这一实践活动的动机,或许就是自然的合目的性的一种先天的能力所及,此能力所及的可寄寓的本质一定是不为目前的我们所知的,我们只能约略地认识它的这一过程。

126. 据报道,你的任何行为、思想、意识和无意识,日常活动,无不以相关的神经编码来作为依据的。接下来,我们最大的挑战就应是找出如何研究并解开这些编码的问题了。之后,一个重要的事情就是,虽然事物的名称的符号的都是后天的我们加上去的,然而原子的序数和相对的原子质量这些先天所予的存在,又不是我们人为的能加上去的,可它们又都是能开显给我们的,即是可认识的。这里面就有无限的玄妙与玄机了。

127. 之前,我们谈了一些相对的先天说,这只是表示着人们的进入到绝对的先天界是有可能的,此仅为一个理路上的启示。

128. 至于在纯粹的先天界,空间的弦从哪里来,性质是从哪里来,事物的本质是从哪里来,DNA 的存在又是如何形成的,元素的本质为什么是质子、中子和电子的存在,以及是由它们所形成的结构,这些又是如何形成的,佛教中的因缘的先在又是什么,等等;我们认为,在较短的时间内,人们是难以给出答案的。

129. 那么,究竟需要多长的时间,人们才能解开这些谜底呢?我们讲,它或许要与过去的贤哲们自提出本质的问题,到当今的我们所给予的彻底的阐释,当具有一样的时间。也可以说,至少要经过上千年的求寻,方可明白上述的之所以的道理。此事一解决,则处在先天界中的那些本质之前的东西,就会被人昭彰于天下。

130. 届时,人们就可以自造元素,造水、造气、造新奇,就可以自动合成我们所需要的任何物品,于是人类就能前行到近乎神仙的位置。

131. 当然,在这之前,仍是还会有更先在的问题的。比如,道是先天地的,而道之前的又是什么呢？我们只能称之是先于道的。还有,在因缘之前的,我们也只能称之是先于因缘的。可见,在道和因缘的等等之前就必是会有一些更"先在"的存在,我们言这是一定的。

132. 关于先天界的论述,就到此为止了。前面的文字只能是投向先天界的系统理论的一块或大或小的石头,要完成它的基本建构,恐不是我们目前的人类智识所能及的。

133. 我们衷心地祝愿后世的勇于探索的人们,能够确实地进步到先天的神圣的殿堂里面去,并大有作为。

第五篇　共在界

无论是先天界引出发生界，

还是发生界开显了性质界，

并由性质界而导出本质界，

再延及先天界等等；

其实，

它们都是处于一个共在界之中的，

这是无疑的。

第十三章　一切共在

1. 在空间的最深处,我们可以之比做先天界,那里有弦,有能量,有它们的无限缠绕,并可激活相应的性质,而随着 $\textcircled{E} = m$ 的生成,本质便出现了……,再向后,各元素、性质物出现了,非生物云集,生物也出现了,人也出现了……,发生界得以完成。

2. 由于人类认识能力的提高,我们知道,所有的发生界,都是为了开显性质,性质的存在都是为了开显本质,本质都是要开显出先天的存在,先天的又能开显出所有的有和无的存在。事实上,这一过程也就是反映了一种连续的共在,且在无限的空间之中,不管其维度如何,远近如何,全部的存在必是一种共在。在下面的文字中,我们就来阐说一切共在的问题。

3. 根据性质哲学,研究差异是导入到共在的手段。关于共在,如产生、保持和消亡等均是。因此,即使是没有意义的,也是一种共在。奥菲克讲,共生它包括兼顾各方的互利关系,排除只对一方有利的寄生和其他的同居形式。[①] 就共在而言,共生的是主流,而相克的是次要的,即使是相克的,也是要于共在中方可相克。所以,共生的与之共存的就是某种共在的形式之一,此时所谓的共栖性也是一种共在性,即共

---

① 奥菲克:《第二天性:人类进化的经济起源》,张敦敏译,中国社会科学出版社 2004 年版,第 25 页

栖的也是一种共在的。

4. 我们说,交互的作用就是表明了共在的大部,其中共在多是以微嵌合的方式存在着,至于嵌合的形成,可以是由野火的模式所产生,也可以是由某种单赢或双赢的模式所产生。可以想见,联系的管道便是勾结所有共在的基础,而可融合的就必是一种共在的,不可融合的也会存在于共在的大环境之中。进一步推演,则统一的即是互相排斥者之归属于一起的,这些也定是共在的。当然,于共在中,胁迫后的适应似是不属于进化论内容的,但它仍是适应共在性的。

5. 通俗地讲,质和量是一种共在,展翅与敛翼是一种共在,才具与境地的相关性,定是一种共在;关于形神兼备说是存在的,它也是一种共在,我们不能说神先于形,也不能说形先于神,此时的形虽为外在之名,但其已远超于形之上,是借形来言神的,即它乃是神的得以自由舒缓的存在。由于神的介入,可见共在的终极趋向必是无限的,不可能是有限的,但共在的也可以表现于有限性之中。

6. 比如,火和光是一种共在,火是变性中的存在,而光恰是火的处于变性中的正在变性着的明证。尽人皆知,氢气和氧气燃烧生成水,即它们的燃烧之火是要转变为水的;然而,大雨中的闪电也可以生成火,这些都表明水火也是可以相生的共在的。再有,水看着是一个东西,其实它是由两个 H 和一个 O 元素所组成的共在。所有的内外在,剖析起来,都是某种共在,故只有共在者才是真正的存在,否则便不能存在。在一个 H(氢元素)里面,仍是要有着某种共在的。

7. 从源头上看,有形物的元素均是经由氢逐一演化而生的,无形的存在都是有形物经过变性而成的,即有形无形者都是一种共在。所以,一切都是混和在一起的,如上述的水火雷电和氢气、空气等是必然地要混和在一起的。关于这些混合的事物的总称,人们便名之为自然。

8. 张广森先生认为,海德格尔的"此在"的"在"可以解读为具有两个向度:一是 being 意义上的在,这是由内在性里出来的;一是 existence 意义上的在,它意味着生存,是一种外在。① 如是之,此在的在也就沟通了内与外,或说此在其实就是一种共在。于是,此在的时间性就规定了此在的历史性和共在的世界历史,②或说此在的在就是质料、形式、运动和目的的这样一个共在的合体。

9. 如上,海德格尔是讲"此在",可我们却是讲共在的。同样,海氏是以命运来言说的,我们则是以生命来建构哲学的。就事实而论,一切在为我的之时,都要以为他而存在着。因此,整个世界的我与他便取得了联系,取得了共在,取得了发展,即整个的世界才得以存在。这里的道理应是十分清楚的。

10. 其实,存在的真正意义当是共在,无共在者是不存在的。如,某一所谓的 A,它既不同于有,又不同于无,可它与有无仍是要共在的。关于共在就是一种共同的存在,它可以是由各种性质、性质物、各种因果所聚合际会而成的。倘若缺少了共在,则一切便不能存在,故共在即是存在的始基,所以存在的存在或本质就是产生于共在的某一局域之中的。

11. 赵敦华先生讲,存在在先的意思是自由在先,存在先于本质的意思是人的选择造就了他自己。③ 如此的话,上述选择的本身也就已在存在之中。于是,存在与本质便为共在。严格讲,存在先于本质的主

---

① 张广森:《本体论语境中人的本性审视》,吉林大学博士论文 2005 年
② 张志伟:《形而上学的历史演变》,中国人民大学出版社 2010 年版,第276 页
③ 赵敦华:《现代西方哲学新编》,北京大学出版社 2001 年版,第 145 页

张是未能言明本质之前的任何东西的。

12. 这样一来,同在即是共在的一个简单表说。共在当是指可以在任何时空范围内的相互依存相互生长与发展或灭亡的不可独立分开的存在。或说,所有存在的相互归属即互属的在无限大的范围上的实现,就完成了整个空间之中的共在。此刻,关系的必是互属的,且互属的定是可为共在的能供给有关前提之依据的。海德格尔讲,在与存在者的关系范围内去确定转变着的基本立场应是整个时代的任务。① 因此,研究共在的意义十分巨大。

13. 另外,海氏又说,存在就是意味着在场。在场的必是共在的。比如,电场的看似的是外在的,但它一定是由内在决定的;进一步讲,它就是一种内外的共在。由场可知,存在就是含有了真实与类似虚拟的共在,它不仅包括有真实的存在,也包括有空无的世界之存在,还包括先天的超验的存在等等。因此,超验的与超感性主体的便是具有共性的,定是无疑的。由于纯粹的本体论是超验的,而当下的又都是后天的经验的,所以我们在本体论中切入性质论,就是为先天与后天架就了一座桥梁。如是之,惟有性质的经本质是从后天的可直接通达于先天的路径。不难发现,先天与后天便成就了它们的必然的共在。

14. 道理上,凡是有的都是存在的,即有与在共在,因此空无也是一种有。在这里,空无并不是没有,它只是有的转化而成为了能量,能量的扩展域是人们已知的纯粹的最大的存在,只有理解了如此的空无,才可更好地理解存在。我们言,空无一定是一种存在,有是一种存在,"非存在"的如那些未表现为空无的,也未表现为有的,其实它们也必

---

① 海德格尔:《物的追问:康德关于先验原理的学说》,赵卫国译,上海译文出版社 2010 年版,第 46 页

是某种存在,所以存在和非存在都是共在。无论怎么说,存在与非存在均为共在的主张,都是可以成立的。之后,让我们回到现在。比如,地球之圆是真的,天的十方之无限也是真的,假设这些不是共在的,那么人们又会有什么样的思想呢? 我们讲,它就是不可理解的。

15. 在理解问题方面,感觉、知觉、认识、思想、意识、行为都是一个共在的系统,它们之间是相互包涵、相互推演,既是原因又是结果。此时,观察、想象、假设、预测和验证都是共在。感受性与感受能力也是一种共在。据说,物理事物(如一间房子里的东西)的表象既依赖于观察时的物理条件(如光线),又依赖于感知者的物理情况(如感知者的神经系统的条件)。只有当某些观察时的物理条件和某些感知者的物理情况得到满足时,那些关于存在表象的陈述才会等值于一个有关物理事态的陈述。这显示,只有共在的,才是真正的能明了的存在。还有,感知的认识等在过程的和对象中更是一种共在,任何的欲分解共在的做法都是愚蠢的和无能为力的,因为它会扰乱了人们的思维,会提出一些荒谬的东西。

16. 按照佛学的思想,六根与六尘俱在时,才可有六识。如眼不视色,则色的意识就不能形成;同理,若耳不闻声,也不会有声的意识。其他者,均是如此。故外在的一旦通过五官成为内在的,则它们就已经是共在的了。然而,视觉有时也是可以看到声音的,如只要见到爆炸的烟云,即使听不到声音,也能看到它,因为爆炸与声音是一个共在。

17. 此外,在认识潜在者时,当知道它也是某种性与质的共在,潜在的不一定就是本质,它可以是某些性质物或性质,也可以是某些从属的其他东西,只是人们还未发现而已。对于潜在的潜能的和现实的问题,它们都是一种共在,没有谁先在和谁后在的问题。

18. 黑格尔曾经指出:思想与存在的对立是哲学的起点,这个起点构成哲学的全部意义。① 其实,思维与存在仅是一种共在,在它们的关系中没有对立的成分。我在世界中,世界在我的意识中,此二者是一个共在,没有哪一个是本原。关于本原说,就是世界在我之先,还是我在世界之先。一旦这个问题成立,则世界与我就是有相互脱离的时段,而在相互脱离的时段里又有什么联系呢,又有什么谁在先后的意义呢?凡是脱离联系的本原说都是风马牛的,都是一种强制和反动的恶说。关于世界本原的问题,我们讲,具有生命体的,比如人的本质之一,是关于意识的载体,没有意识的生命是较少意义的。意识的本质根据基因学,它应是具有生命的物质,只有生命的物质是不同于非生命的物质的,但非生命的物质的本质,又应是对应着它的性质的根本载体的,且这一载体如元素的则是由质子、中子和电子数决定的。当然,纯数的存在,应是不同于物质的,但它也应有自己的寄寓性。所以,笼统地谈世界的本质是物质的,还是精神的这一提法的本身,就是一个导向谬误的存在。由于性质和性质物是一种共在,因此性质的指向物或说寄寓在物中的性就要显出来。然而,没有性质的物能存在吗?或说能有不存在性质的物产生吗?我们言,这样的物是不能产生的。可见,性质物与性质必是一个共在。根据非生命的物的性质就等同于有生命体的如人的意识,就是说,世界的譬如物质的或精神的等,均是应由一个共在所组成。共在理论于此,就代替了谁先谁后的问题。

19. 依着上述,则性质和性质物就是一种共在,它们自一存在时起,就是共在的,其间无有因果性,是共在的因,也是共在的果。因与果

① 夏甄陶:《认识论引论》,人民出版社 1986 年版,第 46 页

也是一种共在,共在的是超越的。很显然,任何一存在都应是其性质物和性质的共同存在,只有如此才能为我们所知,倘有单一的不含性质的存在,便是不能为我们所知道的。在人类已有的智识中,所有的这种性质物与性质均是始终共在的。

20. 接着,某物之成为某物,必会有其先在的性质的一直的存在,此即是可在生成过程中的共在。当然,只有在性质上具有相同或相似的,才会有共生的共在的可能。在有无之间都是共生共在的。假设某一存在是由相互者的影响中产生的,它在产生之初,就当先有该性质与该性质物的得以产生的共在的始基,然后才可再去发展起来。在形成性质物时,性质是内在的,现象是外在的,性质物既是内在的,也是外在的。于是,物与质同在,质与性同在,物、质、性同在,故性质与物质同在共在,这时质与性就是性质物的与之性质的共在。

21. 鉴于性质物与性质共在,人与意识共在,则人这种肉身的性质物和性质的这种意识便是共在,进而性质与概念也是一种共在;至于运动的如质变与性变就一定是相关的共在,然而性变与量变又是无关的,即质变与量变亦是无关的。尽管无关,但它们也仍是共在的。

22. 由性质必然要走向本质,本质的存在应当是它所展开的一切的根据,此根据也可以称之是它所展开的一切的存在的基础或原因。本质的存在有先天的原因,这一本质的先天原因与本质所出的性质是密切相关的,虽然本质的性质是通过本质之性即本性来向外扩展的,可见本质的先天原因乃是本质的背后的东西,而这背后的东西与本质所焕发出的性质便也是一种共在。我们把本质的先天原因也可以称为先天性的存在,把本质称为后天的最先的存在,由于本质与性质是共在,则本质的先天原因也必是本质所逸出的性质的原因。鉴于本质是后天之最先的,本质的存在原因是先天的,我们对于解释先天说就有了根据。在方法上,①从去现象开始,导入到性质的轨道上来,②从性质到本质,③从本质到先天。①是正念,②是正行,③是正果,这些也都是共在。

23. 共在就是共同的存在。其中,在它们的 A 与 B 之间,A、B 所表达的都应是共在,它们既可以是本质,是性质,是现象,也可以是有,是无。如此一来,世界的无与本质的有便也是一种共在,只不过本质它是寄寓于事物之中的罢了,但事物的所反映给人们的存在却是性质的,性质是由本质辐散出来的,于是性质与本质亦为一种共在,无疑。

24. 有人说,本质先于存在,请问本质是不是存在,若是存在,则关于它的表达,就是显有悖谬的了;同理,存在先于本质的表达也是悖谬的。故此,这两种说法都是不妥当的。所以,只能说存在与本质是一种共在。那么,是本质决定事物,还是事物决定本质? 我们知道,没有事物便不具有性质或本质,同样没有性质和本质的事物也是不存在的,所以性质和本质与事物只能是一个共在,它们没有谁决定谁的问题。很明显,共在的必要含有场的意义。

25. 然而,对于后天来讲,离开了本质也就找不到真理了,能引出真理者只能是本质与本性的这种共在的关系。比如,共性的本质是属于种的,但在种的属里面,又是有着许多的各自的不同的特殊性的,尽管这些并不会影响到共性的存在,共性归于种,种的存在是含有共同的"根本"之义,于是种就是含有本性的东西。可见,真理就是属于本质和本性的共在,即本质要与真理共在,或说本性与真理也要共在,但此时的本性应是收敛得住才好,不能向外泄了春光去。

26. 在我们的历史上,整个的人类由于受时间的影响,对许多事都希望得出谁先谁后或有意地设想哪个在先哪个在后。其实,这是一个后天的存在,而人的在天赋给你的意识中,是没有这些先后的存在的,即一切的都是一个共在。如性质和性质物就是一个共在,这里面没有先后的问题,而人的内外在的统一也是一种共在,它也是没有先后的。就意识与感觉或说大脑与五官之间的反映也应是共在的,在这里不可能有哪一个在先,经过传导又有哪一个在后的等等。凡是先天的存在,没有先后的排比。人类的要求物质第一性或意识第一性的问题,就是未认识到上述的共在真理。

27. 共在包括了人的心身的共在,与他者的共在,与他事的共在,与他物的共在,与世界的共在,与环境的共在等等。与他人共在,与他物共在,就是共性的与非共性的共在,就是我与他的统一,所有的统一和同一都是共在的。所以,我们与世界是同在的,我在世界在,我亡世界亡。世界是慢慢地进入到我们的存在中来的,然后我们又慢慢地融入到世界中去,并一同远去,即世界是意味着人的有限性的共在,这只是一个方面;另一方面,它又是有着无限性的。

28. 可想而知,人、神、空间也是具有共在性的。神就是超人的终级寄寓者,犹如非凡意识的最高和最后的存在;由于空间也是有生命的,它就如同人,于是人、神、空间便合为一体。自然,上帝、人、猿也应具有共性。此时,神是人的需要,人是空间的需要,生命是人的需要,意识是生命的需要。

29. 不难发现,人与自然是一种共在,这在它们的初始就已体现,此种共在是一个具有本体性的存在,即人与自然或自然与人是不可分割的。鉴于它们的联系紧密,则从人的身上就会发现许多自然的奥秘,从自然对象之中也可以发现一些人性;这就是说,探究人摆脱不了自然,考察外在,又能发掘出人性的原因。

30. 进一步讲,物质、能量和信息也是一种共在(在这里,物质的表现还只是以固、液、气体能量的方式存在着),对人而言,它们的信息就转变成了我们的意识,但能量的内部存在,我们还只能知道一些宽泛的概念。根据场所赋予质量来表明的,即性质也是外在赋予上的,这就如同人的意识也是多由外在赋予上的是一样的。比如,关于时间意识只有于人在的情况下才能成其为时间,没有一种时间是人不曾在其中的。

31. 依照报道,人类无法在黑暗的消音房内停留 45 分钟以上,这似是在显示着某种神秘之场的威力。之后,我们谈人的本性是意识,意识就是要服从于生命,生命体是意识的可以寄寓的性质物,即生命与意识是共在。在此,感性和理性没有区别,且生命的身体节律与大脑的某些节拍也应是一个具有同频的共在。这时,对生命体的不同影响,便会作用于对意识的不同影响,关于生命与意识的共在之所,必会集中于大脑里面,因为大脑既是生命的组成部分,也是意识的最后存在的巢穴。

32. 如此一来,人的意识等性质也是要和其生命相适应的,故人的意识的性质必要与之生命是共在的。有专家讲,一个人的生命或命运是直接与国家、社会紧密相连的,这是与外在联系的;与内在联系的,比如在人体中每存在一个人体细胞,就要有大约 10 个细菌细胞与之共在。这样的话,人体内的微生物便可多达万余种。所以,一个大的活体是与万余种小的活体要一同共在的,或说世界上所有的存在都是共在的。总之,在我们人类所能感知到的内外在之中,有与无一定共在,有生命者与无生命者也是共在的,小生命者与大生命者也是一种共在。

33. 谈到生命,就要涉及至灵魂。灵魂具有先在性,但对于人来讲,灵魂与肉身又是一种共在,即只是表现为一种短时间的亲密共在。

关于人的先天的与经验的共在,与物的物自身的先在和物象的共在,是具有可以反映在认识上的天然的联系的。比如,经验的就是对应着物象的或称现象的,而先天的就是对应着物自身的先在的。因此,我们只要找到了后天的与先天的中间环节,也就是找到了本质的存在。这里的本质就是物的物自身和人的可以阐释的能联系先天与后天经验的居间的表白。

34. 据资料显示,思考也能防感冒,专注思考有可能改善人的情绪,缓解压力并改善人体免疫功能。同样,环境也可以影响大脑的使用寿命,但大脑的极力用心等,也可以抵制环境对生命的影响。这就是内外在之间的微妙的相互作用的体现。也可以说,思想与思想物是共在的,而我思故我在也是一种共在。

35. 由思到语言,语言文字是音、形、意的结合,所以人们在思想或说话时,这些共在是直接对应的,因此就可以想到、词到、说到、音到和意义也能同时表达到。如是之,言语世界与行为世界或事件世界所存在的关系,迟早都会达成统一。

36. 郭庆民先生讲,人类的语言器官或语言机能是人类所共同拥有的。[①] 所以,语言在任何时候都要呈现一定的组织形式,索绪尔把这种内在的语言组织称为系统,后来的理论家有时亦称之为结构。可见,某时的形式、系统和结构乃是同一的东西。一旦人们把这些反映在作品上,则其就是许多语言片断之间彼此相呼唤的照应的能叙情言事的产物。

37. 随着心思、语言的发达,快速的文化进化和"文明"生活的进

---

① 郭庆民:《语言、自由与人的本质——乔姆斯基语言理论与自由观比较研究》,中国人民大学博士论文 2010 年

步,它已经让人类付出了巨大的身心代价和环境代价,甚至带来了自我毁灭的危险。由上看,在最先进的存在中,也要有落后;在最文明的存在中,也要有原始的细胞,而这些都是反映着某种共在的,只是有些负面的而已。

38. 综合前述,关于人的存在,海德格尔将其规定为"此在",勒维纳斯将其规定为"我在此",这些都是从我与他者的关系出发的,均是带有极端性的东西。人之所以为人,从我的你的他的自身出发,一是生命,二是意识。所以,就应该把人规定成是生命与意识的共在。当然,只要意识在时,生命也一定是存在的,经过如此的再抽象,就可以概说为,人之为人乃是因为我与意识的共在,或模仿上述二人的东西而简述为"意在"。尽管在全部的意识时间里,我的生命对我是更亲近的,且我的意识对生命又是知之甚少的。于是,共在的不一定就是全知的。

39. 研究发现,有五分之一的无脊椎动物正处于逐渐灭绝的危险之中,这会对粮食和食品供应产生威胁,从而影响到人类的生活。无脊椎动物在所有动物物种中占97%。此即言,动物于人是有相生性的,人也要相生动物。在过去,动物大爆发,同时会伴随着大爆发后的大灭绝;并且动物为了看,它才有眼睛,才有视力,这乃是由生命的性质与性质物的共在性所决定的。可是,到了现在,我们人类应该有义务,不让那些生物再次地走向灭绝。如是者,当由世界之共在性所决定。

40. 在现代社会,文化、自我、意识常常处于一个共在的里面,而自私、利他与合作也是一种共在,在此绝不可有单一的能长期存在下去。我们知道,优美既可在殿堂上,也可在芜杂中,这是不费思想的。之后,荒诞的、否定的、负面的、反动的等等,也均可视为万千世界的某种补充,均可视为缤纷现象范围内的某种被允许;这样一来,它们也就有了得以存在的一些理由。

41. 比如,先有焚经事件,然后才有"暴民"的出现等,这里就有一个原因与结果的问题了。有时原因里会含有结果,而结果里又含有原因,此即原因和结果是不分的互容的。所以,原因和结果之间不一定就有一条明确的界限。其实,本性与原因又是不同的,但是任何的因缘都必是一种共在的。

42. 当下,社会交往的目的,多是要取得某种共在,如确定语言和词的定义,或是观点和价值思想等的契合,总之是想得到一个统一。为此,责任大者,自由度就要小;责任小者,自由度就大些;若是无责任者,则其就是最自由的。还有,中庸的折中的现实的柔性的多是要联系在一起,而伦理的、道德的、义务的又都是具有同一性的。关于伦理的伦,主要是指与极亲近之人间所建立的秩序,故不可有乱伦之说。同样,道德的、法学的和伦理的也是具有相通性的,且忠诚的、善行和义务的又当是互为表里的。

43. 在进行社会工作时,理论与实践是一个共在,它们都是相互嵌入的。有时看似的在时间上的不一致,其实正是在时间上的一致,因为它们都要归于时间的这样一个共在的怀抱。故此,主观和客观,内在和外在都会分泌出它们的共在,以共享之,并能得以分别地进入对方的世界中来。这些共在有时是表面的,有时是更深入的东西。如此一来,事物的与它的观念就是共在的,观念既不可以先于事物,事物亦不可以先于观念。比如,开始的 2 和之后的 2 的观念是共在的,这就产生了两个2,然而这两个 2 又是不相同的。所以,相同的是共在,不同的也是共在。亚里士多德认为,单位必定要先于理念即观念等而出现,其实单位的本身就是一个理念或观念,故理念的等等都是共在。所以,有关的二元论的某些说法是困难的,只有共在的思想,才是实际的,尽管二元论的也是逃不出共在的范畴的。为此,批判性与建设性就要共在才好。

44. 关于意识问题,它首先是从史前开始演化为一个人的从小到大的,然后又回到哲学史上的顺序展开。就史前的问题,可以放映到微生物的诞生;就人的从小到大可以追溯到他的由父母的激情所致的坐胎,到母亲的对胎儿的影响,至出生和长成;就回到哲学的顺序,是从第一哲人论及的一直到现代哲人的述说。当然,这里还要有心理学的生命科学的知识的渗入。还有就是,按着人的认识规律,即是先从学习语言着手的,且由于语言的存在,人才得以无限地聪明起来。此处有一奥秘:就是外在的生命诞生和人的在子宫内的形成是一样的吗? 我们说,应是一样的。如子宫里有卵子,加上外来的精子的结合。外在生命的诞生也是有了类似的"卵子",然后再经闪电等激活的,等等。

45. 就意识的源头看,它一是有先天的一脉,一是有后天的一脉;先天的一脉包括遗传的历史的和过去的社会之种种存在,后天的一脉包括当下的所有的外在和现今的社会诸关系等。倘若一个人的存在时间很长,则其先天与后天的就会在这一期间实现融合。

46. 那么,意识与生命的关系又是怎样的呢? 其实意识的应是人的生命的开放性使然。不管我向外还是外在的指向我,都要在意识中留有痕迹,并能再现。因此,意识与生命乃是一个共在。或说,生命、生命本质、意识必是一种共在,在它们之间没有各自独立的问题。在生命中,冲动是暂时的,冲动必要归于和谐,和谐之中有短暂的冲动也是有益的,和谐是永恒的。此间,和谐是生命的需要,冲动则是进入意识之户牖的需要。由于感觉是受意识统治的,意识与生命同在,故感觉也与生命同在。黑格尔言,一切都在感受中;①郑竹群言,一切都在语言中;我们言,一切都在意识中。这些,当是指明了一个进步的方向。

47. 再有,任何的外在即使是先于我们的意识,它也一定要归于我们的意识。当然,人的先天的意识也绝不会迟于那些所谓的先于我们的意识的存在而存在,它们至少是一个共在。因此,所有的存在,看似在我之先,实则与我同在,由于只有我的存在,它才能进入我的意识,它才能成为我的言说的对象。此间的我,不是个体的我,而是指我们的整个的人类的生命流,这就是与意识的共在说。当然,若无外在的存在,意识也不会形成,即所有的存在都应是与意识的共在;如此理解,才是妥当的。

48. 这样一来,他者的外在便是构象的,其内在的就是构性质的,对于我者则是构意识的。所以,意识在世界中,世界在意识中,世界与意识共在。可见,共在说乃是一个全新的东西,共意识也是共在。比如,精神与物质的共在问题,可以反映到看似的我在观物质,实是精神在使我观。于是,精神(我)→物;同样,物→精神(我)。因此,精神就在我的物中,我与物同,即精神便契入了物。或说,人的精神与物的性质就是同一的存在了。故此,我(精神)⇔物(性质),这里的精神表意识。

49. 更形象地讲,心、身必是一种共在,心、无二者也当是一种共在。此刻,心理的与生理的相互影响,如精神的和性行为的等都是如此。同理,唯物的与唯心的也是一种共在,唯物的都是关于性质物的,唯心的都是关于意识的,意识的又是等同于性质的,而性质的与性质物

---

① 黑格尔:《精神哲学》,杨祖陶译,人民出版社 2006 年版,第 97 页

的是不可分的,如上都是表共在的。

50. 在未来,团体创新会出大成果;也就是讲,团队的存在是未来发展的重要理念,这与个人的观点是相对的。此外,还有共赢的概念,它是与一胜一负相对的。随着科技的发展,利益的均衡,一胜一负的存在将越来越成为不可能,故只能以共赢代之。共赢或许就是共享的开始,即共产主义之共有的开始。由共赢到共享到共有似是一个必然的过程,共赢是初级的分有你我的,共享是有了一定基础的你我结合的,共有是你我同一的,进而才有共产之说。于是,从共赢中,人们就看到了共产主义的曙光。然而,这些又只有于共在中,才能实现。

第十四章　逝者未逝

1. 一切共在,逝者无处逝,进而言逝者未逝便是真理。由于先天与后天共在,内外共在,生死共在等等,则于共在中说不在,不管其怎么讲,在者终究是在的。或许可能的是,离你的距离远,不在同一时间段上,也有可能不在同一维度之间,但是无论如何,在者是永远在的,它不能因人的好恶而在,或不在;你所知道的他不在这里,他也许恰在那里,总之任何的东西或奥秘,一定在无限的空间或隐藏于它的任意的维度里。

2. 比如,辽远的一切的先天的,其实它们都是存在于我们的生命中的,因此也就都是将来可经验的,可感的,即先天的并不能离开我们。再有,看似的终极的存在是无,这只是相对于有来说的,相对于无来讲,它的终极存在又是有。所以,有无亦是一种共在,不能说有变成了无就不在了,也不能说无变成了有就不在了,此间的道理是一样的。

3. 接着,我们谈一下历史。这是由于,生活必须有回顾,且生活又必须要前瞻,然而前瞻又是以回顾为助力的。首先,历史应包含有一个史前史,这是向前去的,就是由于有了它,整个的历史的才是共在的,其中物必是共在的,事件也必是共在的。之后,就可用历史来服务于现在了,因为历史学可以激活历史中的被遮蔽的许多客观性的东西。如是之,历史就会有益于未来。

4. 再者,凡是历史的看似的都是静止的,事实上它们都是运动着的,此时历史就是无尽的思想之海。可见,历史才是永恒的,只是它要切入到无限的或许久的时间中去方可。自然,历史的又是属于世界的,又是属于所有空间的,又是属于全部的共在的。关于那些历史的所谓的毁灭说,乃是某些有的诸如性质物的毁灭,但这时的毁灭者便与之性质的分有是再无相关的了。这样一来,历史就不是别的,它应是价值的于共在基础上的全面实现,故逝者也就无以逝了。

5. 实际上,人类的一切问题都是来自于其自身的生命的需要,至于这些生命之需要所累积的历史的存在,则是后来的事情。简单看,每一个社会人都是从小至老地生活在他的历史和文化之中,这似是不用赘述的。李景源先生讲,社会—历史的东西和逻辑—心理的东西在本性上又是内在统一的。同时,历史的东西转化为心理的东西这条规律仍然在现代儿童智力发展过程中起着重要作用。① 这就是逝者未逝的必须要共在的表现。很显然,历史就是要在罗列的顺序的过程中形成逻辑的,只要这一逻辑在,则一切就会永在,就不能逝去。

6. 亚里士多德认为,依照事物灭坏后对于此事物的思念并不随之灭坏这一原则,我们又将有已灭坏事物的通式,因为我们留有已灭坏事物的遗象。② 我们说,这就是灭坏者的永不可灭坏的原因。其间的道理就是,那些灭坏的都是不可表达的,即使是不灭坏时也是我们所不能知的,所以它们的灭坏与否,都不影响我们的与之所处的共在。比如,对于人来讲,死亡的只是他的躯体,而永存的当是他的思想与精神。

---

① 李景源:《史前认识研究》,湖南教育出版社 1989 年版,第 6 页
② 亚里士多德:《形而上学》,吴寿彭译,商务印书馆 1959 年版,第 267 页

7. 又如,弗洛伊德讲,战死的战士在战场的上空继续他们的战斗。① 这就是于古战场中,夜晚常有灵异出现的写照,此属阴间说。但是,从阳间来论,我们言,每个人的看似的死,其实他确是把生放在了子孙们那里了,子子孙孙没有穷尽,生就没有穷尽;如此而言,又哪里有死呢? 即使是死,那也是另一种生。或说,个体的生命看似是结束了,然而他的意识品和精神品却不能结束。同样,你的子孙的生命流还在,整个人类的生命流、意识流和精神流还在,即其社会性的存在是永远要笼罩一切的。

8. 从某种意义上观,适当老化乃是一种进步,因为 A 的老化可以使得 B 能开始新生。也可以说,A 已逝,但由 A 所带出的 B 则不会逝,或曰逝者未逝。如此一来,某些逝者的逝就是有意义的,其所留下的意义永远不会逝。在当今社会,推行公益正义最难,就是理性地修正过去的和过时的但仍是对某些人有利的东西时是最难的,所以从负面来讲,逝者也是难逝的,即逝者也是不能逝的。在传统的话语里,和谐既可以在原有状态下展现美,也可以打破原有状态而重新建构美。有时,这一后在的美或许要比前一种的美更具崇高性。可是就学理上做论断,尤其是于美学上,就近现代而言,崇高的观念已经是可以取代过去的和谐的思想了,但和谐也要永在,这就是逝者不可逝的绝对需要。

9. 李景源先生又讲,语言是现今仍活着的古代遗物,②即所有的语言都是过去的,因而人的极多的也都是过去的,只有生命是向前的,但过去的会存在当下。于是,语言的便保存了人类生存的经验。如果没

---

① 弗洛伊德:《自我与本我》,林尘译,上海译文出版社 2011 年版,第 231 页

② 李景源:《史前认识研究》,湖南教育出版社 1989 年版,第 16 页

有历史传承而来的精神,人类的生活就将是既无基础,也无目标。① 依照前面的思想,中国的精神就是由各个历史阶段所分属的精神集合而成的,它就像中国的文字是由各个偏旁和部首组成的一样。在中国,精神不能去,文字不能去。概言之,只要有文字在,则逝者就永远不会逝。

10. 据报道,天河二号以每秒 33.86 千万亿次浮点运算的速度,登上了第 43 期世界超级计算机 500 强排行榜的榜首。请问,在人的 1 秒钟里面,如果被放大或分割成了 33.86 千万亿倍或单位,此时的人们还会有瞬间的感觉吗?因此,在人的 1 秒钟之间,也是可以存有类似的无限性的。如是之,则可能逝去的也就永远不能逝去了。

11. 我们说,由于性质与性质物的共在以及形成它们之前的各自的分有,且惟有性质的能被人表达,能形成人们的观念,能成为人们的思想,能成为人们的意识,能够被记忆住,则脱离性质的性质物虽然可以远去,但它的性质实是永恒地不能远去的,因为它只能与我们同在,这就是逝者未逝的理论基础。

12. 如上,逝者未逝是一理;其实,未逝而有逝者亦是一理,不叙。

---

① 张广森:《本体论语境中人的本性审视》,吉林大学博士论文 2005 年

第十五章　未来已来

1. 逝者未逝,眼前的是清楚的,至于未来的它已经来了吗? 从深刻的道理上说,所有的未来均已来;然而,人们又不能全息地知其来,这当是人们的双眸被极多的现象所遮蔽后的结果。在下面的文字中,让我们详细地来阐释这些问题。

2. 海德格尔说,未来学研究的将来只不过是一种被延长了的当前。[①] 于是,所有的现在的就都是关于未来的原因,且又都是先前的结果。那么,未来是按着脑中的记忆去实现的吗? 因为脑中的是过去的,而过去的就是未来的吗? 在这其中必有共在。显而易见,未来已是被某种先在而暗示着的。故此,未来便只能是由当下所派生的,所枝生的或是沿着其干生而生的。

3. 上述表明,未发生的又是发生的潜在形式,这种形式有时是为我们所知的,有时是不为我们所知的。所知者如自相似体的产生,不可知者如外在的变化后的影响,但此已不是主要的。这就是说,一切未知物都是存在于已知物的边缘域附近的。因此,未来若是以未来物为主体,未来物若是过去、现在的自相似体时,情况就易明了;关键是未来物在未来的过程中的无序的变异,就要使情况变得复杂。当然,变异的若

---

① 海德格尔:《依于本源而居》,孙周兴译,中国美术学院出版社 2010 年版,第 80 页

符合了某种函数,则未来的一切,仍是可知的。

4. 有人说,倘若能站在公元前,以历史的时间的方式标记到现在样样无误,也就可以从现在标记到未来几千年的,可是我们从未受到过这样的训练。在目前,人们可知的只有未来的时间,而不知未来的事件。未来的事件可以和今天的完全不同。不必设想今天与未来的连贯性,但它又必是有着某种连贯性的。

5. 众所周知,好的理论既要能解释当下,又要能准确地预测未来,这应是一个标准。此时,预测的就是在理解的或是在惯性的基础上来完成的,或说依据规律的性质也是可以进行预测的,比如依据周期律或有关固定的程序来进行预测就是更有可能的。据报道,人类行为轨迹的九成是可以预测到的。在方法上,对称的、递推的、类比的、惯性的、辩证的、质变的、内力的、容力的都是可以预测推断未来的。

6. 陈剑涛先生讲,没有行为的目的性,行为的预测性和计划性均将无从谈起。① 于是,由此目的而起,则预测的计划的便是能够可知的。同时,预测的预见的和创造性的又是需要一个知识基础的。其间,有关的智力行为往往又是旧东西的重新组合。根据数学知识,由有关的逻辑的办法,也是可以经已知能进入到未知的。只要这个未知跳出我们的从前的知识的窠穴,则它或许就是一个真正的进步。可是,在事实上,所有的推断和对未来的设想都只有临近了那个时段,才可以被直观到其是否存在。否则,之前的便是不确定的。尽管不确定,但仍应在确定的范围之中。

7. 推断是由人来进行的,我们的一切都是为了实现理想和希望。

① 陈剑涛:《认识的自然起源与演化》,中国社会科学出版社 2012 年版,第 271 页

所有的未来希望都是存在于当下的,因此每个人都要以当下为起点而前进着。比如,过去的向着我们走来,它的影子却可以照到未来,故曰过去的既是今天的形也是未来的像。所以,只要我在,则所有的过去的经过遗传,便已先天地存在于我的意识中,所有的当下的正在通过我的五官而又重新成为我的意识,所有的未来的都应当蕴育在我的意识之中。

8. 总体来看,人类主要是在进行着智慧进化的。人类未来的思想或许会因为今日的共在观念等而得到根本上的进步。这样一来,口中所言的即是心里的,眼中的即是意识的。一切的都是出于我,一切的都与我共在,包括先天的现在的和未来之在的都是共在。故此,外行皆于心行,外在皆于心在,心与外在共在,心与外行共行。

9. 由于意识的进步,人类自进化为文化动物之后,他们就能创造更新更美的画卷了。比如,据说中国人和北欧人更善于规划未来。也可以说,他们已经是生活在未来之中了,或者至少在语言表达上已处在未来之中。同理,在中国的西部人早已看到了自己的未来,将如东部人一样;而东方人也早已看到了自己的未来,将如西方人一样。尽管这些是有着片面性的。

10. 刘晓东先生讲,儿童是成人之父,这是极有道理的,再向精微处推演,就可以知道,人的个体生命只是人类生命流中的一个分子,现在的生命只是过去与未来之间的一小段导体,而这与其他的动物无异,只不过一般的动物的心理信息系统仅是由先验心理和经验心理所构成罢了,不像人这样复杂。但是,从蚁王和蜂王的存在来看,人类的未来也当是以雌性为王的,因为雄性为王多是纯力量的表现,它更适于野蛮的集体。作为一个文明的大范围的社会性物种,应以发展的原动力和具有天然智慧为首要的存在,纯力量的如雄狮的表演势必要衰退下去。

11. 有专家称,人的生命之常常需要进步,是因为他始终不能达到圆满境界,这是言之有理的。为了进步,就要通过制度建设和社会文化的提升,来实现价值观的真正向前。在此方面,美国文化对可能的失败、风险和不确定性等更加地具有包容性。如是之,文化不能向着自我毁灭的方向发展的道理,就应清楚了。

12. 在文化中,一个文本如果只能产生一种解释,那这就是一个必然死去的文本,它只有生与死这一简单的循环。其实,"一"恰是为了众多而形成的。首先,同一事物既是蓝本又是抄本。比如,一个问题或许就是对可能世界的一个函数,而该问题的正确答案则是该函数赋予现实世界的值。之后,当我们面对的是一张白纸,或是一无所有时,才可以无所不能。

13. 关于人的世界需要建构,正是创造性的活动,才将我们人类的思想和经验编织成无限丰富的彩带,即思想是推动着历史前进的,且历史又孕育着新思想的诞生。或说,在一个发展的潮流中,一定会形成新思想的生长点的。此时,人的创造力应取决于一个内在的概念的形成和它的组合系统的有效用。这样一来,人的一切的创造,就都是语言创造的附产品了。当然,某些符号的不断的新的匹配,也是创造。总体讲,意识的派生性必是人类创新的源泉,是人类创造未来的巨大的精神力量。[①] 这是无有任何疑问的。

14. 人的创新就是要打破过去的某些不再适宜的规律和惯性,或说是打破那些笼统的通过限定的才会具有的边界界限,若能以创新来

---

① 邬茂鹏:《精神概论》,广东人民出版社 2011 年版,第88 页

推演创新着的未来,当是有一条准确的路线可循的。可见,在创新之下的适应是需要做出牺牲的。正是因为这种牺牲,适应者才会获得新生,即新生是以牺牲为前提的。在某些方面,未来的新生与当下的牺牲是等价的。所以,适于创新者的创新,即是一个展开着的真正的未来。从当代心理学等与哲学的新的联姻中,我们已经预感到在哲学里面会有若干新的突破了。

15. 据报道,技术正在创造着一个依赖知识的全球社会,但是科学的各种结论又总是具有暂时性的。我们言,硬进化是适者生存,软进化是智者生存,要用智慧生存代替适者生存。过去,纯自然的是人类的生存基础,在轴心时代以前,人是以地球为中心的,此后就形成了以人为中心的,在未来就是要以超人类的神为中心。这似是一个正当的进路。所以,经过向着更高的层面而去的人,在将来是有可能成为神的。

16. 人是在睡眠之后开始第二天工作的,万物是在冬眠之后开始春天生长的,因此未来之前的都有类如死一样的程序。如此便解释了,人的不知未来的原因。可是,醒着的人们应是更多地清晰过去的,故其便造成了不善于考虑未来的习惯。然无论如何,人都要在思想中走向未来。

17. 张广森先生讲,人的历史是一个已经预先完成了的历史。其间,进化的是沿着实践理性,而通向文明之路的,它的许多动力就是来自于具体实践的。故此,文明的存在乃是通过一个动态的逻辑方可发生的。有逻辑的理路在,未来的应是大致清楚的,至于可能的就是那些还未能实现的将来,人们都是在可能性中前进的,即在前进中前进。

18. 不难发现,任何后世的后天的都是以当下的为背景,以本质的原点为开端的一个系列展开。我们要知道,①已发生的原因,②未发生的但也应当或能发生的原因。原因知,则结果当知。故此,之后发展的根本就是使发展者成为和同时要自为地成为其自在地是的那个存在。此阶段,当把培养和教育排除出去。

19. 原则上,许多人应知道,任何的存在都与它的性质是同生同死的,我们从它们的性质中,就可以找出其过去、现在和未来的必然的东西。举例,灵魂和性质在肉身和整体的性质物之消散被分解后,应会存在它们的分子里的,如水的性质可以存在于其分子里,之后又会分散地存在于它的原子里的,或是原子核、质子、中子、电子直到夸克到趋于无中,它的性质是必然要存在下去的,这就表明性质是不灭的。因此,灵魂也是不灭的,即灵魂也会分散地寄存在它的尽管是无生命的分子里的,或是原子直到夸克到趋于无的存在中的,故灵魂也必要永远地存在下去。如上,应是一个真理。当然,作为一缕清烟的灵魂,这一缕清烟的无限飘渺也可以视为类似于弦的流动的。只要这些在,则未来就是确定的。

20. 在考察未来的方法上,我们要以研究某一过程的终结为始,只有明白了这一过程完成了终结,才可重演新的未来之伟大,然后再研究它的开端,则绽放的就是再发展的了。倘若人们能从其将来的历程的最前处拽回到过去的生发威力的源头,再从这源头出发,认为一切都是未知的,进而推导至现在,若能准确无误,就可以使之方法来推展到未来。于是,如此的未来就是可信的。

21. 我们讲,全新的超越的意识力量必将能统治整个世界的未来。所以,任何先进的国家,都应努力地去建构一个超越的发达的思想体系,以便对今后能产生积极的影响。从人性上看,我们人类的所有个体都具有必然的可实施超越的生命分子和先天的潜能,他一般会通过部分超越来完成对整体的超越。然而,真正的超越是要以未来为基础的,它当是无条件的。于是,这样的超越才可以跨过现在的与往昔的种种障碍。进一步讲,那些看似的未来在此时,便均已前置地处在超越的视域范围之内了,即未来早已来。

22. 关于超越的是一种在极高的程度上的审势,比如从天上向地面看,一切的山川脉络就会十分清楚;还有,类似于看地图,我所在的地方,虽也在地图的标记之中,可是一旦我在面对着地图时,我其实就早已脱离了地图,因此地图上的全貌便是被一览无余了。

23. 就未来已来而论,我们可以做一总结,①非生物的随着其记忆痕迹的减退,它是要沿着一个线型的方式去走向未来的,这是可知的;②生物的随着其 DNA 理论的展开,那些在自相似体上的存在,也都是可知的;③时间的一切未来,都是可知的;④空间的事件的,便是非生物、生物和时间综合的结果,只要人们能进行详尽的推演,则一切也都是可知的。如是之,未来的因为我们的可知,其看似未来,实是早已来到了我们的意识之中。

24. 综合前述,未来已来是有道理的;同样,已来而未到者,亦应是有道理的,只是我们不再阐释而已。

25. 从先天走来,一切都摆布在空间,一切都由于时间而被串接,只要时空在,则一切就会共在,并且会永远在。

2016 年 05 月 08 日 11 时 21 分完稿。

2017 年 01 月 01 日 10 时 19 分校毕。

引用书目

1. 郭庆民:《语言、自由与人的本质——乔姆斯基语言理论与自由观比较研究》,中国人民大学博士论文 2010 年。

2. 王德峰:《人的本源存在与历史生存——对马克思思想的再探索》,复旦大学博士论文 1998 年。

3. 段迎晖:《唯物史观视野中的文化本质问题研究》,中国人民大学博士论文 2009 年。

4. 韩明友:《生命的信息本质与生物进化机制的哲学探索》,吉林大学博士论文 2008 年。

5. 马杰斯:《道家哲学与欧洲哲学关于人的本性问题之比较研究》,南京大学博士论文 1999 年。

6. 贾丽民:《逻各斯与人的生命——对生存论哲学中一个根本性问题的研究》,吉林大学博士论文 2009 年。

7. 张广森:《本体论语境中人的本性审视》,吉林大学博士论文 2005 年。

8. 高景文:《表演是人类文化本性中最生动最核心的本质——表演文化初探》,中央戏剧学院博士论文 年月未标。

9. 王志刚:《人类本性与社会秩序——良好社会秩序的人性根基》,吉林大学博士论文 2007 年。

10. 李丹:《从头起源的酵母新基因的功能和正反链编码的基因相互作

用的新机制的研究》,中国科学院博士论文 2010 年。

11. 张艳凤:《定义理论研究》,中山大学硕士论文 2004 年。

12. 于龙:《现代语文课程话语考论——以"性质之争"和"文白之争"为例》,上海师范大学博士论文 2008 年。

13. 刘忠:《性质语意理论的提出与自然语言理解及其实现的研究》,华东师范大学博士论文 2004 年。

14. 钟嘉高:《岩体裂隙的几何特征及渗透特性研究——以官地水电站厂房区玄武岩为例》,中国地质大学博士论文 2008 年。

15. 王云涛:《金属与合金材料的吸氢性质与特殊物理性质变化的研究》,北京大学博士论文 2008 年。

16. 孟庆艳:《文化符号与人的创造本性——早期符号理论比较研究》,吉林大学博士论文 2006 年。

17. 陈红:《心理基因论:心理自组织原理与超循环生成机制》,南京大学博士论文 2008 年。

18. 伍麟:《意识自然化的终结——论美国现象学心理学的基本精神》,吉林大学博士论文 2002 年。

19. 林建成:《论知识的社会性本质》,南开大学博士论文 1997 年。

20. 连莉:《本体中非分类关系的理论体系研究》,山东大学博士论文 2010 年。

21. 杨辉:《非线性问题:良定性、通有稳定性及本质连通区》,浙江大学博士论文 2002 年。

22. 王善超:《论马克思关于人的本质的基本理论》,北京大学博士论文 2000 年。

23. 肖尚喜:《遗传性牙龈纤维瘤病和牙本质生成不全——Ⅱ型致病基因的定位与克隆》,中国科技大学博士论文 2000 年。

24. 谭长流:《空间哲学》,九州出版社 2009 年版。

25. 张晓海:《遗传性乳光牙本质致病基因的鉴定和 DSPP 基因敲除小鼠的建立》,中国协和医科大学博士论文 2002 年。

26. 田春凤:《中学物理课程中科学本质教育的研究》,北京师范大学博士论文 2009 年。

27. 万东石:《大黄属 CHC 类基因的基因重复及适应性进化》,兰州大学博士论文 2010 年。

28. 俞海菁:《人类新基因 c1orf37-dup 的起源、进化及其同源基因的功能研究》,云南大学博士论文 2008 年。

29. 李晓陆:《光信息基因材料的合成、性质及应用研究》,南开大学博士论文 1998 年。

30. 艾洪奇:《与生命过程相关的甘氨酸衍生物的耦合机制及相关性质研究》,山东大学博士论文 2004 年。

31. 李俊岭:《备选项的序列和属性特征对动态决策行为影响的实验研究》,河北工业大学博士论文 2009 年。

32. 张国艳:《细菌视紫红质中间态 P 态光化学性质的研究》,中国科学院博士论文 2004 年。

33. 游志福:《图的谱性质研究》,华南师范大学博士论文 2011 年。

34. 刘燕妮:《数论中的几个经典和式的算术性质研究》,西北大学博士论文 2010 年。

35. 曲松楠:《联二酰肼衍生物和联 1,3,4—噁二唑衍生物的合成、自组装与性质研究》,吉林大学博士论文 2009 年。

36. 李国旗:《具有多属性特征的城市物流设施布局优化研究》,西南交通大学博士论文 2010 年。

37. 卢韵碧:《中枢神经系统神经胶质细胞和神经元的生物力学性质》,

浙江大学博士论文 2006 年。

38. 武爱青:《液态 Sn 及 Sn 合金的物理性质研究》,中国科学院博士论文 2006 年。

39. 黄峻榕:《乙酰化豆类淀粉的结构与性质》,江南大学博士论文 2007 年。

40. 肖谊:《论弗拉基米尔·纳博科夫美国小说的元虚构性质》,华东师范大学博士论文 2006 年。

41. 陈晨:《一些有机月弟化合物的性质及反应研究》,中国科学院博士论文 1987 年。

42. 杨新建:《钙钛矿型铁电材料电子结构及物理性质研究》,中国石油大学博士论文 2009 年。

43. 许勇:《两类随机事件的分形性质》,南京大学博士论文 1999 年。

44. 毕聪志:《过渡金属钛氧化物红外物理性质研究》,武汉大学博士论文 2006 年。

45. 张湛:《神性自我:灵知的理论、历史和本质》,复旦大学博士论文 2007 年。

46. 李晶:《以古筝演奏为例释"内心听觉"》,《文艺争鸣》2010 年第五期。

47. 高秉江:《从现象学看"存在就是被感知"》,《湖北大学学报》2010 年第二期。

48. 李峰:《素描教学中的画面意识》,《文艺争鸣》2010 年第五期。

49. 王兴华:《由"像"到"象"》,《文艺争鸣》2010 年第三期。

50. 王侃:《想象之谜》,《文艺争鸣》2009 年第一期。

51. 王哲:《从语言批判到意识形态批判》。《文艺争鸣》2010 年第十一期。

52. 张博:《以志逆意》,《文艺争鸣》2009 年第一期。

53. 朱来国:《语言观念的转变与文学研究方法的多元化》,《文艺争鸣》2010 年第七期。

54. 王少斌:《存在与视像》,《文艺争鸣》2010 年第十期。

55. 过晓:《论"神似"不应与"形似"对举》,《文艺争鸣》2010 年第一期。

56. 朱刚:《"此在"还是"我在此"?》,《湖北大学学报》2010 年第二期。

57. 鄂霞:《美学关键词"崇高"的生成和流变》,《文艺争鸣》2009 年第十一期。

58. 李淮春:《马克思主义哲学全书》,中国人民大学出版社 1996 年版,第 789-790 页。

59. 彭克宏:《社会科学大辞典》,中国国际广播出版社 1989 年版,第 12 页。

60. 陈建生:《人类化石的语言痕迹》,《化石》1986 年第三期。

61. 梁健:《论细菌起源与作用》,《大众科技报》2009 年 6 月 14 日。

62. 郑慧子:《人类起源的非生物学过程》,《河南大学学报》1990 年第六期。

63. 罗玉明:《视觉与听觉》,《文艺争鸣》2010 年第八期。

64. 俞英:《从认知到行为》,《文艺争鸣》2010 年第九期。

65. 田运:《思维词典》,浙江教育出版社 1996 年版。

66. 冯契:《外国哲学大辞典》,上海辞书出版社 2000 年版。

67. 金炳华:《哲学大辞典》,上海辞书出版社 2001 年版。

68. 项退结:《西洋哲学辞典》,华香园出版社 1989 年版。

69. 罗伯特·奥迪:《剑桥哲学辞典》,台北市猫头鹰出版社 2002 年版。

70. 祁海燕:《羊 HSV-1 特异转移因子的分离纯化与化学本质研究及

其临床应用》,第四军医大学博士论文 1987 年

71. 乔纳森·巴恩斯:《亚里士多德的世界》,史正永译,译林出版社 2010 年版。

72.《亚里士多德全集》第一卷,苗力田译,中国人民大学出版社 1990 年版。

73. 亚里士多德:《形而上学》,张维译,北京出版社 2008 年版。

74. 亚里士多德:《形而上学》,吴寿彭译,商务印书馆 1959 年版。

75. 亚里士多德:《形而上学》,李真译,上海人民出版社 2005 年版。

76. 托马斯·阿奎那:《亚里士多德十讲》,苏隆译,中国言实出版社 2003 年版。

77. 柯林武德:《形而上学论》,宫睿译,北京大学出版社 2007 年版。

78. 海德格尔:《形而上学导论》,熊伟译,商务印书馆 1996 年版。

79. 高清海:《哲学的憧憬——〈形而上学〉的沉思》,吉林大学出版社 1993 年版。

80. 周迈:《亚里士多德〈形而上学〉中的存在问题》,中国社会科学院博士论文 2001 年。

81. 郑昕:《康德学述》,商务印书馆 1984 年版。

82.《康德著作全集·第四卷·未来形而上学导论》,李秋零译,中国人民大学出版社 2005 年版。

83.《康德著作全集·第四卷·道德形而上学的奠基》,李秋零译,中国人民大学出版社 2005 年版。

84.《康德著作全集·第四卷·自然科学的形而上学初始根据》,李秋零译,中国人民大学出版社 2005 年版。

85.《康德著作全集·第六卷·道德形而上学》,李秋零译,中国人民大学出版社 2007 年版。

86. 海德格尔：《物的追问：康德关于先验原理的学说》，赵卫国译，上海译文出版社 2010 年版。

87. 张志伟：《形而上学的历史演变》，中国人民大学出版社 2010 年版。

88.《马恩全集》第一卷，中央编译局译，人民出版社 1995 年版。

89. 卢克来修：《物性论》，方书春译，商务印书馆 1997 年版。

90. 布鲁诺：《论原因、本原与太一》，汤侠生译，商务印书馆 1998 年版。

91. 培根：《新工具》，许宝骙译，商务印书馆 2010 年版。

92.《文史哲·试论培根的"简单性质"学说》，1994 年第二期。

93. 哈维：《心血运动论》，何西译，江苏人民出版社 2011 年版。

94. 霍布斯：《利维坦》，吴克峰译，北京出版社 2012 年版。

95. 洛克：《人类理解论》上册，关文运译，商务印书馆 1983 年版。

96. 洛克：《人类理解论》下册，关文运译，商务印书馆 1981 年版。

97. 莱布尼兹：《单子论》，钱志纯译，五南图书出版股份有限公司 2009 年版。

98. 贝克莱：《人类知识原理》，关文运译，商务印书馆 2010 年版。

99. 孔狄亚克：《人类知识起源论》，洪洁求译，商务印书馆 2010 年版。

100. 孔多塞：《人类精神进步史表纲要》，何兆武译，江苏教育出版社 2006 年版。

101. 傅立叶：《热的解析理论》，桂质亮译，北京大学出版社 2008 年版。

102. 黑格尔：《精神现象学》上卷，贺麟译，商务印书馆 2010 年版。

103. 黑格尔：《精神现象学》下卷，贺麟译，商务印书馆 2010 年版。

104. 黑格尔：《逻辑学》，上卷，杨一之译，商务印书馆 1996 年版。

105. 黑格尔：《逻辑学》，下卷，杨一之译，商务印书馆 1996 年版。

106. 黑格尔：《小逻辑》，贺麟译，商务印书馆 1996 年版。

107. 黑格尔：《精神哲学》，杨祖陶译，人民出版社 2006 年版。

108. 姜丕之：《黑格尔〈小逻辑〉浅释》，上海人民出版社 1981 年版。

109. 杨寿堪：《黑格尔哲学概论》，福建人民出版社 1987 年版。

110. 刘永富：《黑格尔哲学解读》，中国社会科学出版社 2002 年版。

111. 狄尔泰：《精神科学中历史世界的建构》，安延明译，中国人民大学出版社 2010 年版。

112. 狄尔泰：《精神科学引论》第一卷，艾彦译，译林出版社 2012 年版。

113. 刘晓东：《儿童精神哲学》，南京师范大学出版社 1999 年版。

114. 柯多尼：《微精神分析》，张宇凌译，商务印书馆 2011 年版。

115. 达尔文：《人类的由来及性选择》，叶笃庄译，北京大学出版社 2009 年版。

116. 达尔文：《人类和动物的表情》，周邦立译，北京大学出版社 2009 年版。

117. 赫胥黎：《人类在自然界的位置》，蔡重阳译，北京大学出版社 2010 年版。

118. 丹纳：《艺术品的本质》，傅雷译，上海书画出版社 2011 年版。

119. 明恩溥：《中国人的特性》，戴欢译，长江文艺出版社 2011 年版。

120. 巴甫洛夫：《条件反射：动物高级神经活动》，周先庚译，北京大学出版社 2010 年版。

121. 弗洛伊德：《释梦》，孙名之译，商务印书馆 2005 年版。

122. 弗洛伊德：《性学三论·爱情心理学》，宋广文译，台北胡桃木文化 2006 年版。

123. 弗洛伊德：《图腾与禁忌》，文良文化译，中央编译出版社 2009 年版。

124. 弗洛伊德：《精神分析引论》，高觉敷译，商务印书馆 2010 年版。

125. 弗洛伊德：《自我与本我》，林尘译，上海译文出版社 2011 年版。

126. 刘烈:《神经病论:兼论以弗洛伊德为代表的心理治疗》,中国国际广播出版社 2011 年版。

127. 胡塞尔:《逻辑研究·第二卷·第一部分》,倪梁康译,上海译文出版社 2006 年版。

128. 胡塞尔:《逻辑研究·第二卷·第二部分》,倪梁康译,上海译文出版社 2006 年版。

129. 胡塞尔:《内时间意识现象学》,倪梁康译,商务印书馆 2010 年版。

130. 胡塞尔:《现象学的观念》,倪梁康译,人民出版社 2007 年版。

131. 胡塞尔:《哲学作为严格的科学》,倪梁康译,商务印书馆 2010 年版。

132. 胡塞尔:《纯粹现象学通论》,李幼蒸译,商务印书馆 1996 年版。

133. 胡塞尔:《第一哲学》上卷,王炳文译,商务印书馆 2010 年版。

134. 胡塞尔:《第一哲学》下卷,王炳文译,商务印书馆 2010 年版。

135. 罗伯特·索科拉夫斯基:《现象学导论》,高秉江译,武汉大学出版社 2009 年版。

136. 利科:《论现象学流派》,蒋海燕译,南京大学出版社 2010 年版。

137. 耿涛:《图像与本质:胡塞尔图像意识现象学辨证》,湖南教育出版社 2009 年版。

138. 杜威:《经验与自然》,傅统先译,中国人民大学出版社 2011 年版。

139. 怀特海:《过程与实在》,杨富斌译,中国城市出版社 2003 年版。

140. 怀特海:《思维方式》,刘放桐译,商务印书馆 2004 年版。

141. 摩尔根:《基因论》,卢惠霖译,北京大学出版社 2007 年版。

142.《罗素文集·第二卷·哲学问题 宗教与科学》,何兆武译,商务印书馆 2012 年版。

143. 罗素:《心的分析》,贾可春译,商务印书馆 2010 年版。

144. 魏格纳:《海陆的起源》,涂春晓译,江苏人民出版社 2011 年版。

145. 石里克:《普通认识论》,李步楼译,商务印书馆 2010 年版。

146. 石里克:《伦理学问题》,孙美堂译,华夏出版社 2001 年版。

147. 巴什拉:《火的精神分析》,杜小真译,岳麓书社 2005 年版。

148. 巴什拉:《水与梦——论物质的想象》,顾嘉琛译,岳麓书社 2005 年版。

149.《海德格尔存在哲学》,孙周兴译,九州出版社 2004 年版。

150. 海德格尔:《论真理的本质:柏拉图的洞喻和〈泰阿泰德〉讲疏》,赵卫国译,华夏出版社 2008 年版。

151. 海德格尔:《依于本源而居》,孙周兴译,中国美术学院出版社 2010 年版。

152. 皮亚杰:《发生认识论原理》,王宪钿译,商务印书馆 1987 年版。

153. 皮亚杰:《儿童心理学》,吴福元译,商务印书馆 1986 年版。

154. 吉尔伯特·赖尔:《心的概念》,徐大建译,商务印书馆 2010 年版。

155. 阿伦特:《精神生活》,姜志辉译,江苏教育出版社 2006 年版。

156. 赫舍尔:《人是谁》,隗仁莲译,贵州人民出版社 2007 年版。

157. 克里普克:《命名与必然性》,梅文译,上海译文出版社 2005 年版。

158. 李景源:《史前认识研究》,湖南教育出版社 1989 年版。

159. 夏甄陶:《认识论引论》,人民出版社 1986 年版。

160. 陈剑涛:《认识的自然起源与演化》,中国社会科学出版社 2012 年版。

161. 王小潞:《汉语隐喻认知与 ERP 神经成像》,高等教育出版社 2009 年版。

162. 葛詹尼加:《认知神经科学》,周晓林译,中国轻工出版社 2011 年版。

163.《数学》七年级下册,人民教育出版社 2013 年版。

164.《数学》八年级上册,人民教育出版社 2012 年版。

165.《数学·2》,普高必修 A 版,人民教育出版社 2012 年版。

166.《物理·1》,普高必修,人民教育出版社 2012 年版。

167.《化学》九年级下册,人民教育出版社 2013 年版。

168.《生物学》七年级下册,人民教育出版社 2013 年版。

169.《生物·2》,普高必修,人民教育出版社 2012 年版。

170. 李喜先:《21 世纪 100 个交叉科学难题》,科学出版社 2005 年版。

171. 路甬祥:《〈自然〉百年科学经典》第一卷,外语教学与研究出版社 2009 年版。

172. 路甬祥:《〈自然〉百年科学经典》第二卷,外语教学与研究出版社 2009 年版。

173. 路甬祥:《〈自然〉百年科学经典》第三卷,外语教学与研究出版社 2009 年版。

174. 三中生:《中国三文化与世界大智慧》,国家行政学院出版社 2011 年版。

175. 王东京:《中共中央党校老讲稿选编》,2010 年版。

176. 薛定谔:《生命是什么》,罗来欧译,湖南科学技术出版社 2003 年版。

177. 韦尔斯:《生命之科学》,郭沫若译,广西师范大学出版社 2003 年版。

178. 格林菲尔德:《人脑之谜》,杨雄里译,上海科学技术出版社 2008 年版。

179. 卡尔文:《大脑如何思维:智力演化的今昔》,杨雄里译,上海科学技术出版社 2007 年版。

180. 王士元:《语言、演化与大脑》,商务印书馆 2011 年版。

181. 布莱克摩尔:《人的意识》,耿海燕译,中国轻工业出版社 2008 年版。

182. 爱德华滋:《意识与潜意识》,贾晓明译,北京大学医学出版社 2007 年版。

183. 埃德尔曼:《意识的宇宙》,顾凡及译,上海科学技术出版社 2003 年版。

184. 柏格森:《材料与记忆》,肖聿译,译林出版社 2011 年版。

185. 梅锦荣:《神经心理学》,中国人民大学出版社 2011 年版。

186. 彭聃龄:《普通心理学》,北京师范大学出版社 2008 年版。

187. 崔光辉:《现象的沉思:现象学心理学》,山东教育出版社 2009 年版。

188. 丁芳:《智慧的发生:皮亚杰派心理学》,山东教育出版社 2009 年版。

189. 高申春:《心灵的适应:机能心理学》,山东教育出版社 2009 年版。

190. 王鹏:《经验的完形:格式塔心理学》,山东教育出版社 2009 年版。

191. 方双虎:《意识的分析:内容心理学》,山东教育出版社 2009 年版。

192. 孙鼎国:《世界人学史》第一卷,河北人民出版社 2003 年版。

193. 孙鼎国:《世界人学史》第二卷,河北人民出版社 2003 年版。

194. 孙鼎国:《世界人学史》第三卷,河北人民出版社 2003 年版。

195. 孙鼎国:《世界人学史》第四卷,河北人民出版社 2003 年版。

196. 奥菲克:《第二天性:人类进化的经济起源》,张敦敏译,中国社会科学出版社 2004 年版。

197. 张岱年:《中国哲学史方法论发凡》,中华书局 2003 年版。

198. 弓肇祥:《真理理论》,社会科学文献出版社 1999 年版。

199. 王学泰：《中国饮食文化史》，中国青年出版社 2012 年版。

200. 赵广明：《理念与神——柏拉图的理念思想及其神学意义》，江苏人民出版社 2004 年版。

201. 容闳：《西学东渐记》，徐凤石译，生活·读书·新知三联书店 2011 年版。

202. 胡泽洪：《逻辑的哲学反思》，中央编译出版社 2004 年版。

203. 侯铁建：《俄罗斯经济追赶与制度变迁》，中国经济出版社 2009 年版。

204. 彭德格拉斯特：《镜子的历史》，吴文忠译，中信出版社 2004 年版。

205. 陈向明：《质的研究方法与社会科学研究》，教育科学出版社 2004 年版。

206. 赵敦华：《现代西方哲学新编》，北京大学出版社 2001 年版。

207.《淮南子》，广州出版社 2001 年版。

208. 牟宗三：《理则学》，江苏教育出版社 2005 年版。

209. 黄力：《由始至终：一切的本质》，吉林大学出版社 2008 年版。

210. 孙澄：《形象的本质》，山东大学出版社 2009 年版。

211. 叶秀山：《哲学要义》，世界图书出版公司北京公司 2006 年版。

212. 释慧空：《学诚大和尚侧记》，中国物资出版社 2012 年版。

213. 刘森：《马克思主义哲学中国化刍议》，中共中央党校出版社 2008 年版。

214. 丁正耕：《第四次浪潮》，九州出版社 2010 年版。

215. 郭贵春：《现代西方语用哲学研究》，科学出版社 2006 年版。

216. 奥格登：《意义之意义》，白人立译，北京师范大学出版社 2000 年版。

217. 胡明扬：《词类问题考察续集》，北京语言大学出版社 2004 年版。

218. 万德勒:《哲学中的语言学》,陈嘉映译,华夏出版社 2002 年版。

219. 郑竹群:《视域嬗替的语言镜像》,社会科学文献出版社 2012 年版。

220. 刘春卉:《现代汉语属性范畴研究》,巴蜀书社 2008 年版。

221. 张国宪:《现代汉语形容词功能与认知研究》,商务印书馆 2006 年版。

222. 蒯因:《语词和对象》,陈启伟译,中国人民大学出版社 2005 年版。

223.《索绪尔第三次普通语言学教程》,屠友祥译,上海人民出版社 2007 年版。

224. 曹炜:《现代汉语词汇研究》,暨南大学出版社 2010 年版。

225. 赖耿阳:《贵金属元素化学与应用》,复汉出版社 1990 年版。

226. 陈国邦:《低温流体热物理性质》,国防工业出版社 2006 年版。

227. 郭德荣:《元素的演化和周期律的本质》,宁夏人民教育出版社 2004 年版。

228. 李和平:《含氯精细化学品》,化学工业出版社 2010 年版。

229. 李和平:《含氟、溴、碘精细化学品》,化学工业出版社 2010 年版。

230. 杨昭义:《同位素重要核子特性手册》,水牛图书出版事业有限公司 2010 年版。

231. 行政院环保署训练所:《废水特性概论》,2007 年版。

232. 于增恩:《宇宙的本性与规律》,北方出版社 2009 年版。

233. 张恩远:《无机晶体的结构、组成和性质:晶格能、热膨胀、体模量和硬度》,科学出版社 2012 年版。

234. 谢联辉:《天然产物:纯化、性质与功能》,科学出版社 2009 年版。

235. 薛守义:《岩体工程学科性质透视》,黄河水利出版社 2002 年版。

236. 罗光:《生命哲学》,台湾学生书局 1985 年版。

237. 李家雄:《男女本性》,书泉出版社 2000 年版。

238. 李培湘:《人的本质·素质·素质教育》,四川人民出版社 2001 年版。

239. 叶乃嘉:《心、灵与意识》,台湾商务印书馆股份有限公司 2005 年版。

240. 余明:《人的本质》,岭南美术出版社 2007 年版。

241. 罗西:《女人本性》,中国华侨出版社 2007 年版。

242. 何文敬:《我是谁? 美国小说中的文化属性》,书林出版有限公司 2010 年版。

243. 王子晖:《生命的来历:前生物进化与太空生物学》,陈珊译,科学出版社 2011 年版。

244. 王颖:《自由人生:对人的本质和人生意义的科学阐释》,科学技术文献出版社 2011 年版。

245. 段勇:《自组织生命哲学》,中国农业科学技术出版社 2009 年版。

246. 柳原:《本性世界:论人类本性以及作为本性现象的人类社会》,人民日报出版社 2011 年版。

247. 刘俊敏:《科学实在论的形而上学性质研究》,吉林大学博士论文 2009 年。

248. 刘忠:《性质语意理论的提出与自然语言理解及其实现的研究》,华东师范大学博士论文 2004 年。

249. 蓝玉春:《中国外交史——本质与事件、冲击与回应》,三民书局股份有限公司 2007 年版。

250. 薛守义:《科学性质透视》,山东人民出版社 2009 年版。

251. 孙立:《词的审美特性》,文津出版社 民国 84 年版。

252. 林贝克:《教义的本质》,王志成译,汉语基督教文化研究所 1997

年版。

253. 于全有：《语言本质理论的哲学重建》，中国社会科学出版社 2011 年版。

254. 王立山：《精致化思维》，广东人民出版社 2012 年版。

255. 游兆和：《哲学本质与演变逻辑新论》，社会科学文献出版社 2011 年版。

256. 刘清秀：《自性论——事情之终极本质与人之终极价值的寻求》，贵州人民出版社 2008 年版。

257. 陈端端：《意识与表达》，厦门大学出版社 2010 年版。

258. 邬茂鹏：《精神概论》，广东人民出版社 2011 年版。

259. 梁健：《爱情本质研究》，文艺出版社 2009 年版。

260. 耿涛：《图像与本质》，湖南教育出版社 2009 年版。

261. 俞凌雄：《战略的本质》，中国商业出版社 2011 年版。

262. 柯领：《追问教育的本质》，人民日报出版社 2010 年版。

263. 刘占峰：《解释与心灵的本质》，中国社会科学出版社 2011 年版。

264. 周德华：《人体发生学》，湖南科学技术出版社 2011 年版。

265. The Diagram Group：《生命初始》，金玲译，上海科学技术出版社 2011 年版。

266. 金忠燮：《伽莫夫讲的元素起源的故事》，齐芳译，云南教育出版社 2011 年版。

267. 刘月蕾：《遗传与基因》，山西教育出版社 2012 年版。

268. 斯特沃特加：《化学元素遍览》，田晓伍译，河南科学技术出版社 2002 年版。

269. 陈来：《宋明理学》，生活·读书·新知三联书店 2011 年版。

270. 爱德华·魏尔森：《人类本性原理》，宋文里译，桂冠图书股份有限公司 1992 年版。

271. 莫里兹:《数学的本性》,朱剑英译,大连理工大学出版社 2008 年版。

272. 马南:《民主的本性》,崇明译,华夏出版社 2011 年版。

273. 尼布尔:《人的本性与命运》,汤清译,宗教文化出版社 2011 年版。

274. 利帕托夫:《聚合物物理化学手册》,阎家宾译,中国石化出版社 1995 年版。

275. 韦恩:《植物细胞生物学:从天文学到动物学》,科学出版社 2011 年版。

276. 格雷西亚:《文本性理论:逻辑与认识论》,汪信砚译,人民出版社 2009 年版。

277. 哈奇森:《逻辑学、形而上学和人类的社会本性》,强以华译,浙江大学出版社 2010 年版。

278. 阿格雷斯特:《属性数据分析引论》,张淑梅译,高等教育出版社 2008 年版。

279. 科恩:《天性:遗传如何影响孩子的性格、能力及未来》,王大华译,新华出版社 2003 年版。

280. 波涅:《植物王国》,吕潇译,科学普及出版社 2009 年版。

281. 托玛塞罗:《人类沟通的起源》,蔡雅菁译,文鹤出版有限公司 2010 年版。

282. 罗伯特·兰札:《生物中心主义》,朱子文译,重庆出版社 2012 年版。

283. 卡特莱特:《性质的能力及其衡量》,1989 年版。

284. 东方乔:《国学闻见录》,中国书店 2011 年版。

285. 东方乔:《学林传习录》,中国书店 2013 年版。

后　记

　　哲学书籍的后记,永远都不能归零;它应是更嘹亮的呐喊,是更新的奋起,是要再去开辟一片新的天地。因为,哲学的行进没有止境。

　　在《性质哲学》中,我们寻到了本质,由本质再向前,就会达至先天的广袤之域;对先天的存在,我们知之甚少。因此,未来的哲学便一定地要涉足它那里。

　　我们讲,人具有不断的创造力,具有不断的向上的灵性,具有不断的去落后的能力;仅此三者,在未来人就可以成为神,而这也正是《性而上学》所要揭示的重要内容之一。

　　可见,推动历史前进的,既不是资产阶级,也不是无产阶级,应是思想阶级和智慧阶级。

　　通过对哲学的研究,我们深信,一旦有远见的中坚分子能将《性而上学》的理论用于实践,它就可以在变为事实的情况下,来确定社会积极的发展方向。届时,我们探求本质的目的也就达到了。

　　现在看,关于《性而上学》的重要结论,可能不过数十字或几百字,但要把它阐释完全,要一点点地累积成塔,确是还有一个艰难的过程,而此间辛苦,又非外人所知。

　　写《性而上学》,自发心始,前后 10 余年;于此期间,谭江山同学在2000 年附近特意为我制作了一本以"性质"为主干词的资料册,它对助成《性而上学》的写作,提供了不少有益的内容;在这里,我要表示衷心的感谢!此外,还要感谢张建发、王金荣、叶超英、宋成东、朱惠忠、李雅君、蒋晔、陈稳、胡贵华等亲人、朋友多年来给予我的许多支持和帮助。

最后,我们说,顺天者昌,逆天者亡;顺道者昌,逆道者亡;顺神者昌,逆神者亡;在当下,只有先践行了"顺性者昌,逆性者亡"的思想,才能昌而永昌。

祝所有的有幸地观览了如上的文字者,皆得大欢喜!并在欢喜之时,能沿着性而上的路线不断地前往精求,以取得更大的成就。

作者

2017 年 1 月 1 日